漢語史學報

第二十六輯

浙江大學漢語史研究中心編

上海教育出版社

目　　録

研究生論壇

CONTENTS

他山之石，可以攻玉 *

蔣紹愚

内容提要 國外語言學的一些著作對我們研究漢語史有啓發，這主要是在研究的視角和思路方面。我們應該運用這些視角和思路，根據漢語史的材料，對漢語史進行深入的研究。

關鍵詞 語言類型學　語義演變的機制　語義演變的途徑　動詞的情狀類型　語言如何反映世界

這次講座的總題目是"語言學前沿與漢語史研究"。我對國内外的語言學的情況瞭解得不多，對什麽是語言學前沿也説不清楚。我祇是讀了一些國外語言學和有關的書，覺得對漢語史的研究是有啓發的。這不是説這些書爲漢語史的某些問題提供了現成的答案，也不是説我們把這些書的某種理論或某個觀點用到漢語史研究上就能得出某種結論；這些書主要是在研究的視角和思路方面能給我們啓發，至於漢語史這塊玉，還是要我們用漢語史的材料來攻治的。

本文談五個問題。

一　漢語的特點

漢語史的研究是要尋找漢語歷史演變的特點和規律。什麽是漢語的特點？當然要根據漢語的材料來總結。但語言類型學的研究，可幫助我們認識漢語的特點。

（一）劉丹青《語言類型學》説：

以往我們談漢語特點的時候，參照對象就是英語等這些個别的語言，所以就把凡是跟英語不一樣的地方拿出來作爲特點。當我們比較了更多的人類語言之後，纔能够清楚地看到，漢語的特點到底在哪兒。……漢語在語序方面最突出的特點是關係從句在前邊。而且我們知道，關係從句在前就意味着其他所有的定語都在前邊。……而這樣的語言在 VO 語言裏是非常少的。……所以關係從句和比較句都是漢語非常突出的特點。(P. 127)

《語言類型學》又説：

現代漢語中"咬死了獵人的狗"是有歧義的。爲什麽會有歧義？這是因爲這個結構既可以理解爲"（老虎）咬死了獵人的狗"（是個動賓結構）；又可以理解爲"（一條）咬死了獵人的狗"（是個定中結構，或者説是"名詞＋關係從句"的結構）。而在現代漢語中這兩種結構在表層是同樣的語序。如果現代漢語不是"V＋O"結構，賓語在後，也不是關係從句前置的，這兩

＊ 本文於 2022 年 3 月 31 日在浙江大學漢語史研究中心的"語言學前沿與漢語史研究"講座上講過，吳福祥教授、陳前瑞教授參加了對談。文章參考這兩位教授的對談做了一些修改，謹此致謝。

種結構就不可能重合。

比如日語，是"OV"語言，賓語在動詞前：

獵人の犬を嚙んだ。

而關係從句在名詞前：

(これは)獵人を嚙んだ犬です。

又如英語，是"VO"語言，賓語在動詞後：

(The tiger)bit the hunter's dog to death.

而關係從句在名詞後：

The dog which bit the hunter to death.

無論是日語還是英語，這兩種結構都不可能是同樣的語序。

(見《語言類型學》P.263。書中日語是用拼音寫出的，我改成日語。英語例是我加的。)

(二)爲什麼說"SVO"語言的關係從句和定語一般都是在中心語(名詞)之後的？這是根據 Greenberg(1963)"Some Universals of Grammar with Particular Reference to the Order of Meaningful Elements"。此書調查了 30 種語言，從中歸納出一些語序的普遍規律，被認爲是語言類型學的奠基之作。在劉丹青《語言類型學》的附錄中，有陸丙甫、陸致極的中譯全文。

書中在談到 Universal 23 時說："如果關係從句前置於名詞是唯一的或者是可交替的語序，那麼這種語言使用後置詞。然而，在抽樣之外至少有一個例外，就是漢語。它使用前置詞，而關係從句却前置於名詞。"(見《語言類型學》P.317)

確實，現代漢語中關係從句不管多長，都是前置於名詞的。這對於說漢語的人來說是習以爲常的，但從語言類型學來看，這是一個例外，或者說是漢語的特點。

(三)那麼，古漢語中的情況如何？我們先看一些例句①：

(1)故人之能自曲直以赴禮者，謂之成人。(《左傳·昭公二十五年》)②

(2)項王爲人，恭敬愛人，士之廉節好禮者多歸之。……今大王嫚而少禮，……士之頑頓嗜利無恥者亦多歸漢。(《漢書·陳平傳》)

(3)令明將能知其習俗和輯其心者，以陛下之明約將之。(《漢書·晁錯傳》)

(4)其石之突怒偃蹇，負土而出，爭爲奇狀者，殆不可數。(柳宗元《鈷鉧潭西小丘記》)

呂叔湘《文言虛字》解釋這種"馬之千里者，一食或盡粟一石"(韓愈《雜說·四》)和上述"其石之……"的句式時說："此種句法爲文言所獨有，大率是(但不一定是)因爲加詞不便放在端詞之上，(或加詞太長，或已有其他加詞，或兩加詞共一端詞)，所以移在下面，用一個'者'字煞住，有時更在端詞之後加一'之'字(='裏頭的')，使表面上具備分母分子的關係。"(P.11)

當然，這些都不是後置的關係從句，而是用一種比較特殊的句式來表達名詞及其性狀的關係。我們關心的是：爲什麼這種句式爲文言文所獨有，到現代漢語就消失了？僅僅是因爲

---

①　姚振武(2015)《上古漢語語法史》中提到上古漢語中賓語後置、定語後置、狀語後置的問題。崔山佳教授告知：在現代漢語方言中還有狀語後置。這個問題不展開討論。

②　此例轉引自姚振武(2015)《上古漢語語法史》。

兩個文言虛字"之"和"者"消失了嗎？在現代漢語中可以説："我們班的同學，調皮搗蛋的也有，但老老實實的占大多數。"這就不是"名詞＋修飾語"了，而是成了話題句。從文言到現代漢語，漢語的句式特點有沒有改變？比如，有沒有從動詞框架到衛星框架，從綜合到分析，從主語優先到話題優先？這是可以討論的。

二　語義演變的機制

在研究漢語詞彙演變的時候，一個最常用的術語是"引申"。什麼是"引申"？似乎很難作出準確的界定。也有説"引申"就是隱喻和轉喻。但"引申"或"隱喻""轉喻"能不能説明漢語詞義演變的所有情況？這個問題還需要討論。

（一）拜比等《語法的演化》第 8 章"語義演變的機制"：1. 隱喻性擴展（metaphorical extension）。2. 推理（inference）。3. 泛化（generalization）。4. 和諧（harmony）。5. 語境吸收（absorption）。（P. 458-480）

1. 隱喻性擴展
例略。

2. 推理
【since】

　　（1）I have done quite a bit of writing since we last met.

　　（2）Since Susan left him, John has been very miserable.

　　（3）Since you are not coming with me, I will have to go alone. (P. 314)

"since"原來表示"從……之後"，如例（1）。但用 since 表時間關係的例句可以作出因果關係的推理，如例（2）。一旦因果關係固定爲句子的意義，since 就可以在表達因果關係的例子中使用，如例（3）。這是推理。

3. 泛化
指一個語法法素失去具體的語義特徵從而造成自身活用範圍的擴大。（P. 471）
這種例子在漢語中很多，如："涉"（趟水過河）→（過河）。例如屈原《涉江》。

4. 和諧

　　（1）I suggested that they should put (a)round each carriage door a piece of beading.

　　（2）Is it legitimate that they should seek to further that aim by democratic and constitutional means?

　　（3）The police are expecting that the Libyans should make the first move. (P. 346-347)

Should 通常表弱義務義。在例（1）中，Should 和主句中的動詞 suggest 是和諧的。在和諧的情況下，should 不會對句子增加意義，所以，在有的句子中，should 顯得語義空靈，如例（2）。進一步發展，在有的句子中再把 should 理解爲弱義務義就産生錯誤的理解，如例（3），這種 should 就表示虛擬語氣了。

5. 語境吸收

　　簡單地説，"語境吸收"是指一個詞的新義不是由它的舊義演變而來，而是由於這個詞用於某種語境中，它獲得了這個語境的意義。我曾經舉過一個例子："要"的語義從"欲"變爲"如果"，是經過這樣一個過程：

　　在《朱子語類》裏，有這樣的句子："要"還是"欲"義，但用在表假設的語境中，逐漸就取得了"若"的意義。同一個句子，把"要"理解爲"若"也可以。如：

　　　　(1)易是變易，陰陽無一日不變，無一時不變。莊子分明説"易以道陰陽"。要看易，須當恁地看，事物都是那陰陽做出來。(《朱子語類》卷六十二)

　　a. 要看易＝欲看易

　　b. 要看易＝(若)欲看易

　　c. 要看易＝若看易

　　　　(2)今之官司合用印處，緣兵火散失，多用舊印。要去朝廷請印，又須要錢，所以官司且祇苟簡過了。(《朱子語類》卷一百六)

　　a. 要去朝廷請印＝欲去朝廷請印

　　b. 要去朝廷請印＝(若)欲去朝廷請印

　　c. 要去朝廷請印＝若去朝廷請印

　　一旦這種語感固定下來，人們就會把"要"當作假設連詞使用，出現在連詞的句法位置上(主語前)。如：

　　　　孫氏道："大閨女二十五歲哩。要閨女不嫌，可就好。"(《醒世姻緣傳》第七十二回)

　　(見蔣紹愚(2013)《詞義變化與句法變化》)

　　(二)G. Lakoff(1987)

　　在書的第二部分"Case Studies 2. Over"中説：

　　英語 over 有 100 多個意義。有不少語言學家對 over 之類的詞語做了研究，他們的結論是基本一致的。作者引用 Brugman 的意見説："這些詞語(expressions)都是多義的，這些衆多的意義無法用一個核心意義(single core meaning)來表徵，而需要用意象圖式(image schemas)和隱喻模式(metaphorical models)來表徵。每個詞語的各個意義(senses)形成一個放射性結構的範疇，其中有一個中心成員(central member)和各種由意象圖式轉換和隱喻而形成的鏈結(links)。非中心的意義(noncentral senses)無法由中心意義預測，但絕不是任意的(arbitrary)，而是由不處於中心的實例、意象圖式的轉換和隱喻模式引發出來的(motivated by less central cases, image schema transformation and metaphorical models)。"(P. 460)

　　比如，OVER 在詞典中有這樣兩個義位：

　　　　(1)from one side of (sth) to the other, across.

　　如：Sam climbed over the hill.

　　　　(2)on the far or opposite side of (sth).

　　如：Sam lives over the hill.

　　這兩個義位之間是否有引申關係？這個問題不容易説清。如果用意象圖式來分析，則可以説：前者是 schema1. VX. C，聚焦於運動的路徑；後者是 schema1. VX. C. E，聚焦於運動的終點(E 表示 end-point，終點)。

　　又如，OVER 有一個義位是 again。如：Do it over!

這和 Sam drove over the bridge 中的 over 是什麼關係？這很難説是"引申"。Lakoff（1987）把這種 OVER 稱爲 Schema 6. The Repetition schemas。他認爲"Sam drove over the bridge"的"over"是 schema1. X. C. 其中 landmark 是橋，trajector 是 Sam 的行跡。"Do it over"的 over 是 schema1. X. C. 加上兩處隱喻而成的，這個隱喻是 ACTIVITY IS A JOURNEY。根據這個隱喻，Do it over 的 over 這個意象圖式中的 landmark，是早先已經完成的動作，trajector 是動作進程。在早先已經完成的動作的基礎上再做一次動作進程，這就是 repetition。

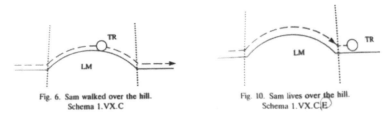

Fig. 6. Sam walked over the hill.
Schema 1.VX.C

Fig. 10. Sam lives over the hill.
Schema 1.VX.C.E

（3）舉一個古漢語的例子。

"關"有兩個義項：

①通告。《周禮·秋官·條狼氏》："誓大夫曰敢不關，鞭五百。"孫詒讓正義："此不關亦謂不通告於君也。"

②表白。《漢書·王襃傳》："進退得關其忠，任職得行其術。"

這兩個義項和"關"的"門閂"和"關口"義有什麼關係？

《説文》："關，以木橫持門户也。"段注："引申之，《周禮》注曰：關，界上之門。又引申之，凡曰關閉，曰機關，曰關白，曰關藏皆是。凡立乎此而交彼曰關。"

"關"的本義是門閂，門閂的作用是控制出入。演變爲關口，關口的作用也是控制出入。這都是"立乎此而交彼"。因此，可以進一步演變爲與出入有關的動作。"表白"是出於己口，"通告"是入於人耳。這就是"關"的"門閂""關口"和"表白""通告"幾個意義之間的聯繫。

段玉裁的注解很有參考價值。但他説這是"引申"，這樣説似乎有點簡單化。

我覺得，對語義演變的思路可以更開闊一些，語義演變有多種途徑，多種方式，不必把自己的思路局限於"引申"之中①。

三　語義演變的過程

（一）E. Traugott & R. Dasher（2005）"Regularity in semantic change"對語義演變的過程作了深入的研究。

此書的一個重要理論是：Invited Inferencing Theory of Semantic Change（IITSC）（語義

① 語義演變的機制是一個需要討論的問題，拜比等（1994/2017）的意見也未必是定論。本文引述拜比等（1994/2017）的意見和 G. Lakoff（1987）的意見，衹是説我們對語義演變研究的思路應該更開闊一些。蔣紹愚《漢語歷史詞彙學概要》認爲詞義演變有七種途徑：（1）引申。（2）擴大和縮小。（3）義位間聚合或組合關係的影響。（4）縮略。（5）語用推理。（6）語法化。（7）語境吸收。（P. 117-229）吳福祥（2017）對國外語言學關於語義演變規律的研究作了詳細的介紹。但這些都是供參考的。

演變的誘發推理理論）。簡單地説，就是："説話者/作者誘發了隱含意義，並邀請聽話者/讀者推導它。"（speaker/writer（SP/W）evokes implicatures and invites the addressee/reader（AD/R）to infer them.）（P. 5）

"誘發推理"的大致過程是：

"説話者/作者可能臨時使用一個已經存在的會話的隱含意義（IIN）并且可能創新地把它用於新的語境中。……如果它們獲得了社會價值并且因此而在語言社團中變成突出的，它們可能擴展到其他的上下文（language contexts）中，擴展到其他聽話者/讀者。換句話説，它們成了具有增强的語用影響的GIINs。祇要原來的編碼意義（coded meaning）占主導地位或者至少是同樣可用的，它們就被認爲是GIINs，但當原來的意義變成僅僅是在某個上下文中的痕跡（a trace in certain contexts），或者已經消失，那麼這GIIN就語義化成了一個新的多義詞，或者新的一個編碼意義。"（按："IIN"即"Invited Inference"，"GIIN"即"generalized Invited Inference"。）

"IITSC的主要目標是解釋語用意義的規約化，以及它們重新分析爲語義意義。（the conventionalizing of pragmatic meanings and their reanalysis as semantic meanings）（P. 35）

在Traugott & Trousdale的《構式化與構式演變》中，作者對"誘發推理"有一個注："這個術語用來强調説話者和聽者之間的意義協商，説話者（常常是無意識的，見Keller1944，另見Hagege1993）誘導理解，聽者推測/理解。它允許但不要求説話者通過語用來設計話語的可能性。"（中譯本 P. 44）

作者舉的例子是英語的"as long as"。

（18）和（19）都是850-950年之間的古英語的例子（例略），用現代英語表達是：

　　（18）（The warship）were almost twice as long as the other ships.

　　（19）squeeeze（the mecication）through a linen cloth onto the eye as long as he need.

（20）是1614年的例子，原文是：

　　（20）They whose words doe most shew forth their wise vnderstanding, and whose lips doe vtter the purest knowledge, so as long as they vnderstand and speake as men, are they not faine sundry waies to excuse themselues?（P. 36-37）

"as long as"在例（18）中表示空間的長度，在例（19）表示時間的長度，也可以理解爲表示條件"如果；祇要"。在例（20）中，可以表示"他們理解和説話的時間長度"，也就是"祇要他們活着"。作者認爲在例（19）中已是IIN，在（20）中已成爲GIIN。到19世紀中葉，"as long as"已成爲一個表時間和表條件的多義詞。

照筆者理解，此書作者强調説話者/作者和聽話者/讀者之間的交流互動，認爲語言的演變是在此過程中產生的。作者説："語言的演變不是由語言内部開始的（語法不會自己變化），而是從語用開始的。"（change does not originate within language（grammars do not change by themselves），but in language use.）（P. 35）

這對我們考察語言的歷史演變有啓發。

（二）在漢語發展的過程中，也可以看到這種"誘發推理"的情形。下面舉兩個例子。

（1）牆斯《論新義產生的判斷標準——以"快"之快速義的產生爲例》

此文認爲在魏晉南北朝"快"不表示"快速"。這篇文章寫得很好。

"前輩學者早已指出'快'在中古漢語時期產生佳、好義（張相，1953/1977：577；董志翹，2003；王雲路，2010：16 等）。在此基礎上，付建榮（2018a）進一步明確指出魏晉南北朝文獻中的'快馬''快牛''快犬'之'快'均非快速義，而應釋作佳、好義，'快馬''快牛''快犬'即好馬、好牛、好犬。付說可從。"

"'快'作定語凸顯中心語名詞具有暢快、美好、宜人的語義特徵。'快人''快士'即指豪爽之人，'快事'即痛快的事，'快女婿'即稱心如意的女婿，'快雨''快雪'即'好雨''好雪'；'快弓材'即'好弓材'，'快酢'即'好醋'。董志翹（2003）指出'快'之'好'義，由'稱心''遂意'引申而來。"

文章認爲《祖堂集》中的"快"已表快速義。

（A）這裏補充一個材料：

麋竺，字子仲，東海朐人也。祖世貨殖，家貲巨萬。常從洛歸，未至家數十里，見路次有一好新婦，從竺求寄載。行可二十餘里，新婦謝去，謂竺曰："我天使也。當往燒東海麋竺家，感君見載，故以相語。"竺因私請之。婦曰："不可得不燒。如此，君可快去，我當緩行，日中必火發。"竺乃急行歸，達家，便移出財物。日中而火大發。（今本《搜神記》卷四）

《搜神記》曰：……"不可得不燒。如此，君可馳去，我當緩行。"（《三國志·蜀書·麋竺傳》注）

《搜神記》曰：……"不可，得不燒。君快去，我緩來。"（《藝文類聚》卷八十）（P. 1366）

按：今本《搜神記》非晉代原貌，"君可快去，我當緩行"中與"緩"相對的"快"究竟是什麼字不得而知。如果照《三國志》注所引，當爲"馳"字；如果照《藝文類聚》注所引，當爲"快"字。根據現有研究，魏晉南北朝"快"均無"快速"義，則原本《搜神記》當作"馳"字。但《藝文類聚》作"快"是無疑的。這說明唐代初年"快"已有"快速"義。

（B）"快"的"稱心""遂意"義如何演變爲"快速"義？

魏晉南北朝有"快馬""快牛""快犬"等。牆斯文已指出，"快犬"是說犬對主人很忠心。那麼"快馬""快牛"爲什麼使人稱心遂意呢？

王君夫有牛，名'八百里駮'，常瑩其蹄角。（《世說新語·汰侈》）余嘉錫注："《演繁露》一曰：'王濟之"八百里駮"。駮，亦牛也。言其色駮而行速，日可八百里也。'嘉錫案：此王愷之牛，《演繁露》誤作王濟。"

彭城王有快牛，至愛惜之。王太尉與射，賭得之。彭城王曰："君欲自乘則不論；若欲噉者，當以二十肥者代之。既不廢噉，又存所愛。"王遂殺噉。（《世說新語·汰侈》）
其事與王愷事類似，則王愷的"八百里駮"也可稱"快牛"。

健兒須快馬，快馬須健兒。（《樂府詩集·折楊柳歌辭》）

秦民語曰：'快馬健兒，不如老婦吹篦！'

琛在秦州，多無政績。遣使向西域求名馬，遠至波斯國，得千里馬，號曰追風赤驥。次有七百里者十餘匹，皆有名字。以銀爲槽，金爲鎖環。（《洛陽伽藍記·王子坊》）

從後數其脅肋，得十者良。凡馬：十一者，二百里；十二者，千里；過十三者，天馬，萬乃有一耳。（《齊民要術·養牛馬驢騾》）繆啓愉校云："當作'得十者凡馬，十一者二百里，……'"

"快馬"和"健兒"并稱,可見"快"已和"健"一樣,不僅僅是指主人對馬的心愛,而是指馬自身的特點。什麽馬是"快馬"? 就是千里馬。

可見,在這一點上"快"的"稱心遂意"義和"快速"義有了聯繫。這種聯繫在魏晋南北朝時已建立起來。

(C)這樣就可以說到"誘發推理"。

誘發推理應是首先發生在對話中的,但這樣的材料很難找到。在漢語史上,衹能從文獻記載來推知。

如上所說,既然在魏晋南北朝時已建立了"稱心遂意"義和"快速"義的聯繫,那麽,儘管當時"快"的主導意義是"稱心遂意",但不排除有說話者/作者把"快"用於"快速"義。聽話者/讀者接受了這種用法,也會按這種用法使用"快"字。逐漸地,"快"就具備了"快速"的意義。我們没有找到魏晋南北朝的例證,但至少《藝文類聚》的編撰者已覺得"快"有"快速"義,所以能把"馳去"改成"快去"。這時"快速"義的"快"已從 IIN 發展爲 GIIN,并開始成爲"快"這個多義詞的一個固定義位了。

(2)顔世鉉:《論成語"罄竹難書"的感情色彩和使用規範》

此文窮盡性地查找了"罄竹難書"這個成語在歷史上的材料,説明這個成語既可用於貶義,也可用於褒義。而且,寫法也不固定,可以作"盡竹難書""罄筆難書"等。

下面看一些例句:

> 形勝之變,與天地相敝而不窮。形勝,以楚、越之竹書之而不足。(《銀雀山漢墓竹簡·奇正》)

> 此皆亂國之所生也,不能勝數,盡荆、越之竹,猶不能書。(《吕氏春秋·明理》)

> 至於居喪淫燕之愆,三年載弄之醜,反道違常之釁,牝雞晨鳴之應,於事已細,故可得而略也。罄楚越之竹,未足以言。(《全上古三代秦漢三國六朝文·全齊文》卷六《數東昏侯罪惡令》)

> 罄南山之竹,書罪未窮;窮東海之波,流惡難盡。(《舊唐書·李密傳》)

> 罄楚越之竹,書善未窮;極泉雲之才,頌德難盡。(《唐大詔令集》卷十三《高宗天皇大帝謚議》)

> 功蓋天下而沖退不居,貴極公相而謙卑自牧。罄竹帛以難紀,詎筆舌之能録。(范純仁《范忠宣集》卷十一《祭韓魏公文》)

> 則雖盡南山之竹,不足以紀聖功;兼三宗之壽,不足以報聖德。(蘇軾《東坡全集》卷六十四《朝辭赴定州論事狀》)

> 盛時衆吹噓,譖去衆毁辱。不爲公存之,幽蘭春自緑。欲書名相傳,安得南山竹。(黄庭堅《丙寅十四首效韋蘇州》詩)

> 淪陷區的同胞在抗戰中所表現的奇跡,真是所謂罄竹難書。(鄒韜奮《抗戰以來》(二三))

> 我對於這次旅行的欣賞感謝,是罄筆難書的。(冰心《平綏沿綫旅行記·序》)

這種材料也説明作者和讀者的互動。讀者面對着已有的文獻記載,可以有自己的選擇,或是用於貶義,或是用於褒義,而且,文字也可以有改動。

這也是一個"誘發推理"的例子,説明語言是在説話者/作者和聽話者/讀者之間互動的過程中發展演變的。

四　動詞的時間結構

（一）這個問題是漢語史研究很少涉及的。郭鋭（1993,1997）討論的是現代漢語的動詞。他認爲動詞的時間結構都有"起始""終點"和"續段"，根據這三個部分，他把現代漢語動詞按時間結構分爲五類：（1）無限結構，（2）前限結構，（3）雙限結構，（4）後限結構，（5）點結構。

（二）Z. Vendler（1957）"Verbs and times. The philosophical review"提出了動詞的時間結構問題，他把動詞的情狀類型（situation types）分爲四類：State, Activity, Accomplishment, Achievement. 梅廣（2015）譯爲"狀態動詞""活動動詞""達成動詞""瞬成動詞"。

Olsen（1997）認爲詞彙體所包含的普遍性語義特徵主要有終結性（telicity）、動態性（dynamicity）、持續性（durativity），他用"缺值對立"的辦法把這四種詞彙體的特徵列表分析如下：

詞彙體的類別	終結	動態	持續	例子
狀態（State）			＋	知道、是、有
活動（Activity）		＋	＋	跑、畫、唱
達成（Accomplishment）	＋	＋	＋	摧毀、建造
瞬成（Achievement）	＋	＋		死,贏

陳前瑞（2008）對這個問題有比較詳細的介紹。

蔣紹愚《史記單音動詞的情狀類型》（待刊）把《史記》中的 1002 個單音動詞分成這四種類型，并對相關問題進行了討論。下面衹說【達成】和【瞬成】。

（三）【達成（accomplishment）】［＋動態］［＋持續］［＋終結］

1.達成類動詞詞例共 92 個：

臏｜剝｜薄（迫近）｜藏｜沉｜成｜瘳｜除｜穿（穿透）｜摧｜登｜渡｜墮₁（duò,落下）｜返｜俘｜赴｜復｜歸｜過₂（經過）｜合｜闔｜畫｜還｜墮₂（huī,毀壞）｜回｜毀｜會｜穫｜獲｜即（走近）｜集｜及（趕上）｜濟｜翦｜建｜降₁（jiàng,降下）｜就₁（趨向）｜就₂（成就）｜聚｜刳｜髡｜虜｜落｜埋｜滅｜没₁（沉没）｜納｜溺｜破｜闢｜剖｜擒｜黥｜囚｜入｜删｜涉｜適｜收₂（聚集）｜書（寫）｜贖｜鑠｜遂（成就）｜剔｜殄｜圖₂（畫）｜亡₂（滅亡）｜徙｜銷｜泄｜旋₂（歸來）｜詣｜劓｜埋｜營｜壅｜愈₂（病癒）｜踰｜越｜刖｜隕｜造₁（到……去）｜造₂（製造）｜遮｜之｜織｜制｜築｜著（寫作）｜鑄｜墜｜作₂（製作）。

2.達成類動詞有五種類型：

（1）一些動詞帶的是結果賓語。這種達成類動詞最典型，一般達成類動詞的舉例都是"建造"和"毀壞"（"毀壞"見第二類）。

如"築"，其賓語"城"或"室"，就是"築"的結果。"城"或"室"造好了，"築"的動作就結束了。

"鑄"和"織"也是如此，"鑄"的結果或是"劍"，或是"犁鋤"。"織"的結果就是"布"或"衣"。

（2）動作表示達到某種結果。如：

【毀】伐晉，毀黃城，圍陽狐。（《田完世家》）

【墮₂(huī)】墮壞城郭，決通川防。(《秦始皇本紀》)

【銷】收天下兵，聚之咸陽，銷以爲鐘鐻。(《秦始皇本紀》)

【鑠】毀郡縣城，鑠其兵。(《劉敬叔孫通列傳》)

【除】勤恤民隱而除其害也。(《周本紀》)

把某種事物毀壞、消除了，這些動作也就終止①。

【瘳】居數月，病有瘳，視事。(《平津侯主父列傳》)

【愈】漢王出行軍，病甚，因馳入成皋。病癒，西入關，至櫟陽。(《高祖本紀》)

事情出現了正面的結果，病好了，"瘳""愈"的過程也就終止。

(3)動詞的詞義中包含了動作的結果或終結。

有的詞從釋義就可以看出，如："穿"義爲"穿透"，"剖"義爲"剖開"，"虜"義爲"俘獲"，"贖"義爲"(用財物)換回"，"殄"義爲"滅絕"，"泄"義爲"漏出"，"遮"義爲"擋住"。這樣的釋義就説明這些動詞是有終結性的。

古代的某些刑罰也是這一類。如"臏""髡""黥""劓""刖"。

(4)一些位移動詞表示到達某個處所，或越過某個處所，或返回原處。這些達到、越過、返回的處所就是動作的終止點。

如"適""詣""造""之"，這四個詞在《古漢語常用字字典》中的釋義都是"到……去"。這個釋義中的……，就是這幾個動詞動作的終止點。又如"濟""渡"和"涉"。"濟"的釋義是"渡河"，"渡"的釋義是"通過江河"，"涉"的釋義是"趟水過河"。它們的終止點都是河對岸。

表越過的動詞有"過""踰""越"。

表返回的動詞有"復""歸""回""旋₂"。

(5)降落類的動詞都是有終止點的。如："墮₁(duò)""降₁(jiàng)""落""隕""墜"，終止點就是地面。("降"有時是降到下面一級臺階，如《左傳·僖公二十三年》："公降一級而辭焉。")

【瞬成(achievement)】[＋動態][－持續][＋終結]

瞬成類動詞詞例共52個：

拔₂(攻下)|敗|拜₂(封官)|僕(倒下)|崩₁(山崩)|崩₂(君主死)|坏|達|到|抵|顛(倒下)|睹|斷|廢₂(取消其身份)|封₂(封侯)|覆|薨|見|捷|到|決|覺₂(醒)|蹶|絕|克(攻克)|潰|立₂(立爲君主或太子)|裂|戮|靡(倒下)|没₂(死)|僕|遷₂(晉升)|傾|喪₂(sāng,死)|蘇₂(蘇醒)|殺|殤|弑|死|屠|聞|刎|寤|下₂(攻下)|偃|宰|斬|至|致|誅|卒₂(死)

(四)討論動詞的情狀類型對漢語史研究有什麼作用？

這可以使得漢語史上一些問題的研究深入一步。

(1)上古漢語中有很多"意念被動句"，如《莊子·胠篋》："昔者龍逢斬，比干剖，萇弘胣，子胥靡。"究竟哪些動詞可以用作意念被動？這個問題，以往研究得不多。動詞情狀類型的研究對這個問題會有一些幫助。

我們先看一些例句：

梅廣《上古漢語語法綱要》舉了8組例句，大多是《左傳》的例句，每組都有主動和被動對

---

① 拜比等(1994/2017)説：完結體(completive)的一種用法是"動作的賓語是被該動作徹底影響、耗盡或者毀滅的。"(P.86)

照：(P. 281-282)

(1)楚人滅江，秦伯爲之降服，出次，不舉，過數。大夫諫。公曰："同盟滅，雖不能救，敢不矜乎？吾自懼也。"(《左傳·文公四年》)

(2)a. 二月壬子，戰于大棘。宋師敗績。囚華元，獲樂呂及甲車四百六十乘，俘二百五十人，馘百人。(《左傳·宣公二年》)

b. 初，鬬克囚于秦，秦有殽之敗，而使歸求成。(《左傳·文公十四年》)

(3)a. 冬，楚子及諸侯圍宋。(《左傳·僖公二十七年》)

b. 出穀戍，釋宋圍，一戰而霸，文之教也。(《左傳·僖公二十七年》)

(4)a. 武王克商，遷九鼎於雒邑。(《左傳·桓公二年》)

b. 桀有昏德，鼎遷于商，載祀六百。商紂暴虐，鼎遷于周。(《左傳·宣公三年》)

(5)a. 晋胥克有蠱疾，郤缺爲政。秋，廢胥克，使趙朔佐下軍。(《左傳·宣公八年》)

b. 胥童以胥克之廢也，怨郤氏，而嬖於厲公。(《左傳·成公十七年》)

(6)a. 趙孟曰："七子從君，以寵武也。請皆賦，以卒君貺，武亦以觀七子之志。"(《左傳·襄公二十七年》)

b. 夫寵而不驕，驕而能降，降而不憾，憾而能眕者，鮮矣。(《左傳·隱公三年》)

(7)a. 公嬖向魋。(《左傳·定公十年》)

b. 驪姬嬖，欲立其子。(《左傳·莊公二十八年》)

(8)a. 勸之以高位重畜，備刑戮以辱其不勵者，令各輕其死。(《國語·吳語》)

b. 臣聞之，爲人臣者，君憂臣勞，君辱臣死。(《國語·越語》)

《左傳》中這樣的例句很多，還可以舉出一些：

子蕩怒，以弓梏華弱于朝。平公見之，曰："司武而梏於朝，難以勝矣。"遂逐之。(《左傳·莊公十六年》)

公傷股，門官殲焉。國人皆咎公。(《左傳·僖公二十二年》)

陳侯會楚子伐鄭，當陳隧者，井堙木刊，鄭人怨之。(《左傳·襄公二十五年》)

丑父寢于轏中，蛇出於其下，以肱擊之，傷而匿之，故不能推車而及。(《左傳·成公二年》)

子于鄭國，棟也。棟折榱崩，僑將厭焉，敢不盡言？(《左傳·襄公三十一年》)

楚之討陳夏氏也，莊王欲納夏姬。申公巫臣曰："不可。……是不祥人也。是天子蠻，殺禦叔，弒靈侯，戮夏南，出孔儀，喪陳國，何不祥如是。"(《左傳·成公二年》)(意思是夏姬使得禦叔被殺，靈侯被弒，夏南被戮。)

這裏使用的動詞，按情狀類型來分，有如下幾類：

活動類：辱，圍，壓。

狀態類：寵，嬖。

達成類：及，殲，滅，遷，囚，堙，刊。

瞬成類：廢，梏，戮，殺，弒。

看來似乎這些用作意念被動動詞在四個情狀類型中都有，其實，這還要作具體分析。

從統計看，達成類最多，瞬成類和活動類次之。達成類和瞬成類的共同點是都有[＋終結]。有終結性一般就是有一個結果。被動句(無論是有標記的被動還是意念被動)不單要說出某人遭受某種動作,而且要說出這種動作帶來什麼結果。所以,用達成類和瞬成類動詞是合適的。至於結果是經過一個過程而出現,還是瞬間就出現,則沒有太大的分別。所以上述達成類和瞬成類動詞都可以用來表意念被動①。

但達成類和瞬成類都還有不同的小類,達成類能用來表意念被動的主要是上面所說第2、3兩小類中的動詞,第1類(如"築"),第4類(如"詣"),第5類(如"降")是不能用作意念被動的。即使是第2類中的"愈""瘥"也不用作意念被動。瞬成類動詞有兩類,一類強調動作,如"戮,殺,弒"等,一類強調結果,如"死、卒、没"等。第一類可以用來表意念被動,第二類不能用來表意念被動,如果說"顏淵死(卒/没)",那就是一個主謂句,而不會是意念被動。

那麼,活動類動詞為什麼可以用來表意念被動呢? 活動動詞也有不同的小類,首先有及物不及物之分,祇有及物動詞纔能用來表被動。有些小類的及物動詞動態性很強,"N＋活動動詞"祇能表示主語在實施某個動作(如"孔子行"),這些活動動詞不能表意念被動。"壓"隱含"使之不動"的結果。"辱"含有"使之尊嚴受損"的結果,所以都可以用於表意念被動。而且,"僑將厭焉",後面有一個"焉(於此)",表示這些動詞後面沒有涉及的對象,這就在形式上和主動句有所區別。"圍"是一個典型的活動動詞,用於主動句時是帶賓語的,如《左傳‧宣公十二年》:"楚子圍鄭。"例(3)的"釋宋圍"不很典型,典型的是《莊子‧胠篋》:"魯酒薄而邯鄲圍。"這裏"邯鄲"是個地名,這就排除了作為主動句的可能。

狀態類動詞一般是不帶賓語的。"寵(尊榮)""嬖(親幸)"是狀態類動詞。但例(6a)和(7a)的"寵""嬖"都帶賓語,所以已用作心理活動動詞了。這種動詞用於意念被動不多,就不詳細分析了。

總之,一個動詞用作意念被動必須要和主動句有區別。"S＋V"的"V"不能表示S施行什麼動作(如"孔子行"),也不能不強調動作而祇表示S出現什麼情況(如"顏淵死")。所以,回答"哪些動詞能用作意念被動"這個問題,考慮情狀類型還是有用的,但對情狀類型還要分成不同小類,作具體分析。

哪些動詞可以表意念被動,是一個大問題。本文祇是粗略地作一些討論,這個問題還需要作專題研究。

(2)述補結構是中古時發展起來的一種重要語法格式。述補結構中的補語(VC中的C)由動詞或形容詞充當。是不是所有動詞都可以充當補語? 當然不是。那麼,哪一類動詞可以充當補語? 這和動詞的情狀類型有什麼關係?

如果不分析述補結構的具體情況,就來回答這個問題,可能會預測說:達成類動詞和瞬成類動詞能充當補語,因為這兩類動詞有終結性,表示動詞的結果,適合做動結式的補語。但實際上不完全是這樣。

吳福祥《〈朱子語類輯略〉語法研究》中,列出了此書中所有的補語,其中粘合式述補結構中充當補語的動詞有如下一些(本文把它們按音序排列,并各舉述補結構一例):

畢(看畢),成(養成),倒(捉倒②),掉(除掉),定(坐定),動(驚動),斷(截斷),翻(踏翻),

---

①　附帶說明一點:這祇是說這種動詞適合於表意念被動,而不是說這種動詞祇用在意念被動句中。從梅廣所舉的主動被動對比的句子可以看出來,這些動詞無論是用於"N＋V"還是用於"V＋N",都隱含着某種結果。

②　例句為"好捉倒剝去衣服,尋看他禪是在左脅下,是在右脅下"。

及（説及），見（看見），盡（説盡），了（做了），落（刊落），破（打破），取（問取），却（除却），死（殺死），退（戰退），醒（喚醒），中（射中），住（遮住），轉（撥轉），著（撞著）。(P. 306-309)

如果把上述 23 個動詞分成四種情狀類型，則是：

1.活動類動詞：動，退，轉。

2.狀態類動詞：畢，定，盡。

3.達成類動詞：成，掉，落，破。

4.瞬成類動詞：斷，翻，及，見，死，醒，中。

5.還有幾個是充當動相補語的：倒（"捉倒"相當於"捉住"），了，取，却，住，著（着）。

下面作一些分析。

瞬成類動詞作補語最多，這是很自然的：瞬成類動詞是［＋動態］［－持續］［＋終結］，它們表達了瞬間出現的一種結果，適合作動結式的補語。而且，當這些動詞作為動結式的補語時，前面的動詞説明了是什麼動作導致了這種結果，如"溺死""殺死"等，使語義表達更為清晰。這不用多説。

達成類動詞作補語的也比較多。但有些達成類動詞如"築""鑄"不能作補語，這是因為達成類動詞是［＋動態］［＋持續］［＋終結］，而這些動詞的語義成分側重於持續的動作因素。如果它構成 VC，放在動詞後面，那麼，這個動作因素就和前面的 V 重複了。所以，不會出現"V 築""V 鑄"這樣的結構。而上述"成，掉，落，破"四個動詞和"築""鑄"不同，它不強調動作的持續過程，而是注重動作持續後的結果，所以適合作動結式的補語。

狀態類動詞所構成的述補結構不是動結式（或王力先生所説的"使成式動補結構"），"説畢""坐定""説盡"中的補語，其語義指向都是動詞，而不是動作的結果。

上面所説的活動類動詞祇有"戰退"的"退"和"撥轉"的"轉"是動詞的本來意義，是屬於活動類動詞。"説動"的"動"意義已經有些虛化了，不是位移的"動"，而是説心意已經活動。但仍可把它歸為活動類動詞。

而充當動相補語的"倒，了，取，却，住，著（着）"在 VC 中都已虛化，其語義和這些動詞的本來意義已很不相同。這一類作為動相補語的語法成分是否能歸入情狀類型的某一類，應歸入哪一類，還需要研究。

所以，歸結起來，在《朱子語類輯略》做補語的動詞，應是瞬成類動詞最多，達成類次之，達成類動詞有些不能作補語。

《朱子語類輯略》中述補結構不太多，像"嚇哭了""吃飽了"之類的都還沒有出現。上面祇是一個簡單的分析，要全面地討論補語和動詞情狀類型的關係，還要作更深入的研究。①

總之，情狀類型的研究對漢語史的研究是有用的。但是，1. 要對四種情狀類型作進一步的分析。2. 要對表意念被動和作補語的動詞的語義作具體分析。

---

① 不同時期的情狀類型的詞例是不同的。要分析《朱子語類輯略》中充當補語的動詞的情狀類型，應該首先對宋代動詞的情狀類型作一總體分析。這一工作本文未能做。上面祇能根據動詞的三個語義特徵（終結性、動態性、持續性）來把這些動詞分類，是做得很粗略的。

五　語言如何反映世界

認知語言學關注語言和認知的關係,也就是關注語言如何反映世界。所有的語言都反映世界,但不同的語言(不同民族的語言和不同時代的語言)反映世界的方式不完全相同。

(一)泰爾米《認知語義學》是認知語言學的一部重要著作,書中最引人注意的是對"動詞框架語言(verb-framed language)"和"衛星框架語言(satellite-framed language)"的論述。一個瓶子在水上漂浮着,最後進入了一個洞口,這一事件在世界各地并無不同,人們對它的認知也無不同。但是,不同的語言來表達這個事件,却有不同的説法。

如英語説:The bottle floated into the cave. 這是衛星框架語言。

西班牙語説:La botella entro a la cueve flotando. 這是動詞框架語言。

作者也對漢語作了分析。作者説:"從古代漢語到現代漢語,漢語似乎經歷了一種與羅曼語支恰恰相反的類型轉換:從路徑詞化并入模式到副事件詞化并入模式。"(Ⅱ P. 119-120)這就是漢語反映世界的方式在歷史上的一大變化。這個問題,學術界有不同看法,史文磊(2014)已對各家之説作了評介,此處不贅。

除此之外,作者在書中多次談到漢語和其他語言的不同,這也是語言反映世界方式的不同。但作者説的"漢語"大多是現代漢語。當我們看到書中這樣的論述時,從漢語史的角度,可以想一想:這種對事件的認知,在古代漢語中,是怎樣表達的? 從古代漢語到現代漢語,這種表達方式是怎樣演變的?

(二)《認知語義學》討論了運動事件,也討論了"類似運動的狀態變化結構事件"。在這一部分中,作者説:

"(在狀態變化域中,)英語……通常有并列形式,即衛星框架和動詞框架,兩種都是口語化的。"如:

I kick the door shut.

I shook him awake.

這是衛星框架結構,表狀態變化的"shut""awake"是衛星語素。

也可以説:

I shut the door with a kick.

I awake him with a shake.

這是動詞框架結構,表狀態變化的"shut""awake"是詞化并入。

"事實上,對某些狀態變化概念而言,英語口語祇允許使用動詞框架結構,因此,祇能説 I broke the window with a kick,但不能説＊I kick the window broken。"

"相比之下,漢語是更徹底的衛星框架類型的範例,和英語一樣,它不僅在運動上強烈地展現衛星框架,還在狀態變化上展現了衛星框架。例如,漢語的確表述了剛纔所舉的'破損'的例子,如'我踢碎了窗户'。"(Ⅱ P. 241)

顯然,這説的是現代漢語,"踢碎"是個動補結構,是後來發展起來的。那麽,從漢語史研究的角度,我們可以考慮兩個問題:

(1)"踢碎了窗户"之類的動補結構是怎樣發展起來的?

這個問題已經研究得很多了。類似的例子如"以梨打破頭"或"以梨打頭破"(《百喻經》)是較早的例子。在此之前是"叩頭且破"和"擊破沛公軍"(《史記》)。這裏不詳述。

(2)在上古漢語中，是怎樣表達動作及其結果的？除了用"擊破"這種連動式(後來發展爲動補結構)之外，有沒有一個單音動詞就表示動作及其結果的？

這就需要我們對上古漢語的動詞的内部結構作深入的研究。楊榮祥《上古漢語結果自足動詞的語義句法特徵》研究的就是這個問題。

文章説："'破、敗、傷、滅、斷'等，其語義構成中既包含動作義，又包含結果義，其語義特徵可以描寫爲[＋自主性][＋可控性][＋外向性][＋終結]。"這類動詞就叫"結果自足動詞"。

在楊榮祥的另一篇文章《上古漢語詞類活用的本質與産生環境》中，列舉了更多的"結果自足動詞"："中(射中)、去(去除)、墮、折、怒(發怒/激怒)、殺、明(顯明，顯現清楚)、滿、盡、動、定、竭、終、閉、絕、毀、走(敗走、逃跑)、下、却、覆、墜。"

(三)在《認知語義學》中，在談到"實現(realization)框架事件"時，有一小節"7.5 漢語：表達實現的一種衛星框架語言"(Ⅱ P. 277)，也談到相關的問題。書中説："漢語大多數施事動詞或是未然完成義類型，或是隱含完成義類型——需要衛星語素表達實現——其中隱含完成義類型表現得更爲突出。"如：

Wo kai le(PERF) men，(dan-shi men mei you kai)

Wo kai(V) kai(Sat) le(PERF) men

作者分析説，第1個句子"隱含門離開了門框"，但"理解爲'我没能使門離開門框'仍是一種可能性。"而第二個句子中"有現成的確認義衛星語素，這個句子是無法否定的斷言，即'我成功地使門離開門框'。"(Ⅱ P. 277-278)

什麼是"衛星語素"？在《認知語義學》中有一個解釋，其中説到詞綴和漢語中的動詞補語都是衛星語素，而且，"一個動詞詞根與它的衛星語素一起獨立地形成一個成分，即動詞複合體(verb complex)。"(Ⅱ P. 97)所以，這是説，漢語表達實現，主要在於動詞補語。

和上一個問題一樣，泰爾米的這段論述使我們考慮一個問題：在動補結構出現以前，在上古漢語中動詞(特別是單音動詞)能不能表示完成？

我認爲回答是肯定的。這和本文第四部分談到的情狀類型有關情狀類型中的"達成類動詞(accomplishment verb)"和"瞬成類動詞(achievement verb)"有關。

這兩類動詞都有[＋終結性]。但有終結性却不一定表示動作完成。因爲終結性是就這個動詞的時間結構而言的，表示這些動詞是有一個終止點的。活動類動詞、狀態類動詞如"走""哭""餓""樂"是没有終止點的。但有一些達成類動詞出現在句子中的時候，并不表示完成。

這是因爲達成類動詞既有[＋終結性]，又有[＋持續性]，是一個動作持續一段時間後到了終止點。如果這個動詞處於持續過程中，那就不表示完成。如上面所説的達成類動詞的第(1)小類，如"築""鑄"等，第(4)小類的"之""適"等，第(5)小類的"降""落"等，在下列例句中都不表示完成：

景公築路寢之臺，三年未息。(《晏子春秋·諫下》)

温伯雪子適齊，舍於魯。(《莊子·田子方》)

秋氣至則草木落。(《吕氏春秋·義賞》)

　　達成類的第（2）小類的"毀""瘳"等，和第（3）小類的"刉""刏"等，持續的時間較短，其語義不是強調動作的持續，而是強調動作的終結，所以用在句中一般都可以表示完成。

　　瞬成類是［－持續性］和［＋終結性］，所以一般可以表完成。

　　但是，如果這些動詞前面有"不""未""欲""將"等詞語，它們表示這些動作沒有實施，或將要實施，而不表這個動作已經完成。

　　這些表完成的動詞，可以用時量成分來檢驗其終結性。即，不能說"刉三月""瘳三月""見三月""聞三月"。達成動詞如果和時量成分共現，那衹是說明其終結性經過多長時間而實現，如"三月而瘳"，是說過了三個月病纔好，而不是說"瘳"這個動作可以持續三個月。瞬成動詞如果和時量成分共現，那衹是說這個動作終結以後又發生另一個事件。如《論語·述而》"子在齊聞韶，三月不知肉味"，是說在聞韶之後有三個月不知肉味，而不是說"聞"這個動作可以持續三個月。①

　　這些動詞有的到後來要用動補結構來表達，如"刉→剖開""聞→聽見"；有的可以在前面加上動詞而構成述補結構，如"搗毀""打死"。

　　當然，對這個問題的回答應是漢語史研究者的責任，而不能要求泰爾米來回答。但是，泰爾米的論述可以引起我們對這個問題的思考，所以，仍然是"他山之石，可以攻玉"。

參考文獻

［1］拜比，等. 語法的演化［M］. 陳前瑞，譯. 北京：商務印書館，1994/2017.

［2］陳前瑞. 漢語體貌研究的類型學視野［M］. 北京：商務印書館，2008.

［3］郭銳. 漢語動詞的過程結構［J］. 中國語文，1993(6).

［4］郭銳. 過程與非過程——漢語謂詞性成分的兩種外在時間類型［J］. 中國語文，1997(3).

［5］蔣紹愚. 詞義變化與句法變化［J］. 蘇州大學學報，2013(1).

［6］蔣紹愚. 漢語歷史詞彙學概要［M］. 北京：商務印書館，2015.

［7］蔣紹愚. "關"和"關於"——網絡和構式［M］//歷史語言學研究（第16輯）. 北京：商務印書館，2021.

［8］蔣紹愚. 《史記》單音動詞的情狀類型［J］. (待刊)

［9］劉丹青. 語言類型學（修訂本）［M］. 上海：中西書局，2017.

［10］呂叔湘. 文言虛字［M］. 上海：開明書店，1944.

［11］牆斯. 論新義産生的判斷標準——以"快"之快速義的産生爲例［J］. (待刊)

［12］沈家煊. 有界和無界［J］. 中國語文，1995(5).

［13］史文磊. 漢語運動事件詞化類型的歷時考察［M］. 北京：商務印書館，2014.

［14］泰爾米. 認知語義學（兩卷）［M］. 李福印，等譯. 北京：北京大學出版社，2000/2017.

［15］特勞戈特，特勞斯代爾. 構式化與構式演變［M］. 詹芳瓊，鄭友階，譯. 北京：商務印書館，2013/2019.

［16］吳福祥. 《朱子語類輯略》語法研究［M］. 鄭州：河南大學出版社，2004.

［17］吳福祥. 試談語義演變的規律［J］. 古漢語研究，2017(1).

［18］顏世鉉. 論成語"罄竹難書"的感情色彩和使用規範［A］. "中研院"史語所105年度第八次講論會

---

　　① 楊榮祥所說的"結果自足動詞"，既然有［終結］的語義特徵，也可以說是表完成的。他所舉出的"結果自足動詞"，大部分可以歸入"達成動詞"和"瞬成動詞"。但由於分類的標準不同，兩者有交叉。比如"結果自足動詞"的語義特徵有［＋自主性］［＋可控性］等，這就未能包括"瞬成動詞"的"死""斷"等。

論文[C],2016.

[19]楊榮祥. 上古漢語"詞類活用"的本質與産生環境[M]//華中國學(第 6 卷),武漢:華中科技大學出版社,2016.

[20]楊榮祥. 上古漢語結果自足動詞的語義句法特徵[J]. 語文研究,2017(1).

[21]姚振武. 上古漢語語法史[M]. 上海:上海古籍出版社,2015.

[22]Greenberg, J. 陸丙甫,陸致極譯. *Some Universals of Grammar with Particular Reference to the Order of Meaningful Elements*[M]//劉丹青《語言類型學》附録,1963.

[23]Lakoff,G.. Women, Fire and Dangerous Things[M]. Chicago:The University of Chicago Press, 1987.

[24]E. Traugott & R. Dasher . Regularity in Semantic Change[M]. Cambridge:Cambridge University Press,2005.

The Other Mountain's Stone can Polish Jade

Jiang Shaoyu

Abstract:Foreign linguistics provides inspiration and insight for the study of Chinese language history, especially in the terms of perspective and thinking method. These perspectives and thinking methods facilitate the in-depth study of the history of Chinese language, which has abundant resources of materials.

Key words:linguistic typology, mechanisms of semantic change, patterns of semantic change, situation types of verbs, the way language reflects the world

通信地址:北京市北京大學中文系

郵　　編:100871

E-mail:jiangshy@pku. edu. cn

"語體專欄"主持人語

史文磊

　　語體語法近些年來成爲現代漢語學界的一個研究熱點,成果迭出,進展迅速。但是,這一領域在漢語史研究中還没有引起足夠的重視,有很多工作亟待開展。漢語史語料的基本樣態存在"文、白混雜"的問題,若不對其作語體語法和詞彙的分辨與釐析,就無法進行科學的漢語史研究,這一點正在逐步成爲共識。鑒於此,2017 年 11 月 11 日,浙江大學漢語史研究中心舉辦了"語體與漢語史研究工作坊",邀請了馮勝利、方一新、汪維輝、王雲路、胡敕瑞、真大成、史文磊、王誠等八位學者,就漢語史語體語法和詞彙問題進行了爲期一天的研討。本期的"語體專欄"就是在此基礎之上策劃形成的。

　　專欄共 9 篇論文。内容上涵蓋了語體語法和語體詞彙、理論構建和個案考察、分析程序和語料辨析等各個方面,方法上既有理論思辨、也有文本細讀和計量統計。其中,馮勝利和汪維輝兩位先生的文章,分別在語體語法的學科系統和語體詞彙的理論上作出了探索,尤爲值得關注。馮勝利《語體語法的學科系統與理論推闡》在介紹語體語法理論新進展和學科構想的基礎上,對漢語歷史語體語法研究有待開展的諸方面進行了廣泛的闡述。汪維輝《詞彙的語體差異及其分析——以一篇五代公文爲例》以一篇寫於公元 952 年的五代公文爲例,對其中的詞彙進行了細緻的語體分析,爲歷史詞彙的語體差異及其辨析方法作出了新的探索。

　　進入新時代以來,我國提倡學術理論自覺與自主創新,構建中國特色的學術理論與話語體系。就漢語歷史語言學而言,我們呼喚基於漢語事實的理論自覺和自主創新;語體語法和語體詞彙的理論探索,恰可成爲一個極佳的切入點。

　　期待更多嚴謹而富有創新的、基於語體語法和語體詞彙理論的漢語史研究。

語體語法的學科系統與理論推闡[*]

馮勝利

内容提要　本文首先介紹語體語法基元要素——"體原子"理論的新進展,討論體原子的組類屬性及其質素原理。在此基礎上提出體原子語體語法的學科結構系統的初步設想,包括(但不限於)當代語體語法(Contemporary Register Grammar)、歷史語體語法(Historical Register Grammar)、比較語體語法(Comparative Register Grammar)、文學語體語法(Literary Register Grammar)以及更宏遠的理論語體語法(Theoretical of Register Grammar)。在上述學科體系的基礎上,語體語法理論需進一步推闡與深化,不僅要面對 Labov 的風格說、Biber 的語域說、Kiesling 的立場說和傳統的 diglossia 二言說并與之對話,更重要的是語體語法核心理論中"功能形式化原理"的建立(Rizzi,1997)以及"語距功能句法化"的論證。

關鍵詞　語體語法學科系統　當代語體語法　歷史語體語法　比較語體語法　文學語體語法　理論語體語法　功能形式化原理

一　引言

什麽是語體語法? 語體語法是以生成語法爲基礎,以語體的"調距"屬性爲機能建立起的一個以"形式—功能對生律"爲原理的不同語用用不同語法(或不同語法表不同語體)的語法系統。語體語法發展至今,已經經歷了三個主要的階段:首先是語體語法理論框架的建立(馮勝利,2010)①,其次是語體單位的確定(馮勝利,2017b;馮勝利、施春宏,2018),第三個階段是體原子的發現與鑒定(馮勝利、劉麗媛,2020)。有關該理論的整體系統和機制原理,可參馮勝利(2018)《漢語語體語法概論》,兹不贅論;而作爲本文所論體原子的理論背景,則需強調如下幾個核心要點:

1. 語體的元生性

語體是話語行爲中最具元生性的成分和要素,它比語言中的詞彙和語法更具有元生性。(馮勝利,2011)

---

*　本文初稿曾提交中國語言學會第二十屆學術年會(浙江大學,2021 年 4 月 10-12 日)。本成果受北京語言大學院級項目(中央高校基本科研業務費專項資金)"語體語法理論新探與拓展"(21YJ140006)、國家社科基金重大項目"基於漢語特徵的多元語法理論探索(多卷本)"(20&ZD297)及北京高校高精尖學科項目(中國語言文學)"基於歷時與共時的漢語語體語法理論體系研究"的資助,特此致謝。本文寫作中得到很多同仁和同事批評指正,如汪維輝、施春宏、史文磊、王永娜、李果、蘇婧、劉麗媛、韓宇嬌等的積極建議和校訂,使文章免却了很多疏漏與失誤,特表謝意。同時特別感謝張政、林曉燕、鄭曉溪同學節假日中不辭勞苦幫助查找資料、校對和排版。

①　語體語法初始和醞釀階段可以追溯到筆者 2002 年於美國堪薩斯大學東亞系給高年級開設的"Classical Chinese for Modern Writing"的中文課以及 2003 年發表的《書面語語法及教學的相對獨立性》(《語言教學與研究》2003 年第 2 期)。

語體是實現人類直接交際中最原始、最本質的屬性的（亦即確定彼此之間關係和距離的）語言手段和機制①（馮勝利，2018）。

語體源於交際，交際是語體語法的必然要素。據此，作爲交際工具的人類語言均至少有［±正式體］兩種語體。

2. 語體和語法的對生性

語體不是孤立的，它和語法是并生的同體現象。因此語體不同，語法也不同；反之亦然。這就是語體語法的"形—能對生律"（馮勝利，2012；馮勝利，2017b；馮勝利、施春宏，2018；馮勝利、劉麗媛，2020）。語體語法據此原理而有了今天的最新發展，亦即語距定律的原子性。

3. 語距定律的原子性

我們説語距定律具有"原子"屬性，是一種比喻的説法，意取"atomic individual 原子個體"的意思（而不是"原子彈 nuclear bomb"的原子），以此説明語體的基元單位（名之曰"體原子"）是"語距定律"的物體化或形式化。我們知道，語距定律，如懸差律，是具有"關係"屬性的概念或命題（如"A 與 B 二者之對立倘呈懸殊差異，則均具諧俗功能"），而這一命題的形式化或物質體現則爲"體原子"。粗言之，語距定律就是體原子；細言之，定律是命題，原子是形式（無論具體或抽象）。因此，唯有體現"語距定律"的形式纔是"體原子"。從語體原理及其屬性上説（馮勝利，2013），體原子乃集功能與形式於一身，恰如"冰錐"集"錐狀"體形和"刺穿功能"於一身一樣：其刺穿功能是錐體"長"出來的。

4. 語體語法的對象是語法（包括音法 phonology、義法 semantics、詞法 morphology 和句法 syntax）

語體語法的第四要義是語法。我們研究語體的目的是要解釋語言的語法（語言法則），説明語言形式所以合法與不合法的交際原理和機制。語體語法的終極目標是語法，因爲語體是呈現或形成語法整體中不可或缺的一部分，所以語法研究絕然離不開語體。也可以説，語體語法就如同 Rizzi 的製圖理論，把語體這部分交際信息進行了結構化和形式化（syntacticization of information structure）的構設，取得了很大的成功。下面從三個方面的經典例證來説明其理論功用。

1. 形—能一體的懸差律

最能直接説明語體語法"形式—功能對生律"的是今天已爲大家熟悉的典範例證：懸差律。漢語中的"稀不拉幾""嚜里啪啦"（sw｜sw）一類口語形式的節律，與英文的 limerick（打油詩，ws｜wws｜wws｜w）一樣，其輕重之差非常懸殊：

(1)a　w s｜w w s｜w w s｜w　　　There was /a young la/dy of Ni/ger
　 b　w s｜w w s｜w w s｜w　　　Who smiled /as she rode /on a ti/ger
　 c　w w s｜w w s｜　　　　　　they returned /from the ride
　 d　w w s｜w w s｜　　　　　　with the la/dy inside
　 e　w w s｜w w s｜w w s｜w　　(And) the smile /on the face /of the ti/ger.

---

　①　馮勝利（2017a：51）在文章注脚裏，對這裏的"原始"和"元始"二詞的概念有過詳細闡釋。他説："這裏的'元始'意爲'最小、最基本的單元'。讀者不要和'原始'（＝最開始）的概念相混同。換言之，元始是分析性的概念，原始是歷史性的概念，二者需從理論和概念上區分開來。"

正如 Laurence Perrine(1963)指出的："The limerick form is apparently inappropriate for the serious treatment of serious material."懸差律形式絕對進不了"大雅之堂"。這種"形式—功能的對應性",Rizzi 絕對支持,但 Larson 表示反對。然而,當筆者把 limerick 的形式及其功能呈現出來時,Larson 也肯首說道："That is true."形式和功能對應的屬性,無法否認;而我們藉此發明的"形式—功能對生律"及其本於自然的"冰錐論",迄今而言,可謂泰山不移。這是語體語法的理論成果,更引人注目的是它發現和解決了句法上的疑難問題。

2.句法結構的"兩可"性

漢語中的[V 和 V]既是非法的,也是合法的。請看:

(2)＊昨天我買和看了一本書。

　　昨天我們購買和閱讀了一部小説。

爲什麽單音節 V 和 V 的根句謂語不合法？爲什麽不合法的格式在雙音節 V 和 V 的組合中就變得合法了呢？形式句法祇能特設規則:雙音節動詞一種句法,單音節動詞另一種句法。但這是"特設"而不是解釋。功能語法也無法解釋一個格式的兩可語法,更不能系統詮釋和機制設定。顯然,"句法"不從"語體"的屬性來"揭秘"則難以得到原理性的解釋。這不僅説明句法離不開語體,更重要的是,如果不從語體角度區分什麽樣的句法運作允准於什麽樣的語體範疇,其句法系統必將"亂如團麻",即便强作解人,也無法逃脱"削弱"(如果不是毁滅)句法的科學解釋力的困境。

語體語法不僅是漢語的,而且是普適的:在人類其他語言中,它同樣具有不可或缺的句法解釋力。請看:

3.語體語法的普遍性

下面以與格結構(dative construction)爲例,進一步闡釋語體語法的普遍性。英語的與格結構在拉丁根動詞與盎格魯—撒克遜動詞之間,同時具有合法與非法兩種屬性,譬如:

(3)The government built a house for us.

　　They built us a house.

　　The government constructed a house for us.

　　＊The government constructed us a house.

拉丁根動詞不允許[V Dative-NP Object]的結構,但盎格魯—撒克遜來源的動詞就允准這種結構。何以一個結構兩種"合法性"？這一矛盾長期以來困擾着西方學者,至今沒有令人滿意的答案。然而,這種現象反而是我們語體語法理論可以預測并且正是我們所預期的結果:一個結構,兩種語法,這在語體分法(語體不同語法也不同)的理論體系中,毫不足奇。換言之,我們的語體語法不僅可以解釋自己語言裏"＊買和看"與"購買和閱讀"之間的句法對立,而且可以解釋英文裏"＊construct us a house"與"built us a house"之間的對立。沒有語體語法,這兩種語言的兩種結構不可能獲得統一的認識和一致的解釋。

上述三方面的經典例證足以説明,語體語法是一個已由事實鑒定而又理論自洽的普適理論;而更令人注目的是:近年,它在理論和實踐上又有了新的發展和突破,把我們探索的注意力聚焦到"體原子"的概念和效能之上。

二　語體語法有關"體原子"理論的新進展——體原子分析法

體原子是最近根據語距定律發展出來的一個新概念,它是語距定律決定的構建語體語法單位的基元單位。前面說過,這種基元單位,或體原子,是語距定律的一種形式化。從這個意義上說,體原子也可以理解爲"命題的形式化"。因此,如下文所示,音體原子表現爲"音";句體原子表現爲樹形結構;時體原子表現爲三維時空;而意體原子表現爲態度。體原子和語距定律的關係,就如同"錐形"與"凡尖可刺"的關係。如果說"錐"可用來表徵"凡尖可刺"的定律的話,我們就把"錐"稱爲這條定律的"錐原子"。換言之,原子代表的是定律,定律的體現是原子。迄今我們發現的體原子有如下 21 個:

1. 音體原子(10 個)

音值高低律([i]vs.[a])、平衡律 vs. 長短律(進行改革 vs. 改一改)、短弱律(妻子)、懸差律(吊兒郎當)、融合律(買一本書→買本書)、單雙音節對應律(家 vs. 家庭)、嵌偶律(我校 vs. ＊我們校)、合偶律(袖珍詞典 vs. ＊袖珍書)、韻律形態律(教材的編寫 vs. ＊教材的編)、單調律(一鍋飯够十個人吃/一鍋吃十個人/一鍋十個)。

2. 句體原子(3 個)

離核律(軍馬飼養場 vs. 養馬場)、樹距律(唱美聲 vs. 歌唱祖國)、樹圖首尾律(你喜歡語言學[嗎/唄/……][口])。

3. 時體原子(5 個)

古今律(一個大問題 vs. 一大問題)、時空律(昨日我們已經購買此書 vs. ＊昨天我們已經買這本書 vs. 昨天我們已經買了這本書了)、高頻致俗律(文明[正]wén míng vs. [口] wén ming)、成分追加律(走了吧,大概)、超距律(散文中用兒化表示事物的可愛:廣漠的草原上,蝶兒在飛、蟲兒在叫,牛兒長鳴、馬兒歡跳……一片生機勃勃的景象)。

4. 意體原子(人、事、地、意中的"意",謂發話者之意願/意圖,3 個)

親疏律(咱們 vs. 我們)、尊卑律(您 vs. 你)、褒貶律(老練 vs. 滑)。

上述每一個語距定律都是一個獨立的體原子,而每一個體原子都是一對"形—能對生體"。以"懸差律"爲例,請參圖 1:

音體　(噼里啪啦)

(功能)　諧俗　　懸差　(形式)

圖1

這個分支結構告訴我們:當語音這一物理現象以"懸差形式"出現的時候,它本身就具備了"諧俗"的功能。同理,當語音這一形式以"雙音節形式"出現的時候,它本身就具備了"正式"的功能;而與之對應的單音節體原子(非正式的功能)也就相應而生。即如圖 2 所示:

音體　　　　　　　　　　　音體

(功能)　口語　單音 (形式)　　(功能)　正式　雙音 (形式)

圖2

在此前的語體語法理論中,這條規律是通過陳述式定義來表達的:凡單音節形式和雙音節形式對應的情況下,均有語體性的對立功能。現在不同了,單和雙各自的語體屬性,均如"尖/刺"一體的原子屬性一樣:凡有單雙對立處,均有[±正式]的語體對立在,是爲單雙體原子。它們每時每刻都活躍在漢語的不同語法系統(音系、構詞、句法)中,并發揮和承擔着不同的表體、標體和造體的語體功能和職責①。上述 21 個體原子中的每一個,都像單雙音節體原子一樣得到理論和實踐上的驗證,發揮着它們構建語體語法的作用。在新型的理論體系中,所有語體語法的現象都無一例外的是體原子作用的結果。換言之,凡具語體效應或具語距效應的形式,都是體原子(們)作用的結果。

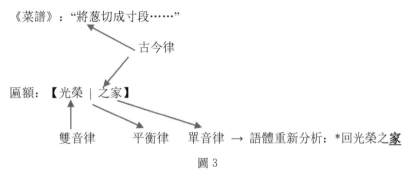

圖 3

今天的語體分析不同於以前的一個顯著特徵就是:任一語體形式(無論是語音語體、詞彙語體、句法語體)不僅是體原子的作用結果,而且很多是多個體原子經過多層和多重交織而成的結果。如圖 3 所示,匾額體的"光榮之家"就包含着"雙音律""平衡律""古今律""單音律"四個體原子,更重要的是此例中我們還發現了一條"語體重新分析"的規律暗鑄其中:"家"是單音律的口語詞,顯然與"光榮之家"的正式、莊典體表達相衝突,然而,在其他三個正式體原子的"壓迫"(或烘托)下,"家"被重新分析爲類似"家庭"的"家$_2$",而不再是每天可回之"家$_1$",比較"他回家了 vs. ＊他回光榮之家了"。

顯然,這樣的體原子分析在西方的形式語法、功能語法和語域研究中,是没有的,就是比起我們自己原來的語體語法的分析來說,不但豐富、細緻多了,也深刻、準確得多了。然而,新的問題也隨之而來。首先,體原子一共有多少個? 上面看到:音體原子＋句體原子＋時體原子＋意體原子＝共 21 個。這是人類語言中所有的體原子嗎? 顯然現在還不能回答。不僅如此,我們必須思考另一個更深的問題,即在體原子的個數及其類別的基礎上回答體原子質素及其原理的問題:體原子背後反映其本質的要素是什麼、有多少的問題。譬如不同的音體原子,僅就目前的研究來看,均可用"相等"與"不等"兩個特徵/屬性來表徵,以"音體原子"爲例:

1) 音體原子質素
    a. 輕重、長短 → [－等]　　—— 口語體
    b. 平衡、齊整 → [＋等]　　—— 正式體

---

① 參 2020 年出版的《漢語八百對單雙音節對應詞詞典》。單雙音節對應詞這種多維性的對立不僅得到大量事實的證明、得到本體論的解釋,同時還指導着我們進一步揭櫫和發現更多的隱藏在單雙音節形式背後的"語法—功能"對應的要素與規律。

　　而不同的句體原子則可用"三維對應模式"中的兩極口語體區域的句法屬性來表徵（圖4）：

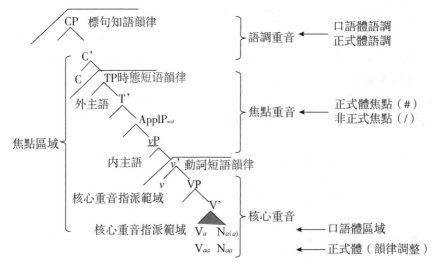

圖4　韻律、語體、句法三維對應模式圖

最高的 CP（＝intoneme）和最低的 V' 的句法屬性，從結構生成的角度看，是"基礎樹構"上的兩極核心（亦即最高的核心和最低的核心），因此我們可以據此標記其原子質素如下：

　　2）句體原子質素（兩極核心 V^0 and C^0）

　　　　a. 極核結構（自然）——口語體

　　　　b. 附著結構（爲然）——正式體

如何將體原子中最基元（primitive）的本質元素（質素）像分析水的化學分析式 H_2O 一樣提煉出來，無疑是語體語法理論面臨的一個嚴重的挑戰和肩負的重要使命。然而，僅就目前的研究而言，我們發現的體原子語法已然有着很強的解釋力和拓展性——爲我們從不同視角和立體層次上挖掘不同學科的語言問題及其語言材料，提供了新的理論指導，進而推動體原子語體語法學科結構系統的初步建立。

三　體原子語法的"普適性"及其拓展研究

　　語體語法研究的是人類語言的交際語法，其核心思想和終極目標是要解釋語言語法（音法、句法等）所以如此的原理和機制。語體語法認爲：人類的語法不僅是形式的（VP、TP、CP等）、韻律的（如核心重音、語調重音等），而且是交際的（如口語體、正式體、莊典體）。形式是"骨架"＝結構所基；韻律是"經脈"＝氣運所由；而語體是"血肉"＝生命所在。是爲語言語法的"三合一體"，是漢語研究創設的 UG 普適語法。在此基礎之上，我們可以推導出語言的各語法領域的語體屬性，其中主要包括：當代語體語法、歷史語體語法、比較語體語法、文學語體語法、理論語體語法五大屬類；前三者屬語體本體，第四類屬語體應用（文學衹是其中之一，其他如"文類語體語法""音樂/文字/建築/服飾語體語法"等，因限於篇幅而有待另文專述）、第五類爲語體語法之"靈魂"（理論基礎）或語體語法理論之理論。下面分別討論每個分支領域的學科體系及研究構想。

（一）當代語體語法（Contemporary Register Grammar）

當代語體語法是以當代社會及其語言體系爲對象的語體語法研究。

1. 語體語法本體研究

語體語法無疑應當而且永遠立足於本體的研究，無論語體語法對相關學科有多大的影響力和相關度。事實上，過去十餘年來的研究成果，已經足以幫助我們考慮在語言學本體研究中因語體語法而帶來的新的分支的可能。就像韻律語法理論下產生的韻律音系、韻律構詞、韻律句法一樣，語體語法下的本體研究的分支已基本成型：語體音系／韻律學、語體語義學、語體句法學、語體詞彙／構詞學，等等。篇幅所限，這裏祇能對每個語體的分支學科做簡要説明，詳細論證，則有待專項闡釋。

1）語體音系學／語體韻律學

語體音系研究音系單位的語體屬性。譬如元音的前後有無標距功能，元音高低有無親疏屬性？高元音表"親密"（朱曉農，2004）、高聲調表"小巧、可愛"（鄭張尚芳，2017），但是它們在音系系統中如何運作，尚需具體研究。我們要問：是否所有元音、輔音或聲調，還有"介音"，都具語體的調距功能？凡此種種都是將來語體音系學研究的新課題。語體語法發展至今還派生出另一個可以獨立研究的新領域："語體韻律學"。語體韻律學專門研究具有語體屬性的韻律。袁愫（2020）發現《詩經》節律有"左重口語體"和"右重正式體"的對立，可謂語體韻律研究的奪人先聲，而劉麗媛（2021）則發現平衡律在當代正式體中一律"凝化"爲"雙步最小極限定律"。這可謂語體韻律學中的一個重要發現，據此我們可以概括爲：沒有雙步律，不成正式體①。

2）語體語義學

"語義也有別體功能"，這是語體語法提出的新命題（馮勝利，2015），而馬文津（2019）用義素分析法證實了這個"歌德巴赫猜想"。譬如"挖"的義素集是：{［＋用手］［＋用工具］［＋從表面向裏］［＋用力］［±取出］［＋具體事物］}，而"挖掘"的義素集則不同：{［±用工具］［＋從表面向裏］［＋設法］［＋得到］［±抽象事物］}。兩者之間的"義素差"正好就是它們的"語體差"。這個領域的研究以馬文津的博士論文宣布正式起航，而其將來無疑給"訓詁詞義學"開闢了一個大展其才的廣闊天地。

3）語體句法學

語體句法學是語體語法最早關注也是成果最顯著的領域之一。從喬姆斯基的形式句法理論上説，句法和語體乃天壤之別：半個多世紀以來的"linguistic competence"和"pragmatic performance"仍然告喻着天下：語體無關語法、句法也無關語體。必須指出：在與句法的關係上，語體語法和韻律語法的原理是一樣的：語體和韻律都不能創造句法。但是，我們的理論與喬氏及其他理論（如功能語法、構式語法、認知語法等）所不同的是：語體語法和韻律語

---

① 這一正式體節律定律在其他語言中也不乏見，譬如英國著名散文家威廉·黑兹利特（1778-1831）的"論平易的文體"中的這段：

All is far-fetched, dear-bought, artificial, oriental in subject and allusion；

All is mechanical, conventional, vapid, formal, pedantic in style and execution.

很明顯，這是平衡律的議論正式體。從這個意義上，我們甚至可以説：沒有平衡律，不成正式句。

法以其内在機制，不僅可以制控，同時也具啓動句法的語言學功能。因此，語體語法攜手韻律語法一起解釋了諸多漢語基礎結構上的重大問題，如"VP&VP"何以不合法？漢語動詞爲什麼不能攜帶兩個成分（Huang's PSC）？聲調語言何以都有句末語氣詞，等等。類似這些漢語基本結構的骨架性大問題，單靠純句法理論根本無法解釋（甚至允准）句法"可以派生但結果不可接受"或語體迫使句法"無中生有"的語言現象。這方面的研究成果越來越多，這裏衹舉一例，以見"高位正式體"之一斑（參馮勝利，2015；王永娜、馮勝利，2015；駱健飛2017；王麗娟，2009、2018；王永娜，2018；胡叢歡，2020；林曉燕，2021）①：口語的"唱啞嗓兒/美聲"和正式體的"歌唱祖國"都是輕動詞移位的結果，但是，正式體雙音節動詞的移位要比口語體單音節動詞的移位高，如圖5所示：

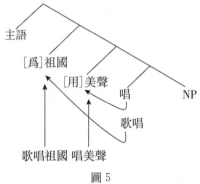

圖5

可見，句法移位的高低和語體正俗的對立，相互對應。恰如口語的"特別"和正式體的"尤其"，連用時可以説"尤其特別VP"，但不能説"＊特別尤其VP"——也是正式位高的"樹體原子"的作用所致。語體句法學領域的研究雖然成果斐然，但其更深入的研究還大有可爲，無論理論上，抑或實踐上。

4）語體詞彙學/詞彙語體學

語體語法理論的一個重要成果就是漢語語體詞彙學和詞彙語體學的開闢。這方面汪維輝先生的研究（2014）可謂領時代之先。他在《現代漢語"語體詞彙"芻論》一文中説：

按照上述馮勝利先生對"語體語法"的定義，我們可以説，所謂"語體詞彙"就是"爲表達某一語體的需要而産生或使用的詞彙"。語體與詞彙的關係是：不同的語體有不同的詞彙，不同的詞彙反映了不同語體的需要。換言之，詞彙是有語體屬性的，語體不同用詞不同，不同的詞用於不同的語體。（《長江學術》2014年第1期）

汪維輝先生提出"語體詞彙學"的這一新領域的研究正蓬勃發展。除了汪氏團隊聚焦的詞群的歷時語體變化和語義的歷時語體重組以外，語體詞彙史在歷時語體語法理論中仍有一個巨大的空白需要填補，這就是"單雙音節詞彙語體史"。該研究的問題包括（但不限於）（一）什麼時候出現雙音節的構詞系統（戰國？注意：構詞系統不是零星雙音節詞的使用）？（二）什麼時候出現單雙音節對應詞及其對立系統的（東漢？）？（三）什麼時候出現嵌偶詞及其機制（如殷曉傑、張家合[2017]所發掘者）？（四）什麼時候出現合偶詞及其系統？（五）系統出現後個別詞彙或詞群的語體功能及其連帶的詞義特徵與句法屬性有何變化、其規律爲何？換言之，語體詞彙學應該放到該語言整體詞彙的語體變化及其當時語體語法的整體狀況下

---

①　同參《語體語法"體原子"研究》中的相關論文。

考察，而不僅僅是單一詞彙或詞義的考證。在此整體系統的基礎之上，我們纔可以并應該進行“詞彙的單雙史”和“詞彙語體史”以及“語體詞彙史”的研究。由此生發而來一個新的研究方向是“語體語義場”和“語體詞彙場”的開闢和研究。語義場中的語體詞彙的研究，譬如親屬稱謂，由此而及的爾雅場、詞彙場、佛經語體場、經傳詞彙場，等等。

5)語體方言學

方言語體語法研究是將來語體語法研究一個大宗，因爲它的基本原理是建立在體原子中的“時空律”之上，而時空不僅是時間的而且是地域的，同時還是語法的（語法時空標識的語距屬性），而這“三維合一”的研究還沒有全面動工，儘管朱賽萍(2013)的博士論文已經起錨了這個領域的研究，同時後繼研究也接連不窮（參浙江大學主辦的中國語言學會第十九屆年會上諸多方言語體語法研究）。

語體方言學理論上的一個重要問題是：建立在交際語距原理上的語體語法，無一例外地把自己的方言作爲最近語距的口語語體，因此土生土長(indigenous 或 sermo humi obrepens)的母語(mother tongue)則是無可比擬的親近體（典型口語體），其他方言比較之下都有距離感（北京人叫侉子），而官話（無論古代還是現代，均以首都方言爲準）則是與自己方言對立的正式體。因此，一個方言中的正式與非正式的對立形式，到了另一個方言則會發生變化。譬如南方方言的口語體到了北京話裏可能正相反：“被、教、讓”三個被動標記，在北京話裏第一個是正式體，後兩個是口語體。然而對説南方方言的人來説，“教/讓”聽起來却比“被”顯得正式。又如“重”和“沉”，在南北方言的語體系統裏，其語距屬性正好相反。顯然，這不僅是語距屬性的自然表現，更是北京話影響的必然結果①。

北京話（嚴格説是普通話）對方言來説是正式體，因爲北京是首都，因此北京話是“官話”。孔夫子所謂“《詩》、《書》、執禮皆雅言也”(《論語·述而》)的“雅言”就是“官話”。雖然北京方言也有自己口語與正式體的對立（機制所在，無不皆然），但其他方言的正式體都是以“北京話爲基礎的普通話”爲圭臬。以普通話爲標準的語體方言學剛剛開始，而以歷代“官話”爲標準的語體方言學還沒有引起重視。究其因，或爲語體效應在方言語法中根植太深不易剝離的原因所致。譬如“文白異體”造成的“叠置音變”就是很好的一例：

> 叠置式音變是權勢高的方言以文化教習爲媒介進入權勢低的方言而引發的音變，是已分化并有權勢不同的兩個姊妹方言音系接觸而造成的不同音系（不同的字音分合關係）在一個共時音系中的層次叠置；而連續式、擴散式音變從性質上説都是一個音系自身的演變。(王洪君，2010)

文白異讀反映了一種不同於新語法學派式音變或“詞彙擴散式音變”的獨立的歷時音變方式——叠置式音變。叠置式音變的性質是經本地土語音系改造而後來進入的外地權威方言的音韻層次。變化單位不是詞形或字音整體而是詞形中的字音的聲、韻、調；其變化的條件不是共時音系的聲、韻、調類而是歷史上已消失的聲、韻、調類；其變化過程始終與詞彙相關；新文讀先是出現在很少的新興詞語中，然後文讀、白讀都出現在一般詞語中但有文體差異，最後是白讀祇出現在很少的當地特有土語詞中。由於歷史上權威方言的更替，一個土語方言中可以叠置若干個時間層次不同、地理原點不同的權

---

① 在特殊政治經濟環境中，有的地區或國家用外文做自己的正式體（如以前的香港和澳門以及今天的新加坡），那麽口語和正式體的對立就是母語（從餵養和生育兒童的母親那裏學來的語言）和外語的對立。

威方言的層次。（王洪君，2007：36）

如果説文白異讀以及叠置式音變是漢語方言提供的音變模式的話，那麼這種模式的産生，就目前的語言學理論而言，則非語體語法不能洞其所以然的"語變機制"，如圖 6 所示：

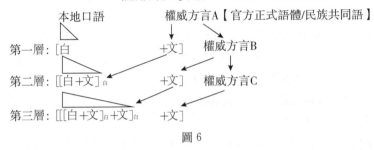

圖 6

共時的語體對立經過語體語法內在的"高頻致俗律"再加上外部社會變動而導致的語體重組，不可避免地帶來"共時對立"的不斷破壞、不斷重組的語變模式。這個模式不是社會語言學理論所能提供的，也不是形式句法學理論所能兼容的，這是語體語法"體必兩極"與"高頻破體"之間相反相成的"動源"所致。這正是語體方言學將來能夠爲普通語言學做出貢獻、甚至領先學界的潛能所在。

2. 語體語法應用研究

語體語法理論的不斷完善給語體語法的應用開闢了廣闊的天地。譬如，語文語體教學、二語語體教學（Lee et al.，2015）、文章語體學、語體文學、語體文類、五四前後漢語正式語體的出現、發展與現行變化以及港臺與內地正式語體之關係等等，都將是語體語法研究面對的新領域。有關這方面的研究方向與方法，馮勝利和劉麗媛（2020）有詳細論述，茲不贅述。

（二）歷史語體語法（Historical Register Grammar）

歷史語體語法可以定義爲：以不同時代的社會及其語言體系爲對象的語體語法研究。就我們自己的歷史及語言而言（從最古的甲骨文開始），歷史語體語法學研究的對象和方法至少要包括如下幾方面的內容或領域：1. 經傳語體語法的研究；2. 文獻語體語法研究；3. 語體語法演變的研究；4. 歷史語體語法應用的研究。下面逐條探討每一領域的具體研究對象和原理。

1. 經傳語體語法的研究

漢語歷史語體語法學首先要研究（或定位）的是古代經書及其傳注中的語體語法（簡稱"經傳語體語法"）。事實上，在語體語法理論構建之後，我們纔發現或領悟到中華文化史上的"經傳語體"。譬如，五經之一的《詩經》是以民歌的風、國歌的雅、神曲的頌（風、雅、頌）所構成的"三體"系統，這與三維語體系統的口語體、正式體、莊典體不謀而合——看似巧合，實出必然。這又與孔子"《詩》、《書》、執禮皆雅言也"直接相關，我們認爲，它是公元前 500 年前後孔子建立"語體文化"的直接結果。在這裏，本文鄭重提出：語體文化是儒家倫理的奠基石，是與其"以禮治國"具有同等意義的"以體治國"。衆所周知，周人尚文，遂繁文縟禮，等級森嚴，此爲體之大界。禮的基礎是等級，體的核心是距離。沒有距離則沒有交際關係，沒有禮儀則沒有人際關係，所以語體和儀禮就成了當時（或人類）政治活動、社會生活以至孔子

"體文教化"之立說、明道的來源。篇幅所限,玆僅舉數例,以見一斑。

1)語體官職

《周禮·秋官·大行人》:"諭言語、協辭命。"《大戴禮記·保傳》:"答遠方諸侯,不知文雅之辭……少師之任也。……號呼歌謠,聲音不中律;宴樂雅誦……不知先王之諱與大國之忌……太史之任也。"

周朝政府設有專職官員掌管"言語"和"辭令",如果"答遠方諸侯,不知文雅之辭",則是"少師"之失職;如果"宴樂雅誦而不知先王之忌諱"則是太史之失守。在周朝,貴族什麼時候說什麼話、用什麼辭、遵什麼法,全部鑄入國家的機器——語體即禮法。因此,語體成爲政治和日常生活的重要內容。《大戴禮記·小辨》曰:"爾雅以觀於古,足以辨言矣。"達官貴族出口必有體,知識分子均需觀古辨言,捨爾雅則不得其體。

2)《詩經》風、雅、頌

在語體如此政治化的上層社會裏,詩歌具有"體"的功能也便不足爲奇。《詩經》的作者當然不一,但《詩經》的結集與分體,則不能不說是孔子的編纂之功。他"《詩》《書》皆雅言"的原則已然暗示出《詩》分"風、雅、頌"的原理所自;而其所以"不學《詩》,無以言"的"叨陪鯉對",又暗示出"語不體,無以言"的"詩教""語教"以至"體教"的語言文體觀。

3)《春秋》微言語體

最能說明儒家文明也是"體教"文明者,乃《春秋》語體。什麼是《春秋》語體? 本文認爲:《春秋》語體即"褒貶體"、即"尊卑體"、即"微言大義體"。語體本是交際距離的表達機制,然而,在孔子那裏它被用作或發展成爲了"教化"的手段、安命的工具。一個"善"字則可使位卑者身價百倍,雖死猶榮;一個"貶"字也能令王公侯爵遺臭萬年,雖生猶死。語體之於人生,亦大矣哉,玆臚數尚以明之:

a.《穀梁傳·隱公四年》:"翬者何也? 公子翬也。其不稱公子何也? 貶之也。何爲貶之也? 與于弑公,故貶之也。"

b.《穀梁傳·隱公五年》:"《傳》曰:'常事曰視,非常曰觀。'禮,尊不親小事,卑不尸大功。魚,卑者之事也。公觀之,非正也。"

c.《穀梁傳·莊公三年》:"(天子)曰母之子也可,天之子也可。尊者取尊稱焉,卑者取卑稱焉。"

d.《春秋·莊公六年》:"王人子突救衛。"《穀梁傳》:"王人,卑者也。稱名,貴之也,善救衛也。救者善,則伐者不正也。"

e.《春秋·宣公四年》:"公及齊侯平莒及郯。莒人不肯。公伐莒,取向。"《穀梁傳》:"伐,猶可;取向,甚矣。莒人辭不受治也,伐莒,義兵也。取向,非也。乘義而爲利也。"

在孔子《春秋》的語體系統裏,"稱謂"不僅事關交際距離,更是社會地位和道德準則的標號。因此,研究古代語體語法不能不知:在儒家社會裏,語體不僅是"調交距"的語言手段,而且是"判生死"的決辭。從這個意義上說,"《春秋》"體"實乃"榮辱體""生殺體"——從調節交際之遠近,到定奪生死之判辭。由是可知,幾千年來,中國人之安身立命須有賴語體者以此;而中國文化研究者若離開語體而款言上天、入地之宗教信仰者,則失其根也必矣! 蔽之一言,《春秋》乃中華文化語體之根。故經傳語體語法不獨立,則不能見出"體教"在中國語言文化中之源遠流長、根深蒂固。篇幅所限,這裏祇能發凡一二;深入研究及系統董理者,尚俟來日以足成之。

2. 文獻語體語法研究

文獻語體指經傳語體之外所有文獻的語體及其語法,因此也可以用四庫分類中的"子、史、集"三類來概括。換言之,"經"獨立之後所餘者,皆爲"文獻語言"(統稱爲子史集類)。"經傳語言"在官體和經體上有別於其他語體,如上所述;文獻語言的語體語法研究主要包括如下幾大範疇:

1)上古漢語的典謨體、册令體

甲骨語體、金文語體、尚書語體、雅頌語體等,均屬此類研究。這裏,我們注意到王國維的"論《詩》《書》中成語"①和孫詒讓的"雅言主文,不可以通於俗;雅訓觀古,不可以概於今"②,實爲先聲卓論,開上古典謨敕誥體研究之先河:"命、誥之辭與雅、頌多同。"③

2)相同文體的語體語法比較

歷史上相同文體的語體比較可謂一個新領域。譬如《史記》《漢書》語體語法之異,涉及文言文中正式與非正式之間的不同;而經與史中的語體語法之異則表現了典誥/謨體語法與敘事體語法的差異。西方學者 Barbara Meisterernst(梅思德)所作的有關《史記》《漢書》的語體的對比研究,可謂這類語體語法系統研究的先行者(雖然古代文論中不鮮《史》《漢》用語之異同考)。而經、史語體語法對比研究(即典誥體語法與敘事體語法之對立),則尚未真正啓動而有待大力發掘④。

3)語體文類的創新

語體語法研究的深入必然涉及古代文類的機制與創新,此乃有待開闢而尚未成熟的領域。當理論工具還未臻完善之際,我們不知道"四六駢文"創新的語體根據,因此也不便信口雌黃"唐宋古文"及其"語體部件"的細目(參下文學語體語法研究類)。然而,將來的研究必然對此作出細密的解釋和劃時代的貢獻。僅就近古文言體與古白話體的區別而言,我們就有胡敕瑞(2013)⑤和蔣紹愚(2019)的最新研究,而五四以後正式體的創新,在劉麗媛的新作中(見本期)出人意表地提出:當代正式體,源出文言文。這雖與馮勝利(2014)現代漢語正式體來源於"以口語語法爲基礎而吸收了文言、方言、外來語等加工而成"的觀點不同,但二者均認爲正式體是一種創新體系,則無疑義。

3. 語體語法演變的研究

語法演變的動機是歷史語體語法所要研究的重要課題。其中包括音法演變、詞法演變、句法演變。功能語法學家從類推角度解釋語法演變的原因,形式句法學家則從特徵增減解釋語法演變的動機。然而,語法演變(音法、詞法和句法)有非類推和特徵所能解釋者,譬如二等介音的產生,根據曾曉渝(2021:122)的研究,是正式體的結果;而"臺灣"一詞[±輕聲]之音變也是語體所致。動詞重疊如"伸伸(腰)",口語是輕聲,但是到了教練的口令中,則音足調實而輕聲全無。音系學家可以給"去輕聲"的現象設計一條規則,但是沒有語體的動機,這條音系規則永遠"無動於衷"。同理,北京話中"輕讀"的現行變化,非"語體致變"而莫由?(參馮勝利,2021b)

---

① 《與友人論〈詩〉〈書〉中成語書》《與友人論〈詩〉〈書〉中成語書二》(王國維,2003:32-36)。
② 孫詒讓(2010:175)。
③ 孫詒讓(2010:175)。
④ 毫無疑問,專書語體語法的研究是比較的基礎,故不贅。
⑤ 胡敕瑞(2013)總結出中古漢語十五條文白的差異,可以參看。

不僅音變，句法的演變很多也直接受變於語體。如古代的"唯命是聽"、現代的"加以／進行"都是無可辯駁的事實。根據馮勝利（2021）的分析，"唯賓是 V"的結構是（參圖 7）：

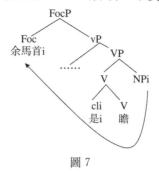

圖 7

這種新型句法結構中的體原子作用，有如圖 8 所示：

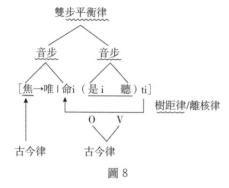

圖 8

圖 8 中古今律、樹距律、離核律以及雙步平衡律都是正式體原子，致使這種春秋時期出現的句法運作和形式，且衹用於貴族群體的正式體，即使到了今天，它也仍然可以作爲正式體表達出現在當代書面語體之中。

歷史語體語法研究的對象和領域還有很多，這裏不能一一説明和介紹。最後要強調的是歷史語體語法應用方面的研究，這是一塊尚未開墾的處女地。其中最當受關注者是古代歷史傳記體及其語體理論的研究，譬如劉知幾的《史通》、章學誠的《文史通義》、程千帆的《文論要詮》等有關"傳記文學語體"的討論與思想，以及歷代公文語體和尺牘語體的特徵發掘和規律探索，都將是歷史語體語法研究的用武之地。

（三）比較語體語法（Comparative Register Grammar）

比較語體語法是以不同民族文化及其語言系統爲比較對象的語體語法研究領域。可以説，這是語體語法開闢的一個嶄新的語言學和文體學之間跨學科研究的新型領域。理論上説，如果語體語法是適於人類任何語言和文化的一種普適語法，那麼不同語言之間的語體語法就不僅有原則上的共同性，又有實施參數的可變性。跨語言的語體語法攜手跨語言的形式語法可以而且必須同步而行。正因如此，這個領域的研究很有可能成爲將來中國學術通軌國際的一條新路徑。就體系而言，語體語法的跨語言比較應該包括（不限於）如下面幾個方面。

1. 語體語法本體比較

任何語言分科的比較都以本體爲基礎。語體語法的本體主要是句法與音法。句法上，根據我們現在的研究，英語的與格結構（dative construction）就可與漢語 VP-coordination 進行對比研究（參"引言"中關於"語體語法普遍性"一節中的討論）：

(4) a ＊construct us a house（built us a house）

　　b ＊買和看了一本書（購買和閱讀了一本書）

　　　＊好和真的故事（好聽和真實的故事）

在兩個語言中都出現了基礎結構既不合法而又合法的現象，不讓它們在不同的語體範疇裏進行分辨，這種"規則—悖論"是無法解釋的。將來的研究要問：這種"規則—悖論"有多少、有多深（結構層級上），以及是怎樣形成的、由什麼規則控制的、規則的語距性質是什麼等有關語言學的深層問題①。

音法上，語體對比也是一個嶄新的研究方向。譬如法語中的"learned vowel"和漢語中的"雙音正式體"②。如：

(5) 法文 ε～a 和 œ～ɔ 的發音不同

　　formel 'formal'　　　vs.　　formalisme　　　'formalism'

　　professur 'professor'　vs.　　professoral　　　'professorial'

這些"文讀後元音"（Dell and Selkirk，1978）受單詞形態特徵的支配。法語的派生詞綴（和詞根）分爲兩個互補的集合，以此決定其中成員的語素是否有後元音或爲其提供語言環境。注意：這些集合中的成員無法在語音上進行預測，因此要爲它們假定構詞形態以便區分③。法語的這種文讀與非文讀的互補，與漢語動詞"雙音名物化"正可進行"比較語體語法學"的對比研究：＊教材的編 vs. 教材的編寫。我們認爲：雙音動詞和文讀後元音具有同等性質：兩組的組合成員都無法用音系規律來預測，祇能用形態特徵來區分。事實是：無論設定怎樣的形態區別特徵，結果都是文讀和非文讀或正式與非正式的對立。音法的語體化，中、法同律④。

2. 語體語法"經學"比較（儒學 vs. 聖經）

---

①　　上古漢語疑問代詞賓語移位到 VP 和 IP 的語體對立，"王何卿之問也"（《孟子·萬章上》）vs. "何惡之能爲？"（《左傳·襄公十四年》），前者敘事，后者議論，參蘇婧（2021）。也可以與法語 wh-movement between Colloquial and Formal 進行跨語言的語體對比研究。如：Literary French：overt single wh-movement → Wh2－，Wh1＋；Colloquial French：no overt wh-movement → Wh1－。而英語的 To whom should we send a book vs. Who should we send a book to 之間的語體對立，也可以和漢語的"我建議你別去 vs. 我不建議你去"之間的語體不同，進行跨語言句法語體化的比較研究。

②　　古代韻書中的記變與存古，也將是對比研究的一個重要課題，當然非要對西方音變有深入瞭解不能深入進行。

③　　Learned Backing (François & Selkirk, 1978) is governed by the morphological characteristics of a word. The derivational suffixes (and roots) of French divide into two complementary sets and the membership in these sets determines whether or not a morpheme undergoes Learned Backing or provides the context for it. The membership of these sets is not predictable in phonological terms, and we will show that a morphological feature must be posited in order to differentiate between them.

④　　再如漢語口語的"吞音"現象，如"一＋量＋名"中的"一"的刪除（李豔惠、馮勝利，2015）與英語中的縮約式（contraction）也可以進行對比研究。譬如孫鑫（2021）基於離核律體原子的" NP1＋of＋NP2"結構研究和瞿沖（2021）英語縮約式所在語句融合度與非正式度的關聯性分析，都是有關"語音縮略/融合的語體屬性"的跨語言的初步研究。

另，音體原子的高低律下產生的英語昵稱"Emmy, Daddy…"和同一體原子產生的中文高調"小親稱"（鄭張尚芳，2017）之間進行"同一體原子，不同表現形式"之間的跨語言研究。此外，還可以進行"不同體原子，同一語距效能"的跨語言研究。如英文融合律體原子下生成的 "Let us→Let's" 可以與漢語的意體原子下生成的"我們→咱們"对比。諸如此類，不勝枚舉。可見比較語體語法學確有廣闊天地而有待開發。

在歷時語體語法一節中我們談到"經傳體"的獨立問題，這一點恐怕一時還不能爲人所理解，其意義如何，需要時間來驗定。而這裏更進一步，據"經學語體"再提出經學語體比較研究，這就更需要長時間的實踐來檢驗了。無論如何，在這裏筆者首先提出一個"什麼是西方經學"的問題，因爲非如此，不能有"經學語體比較"的研究。我們認爲西方的"經學語體"就是他們的"聖經語體"（Harrison，1998/2020）①。他們把聖經的詞語分爲四層意義來訓釋：

　　a. 字面義——教你做什麼；

　　b. 寓含義——教你信什麼；

　　c. 道德義——教你應當如何；

　　d. 原因義——教你追求什麼。

前兩者是語言的訓詁（textual exegesis），後兩者是聖經的訓詁（biblical exegesis）。這和筆者曾經提出的"經學訓詁"（馮勝利，2019）頗有不謀而合處。當然，我們對他們的聖經語體研究還十分陌生，不敢妄下雌黄。但無疑，這正是我們（包括西方學者）在"經學語體"研究上的一大空白。這裏筆者衹提出問題，留給將來有志於此者做深入的研究。同時，應該指出在這個問題的研究上，據筆者目力所及，朱慶之對佛經語體的關注（朱慶之，2012；朱慶之、錢珍，2018）、何莫邪（2013）對趙岐《孟子章句》的語體研究，以及上文我們對經傳語體獨立研究的建議，都可作爲該領域研究的當代起點。

　　3. 文學語體語法的比較

如下節所述，當"文學語體語法"建立以後，跨語言的比較研究便可揚帆起航。雖然現在這個學科還處在"展望"和"醖釀"階段，但令人矚目的輪廓已日見其形。譬如漢語的數來寶："打竹板，邁大步，眼前來到了包子鋪……"，無疑具長短律的藝術效應。而英文的 limerick（打油詩）也是如此，參前文例（1）。

正如 Perrine（1963）所説："the limerick form is used exclusively for humorous and nonsense verse，for which with its swift catchy meter，its short lines and emphatic rhymes，it is particularly suitable."正因如此，"The limerick is apparently inappropriate for the serious treatment of serious material."這段英文打油詩的評述，移作"數來寶"的語體特徵再恰當不過了。

　　4. 語體語法體原子的跨語言比較

跨語言的體原子比較也將成爲比較語體語法一大宗。這裏僅以意體原子爲例説明之。如土耳其語中就有三種第二人稱代詞形式，分別對應口語（casual）、正式（formal）和莊典（elevated）②：

　　1）SEN：for family members and friends speak to one another and adults use it to ad-

---

　　① 如奧古斯丁堅持所有的經文都與信仰或道德有關，以至提出聖經文字"四重詮釋意義"的釋經原則：歷史意義、寓含意義、類比意義、原因意義。這種詮經法和儒家解經的"微言大義"，如出一轍，適可比較。

　　② In sociolinguistics，a T-V distinction（from the Latin pronouns tu and vos）is a contrast，within one language，between second-person pronouns that are specialized for varying levels of politeness，social distance，courtesy，familiarity，age or insult toward the addressee. Languages such as modern English that，outside of certain dialects，have no syntactic T-V distinction may have semantic analogues to convey the mentioned attitudes towards the addressee，such as whether to address someone by given or surname，or whether to use "sir" or "ma'am" in American English. Under a broader classification，T and V forms are examples of honorifics.

dress minors.

2）SIZ：for formal situations（business，customer-clerk，and colleague relationships，or meeting people for the first time）

3）SIZLER（double plural）：for very formal，much-respected person

而日語的“我”則有 ore ＜ boku ＜ watashi ＜ watakushi 四種形式，北京話祇有“你”和“您”。比較之下，我們發現敬體的跨語言拉距機制都一樣：或降低自己，或抬高對方，無非是要與對方的地位拉開距離。然而，比較之下我們還發現，土耳其語的動詞的第三人稱複數形式（the third-person plural form of the verb）竟然被用來對應最高的敬體。可見複數具有語體的標敬功能①。由此連及是否漢語的“－們”也源出語體？ 無論如何，“語體比較”可以啟發我們從不同角度思考語法功能。

（四）文學語體語法（Literary Register Grammar）

文學語體語法研究的是如何將語體語法作爲藝術工具而進行的文學創作，及其理論與方法。這是語體語法開闢的一個語言學和文學之間跨學科研究的嶄新領域。理論上說，語體的功能本身就可以“藝術化”。魯迅《孔乙己》中的“多乎哉，不多也”，就是用語體語法的古今律創造的孔乙己這一人物的“迂腐”形象。語體的文學效用是“應用語體”理論的重要領域。這個領域尚未開發，然而如下文所示，文體和文類的類型學研究正是語體的用武之地。譬如，陳柱（2018：191）在《中國散文史》中説：

> 沈文《難神滅論》純乎筆者也；《彈甘蕉文》，純乎文者也；《謝靈運傳論》介於文與筆之間者也。《難神滅論》專主乎理勝，言貴精刻，無取乎華辭，故宜乎筆也；《彈甘蕉文》乃寓意抒情之作，味貴深長，不宜過於質直，故宜乎文也；至於《謝靈運傳論》，意在論文，直抒胸臆，故貴乎文筆之間也。

按，陳氏所論三者，實乃論說體、抒情體以及文藝體之間的三種文體之不同，而其所以不同正在於它們各自所用語體韻律手段之異。如何使用體原子具體分析“介乎兩者之間”之要素，是其中可以深入研究之處。再如李漁在《窺詞管見》中徑用語體手段點破詩、詞、曲三者之間的不同：

> 詩之腔調宜古雅，曲之腔調宜近俗。詞之腔調則在雅俗相合之間。

這裏的“雅俗”即語體，其中“雅言”“俗語”就是古今律，其中的“腔調”即韻律。李漁雖有雅俗而無機制，雖有“宜”“間”而不明所以；因此祇能意會而不能言傳。而在語體理論觀照下，我們則有可能根據上文的定義具體勘查表達雅俗的不同成分，從而使“雅俗相合”有了所以如此的根據和著落。

語體理論的另一文學作用就是它能幫助我們洞見前人文論中的獨立思想和精闢見解。如黄季剛先生（2001：214）曾説：

> 宋詞出於唐詩，元曲出於宋詞，正如子之肖父，雖性情形體酷似，遭逢既異，行事亦殊。又雅俗有代降，其初盡雅，以雅雜俗，久而純俗，此變而下也。雅俗有易形，其初盡

---

① 法語用第二人稱複數 vous 來表示敬稱“您”、德語用第三人稱複數 sie 表示敬稱“您”，或與此同。感謝王遲爲本文提供的例證。

俗，文之以雅，久而畢雅，此變而上也。由前之說，則高文可流爲俳體；由後之說，則典頌可變爲麗詞。然二者實兩行於人間，故一代必有應時之俗文，亦必有沿古之詞制。

雅俗有代降，故而文學有"代降"。一語道破何以"四言衰而有五言，五言衰而有七言，詩衰而詞起，詞衰而曲興"的千古之謎。從顧炎武到章太炎，再到王國維，無一不以衰變爲理，而唯有黃侃季剛先生揭穿謎底：文體興衰之本乃體變之根。丁力（1955）説："中國詩歌經歷了很多次變革，都是從民歌裏來的，從民歌裏汲取新的血液。"雖然給文學的源泉找到了根脈，但"没有天，哪來地"，没有雅，哪來俗！"文與言判，非苟而已"纔是雅（莊典）與俗（口語）相反相成的辯證原理。此爲其一。"雅俗易形代降"纔能全其説，是其二。前者是語體語法的基本假設：語距原理（有距離則必有兩點的對立）；後者是高頻致俗的"代降"結果。文學的演變和文體的興衰，語體語法是其背後的制控機制。

正因"雅俗"（＝正式/非正式）乃文學之根，中國文學史上的"詩文"之對、"文筆"之辯、"單雙"之分、駢散之爭、文白（文言/白話）之共等等，都是語體之對立、語體之互變的反映與結果——語體對立是它們萬變歸宗的質素原子。因此，從口語的長短律和正式體的平衡律來看文學的發展，所謂"古文運動"實際就是（先秦）口語體古文的藝術化，而四六八股，實際就是古文的正式體藝術的格律化，於是構成中國文學史上語體文學相互對立而又彼此轉換的兩大範疇。

1. 古文＝口語體文學藝術

中國文學史上的古文，代有奇葩。先秦古文不同於兩漢，兩漢不同於魏晉，韓柳的古文運動有別於宋明，而桐城古文又別樹一幟。無論其體式如何花樣翻新，其語言藝術之本，均不外乎語體語法藝術和韻律語法藝術的巧妙組合和錯配（錯配也是藝術）。以先秦古文的口語藝術而言，嘆詞的使用就是散文藝術的一大特徵。著名漢學家何莫邪在其《微笑的孔子》裏，機敏地觀察到：《論語》表現出多變而活潑的語言風格，如"'不亦 X 乎'的句型在《論語》中出現 11 次（衹有'不亦宜乎'被《孟子》所沿用），'夫'在句子結尾出現有 13 次（《孟子》中 3 次）……使用表示强調的複合口語詞諸如'也與哉''也哉''也與''也已''也夫''也矣''已哉''已夫'也是《論語》典型的語言風格體徵。"筆者在閱讀《莊子·齊物論》時也發現：先秦文獻中嘆詞的使用，《莊子》爲最。譬如："已乎，已乎，且暮得此，其所由以生乎？"莊子用這類前後呼應的口語嘆詞，構成他"寓言"故事的語體風格，可謂語體藝術的一大創造。我們因此可斷言：先秦諸子，唯《莊子》語言最富口語藝術性、唯《莊子》的口語語體藝術，最爲典範①。

2. 詩文＝正式體文學藝術

如果説古文（先秦或唐宋）是口語節律的文學藝術，那什麼是正式體文學藝術呢？這還要先從原理上回答：什麼是正式體的體原子？如上文所示，平衡律、樹距律、離核律等"音體原子"和"句體原子"，是正式體原子。這裏所要指出的是：體原子作爲文學藝術，其第一選擇

---

① 感謝審稿人的意見："其實《莊子》的語言恐怕具有複雜性，是熔大俗與大雅於一爐的混合體，就如呂叔湘先生（1944）所説《莊子》是'超語體'。"我們同意《莊子》語言的複雜性（口語、正式和莊典體的混合），但這裏所説的是《莊子》語言的"口語藝術"，没有用呂先生"凡是讀了出來其中所含的非口語成分不妨害當代人聽懂它的意思的，可以稱之爲'語體文'，越出這個界限的爲'超語體文'"的定義，因爲根據本文理論，正式語體中"讀了出來其中所含的非口語成分"都是當代人聽得懂的。此外，這裏説的是《莊子》的"口語語體藝術"而不是《莊子》整部書的語體，意在指出：莊典或正式體表達可以用口語體成分爲其藝術手段，口語體表達也可以用正式或莊典成分作爲藝術手段，語體之所以具有文學性，正在於斯。

是音律。因此，詩文就成了語體文學的主要表現形式。詩、文是對立的，但文可造［±正］語體、詩也可造［±正］語體，兩相結合則可配製出萬花筒般的藝術產品——詩文正式體文學藝術即其一。其最佳成果就是"四六文"：四是正式體平衡律，六是口語體長短律；四六不等，結果還是長短律。因此，四六是文而不是詩（參盧冠忠，2014）。這是中國文學韻律語體詩文屬性的絕妙佳配。

有了上述理論，文學語體語法可以輕鬆自然地解釋三言何以從來上不了大雅之堂。五言開始何以"體小而卑"、後來何以"居文辭之要"等等文學史上的千古之謎。不僅如此，我們理論體系下的文學的語體語法和語體語法的文學，可以直接和歷代詩話、詞話和文話溝通與對話，可以重新分析《談藝錄》一類文論中的文藝現象和規律，展現中華語言文化中的語體藝術。

由上可見，古代文學史從語體語法的理論上看，無非就是語體兩極的交互作用。古今中外，概莫能外。據此，文學語體語法所要研究的是語體、文體與文類的語言機制，包括（不限於）：

a. 什麼句法結構賦有什麼語言藝術

b. 什麼韻律結構賦有什麼語言藝術

c. 什麼詞彙結構（語義結構）賦有什麼語言藝術

d. 什麼文字結構賦有什麼語言藝術（聯綿字＝眼韻，參［劉師培，2000]）

在上述理論框架和機制操作指導下，研究者可以進一步開展應用性文學體裁的語體藝術的分類研究。譬如案牘與尺牘二體，一個簡正，一個藝趣。而其他如誄文體、奏摺體、論辯體、序跋體、奏議體、詔令體、傳狀體、碑誌體、箴銘體、頌贊體、哀祭體，無論依《文選》的文類，還是姚鼐的《古文辭類纂》，或是曾國藩的《經史百家鈔》，其各類文體均有自己獨特的語體特徵和組配機制，唯需細密研究而已，即如四六文之［詩律＋文律］（參盧冠忠，2014），便可推出駢文之爲語體，既可說明、亦可議論、還可抒情，但絕對不可記錄事的語體藝法。體之於藝，亦妙矣哉！

（五）理論語體語法（Theory of Register Grammar）

理論語體語法研究的對象是如何以生成語法爲框架建立一個"功能形式化"與"形式功能性"的交距語法體系的理論。

從前面幾節可見，語體語法可以發展出不同的研究科目，如當代語體語法、歷史語體語法、比較語體語法、文學語體語法，甚至更多。然而構建語體語法的最終目的并不僅僅是爲了解決漢語或其他語言的語法問題，而是要建立一個語言學理論。這一點語體語法和相關學科的研究很不同。形式語法、功能語法、構式語法、認知語法等等，都是在已有理論框架下進行的研究。語體語法是在原來語體和文體不分的情況下，用距離來形式化交際；用句法、音法來形式化交距功能，創造出了一個邏輯自洽的理論體系。語體語法面對和將要面對的，不是（或主要不是）來自實踐的困擾，而是理論的挑戰。其中最主要的是 Labov 的風格説、Biber 的語域説、Kiesling 的立場説（stance theory），還有與它直接對峙的二言説（diaglossia）及其理論自身"功能形式化"原理的基元論證（參 Rizzi，1997）。下面分別討論。

1. Stylistic Variation，Register and Stance

　　首先，Labov 的 stylistic variation（風格變異説）雖然普遍被接受，但在我們的理論裏它失去了所以如此的必然性。因爲無論説話的人怎樣没有準備（casual），在正式場合也不能隨意。反之，在家裏，無論有怎樣的充分準備（careful），也不會説"我去購買一點醬油"。因此，儘管 casual 和 careful 確實是一種言語風格（style），但不是語言變異的本質來源，而語體對立纔是標記社團語距的根本所在。其次，Biber 的語域説也影響很大，但"什麼時候説什麼話"與"什麼語體用什麼語法"不同（馮勝利，2010），而"什麼語體用什麼語法（形式功能對應律）"和"什麼語體是什麼語法（形式功能對生律）"又很不同。Biber 的語域衹是第一種。他没有提出語體語法的概念，没有語體語法對應律，更没有語體語法"同生并體"的原理。所以 Biber 的語域囿於語用學，而不是語法學。語體語法，如前所述，旨在語法，不是語用。因此它與 Biber 的語域在學理上有着本質的不同。

　　在相關理論中與語體語法的交際理論最爲接近的是後拉波夫社會語言學家（Post-Labovian）Kiesling（2009）提出的"立場説"（Stance-taking），他提出社會交際中人的立場的不同，其語言的表達形式也不同。而語體語法所發掘的則較此更加深入：即交際屬性的語距形式及其調距功能與機制（包含立場）。因此，前者的體系與我們的"形式—功能對生律"及其"人、地、事、意"鑒定標準，有着本質的不同；而且後者可以含括前者，但前者無法兼容後者。

　　儘管如此，如何從上述理論不同的體系上，細密、逐一地回應并與之對話，雖然挑戰在即，但却尚未開始。

2. Diglossia

　　事實上，與語體語法直接對峙的是 diglossia 二言理論（Li Wen-Chao，2015）。如果説我們的理論是正式和非正式的二元對立的語法體系，那麼它和 diglossia 中的二言體系有何不同？這是我們面臨的理論上的一大挑戰。我們知道，口語是兒童語言習得最早、掌握最全、生成最強、應用最多的語言（Cutler，1992），故名母語。這就意味着另有一種語距標記（social registered）的語法，我們叫作正式體語法，則習得較晚。一旦形成，則在兒童的大腦裏出現兩套語法的局面。於是二言學者提出諸如"diglossia grammar 二言語法""syntactic diglossia 句法二言""diglossia variant 二言變體"等等概念。由上可見，二言所關注的對象也正是語體關注的對象。但是，二言説所關心的是二言現象和現象的屬類與描寫，而語體語法關心的是現象的原理及其必然與自然。因此，前者是語言研究（什麼方法可以分類和分析這些現象），後者屬語言學研究（什麼理論可以解釋和派生這種現象）。正因如此，二言學者處理"兩種語法競爭"時，斷定衹有"innovative vernacular"可以最後勝出，因爲口語形式有心理語言和數量上的優勢。然而語體語法理論則認爲這一結論雖然不錯，但没有擊中靶心。很簡單，因爲口語并非總是"win out over time"；因爲競爭的勝負不是取決於心理語言和數量，而是語體優勢所致。五四運動以來新生的正式書面語體的出現和發展就是最有説服力的證據；换言之，變化的動力和贏家不僅源於口語，同時也源於正式語體。語體語法理論預測的語變模式與二言競争説和社會語言學的原理不一樣，但較之基底深、覆蓋廣，當然面對的挑戰也更大。譬如 Finegan and Biber（2002）的"Register Axiom"就非有更爲具體而深入的研究與論證，不能與之争辯與對話。凡此種種，都是語體語法將來面對的重要課題。

3. A Theory of Function-Form Unity

　　語體語法最大的挑戰還是自己體系原理的堅實性和精密化。其中的重中之重就是"語體怎樣形式化"的原理與論證，這是語體語法的理論核心、是回答"爲什麼語體是語法"的終極依據。它意味着：没有"語體的形式化"，語體不可能是語法。注意："語體是語法"的命題是語體語法理論的一大突破。此前的研究，語體和文體不分，雖然不鮮某些句式用於某種文體的觀察、分析和解説，但没有產生"語體是語法"的概念。原因很簡單，没有語體也是語法的原理。原理是理論的基石，因此"語體爲什麽是語法"的問題就必須從"語體如何將交際語距形式化"的探索開始。更直白地説，這是一個"功能如何句法化"的問題。不能回答這個問題，則無法解釋"語體何以是句法"。然而，前沿學者對這個問題持有不同看法。譬如，當筆者問及 Larson 和 Rizzi"形式—功能對應否"時，Larson 的回答是：NO！但 Rizzi 回答的是：YES！如果"形式—功能"連對應都不能，還談何"并生"與"對生"？因此語體語法的基礎原理一定要讓説"NO"的學者肯首而後可立。於是筆者再問 Larson："Limerick 的形式是否祇對應諧俗而不能用爲莊正？"稍加思考後，Larson 回答"That is true"。有一於此，焉能説無！更何況我們有大量證據説明形式與功能確有對應。即使如此，形式與功能爲什麼對應、怎樣對應，仍然不爲人解而需詳加闡釋。語體語法理論的"首席挑戰"，蓋在於斯。

　　長期以來，形式、功能糾纏不清也不休。對生律下體原子的發現可以説對"形式—功能"的相互關係起到一個重新認識的作用，這就是"形—能一體"的新發現。形式及其功能，可以是（或本來就是）一個東西。爲此，我們特用"冰錐理論"加以説明。

　　冰錐的形式：錐狀；功能：刺穿能力

　　1）自然現象：冰錐落地扎入土中；

　　2）思考問題：冰錐是因爲要插入土中所以要尖的嗎？冰錐是因其有尖所以要插入土中的嗎？顯然都不是。

　　3）結論：

　　a. 功能是形式天生的屬性（之一），人可用之，不可分之；

　　b. 不能因爲人能見其功能，就用功能取代其物理（形式）屬性；

　　c. 也不能因人能用其功能，就説功能是後加的屬性；

　　d. 更不能因人能用其功能，就説功能造就形式。

　　冰錐的尖狀形式和它的刺穿功能，就如同 limerick 的懸差節律及其諧俗功能一樣，都是與生俱來的。人可用之，但不能分之，因爲其"能"是天然賦予的自然屬性。這就是我們語體語法"形—能并生"原理的自然基礎。語體語法將"交距行爲"形式化/語法化，恰與 Rizzi ＆ Cinque 的"構圖理論"屬同一理路①。循此深入，我們則可闢出諸多未嘗有過的、具有"原理"性探索和發掘的新研究和新發現（如句位高低之分、詞彙古今之別、名號雅俗之變、詩律平仄之疑、讀分文白之異、句末語詞之質等等）。

　　總之，語體語法面臨和期待着更多、更新的理論挑戰。理論挑戰帶來的是思想的深化和實踐的拓展。從某種意義上説，没有挑戰，没有進步：讓暴風雨來得更猛烈些吧！

------

　　① 　正如 Cinque（2016）所説："It was only with Rizzi（1997）that we started seeing strong empirical and conceptual evidence for a specific syntacticization of information structure."（引自毛眺源、孟凡軍（Mao and Meng，2016）對 Cinque 的訪談）

四　結語

　　語體語法是我們根據自家材料構建的自家理論①，支持和見證這一理論原理和運作機制的是歷史文獻證據與歷代學者的學識。要言之：《詩經》的風、雅、頌（馮勝利，2014）；孫詒讓的“典誥同雅頌”（2010）、章太炎的“行業語體”、王國維的“詩書成語”、黃季剛的“文與言判”、呂叔湘的“口語與筆語”（1944）、唐松波的“文章語體”（1961）、朱德熙的“書口之別”（1987）、胡明揚的“書面語法”（1993）等，從古至今，都證明了語體語法的理路與機制。更重要的是他們之中蘊含着的一個共同特點，就是從自家材料生發自家的規律（而非國外“語域”的簡單套用），而這些“自家規律”在交際語距和形能并生的原理下，顯示出學者們更爲奪目的學術眼光和智慧，成爲前語體語法的卓見與貢獻。回顧兩千年的歷史，我們可以説：語體語法就是“風、雅、頌”，雖然“風、雅、頌”不是語體語法。但是，風、雅、頌因語體語法而復活、具有了新的生命。語體語法理論的構建不僅讓我們看出前輩學者體察語體的現代意義，而且還焕發古代經學語體的當代意藴。

　　語體語法的潛力還不止於此，古典文體的研究有待語體語法構建其理論，普通語言學有待語體語法豐富其理論。最引人注目的是以“句法化交際功能”爲基礎的語體語法還可與生成語法、韻律語法一起組成一個有機的“三維語法體系”（生成語法＋韻律語法＋語體語法），亦即如圖 9 所示：

圖 9

再以“唯命是聽”爲例説明該體系三法合一、冥合無間之用，請參圖 8。焦點移位是句法，雙步組合是韻律，古今/樹距是語體，三者冥合無間、缺一不可。在我們的理論框架裏，人類語言無不是這種“三合一”的自然結果，猶如自然界的三棱植物：正看，一面；側看，兩面；非立體，看不出三面俱全。語體語法即三面之一；失去其他兩面，則無法自立自現。

　　最後，本文特別要指出的是，語體語法的構建將顛覆或抵消某些海外學者對上古漢語的偏見。其中最爲普遍的一種就是 Henry Rosemont Jr.（羅思文，1974）所代表的看法：“early writing was intimately bound up with ritual religious practices”而不是“secular in nature”。似乎古代文獻（無論傳世抑或出土）從來没有口語性文字，直到佛經束入纔有 vernacular 的出現。顯然，這些判斷首先違背的是語言學基本原理：人類語言（包括文獻語言）不可能没有語體；既有語體則不可能没有口語和非口語的對立，否則任何一方都無法自己獨立存在。其次，西方偏見還來自不明語體，因此不瞭解中國古代“經傳語體”的禮儀文化。據此而言，本

---

　　①　當然，我們構建理論的目的不是尤瓦爾·赫拉利（2017：280）所説的“對現代歐洲人來説，建立帝國就像一項科學實驗，而要建立某個科學學科，也就像是一項建國大計”。但是，我們也因此很清楚我們建立學科的困難。

文提出的經傳語體語法,不僅揭櫫了文獻語言學的史學意義,而且賦予了古代文獻以當代"語料語體"的研究價值,同時也讓語體語法本身具有了學術理論的國際意義。

參考文獻

[1]彼得·哈里森. 聖經、新教與自然科學的興起[M]. 張卜天,譯. 北京:商務印書館,2019.

[2]陳柱. 中國散文史[M]. 南昌:江西教育出版社,2018.

[3]丁力. 中國詩歌的優良傳統[M]//古典文學研究彙刊(第一輯). 上海:古典文學出版社,1955.

[4]馮勝利. 書面語語法及教學的相對獨立性[J]. 語言教學與研究,2003(2):53-63.

[5]馮勝利. 論語體的機制及其語法屬性[J]. 中國語文,2010(5):400-412+479.

[6]馮勝利. 語體語法及其文學功能[J]. 當代修辭學,2011(4):1-13.

[7]馮勝利. 語體語法:"形式—功能對應律"的語言探索[J]. 當代修辭學,2012(6):3-12.

[8]馮勝利. 語體原理與交際機制[J]. 漢語教學集刊,2013(8):24-48.

[9]馮勝利. 語體俗、正、典三分的歷史見證:風、雅、頌[J]. 語文研究,2014(2):1-10.

[10]馮勝利. 語體語法的邏輯體系及語體特徵的鑒定[M]//漢語應用語言學研究(第四輯),北京:商務印書館,2015:1-21.

[11]馮勝利. 韻律語法與語體語法的機制及其之間的相關原理[M]//馮勝利,等. 甲子學者治學談. 北京:北京語言大學出版社,2017a.

[12]馮勝利. 從語音、語義、詞法和句法看語體語法的系統性[M]//中國語學(第264號). 東京:日本中國語學會,2017b:1-24.

[13]馮勝利. 漢語語體語法概論[M]. 北京:北京語言大學出版社,2018.

[14]馮勝利主編. 漢語八百對單雙音節對應詞詞典[M]. Chicago:Phoenix Tree Publishing Inc,2020.

[15]馮勝利. 上古漢語三維語法系統的綜合研究[J]. 歷史語言學研究,2021(待刊).

[16]馮勝利. 語體語法與漢語詞重音[C]. 韻律語法研究,2021b(待刊).

[17]馮勝利主編. 語體語法"體原子"研究[M]. 上海:中西書局,2021.

[18]馮勝利,施春宏. 論語體語法的基本原理、單位層級和語體系統[J]. 世界漢語教學,2018(3):302-325.

[19]馮勝利,劉麗媛. 論語體語法的生物原理與生成機制[M]//民俗典籍文字研究(第二十六輯). 北京:商務印書館,2020:76-103.

[20]何莫邪. 趙岐和漢語口語的歷史[M]//馮勝利. 漢語書面語的歷史與現狀. 北京:北京大學出版社,2013.

[21]何莫邪. 微笑的孔子——《論語》中的幽默[J]. 張瀟,譯. 貴陽學院學報(社會科學版),2020(3):82-93.

[22]胡敕瑞. 漢譯佛典所反映的漢魏時期的文言與白話——兼論中古漢語口語語料的鑒定[M]//馮勝利. 漢語書面語的歷史與現狀. 北京:北京大學出版社,2013.

[23]胡叢歡. 語體語法理論視角下的現代漢語副詞研究[D]. 北京:北京語言大學,2020.

[24]胡明揚. 語體和語法[J]. 漢語學習,1993(2):1-4.

[25]黃侃. 黃侃日記[M]. 南京:江蘇教育出版社,2001.

[26]駱健飛. 論單雙音節動詞帶賓的句法差異及其語體特徵[J]. 語言教學與研究,2017(1):14-24.

[27]蔣紹愚. 漢語史的研究和漢語史的語料[J]. 語文研究,2019(03):1-14.

[28]李艷惠,馮勝利. "一"字省略的韻律條件[J]. 語言科學,2015(01):1-12.

[29]李漁. 閑情偶寄·窺詞管見[M]. 北京:中國社會科學出版社,2009.

[30]林曉燕. 音體原子(單調律)分析下的"重複"與"追加"現象[M]//馮勝利. 語體語法"體原子"研究.

上海：中西書局，2021.

[31]劉麗媛. 正式體節律與正式體原子研究[C]. 中國語言學會第二十屆年會語體研究工作坊報告. 杭州：浙江大學，2021a.

[32]劉麗媛. 五四前後正式體的産生及其雙步平衡律構體原子[M]//漢語史學報(第二十六輯). 上海：上海教育出版社，2022.

[33]劉師培. 中國中古文學史講義[M]. 上海：上海古籍出版社，2000.

[34]劉知幾. 史通[M]. 上海：上海古籍出版社，2008.

[35]盧冠忠. 論六言詩與駢文六言句韻律及句法之異同. 社會科學論壇，2014(04)：73-86.

[36]呂叔湘. 文言和白話[J]. 國文雜誌，1944,3(1).

[37]馬文津. 單雙音節動作動詞的義素與語體對應關係研究[D]. 香港：香港中文大學，2019.

[38]梅思德. 漢朝漢語文言中的口語成分——《史記》與《漢書》對應卷的語言學比較研究[M]//馮勝利. 漢語書面語的歷史與現狀. 北京：北京大學出版社，2013.

[39]梅思德. 語體語法與中古初期的新興語法形式——以上古晚期至中古初期史書爲主要論據的研究[M]//馮勝利，施春宏. 漢語語體語法新探. 上海：中西書局，2018.

[40]瞿冲. 體原子分析法：英語縮約式所在語句融合度與非正式度的關聯性分析[M]//馮勝利. 語體語法"體原子"研究. 上海：中西書局，2021.

[41]蘇婧. 從語體語法理論看上古反問型[何 X 之 V]式[M]//漢語史學報(第二十六輯). 上海：上海教育出版社，2022.

[42]孫鑫. 基於離核律體原子的"NP_1＋of＋NP_2"結構研究[M]//馮勝利. 語體語法"體原子"研究. 上海：中西書局，2021.

[43]孫詒讓. 尚書駢枝敘(《籀廎述林》卷五)[M]. 北京：中華書局，2010.

[44]唐松波. 談現代漢語的語體[J]. 中國語文，1961(5)：15-19.

[45]汪維輝. 現代漢語"語體詞彙"芻論[J]. 長江學術，2014(1)：91-102.

[46]王國維. 觀堂集林(外二種)[M]. 石家莊：河北教育出版社，2003.

[47]王洪君. 文白異讀與疊置式音變——從陝西聞喜方言的文白異讀談起[M]//丁邦新. 歷史層次與方言研究. 上海：上海教育出版社，2007.

[48]王洪君. 層次與斷階——疊置式音變與擴散式音變的交叉與區別[J]. 中國語文，2010(4)：314-320＋383-384.

[49]王麗娟. 從名詞、動詞看現代漢語普通話雙音節的形態功能[D]. 北京：北京語言大學，2009.

[50]王麗娟. 漢語旁格述賓結構的語體鑒定及其語法機制[J]. 語言教學與研究，2018(6)：58-69.

[51]王永娜，馮勝利. 論"當""在"的語體差異——兼談具時空、泛時空與超時空的語體屬性[J]. 世界漢語教學，2015(3)：310-324.

[52]王永娜. 書面語"和"字動詞性並列結構的構成機制[J]. 世界漢語教學，2012(2)：188-197.

[53]王永娜. 介詞在句法、韻律、語體上的分布和對應[J]. 世界漢語教學，2018(3)：344-357.

[54]殷曉傑，張家合. 單音詞"嵌偶化"芻議[J]. 語言暨語言學，2017(3)：452-478.

[55]尤瓦爾·赫拉利. 人類簡史[M]. 林俊宏，譯. 北京：中信出版集團，2017.

[56]袁愫.《詩經》四言重複式的韻律與語體[M]//韻律語法研究(第二輯). 北京：北京語言大學出版社，2020：185-200.

[57]曾曉渝. 近代官話見系開口二等-i-介音現象補論[C]. 中國語言學會第二十屆年會論文提要，杭州：浙江大學，2021.

[58]章太炎. 正名雜義[M]//章太炎全集：第三册. 上海：上海人民出版社，2017：490-510.

[59]章學誠. 文史通義[M]. 上海：上海古籍出版社，2015.

[60]鄭張尚芳. 漢語方言與古音中的韻律表現[M]//韻律語法研究(第一輯). 北京：北京語言大學出版

社,2017:28-31.

［61］朱德熙. 現代漢語語法研究的對象是什麽［J］. 中國語文,1987(5):321-329.

［62］朱慶之,錢珍.《新五代史》和《祖堂集》在情狀［數］顯現方式上的差異——兼論漢語書面語史研究的學術價值［M］//馮勝利,施春宏. 漢語語體語法新探. 上海:中西書局,2018.

［63］朱慶之. 上古漢語"吾""予/余"等第一人稱代詞在口語中消失的時代［J］. 中國語文,2012(3):195-210.

［64］朱賽萍. 温州方言動後介詞結構的韻律句法研究［D］. 北京:北京語言大學,2013.

［65］朱曉農. 親密與高調——對小稱調、女國音、美眉等語言現象的生物學解釋［J］. 當代語言學,2004(3):193-222＋285.

［66］Biber D, Conrad S. Register, Genre, and Style［M］. London: Cambridge University Press, 2009.

［67］Cutler A, Mehler J, Norris D G, Segui J. The monolingual nature of speech segmentation by bilinguals［J］. *Cognitive Psychology*, 1992, 24(3):381-410.

［68］Dell François, Selkirk, Elisabeth O. On a Morphologically Governed Vowel Alternation in French［M］. In: Keyser, Samuel J. (ed.), Recent Transformational Studies in European Languages. Cambridge, MA: MIT Press, 1978.

［69］Finegan E, Biber D. Register variation and social dialect variation: The Register Axiom［M］. In P. Eckert & J. Rickford (Eds.), Style and Sociolinguistic Variation. Cambridge: Cambridge University Press, 2002:235-267.

［70］Harrison, Peter. The Bible, Protestantism, and the Rise of Natural Science［M］. Cambridge University Press, 1998.

［71］Huang C-T James. Phrase structure, lexical integrity, and Chinese compounds［J］. *Journal of the Chinese Language Teacher's Association*, 1984, 19(2):53-78.

［72］Ian Roberts. Moving up and down parameter hierarchies: Markedness, third factors and diachrony［C］. Paper presented at the 10th International Symposium on Ancient Chinese Grammar(ISACG-10), Beijing: March 27-28, 2021.

［73］Kiesling, Scott F. Style as stance: Stance as the explanation for patterns of sociolinguistic variation［M］. In Alexandra Jaffe (eds.) Stance: Sociolinguistic Perspectives, New York: Oxford University Press, 2009.

［74］Laurence Perrine. Sound and Sense［M］. New York: Harcourt, Brace and World, INC, 1963:200.

［75］Lee S, Chan K. The Issue of Register-Style in Language Teaching: Analyzing Register-Style Errors of Learners of Cantonese as a Second Language［J］. *Open Journal of Modern Linguistics*, 2015(5):319-326.

［76］Li Wen-Chao. Diglossia［J］. In: Rint Sybesma. et al. Encyclopedia of Chinese Language and Linguistics, 2015.

［77］Meisterernst, Barbara. Vernacular Elements and Literary Language in Han Period Chinese: A Linguistic Comparison of Corresponding Chapters in the Shǐjì and the Hànshū［J］. Zeitschrift der Deutschen Morgenländischen Gesellschaft, 2014, 164(1), 207-233.

［78］Mao Tiao-Yuan & Fan-Jun Meng. The Cartographic Project of the Generative Enterprise - An interview with Guglielmo Cinque［J］. *Language and Linguistics*, 2016, 17(6):917-936.

［79］Rizzi L. The fine structure of the left periphery［J］. In L. Haegeman (ed.), Elements of Grammar. Dordrecht: Kluwer, 1997, 281-338.

［80］Rosemont H. On Representing Abstractions in Archaic Chinese［J］. *Philosophy East and West*, 1974, 24(1):71-88.

The System of Disciplines in Stylistic-Register Grammar and Their Theoretical Implications

Feng Shengli

Abstract: This paper introduces a newly developed concept, the 'Register Atom', in the Stylistic-Register Grammar (SRG) and discusses their classification, characterization and primitive features discovered recently. On this basis it is proposed that the SRG characterized in terms of RA can and should be divided into (or constructed by) various sub-disciplines, including, but not limited to, Contemporary Register Grammar, Historical Register Grammar, Comparative Register Grammar, Literary Register Grammar and Theory of Register Grammar. Based on the disciplinary system developed here it is further argued that there are deeper theoretical implications by the RA-based SRG with respect to Labov's Style, Biber's Register, Keisling's Stance and Diglossia in general, among which, the most important one is the formalization of communicative distance, which can be syntacticized again, giving rise to a Register Syntax, similar to Rizzi's principle of formalizing functional elements on syntactic trees.

Key words: the System of Disciplines in Stylistic-Register Grammar, Contemporary Register Grammar, Historical Register Grammar, Comparative Register Grammar, Literary Register Grammar, Theory of Register Grammar, principle of formalizing functional elements

通信地址:北京市海淀區學院路 15 號北京語言大學綜合樓 1128 室

郵　　編:100083

E-mail:fengshengli@blcu. edu. cn

詞彙的語體差異及其分析[*]

——以一篇五代公文爲例

汪維輝

内容提要 漢語史研究的語料首重口語性。一篇語料的口語性高低,如何科學地加以描述? 這是一個困擾漢語史學界的瓶頸問題。通過詞彙的語體分析(語法同理),可以把判斷依據從語感提升爲量化數據。本文試以一篇五代公文爲例,用分級詞表和個案討論相結合的方式,對其中的詞彙進行窮盡性的語體分析,旨在爲如何分析漢語史上詞彙的語體差異做一點探索。文章認爲:詞彙的語體差異不是絕對的,而是富有彈性的,不少詞具有跨級的特點;人們寫文章遣詞造句,對詞彙的語體差異也具有一定的包容性,允許某種程度的"語體錯配",祇要不超過"度"。

關鍵詞 詞彙 語體差異 分級 五代公文 漢語詞彙史

一 引言

漢語史語料的基本樣態是"文白混雜",祇是文與白的比例和程度不同而已①,這就需要分析。可以説,不對語料做語體分析,就無法進行科學的漢語史研究,這一點正在逐步成爲共識②。

詞彙存在語體差異乃衆所周知的事實③,但是在漢語史研究中如何分析這種差異卻是一個有待深入探討的問題。

語體分析的基本方法是比較。胡敕瑞(2013)導夫先路,通過比較支讖所譯《道行般若經》和支謙所譯《大明度經》這兩部同經異譯的語言,歸納出十五條文白差異,作爲鑒定中古口語語料的標準,其中與詞彙相關的至少有十條,比如:(3)單複音詞不同。文言語料多使用單音詞,白話語料多使用複音詞。(4)常用詞不同。譬如文言中的"目""首""言""擊""甘""堅""咸"等常用詞在白話中多被"眼""頭""説""打""甜""硬""都"等常用詞替換。(173頁)胡文的研究方法和結論給我們以很大的啓迪。本文試以一篇寫於公元952年的五代公文爲

———————

* 本文是國家社科基金重大項目"漢語詞彙通史"(14ZDB093)、"大語言視域中漢語修辭與詞彙、語法互動研究"(20&ZD298)和教育部重點研究基地重大項目"漢語基本詞彙歷時演變研究"(16JJD740015)的階段性成果。最初的文稿曾在"語體與漢語史研究工作坊"(2017年11月11日·浙江大學中文系/漢語史研究中心)上報告,得到與會專家的指教。此次修改實際上是重寫。初稿寫出後,曾在浙江大學漢語詞彙史沙龍上討論(2021年4月23日),與會同學提供了很好的意見和有用的資料,尤其是戴佳文、趙川瑩、孫少卓、張航、葉雁鵬、梁逍、王竹勛諸位,還有因故未能到會但事先或事後發來書面意見的任玉函、陳思捷、邵天松、真大成、胡波等。寧波大學周志鋒教授也惠賜寶貴意見,南京大學張福通副教授提供了幫助。謹此統致謝忱。文中尚存的問題概由筆者負責。

① 參看朱慶之(2012)、汪維輝(2017)、蔣紹愚(2019a、2019b)等。
② 參看汪維輝、胡波(2013),汪維輝(2020)等。
③ 參看汪維輝(2014/2015)等。

例，對其中的詞彙作一語體分析，旨在爲如何分析漢語史上詞彙的語體差異做一點探索，希望能引起同道的興趣和討論。

下面先迻録語料全文，然後列出分級詞表，再對其中的一部分詞進行語體分析，最後是總結。

二　語料

下文將要討論的這篇語料（簡稱《奏》）目前能見到的有三個版本：一是《册府元龜》，二是《全唐文》，三是《五代會要》。前兩者文字基本一致，僅有少量出入，推測《全唐文》即從《册府元龜》中録出；《五代會要》的文字則出入較多，當屬不同的版本系統。本文以殘宋本《册府元龜》爲底本（簡稱《册府》），校以《全唐文》，必要時參校《五代會要》（簡稱《五代》）。關係不大的異文則不一一出校①。

請禁業主牙人陵弱商賈奏
（廣順②二年十二月開封府）

商賈及諸色人③訴稱：被牙人、店主人④引領百姓，賒買財貨，違限不還其價；亦有將物去，便與牙人設計，公然隱没；又莊宅牙人，亦多與有物業人通情，重疊將店宅立契典當；或虛指別人產業，及⑤浮造屋舍，僞稱祖、父所置；更有卑幼骨肉，不問家長，衷私典賣，及將倚當取債；或是骨肉物業，自己不合有分，倚强凌弱，公行典賣，牙人、錢主，通同蒙昧，致有爭訟。起今後欲乞明降指揮：

應有諸色牙人、店主，引致買賣，并須錢物交相分付；或還錢未足，仰牙行人⑥、店主明立期限，勒定文字，遞相委保。如數內有人前却，及違限別無抵當，便仰連署契人同力填還。如諸色牙行人內有貧窮無信行者，恐已後誤索⑦，即許衆狀集出。如是客旅⑧自與人商量交易，其店主、牙行人并不得邀難遮占，稱須依行店事例引致。如有此色人，亦加深罪。其有典質倚當物業，仰官牙人、業主及四鄰人⑨同署文契，委不是曾將物業已經別處重疊倚當及虛指他人物業，印稅之時，於稅務內納契日，一本務司點檢，須有官牙人、鄰人押署處，及委不是重疊倚當錢物，方得與印。如違犯，應關連人并行科斷，仍徵還錢物。如業主別無抵當，只仰同署契牙保鄰人均分代納。如是卑幼不問家長，便將物業典賣倚當，或雖是骨肉物業，自己不合有分⑩，輒敢典賣倚當者，所犯人重行科斷，其牙人、錢主并當深罪，所有物業，請准格律指

---

① 感謝友生戴佳文提供三種版本及詳細的校勘記。
② 廣順（951—953）是後周太祖郭威的年號。
③ 《全唐文》"人"下有"等"字，《册府》《五代》均無。
④ 《册府》《全唐文》同，《五代》無"人"字；下文兩個"店主"《册府》《全唐文》同，《五代》則均作"店主人"。
⑤ 《册府》《五代》同，《全唐文》作"或"。
⑥ 牙行人：《册府》《五代》同，《全唐文》無"行"字。又，"仰"前《五代》有"祇"字。
⑦ 此字《册府》國家圖書館藏殘宋刻本作𥇛，漫漶不清，明刻初印本作"素"，周勳初等校訂《册府元龜》（第七册，第7084頁）也録作"素"，未出校勘記；《五代會要》作"累"，校點本《五代會要》同樣未出校勘記。《全唐文》作"業"。據文意，當作"索"。
⑧ 《册府》《全唐文》同，《五代》"客旅"下有"人"字。
⑨ 《册府》《全唐文》同，《五代》無"人"字。
⑩ 《册府》《五代》同，《全唐文》無"分"字。

揮。如有典賣莊宅,准例房親、鄰人合得承當,若是親鄰不要,及著價不及,方得別處商量,和合交易,祇不得虛擡價例,蒙昧公私。如有發覺,一任親鄰論理,勘責不虛,業主、牙保人并當科斷,仍改正物業;或親鄰①實自不辨②承買③,妄有遮吝④阻滯交易者,亦當深罪。(《册府元龜》卷六一三"刑法部·定律令第五",標題及題注依《全唐文》卷九七三)

三 分級詞表

倉石武四郎的《岩波中國語辭典》是一部研究現代漢語詞彙語體差别的開創性著作,它根據"硬度"把漢語的詞(具體到義項)分爲 11 級⑤。我們借鑒這一方法,嘗試把漢語史上的詞彙按語體特徵分爲 5 級⑥:

　　文 2 級:生僻的文言詞

　　文 1 級:一般的文言詞

　　0 級:文言與白話通用的詞

　　白 1 級:一般的白話詞

　　白 2 級:很俗的白話詞

這個分級比傳統的"文-白"兩分要細,但是比《岩波中國語辭典》的 11 級要粗,因爲現代人畢竟沒有古代漢語的直接語感,加之語料有限,劃分過細缺乏可操作性。需要説明的是,各級之間的界綫是模糊而非清晰的,"文 2-文 1-0-白 1-白 2"是一個連續統,一個詞該歸入哪一級,不同的人很可能會有不同的看法;但是基本的分界還是客觀存在的,比如鄰近的兩級可能歸此歸彼兩可,但是非鄰近的兩級之間不大可能越級⑦。

詞彙的語體分級并不是一件容易的事。對於現代活語言,我們可以通過語感來判斷,必

---

① 鄰:《册府》《五代》同,《全唐文》作"戚"。

② 辨:《五代》無,《全唐文》作"便",當是將借字改作本字。

③ 此九字《五代》作"或親鄰人不收買"。

④ 《册府》《全唐文》同,《五代》作"恡"。

⑤ 參看汪維輝(2014/2015)。

⑥ 友生任玉函博士函告:宋婧婧《現代漢語口語詞研究》一書將口語詞與書面語詞分爲五級:典型書面語詞,一般書面語詞,書、口通用語詞,一般口語詞,典型口語詞。(如下圖)本文的分級方案可謂與之不謀而合。

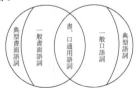

⑦ 審稿專家指出:根據每個人的古漢語語感來分級,會遇到每個人的語感不同的困難,結果可能看法不一。我想是否可以根據詞頻統計來分級,這樣可提供一個客觀標準。或者語感測定法和詞頻測定法相結合,來決定什麽是"一般、生僻、通用"等;此外語體語法學裏面的"人、事、地、意"四大要素,似乎也可以用來幫助鑒定詞彙是一般、口語,還是俚俗或是正式度高和莊典性強的等級不同。筆者按:這個意見無疑是中肯的,用"語感+詞頻統計"的辦法,同時考慮出現語境的"人、事、地、意"四大要素,來確定詞的語體等級,肯定比僅僅依靠語感更科學、更可靠。本文寫作之初原本是打算把《奏》中出現的詞在同時代的各類文獻中做一個這樣的普查的,但是工作量太大,最終沒有做,留下了遺憾,有待今後補上。

要時輔以各種調查手段；但是對於已經無法還原實際口語的古代語言，主要的方法祇能是調查文獻，通過比較和分析作出判斷。文獻調查法至少存在三個局限：一是文獻（特別是口語文獻）有限，難以準確反映古代語言的全貌；二是個人時間精力有限，調查不易做到窮盡無遺；三是有些情況難以判斷，因爲漢語詞彙史的研究遠未達到能説清楚每個詞來龍去脈的程度。

下面試將《奏》中所有的詞一一歸入各級。

《奏》分級詞表①

文2	
文1	亦　即　他人　輒
0級	商賈　及　被　百姓　財貨　不　其　有　物　與₁②　與₂③　又　多　人　虚指　産業　浮造　屋舍　傷　稱　祖　父　所　置　更　卑幼　骨肉　間　家長　取　債　公行　致　爭訟　欲　乞　明　降　買賣　并　須　錢　交相　未　足　明　立　期限　如　別　無　連　署　契　同力　內　貧窮　信行　者　恐　誤　索　許　衆　狀　集　出　自　商量　交易　不得　依　此　加　官　四鄰　同　曾　印　税　之　時　於　納　日　一　本　鄉人　處　方　得　違犯　行　徵　還₁④　均分　代　雖　敢　犯　重行　當⑤　請　准　得　不及　發覺　任　不虚　改　正　實　妄
白1	色/諸色/諸色人　訴稱　牙人/牙行人　店主/店主人　引領　賒買　違限　還₂⑥　價　將₁⑦　將₂⑧　去　便　設計　公然　隱没　莊宅　物業　通情　重疊　店宅　立契　典當　或　別人　衷私　典賣　是　自己　不合　有分　倚强凌弱　錢主　通同　蒙昧　指揮⑨　指揮₂⑩　應/應有　引致　分付　仰　勒定　文字　遞相　委保　數內　前却　抵當　填還　牙行　已後　如是　客旅　邀難　遮占　行店　事例　深罪　典質　倚當　業主　文契　委　不是　已經　別處　税務　務司　點檢　押署　關連　科斷　祇　保　格律　准例　房親　合　承當　若是　親鄰　不要　著價　和合　虚擡　價例　公私　論理　勘責　不辨(便)　承買　遮吝　阻滯
白2	起　仍

表中的詞絶大部分屬於0級和白1級，文1級不多，白2級祇有2個，文2級則没有。這與此文的文體和内容有密切關係，説明當時通用的公文主要就是用通體詞和一般的白話詞寫成，用到文2級和白2級的機會很少，文1級也用得不多。當然，由於上面所説的三點局限，這個分級詞表遠非定論，有待繼續商討完善。

有幾點需要説明：

第一，某個詞歸入某級，祇是針對《奏》所處的時代而言，而不是泛時性的，因爲詞的語體屬性會因時地不同而發生變化。後文對具體詞的分析也是基於這一點。

---

① 表中的詞按《奏》中出現先後排列。
② 動詞，給，予，如"方得與印"。
③ 介詞，如"便與牙人設計"。
④ 義爲"回"，如"仍徵還錢物"。
⑤ 助動詞，應當，如"業主、牙保人并當科斷"。
⑥ 義爲"償，付"，如"違限不還其價""或還錢未足"。
⑦ 動詞，持，拿，如"將物去"。
⑧ 介詞，用於處置式，引進受事，如"將店宅立契典當"。另有一例"及將倚當取債"意思不易確定，"將"有三種可能的分析：一是介詞，後面省略或脱漏了賓語"物業"之類；二是介詞，"倚當"爲名詞，指倚當之物，作"將"的賓語；三是時間副詞，將要。從全文"將"和"倚當"的用法來看，第一種可能性最大，本文暫按此處理。詳情待考。
⑨ 義爲"詔敕"："起今後欲乞明降指揮。"
⑩ 義爲"安排；處置"："所有物業，請准格律指揮。"

　　第二，對"詞"的確定從寬，考慮到五代時期雙音節已是標準音步，有些看起來屬於臨時組合的雙音形式也視同詞，如訴稱、賒買、莊宅、店宅、虛指、不合、錢主、勒定、深罪、不要等。

　　第三，基於目前對漢語史分期的一般看法——東漢至隋爲中古漢語、語言面貌與先秦西漢的上古漢語已經有一些明顯的不同——以及唐五代漢語對中古漢語的繼承性，歸級的依據暫時設定如下：

　　(1)凡是見於先秦西漢典籍的詞一般都算作文言詞，内部再根據生僻程度分爲文 2、文 1 兩級，在唐五代通用於書面語和口語的則視爲 0 級；

　　(2)凡是不見於先秦西漢典籍的詞一般算作白話詞①，内部再根據俚俗程度和通用度分爲白 1、白 2 兩級，但是有些主要用於書面語的則視爲 0 級。

　　這兩條依據無疑還是粗綫條的，存在不少問題；更精細的分級標準有待日後通過更多的案例研究不斷摸索，逐步完善。

四　語體分析

　　本節嘗試分析《奏》中一部分詞的語體屬性，大致分爲兩類：一是"文白詞對"，限於有嚴格對應關係的，即理性意義和句法分布相同，可以自由替换；二是"新詞/新義"，就是東漢以後出現的新興詞彙成分②。

(一)文白詞對

　　所謂"文白詞對"，字面意思是指文-白相對的同義詞對。不過這并不是一個準確的術語，衹是目前找不到更合適的名稱而暫時采用的一個權宜説法，有兩點需要説明：第一，所謂文、白是相對而言的，這裏的"文"包括詞表中的部分 0 級詞，比如下文要討論的"當-合"組，從來源説，"當"無疑是個文言詞，但是考慮到它在歷代文獻中的通用性，我們把它歸入 0 級；而跟"當"相比，"合"的語體色彩要偏白一些，兩者在語體屬性上形成對立。現代漢語也存在同樣的情形，比如"與、和、同、跟"四個同義的連-介詞，"跟"屬於白 1 級，而"與、和、同"可以歸入 0 級，雙方形成語體對立。我們把這樣的同義詞也看作"文白詞對"。第二，有時形成語體對立的同義詞不限於兩個、兩級，而是一組、多級，比如現代漢語的"鼠-老鼠-耗子"，分屬於"文 1-0-白 1"三個語體層級，下文要討論的"即/輒-便-仍"則有四個詞而分屬三個不同的語體層級。所以本文所説的"文白詞對"，實際上相當於語義相同而語體屬性不同的一個同義詞組。

　　要確定一個詞的語體屬性，有一個辦法是試問一下"這個詞文言/白話怎麼説"，也就是找出文言或白話的對應詞。當然，并非每個詞都能找到文言或白話的對應詞。《奏》中大致

---

　　① 　這裏的"白話"包括蔣紹愚(2019a)的"古白話"(中古漢語)和"白話"(近代漢語)。正如蔣先生所説："把反映中古漢語實際語言的文獻稱爲'古白話'，主要理由并不是由於其語言和近代漢語或現代漢語相近，而是由於它們和近代漢語或現代漢語有繼承和發展關係。"

　　② 　這裏的"新詞/新義"相對於先秦西漢的上古漢語而言，不限於唐五代新生的，因爲《奏》中不少"新詞/新義"的源頭可以上溯到中古漢語，這反映了語言的繼承性。

有下面 17 組文白詞對，又可以細分爲三小類：

（甲）文白同現。也就是文言詞和白話詞在《奏》中都出現了，雖然它們都可以用在像《奏》這樣的正式文體裏，但是語體屬性是不同的。下文 1－4 組屬之。

（乙）有白無文。即《奏》中衹出現白話詞而沒有對應的文言詞。5－16 組屬之。

（丙）有文無白。與（乙）類正好相反，《奏》中衹用文言詞而沒有出現對應的白話詞。第 17 組屬之。

下面分類逐組進行分析。

（甲）文白同現

1. 即/輒－便－仍

《奏》中"便"3 見，"仍"2 見，對應的文言詞"即""輒"各 1 見：

亦有將物去，便與牙人設計，公然隱沒。

如數內有人前却，及違限別無抵當，便仰連署契人同力填還。

如是卑幼不問家長，便將物業典賣倚當，或雖是骨肉物業，自己不合有分，輒敢典賣倚當者，所犯人重行科斷。

如違犯，應關連人并行科斷，仍徵還錢物。

如有發覺，一任親鄰論理，勘責不虛，業主、牙保人并當科斷，仍改正物業。

如諸色牙行人內有貧窮無信者，恐已後誤索，即許衆狀集出。

四個詞基本意思相同，都是"表示兩件事緊接着發生"①的副詞，相當於現代漢語的"就"②。不過《奏》中的一例"輒"除了"表示兩件事緊接着發生"外，還帶有"專輒"的含義。

"便"出現較早，王泗原（1988/2014：6）云："及西漢東漢之際，便字意漸轉爲今語之即便，就。此口語，公文或用之，史書偶記原語。王莽以符命自立，欲絕其原由神附事，誅甄豐父子，投劉棻四裔，'辭所連及，便收不請。'（《漢書·揚雄傳下》）此顯爲命令原語。漢末，趙岐敕其子曰：'我死……即日便下，下訖便掩。'（《後漢書·趙岐傳》）此顯爲當時口語。魏晉著作，此義之便字乃普遍用之。""便"從漢魏以後一直活躍於口語，大概到清代纔被"就"取代③。

文言詞"即"從上古起一直常用，無煩細述；"輒"則始見於西漢，"二典"均列有"副詞。即，就"義，而且都是首引《史記》：（商鞅）復曰："能徙者，予五十金。"有一人徙之，輒予五十金，以明不欺。（《商君列傳》）有敢收視者，輒捕之。（《季布欒布列傳》）

需要重點討論的是"仍"。"二典"④"仍"字條都把它看作連詞：

《漢語大詞典》：

⑤乃，於是。《史記·淮南衡山列傳贊》："淮南衡山親爲骨肉……而專挾邪僻之計，謀爲

---

① 《現代漢語八百詞》"就¹"條，315 頁。

② 好友周志鋒教授指出：兩例"仍"似與"即/輒－便"有異。此"仍"似表遞進，有并、且的意思。此義近代漢語常見。（私人交流）周教授所言甚有理。不過從《奏彈劉整》的用例來看（詳下），筆者還是覺得"仍"看作同"便"也可通。這種"仍"的用法具有靈活性，解釋成"於是，乃""并，且""便，就"都講得通。在中古、近代漢語的一些口語文獻裏"仍"可以用同"便，就"，可能是方言俗語的反映。

③ 李宗江（1997a）對"即、便、就"的歷時關係有詳細討論，可參看。另可參看李戰（1997）等。

④ "二典"是《漢語大字典》和《漢語大詞典》的合稱，爲行文簡便，這兩部辭書下文一般簡稱《大字典》《大詞典》。

畔逆,仍父子再亡國,各不終其身。"《南史•宋武帝紀》:"初,帝平齊,仍有定關、洛意。"《元史•世祖紀四》:"濱棣萬户韓世安,坐私儲糧食……有司屢以爲言,詔誅之,仍籍其家。"

《漢語大字典》:

⑦連詞。表示因果關係,相當於"於是""因而"。《爾雅•釋詁下》:"仍,乃也。"《詩•大雅•常武》:"鋪敦淮濆,仍執醜虜。"吳昌瑩《經詞衍釋》卷七注云:"言乃執也。"《史記•淮南衡山列傳》:"(淮南衡山)不務遵藩臣職以承輔天子,而專挾邪僻之計,謀爲畔逆,仍父子再亡國。"《南史•沈慶之傳》:"(沈慶之)又隨伯符隸到彦之北侵。伯符病歸,仍隸檀道濟。"

實際上在中古漢語裏,"仍"産生了相當於"即,便"的副詞用法,這裏僅以《奏彈劉整》爲例做一分析。《奏彈劉整》中"即、便、仍"的使用情況如下:

即2見:范送米六斗,整即納受。|如法所稱,整即主。

便4見:寅第二庶息師利去歲十月往整田上,經十二日,整便責范米六斗哺食。|范問失物之意,整便打息逡。|寅亡後,第二弟整仍奪教子,云:"應入衆。"整便留自使。|整母子爾時便同出中庭,隔箔與范相罵。

仍5見:又以錢婢姊妹弟温,仍留奴自使。|寅亡後,第二弟整仍奪教子,云:"應入衆。"整便留自使。|寅罷西陽郡還,雖未別火食,寅以私錢七千贖當伯,仍使上廣州去。|范未得還,整怒,仍自進范所住,屏風上取車帷爲質。|整聞聲仍打逡。

其中"整即主"一例出自任昉所撰的文言部分,"即"相當於"就是",後接體詞,不能換成"便、仍",可以不論;其餘例子中"即、便、仍"的出現環境一致,後面所接的都是動詞,三者可以自由替換而意思不變,尤其是"整便留自使—仍留奴自使"和"整便打息逡—整聞聲仍打逡"這兩組例子,構成同義異文,不難看出"仍"與"便"用法相同。推測當時"仍"可能是一個偏於一隅的方言詞,而"便"則是通語詞。

筆者認爲《奏》中的2例"仍"也是同樣的用法,在"即、輒、便、仍"四個同義詞中,"仍"應該是最俚俗的,通行度没有"便"高,所以把它歸入白2級。比如同時代的敦煌變文中"便"極爲常見,"仍"少見且不用作"就"義,而是用作"仍然"義,如《大目乾連冥間救母變文》:"縱令東海變桑田,受罪之人仍未出。"可比較同篇中"便"的用法:"目連剃除須髮了,將身便即入深山。"

這組詞在《奏》中出現了四個同義詞,它們分屬於三個不同的語體層級:即①/輒(文1)—便(白1)—仍(白2)。

2.産業—物業

"産業"1見,"物業"9見。兩詞同義,如:

或虚指別人産業。

及虚指他人物業。

"産業"《大詞典》釋作"指私人財産,如田地、房屋、作坊等等",始見書證爲《韓非子•解老》:"上内不用刑罰,而外不事利其産業,則民蕃息。"可知是來自上古漢語的文言詞;"物業"《大詞典》釋作"産業",始見書證爲宋李綱《上道君太上皇帝封事》,略嫌晚,白維國主編《近代漢語詞典》首引唐李儇(862—888)《南郊赦文》:"其櫃坊人户,明知事情,不來陳告,所有物業,并不納官。"可見此詞至遲唐代已經出現。不過值得注意的是,《奏》中"産業"與口語詞

---

①　李宗江(1997a)説:"南北朝時期,'便'的用量已超過了'即'","到了宋代,'便'對'即'的替换已基本完成。"據此將"即"歸入文1級。

"別人"搭配,而"物業"却跟文言詞"他人"搭配,似乎發生了"語體錯配"。對此我們目前的解釋是:從來源上説,"產業－物業"是一對文－白詞;但是在唐五代它們的語體對立可能并不明顯,所以"別人產業"和"他人物業"這樣的組配,時人并不會覺得有什麽不妥。這也説明詞彙的語體差異不是絶對的,而是有一定的彈性。

這兩個詞現代漢語均沿用,是口語和書面語通用的"通體"詞,但是意思已經有所不同,《現代漢語詞典》釋義如下:

【產業】①土地、房屋、工廠等財產(多指私有的)。②構成國民經濟的行業和部門。③指現代工業生產(多用作定語)。

【物業】通常指建成并投入使用的各類房屋(如公寓、商品房、寫字樓等)以及配套的設備、設施、場地等。

《大詞典》"物業"的最後一條書證是中國近代史資料叢刊《辛亥革命·洪全福起義檔案》:"本軍到或有誤毀教堂教民物業,誤傷教士教民性命,定必會同領事館秉公酌議賠償。"實際上"物業"一詞在當代漢語中又重新活躍起來,因此可補當代用例。

"產業－物業"在五代可以看作一對文－白詞,到了現代漢語却變成了通體詞,可見詞的語體屬性是可以因時、因地而異的。

3.他人－別人

各1見,意思相同,例見上條。

"他人"上古已見,如《詩經·小雅·巧言》:"他人有心,予忖度之。""別人"目前所見的最早例子應該是北涼曇無讖譯《大般涅槃經》卷二三《光明遍照高貴德王菩薩品之三》:"旃陀羅者,常能令別人恩愛別離,怨憎集會。"(12/499)①入唐以後例子就很多了,如《王梵志詩》:"奴婢換曹主,馬即別人騎。"此後一直活在口語中,沿用至今。考慮到五代時期"他人"還很常用②,也可以把它歸入0級。

4.當－合

"當"3見,"合"1見,義同,表示"應該":

其牙人、錢主并當深罪。

業主、牙保人并當科斷。

准例房親、鄰人合得承當。

助動詞"當"上古就有,最早的用例可以追溯到《尚書》,如:古人有言曰:"人無於水監,當於民監。"(《酒誥》)③此後作爲一個表示"應該"義的通用助動詞歷代沿用,直到現代漢語仍然如此(用法受限)。所以本文把它歸入0級。據汪維輝(2000/2017:323－325)研究,助動詞"合"最早的用例是《史記·司馬相如列傳》載其《難蜀父老》"然則受命之符,合在於此矣",但《史記》全書僅此一例,東漢以降,文獻中時見用例。在東漢－隋時期,"合"是一個地道的口語詞。從《奏》來看,"合"在五代仍是口語詞,否定式是"不合",詳下。

---

① 參看景盛軒(2006)。真大成(2018)指出:"北本《大般涅槃經》的用例是'別人'指'另外的人'較早的確例。'別人'應是當時口語,可能尚未普遍行用,故文獻用例少見。南本將北本'別人'改作文言習用之'人',顯然淡化了北本的口語色彩。"據《歷代三寶記》,北涼曇無讖譯(北本)《大般涅槃經》譯於421年,比譚代龍(2006)所引的始見例北周闍那耶舍譯《大乘同性經》(譯於570年)早了約150年。

② 參看景盛軒(2006)。

③ 參看劉利(2000:19－22)。

（乙）有白無文

5.持/取—將

下例的“將”是動詞“持；取；拿”義，文言要用“持”或“取”等：

亦有將物去，便與牙人設計，公然隱没。

這是中古産生的新義，如“二典”所引的北魏楊衒之《洛陽伽藍記·平等寺》：“將筆來，朕自作之。”唐李白《將進酒》：“五花馬，千金裘，呼兒將出換美酒。”《大詞典》還引了宋陸游《老學庵筆記》和《儒林外史》兩例，甚是。《大字典》始見例引《荀子·成相》：“君教出，行有律，吏謹將之無鈹滑。”楊倞注：“將，持也。”這是錯誤的，這個“將”所帶的賓語“之”指稱“君教”，是抽象的對象，“將”并非具體的持拿義動詞，楊倞注在“將，持也”下還有“《詩》曰‘無將大車’”的引證，顯然并非把“將”理解成“持拿”義，因爲大車是無法持拿的。《釋名·釋言語》：“將，救護也。”王先謙《釋名疏證補》：“蘇輿曰：‘《詩·樛木》“福履將之”，鄭箋：“將，猶扶助也。”《廣雅·釋言》：“將，扶也。”《荀子·成相篇》“吏謹將之”，楊注：“將，持也。”扶助、扶持并與救護義近。’”釋“將”爲扶持，可備一説。實際上“吏謹將之”的“將”相當於“奉行；執行”。《大詞典》以《洛陽伽藍記》例爲始見書證，可取。

6.己—自己

“自己”2見，如：

或是骨肉物業，自己不合有分，倚强淩弱，公行典賣。

文言要說“己”。《大詞典》“自己”條首引《南史》，朱冠明（2007）認爲“自己”并列連用始見於東漢佛經，“并在不晚於隋代凝固成一個複合詞”。

7.不當/不宜—不合

“不合”2見，義爲“不應該”，如：

自己不合有分。

文言對應詞“不宜”“不當”文中未出現。《大詞典》“不合”條：

③不應當；不該。《後漢書·杜林傳》：“臣愚以爲宜如舊制，不合翻移。”

中古以後“不合”作爲口語詞曾長期通行，直到被後起的“不該”替代①。《奏》的用例可證其同樣活躍於五代口語。

8.欺/蒙—蒙昧

“蒙昧”2見，意爲“蒙蔽，欺騙”，可帶賓語，也可不帶：

牙人、錢主，通同蒙昧，致有爭訟。

祇不得虚擡價例，蒙昧公私。

《大詞典》“蒙昧”條祇列了“①昏昧；愚昧。②猶朦朧；迷糊”兩個義項，未收此義。“昧”有“蒙蔽；掩蓋；隱瞞”義，“二典”均已收釋，所引的始見書證都是《荀子·大略》：“蔽公者謂之昧，隱良者謂之妒。”楊倞注：“掩蔽公道謂之暗昧。”“蒙昧”同義連文，文言對應詞是“欺”“蒙”

---

① 《大詞典》“不該”條：“②不應當。清阮大鋮《燕子箋·駝泄》：‘今早又不該在窗下，親把文章謄寫。’”僅引一例，太晚太少，至遲宋代已見，如《近代漢語詞典》“該”條“理當；應該”義下所引的首例是宋歐陽修《言青苗錢第一札子》：“至於中小熟之年，不該受災傷分數，合於本料送納者，或人户無力，或頑猾拖延，本料尚未送納了當。”元雜劇中更常見，如高文秀《黑旋風雙獻功》第四折：“（詩云）從來白衙内，做事忒狡猾。拐了郭念兒，一步一勾搭。惱犯黑旋風，登時火性發。隨你問旁人，該殺不該殺？”關漢卿《趙盼兒風月救風塵》第三折：“（周舍云）丈夫打殺老婆，不該償命。”

等,文中未出現。"欺"人所熟知,小必詳論;"蒙""二典"均收"隱瞞;欺騙""欺瞞;蒙蔽"義,例子如:《左傳·昭公二十七年》:"鄙氏、費氏自以爲王,專禍楚國,弱寡王室,蒙王與令尹以自利也。"《左傳·僖公二十四年》:"上下相蒙。"杜預注并云:"蒙,欺也。"

9. 自—起

"起"1見:

起今後欲乞明降指揮。

這個"起"是表示時間起始的介詞,相當於文言的"自",《大字典》首引五代後唐明宗曹皇后《以皇長子潞王監國令》:"可起今月四日知軍國事,權以書詔印施行。"《大詞典》則首引宋王禹偁《擬罷蘇州貢橘詔》:"起今後,本州所貢洞庭柑橘,侯見勅者,即得供進,不得脩爲常貢。"①均略偏晚。唐代用例常見,如《全唐文》卷六五唐穆宗李恒《停淄青兗鄆等道榷鹽詔》:"其鹽鐵使先於淄青兗鄆等道管内置小鋪糶鹽,巡院納榷,起今年五月一日已後,一切并停。"又卷六五一元稹《浙東論罷進海味狀》:"如聞浙東所進淡菜、海蚶等,道途稍遠,勞役至多,起今已後,并宜停進。"這個"起"字現代方言中還有沿用,既可以引介時間,也可以引介地點,與唐宋時期祇表示起始時間的略有不同,《漢語方言大詞典》"起"條"〈介〉從"義下列了東北官話、北京官話、冀魯官話、膠遼官話、中原官話和晋語(4660頁),都在大官話區。清末民初的日本漢語教科書和清末京語小説《小額》中都有用例,如《漢語指南》:"你打那兒來?我起家裏來的。"上句用"打",下句用"起",兩者同義②。《小額》:"正這兒說着,就見莫吉格小李,起外頭跑進來。"又:"又知道善金今天不上館,乾著急沒法子,又瞧老頭子起昨兒回來透着没神兒,又怕窩作出病來,左難右難。"③

"自"和"起"之外還有"從",大概從上古起就是一個通體詞,沿用至今。在唐五代公文裏,"自今~/從今~/起今~"均有用例,如《全唐文》卷九六五闕名《請令有司勿進祥瑞奏(太和元年(827)十一月)》:"伏請自今已後,祥瑞俱申有司,更不令進獻。"又卷九六六闕名《請禁自薦求遷奏(太和三年(829)四月中書門下)》:"伏望自今後,應緣官闕,須有除授,先選吏跡有聞、行己務實者,隨才獎用。"又卷九六七闕名《請禁止奸欺奏(會昌四年(844)七月京兆府)》:"贓至十貫以上者,從今後伏請集衆決殺;十貫以下者,即量情科斷。"又卷九七四闕名《條奏鹽法狀(大中元年(847)閏三月鹽鐵使)》:"伏請從今以後,其縣本界内,若五度捉得私鹽,每度捉得一斗以上兼賊同得者,不限歲内歲外,但數足後,即與減一選。"筆者認爲,跟"從"相比,"起"使用頻率低得多,有可能是一個北方方言詞,所以歸入白2級。三者的語體關係大致是:自(文1)—從(0)—起(白2)④。

10. 凡—應/應有

"應""應有"表示"所有;全部",相當於文言詞"凡",《奏》中各1見:

如違犯,應關連人并行科斷,仍徵還錢物。

應有諸色牙人、店主,引致買賣,并須錢物交相分付。

《大詞典》"應"條:

---

① 所引文字有誤:"侯"當作"候","者"當作"旨"。
② 參看汪維輝(2012)。
③ 陳明娥(2014:276-285)指出這種"起"在清代北京話小説《兒女英雄傳》中就有用例,如:起那天,這城隍爺就靈起來了。(第二十二回)起脚底下到北邊兒,不差甚麼一里多地呢!(第三十四回)
④ "從"也可以看作是跨0級和白1級的,"起"的語體屬性則相當於現代北方話的"打"。

③所有,全部。宋蘇轍《再論京西水櫃狀》:"應退出地皆撥還本主;應水占地皆以官地對還。"……

引例略嫌晚。《大字典》未收此義,宜補。

《大詞典》"應有"條:

①所有,一切。唐白居易《奏所聞狀》:"自今已後,應有進奉,并不用申報御史臺,如有人勘問,便仰録名奏來者。"……

溯源正確①。

11.付－分付

"分付"相當於文言詞"付":

應有諸色牙人、店主,引致買賣,并須錢物交相分付②。

《大詞典》:

②交給。唐白居易《題文集櫃》詩:"身是鄧伯道,世無王仲宣;祇應分付女,留與外孫傳。"……

"二典""付"條釋作"給與;交給;授予",所引的始見書證都是《書·梓材》:"皇天既付中國民越厥疆土于先王,肆王惟德用,和懌先後迷民,用懌先王受命。"孫星衍疏:"言天既付中國民與其疆土于先王,今王思用德和服先道此迷惑之民,用終先王所受大命。"

12.實(寔)/確－委

"委"2見:

其有典質倚當物業,仰官牙人、業主及四鄰人同署文契,委不是曾將物業已經別處重疊倚當及虛指他人物業,印稅之時,於稅務内納契日,一本務司點檢,須有官牙人、鄰人押署處,及委不是重疊倚當錢物,方得與印。

文言要説"實/確"等。《大字典》"委"條:

⑯副詞。確實。《論衡·宣漢》:"委不能知有聖與無,又不能別鳳凰是鳳與非,則必不能定今太平與未平也。"

甚是。《大詞典》首引宋蘇軾《論給田募役狀》:"委是良田,方得收買。"太晚。

13.非－不是

《奏》中"不是"2見(見上條引),相當於文言的"非",雖然詞性并不相同。否定繫詞"不是"雖然晚漢已見,但普遍行用是在唐代③。《奏》中除"不是"外,還有"或是、如是、若是、雖是",可見繫詞"是"在當時已經很成熟了。

14.後－已後(以後)

恐已後誤索。

---

① 參看蔣禮鴻(2016:460－464)"是 應是 應時 應有 所是 應 應係"條。

② 友生戴佳文提醒筆者:此處似有韻律制約,祇能用雙音詞。前文指出文白詞對需要滿足"理性意義和句法分布相同,可以自由替換"的條件,某些時候是否還要考慮韻律條件? 這裏的"分付"跟"付"受韻律制約,似乎不能自由替換。(私人交流)這個意見很正確,也很重要,在研究"文白詞對"時的確需要關注韻律的因素。初步檢索《全唐文》,此義的"付"和"分付"都有用例,總體來看符合單配單、雙配雙的韻律規則,但也有少量例外,如卷六五唐穆宗《權停河北榷鹽詔》:"如能約計課利錢數,分付榷鹽院,亦任穩便。"卷九七二闕名《點檢起居官奏(天福七年(942)五月中書門下)》:"時屬炎蒸,事宜簡省。應五日百官起居,即令押班宰臣一員押百官班,其轉對官兩員封事付閣門使旨進。""付"和"分付"的文白之別還是明顯可見的。

③ 參看汪維輝(1998),汪維輝、胡波(2013)。

"已後"即"以後"。《大詞典》未收"已後","以後"條云：

比現在或某一時間晚的時期。《後漢書·列女傳序》："故自中興以後，綜其成事，述爲《列女篇》。"

《漢語大詞典訂補》增收"已後"條：

以後；……之後。南朝宋劉義慶《世說新語·規箴》："鯤曰：'何爲其然？但使自今已後，日亡日去耳！'"

可見"以後（已後）"是中古產生的新詞，相當於文言的"後"。

15. 他處/餘處－別處

"別處"2見：

委不是曾將物業已經<u>別處</u>重疊倚當。

若是親鄰不要，及著價不及，方得<u>別處</u>商量，和合交易。

文言要說"他處/餘處"。《大詞典》"別處"釋作"另外的地方"，首引唐獨孤及《早發龍沮館舟中寄東海徐司倉鄭司户》詩："津頭却望後湖岸，別處已隔東山雲。"此例的"別處"不是指"另外的地方"，而是指"分別之處"，這從詩題和全詩内容不難看出①；而且始見例時代過晚，據目前所知，"別處"較早的用例見於東漢後期的《太平經》："愚生得天師教敕者，歸別處，思惟其意，各有不解者，故問之也。"（《太平經·國不可勝數訣第一百三十九》）兩晉南北朝用例已經很常見。結合上文"他人－別人"條來看，五代口語中旁指代詞"別"很可能已經取代了"他/餘"②。

16. 唯－只

如業主別無抵當，<u>只</u>仰同署契牙保鄰人均分代納。

若是親鄰不要，及著價不及，方得別處商量，和合交易，<u>只</u>不得虛擡價例，蒙昧公私。

兩個"只"文言通常要說"唯"。可見五代口語中"只"應該已經取代了"唯"③。

關於範圍副詞"只（秖、衹、祇、秪、秪）"的來源及其與"止"的關係，孫玉文（2021）做了比較清晰的梳理，主要結論是：1)"只"作範圍副詞，本來讀平聲，《廣韻·支韻》"章移切"，訓作"專辭"；2)最晚宋代，人們逐漸將本讀平聲的這個"只"讀成上聲，實際上是"止"的訓讀字，"止"作範圍副詞上古已見；3)"只"字記錄副詞用法，當"僅、僅僅"講，見於南北朝，如《世說新語·任誕》"襄陽羅友有大韻"劉孝標注引《晉陽秋》："我祇見汝送人作郡，何以不見人送汝作郡？"④孫文所論大致可從⑤。也就是說，範圍副詞寫作"只"是東晉始見的新用法，後代一直沿用⑥。

（丙）有文無白

17. 亦－也

《奏》中祇出現1例"亦"，沒有"也"：

---

① 《大詞典》第二版已經把釋義改爲"離別的地方"。
② 參看胡波（2018）、汪維輝（2019）。
③ 李宗江（1998d）說："'只'發展很快，到了唐代語料裏，它已是最常用的限制副詞了。……漢語的限制副詞自唐以後，幾乎成了'只'的一統天下。這種局面一直延續至今。"
④ 維輝按：《大詞典》"只"字條"副詞。同'祇'。僅；僅僅"義下所引的始見書證即此例，甚當。
⑤ 友生真大成教授指出：孫文所引的《高羽、高衡造像記》不可信，《晉陽秋》則是東晉人所作。
⑥ 大約五代至北宋以後又讀作入聲，詳見孫文，這裏不討論。

或親鄰實自不辨承買，妄有遮吝阻滯交易者，<u>亦</u>當深罪。

實際上唐五代口語是説"也"的，"二典""也"條"副詞。猶亦。承接上文，表示同樣"義下所引的始見書證都是北周庾信《鏡賦》："不能片時藏匣裏，暫出圍中也自隨。"溯源正確，相當於"亦"的"也"的確是南北朝後期始見的，在逯欽立所編《先秦漢魏晉南北朝詩》的梁詩、陳詩、北周詩裏用例屢見。太田辰夫（2003:265）説："'也'的語源不明，因爲和'亦'的用法相同，所以，或許是這個系統的詞。從唐代開始用得較多，但在南北朝也有少量例子。"①《大詞典》第二例爲唐岑參《赴北庭度隴思家》詩："西向輪臺萬里餘，也知鄉信日應疏。"這個"也"就是用的唐代口語詞。上文分級詞表將"亦"歸入文1級，是因爲口語中有對應詞"也"；考慮到當時"也"的使用可能還不普遍，"亦"也可以歸入0級。

以上甲、乙兩類清楚地反映出《奏》用詞的口語性，而反例衹有"亦"一個。

（二）新詞/新義

每個時代都有新詞新義出現，它們既有來自百姓日常口語的，也有出自文人創用的。如何判定新詞新義呢？目前通行的做法是：參考《漢語大字典》《漢語大詞典》以及各種斷代語言詞典、專書語言詞典等工具書，加上相關的研究論著，同時檢索大型語料庫。通過這樣的篩查，我們整理出《奏》中的一批新詞/新義，主要來自上表中的白1級，也有少量來自0級。下面分新詞和新義兩類，逐一討論（上文已論及的從略）。爲便於尋檢，詞條均按音序排列。

（甲）新詞

1. 卑幼

更有<u>卑幼</u>骨肉，不問家長，衷私典賣，及將倚當取債。

《大詞典》：

指晚輩年齡幼小者。宋王讜《唐語林·補遺三》："此子眉目疏秀，進退不懾，惜其卑幼，可以勸學乎？"宋蘇轍《論禁宮酒札子》："兼逐位尊長，爵齒并崇，多連宗字，而卑幼犯酒，不免取旨，若取旨而不行，則雖取何益？"……

溯源不確，"卑幼"至晚東漢已見，如《論衡·四諱》："夫西方，長老之地，尊者之位也。尊長在西，卑幼在東。尊長，主也；卑幼，助也。"②《通典·禮典四一》引西晉應琳《童子爲天子服議》："廣陵王未冠，吳王章郡王卑幼，不應居廬。"唐五代用例常見，如盧重玄《黃帝陰符經疏序》："不擇卑幼，但有本者爲師。不得以富貴爲重、貧賤爲輕。"《唐律疏議》卷五《名例》："【疏】議曰：……歸罪於其次者，假有尊長與卑幼共犯，尊長老、疾，依律不坐者，即以共犯次長者當罪，是名'歸罪於其次尊長'。尊長謂男夫者，假有婦人尊長，共男夫卑幼同犯，雖婦人造意，仍以男夫獨坐。"《全唐文》卷一二三周太祖《改定鹽麴條法敕》："若是卑幼骨肉奴婢同犯，只罪家長。"

2. 不要

如有典賣莊宅，准例房親、鄰人合得承當，若是親鄰<u>不要</u>，及著價不及，方得別處商量，和合交易。

---

① 　另可參看李宗江（1997b）。

② 　《大詞典》第二版已經把《論衡》作爲首證。

　　"不要"是短語，意爲"不想擁有"，現代漢語沿用。唐以前未見，文言没有對等的詞語。《大詞典》"不要"條祇有"表示禁止和勸阻"一義，未收短語義。"要"作動詞和助動詞都是唐代産生的新義，"二典"都分爲兩個義項："①討；索取。表示希望將某種事物歸自己占有。"始見書證都是唐柳宗元《賀進士王參元失火書》："足下前要僕文章古書，極不忘，候得數十幅乃併往耳。""②想；希望。"始見例都是唐韓愈《竹徑》詩："若要添風月，應除數百竿。"①是動詞，後接體詞性賓語；②是助動詞，後接謂詞性成分。《全唐文》卷九六八闕名《據三司推勘吳湘獄罪狀奏(大中三年(849)十一月御史臺)》也有這樣的"要"："揚州都虞候盧行立、劉群，於會昌二年五月十四日於阿顔家吃酒，與阿顔母阿焦同坐。群自擬收阿顔爲妻，妄稱監軍使處分，要阿顔進奉，不得嫁人。"表示"不想擁有"的短語"不要"在唐五代還不多見，如《全唐文》卷六六八白居易《讓絹狀》："臣家素貧，非不要物。但以昨者陛下遣臣宣諭田布，不同常例；田布今日之事，不同諸家。"日僧圓仁《入唐求法巡禮行記》卷四："人君宣兩街功德使云：'卿知否？朕若是，何師盡不要也！'"到宋代使用就很普遍了，如《三朝北盟會編》卷一四引趙良嗣《燕雲奉使録》："阿骨打云：'西京地本不要，止爲去挈阿适，須索一到。若挈了阿适，也待與南朝。'""粘罕且笑且言：'貴國與契丹家厮殺多年，直候迭不得，方與銀絹。莫且自家門如今且把這事放著一邊，厮殺則個。待你敗時，多與銀絹，我敗時，都不要一兩一匹，不知如何？'"

　　3.承當

　　如有典賣莊宅，准例房親、鄰人合得**承當**，若是親鄰不要，及著價不及，方得別處商量，和合交易。

　　"當"音 dāng。這個"承當"是"承接；接手"義，所謂"如有典賣莊宅，准例房親、鄰人合得承當"，是說如果有人要"典賣莊宅"，按照體例親戚和鄰居應該有優先購買權。《大詞典》没有相應義項，《近代漢語詞典》：

　　②擎受；承受享有。宋蘇軾《東坡志林》卷一："到希領取，如不肯承當，却以見還。"明鄒元標《偶興》："飢餐渴飲倦床，春暖夏熱秋涼。若是英雄男子，平常儘可承當。"《拍案驚奇》卷三三："劉天祥、張員外俱各無嗣，兩姓的家私都是劉安住一人承當。"

　　這個義項與《奏》中的詞義和用法相近，而《奏》的例子可以提前此義的始見年代。

　　4.抵當

　　如數内有人前却，及違限別無**抵當**，便仰連署契人同力填還。

　　如業主別無**抵當**，只仰同署契牙保鄰人均分代納。

　　《大詞典》釋作"抵充；承當"(當音 dāng)，首引宋蘇軾《論積欠六事并乞檢會應詔所論四事一處行下狀》："後來違法賒散過錢物，并府界縣分人户抵當虧本糯米。"嫌晚。《奏》中2例即爲"抵充"義。此義五代常見，如《全唐文》卷一一二後唐明宗《南郊改元赦文》："應諸道商稅課利，撲斷錢額去處，除納外年多愆欠，枷禁徵收，既無抵當，并可放免。"又卷一一六後晋高祖《平范延光大赦文》："如有没納本人及保人家業盡抵外，尚欠錢物更無抵當者，其所欠并與蠲放。"又卷一二五周世宗《春令赦宥詔》："諸處敗闕場院人員，自來累行微督，尚有逋欠，實無抵當者，宜令三司具欠分析數目聞奏，另修指揮。"《舊五代史·漢書·高祖本紀下》載

《戊辰制》："徒流人并放還。應係欠省錢,家業抵當外并放。"①

5. 典賣

更有卑幼骨肉,不問家長,衷私典賣,及將倚當取債;或是骨肉物業,自己不合有分,倚強凌弱,公行典賣,牙人、錢主,通同蒙昧,致有爭訟。

《大詞典》：

①舊指活賣。即出賣時約定期限,到期可備價贖回,不同於"絕賣"。(首引宋蘇軾文)②典租出賣。(僅引現代作品一例)

《奏》中"典賣"出現5次,應該是①義,《大詞典》首例略嫌晚。此詞唐五代用例多見,如《全唐文》卷六六七白居易《李師道奏請出私財收贖魏徵舊宅事宜》："今緣子孫窮賤,舊宅典賣與人。師道請出私財收贖,却還其後嗣。……尤不宜使師道與贖,計其典賣,其價非多。"孟郊《雪》詩："將暖此殘疾,典賣爭致杯。"

6. 點檢

委不是曾將物業已經別處重疊倚當及虛指他人物業,印稅之時,於稅務內納契日,一本務司點檢,須有官牙人鄰人押署處,及委不是重疊倚當錢物,方得與印。

《大詞典》：

③查核,清點。宋晏殊《木蘭花》詞："當時共我賞花人,點檢如今無一半。"……

始見書證稍嫌晚。唐五代例子很多,如《唐文拾遺》卷五六闕名《委清强官檢點廢寺奴婢奏(會昌五年(845)四月中書門下)》："或聞洪潭管内,人數倍一千人已下五百人已上處,計必不少。臣等商量,且望各委本道觀察使,差清强官,與本州刺史縣令同點檢,具見在口數,及老弱嬰孩,并須一一分析聞奏。"

7. 店主/店主人

被牙人、店主人引領百姓,賒買財貨,違限不還其價。

應有諸色牙人、店主,引致買賣,并須錢物交相分付。

《大詞典》未收"店主"和"店主人",《漢語大詞典訂補》增收"店主"條："商店、飯店等的主人。"引《解放日報》2003年例。許少峰《近代漢語大詞典》收"店主人"條："店東,掌櫃的。"引元雜劇二例。(445頁)實際上"店主"和"店主人"至晚唐五代已見,例子頗多,如《全唐文》卷九七一闕名《定私鹽科罪奏(長興四年(933)五月鹽鐵使)》："仍許般載脚户、經過店主人、脚下人力等糾告,等第支與優給。"《太平廣記》卷三七"韋仙翁"條(出《異聞集》)："有一老翁謂店主曰:'韋侍御一餐即過,吾老病不能遠去,但於房中坐,得否?'店主從之。"又卷二七八"國子監明經"(出《酉陽雜俎》)："乃謂店主曰:'我與客俱夢中至是,客豈食乎?'店主驚曰:'初怪客前畢羅悉完,疑其嫌置蒜也。'"

8. 房親

如有典賣莊宅,准例房親、鄰人合得承當。

《大詞典》：

① 《大詞典》"抵當"條另有"抵押"義,"當"音 dàng,首引宋司馬光《涑水記聞》卷一五:"市易司法,聽人賒貸縣官貸財,以田宅或金帛爲抵當。"友生邵天松副教授認爲:"抵當"是當時的法律術語。唐代文獻中已見,如《唐大詔令集》卷八六《咸通八年(867)五月德音》:"自今日以前,應百姓舉欠人債,如無物產抵當,及身無職任請俸,所住州縣及諸軍司須寬行期限。"此例即"抵押"之義。"抵充"義是由"抵押"義發展而來的。可參看王文書(2014:67-68)。(私人通信)錄以備考。

指家族近支宗親。《元典章·吏部二·承蔭》:"諸致仕身故官員子孫告廕……申牒本處官司勘當房親,揭照原籍清册,扣算年甲申聞。"

僅引一例,嫌晚嫌少。"房親"當係唐五代新詞,又如《全唐文》卷一一三後唐末帝《委三司重議税法詔》:"所有房親鄰近,佃射桑田,不得輒有占據。"又卷一二三周太祖《討慕容彦超敕》:"兼自前有兗州管内人户,被慕容彦超迫虜誆惑誘引,見在州城内者,及有元在兗州充職人等,必是逐人各有骨肉房親在城,今官中一切不問。"

9. 浮造

或虛指别人産業,及浮造屋舍,僞稱祖、父所置。

指臨時建造①。《大詞典》未收"浮造","浮"條也没有相應的義項。《近代漢語詞典》"浮"條有"暫時;臨時"義(540 頁),十分正確②;不過祇引了清代的《閱微草堂筆記》《紅樓夢》和《醒世姻緣傳》三例,書證時代嫌晚。"浮造屋舍,僞稱祖、父所置"就是臨時建造房屋,却假稱是祖上傳下來的。友生趙川瑩、張航、邵天松檢示唐宋間用例甚多,《宋會要輯稿》中尤其常見,酌舉數例:宋宋敏求編《唐大詔令集》卷五《改元天復③敕》:"都市之内,屋宇未多,聞浮造之人,常須更出地課,將期招葺,宜有指揮。應諸坊於公私地内浮造屋宇,每月地課,不得更有收徵。"④宋李燾《續資治通鑒長編》卷五一八"哲宗元符二年":"庚寅,户部言:……若搭蓋浮造,遮攔宫屋及妨礙衆行出入道路者,各杖一百,許告賞錢五十貫。"南宋孫覿《和州與運使陳靖直書》:"本州深欲奉行,而典賣法既無合批問賃户之文,惟浮造數椽屋宇、占壓業主地步,猶可撫文附會同梁合柱之法,而續降亦已衝吹。"清徐松輯録《宋會要輯稿·食貨五五·冰井務》:"(仁宗天聖七年)九月,勾當店宅務李柬之言:'……欲乞將係帳空地依例出賃,如有願賃浮造、搭蓋、蓆踏屋地,亦令本務相度出賃。'事下三司相度。……如非時治道,權且拆去浮造屋舍,亦不得住賃錢。"《宋九朝編年備要》卷二八:"(徽宗重和元年)諸路有僦房廊爲浮造簷厦侵官地者,則會其丈尺,令輸錢,謂之曰白地錢。"

10. 格律

所有物業,請准格律指揮。

《大詞典》:

①法律條令。唐劉肅《大唐新語·孝行》:"復讎禮法所許,殺人亦格律具存,孝子之心,義不顧命,國家設法,焉得容此,殺人成復讎之志,赦之虧格律之道。"《舊五代史·唐書·明宗紀三》:"自兵興以來,法制不一,諸道州縣常行枷杖,多不依格律,請以舊制曉諭,改而正之。"宋王栐《燕翼詒謀録》卷三:"郡國斷大辟,録案朱書格律斷詞、收禁月日、官典姓名以聞,取旨行之。"

---

① 有意思的是,《正統道藏》本《靈寶領教濟度金書》卷三一九《齋醮須知品》有"臨時浮造"的説法:"諸建三層壇,宜以磚石或土築成。世人多用厚板及門户之類,臨時浮造。"這部分很可能是明人增補的内容。(參看張澤洪《林靈真與〈靈寶領教濟度金書〉的編撰及其意義》,《中國高校社會科學》2015年第 5 期)若果真如此,則説明明代人對"浮造"一詞的詞義和"浮"的理據已經不甚了了,於是又在前面加了"臨時",造成語義重叠。感謝友生趙川瑩提供此例及相關的研究信息。

② 這個義項在現代方言中還有殘留,如《漢語方言大詞典》收"浮來暫往"這個熟語,釋作"臨時交往,交情不深",列出的方言點是屬於晋語的山西忻州。(5120 頁)"浮來暫往"中"浮"和"暫"顯然是同義的。

③ 公元 901 年唐昭宗改年號爲"天復"。

④ 張福通(2019:15－16)討論了此例的"浮造",認爲:"'浮'有'超過,額外'之義","'浮造'即'額外建造。'"釋義恐未確。

溯源正確，唐五代公文中常見。

11. 公然

亦有將物去，便與牙人設計，公然隱没。

《大詞典》：

①謂明目張膽，毫無顧忌。唐杜甫《茅屋爲秋風所破歌》："公然抱茅入竹去。"……

"公然"確實是唐人口語詞，顏師古注《漢書》，屢以"公然"釋原文"公"字，如《陳萬年傳》"公移敕書曰：……"顏師古注："公然移書以約敕也。"又《王尊傳》"許仲家十餘人共殺賜兄賞，公歸舍"顏師古注："公然而歸，無所避畏者。"不過"公然"這個詞的產生應不晚於北魏，《魏書》中已經屢見，如《裴叔業傳附裴植》："案律，在邊合率部衆不滿百人以下，身猶尚斬，況仲達公然在京稱詔聚衆，喧惑都邑，駭動人情。量其本意，不可測度。"《閹官傳·劉騰》："又頗役嬪御，時有徵求；婦女器物，公然受納。"又如《隋書·衛王集傳》："集密懷左道，厭蠱君親，公然咒詛，無慚幽顯。"①

12. 關連

如違犯，應關連人并行科斷，仍徵還錢物。

《大詞典》釋作"牽連；聯繫"，首引唐馮翊《桂苑叢談·太尉朱崖辯獄》："乃立召兜子數乘，命關連僧人對事。"其實釋義改成"相關；有關係的"更確切，"應關連人"就是所有相關的人，唐五代公文中"關連人"常見，還有"關連徒黨、關連典史、關連者"等，詞義并同。如《全唐文》卷一二一漢隱帝《春令赦文》："應乾祐二年正月一日昧爽已前，天下見繫罪人，除十惡五逆、官典犯贓、合造毒藥、劫家殺人、賊黨正身外，其餘犯人及關連者并放。"又卷九六八闕名《據三司推勘吳湘獄罪狀奏（大中三年（849）十一月御史臺）》："今據三司使追崔元藻及淮南元推判官魏鉶并關連人款狀。"《唐文拾遺》卷九後唐明宗《條流寺院僧尼敕》："有此色人，便仰收捉，勘尋關連徒黨，并決重杖處死。"

13. 行店

如是客旅自與人商量交易，其店主、牙行人并不得邀難遮占，稱須依行店事例引致。

這個"行店"應該是臨時組合，指牙行和店鋪，行音 háng。暫未見他例。《大詞典》"行（xíng）店"條釋作"旅店"，非此義。

14. 勘責

如有發覺，一任親鄰論理，勘責不虛，業主、牙保人并當科斷，仍改正物業。

《大詞典》未收，《近代漢語詞典》：

審查；追查。唐張九齡《籍田赦書》："孝悌力田，鄉閭推挹者，本州長官勘責，有才堪應務者，各以名聞。"段成式《酉陽雜俎》卷一三："莊客懸欠租課積五六年，邀因官罷歸莊，方欲勘責，見倉庫盈美，輸尚未畢。"宋張方平《請止中使傳宣諸司》："逐處有司，或敢違慢，自應合行勘責。"

溯源正確。張福通（2019：199－200）論及，引《唐大詔令集》6 例，謂："責"有求取義，"勘責"義爲勘察求取。

15. 科斷

---

① 友生陳思捷指出："該詞沿用至今，不過應該是個正式度比較高的詞彙。可見詞彙的語體特徵具有歷史具體性。"

如違犯,應關連人并行科斷,仍徵還錢物。

所犯人重行科斷。

如有發覺,一任親鄰論理,勘責不虛,業主、牙保人并當科斷,仍改正物業。

《大詞典》:"論處;判決。"首引宋周密《齊東野語》,嫌晚。"科斷"也是唐代新詞,唐五代公文中極常見,如《全唐文》卷九六七闕名《請接濟諸州閒散宗室奏(開成二年(837)六月宗正寺)》:"如有違犯禮禁,自冒刑名,即任所在州縣仔細勘問,仍先具罪狀,申報宗正寺,待寺司聞奏,不得懸便科斷。"有"量情科斷、量罪科斷、臨時科斷、准律科斷、准條流科斷、准法科斷、准上科斷、依律科斷、依法科斷、據狀科斷、痛行科斷、各行科斷、嚴加科斷、科斷罪人"等組合。"科斷"當是同義連文,"科"有"判處;判斷;判刑"義,見"二典"。

17. 立契

又莊宅牙人,亦多與有物業人通情,重疊將店宅立契典當。

《大詞典》:"訂立契約。如:立契成交。"未舉書證,可補。這是唐代新詞,另如《全唐文》卷一一二後唐明宗《即位赦文》:"若取官中回圖錢,立契取私債,未曾納本利者不在限。"

17. 錢主

或是骨肉物業,自己不合有分,倚強淩弱,公行典賣,牙人、錢主,通同蒙昧,致有爭訟。

錢的主人或出錢購買的人。《大詞典》未收。唐宋文獻中屢見,如《全唐文》卷九八二闕名《對竊錢市衣與父判》:"丁竊錢市衣以與父,父曰:'邑長如是。'使詣縣首。丁往,長問之,具以父言,長以衣賜其父。錢主告長縱盜。"《太平廣記》卷四三"盧山人"(出《酉陽雜俎》):"盧曰:'君今年不動,憂旦夕禍作。君所居堂後,有錢一瓶,覆以板,非君有也。錢主今始三歲,君其勿用一錢,用必成禍。能從吾戒乎?'"又卷四三四"路伯達"(出《法苑珠林》引《冥報記》):"永徽中,汾州義縣人路伯達,負同縣人錢一千文。後共錢主佛前爲誓曰:'我若未還公,吾死後,與公家作牛畜。'話訖,逾年而卒。錢主家[犉](㹑)牛生一犢子,額上生白毛,成'路伯達'三字。"《太平御覽》卷四一〇引劉向《孝子圖》:"前漢董永,千乘人。少失母,獨養父。父亡,無以葬,乃從貸錢一萬。永謂錢主曰:'後若無錢還君,當以身作奴。'"

18. 親鄰

如有典賣莊宅,准例房親、鄰人合得承當,若是親鄰不要,及著價不及,方得別處商量,和合交易,祇不得虛擡價例,蒙昧公私。如有發覺,一任親鄰論理,勘責不虛,業主、牙保人并當科斷,仍改正物業;或親鄰實自不辨承買,妄有遮吝阻滯交易者,亦當深罪。

這段文字清楚地表明,"親鄰"就是"房親、鄰人"的合稱①,《全唐文》改作"親戚"是有違原意的。唐五代文獻中"親鄰"常見,説明它應該已經成詞,如《全唐文》卷二二唐玄宗《令戶口復業及均役制》:"天下諸郡逃戶,有田宅產業,妄被人破除,并緣欠負税庸,先以親鄰買賣,及其歸復,無所依投。"又卷一五八孫思邈《千金要方序》:"是以親鄰中外,有疾厄者,多所濟益。"

《大詞典》:

②親友和鄰里。元王實甫《西廂記》第二本第二折:"第一來爲壓驚,第二來因謝承。不

---

① 還可倒言作"鄰親",如《宋刑統》卷一三《户婚律·典賣指當論竟物業》:"應典賣倚當物業,先問房親,房親不要,次問四鄰,四鄰不要,他人并得交易……如業主、牙人等欺罔鄰親,契帖內虛擡價錢,及鄰親妄有遮恡者,并據所欺錢數與情狀輕重,酌量科斷。"

請街坊,不會親鄰,不受人情。"《明成化說唱詞話叢刊·包待制出身傳》:"拜別父母大嫂嫂,親鄰把酒送行程。"

引例過晚,不過此詞元明時期確實仍然沿用,又如元《至元二年晋江縣務給付麻合抹賣花園公據》:"前去立賬,遍問親鄰,願與不願執買,得便與人成交。"

19. 賒買

被牙人、店主人引領百姓,<u>賒買</u>財貨,違限不還其價。

指"欠賬購買"。《大詞典》首引《宋史·食貨志上三》:"熙寧五年,詔以銀絹各二十萬賜河東經略安撫司,聽人賒買,收本息封椿備邊。"嫌晚。"賒買"是唐代口語,如《漢書·汲黯傳》:"縣官亡錢,從民貰馬。"顔師古注:"賒買也。"以時語"賒買"釋古詞"貰",可證。

20. 設計

亦有將物去,便與牙人<u>設計</u>,公然隱没。

《大詞典》:

①設下計謀。《三國志·魏志·高貴鄉公髦傳》:"賂遺吾左右人,令因吾服藥,密因鴆毒,重相設計。"元尚仲賢《氣英布》第一折:"運籌設計,讓之張良;點將出師,屬之韓信。"

可見這是漢末産生的新詞,《大詞典》溯源正確,中古文獻多見,如《晋書·食貨志》載杜預《陳農要疏》:"雖詔書切告長二千石爲之設計,而不廓開大制,定其趣舍之宜,恐徒文具,所益蓋薄。"《華陽國志·後賢志·柳隱》:"數從大將軍姜維征伐,臨事設計,當敵陷陣,勇略冠軍。"《百喻經·五百歡喜丸喻》:"昔有一婦,荒淫無度,欲情既盛,嫉惡其夫;每思方策,頻欲殘害。種種設計,不得其便。"唐五代也多有用例,如《全唐詩》卷七三七高駢《棋》詩:"不言如守默,設計似平雛。"《全唐文》卷二六九張廷珪《諫白司馬坂營大像第二表》:"近者狡豎張易之、昌宗、昌儀等,將欲潛圖大逆,爲國結怨下人,兼售私木,以規官利,遂又與僧萬壽等設計,移此坂營建。"《大詞典》可補引唐五代例,正好填上兩個例子中間的空缺。又,此詞常帶有貶義的感情色彩,《奏》亦如此。

21. 事例

如是客旅自與人商量交易,其店主、牙行人并不得邀難遮占,稱須依行店<u>事例</u>引致。

《大詞典》:

①成例,可以作爲依據的前事。《南史·褚彦回傳》:"彦回讓司徒,乃與僕射王儉書,欲依蔡謨事例。"明張居正《擬日講儀注疏》:"[臣]查得先朝事例,非遇大寒大暑,不輟講讀。"

釋義正確,始見書證也妥當,但是例子嫌少,兩例之間可再補充一個唐五代的例子。實際上此義在《全唐文》中極爲常見,還常出現在文章標題中,如《請申明舉主事例奏(元和十一年(816)九月中書門下)》《請定科目選官事例奏(太和元年(827)十月中書門下)》《條陳考課事例奏(大中六年(851)七月考功)》等。《全唐文》卷九六九闕名《中書不得輕給告示奏(同光二年(924)正月中書門下)》:"伏自僞庭皆隳本朝事例,每降文字下中書,不分別重輕,便令官給告示,遂致所司公事,全失規程。自今後如非前件事例,并請官中不給告示,其内司大官并侍衛及賞軍功將校轉官,即不在此限。所冀受宣賜者倍榮恩渥,非事例者不敢希求。"

22. 數内

如<u>數内</u>有人前却,及違限别無抵當,便仰連署契人同力填還。

《大詞典》(數音 shù):

其中;裏頭。《前漢書平話》卷下:"常山王駡衆宫女:'敢把寡人推下龍床來!'數内一人甚惡,却回常山王語:'你甚聖主?'"……

始見書證太晚,唐代已經常見,《全唐文》中用例甚夥,如卷九六五闕名《請令諸道年終勾帳奏(長慶元年(821)六月比部)》:"如聞近日刺史留州數内,妄有减削非理破使者,委觀察使聞風按舉,必重加科貶,以誠削减者。"日僧圓仁《入唐求法巡禮行記》中也有3例,如卷一:"〔九月〕廿日,寫得相公牒狀,稱:'日本國朝貢使數内僧圓仁等七人,請往台州國清寺尋師。……'"這是圓仁抄錄的官府公文。又卷四:"〔五月〕十三日,使帖來:當寺僧無祠部牒者卅九人,數内有日本國僧兩人名。"

23.稅務

委不是曾將物業已經別處重疊倚當及虛指他人物業,印稅之時,於稅務内納契日,一本務司點檢,須有官牙人、鄰人押署處,及委不是重疊倚當錢物,方得與印。

《大詞典》:

②古代對稅務官署的簡稱。宋蔡絛《鐵圍山叢談》卷四:"而木偶土地自行街前,以手相接抱而雙俱行,轉街復抵稅務。"《宋史·食貨志下八》:"五年,令户部取天下稅務五年所收之數。"

所引二例均爲宋代例,本例可補且時代略可提前。"稅務"之名蓋始於五代,除本例外,又如《全唐文》卷一一二後唐明宗《即位赦文》:"省司及諸府置稅茶場院,自湖南至京,六七處納稅,以致商旅不通,及州使置雜稅務交下煩碎。"《舊五代史·唐書·明宗紀》:"八月丙寅,詔天下州府商稅務,并委逐處差人依省司年額勾當納官。"

24.訴稱

商賈及諸色人訴稱。

《大詞典》未收,《現代漢語大詞典》:"向法院陳述或控告。如:原告向法院訴稱:被告侵犯其名譽權。"(上册,523頁)此詞中古始見,如《宋書·五行志三》:"晋愍帝建興四年十二月丙寅,丞相府斬督運令史淳于伯……其息訴稱:……"北魏楊衒之《洛陽伽藍記》卷三"菩提寺":"吾在地下,見人發鬼兵,有一鬼訴稱是柏棺,應免。"《魏書》《南齊書》《南史》等史書中均見用例。

25.填還

如數内有人前却,及違限別無抵當,便仰連署契人同力填還。

《大詞典》:

①猶償還;報償。唐韓愈《論變鹽法事宜狀》:"鹽商利歸於己,無物不取。或從賒貸升斗,約以時熟填還,用此取濟,兩得其便。"……

溯源正確。唐五代用例多見,如白居易《齋戒》:"酒魔降伏終須盡,詩債填還亦欲平。"《太平廣記》卷一六六"吳保安"(出《紀聞》):"謂保安曰:'……吾今初到,無物助公。且於庫中假官絹四百匹,濟公此用。待友人到後,吾方徐爲填還。'"敦煌變文《廬山遠公話》:"遠公曰:相公前世一個商人,他家白莊也是一個商人。相公遂於白莊邊借錢五百貫文,是時貧道作保。後乃相公身亡,貧道欲擬填還,不幸亦死。輪回數遍,不遇相逢,已是因緣,保債得債。"《唐文拾遺》卷五六闕名《加給課料及時支遣并許遠官借俸奏(會昌元年(841)中書門下)》:"選人官成後,皆於城中舉債,到任填還,致其貪求,罔不由此。"

26.通情

又莊宅牙人,亦多與有物業人通情,重疊將店宅立契典當。

指串通、合謀。《大詞典》未收此義,可補。此詞中古已見,如《三國志·魏書·董卓傳》:"卓聞之,以爲愁、瓊等通情賣己,皆斬之。"又《吳書·張昭傳附張休》:"爲魯王霸友黨所譖,與顧譚、承俱以芍陂論功事,休、承與典軍陳恂通情,詐增其伐,并徙交州。"

27. 通同

牙人、錢主,通同蒙昧,致有爭訟。

"通同"是南北朝產生的新詞,《奏》中義爲"串通一起;共同"。

《大詞典》:

②共同。唐元稹《酬孝甫見贈》詩之七:"終須殺盡緣邊敵,四面通同掩太荒。"

僅引一例,可補。《全唐文》卷一二二周太祖《定抽稅蕃漢糴鹽詔》:"如蕃人將羊馬貨價,須平和交易,不得縱任牙人,通同脫略,故爲抑淩。"《醒世恒言·十五貫戲言成巧禍》:"又使見識,住鄰舍家借宿一夜,却與漢子通同計較,一處逃走。"又:"却去搜那後生身邊,十五貫錢分文不少,却不是小娘子與那後生通同作姦!贓證分明,却如何賴得過!"皆是其例。

28. 違限

《奏》中 2 見,指"超過期限"。如:

被牙人、店主人引領百姓,賒買財貨,違限不還其價。

《大詞典》僅引《明史》一例,太晚太少。"違限"是唐代公文的常用語,《全唐文》《唐律疏議》等書中均常見。日僧圓仁《入唐求法巡禮行記》卷二抄錄了开成四年(839 年)七月廿四日的一份"縣帖"(縣衙門的公文):"限帖到當日,具分析狀上。如勘到一事不同及妄有拒注,并進上勘責。如違限,勘事不子細,元勘事人必重科決者!"反映了當時公文使用的實況。

29. 委保

或還錢未足,仰牙行人、店主明立期限,勒定文字,遞相委保。

辭書未收"委保",友生趙川瑩謂"宋代文獻屢見",提供例子甚夥,友生戴佳文也提供了兩例,這裏酌引數例:宋蘇軾《論給田募役狀》:"如等第不及,即召第一等一戶或第二等兩戶委保。如充役七年内逃亡,即勒元委保人承佃充役。"宋陳耆卿《(嘉定)赤城志》卷一七《吏役門·縣役人》:"國初里正、户長掌課輸,鄉書手隸焉。以稅戶有行止者充,勒典押,里正委保。"清徐松輯錄《宋會要輯稿·食貨一八·商稅五》:"(嘉定)七年二月二十四日,廣西轉運判官兼提舉鹽事陳孔碩言:'……臣以爲欲弭此害,合令販牛之人先經所屬州縣,具同伴人數與買牛數若干,量立節限,使互相委保,判給公據而來。内有一名行劫,保人同罪。'"又《刑法二·禁約》:"建炎四年十月十四日,通判臨安府鄭作肅言:'……乞令逐州行下諸路,令本保内每十家結爲一甲,遞相委保,不得劫奪財物及妄以姦細爲名殺戮平人。……'"此例"遞相委保"與《奏》完全一致,也就是前面一例的"互相委保"。又有逆序形式"保委"①,如《建炎以來繫年要錄》卷一四八:"或雖不住學,而曾經發解,委有士行之人,教授保委,申州給公據,赴國子監補試。"又卷一九九:"令五人結一保,兩保爲一甲,十甲爲一隊,遞相保委。"宋陳均《皇朝編年綱目備要》:"至於東西下班殿侍,有門閥家業者,及諸軍中死事者之孤,稍有材②勝兵者,嚴立保委之法,選取千人以充殿内之衛。"《朱子語類》卷一〇九《論取士》:"這個須從保伍

① 感謝浙江工業大學沈小仙老師提醒筆者注意"委保"和"保委"在文獻中可以替換使用,意思差不多。
② 《續資治通鑒長編》《樂全集》"材"下有"力"字。

中做起,却從保正社首中討保明狀,五家爲保,互相保委。若不是秀才,定不得與保明。""委保"和"保委"意思相同,"遞相保委""互相保委"跟"遞相委保""互相委保"語境一致,可爲確證。如此看來,"委保""保委"應該是同義連文,意思就是"擔保",唯"委"何以會有"擔保"義,目前尚無法解釋,各種辭書"委"字條均未收列這一義項。存疑待考。

30. 屋舍

或虛指別人產業,及浮造<u>屋舍</u>,偽稱祖、父所置。

《大詞典》(舍音 shè):

房屋。《詩·小雅·鴻雁》"之子于歸,百堵皆作"漢鄭玄箋:"起屋舍,築牆壁。"晉陶潛《桃花源記》:"土地平曠,屋舍儼然。"唐陸龜蒙《奉酬襲美先輩吳中苦雨一百韻》:"先誇屋舍好,又恃頭角凸。"……

溯源正確,"屋舍"的確是漢末產生的新詞,除所引鄭箋外,又如《三國志·吳書·是儀傳》:"不治產業,不受施惠,爲屋舍財足自容。"又《蜀書·趙雲傳》注引《雲別傳》:"益州既定,時議欲以成都中屋舍及城外園地桑田分賜諸將。"中古時期用例常見,在唐代仍是常用的口語詞,如《漢書·高帝紀》"遂西入咸陽,欲止宮休舍"顏師古注:"舍,息也,於殿中休息也。一曰舍謂屋舍也。""屋舍"也可以倒言作"舍屋",唐宋公文中常見,例略。

31. 信行

如諸色牙行人內有貧窮無<u>信行</u>者,恐已後誤索,即許衆狀集出。

《大詞典》(行音 xíng):

誠實守信的品行。《後漢書·儒林傳·高詡》:"詡以父任爲郎中,世傳《魯詩》。以信行清操知名。"……

溯源正確。《三國志·魏書·胡昭傳》"閭里敬而愛之"注引《高士傳》:"昭雖有陰德於帝,口終不言,人莫知之。信行著於鄉黨。"亦可爲證。

32. 虛指

或<u>虛指</u>別人產業,及浮造屋舍,偽稱祖、父所置。

意爲虛假地指認。《大詞典》未收。《全唐文》卷九六五闕名《請申明舉主事例奏(元和十一年(816)九月中書門下)》:"字人之官,從古所重,遂許論薦,冀得循良。其或不依節文,虛指事蹟,既開謬舉之路,是長幸求之風。"用例不多,應該屬於公文中臨時組合的唐代新詞,詞化程度還不高。

33. 押署

須有官牙人、鄰人<u>押署</u>處,及委不是重疊倚當錢物,方得與印。

《大詞典》:

簽名;畫押。《法書要錄》卷四引唐韋述《敘書錄》:"元悌等又割去前代名賢押署之跡,惟以己之名氏代焉。"唐谷神子《博異志·許漢陽》:"寫畢,令以漢陽之名押之。展向前,見數首皆有人名押署,有名仲方者,有名巫者,有名朝陽者,而不見其姓。"清蒲松齡《聊齋志異·二商》:"計定,令二商押署券尾,付直而去。"

溯源正確,"押署"確爲唐代新詞,例子甚多,不過《大詞典》引例時代不均衡,本例可替換第二例。

34. 牙人/牙行人

"牙人"9 見,如:

被<u>牙人</u>、店主人引領百姓,賒買財貨,違限不還其價。

"牙行人"1見,義同:

或還錢未足,仰<u>牙行人</u>、店主明立期限,勒定文字,遞相委保。

《大詞典》"牙人"條:

舊時居於買賣雙方之間,從中撮合,以獲取傭金的人。唐薛用弱《集異記・寧王》:"寧王方集賓客讌話之際,鬻馬牙人鞠神奴者,請呈二馬焉。"……

溯源正確,"牙人"是唐代產生的新詞,此後歷代沿用,如《老乞大》中就很常見。又稱"牙子"(《奏》中未見),《大詞典》首引《舊唐書》。《現代漢語詞典》收"牙子",未收"牙人"。

35. 邀難

如是客旅自與人商量交易,其店主、牙行人并不得<u>邀難</u>遮占,稱須依行店事例引致。

《大詞典》(難音 nàn):

阻撓留難。宋蘇軾《論綱梢欠折利害狀》:"而所在稅務專攔因金部轉運司許令點檢,緣此爲姦,邀難乞取,十倍於官。"又:"故祖宗以來,特置發運司,專任其責……其監司州郡及諸場務,豈敢非理刻剝邀難。"

釋義是,"邀"爲"攔截、阻撓"義,"難"(nàn)則是"留難"義;引例則嫌稍晚,且僅引蘇軾同一篇文章的兩例,取材太窄。《全唐文》中用例多見,如卷一〇四後唐莊宗《令京西諸道收糴不得徵納稅錢敕》:"宜令宣下京西諸道州府,凡收糴斛斗,不得輒有稅錢,及經過水陸關防鎮縣妄有邀難。"又卷一一二後唐明宗《即位赦文》:"宜定合稅物色名目,商旅即許收稅,不得邀難百姓。"又卷一二三周太祖《定皮革稅敕》:"其皮人戶自詣本州送納,所司不得邀難。"宋代也有其他用例,如《續資治通鑑長編》卷二六三引沈括《乙卯入國奏請》:"如臣等過界方説,即與牒去事理無異,但免致界首邀難往復。"

36. 業主

其有典質倚當物業,仰官牙人、<u>業主</u>及四鄰人同署文契。

《大詞典》:

產業的所有者。清褚人穫《堅瓠十集・攬田》:"崇明佃戶攬田,先以雞鴨送業主,此通例也。"《儒林外史》第十六回:"我睹氣不賣給他,他就下一個毒,串出上手業主拿原價來贖我的。"《二十年目睹之怪現狀》第九四回:"[懷寧縣]便傳了地保,叫了那業主來,説明要買他祠堂的話。"

按:始見書證大大嫌晚,而且所引三例均爲清代文獻,時代太窄。據本例則此詞至晚五代已有,不過目前暫未見到唐宋時期的其他用例。改革開放以後"業主"一詞在中國大陸又被重新啓用,成爲常用詞,所以正在修訂的《漢語大詞典》第二版可以補引本例及當代用例。

37. 已經

委不是曾將物業<u>已經</u>別處重疊倚當。

這個"已經"并非義同"已"的雙音節副詞①,而是《大詞典》的義項①"業已經過;業已經歷","經"還是動詞,"已經"是狀中式偏正短語,《大詞典》所引的始見書證是晉干寶《搜神記》卷一五:"父母強逼,乃出聘劉祥,已經三年,日夕憶君,結恨致死,乖隔幽途。"按:這個例子不可靠,汪紹楹校注本《搜神記》云:"本條未見各書引作《搜神記》。按本事見勾道興《搜神記》。

---

① 據楊永龍(2002)研究,表已然義的"已經"產生於宋代。另可參看楊榮祥(2005:351)。

……足證其自《稗海》本録入無疑。應删正。"（中華書局1979年,179頁）李劍國輯校《新輯搜神記》（中華書局2007年）即未輯録此條,甚是。不過偏正短語"已經"中古已見是没有問題的,如《三國志·蜀書·蔣琬傳》:"琬承命上疏曰:'芟穢弭難,臣職是掌。自臣奉辭漢中,已經六年,臣既闇弱,加嬰疾疢,規方無成,夙夜憂慘。……'"《法苑珠林》卷一七引《冥祥記》:"於時百姓競鑄錢,亦有盜毀金像以充鑄者。時像在寺,已經數月。"六朝唐宋時期一直常用。

38. 引領

被牙人、店主人<u>引領</u>百姓,賒買財貨,違限不還其價。

"引領"同義連文,義爲"帶領",是唐代的新詞。《大詞典》首引元雜劇,太晚。宋詞中用例屢見,如高子芳《念奴嬌》:"瑶池王母,何妨引領仙眷。"

"領"大概在唐代産生了"帶領;引導"一義,"二典"所引的始見書證均爲唐詩——唐韓愈《李花》詩之二:"夜領張徹投盧全,乘雲共至玉皇家。"唐元結《宿洄溪翁宅》:"老翁八十猶能行,將領兒孫行拾稼。""將領"是同義連文。"領"有了"帶領;引導"義以後纔有可能組成同義連文"引領""將領"等。《奏》中用"引領"而不用"領",主要是韻律的需要,"引領百姓"是雙配雙,改成"領百姓"就不和諧了;同時,"引領"比"領"的正式度要高,用在此類公文中更合適,應該也是一個原因。

文言有"引領"一語,義爲"伸長脖子"①,是動賓短語,如《左傳·成公十三年》:"及君之嗣也,我君景公引領西望曰:'庶撫我乎!'"歷代文言沿用不絶,與"帶領"義的"引領"没有關係。

39. 引致

《奏》中2見,均爲"使之來;招來"義:

應有諸色牙人、店主,<u>引致</u>買賣,并須錢物交相分付。

如是客旅自與人商量交易,其店主、牙行人并不得邀難遮占,稱須依行店事例<u>引致</u>。

《大詞典》:

引薦羅致;使之來。《三國志·吴志·張温傳》:"艷字子休,亦吴郡人也,温引致之,以爲選曹郎。"《周書·宇文深傳》:"欲引致左右,圖議政事。"

溯源正確,"引致"確爲中古新詞,文獻多見,到唐代仍常用,顏師古注《漢書》就經常用到,如《漢書·趙充國傳》"臣聞兵法'攻不足者守有餘',又曰'善戰者致人,不致於人'"顏師古注:"皆兵法之辭也。致人,引致而取之也。致於人,爲人所引也。"又《李尋傳》"庶雄爲桀,大寇之引也"顏師古注:"將引致大寇也。"

40. 遮吝

或親鄰實自不辨承買,妄有<u>遮吝</u>阻滯交易者,亦當深罪。

指遮攔干預②。《大詞典》未收,用例罕覯。友生張航、趙川瑩、戴佳文檢示下面一例:《宋刑統·户婚律·典賣指當論競物業》:"應典賣倚當物業,先問房親,房親不要,次問四鄰,四鄰不要,他人并得交易。房親着價不盡,亦任就得價高處交易。如業主、牙人等欺罔鄰親,契帖内虚擡價錢,及鄰親妄有遮恡者,并據所欺錢數與情狀輕重,酌量科斷。"此例語境與

---

① 《大詞典》釋作"伸頸遠望。多以形容期望殷切",不確。"引領"就是"伸頸",本身并無"遠望"義。

② 感謝友生胡波指出我原稿中釋"吝"爲"吝惜"不確,并提供毛遠明（2008）和董志翹（2009）兩文供我參考。

《奏》同,字作"㤪",是"㤪"的異體字,《五代會要》即作"㤪"。

　　毛遠明(2008)認爲"㤪"有"侵侮、冒犯"之義,常見於幽埋石刻銘文買地券中的"忏㤪(干㤪)""應該是一個同義并列式複合詞",甚是。我覺得這種與"干"連用的"㤪"也可以解釋成"干涉,干預","遮㤪"的"㤪"就是此義。參看下條。

　　41. 遮占

　　如是客旅自與人商量交易,其店主、牙行人并不得邀難遮占,稱須依行店事例引致。

　　義同"遮㤪"。《大詞典》:"猶强占。《元典章·户部五·典賣》:'若酬價不平并違限者,任便交易,其親鄰、典主毋得故行遮占、刁蹬,取要畫字錢物。'"書證過晚,本例可補。釋作"强占",恐亦不確。《元典章》例"遮占""刁蹬"連用,詞義相關,"刁蹬"《大詞典》釋作"故意爲難,捉弄",是。這個"占"并非"占據,占有"的常義。從《奏》中出現的語境看,"遮占"與上條的"遮㤪"應該是同義詞,都是"遮攔干預"一類的意思,"遮占""遮㤪"均屬同義或近義連文。"遮"爲遮攔義没有疑問,問題是"占"和"㤪"。"㤪"有"干涉,干預"義,從毛遠明(2008)所舉的大量"忏㤪(干㤪)"連文可以得到證明。"占"本身并無"干涉,干預"義,爲什麼也能跟"遮"組合成近義連文呢? 推測大概是由於"占㤪"常常連文①,使得"占"也沾染了"㤪"的"干涉,干預"義,於是"遮㤪"也可以說成"遮占"。"遮占""遮㤪"目前所見用例都不多,大概還是公文中的臨時組合,未必有口語基礎。這種臨時組合往往出於創用者的個人理解,所以有些詞的用法不易得到文獻材料的證明。

　　42. 衷私

　　更有卑幼骨肉,不問家長,衷私典賣,及將倚當取債。

　　《大詞典》:"①内中私下。"首引宋蘇軾文章,略嫌晚。唐五代十分常見,如《唐律疏議》卷一八:"【疏】議曰:……'即私有祅書',謂前人舊作,衷私相傳,非己所製,雖不行用,仍徒二年。"《唐文拾遺》卷九後唐明宗《任百姓私麯醖酒詔》:"便從今年七月後,管數徵納榷酒户外,其餘諸色人,亦許私造酒麯供家,即不得衷私賣酒。"《全唐文》卷一二二周太祖《定抽税蕃漢糶鹽詔》:"訪聞邊上鎮鋪於蕃漢户人市易糶餘,衷私抽税。"禪宗語録亦有用例,如《古尊宿語録》卷三八《襄州洞山第二代初禪師語録》:"洞山者裏,尋常方丈内不似諸方。一個上來,一個下去,啾啾唧唧地,衷私説底。"

　　43. 重行

　　如是卑幼不問家長,便將物業典賣倚當,或雖是骨肉物業,自己不合有,輒敢典賣倚當者,所犯人重行科斷,其牙人、錢主并當深罪。

　　《大詞典》(音 zhòngxíng):

　　重予,重加。宋無名氏《張協狀元》戲文第三四齣:"如犯約束,重行治罪。"

　　釋義正確,但僅引一例,太少太晚,《張協狀元》是南宋作品。《奏》的"重行科斷"即是此義,下文"并當深罪"可證"重行科斷"就是從重判處。《全唐文》卷九六七闕名《禁商人盗販私茶奏(開成五年(840)十月鹽鐵司)》:"敕令已行,皇恩普洽,宜從變法,使各自新。若又抵違,須重科斷。"作"重科斷",亦可爲證。這種"重行"《全唐文》中常見,除"重行科斷"外,還有"重行斷決、重行懲斷、重行決責"等。

　　44. 莊宅

---

　　①　文獻中的"占㤪"一般都是"占據;侵占"義,董志翹(2009)引例甚多,可參。

又莊宅牙人,亦多與有物業人通情,重疊將店宅立契典當。

如有典賣莊宅,准例房親、鄰人合得承當。

《大詞典》未收"莊宅",《漢語大詞典訂補》增收:

指包括住宅和田園等設施的農莊。唐《白敬宗墓志》:"詔賜莊宅二所,在同州韓城縣臨汾鄉紫貝里。"《舊唐書・于志寧傳》:"志寧奏曰:'……行成等新營莊宅,尚少田園,於臣有餘,乞申私讓。'"亦指宅院。唐張鷟《朝野僉載》補輯:"張易之兄弟驕貴,强奪莊宅、奴婢、姬妾不可勝數。"

所引三例均爲唐代例,溯源正確,唐代很常見,暫未發現唐以前的用例。

45. 准例

如有典賣莊宅,<u>准例</u>房親、鄰人合得承當。

"准①例"意思是依照體例、按照有關規定,是唐代新詞,用例多見,如《儀禮・少牢饋食禮》"升羊載右胖"賈公彦疏:"準例,實鼎曰升,實俎曰載。"《左傳・哀公十六年》"夏四月己丑孔丘卒"孔穎達疏:"則二命以上,準例合書。"《全唐文》中極爲常見,如卷九八二闕名《對縣君死復判》:"禮有明説,焉可輒違? 準例合得遞車,所司如何不給?"又卷九六九有闕名《請准例徵光臺禮錢奏(同光二年(924)三月御史臺)》。

中古文獻中有"准(準)例"一詞,是指準則、體例、條例,如《南齊書・禮志下》:"設令祥在此晦,則去縞三月,依附准例,益復爲礙。"《魏書・刑罰志》:"謀殺之與和掠,同是良人,應爲準例。"這個"准(準)例"是并列結構的名詞,而《奏》中的"准例"則是動賓結構的動詞或短語,兩者祇是字面相同,内部結構和意思都不同,而且没有衍生關係,所以宜看作兩個不同的詞。

46. 著價

如有典賣莊宅,准例房親、鄰人合得承當,若是親鄰不要,及<u>著價</u>不及,方得別處商量,和合交易。

《宋刑統・户婚律・典賣指當論競物業》:"應典賣倚當物業,先問房親,房親不要,次問四鄰,四鄰不要,他人并得交易。房親着價不盡,亦任就得價高處交易。……"語境相同,寫作"着價"。

著(着)音 zhuó。《大詞典》未收此詞,《漢語大詞典訂補》增收"著價"條:

作價;標價。《祖堂集・興化和尚》:"帝問師:'朕昨來河南取得一個寶珠,無人著價。'……師云:'皇帝是萬代之寶珠,誰敢著價?'"《撫州曹山本寂禪師語錄》卷一:"師曰:'死貓兒頭最貴。'僧云:'爲甚麼死貓兒頭最貴?'師云:'無人著價。'"

按:釋作"出價"更準確。"著價"雖然用例不多,但是從這些例子不難看出它是地道的唐宋間口語詞。

47. 阻滯

或親鄰實自不辨承買,妄有遮吝<u>阻滯</u>交易者,亦當深罪。

《大詞典》:

阻礙滯留。唐呂岩《七言》詩之十七:"渡海經河稀阻滯,上天入地絶蹤傾。"……

"阻滯"是唐代新詞,例子頗多,如韓愈《唐故江南西道觀察使中大夫洪州刺史兼御史中

---

① "准"亦作"準"。下文引用文獻據原書,行文統一作"准"。關於准、準、準三字的關係,可參看張涌泉(1996)。

丞上柱國賜紫金魚袋贈左散騎常侍太原王公神道碑銘》:"轉蘇州,變其屋居以絕火延,堤松江路,害絕阻滯。"《全唐文》卷一〇九後唐明宗《禁新授官託故請假敕》:"今後應新授官員,朝謝後可準列隨處上事,司長不得輒以私事阻滯。"又卷一一六後晉高祖《平范延光大赦文》:"應淮南西川兩處邊界,自今後不得阻滯商旅。"

(乙)新義

1. 重叠

又莊宅牙人,亦多與有物業人通情,<u>重叠</u>將店宅立契典當。

其有典質倚當物業,仰官牙人、業主及四鄰人同署文契,委不是曾將物業已經別處<u>重叠</u>倚當及虛指他人物業,印稅之時,於稅務內納契日,一本務司點檢,須有官牙人、鄰人押署處,及委不是<u>重叠</u>倚當錢物,方得與印。

"重叠"一詞先秦已見,但《奏》中所用的是唐代新義。《大詞典》:"②重複;雷同。"首引宋代例,嫌晚。《奏》中"重叠"作狀語用,"重叠將店宅立契典當"是説把店宅立契典當給不止一個買家。"重叠倚當"義同。這樣用的"重叠"在唐代可以見到用例,如《全唐文》卷二一〇陳子昂《爲王美暢謝兄官表》:"臣兄貞固,濫承天獎,遷授豫州,在於天恩,實爲超擢。今者未及赴任,復降授亳州,重叠承恩,翻同貶降,朝廷體例,實亦爲尤。"又卷九七三佚名《條陳考課事例奏(顯德五年(958)閏七月考功)》:"第二考須具經考後課績,不得重叠計功。"

2. 遞相

或還錢未足,仰牙行人、店主明立期限,勒定文字,<u>遞相</u>委保。

《大詞典》:

①輪流更換。《莊子·齊物論》:"其遞相爲君臣乎。"成玄英疏:"其措情於上下而遞代爲君臣乎?"②猶互相。南朝梁宗懍《荆楚歲時記》:"八月十四日,民并以朱水點兒頭額,名爲天灸,以厭疾。又以錦綵爲眼明囊,遞相餉遺。"《西遊記》第五八回:"這兩個遞相揪住道:'菩薩,這厮果然像弟子模樣。'"

義項②釋義和溯源均正確。清徐松輯録《宋會要輯稿·食貨一八·商稅五》:"臣以爲欲弭此害,合令販牛之人先經所屬州縣,具同伴人數與買牛數若干,量立節限,使互相委保,判給公據而來。"説明"遞相委保"就是"互相委保"。"遞相"一詞雖然上古已見,但是漢代以前幾乎都用作①義,義項②大概是南北朝産生的新義,《顔氏家訓》中就屢見,如《音辭》:"自兹厥後,音韻鋒出,各有土風,遞相非笑,指馬之諭,未知孰是。"唐五代沿用,如《漢書·趙充國傳》"元康三年,先零遂與諸羌種豪二百餘人解仇交質盟詛"顔師古注:"羌人無大君長,而諸種豪遞相殺伐,故每有仇讎,往來相報。"《大詞典》義項②所舉的兩條書證,時間跨度太大,中間補上《奏》例正合適。

3. 和合

如有典賣莊宅,准例房親、鄰人合得承當,若是親鄰不要,及著價不及,方得別處商量,<u>和合交易</u>。

《大詞典》:

③猶撮合。《周禮·地官·序官》"媒氏下士二人"唐賈公彥疏:"謂別姓三十之男,二十之女,和合使成婚姻云。"唐張鷟《遊仙窟》:"五嫂如許大人,專擬和合此事。"

《奏》的"和合交易"大概是指"(由牙人)撮合交易"。這種"和合"在《唐律疏議》中偶見:"其停止主人,及出九,若和合者,各如之。【疏】議曰:'停止主人',謂停止博戲賭物者主人;

'及出九之人'，亦舉九爲例，不限取利多少；若和合人令戲者：不得財，杖一百；若得利入己，并計贓准盜論。衆人上得者，亦准上例倍論。故云'各如之'。"（卷二六"雜律"）

4.還

此詞的含義值得探討，我覺得"二典"的釋義和配例均可商榷。"還"共 4 見，其中"仍徵還錢物"一例當"回"講，"便仰連署契人同力填還"一例是"償還"義（詳上文"填還"條），其餘兩例的確切含義都是"付，支付"，就是在買賣活動中買方付給賣方貨款：

賒買財貨，違限不還其價。

或還錢未足。

我們來看"二典"的"還"條。

《大字典》：

⑥還債；交納（賦稅）。《篇海類編·人事類·辵部》："還，償也。"《後漢書·光武帝紀上》："益涼二州奴婢，自八年以來自訟在所官，一切免爲庶民［人］，賣者無還直。"唐杜甫《歲晏行》："況聞處處鬻男女，割慈忍愛還租庸。"元王實甫《西廂記》第四本第四折："店小二哥，還你房錢。"《儒林外史》第三十二回："張俊民還了麵錢，一齊出來。"寒先艾《在貴州道上》："'他欠我的錢不還！'老太婆恨恨地説。"

《大詞典》：

⑤償還；交付。三國蜀諸葛亮《便宜十六策·斬斷》："取非其物，借貸不還，奪人頭首，以獲其功，此謂盜軍，盜軍者斬。"唐張鷟《朝野僉載》卷三："又問車脚幾錢，又曰：'御史例不還脚錢。'"《水滸傳》第三回："魯達回頭道：'茶錢洒家自還你。'"沈從文《從文自傳·一個老戰兵》："家中正爲外出的爸爸賣去了大部分不動產，還了幾筆較大的債務。"

實際上《篇海類編》以"償"釋"還"是很準確的。換成表意更具體的雙音詞，可分成三項：

1）支付（貨款）。《後漢書》《西廂記》《儒林外史》①《朝野僉載》《水滸傳》諸例屬之。《奏》中的兩例也都是此義。這與"償還（債務）"義是有所不同的。"二典"釋義中均缺"支付"義，應補。

2）償還（債務）。《在貴州道上》《便宜十六策》《從文自傳》諸例屬之。《大字典》釋作"還債"不如《大詞典》用"償還"確當。

3）交納（賦稅）。《歲晏行》屬之。《大字典》有"交納（賦稅）"一項，是，《大詞典》漏收。《大詞典》出"交付"義，沒有對應的書證，應刪。

綜上，"二典"的處理存在問題，最好是細分爲上述三項，再配以對應的書證，才能義、例密合，因爲這三個義項雖有聯繫，但是并不等同。

5.或

《奏》中凡 5 見，都是新用法，相當於"或者"。如：

或虛指別人產業，及浮造屋舍，僞稱祖、父所置。

或是骨肉物業，自己不合有分，倚強凌弱，公行典賣，牙人、錢主，通同蒙昧，致有爭訟。

《大字典》：

---

① 周志鋒（1998：136）已經指出《大字典》把《西廂記》《儒林外史》的"還你房錢""還了麵錢"釋作"還債；交納（賦稅）"不確，應該解釋成"支付、付給"，引用近代漢語作品多例爲證。周志鋒（2014：136）略同，并指出："今梅縣客家話、新加坡華語等猶管付錢叫'還錢'。"

③連詞。表示選擇或列舉，相當於"或者"。《新唐書·魏徵傳》："今之刑賞，或由喜怒，或出好惡。"……

《大詞典》：

④連詞。(1)表示選擇或列舉。《漢書·韓安國傳》："吾勢已定，或營其左，或營其右，或當其前，或絕其後，單于可禽，百全可取。"《新唐書·魏徵傳》："今之刑賞，或由喜怒，或出好惡。"……

按：《大詞典》溯源正確。這種用法的"或"始見於漢代，除《漢書》外，《論衡》也有用例，如《論衡·異虛》："一野之物來至或出，吉凶異議。"又《實知》："其先知也，任術用數，或善商而巧意，非聖人空知。""或"在上古漢語裏是肯定性無定代詞，相當於"有人/有什麼"，到東漢產生了新義，一直沿用至今。

6.價

《奏》中有一例"價"指貨款，猶言"錢"：

違限不還其價。

《大詞典》：

①價格。……②錢款。金元好問《李講議汾詩序》："尋入關。明年驅數馬來京師，日以馬價佐歡。"《西遊記》第三回："你再去尋尋看，若有可意的，一一奉價。"《醒世姻緣傳》第十二回："伍聖道來催小的紙價，說別人的都納完了，止有小的父子兩人未完。"

"錢款"單列一義，甚是，但所引始見書證爲金代例，太晚。此義的"價"唐五代多見，如《全唐文》卷六七〇白居易《策林·二十四議罷漕運可否》："今議者罷運穀而收腳價，糴戶粟而折稅錢。""腳價"與"稅錢"相對，"價"即"錢"，"腳價"指運費。又卷九六四闕名《請收市銅物鑄錢奏(貞元十五年(799)中書門下)》："欲令諸公私銅器各納所在節度團練防禦經略使，便據元敕，給與價直，并折兩稅。""價直"即"價值"，指收買銅物的貨款。

《大字典》：

①價格；價值。……也指錢幣、費用。《儒林外史》第三十二回："把你前日的田價借三百與我打發了這件，我將來慢慢的還你。"《二十年目睹之怪現狀》第五十五回："我付過了價，拿了藥水要走。"趙樹理《賣煙葉》："你給隊裏交了貨，找了價沒有？"

"錢幣、費用"義未單列，欠妥，引例也太晚。

7.將

《奏》中有二義：

一爲動詞，相當於"持；取；拿"，詳見上文。二爲介詞，用於處置式，相當於"把；拿"，凡4見：

重疊將店宅立契典當。

委不是曾將物業已經別處重疊倚當。

便將物業典賣倚當。

更有卑幼骨肉，不問家長，衷私典賣，及將①倚當取債。

"將字句"是南北朝後期興起的新句式，"將"從動詞虛化成了介詞。

8.論理

如有發覺，一任親鄰論理，勘責不虛，業主、牙保人并當科斷，仍改正物業。

---

① 賓語"物業"省略或脫漏了。

《大詞典》：“②爭論是非。”首引丁玲《太陽照在桑乾河上》，太晚。這種“論理”唐五代常見，如《全唐文》卷三三唐玄宗《禁官奪百姓口分京劇業田詔》：“其地若無主論理，不須收奪，庶使人皆撫實，地悉無遺，百姓知復於田疇，蔭家不失其價值。”又卷五二三劉怦《請修寫銓選簿書奏》：“其貞元二十一年以後，敕旨尚新，未至訛謬，縱須論理，請待他時。”又卷九六八闕名《請令婚田諸訟先陳府縣奏(大中元年(847)四月御史臺)》：“自今已後，伏請應有論理公私債負及婚田兩競，且令於本司本州府論理，不得即詣臺論訴。如有先進狀及接宰相下狀，送到臺司勘當，審知先未經本司論理者，亦且請送本司。如已經本司論理不平，即任經臺司論訴。”《舊五代史·唐書·趙光逢傳》：“先是，條制：‘權豪強買人田宅，或陷害籍没，顯有屈塞者，許人自理。’内官楊希朗者，故觀軍容使復恭從孫也，援例理復恭舊業。事下中書，光胤謂崇韜曰：‘復恭與山南謀逆，顯當國法，本朝未經昭雪，安得論理？’崇韜私抑宦者，因具奏聞。”

9. 前却

如數内有人前却，及違限別無抵當，便仰連署契人同力填還。

《大詞典》“前却”條釋作“進退。引申爲操縱，擺布”，用來解釋本例均不切合。《近代漢語詞典》：

②拖延。《吐魯番出土文書》卷二：“若二人前却不償，聽曳二人家財，平爲［錢直］。”又卷六：“若左須錢之日，張即子本具還；前却不還，任掣家資，平爲錢直。”宋朱熹《回申轉運司乞候冬季打量狀》：“德意所加，至深至厚，豈可不亟奉行，更有前却？”

用“拖延”解釋《奏》例可通，可見此義的“前却”是唐宋口語詞。除了吐魯番出土文書外，傳世文獻中也有用例，如《全唐文》卷一〇九後唐明宗《嚴定童子科場敕》：“仍依天成三年例，主司未出院間，便引就試，與諸科舉人同日牓，不得前却。”《册府元龜》卷四〇一《將帥部·行軍法》：“劉昌爲宣武軍兵馬使，貞元三年，節度使劉元佐朝京師，德宗因以宣武士衆八千委昌，北出五原。軍期有前却沮事，昌斷斬三百人，遂行。”按：“前却”的本義是“進退”，引申義有多種，除了《大詞典》所列的“操縱，擺布”和《近代漢語詞典》新增的“遲疑”“拖延”外，還有別的用法，擬另文詳考。

10. 去

亦有將物去，便與牙人設計，公然隱没。

“去”用在 VP 後表示趨向，西漢以前未見，是中古漢語產生的新用法①，比如《奏彈劉整》中訴狀、證詞部分的口語例子：“突進房中，屏風上取車帷準米去。”“寅以私錢七千贖當伯，仍使上廣州去。”

《大字典》：

⑦用在謂詞或謂詞結構後表示趨向或持續。唐李賀《沙路曲》：“斷爐遺香裊翠煙，獨騎啼鳥上天去。”……

《大詞典》：

⑨表示行爲的趨向。《漢書·溝洫志》：“禹之行河水，本隨西山下東北去。”……

按：《大字典》的釋義和引例均優於《大詞典》，祇是始見例嫌晚。《漢書·溝洫志》例恐不當，“西山下”的“下”并非動詞，而是方位詞，指西山的下面，下文云：“使緣西山足乘高地而東北入海，乃無水災。”“西山足”與“西山下”可以比勘。因此這個“去”還是一般動詞，“東北去”

---

① 參看：魏麗君(1996)，梁銀峰(2005)，梁銀峰、吳福祥、貝羅貝(2008)等。

就是向東北流去。也就是説，“下東北去”并不是一個“動＋賓＋趨”結構，《漢書》時代還没有“下東北去”這樣的結構。

11. 色/諸色/諸色人

如有此<u>色</u>人，亦加深罪。

應有<u>諸色</u>牙人、店主，引致買賣，并須錢物交相分付。

商賈及<u>諸色人</u>訴稱。

“色”指“種類”是中古産生的一個新義①，今天還常用，如“各色各樣”“形形色色”。《大詞典》首引唐韓愈《國子監論新注學官牒》：“伏請非專通經傳，博涉墳史，及進士五經諸色登科人，不以比擬。”《大字典》首引《北史·長孫道生傳》：“又遣（長孫）晟往索（楊）欽，雍閭欲勿與，謬曰：‘客内無此色人。’”

“諸色”大概是唐代新詞，《大詞典》：

各色，各種（事或物）。唐段成式《酉陽雜俎·語資》：“薛平司徒嘗送太僕卿周皓，上諸色人吏中，末有一老人，八十餘，著緋。”……

溯源正確。“諸色人”則實際上已經成爲唐代公文的一個習用語，《全唐文》和唐代法律文獻中頗爲多見②。唐以前則未見。

12. 文字

或還錢未足，仰牙行人、店主明立期限，勒定<u>文字</u>，遞相委保。

指字據，用文字寫成的契約文書。

《大詞典》：

②連綴單字而成的詩文。唐孟郊《老恨》詩：“無子抄文字，老吟多飄零。”元劉祁《歸潛志》卷八：“雷則云作文字無句法，萎靡不振，不足規。”《醒世恒言·錢秀才錯占鳳凰儔》：“有幾個考學，看了舍親的文字，都許他京解之才。”夏丏尊、葉聖陶《文心》三：“一篇文字的題目，往往是完篇之後纔取定的。”亦指詩文中的文辭、詞句。唐韓愈《荆潭唱和詩序》：“搜奇抉怪，雕鏤文字，與韋布里閭憔悴專一之士，較其毫釐分寸。”③公文；案卷。宋范仲淹《耀州謝上表》：“今後賊界差人齎到文字，如依前僭僞，立便發遣出界，不得收接。”《宣和遺事》前集：“有那押司宋江接了文字看了，星夜走去石碣村，報與晁蓋幾個。”《秦併六國平話》卷上：“各路州縣接得文字，得知韓王被虜，諸將皆亡，未免具降書投降。”《古今小説·簡帖僧巧騙皇甫妻》：“錢大尹看罷，即時教押下一箇所屬去處，叫將山前行山定來。當時山定承了這件文字。”亦指奏疏或札子。宋朱弁《曲洧舊聞》卷八：“熙寧初議新法，中外惶駭，韓魏公有文字到朝廷，裕陵之意稍疑。”明馮夢龍《智囊補·上智·韓琦》：“一日，入劄子，以山陵有事取覆，乞晚臨，後上殿獨對，謂官家不得驚，有一文字須進呈，説破只莫泄。”

雖然兩個義項中提到了“詩文、公文、案卷、奏疏、札子”，但是釋義并不周延，缺乏概括性。其中“詩文”可以涵蓋各類文學作品，而“公文、案卷、奏疏、札子”則分指各類應用文，但

① 可參看嵇華燁（2021）。

② 黄正建（2006）指出：“查唐代史籍，‘諸色人’有廣、狹二義。廣義指所有人、各種人。皇帝詔書、赦文中常見的‘天下諸色人’如何如何是廣義的‘諸色人’；而與文武官、百姓并列的‘諸色人’則屬狹義。”《奏》中的“諸色人”是廣義。《大詞典》未收“諸色人”，但有“諸色人等”：“各種各樣、各色各等的人們。”首引唐陸贄《優恤畿内百姓并除十縣令詔》。“諸色人等”也是唐人常語，《奏》中的“商賈及諸色人訴稱”一例，《全唐文》本即作“諸色人等”。

是應用文并不止這幾種。蓋"文字"本指漢字①,後可代指用漢字寫成的各種文章,包括但不限於詩文、公文、案卷、奏疏、札子,諸凡書信、契約、字據等皆可稱之②。所以釋義其實可以改用更具概括性的表述,比如"指用文字寫成的各種文章,如詩文、公文、案卷、奏疏、札子、書信、契約、字據等"。這個意義最初祇是一種臨時的借代用法,屬於修辭範疇,後來約定俗成,規約化爲一個固定的義項。此義大約始於唐代,義項②首引唐代例是正確的,義項③首引宋代例則偏晚,《奏》的例子即可提前書證的年代,另如《全唐文》卷六八三牛僧孺《訟忠》:"恐史册久謬誣惑,爲臣者將求事之,得不以文字申訟哉!"這是指訴狀之類。又同卷牛僧孺《別志》:"昔昌黎韓公侍郎掌國子,裴、李二相府,皆命世之大賢,與兄文字,不曰'師'則曰'丈',予又焉測兄之壽耶?"這是指書信。又卷九六八闕名《更定科目事例奏(大中十年(856)五月中書門下)》:"臣等已於延英面論,伏奉聖旨:'將文字來者。'其前件九科,臣等商量,望起大中十年,權停三年。"這是指奏疏。又卷九六九闕名《中書不得輕給告示奏(同光二年(924)正月中書門下)》:"伏自僞庭皆隳本朝事例,每降文字下中書,不分別重輕,便令官給告示,遂致所司公事,全失規程。"這是指詔敕之類。例子頗多,不煩詳舉。

13. 仰

《奏》中凡4見,如:

應有諸色牙人、店主,引致買賣,并須錢物交相分付;或還錢未足,仰牙行人、店主明立期限,勒定文字,遞相委保。如數內有人前却,及違限別無抵當,便仰連署契人同力填還。

這是一個有時代特色的公文用詞③,據"二典",大約主要通行於南北朝唐宋時期④。

《大字典》:

④舊時公文中上級命令下級的慣用辭,有切望的意思。《通俗編·政治》引漢⑤孔平仲《談苑》:"今公家文移,以上臨下,皆用仰字。"《魏書·高宗紀》:"有賣鬻男女者,盡仰還其家。"《續資治通鑒·宋高宗紹興十年》:"仰各路大帥各盡忠力,以圖國家大計。"

《大詞典》:

⑥舊時下行公文用語。表命令。《北齊書·孝昭帝紀》:"詔曰:'但二王三恪,舊説不同,可議定是非,列名條奏,其禮儀體式亦仰議之。'"《舊唐書·宣宗紀》:"官健有莊田户籍者,仰州縣放免差役。"

14. 隱没

亦有將物去,便與牙人設計,公然隱没。

---

① 據《大詞典》,"文字"連用指稱"記録語言的書寫符號"始見於《史記·秦始皇本紀》"書同文字"。
② 吕叔湘(1944/1992:72)説:"用來和語言對舉的'文字'是朱子所説'看文字當如猛將用兵'的'文字',是連綴成文的字。"吕叔湘(1958/1992:50-51)又説:"平常説'文字',有兩種不同的意義:(1)用來寫語言的符號;(2)用文字符號寫下來的語言。……第二種意義的'文字'咱們管它叫書面語。"
③ 參看汪維輝(2010)。
④ 友生陳思捷指出:"仰"作爲公文用語似乎一直沿用到民國,訓令中"令仰知照""令仰遵照"等很多。例如:并由一二兩師及第四師各派士兵一連、水陸警察各派警士五十名,一律全武裝到場,同申追悼。除分令外,合行令仰知照。(《申報》1917年6月23日,"地方通信·杭州"欄)呈悉該被害人鄧泰中家屬住址,本會無案可查。仰候登報,詢查明白後,再憑核辦可也。此令。(1927年12月26日《江寧交涉公署到文第十號》)
⑤ 經戴佳文核查,"漢"字係《大字典》第二版誤增,第一版沒有,是正確的。孔平仲(1044-1111?)是北宋人。

《大詞典》：

②吞没，貪污。唐李紳《尚書故實》：“人以白公所添鑄，比舊耳少銀數十兩，遂詣白公索餘銀。恐涉隱没故也。”《舊唐書·宇文融傳》：“司農少卿蔣岑舉奏融在汴州迴造船脚，隱没鉅萬。”《資治通鑒·唐太宗貞觀十四年》：“尚書左丞韋悰句司農木橦價貴於民間，奏其隱没。上召大理卿孫伏伽書司農罪。”

所引三例均與唐代有關。這的確是唐代産生的一個新義，《全唐文》中屢見，如卷二六唐玄宗《決禁囚敕》：“其有隱没詐情官物及盜，仍責保立限，徵賦准節文處分。”卷四二唐肅宗《御丹鳳樓大赦制》：“其隱盜倉庫及偷劫逆賊家錢物，或受賊寄附，并與賊請料禄等，因此隱没者，并限敕到十日内於所縣陳首。”

15.有分

《奏》中 2 見，如：

或雖是骨肉物業，自己不合<u>有分</u>，輒敢典賣倚當者，所犯人重行科斷。

《大詞典》“有分”條（分音 fèn）：“⑤有一份。（2）謂分享財物。如：這些東西人人有分。”未舉書證。這個“有分”今天口語還常説，但是文獻用例罕覯，《奏》的例子彌足珍貴，它使我們知道這個口語説法至晚五代就有了①。《全唐文》卷七八〇李商隱《刑部尚書致仕贈尚書右僕射太原白公墓碑銘（并序）》：“公又言：文貞第正堂用太宗殿材，魏氏歲臘鋪席，祭其先人。今雖窮，後當有賢。即朝廷覆一瓦，魏氏有分，彼安肯入賊所贖第耶？”這個“有分”似乎也是此義。

16.指揮

《奏》中“指揮”2 見，一爲“詔敕”義：起今後欲乞明降<u>指揮</u>。一爲“安排；處置”義：所有物業，請准格律<u>指揮</u>。

《大詞典》：

③安排。北魏賈思勰《齊民要術·種榆白楊》：“能種一頃，歲收千匹，唯須一人守護，指揮處分。”宋孫光憲《北夢瑣言》卷十：“或大期將至，即肋下微痛……便須指揮家事，以俟終焉。”清惲敬《西楚都彭城論》：“指揮既定，人心自固。”……⑦唐宋詔敕和命令的統稱。唐黄滔《唐昭宗實録》：“今年新及第進士張貽憲等二十五人并指揮取今月九日於武德殿祗候。”宋李心傳《建炎以來繫年要録·建炎二年六月》：“尚書省言，檢會靖康元年已降指揮：人户願將金帛錢糧獻助者，計價依條補授名目。”《宋史·寧宗紀一》：“汝愚曰：‘内禪事重，須議一指揮。’太皇太后允諾。汝愚袖出所擬以進。”

釋義和溯源均正確。這兩種用法的“指揮”在唐五代文獻中均常見。

以上所論列的新詞/新義共有 63 條，其中始見於唐五代的占 45 條，有不少屬於商業、法律等專業領域的詞彙。這批數量可觀的新詞新義，性質比較複雜，大致可以分成以下三類，但是相互之間也很難一刀兩斷：

1）純粹的口語詞/義：不要、店主/店主人、房親、錢主、賒買、數内、填還、屋舍、牙人/牙行人、著價、還、價、前却、去、色/諸色/諸色人、有分。

2）可能出於文人創用、主要用於書面語的詞/義（包括來自中古漢語的和一些臨時組

---

① 戴佳文指出：“白維國主編《近代漢語詞典》‘有分’條‘有一份；有份額’義的首例引自《水滸傳》，嫌晚。”

合）：卑幼、點檢、格律、關連、行店、勘責、科斷、立契、親鄰、設計、事例、稅務、訴稱、通情、通同、違限、委保、信行、虛指、押署、邀難、業主、已經、引領、引致、遮吝、遮占、衷私、重行、莊宅、准例、阻滯、重疊、遞相、和合、或、將、文字、仰、隱没、指揮。

3）暫時難以確定其性質的詞/義：承當、抵當、典賣、浮造、公然、論理。

其中第一類與上文"文白詞對"1—16 組中的白話詞一起充分體現了《奏》鮮活的口語性，後兩類雖然未必來自日常口語，但是對漢語詞彙史的研究也是有價值的。我們可以設想一下：如果要把《奏》改寫成先秦時代的文言文，這些詞應該怎麼改？ 或者説，哪些能改，哪些無法改？ 這是很有意思的問題。

五　　總結

這篇不足六百字的奏章，充分反映了五代官府公文的語言特點。此類奏章類似於今天寫給中央領導的報告，其性質是比較淺近的應用文，基調仍是文言（包括語法系統和基本詞彙），屬於吕叔湘先生（1944/1992）所説的"超語體文"，而不是"語體文"，這祇要跟同時期的敦煌變文和禪宗語録稍作比較即可明白。這類文書，當時稍通文墨的人大概都是"到眼即了"的，其原因是：語法結構很簡單，祇要熟悉文言語法的讀起來不會有什麼困難；詞彙的難度也不大，没有深奥難懂的文 2 級詞，文 1 級的也没幾個，而且都是容易懂的，大量的是 0 級和白 1 級詞彙。唐以後的官府公文除了少量特例，通常都是用這種以文言爲基調、夾雜大量當代口語詞彙（也包括少量口語語法）的語言寫成的，這類語料的數量相當可觀，《全唐文》《全宋文》中就有不少，就看我們如何分析和利用了。

漢語史研究的語料首重口語性。一篇語料的口語性高低，如何科學地加以描述？ 這是一個困擾漢語史學界的瓶頸問題。通過詞彙的語體分析（語法同理），可以把判斷依據從語感提升爲量化數據。根據上文的研究，《奏》的口語性應該説是相當高的，其中所藴含的大量唐五代口語詞彙（白 2 級、白 1 級和 0 級的一部分），完全可以用作漢語詞彙史研究的材料。不過我們也應該認識到，詞彙的語體差異不是絶對的，而是富有彈性的，不少詞具有跨級的特點，這其實是一種常態。反過來，人們寫文章遣詞造句，對詞彙的語體差異也具有一定的包容性，允許某種程度的"語體錯配"，祇要不超過"度"。現代漢語的許多應用文何嘗不是如此？

文章開頭説過，本文的目的是通過解剖一篇語料來探索一下如何分析漢語史上詞彙的語體差異。在文章寫作過程中筆者遇到了很多困難，有些問題暫時也没能很好地解決，我們真誠地希望聽到讀者的建設性意見；但是總體而言，筆者相信這種分析是可行的，歷史上每個時期詞彙的語體差異，理論上都可以這樣去分析。隨着研究的深入，方法自然會越來越精密，對每個詞語體屬性的判定也會越來越準確，這是可以預期的。我們的遠景目標是編寫一部類似於《岩波中國語辭典》的《漢語歷代詞彙語體詞典》，這需要付出艱苦卓絶的努力纔有可能實現。

語料版本

《册府元龜》，殘宋本，卷六一三，國家圖書館網站"中華古籍資源庫"。參考中華書局 1989 年影印《宋本册府元龜》和鳳凰出版社 2006 年周勛初等校訂《册府元龜》。

《五代會要》,清武英殿聚珍版叢書本,卷二六,中國基本古籍庫。

《全唐文》,嘉慶十九年(1814)武英殿刻本,卷九七三,國家圖書館網站"中華古籍資源庫"。上海古籍出版社 1995 年影印。

參考文獻

[1]白維國,江藍生,汪維輝. 近代漢語詞典[M]. 上海:上海教育出版社,2015.

[2]貝羅貝,熊慧如. 關於連動式的歷史及發展的幾點考慮[M]//《吕叔湘先生百年誕辰紀念文集》編輯組. 吕叔湘先生百年誕辰紀念文集,北京:商務印書館,2010:249-258.

[3]倉石武四郎. 岩波中国語辞典[M]. 東京:岩波書店,1963.

[4]陳明娥. 日本明治時期北京官話課本詞彙研究[M]. 厦門:厦門大學出版社,2014.

[5]陳明光. 唐宋以來的牙人與田宅典當買賣[M]//寸薪集——陳明光中國古代史論集,厦門:厦門大學出版社,2017:439-450.

[6]董志翹. 也釋"忓恞"——兼及"占恞(音)""占護""恞護(恬護)""障恞(音)"等詞[M]//漢語史研究集刊(第 12 輯),成都:巴蜀書社,2009:285-292.

[7]馮勝利. 論語體的機制及其語法屬性[J]. 中國語文,2010(5):400-412.

[8]馮勝利. 百年來漢語正式語體的滅亡與再生[C]//李向玉. 澳門語言文化研究——第六屆海峽兩岸現代漢語問題學術研討會論文集,澳門:澳門理工學院,2011:23-46.

[9]馮勝利. 語體語法:"形式—功能對應律"的語言探索[J]. 當代修辭學,2012a(6):3-12.

[10]馮勝利. 語體原理及其交際機制[J]. 漢語教學學刊,2012b(8):24-49.

[11]馮勝利. 漢語書面語的歷史與現狀[M]. 北京:北京大學出版社,2013.

[12]馮勝利. 漢語語體語法概論[M]. 北京:北京語言大學出版社,2018.

[13]馮勝利,施春宏. 論語體語法的基本原理、單位層級和語體系統[J]. 世界漢語教學,2018(3):302-325.

[14]馮勝利,施春宏. 漢語語體語法新探[M]. 上海:中西書局,2018.

[15]馮勝利,王潔,黃梅. 漢語書面語體莊雅度的自動測量[J]. 語言科學,2008(2):113-126.

[16]郭建,殷嘯虎,王志强. 中華文化通志:法律志[M]. 上海:上海人民出版社,1998.

[17]郭建,姚榮濤,王志强. 中國法制史[M]. 上海:上海人民出版社,2000.

[18]漢語大詞典編纂處. 漢語大詞典訂補[M]. 上海:上海辭書出版社,2010.

[19]胡波. 旁指代詞"他、異、餘/别"歷時替換考[M]//漢語史學報(第 19 輯),上海:上海教育出版社,2018:19-30.

[20]胡敕瑞. 漢譯佛典所反映的漢魏時期的文言與白話——兼論中古漢語口語語料的鑒定[M]//馮勝利. 漢語書面語的歷史與現狀,北京:北京大學出版社,2013.

[21]黄正建. 《天聖令(附唐雜令)》所涉唐前期諸色人雜考[M]. //榮新江. 唐研究:第 12 卷,北京:北京大學出版社,2006:203-220.

[22]嵇華燁. 竺法護譯經詞彙研究[D]. 杭州:浙江大學,2021.

[23]蔣禮鴻. 敦煌變文字義通釋[M]//蔣禮鴻. 蔣禮鴻全集. 杭州:浙江大學出版社,2016.

[24]蔣紹愚. 也談文言和白話[J]. 清華大學學報(哲學社會科學版),2019a(2):1-13.

[25]蔣紹愚. 漢語史的研究和漢語史的語料[J]. 語文研究,2019b(3):1-14.

[26]景盛軒. 旁稱代詞"别人"的産生和發展[J]. 浙江師範大學學報(社會科學版),2006(6):37-41.

[27]李順美. 《朴通事》裏"典"和"當"的區别[J]. 語文研究,2011(2):61-64.

[28]李戰. 《紅樓夢》中的"便"和"就"[J]. 暨南學報,1997(1):123-132.

[29]李宗江. "即、便、就"的歷時關係[J]. 語文研究,1997a(1):25-30.

[30]李宗江. "也"的來源及其對"亦"的歷時替換[J]. 語言研究,1997b(2):60-67.

[31]李宗江. 漢語限制副詞的演變[M]//漢語常用詞演變研究(第二版). 上海:上海教育出版社,2016:208-226.

[32]梁銀峰. 論漢語趨向補語產生的句法動因:從東漢魏晉南北朝出現的三種句法格式談起[M]//漢語史學報(第5輯),上海:上海教育出版社,2005:122-139.

[33]梁銀峰,吳福祥,貝羅貝. 漢語趨向補語結構的產生與演變[M]//歷史語言學研究(第1輯),北京:商務印書館,2008:164-181.

[34]林山. 中國文化系列叢書:古代經濟[M]. 長春:北方婦女兒童出版社,2019.

[35]劉利. 先秦漢語助動詞研究[M]. 北京:北京師範大學出版社,2000.

[36]劉秋根. 中國典當制度史[M]. 上海:上海古籍出版社,1995.

[37]劉秋根. 中國典當史資料集:前475-1911[M]. 保定:河北大學出版社,2016.

[38]呂叔湘. 文言和白話[J]. 國文雜誌,1944,3(1). /呂叔湘. 文言和白話[M]//呂叔湘. 呂叔湘文集(第4卷):語文散論,北京:商務印書館,1992:67-85.

[39]呂叔湘. 語言和語言學[J]. 語文學習,1958(2). /呂叔湘. 語言和語言學[M]//呂叔湘. 呂叔湘文集(第4卷):語文散論,北京:商務印書館,1992:45-66.

[40]呂叔湘. 現代漢語八百詞(增訂本)[M]. 北京:商務印書館,1999.

[41]毛遠明. 釋"忓恀"[J]. 中國語文,2008(4):378-380.

[42]曲彥斌. 中國典當史[M]. 上海:上海文藝出版社,1993. /曲彥斌. 中國典當史[M]. 瀋陽:瀋陽出版社,2007.

[43]阮智富,郭忠新. 現代漢語大詞典[M]. 上海:上海辭書出版社,2009.

[44]宋婧婧. 現代漢語口語詞研究[M]. 廈門:廈門大學出版社,2015.

[45]孫玉文. 李商隱《樂游原》"衹是近黃昏"的"衹是"[J]. 語言研究,2021(1):70-76.

[46]太田辰夫. 中國語歷史文法(修訂譯本)[M]. 蔣紹愚,徐昌華,譯. 北京:北京大學出版社,2003.

[47]譚代龍. 漢文佛典裏的"別人"考[J]. 語言科學,2006(3):103-107.

[48]陶紅印. 試論語體分類的語法學意義[J]. 當代語言學,1999,1(3):15-24.

[49]汪維輝. 繫詞"是"發展成熟的時代[J]. 中國語文,1998(2):133-136.

[50]汪維輝. 東漢—隋常用詞演變研究[M]. 南京:南京大學出版社,2000. /汪維輝. 東漢—隋常用詞演變研究(修訂本)[M]. 北京:商務印書館,2017.

[51]汪維輝. 《百喻經》與《世說新語》詞彙比較研究(上)[M]//漢語史學報(第10輯),上海:上海教育出版社,2010:279-304.

[52]汪維輝. 研究早期現代漢語和漢語教育史的重要資料——介紹朴在淵、金雅瑛編《漢語會話書》[M]//河北師範大學文學院. 燕趙學術:春之卷,成都:四川辭書出版社,2012.

[53]汪維輝. 現代漢語"語體詞彙"芻論[J]. 長江學術,2014(1):91-102. /汪維輝. 現代漢語"語體詞彙"芻論[C]//遠藤光曉,石崎博志. 現代漢語的歷史研究,杭州:浙江大學出版社,2015:1-20.

[54]汪維輝. 漢語史研究的對象和材料問題——兼與刁晏斌先生商榷[J]. 吉林大學社會科學學報,2017(4):158-165.

[55]汪維輝. . 中古漢語的第三身代詞和旁指代詞[M]//東方語言學(第18輯),上海:上海教育出版社,2019:1-17.

[56]汪維輝. 漢語史研究要重視語體差異[J]. 南京師範大學文學院學報,2020(1):1-10.

[57]汪維輝,胡波. 漢語史研究中的語料使用問題——兼論繫詞"是"發展成熟的時代[J]. 中國語文,2013(4):359-370.

[58]王泗原. 古語文例釋(修訂本)[M]. 北京:中華書局,2014.

[59]王文書. 宋代借貸業研究[M]. 保定:河北大學出版社,2014.

［60］魏麗君. 也談動趨式的産生［J］. 古漢語研究,1996(4):43-44.

［61］許寶華,宮田一郎. 漢語方言大詞典［M］. 北京:中華書局,1999.

［62］許少峰. 近代漢語大詞典［M］. 北京:中華書局,2008.

［63］楊榮祥. 近代漢語副詞研究［M］. 北京:商務印書館,2005.

［64］楊瑞璟. 宋代鄉村社會經濟關係研究［M］. 昆明:雲南大學出版社,2018.

［65］楊永龍. “已經”的初見時代及成詞過程［J］. 中國語文,2002(1):41-49.

［66］張福通. 唐代公文詞語專題研究［M］. 北京:中國社會科學出版社,2019.

［67］張涌泉. 准? 準? 凖?［J］. 語文建設,1996(7):25-27.

［68］真大成. “文有過質”發微:試論南北本《大般涅槃經》改易的語體動機［J］. 浙江大學學報(人文社會科學版),2018(5):53-69.

［69］周志鋒. 大字典論稿［M］. 杭州:浙江教育出版社,1998.

［70］周志鋒. 訓詁探索與應用［M］. 杭州:浙江大學出版社,2014.

［71］朱冠明. 從中古佛典看“自己”的形成［J］. 中國語文,2007(5):402-411.

［72］朱慶之. 上古漢語“吾”“予/余”等第一人稱代詞在口語中消失的時代［J］. 中國語文,2012(3):195-210.

Differences and Analysis of Lexical Registers:
Taking an Official Document of the Five Dynasties for Example

Wang Weihui

Abstract: Colloquialism is the most valued feature to the corpus for the research of the diachronic studies of Chinese. There is a bottleneck which bothers the academia that how to describe the degree of colloquialism of a given text scientifically. Register analysis of lexicons (as well as grammar) was adopted for the advantage of changing the language sense based judgement into quantitative data based. The aim of this article was to explore how to analyze the differences in registers of lexicons in the history of Chinese by taking an official document of the Five Dynasties as an example. Exhaustive register analysis was applied to the sample text based on graded word lists and case studies. The results of this investigation show that the register differences among lexicons are not absolute, but rather flexible, with the fact that many words adapt to more than one register grade. Register differences among lexicons and “mismatching” between words and registers are to some extent tolerated when wording and phrasing, as long as within the optional grades.

Key words: lexicon, differences of registers, grades, an official document of the five dynasties, chinese historical lexicology

通信地址:浙江省杭州市西湖區餘杭塘路 866 號浙江大學漢語史研究中心

郵　　編:310030

E-mail:wangweihui@zju. edu. cn

"復"語氣强化功能的形成
——兼論高主觀性語境在語言演變中的作用[*]

錢　珍　朱慶之

內容提要　重複副詞可以表達語氣。上古時期最常用的重複副詞有"復"和"又"。"又"早在先秦時期就已經具備加強反問和轉折兩種語氣功能，而"復"的語氣强化功能則是在中古時期纔逐步發展出來的。本文追蹤"復"語氣强化功能的形成路徑，發現其與高主觀性語境有密切關係。聯繫其他幾個個案，本文認爲書面語體中的高主觀性語境，是很多語法化現象發生的重要場所，值得進一步研究。

關鍵詞　副詞"復"　語氣功能　高主觀性語境　書面語體　語言演變

一　引言

　　語句不衹有"命題意義"（propositional meaning），即詞句本身的意義；還有"表達意義"（expressive meaning），指的是言語活動中由特定的語法成分表示的説話者的立場與態度，即所謂的"言説主觀性（subjectivity of utterance）"（Lyons，1995）。訴諸語音的口語交談可以運用多種韻律手段表達言説主觀性，如重音、停頓、升高的語調等；訴諸文字的書面文獻則衹能藉助句法手段，如情態動詞、代詞、語氣副詞、句末助詞以及祈使、疑問、反問、假設條件、轉折等句式來表現言説主觀性（沈家煊，2001；劉承慧，2018）。對於語言的歷史研究而言，正是書面文獻的這一特點，讓我們可以觀察到不同歷史時期藉由句法手段體現出的言説主觀性的基本樣貌。這是書面文獻無可比擬的一個優勢。

　　本文擬以"復"語氣强化功能的發展爲個案，探討書面文獻中高主觀性語境在語言演變中的重要作用①。言語活動當然都會帶有多多少少的個體認知和態度，没有絕對的客觀，但不同類型語句段落的主客觀程度是不同的。具體文本是可以分辨出其屬於評價、議論等偏主觀的言語活動，還是屬於叙述、描寫等偏客觀的言語活動。本文將書面文獻中主要表達言説主觀性的語句段落稱爲"高主觀性語境"，以區别於叙述、説明、程序等包含較少主觀性表達的語句段落。高主觀性語境主要包括對話、評價、議論等。

　　＊　本文爲廣東省哲學社會科學規劃項目"基於語料庫的語體語法研究——以《新五代史》爲例"（編號：GD20CZY06）和廣東省教育廳青年創新人才項目"多語多方言在書面語中的體現"（編號：2016WQNCX049）的階段性成果。本文部分內容曾以"'復''又'"表示語氣功能的發展——兼論語體和語法的共生性變化"爲題在"第五屆韻律語法國際研討會"報告，得沈家煊、夏軍等諸位專家指教。審稿專家與編輯部老師也提出了許多寶貴意見。謹此一并致謝！文中尚存謬誤概由筆者負責。

　　①　當用文字記録一個言語活動時，韻律方式往往會不由自主地轉爲句法形式。書面文獻也可以是口語性的，因此本文嚴格區分口語－書面語及口語語體－書面語體這兩組概念。前一組是一般意義的概念，後一組採用馮勝利（2010）的概念，口語語體指的是典型口語非正式交談，書面語體指的是典型正式書面語。

二　重複副詞的語氣强化功能

重複副詞表達語氣强化的功能很常見。現代漢語的“又”“還”“更”“再”等,有表示轉折、强化否定、强化反問等各種語氣用法(馬真,2001;史金生,2005;李勁榮,2014)。以功能最豐富的“又”爲例,《現代漢語八百詞》中“又”的語氣用法有三種,列舉如下(頁 634-635):

　　(1)心裏有千言萬語,[可是]嘴裏又説不出來。(表示轉折)

　　(2)事情是明擺着的,人家又不是没長眼睛,難道看不出來? (加强否定)

　　(3)這點小事又費得了多大工夫? (加强反問)

不少學者認爲,後兩種可以合并爲一種,統稱語氣强化功能。馬真(2001)將現代漢語中語氣副詞“又”的語義背景描寫爲“衹能用在直接否定前提條件的句子裏,起加强否定語氣的作用”。這個觀察很精到。的確,句子的語氣是否定還是反問,都來源於句子本身,“又”本身并無否定或反問的語義,其功能是加强了句子原本就存在的語氣。另外,反問其實可以看作是强化的否定(董秀芳,2008)。《現代漢語詞典(第 7 版)》中相關條目也衹列一條:“(又),用在否定句或反問句裏,加强語氣。”(頁 1592)。因此本文不區分重複副詞强化的是否定還是反問,統稱語氣强化功能。

數個副詞都發生過從表達重複到表達語氣强化的虛化過程(王倩、馬貝加,2013;董秀芳,2017)。董秀芳(2017)指出:“更”“再”“又”等副詞的語義演變路綫是:重複>增量。從動作行爲的增量,到表示性質或狀態的程度的增量,再發展爲對命題的强調,並進一步發展出驚訝、質疑、否定等語氣。谷峰(2014)指出,重複副詞的語氣强化功能也屬於一種反預期標記,其作用主要是標明偏離常理。

總結上文所述,重複副詞語氣强化功能出現的語義環境具有如下特點:第一,否定句和反問句[①];第二,否定前提條件。

學術界對重複副詞的虛化討論多集中於近代和現代漢語,對上古和中古時期與“又”同爲最常用的重複副詞“復”的歷時發展,關注較少。有意思的是,上古時期副詞“復”衹表示重複,語氣强化的功能全部由“又”承擔,如“若戰而不勝,幸而不死,今且以至,又安敢言地?”(《戰國策·韓策二》);到了近代,典型書面語體文獻中則主要是“復”在承擔語氣强化功能,比如在我們調查的《新五代史》中,14 例全部是“復”。“復”是什麽時候具有了强化語氣的功能? 一般認爲語言的新變化更可能先出現在口語中,如果“復”也是這樣,它又是如何進入書面語的呢?

---

　　①　當句中缺少形式上的反問標記,如“哉”“乎”等語氣詞時,疑問和反問有時不好區别。我們判定反問時,主要採用加“哉”後句子的語義是否保持不變的方法。因爲其他語氣詞還兼表疑問等,而“哉”是純粹表示反問的(王力,2004:518-519)。

三 "復"語氣强化功能的發展

"復"本來是動詞,《説文解字·彳部》:"復,往來也。"後來發展爲重複副詞①。在表達重複時,"復"和"又"稍有區别。《左傳》中"復"主要表重複,而"又"則主要表累加(蘇穎,2020:212)。《史記》中"復"也主要表示重複,而"又"則可以表示重複、遞進、幾種動作/行爲同時存在、轉折等(吳慶峰,2006:371-373)。其中,"復"的重複副詞用法如:

(4)帝外壬崩,弟河亶甲立,是爲帝河亶甲。河亶甲時,殷復衰。河亶甲崩,子帝祖乙立。帝祖乙立,殷復興。(《殷本紀》)

上古時期主要承擔語氣强化功能的"又",在《詩經》《左傳》《國語》等文獻中均不少見,到了《史記》,則相當發達。表達語氣强化功能的"又"的句法環境可概括爲:"又"＋疑問詞＋(句末語氣詞)。其句式包括反問句和感歎句,"又"位於疑問詞"安""曷""惡"等之前,有時句末有語氣詞"哉""乎"等,也有一些句子没有句末語氣詞。這種用法的"又"一般出現在説服性對話或評論等主觀性很强的語篇中,舉《史記》中的用例如下:

(5)舉踵思慕,若枯旱之望雨,盭夫爲之垂涕,況乎上聖,又惡能已?(《司馬相如列傳》)

(6)要以功見言信,俠客之義又曷可少哉!(《遊俠列傳》)

(7)孝如曾參,義不離其親一宿於外,王又安能使之步行千里而事弱燕之危王哉?廉如伯夷,義不爲孤竹君之嗣,不肯爲武王臣,不受封侯而餓死首陽山下。有廉如此,王又安能使之步行千里而行進取於齊哉?信如尾生,與女子期於梁下,女子不來,水至不去,抱柱而死。有信如此,王又安能使之步行千里却齊之强兵哉?臣所謂以忠信得罪於上者也。(《蘇秦列傳》)

最後一例連用三個"又……哉"形成反問性的排比,語氣非常强烈鮮明。

上古時期"復"的强化語氣的功能還未發展完善,僅在《史記》中發現1例:

(8)王坐東宮,召伍被與謀,曰:"將軍上。"被悵然曰:"上寬赦大王,王復安得此亡國之語乎!臣聞子胥諫吳王,吳王不用,乃曰'臣今見麋鹿游姑蘇之台也'。今臣亦見宮中生荆棘,露沾衣也。"王怒,繫伍被父母,囚之三月。(《淮南衡山列傳》)

不過讓人有所懷疑的是,《史記》中其他例句均袛用"又",同時期《説苑》《新書》《新序》等文獻中也未見到"復"的語氣强化用法。其他文獻中記録同一事件的相關段落無"復",如《漢書》中的例子:

(9)久之,淮南王陰有邪謀,被數微諫。後王坐東宮,召被欲與計事,呼之曰:"將軍上。"被曰:"王安得亡國之言乎?昔子胥諫吳王,吳王不用,乃曰'臣今見麋鹿游姑蘇之台也。'今臣亦將見宮中生荆棘,露沾衣也。"於是王怒,繫被父母,囚之三月。(《蒯伍江息夫傳》)

綜上,上古時期的"復"主要是作爲重複副詞使用,語氣强化功能處於萌芽狀態。

---

① 本文採用廣義的"重複"概念,即將核心語義爲"重複""增量""持續""反轉序列"等相似的副詞均視爲重複副詞,不涉及其間的細微差别。對"重複"概念下屬語義的探討,可參看 Y. Zhang(2017、2018)。

很多人都認爲，口語一般比書面語發展得快，有更多的新語言要素，儘管這個看法其实是值得商榷的。因爲書面語在創造新元素方面一點都不比口語差，甚至有时会多過口語。不過，我們無妨先按傳統的看法找口語的資料看看。東漢以降，最接近口語的文獻是漢譯佛經。我們先看譯經中的情況。

（一）譯經文獻中的副詞"復"

東漢譯經中，"復"是一個用法多樣的副詞。許理和（1977/2009）指出，東漢譯經中表示反復和繼續的副詞已經幾乎沒有"又"，"又"差不多完全被"復"代替了。他在注釋中進一步指出：

> （譯經中的）"復"非常常見。它常常失去反復和繼續的意義，在許多場合下，在承接上文繼續敘述一件事情時，它所起的作用衹比"且"（或"然後"）稍微強一點。

許理和的觀察非常仔細。他還引用杜百勝（1964：25）的觀點指出，"復"在東漢時期出現得如此頻繁，有時成了寄附的成分，這可以被認爲是東漢的獨有特點。朱慶之（1992）進一步將"寄附"用法的"復"稱爲"特殊構詞語素"中的虛語素①。他指出，這種用法的"復"可以與其前面的虛詞構成"亦復""當復""尚復""寧復""頗復""豈復""竟復"等雙音節結構（頁148－155）②。

除了上述變化之外，我們發現譯經中的"復"不僅可以表示一般的重複，還可以表示增量和持續。這可能是譯經中"又"如此少見的一個重要原因。其在上古時期的主要功能在口語化色彩頗濃的譯經中，被"復"取代了。"復"表示增量和持續的分別舉例如下：

> （10）人所欲凡有三事。人之所愛，常欲得之。一者強健，二者安隱，三者長壽。如是復有三怨。一者年老，是強健怨。二者疾病，是安隱怨。三者身死，是長壽怨。（安世高譯《阿含口解十二因緣經》，CBETA，T25，no. 1508，p54，c23-26）

> （11）佛言："諸經法悉學悉曉，了知諸經法，爾故字爲菩薩。"須菩提言："悉曉了知諸經法，爾故字菩薩。何以故復呼摩訶薩？"（支讖譯《道行般若經》卷1，CBETA，T08，no. 224，p427，b13-14）

爲了釐清譯經中"復"的具體使用情況，我們對現存東漢較爲可靠的39部譯經做了徹底的調查③。調查顯示，東漢譯經中表示重複的副詞主要是"復"以及"復"作爲虛語素構成的雙音組合，我們稱之爲"X復"④。前期譯經中"又"非常少用，安世高譯經中2例，支讖譯經中4例。不過到了後期，"又"的使用逐漸多了起來，康孟詳譯《修行本起經》有5例，《中本起

---

① 朱慶之（1992）指出其功能是"構詞兼構形"，包括構成單音詞的雙音形式，並且標記該詞的虛詞性質。除"復"以外，類似的還有"自""爲"等。

② 中古構成"X復"的"復"，曾引起過較多討論。一種觀點認爲是特殊的詞尾（劉瑞明，1989、1994；蔣宗許，1990、1992、1994、1998），另一種觀點認爲"復"是一個能單獨運用，且能參與構詞的語素（姚振武，1993、1997），詳參龍國富（2010）。龍國富（2010）利用梵漢對勘，指出譯經中處在單音詞後面的"復"有兩類：一是充當單音節詞，二是充當構詞成分或音節成分。本文不涉及其語法地位的討論，暫稱之爲虛語素。

③ 這39部譯經名單參考了朱慶之（2012、2015），以朱慶之（2015）的附錄爲準。

④ 不少例句中"復"的語義模糊，既可以解釋爲重複，也可以理解爲虛語素。我們根據其前後文，採用嚴格的標準，兩解的"復"均視爲重複副詞。

經》中有 23 例，支曜、安玄的譯經中也不少見①。譯經中的“又”未見語氣强化的功能，祇出現在肯定句中表示重複。詳見下表。

表 1　東漢譯經中的“復”和“又”

序/T 號	譯者	文獻	復				又
			重複	X復	强化語氣	合計	
1/13	安世高	長阿含十報法經	21	11	0	32	0
2/14	安世高	人本欲生經	16	0	0	16	0
3/31	安世高	一切流攝守因經	6	3	0	9	0
4/32	安世高	四諦經	84	2	0	86	0
5/36	安世高	本相猗致經	0	0	0	0	0
6/48	安世高	是法非法經	9	0	0	9	0
7/57	安世高	漏分布經	0	0	0	0	0
8/98	安世高	普法義經	5	4	0	9	0
9/101	安世高	雜阿含經	28	0	0	28	0
10/105	安世高	五陰譬喻經	0	0	0	0	0
11/109	安世高	轉法輪經	6	0	0	6	1
12/112	安世高	八正道經	0	0	0	0	0
13/150A	安世高	雜經四十四篇	21	0	0	21	0
14/150A	安世高	七處三觀經	0	0	0	0	0
15/150AB	安世高	九橫經	10	0	0	10	0
16/397	安世高	十方菩薩品	88	38	0	126	0
17/602	安世高	大安般守意經	77	0	0	77	1
18/603	安世高	陰持入經	28	0	0	28	0
19/605	安世高	禪行法想經	0	0	0	0	0
20/607	安世高	道地經	38	0	0	38	0
21/792	安世高	法受塵經	0	0	0	0	0
22/1508	安世高	阿含口解十二因緣經	13	2	0	15	0
23/1557	安世高	阿毘曇五法行經	10	0	0	10	0
24/224	支讖	道行般若經	265	102	0	367	1
25/280	支讖	兜沙經	4	0	0	4	0
26/282	支讖	諸菩薩求佛本業經	5	13	0	18	0
27/283	支讖	菩薩十住行道品	7	8	0	15	0

---

①　康孟詳的譯經更接近同時期的漢語書面語，可能與身份、教育有關，康孟詳是移民後代。安玄等人的翻譯已有筆受的輔助，可能有其影響。對東漢早期譯經的內部差異討論，可參朱慶之(2012)。

（續表）

序/T 號	譯者	文獻	復				又
			重複	X復	強化語氣	合計	
28/313	支讖	阿閦佛國經	115	27	0	142	0
29/350	支讖	遺日摩尼寶經	46	1	0	47	0
30/362	支讖	阿彌陀三耶三佛薩樓佛檀過度人道經	183	35	0	218	1
31/418	支讖	般舟三昧經	81	12	0	93	1
32/458	支讖	文殊師利問菩薩署經	66	0	0	66	0
33/624	支讖	伅真陀羅所問如來三昧經	88	8	0	96	0
34/626	支讖	阿闍世王經	139	21	0	160	1
35/807	支讖	內藏百寶經	8	0	0	8	0
36/184	康孟詳	修行本起經	50	0	0	50	5
37/196	康孟詳	中本起經	71	1	1	73	23
38/630	支曜	成具光明定意經	29	32	0	61	19
39/322	安玄	法鏡經	23	3	1	27	27
總計			1640	323	2	1965	80

　　"復"的語氣強化功能在譯經中很少見，我們在《道地經》《中本起經》《法鏡經》中各發現1例：

　　　（12）人所不喜醫，復何血忌上相四激反支來喚？（《道地經》卷1，CBETA，T15，no. 607，p232，c4-5）

　　　（13）求之不止，恚而言曰："若能以金錢，集布滿園，爾乃出耳？"重問："審實爾不？"祇謂："價高，子必不及，戲言決耳！復何疑哉？"（康孟詳譯《中本起經》卷下，CBETA，T04，no.196，p156，b27-c01）

　　　（14）是以欲諷起經，爲不用軀命，慕樂法隨順師意，以求法利，不爲求一切恭敬稱譽之利。若以從師受幾微四句之頌，以諷誦之；若以在布施、持戒、忍辱、精進、思惟、智慧，而以彼供養師者，如其所修，四句頌之字數，爲劫之數，以供養彼師者，尚未爲卒師之敬，亦以質直不虛飾不佞諂一切行之供養，豈復謂法之敬？（安玄譯《法鏡經》，CBETA，T12，no.322，p21，c01-07）

　　雖然譯經中的用例太少，遠遠不夠作爲"復"已經具有表達語氣強化功能的證據，但是，這幾個例句所出現的上下文值得注意。例13爲現場型人際對話，其他幾例均爲議論性的文字。這爲我們提供了一個綫索，對"復"語氣強化功能的考察，或許還需要在包含更多議論性文字的書面語體中尋找綫索。

（二）傳世文獻中的重複副詞"復"

　　東漢及之後的傳世文獻中，"復"和"又"都是表示重複的主要副詞，不過"復"在文獻中比"又"使用得更廣泛。根據龔波（2006）的考察，《論衡》中"又"表示重複有238例，而"復"則有

339 例。但在表示語氣强化功能方面,《論衡》中"又"依然是主要用詞,這與上古時期的情況類似。如下面兩例:

(15)齊景公時有彗星,使人禳之。晏子曰:"無益也,祇取誣焉。天道不闇,不貳其命,若之何禳之也? 且天之有彗,以除穢也。君無穢德,又何禳焉?"(《變虛》)

(16)夫以周亡之祥,見於夏時,又何以知桑穀之生,不爲紂亡出乎?(《異虛》)

不過,《論衡》中出現了 1 個非常典型的"復"表示語氣强化用法的句子:

(17)人若恨志也,仇讎未死,子孫遺在,可也。今吳國已滅,夫差無類,吳爲會稽,立置太守,子胥之神,復何怨苦? 爲濤不止,欲何求索?(《書虛》)

雖然并無句末語氣詞等形式上的明顯證據,我們認爲這句中的"復"已具有語氣强化的功能。其一,"復"表重複義時,前文或説話人預設中會有相關相類的動作或事件,即"X,怨苦;Y,復何怨苦"。此例中没有這樣的前行照應,"復"不表示重複。其二,用句末增加純粹表示反問的"哉"來檢測,語義没有變化,語氣明顯更强烈。其三,這段文字是一大段議論的一個片段。整段議論,是對伍子胥被殺後的一個傳聞——"(伍子胥)恚恨,驅水爲濤,以溺殺人"——的批駁①。在這個片段中,先是指出了恚恨的前提——"仇讎未死,子孫遺在",接着表明現今這兩個前提都不存在了,按照常理推斷,伍子胥理應不會怨苦和仇恨了。本句使用否定了前提的方式來表達出反問的語氣,是典型偏離常理的反預期用法。由此,判定其中的"復"已具有强化語氣的功能。

我們利用"中國哲學書電子化計劃"檢索了兩漢時期的傳世文獻 28 種②。調查顯示此時期表達語氣强化功能的主要也是"又",但同樣用法的"復"逐漸出現。上述文獻中共找到 3 個"復"表示語氣强化的用例,《論衡》《越絶書》《風俗通義》各 1 例。《論衡》中的例句上文已述,其他 2 例列舉如下:③

(18)子胥賜劍將自殺,歎曰:"嗟乎! 衆曲矯直,一人固不能獨立。吾挾弓矢以逸鄭

---

① 《論衡·書虛》:"《傳書》言:吳王夫差殺伍子胥,煮之於鑊,乃以鴟夷橐投之於江。子胥恚恨,驅水爲濤,以溺殺人。……夫言吳王殺子胥,投之於江,實也;言其恨恚驅水爲濤者,虛也。"

② 包括:《説苑》《春秋繁露》《韓詩外傳》《大戴禮記》《白虎通德論》《新書》《新序》《揚子法言》《中論》《潛夫論》《論衡》《太玄經》《風俗通義》《新語》《蔡中郎集》淮南子》《吳越春秋》《越絶書》《鹽鐵論》《漢書》《前漢紀》《東觀漢記》《焦氏易林》《説文解字》《方言》《傷寒論》《金匱要略》《馬王堆漢墓帛書(壹)》。

③ 除上述 3 例之外,我們還找到另外 5 個例句,其句中"復"的語義較爲模糊,可以理解爲語氣强化,也可以理解爲與其前面的副詞構成"X 復"的雙音節結構,嚴謹起見,不將其計入語氣强化副詞。5 個例句列舉如下(1)久之,單于使陵至海上,爲武置酒設樂,因謂武曰:"單于聞陵與子卿素厚,故使陵來説足下,虛心欲相待。……且陛下春秋高,法令亡常,大臣亡罪夷滅者數十家,安危不可知,子卿尚復誰爲乎? 願聽陵計,勿復有云。"(《漢書·李廣蘇建傳》)(2)於是李陵置酒賀武曰:"今足下還歸,揚名於匈奴,功顯於漢室,雖古竹帛所載,丹青所畫,何以過子卿! 陵雖駑怯,令漢且貰陵罪,全其老母,使得奮大辱之積志,庶幾乎曹柯之盟,此陵宿昔之所不忘也。收族陵家,爲世大戮,陵尚復何顧乎? 已矣! 令子卿知吾心耳。異域之人,一别長絶!"(《漢書·李廣蘇建傳》)(3)於官屬掾史,務掩過揚善。吉馭吏耆酒,數逋蕩,嘗從吉出,醉歐丞相車上。西曹主吏白欲斥之,吉曰:"以醉飽之失去士,使此人將復何所容? 西曹地忍之,此不過汙丞相車茵耳。"遂不去也。(《漢書·魏相丙吉傳》)(4)房未發,上令陽平侯鳳承制詔房,止無乘傳奏事。房意愈恐,去至新豐,因郵上封事曰:"臣以六月中言遯卦不效,法曰:'道人始去,寒,涌水爲災。'至其七月,涌水出。臣弟子姚平謂臣曰:'房可謂知道,未可謂通道也。房言災異,未嘗不中,今涌水已出,道人當逐死,尚復何言?'"(《漢書·眭兩夏侯京翼李傳》)(5)光武初起兵,良搏手大呼曰:"我欲詣納言嚴將軍。"叱上起去。出閣,令人視之。還白"方坐啗脯"。良復歡呼,上言"不可歡露"。明旦欲去,前白良曰:"欲竟何時詣嚴將軍所?"良意下,曰:"我爲詐汝耳,當復何苦乎?"(《東觀漢記·趙孝王良傳》)

楚之間，自以爲可復吾見淩之仇，乃先王之功，想得報焉，自致於此。吾先得榮，後儦者，非智衰也，先遇明，後遭險，君之易移也已矣。坐不遇時，復何言哉！此吾命也，亡將安之？莫如早死，從吾先王于地下，蓋吾之志也。"（《越絶書·德序外傳記》）

（19）山陽太守汝南薛恭祖，喪其妻，不哭，臨殯，於棺上大言："自同恩好，四十餘年，服食禄賜，男女成人，幸不爲天，夫復何恨哉！今相及也。"（《風俗通義·愆禮·山陽太守汝南薛恭祖》）

這些用例中的反問語氣來源於疑問詞＋句末語氣詞，"復"的功能是強化，表達語氣上的"增量"。雖然其後的疑問詞祇有"何"，但這與疑問詞本身的減少有關。表示語氣強化的"又"所出現句子中構成反問的疑問詞也以"何"爲主，其他疑問詞很少見。①

仔細分析其出現語境，例（18）和（19）都是獨白性議論，屬於高主觀性語境。結合譯經文獻中的 3 例，《論衡》中的 1 例，漢代時期 6 個例句中有 5 例都屬於獨白性議論，1 例屬於現場人際對話。由此，我們可以確認，"復"的語氣表達功能是在高主觀性語境中得以確立的，尤其是書面語體中的勸勉、議論等語篇中。

到魏晉時期，"復"的語氣強化功能已經是主流用法了。在我們調查的《三國志》《世說新語》《顏氏家訓》《文心雕龍》《抱朴子》《人物志》《金樓子》《水經注》《道德真經注》9 種文獻中，功能爲語氣強化的"復"37 例，"又"14 例。單個文獻中這種趨勢更明顯，比如《三國志》中"復"表示語氣強化功能的有 14 例，"又"祇有 3 例。《世說新語》表語氣強化的 14 例均爲"復"，沒有用"又"的例子。列簡表如下：

表2　魏晉本土文獻"復""又"表示語氣強化功能用例統計

	三國志	世說新語	顏氏家訓	文心雕龍	抱朴子	人物志	金樓子	水經注	道德真經注	合計
復	14	14	2	0	3	0	4	0	0	37
又	3	0	0	0	5	1	1	1	1	14

近代時期，"復"和"又"的語氣強化功能出現了語體選擇性傾向。比如《新五代史》中，表示語氣強化的沒有"又"，祇有"復"，共 21 例，舉例如下：

（20）守貞益自負，曰："吾婦猶爲天下母，吾取天下復何疑哉！"（《周家人傳第八》）

（21）克寧曰："吾家三世，父慈子孝，先王土宇，苟有所歸，吾復何求也！"（《唐太祖家人傳第二》）

（22）唐兵攻封丘門，瓚開門迎降，伏地請死，莊宗勞而起之曰："朕與卿家世婚姻，然人臣各爲主耳，復何罪邪！"（《雜傳第三十》）

（23）審琦曰："成敗天也，當與公共之，雖虜不南來，吾屬失皇甫遇，復何面目見天子！"（《雜傳第三十五》）

上古時期的類似事件中的副詞一般用"又"，也有不用副詞的。試比較：

（24）子圖鄭國，利則行之，又何疑焉？（《左傳·昭公元年》）

（25）太子聞之，曰："子輿之爲我謀，忠矣。然吾聞之：爲人子者，患不從，不患無名；爲人臣者，患不勤，不患無禄。今我不才而得勤與從，又何求焉？焉能及吳太伯乎？"

---

① 上古時期，除了最常見的"何"以外，還有"曷、惡、安"等。但兩漢之際開始，疑問詞驟減，僅剩"何"和"誰"（許理和，1977）。

（《國語•晋語一》）

（26）燕王曰："夫忠信，<u>又</u>何罪之有也？"（《戰國策•燕策》）

（27）夫差將死，使人說於子胥曰："使死者無知，則已矣，若其有知，君何面目以見員也！"遂自殺。（《國語•吴語》）

《新五代史》是正史，歐陽修是古文大家，"非先秦兩漢文章，不敢觀也"，在他自己的寫作中刻意模仿太史公的筆法。然而他不用《史記》中的"又"，却使用了後起的"復"。這是爲什麼呢？《祖堂集》中的使用情况可以給我們提示。

據曹廣順等（2011），《祖堂集》中"又"表重複義 378 例，表達語氣強化功能 42 例①；"復"表重複義 54 例，表達語氣強化功能的衹有 8 例②。"又""復"表示語氣強化的用法分別舉例如下：

（28）師云："九人不得意。""既不得意，<u>又</u>何傳語？"師云："正是傳語。"（《九峰和尚》）

（29）師問曰："爲心出家耶，爲身出家耶？"子曰："我來出家，非爲身、心而求利益。"師云："不爲身、心，<u>復</u>誰出家？"（《優婆鞠多尊者》）

不管是總量還是表達語氣強化功能，《祖堂集》中"復"都遠遠少於"又"。據此，我們推測極有可能當時"又"是口語的詞，"復"則是書面化的詞。《新五代史》的撰寫中，歐陽修爲了行文風格的統一，迴避了"又"③。

那麼，"復"是如何成爲典型的書面表達的？我們認爲，這與高主觀語境有關，尤其是書面語體中的評論、議論性語篇。

四　高主觀性語境在語言演變中的重要作用

語言的主觀性和主觀化研究已有豐富的文獻④。語篇角度，Longacre（1996：8-10）提出主體取向（agent orientation）是區分語篇類型的最重要的兩個參數之一，并結合時間連續性（contingent temporal succession）區分出四種語篇類型。與主體取向有關的是敘述語篇（narrative discourse）和行爲性語篇（behavioral discourse）。其中的行爲性語篇包括評議、勸告、承諾等。劉承慧（2018）借用 Lyons（1995）所提出的"言說主觀（subjectivity of utterance）"概念，并結合時間性和空間性對文獻語篇類型進行了區分。在她的四種主要類型中，評議是最具有言說主觀性的一類。

雖然所用術語有差異，但上述理論的核心都是在強調語篇中的"自我"身份，可以統稱爲

---

① 其中 18 例"又復"連用。《祖堂集》中"又"衹有 3 例表達轉折，其轉折主要用"却"（曹廣順等，2011：167）。

② 曹廣順等（2011）分出 3 種語義，表示重複義、表示關聯和語氣強化。

③ "復"在後期發展出表示加強語氣的功能，却并未像"又"一樣發展出表示轉折的用法，可能與其本義有關。《説文•彳部》："復，往來也。"段注："《辵部》曰：'返，還也。還，復也。'皆訓往而仍來。"《説文•又部》："又，手也。"段注："又作右，而又爲更然之詞。《穀梁傳》曰：'又，有繼之辭。'""復"是回環往復，而"又"則有重新、繼續的含義。

④ 根據吳福祥（2019），語義和語法角度主要有兩種路徑，一是與認知語言學結合，探討一個時期的説話人採用什麼樣的結構或形式來表現主觀性，一是與歷史語言學結合，討論一個主觀性的結構或形式是如何演變而來的。

“言説主觀性”特徵。本文認爲言説主觀性很好地概括了高主觀性語篇的顯著特點。而高主觀性語篇不僅包括評議，還有人際對話、勸告、承諾等凸顯“我”之態度和觀點的語言片段。因此，本文用“高主觀性語境”統一指稱。

上文中表達語氣强化功能的“復”出現的語句均爲反問句。反問句是一類非常典型的“高主觀語境”，不僅句式本身表達了鮮明的言者態度，其中所包含的情態詞和語氣詞也增强了其言説的主觀性。正是由於具備了高主觀性，反問句在語言演變發揮了重要作用。比如董秀芳（2008）指出表示建議或規勸的副詞（如“何不”“何妨”“何苦”等），表示意外或不確定的話語標記（如“誰知道”），疑問代詞的否定功能（如“什麽”），還有“敢”“可”等從助動詞變爲疑問副詞等都與反問句的高主觀性有關。

對“復”的語氣强化功能而言，情況更複雜一點。表達重複義時，主要是用於敘事中表達動作/行爲的重複。這種情況下，前文一般有“復”所修飾的謂語動詞的呼應性情境。比如上文例句（4）“河亶甲時，殷復衰”，前文就出現了“殷道衰，諸侯或不至”這樣的表述。但用於反問句時，其語境呼應或非常遠，或存在於説話者的預設中，“復”所表達的“重複”語義缺少呼應，變得虛化空洞了。對聽者的理解而言，“重復”語義虛化，反問句所表達的質疑語義很自然地就填補進來，落在“復”上，從而使“復”發展出語氣强化的功能。

接着，當“復”被用於交際性更弱、主觀性更强的抒情性語篇［如例（18）伍子胥自殺前的獨白］或議論性語篇［如例（17）對傳聞的批駁］時，就進一步脱離了口語的即時性、回應性特點，更多是出於發言者的“自我表達”，具有了陳述性特徵，變得更“書面化”。

高主觀性語境對語言演變有重要作用還可以從下面兩個例子中看出來。劉承慧（2019）討論了“雖然”“然則”等組合的詞彙化過程。她指出，“雖然”“然則”等原本是用於口語交際，目的在顯示發言者對受話者的交際照應。後來出現在書面文獻中的仿對話體（比如論説和書信）中，失去交際語境，從而演變爲承擔銜接功能的事理標記。這個觀察富有啟發。仔細分析其文中的仿對話體例句，我們認爲最根本的原因在於這些句段的高主觀性特點。以下就以劉承慧（2019）中2例試作説明。

（30）諺曰“厲憐王”，此不恭之言也。*雖然*，古無虛諺，不可不察也。此謂劫殺死亡之主言也。（《韓非子・姦劫弒臣》）

（31）凡人之性者，堯舜之與桀跖，其性一也；君子之與小人，其性一也。今將以禮義積僞爲人之性邪？*然則*有曷貴堯禹，曷貴君子矣哉！凡貴堯禹君子者，能化性，能起僞，僞起而生禮義。*然則*聖人之於禮義積僞也，亦猶陶埏而爲之也。用此觀之，*然則*禮義積僞者，豈人之性也哉！（《荀子・性惡》）

在對話語境中，“雖然”“然則”中的指示代詞“然”是對交際中對方之言的肯定性回應，有明確的指稱對象。而議論性語篇雖然并無對話，但寫作者意識中是有一個“潛在”受話者的。寫作就是爲了論證自我的觀點，説服受話者，發言者的“自我表態”非常鮮明，形成高主觀性語境。

“尤其”的詞彙化和虛化語境也屬於這一類。張福通、張寒冰（2017）指出，“尤其”在成詞和虛化過程中的動因是，明清時期，近代漢語口語語體裏“程度副詞＋體詞性謂語”的用法基本不再使用，［尤＋［其＋VP/AP］］由用於書面語體到用於口語語體，誘發了重新分析。這個觀察非常準確。列舉其文中所舉出的兩解結構出現的例句如下：

（32）若西南之丈人峰、東南之徂徠山，尤其秀拔。（明・何鏜《古今遊名山記》卷5）

　　(33)得唐解元詩文字畫，片紙尺幅，如獲至寶。其中惟畫，尤其得意。（明·馮夢龍《警世通言》卷 26《唐解元一笑姻緣》）

　　(34)此册乃五代宋元妙跡，十二頁，皆爲南宗嫡派，幅幅精佳，其中如李營邱、范中立、趙松雪、黄、吴、倪、王、曹雲西，尤其難購。（清·安岐《墨緣匯觀録》卷 4）

　　(35)自古道：人逢利處難逃，心到貪時最硬……至若士子，尤其奸險。（清·褚人穫《隋唐演義》第 32 回）

　　仔細分析，上述例句均屬於評價，而評價是一類典型的高主觀性語境。重新分析的發生，就是發生在高主觀性語境中的。

五　結語

　　本文對副詞"復"語氣强化功能的發展路徑進行了追蹤，描寫了其發展演變的典型語境。在此基礎上，對高主觀性語境的特點及其在語言演變中的重要作用進行了分析。

　　高主觀性語境不屬於某種特定的語體，但與口語語體和書面語語體都有關聯。它涵蓋了屬於口語語體的對話類語篇，以及屬於書面語語體的評價、議論、規勸等語篇。核心特徵是表達言者的看法或態度。漢語史研究多關注口語語體，本文的研究表明，書面語體與語言演變的關係也很密切。書面語體中的高主觀性語境，可能是語法化、詞彙化等現象發生的重要場所。書面語和口語之間的相互影響，被認爲是可能引起語言演變的觸發因素之一（Labov，1994；Kroch，2001；Roberts，2007；馮勝利，2010）。對高主觀性語境的研究，是了解漢語史中書面語和口語之間相互影響的有效途徑。本文對此進行了初步探索，以期見到更多討論。

語料來源

CBETA2018 電子佛典集成，中華電子佛典協會。
上古漢語標記語料庫，臺北："中研院"語言學研究所。
中古漢語標記語料庫，臺北："中研院"語言學研究所。
近代漢語標記語料庫，臺北："中研院"語言學研究所。
諸子百家中國哲學書電子化計劃 https://ctext.org/zh。

參考文獻

[1]曹廣順.《祖堂集》語法研究[M]. 開封：河南大學出版社，2011.
[2]董秀芳. 反問句環境對於語義變化的影響[J]. 東方語言學，2008(2).
[3]董秀芳. 從動作的重複和持續到程度的增量和强調[J]. 漢語學習，2017(4).
[4]馮勝利. 論語體的機制及其語法屬性[J]. 中國語文，2010(5).
[5]龔波.《論衡》副詞研究[D]. 成都：四川大學，2006.
[6]谷峰. 漢語反預期標記研究述評[J]. 漢語學習，2014(4).
[7]李勁榮. 情理之中與預料之外：談"并"和"又"的語法意義[J]. 漢語學習，2014(4).

［8］劉承慧. 先秦語體特徵及其解釋——以《左傳》爲主要論據的研究［J］. 當代修辭學,2018(1).

［9］劉承慧. 語體角度的先秦語法演變分析——從《左傳》《荀子》中的"雖然""然則"談起［J］. 漢學研究, 2019(2).

［10］龍國富. 從語言接觸看"復"和"自"的語法地位［J］. 語文研究,2010(2).

［11］馬真. 表加强否定語氣的副詞"并"和"又"兼談詞語使用的語義背景［J］. 世界漢語教學,2001(3).

［12］沈家煊. 語言的主觀性和主觀化［J］. 外語教學與研究,2001(4).

［13］史金生. "又""也"的辯駁語氣用法及其語法化［J］. 世界漢語教學,2005(4).

［14］蘇穎. 上古漢語狀語研究［M］. 北京:中國社會科學出版社,2020.

［15］王力. 漢語史稿［M］. 北京:中華書局,1980/2004.

［16］王倩,馬貝加. 漢語副詞"重複——語氣"語義演變模式初探——以"又"爲例［J］. 齊齊哈爾大學學報(哲學社會科學版),2013(2).

［17］吴福祥. 語義演變與主觀化［J］. 民族語文,2019(5).

［18］吴慶峰.《史記》虚詞通釋［M］. 濟南:齊魯書社,2006.

［19］張福通,張寒冰. 語體變換與語用原則推動下的詞彙化——以"尤其"爲例［J］. 語言科學,2017(1).

［20］朱慶之. 佛典與中古漢語詞彙研究［M］. 臺北:文津出版社,1990/1992.

［21］朱慶之. 上古漢語"吾""予/余"等第一人稱代詞在口語中消失的時代［J］. 中國語文,2012(3).

［22］朱慶之. "R 爲 A 所見 V"式被動句的最早使用年代［M］//洪波,吴福祥編. 梅祖麟教授八秩壽慶學術論文集. 北京:首都師範大學出版社,2015.

［23］Kroch, A. S. Syntactic Change［M］//Baltin, Mark & Collins, Chris (Ed.). The Handbook of Contemporary Syntactic Theory (1st edition) Blackwell Publishing,2001:699-729.

［24］Labov,William. Principles of Linguistic Change Volume I: Internal Factor［M］. Oxford:Blackwell, 1994.

［25］Late Han Vernacular Elements in the Earliest Buddhist Translations ［J］, Journal of the Chinese Language Teachers Association 13,1977(3). 許理和著,蔣紹愚譯:《最早的佛經譯文中的東漢口語成分》,收入《語言學論叢》第 14 輯,北京:商務印書館,1987:197-225. 又蔣紹愚、吴娟重譯,朱慶之編《佛教漢語研究》,北京:商務印書館,2009:75-112.

［26］Lyons, J. Linguistics Semantics: An Introduction ［M］. Cambridge: Cambridge University Press, 1995.

［27］Robert E. Longacre. The Grammar of Discourse (2nd Edition) ［M］. Kluwer Academic / Plenum Publishers,1996.

［28］Roberts, I. G. Diachronic Syntax［M］. Oxford; New York: Oxford University Press,2007.

［29］Ying, Zhang. A Study of Chinese Repetitive Adverbs hai and zai from a Cross-linguistic Perspective ［J］. Chinese Language and Discourse,2018(2).

［30］Ying, Zhang. Semantic Map Approach to Universals of Conceptual Correlations: A Study on Multi-functional Repetitive Adverbs ［J］. Lingua Sinica,2017(3).

How "fu 復" Developed the Function of Strengthening Rhetorical Tone: On the Role of High-subjective Contexts in Language Change

Qian Zhen　　Zhu Qingzhi

Abstract: Repetitive adverbscan express mood. "fu 復" and "you 又" are the two most commonly used repetitive adverbs in ancient times. As early as the pre-Qin period, "you

又"had the functions of strengthening the rhetoricaltone, while 復 experienced a long peri-od to develop the same function. This paper traces how "*fu* 復" developed the function of strengthening rhetorical tone with focus on the contexts of this change happening. Taking other cases into consideration, this paper points out that the high-subjective contexts in written languageplays an important role in which many grammaticalization phenomena oc-cur. High-subjective contextsworth further studies.

Key words:"*fu* 復", the function of strengthening the rhetorical tone, high-subjective contexts, written language, language change

通信地址:

錢　珍,廣東省廣州市海珠區廣東財經大學人文與傳播學院

郵　　編:510320

E-mail:qz-jenny@hotmail. com

朱慶之,香港教育大學中國語言學系

E-mail:qingzhi@eduhk. hk

《南史》《北史》增補史料中的古白話資料*

真大成

内容提要 《南史》《北史》在承襲前代八部正史以外，還依據其他文獻增補了不少史料，這些增補史料以記録人物言語事跡爲主，用語通俗日常，反映了南北朝的口語，是漢語史研究的寶貴資料。本文基於《南史》《北史》增補史料，探覓、考索其中的古白話資料，目的在於使学界進一步重視這部分材料，從而能够充分利用增補史料開展漢語史研究。

關鍵詞 《南史》 《北史》 增補史料 古白話

唐初李延壽撰著《南史》《北史》，除據《宋書》《南齊書》《梁書》《陳書》《魏書》《北齊書》《周書》《隋書》外，"更勘雜史於正史所無者一千餘卷"，因此《南史》《北史》較"八代正史"增補了不少史料①。由於絶大多數史源文獻今已亡佚，這些增補史料就顯得彌足珍貴。更可貴的是，不少增補史料用語通俗，相當程度上反映了南北朝的口語，尤具漢語史研究價值，應該充分利用。

本文以《南史》《北史》增補史料爲基本材料，探考其中的古白話資料②，主要分爲以下六部分：1.《南史》《北史》增補史料概説；2. 前人對《南史》《北史》口語成分的認識和利用；3.《南史》《北史》增補史料中的古白話資料；4. 增補史料反映口語的程度差異；5. 從文獻比較顯示文白之異；6. 增補史料所見口語詞舉例。最後是結語。

一 《南史》《北史》增補史料概説

1.1 《南史》《北史》增補史料

李延壽撰著《南史》《北史》除據"八代正史"以外，"更勘雜史於正史所無者一千餘卷"，因而《南史》《北史》較"八代正史"增補了不少史料。對此，古今學者均有明確的認識。趙翼《廿二史札記》"《南史》增《齊書》處""《南史》與《齊書》互異處""《南史》增删《梁書》處""《南史》增《梁書》有關係處""《南史》增《梁書》瑣言碎事""《梁》《南》二史歧互處""《南史》與《陳書》歧互

---

* 本文是教育部人文社科重點研究基地重大項目子課題"中古史書詞語論考及口語資料輯釋"的階段性成果。在寫作過程中先後向汪維輝、朱冠明、胡波、史文磊、梁銀峰諸師友請教有關問題，寫成後何蘇丹、潘潔妮兩位同學校閲全文，謹統致謝忱。

① "八代正史"語見《北史·序傳》，具體指《宋書》《南齊書》《梁書》《陳書》《魏書》《北齊書》《周書》《隋書》，下文如需統指這八部正史，也簡稱"八書"。

② "古白話"，參看蔣紹愚（2019a）第五部分"什麽是古白話"。

處"諸條及王鳴盛《十七史商榷》卷六四"劉師知傳增事"條均談到這個問題；高敏（2003：序）統計後發現《南史》《北史》增補"八書"的史料不下數百條。

1.2　增補史料的來源

關於這些增補史料的來源，李延壽衹是籠統地稱爲"雜史"。他所謂的"雜史"衹是泛稱，其所指要比《隋書·經籍志》史部"雜史"寬泛得多。具體指哪些文獻，目前已不得其詳。洪邁《容齋四筆》卷八"歷代史本末"條："南北兩朝各四代，而僭僞之國十數，其書尤多，如徐爰、孫嚴、王智深、顧野王、魏澹、張大（太）素、李德林之正史皆不傳，今之存者沈約《宋書》、蕭子顯《齊書》、姚思廉《梁陳書》、魏收《魏書》、李百藥《北齊書》、令狐德棻《周書》、魏鄭公《隋書》，其它國則有和苞《漢趙紀》、田融《趙石記》、范亨《燕書》、王景暉《南燕録》、高閭《燕志》、劉昞《涼書》、裴景仁《秦記》、崔鴻《十六國春秋》、蕭方、武敏之《三十國春秋》①，李太（大）師、延壽父子悉取爲《南史》八十卷、《北史》百卷，今沈約以下八史雖存，而李氏之書獨行，是爲《南史》《北史》。""和苞《漢趙紀》"以下均屬"雜史"。胡寶國（2014：201-205）考察《南史》6 條增益史料，指出它們實際上來源於南朝梁謝綽《宋拾遺》，高敏（2003：序）認爲《北史》所增補的帝紀和傳記，多來源於魏澹《魏書》。筆者在閱讀《南史》《北史》時，也發現若干條增補材料的史源，爲省篇幅，僅舉十例具表如下：

	南北史	史源出處
1	高帝既爲齊王，置酒爲樂，羹臛既至，祖思曰："此味故爲南北所推。"侍中沈文季曰："羹臛吳食，非祖思所解。"祖思曰："炰鱉鱠鯉，似非句吳之詩。"文季曰："千里蓴羹，豈關魯衛。"帝甚悦，曰："蓴羹故應還沈。"（《南史·崔祖思傳》）	齊太祖之爲齊王也，置酒爲樂。清河崔思祖侍宴，謂侍中沈文季曰："羹臛爲南北所推。"文季答曰："羹臛中乃是吳食，非卿所知。"思祖曰："炰鱉膾鯉，似非句吳之詩。"文季曰："千里蓴羹，豈關魯衛之士？"帝稱美："蓴羹頗須歸沈。"（《太平廣記》卷二四六引《談藪》）②
2	上方欲獎以貴族盛姻，以諧之家人語侯音不正，乃遣宮内四五人往諧之家，教子女語。二年後，帝問曰："卿家人語音已正未？"諧之答曰："宮人少，臣家人多，非唯不能得正音，遂使宮人頓成侯語。"帝大笑，遍向朝臣説之。（《南史·胡諧之傳》）	齊豫章胡諧之初爲江州治中，太祖委任之，以其家人語侯，語音不正，乃遣宮内數人至諧之家，教其子女。二年，上問之："卿語音正未？"答曰："宮人少，臣家人多。非惟不能正音，遂使宮人頓侯語。"上大笑，遍向朝臣説之。（《太平廣記》卷二四六引《談藪》）
3	（范）柏年本梓潼人，土斷屬梁州華陽郡。初爲州將，劉亮使出都諳事，見宋明帝。帝言次及廣州貪泉，因問柏年："卿州復有此水不？"答曰："梁州唯有文川、武鄉、廉泉、讓水。"又問："卿宅在何處？"曰："臣所居廉讓之間。"帝嗟其善答，因民知見。歷位内外，終於梁州刺史。（《南史·胡諧之傳附范柏年》	宋梁州范百年因事謁明帝。帝言次及廣州貪泉，因問之曰："卿州復有此水否？"百年答曰："梁州唯有文川、武鄉、廉泉、讓水。"又問："卿宅在何處？"曰："臣居在廉讓之間。"上稱善。後除梁州刺史。（《太平廣記》卷一七三引《談藪》）

---

① "蕭方"應作"蕭方等"。

② 《談藪》，北齊陽松玠撰，"事綜南北，時更八代"。關於《談藪》作者、撰寫年代等情況可以參看黃大宏（2010）"前言"。

	南北史	史源出处
4	武帝嘗與朝臣商略,酒後謂群臣曰:"我後當得何謐?"群臣莫有答者。王儉因目杲之,從容曰:"陛下壽等南山,方與日月齊明,千載之後,豈是臣子輕所仰量?"時人雅歎其辯答。(《南史・庾杲之傳》)	齊武帝嘗謂群臣曰:"我後當何謐?"莫有對者。王儉因目庾杲之對。杲之曰:"陛下壽比南山,與日月齊明,千載之後,豈是臣子輕所度量?"時人稱其辯答。(《太平廣記》卷一七三引《談藪》)
5	珪風韻清疏,好文詠,飲酒七八斗。與外兄張融情趣相得,又與琅邪王思遠、盧江何點、點弟胤并款交,不樂世務。居宅盛營山水,憑几獨酌,傍無雜事。門庭之内,草萊不翦。中有蛙鳴,或問之曰:"欲爲陳蕃乎?"珪笑答曰:"我以此當兩部鼓吹,何必效蕃。"王晏嘗鳴鼓吹候之,聞群蛙鳴,曰:"此殊聒人耳。"珪曰:"我聽鼓吹,殆不及此。"晏甚有慚色。(《南史・孔珪傳》)	齊會稽孔稚珪,光禄靈産之子,侍中道隆之孫,張融之内弟。稚珪富學,與陸思曉、謝瀹爲君子之交。珪不樂世務,宅中草没人。南有山池,春日蛙鳴,僕射王晏嘗鳴笳鼓造之,聞群蛙鳴,晏曰:"此殊聒人耳。"答曰:"我聽卿鼓吹,殆不及此。"晏有愧色。(《太平廣記》卷二〇二引《談藪》)
6	嶷薨後,忽見形於沈文季曰:"我未應便死,皇太子加膏中十一種藥,使我癩不差,湯中復加藥一種,使利不斷。吾已訴先帝,先帝許還東邸,當判此事。"因胸中出青紙文書示文季曰:"與卿少舊,因卿呈上。"俄失所在。文季秘而不傳,甚懼此事。少時,太子薨。(《南史・蕭嶷傳》)	宋齊豫章王蕭嶷亡,後忽見形於沈文季曰:"我病未應死,皇太子加膏中十一種藥,使我不差,湯中復加藥一種,使我痢不斷,吾訴。先(帝)許還東廊[邸],當判此事。"便懷出青紙文書示文季云:"與卿少舊,爲呈主上也。"俄而失所在。文季懼,不敢傳。少時,文惠太子薨。(《法苑珠林》卷六七引《還冤記》)
7	彌善射,常以㛋的太闊,曰:"終日射侯,何難之有?"乃取甘蔗插地,百步射之,十發十中。(《南史・齊高帝諸子傳下・宜都王鏗》)	宜都王鏗,字宣徹,太祖第十六子。善射,常取甘蔗插地,百步射之,十發十中。(《太平御覽》卷七四四引(吳均)《齊春秋》)
8	會魏軍至,僧静應募出戰,單刀直前。魏軍奔退,又追斬三級。時天寒甚,乃脱衣,口銜三頭,拍浮而還。(《南史・戴僧静傳》)	會匈奴卒至,僧静應募出戰,單力直前,虜騎奔退。又斬三級。時天盛寒,乃脱衣,口銜三頭,以刀插背,拍浮而還。(《太平御覽》卷四三六引吳均《齊春秋》)
9	解叔謙,字楚梁,雁門人也。母有疾,叔謙夜於庭中稽顙祈福,聞空中語云:"此病得丁公藤爲酒便差。"即訪醫及《本草注》,皆無識者。乃求訪至宜都郡,遥見山中一老公伐木,問其所用,答曰:"此丁公藤,療風尤驗。"叔謙便拜伏流涕,具言來意。此公愴然,即以四段與之,并示以漬酒法。叔謙受之,顧視此人,不復知處。依法爲酒,母病即差。(《南史・孝義傳上・解叔謙》)	解叔謙,字楚梁。母有疾,於夜庭中祈祠,聞空中云:"此疾無他,得丁公藤爲酒便差。"即詣醫及《本草》,皆無識者。乃求訪至宜都,遥睹山中一老翁伐木,問其所用,答曰:"此丁公藤,治風尤驗。"叔謙伏地流涕,具款求意。此公與之四段,并示漬酒法,叔謙拜領受之。復視翁,不見。依法爲酒,母疾頓愈。(《太平御覽》卷四一一引(吳均)《齊春秋》)
10	元卿,字希蔣,南陽人,有至行。早孤,爲祖母所養。祖母病,元卿在遠輒心痛,大病則大痛,小病則小痛,以此爲常。(《南史・孝義傳上・宗元卿》)	宗元卿,字希符。早孤,爲祖母所養。祖母病,元卿在遠輒心痛,大病則大痛,小病則小痛,如此常也。(《太平御覽》卷四一一引(吳均)《齊春秋》)

李延壽據以增補史料的"雜史"至今絶大部分已經亡佚,因而已很難確切考察《南史》《北史》增補史料的來源了,目前祇能利用留存於類書、古注等的若干材料,窺其一鱗半爪而已。

1.3　增補史料的内容

《南史》《北史》所增補的史料，前代學者大抵目爲"瑣言碎事""新奇語""新奇可喜之跡"①，認爲"李延壽修史，專以博採異聞、資人談助爲能事，故凡稍涉新奇者，必羅列不遺，即記載相同者，亦必稍異其詞，以駭觀聽"②。從增補史料的内容看，確實很大一部分爲人物之言談事跡，不少地方事涉不經，孔平仲《續世説》往往從中取材，司馬光就説《南史》《北史》"機祥談嘲小事，無所不載"③，朱熹甚至説"《南史》《北史》除了《通鑑》所取者，其餘祇是一部好笑底小説"④，王鳴盛也謂"李延壽慣喜説鬼"⑤，錢鍾書（1979：723）則説"《南史》《北史》爲一家之言，於南、北朝斷代諸《書》所補益者，亦每屬没正經、無關係之閑事瑣語"。不過，從現代史料觀來看的話，《南史》《北史》增補史料具有很高的價值，特别是在南北朝傳世史料有限的情況下，它們都是研究當時政治、經濟、軍事、文化及社會生活的寶貴材料，不可忽視。

《南史》《北史》作爲語料，其承襲"八書"的内容已屬"二手材料"；目前"八書"具在，研究盡可利用原書；但《南史》《北史》仍不可廢棄，其寶貴价值就在於增補史料。李延壽據以增補的原始文獻絶大多數今已不可得聞，這些增補史料就顯得彌足珍貴了。傳世的中古語料有限（特别是中土文獻），研究中古漢語，對於所有可資利用的材料均應竭力挖掘其研究價值，而不能輕易放棄。更重要的是，由於許多增補史料記録了人物的言談事跡——言談多用時人口吻，事跡則生動有趣，用語往往通俗鄙俚，在很大程度上反映了南北朝的口語⑥。對於研究中古漢語來説，這部分古白話材料絶不能忽視，反而應該充分利用。

二　前人對《南史》《北史》口語成分的認識和利用

對於《南史》《北史》反映中古口語的情況，前代學者已注意及之。明代孫能傳《剡溪漫筆》卷三謂"《南史》多方言"，錢大昕《廿二史考異》指出"《南史》多俗語""《北史》多俗字"⑦。錢大昕《恒言録》專事收集前代恒言習語，是此類著作之翹楚，便據《南史》《北史》增補史料收録不少詞語：

卷一"鼻頭"條：《南史·曹景宗傳》："耳後生風，鼻頭出火。"

卷一"面皮"條：《南史·文苑［學］傳》："高爽從縣閣下取筆書鼓云：'徒有八尺圍，腹無一寸腸；面皮如許厚，受打未詎央。'"

卷二"替"條：《北史·陳元康傳》："（孫）搴醉死，神武命求好替。"

---

① 　參看《廿二史札記》相關各條。

② 　《廿二史札記》卷一一"《南史》增《梁書》瑣言碎事"條。

③ 　司馬光《傳家集》卷六三《書啟六》。

④ 　《朱子語類》卷一三四。

⑤ 　《十七史商榷》卷六一"《南史》附傳皆非"條。

⑥ 　"口語"本指口頭交談的話，原是一種語言表達的方式，與書面語相對而言，蔣紹愚（2019b）稱爲"口頭表達"。"口語"的語體是多樣的。本文所用的"口語"仍然是傳統意義上的，指口頭使用的俗常之語，記録於文獻，大致相當於"白話"。

⑦ 　"俗字"即相當於"俗語"。

卷二"方便"條：《北史·孟業傳》："諸人欲相賄贍，止患無方便耳。"

卷四"生活"條："生活"字本出《孟子》，今人借作家計用。……《南史·臨川王宏傳》："阿六汝生活大可。"《北史·祖瑩傳》："文章須自出機杼，成一家風骨，何能共人同生活也。"《尉景傳》："與爾計，生活孰多？"

卷五"翦刀"條：《南史·范雲傳》："巾箱中取翦刀。"

諸如"鼻頭""面皮""替""方便""生活""翦刀"等詞，至今仍然是常用的口語詞。

現代學者也注意到《南史》《北史》的語料價值，如丁邦新（1988）以"骹"來證明今閩語來源於南朝江東方言，"骹"即出於《南史》增補材料。

大型歷史性語文辭書也充分利用了《南史》《北史》增補史料，據以設立詞條，兹不贅舉。

應當説，這些研究還不是有意識地運用《南史》《北史》增補史料，祇是探討相關語言現象時不自覺地偶然及之。自覺將《南史》《北史》增補史料作爲獨立的研究對象，并探覓其中漢語史研究信息，挖掘有價值的研究資料，討論有關語言現象，還有待進一步努力。

三　《南史》《北史》增補史料中的古白話資料

許理和（1996/2008：230）在討論研究譯經口語成分的材料時提出："最終的最佳材料的語料庫，其構成不是一部部的譯經，而是這樣的篇章和片斷（引者按：指富含口語的篇章和片斷）。"這個觀點是很中肯的。譯經語言性質特殊，成分複雜，要研究其中口語，最重要的材料應是那些"碎金"（譯經中富於口語成分的篇章和片斷）而非"完璧"（整部譯經）。中古史書的語言雖然沒有譯經那麼複雜，但語體上最鮮明的特色就是文白混雜，能夠體現口語的古白話材料分布零散，需要與文言成分相剝離。若欲充分且方便地利用中古史書的口語資料，還得做一番爬梳剔抉功夫，匯集能夠表現口語的篇章、片斷，甚至單句。

《南史》《北史》增補史料中的古白話資料同樣是散在各處的片斷，下面以文體爲類各舉一些例子。

3.1　古白話資料舉例

3.1.1　謡、語、讖、歌

始宣武、孝明間謡曰："狐非狐，貉非貉，焦梨狗子齧斷索。"識者以爲索謂本索髮，焦梨狗子指宇文泰，俗謂之黑獺也。（《北史·魏本紀·孝武帝紀》）

又先是謡云："馬子入石室，三千六百日。"（《北史·齊本紀中·文宣帝紀》）

"焦梨"之"梨"應讀爲"黧"，"焦梨（黧）"指黑色。資福藏本姚秦鳩摩羅什譯《妙法蓮華經》卷二《譬喻品》："若狗野幹，其形頰瘦，梨黮疥癩。""梨"，高麗藏本作"黧"。"梨""黧"異文而通。"狗子"即狗，"馬子"即馬，是以"子"爲詞尾的附加式雙音詞（"子"大概已不具有小稱意味），是當時的口語形式。據王毅力、徐曼曼（2011），"齧"是中古時期"咬齧"語義場的主導詞①，這首謡言用"齧"應即當時口語的反映。

---

① 亦可參看吕傳峰（2006：39）。

先是童謠曰："一束藁，兩頭然，河邊㲗飛上天。"（《北史・齊本紀中・文宣帝紀》）

"一束藁"這樣的數量名結構，上古漢語已有。《莊子・人間世》"十束薪"、《墨子・備穴》"一束樵"、《管子・小匡》"一束矢"、《淮南子・泛論》"一束箭"等均可比類。從這些語例可以擬測，這樣的數量名結構大概從上古到中古漢語一直具有口語基礎①。"頭"表示物體的頂端，"邊"表示旁側②，"飛＋趨向動詞'上'＋處所詞"③均非先秦漢語所具有的現象，而是中古以來的語言新質，同樣具有口語基礎。

且謠言："鸞生十子九子㲉，一子不㲉關中亂。"（《北史・蕭寶夤傳》）

"㲉"即"㲉"字。《集韻・換韻》："㲉，《説文》：'卵不孚也。'或作㲉。"《淮南子・原道》："獸胎不贕，鳥卵不㲉。"高誘注："卵不成鳥曰㲉。""㲉"可通作"段"，《管子・五行》："然則羽卵者不段，毛胎者不贕，孕婦不銷棄，草木根本美。""㲉（㲉、段）"雖然是先秦兩漢之詞，但南北朝時仍用於口語，是當時口語中的存古成分。

又使於鄉里爲謠言，使小兒輩歌曰："天子在何處？宅在赤谷口；天子是阿誰？非豬如是狗。"（《南史・張敬兒傳》）

"天子在何處""天子是阿誰""口"（表出入通過的地方）、"阿誰"均非先秦漢語的句式和詞語。

又童謠云："莫匆匆，且寬公；誰當作天子？草覆車邊已。"（《南史・梁宗室傳下・鄱陽忠烈王恢附蕭範》）

東漢以來"莫"作禁止副詞較爲普遍，先秦習用"勿""無""毋"。"匆匆"，中古新詞。"寬公"，疑當讀爲"寬容"，"公""容"古通用。"寬公（容）"與"匆匆"相對，表示（動作、神情）寬緩從容，是中古以來的新義，如《世説新語・雅量》："桓公伏甲設饌，廣延朝士，因此欲誅謝安、王坦之。王甚遽，問謝曰：'當作何計？'謝神意不變，謂文度曰：'晉祚存亡，在此一行！'相與俱前。王之恐狀轉見於色，謝之寬容愈表於貌。"表覆蓋義，中古時期"覆""蓋"二詞競爭激烈，汪維輝（2000/2017：237）謂"直到六朝後期，'蓋'尚未奪取'覆'的全部地盤，兩者的競爭應該還在進行中"，此則童謠用"覆"正可説明它仍用於時人口頭。

時爲之語曰："吳差山中有賢士，開門教授居成市。"（《南史・沈麟士傳》）

先是人間謠曰："鹿子開城門，城門鹿子開；當開復未開，使我心徘徊。城中諸少年，逐歡歸去來。"（《南史・梁武帝諸子傳・昭明太子統》）

據王彤偉（2010：363-367）、胡波（2014：137-143），"開"從戰國晚期開始逐漸替代"啟"，到了西漢早期，由於避諱，"開"迅速崛起并最終取代了"啟"。"開（城）門"應即南北朝人的口語。

鹿子，"鹿"疑讀作"轆"。"轆"或作"𨍭""㯚"。《廣韻・屋韻》："轆，轆轤，圓轉也。""轆轤"是一種利用輪軸原理製成的起重工具，故用以打開城門。將"轆轤"稱爲"鹿子"，顯然是一種口語表達④。《樂府詩集・清商曲辭三・懊儂歌八》："長檣鐵鹿子，布帆阿那起。"這是用於升帆。

---

① 承蒙史文磊教授教示，謹致謝忱。
② 參看汪維輝（2000/2017：92）。
③ 參看王國栓（2005：66）。
④ 可能正是因爲在口語中稱爲"lù子"，記於書面時不易清楚地知道對應的本字，故寫作"鹿"以記其音。

歸去來,南北朝人習將"歸來"説成"歸去來",唐人猶沿用。陶淵明《歸去來辭》:"歸去來兮,田園將蕪胡不歸。"《初學記》卷三引南朝梁沈約《初春詩》:"且復歸去來,含情寄杯酒。"《樂府詩集》卷八九《陳初童謡》:"日西夜烏飛,拔劍倚梁柱。歸去來,歸山下。"《文選·顏延年〈陶徵士誄〉》:"賦詩歸來,高蹈獨善。"李善注:"歸來,歸去來也。"《劉子·適才》:"雞鳴之客,才各有施,不可棄也。"唐袁孝政注:"馮驩爲孟嘗君之客。孟嘗君,齊之公子,其家有客三千人。上客得肉,中客得魚,下客得菜。驩處下客之中,三年孟嘗不識。驩乃彈琴而歌曰:'大丈夫歸去來兮,食無魚。'君進之以魚。又琴歌曰:'大丈夫歸去來兮,出無車。'"這顯然用《戰國策》之事。但"歸去來"《戰國策》作"歸來",袁注作"歸去來"可能正反映了當時習語。

魏人知其不武,遺以巾幗。北軍歌曰:"不畏蕭<u>娘</u>與吕<u>姥</u>,但畏合肥有韋武。"(《南史·梁宗室傳上·臨川靖惠王宏》)

"畏"大概是當時"畏懼"語義場的基本詞。"蕭"指臨川靖惠王蕭宏,時領軍北討,"娘"指少女;"吕"指吕僧珍,"姥"謂年老婦人,"娘""姥"均爲晉宋以來的新詞,爲當時口語。

3.1.2 詩歌

淑妃彈琵琶,因弦斷,作詩曰:"雖蒙今日寵,猶<u>憶</u>昔時<u>憐</u>。欲知心<u>斷絶</u>,應<u>看</u>膠上弦。"(《北史·后妃傳下·馮淑妃》)

"憶"猶言"記","憐"表示愛,表觀看義的"看"均爲當時口語;"斷絶"字面義指斷掉,實指悲傷,也是中古時期的口語,鮑照《東門行》詩:"涕零心斷絶,將去復還訣。"亦其例。

始天監中,沙門釋寶志爲詩曰:"昔年三十八,今年八十三,四中復有四,城北火<u>酣酣</u>。"(《南史·梁本紀中·武帝紀》)

"酣"應即"黏"的通假字。《廣韻·覃韻》胡甘切:"黏,火上行貌。""酣"與之音同而通。"酣酣(黏黏)"表示火焰上竄、升騰之貌①。

辭曰:"去時兒女悲,歸來笳鼓競。<u>借問</u>行路人,何如霍去病?"(《南史·曹景宗傳》)

"借問"就是詢問。《宋書·蕭惠開傳》:"慮興宗不能詣己,戒勒部下:'蔡會稽部伍若借問,慎不得答。'"又《王微傳》:"是以每見世人文賦書論,無所是非,不解處即日借問,此其本心也。"《抱朴子内篇·雜應》:"且暴急之病,而遠行借問,率多枉死矣。"《藝文類聚》卷九二引梁元帝《晚棲烏詩》:"借問倡樓妾,何如蕩子啼?""借問"屢見於中古文獻,應爲當時口頭慣用之詞。

偉尚望見全,於獄爲詩贈元帝下要人曰:"趙壹<u>能</u>爲賦,鄒陽<u>解</u>獻書。何惜西江水,不救轍中魚?"(《南史·賊臣傳·侯景附王偉》)

據蔣紹愚(2007),"獻書"應是一種類指性動作,"解"表示具有發出某種動作的能力,因而與"能"對文。"解"作助動詞,同樣是魏晉以來的新興語言現象,應有口語基礎。

經贈儉詩云:"<u>汝家在市門,我家在南郭;汝家饒賓侣,我家多鳥雀。</u>"(《南史·王弘傳附王僧祐》)

這樣的詩句完全是當時的"白話詩",純用口語寫成。

3.1.3 詔、奏

<u>汝以猶子,情兼常愛,故越先汝兄,剖符連郡。往年在蜀,昵近小人,猶謂少年情志未定。更於吴郡殺戮無辜,劫盜財物,雅然無畏。及還京師,專爲逋逃,乃至江乘要道,</u>

---

① 《漢語大詞典》"酣酣"條將此例釋作"旺盛;熾盛"。

湖頭斷路,遂使京邑士女,早閉晏開。又奪人妻妾,略人子女,徐教非直失其配匹,乃橫屍道路;王伯敖列卿之女,誘為妾媵。我每加掩抑,冀汝自新,了無悛革,怨讎逾甚。遂匹馬奔亡,志懷反噬。遣信慰問,冀汝能還,果能來歸,遂我夙志。謂汝不好文史,志在武功,令汝杖節,董戎前驅。豈謂汝狼心不改,包藏禍胎,志欲覆敗國計,以快汝心!今當宥汝以遠,無令房累自隨。教所在給汝稟餼。王新婦、見理等當停太尉間,汝餘房累悉許同行。(《南史·梁宗室傳上·臨川靖惠王宏附蕭正德》)

這是梁武帝寫給養子蕭正德的詔書,其中"湖頭""配匹""掩抑""了無""信""房累""新婦""汝""開""快"等詞及"謂"表料想義、"停"表居停義、"間"表處所義、"餘"表其他義均用於中古口語。

因手詔曰:"與卿周旋,欲全卿門户,故有此處分。"(《南史·王彧傳》)

手詔往往即時班下,未經潤飾,富於口語,"卿""周旋""門户""處分"均是中古常見的口語詞。

及見四方無事,乃遣人奏曰:"參軍許周勸臣取九錫,臣惡其此言,已發遣令去。"(《北史·爾朱榮傳》)

"勸"表規勸義、"惡"表嫌厭義、"發遣"表打發義均是當時口語之常用義。

3.1.4　書信

因寄書與弟士邃曰:"吾夢汝以某月某日得患,某月某日漸損。"(《北史·盧玄傳附盧潛》)

從弟融聞之,與瓛書曰:"吳郡何晚,何須王反,聞之嗟驚,乃是阿兄。"(《南史·張裕傳附張瓛》)

"得患"指生病,"損"指病情好轉,稱哥哥為"阿兄","是"作係詞的判斷句,這些都是當時口語。

3.1.5　對話、言談

這是《南史》《北史》增補史料口語成分最多的部分。

每見錢曰:"我昔思汝一個不得,今日得用汝未?"(《南史·齊本紀下·廢帝鬱林王》)

侯景登石頭城,望官軍之盛,不悦,曰:"一把子人,何足可打。"(《南史·陳本紀上·武帝紀》)

臨崩,執帝手曰:"阿奴,若憶翁,當好作。"(《南史·齊本紀下·廢帝鬱林王》)

帝始知非仗,大悦,謂曰:"阿六,汝生活大可。"(《南史·梁宗室傳上·臨川靖惠王宏》)

彪左右韓武入視,彪巳蘇,細聲謂曰:"我尚活,可與手。"(《南史·張彪傳》)

初,司馬子如、高季式與孫搴劇飲,搴醉死,神武命求好替,子如舉魏收。他日,神武謂季式曰:"卿飲殺我孫主簿,魏收作文書,都不稱我意。司徒嘗道一人謹密,是誰?"(《北史·陳元康傳》)

時清河多盜,齊文襄以石愷為太守,令得專殺。愷經愷宅,謂少年曰:"諸郎輩莫作賊,太守打殺人!"愷顧曰:"何不答府君:下官家作賊,止捉一天子牽臂下殿,捉一天子推上殿。不作偷驢摸犢賊。"(《北史·崔逞傳附崔愷》)

文宣謂侍中裴英起曰:"卿識河間王郎中孟業不?一昨見其國司文案,似是好人。"

對曰："昔與臣同事魏彭城王元韶。其人清忠正直,世所稀有。"帝曰："<u>如公言者,比來便是大屈。</u>"(《北史・循吏傳・孟業》)

業興家世農夫,雖學殖,而舊音不改。梁武問其宗門多少,答曰："<u>薩四十家。</u>"使還,孫騰謂曰："<u>何意爲吳兒所笑!</u>"對曰："<u>業興猶被笑,試遣公去,當着被罵。</u>"邢子才云："<u>爾婦疾癲,或問實耶?</u>"業興曰："<u>爾大癡! 但道此,人疑者半,信者半,誰檢看?</u>"(《北史・儒林傳上・李業興》)

乾及昂等并劫掠,父次同常繫獄中,唯遇赦乃出。次同語人曰："<u>吾四子皆五眼,我死後豈有人與我一鍬土邪?</u>"及次同死,昂大起塚。對之曰："<u>老公子生平畏不得一鍬土,今被壓,竟知爲人不?</u>"(《北史・高允傳附高昂》)

曾有典御丞李集面諫,比帝有甚於桀紂。帝令縛置流中,沉没久之,復令引出,謂曰:"<u>吾何如桀紂?</u>"集曰:"<u>向來彌不及矣。</u>"帝又令沉之,引出更問,如此數四,集對如初。帝大笑曰:"<u>天下有如此癡漢! 方知龍逢、比干非是俊物。</u>"(《北史・齊本紀中・文宣帝紀》)

以上十一則中劃綫部分的對話應該完全是當時口語的實録,不再一一縷述。

3.2 《南史》《北史》增補史料所反映的口語的時代性和真實性

《南史》《北史》增補史料大抵有所依據,對比上文 1.2 表格所列《南史》《北史》與史源材料,可知李延壽利用前源材料撰寫《南史》《北史》,既有承襲也有改易,因此,顯現於《南史》《北史》增補史料中的口語成分的絶對時代不易確定,但大體上斷於南北朝時期當不至過於違離事實。太田辰夫(1958/1991:195)論及北朝"漢兒言語"時説"這一時期的口語就是'漢兒言語'的最初形態,但它祇不過在《北齊書》《北史》《隋書》等史書中有極片斷的傳述。這些書籍都是在唐代編纂的,儘管如此,好像還没有必要把這些書裏面記録的語言下限推到唐代"。汪維輝(2000/2017:210)舉《北齊書・尉景傳》"小兒慣去,放使作心腹,何須乾啼濕哭不聽打耶"、《南史・陳本紀上・武帝紀》"一把子人,何足可打"、《南史・任忠傳》"腹煩殺人,喚蕭郎作一打"諸例,指出"這些例子中的對話,雖然都出自唐人所纂修的史書,但應該都是當時口語的實録"。

上文(1.2)已經説明,《南史》《北史》增補史料大都具有前源文獻,那麼其中的古白話資料與前源文獻之間的承繼和變化是怎樣的情況呢?《談藪》是《南史》《北史》增補史料的重要史源文獻[①],可以作爲比較樣本(重點在於對話)。具表如下:

	南北史	談藪
1	羹臛既至,祖思曰："此味故爲南北所推。"侍中沈文季曰："羹臛吳食,非祖思所解。"祖思曰："炰鱉鱠鯉,似非句吳之詩。"文季曰："千里蓴羹,豈關魯衛?"帝甚悦,曰："蓴羹故應還沈。"	清河崔思祖侍宴,謂侍中沈文季曰："羹臛爲南北所推。"文季答曰："羹臛中乃是吳食,非卿所知。"思祖曰："炰鱉鱠鯉,似非句吳之詩。"文季曰："千里蓴羹,豈關魯衛之士?"帝稱美曰："蓴羹頗須歸沈。"
2	帝問曰："卿家人語音已正未?"諧之答曰："宮人少,臣家人多,非唯不能得正音,遂使宮人頓成僞語。"	上問之："卿家語音正未?"答曰："宮人少,臣家人多,非惟不能正音,遂使宮人頓僞語。"

① 黄大宏(2010)"前言":"《談藪》今存大量條目的内容都見於李延壽的《南史》和《北史》,且有較高的文字相關性,因南北二史撰成於隋末唐初,説明《談藪》是李延壽撰著的史料來源之一。"

	南北史	谈薮
3	帝言次及廣州貪泉,因問柏年:"卿州復有此水不?"答曰:"梁州唯有文川、武鄉、廉泉、讓水。"又問:"卿宅在何處?"曰:"臣所居廉讓之間。"	帝言次及廣州貪泉,因問之曰:"卿州復有此水否?"百年答曰:"梁州唯有文川、武鄉,廉泉、讓水。"又問:"卿宅在何處?"曰:"臣居在廉讓之間。"
4	酒後謂群臣曰:"我後當得何謚?"群臣莫有答者。王儉因目呆之,從容曰:"陛下壽等南山,方與日月齊明,千載之後,豈是臣子輕所仰量?"	齊武帝嘗謂群臣曰:"我後當得何謚?"莫有對者。王儉因目庾呆之對。呆之曰:"陛下壽比南山,與日月齊明,千載之後,豈是臣子輕所度量?"
5	王晏嘗鳴鼓吹候之,聞群蛙鳴,曰:"此殊聒人耳。"珪曰:"我聽鼓吹,殆不及此。"	南有山池,春日蛙鳴,僕射王晏嘗鳴箛鼓造之,聞群蛙鳴,晏曰:"此殊聒人耳。"答曰:"我聽卿鼓吹,殆不及此。"
6	道人驚云:"近有人以此金質錢,時有事,不得舉而失。檀越乃能見還,輒以金半仰酬。"往復十餘,彬堅然不受,因謂曰:"五月披羊裘而負薪,豈拾遺金者邪?"	道人大驚曰:"近有人以金質錢,時忽遽,不記錄。檀越乃能見歸,恐今古未之有也。輒以金之半仰酬。"往復十餘,堅然不受。因詠曰:"五月披羊裘負薪,豈拾遺者也?"
7	景素泫然曰:"若斯鳥者,遊則參於風煙之上,止則隱於林木之下,饑則啄,渴則飲,形體無累於物,得失不關於心,一何樂哉!"	景素曰:"萬物各有性靈,而獨賤於鱗羽乎? 若斯鳥也,遊則參於雲煙之上,止則隱於林木之下,饑則啄,渴則飲,形體無累乎物,得失不關乎心,一何樂哉!"
8	張目視之曰:"汝是王約邪? 何乃肥而癡?"約曰:"汝沈昭略邪? 何乃瘦而狂?"昭略撫掌大笑曰:"瘦已勝肥,狂又勝癡,奈何王約,奈汝癡何!"	張目視之曰:"汝王約耶,何肥而癡?"約曰:"汝是沈昭略耶,何瘦而狂?"昭略撫掌大笑曰:"瘦已勝肥,狂又勝癡。"
9	時客有姓譚者,詣儉求官,儉謂曰:"齊桓滅譚,那得有君?"答曰:"譚子奔莒,所以有僕。"	有客姓譚詣儉求官。儉曰:"齊桓滅譚,那得有汝。"答曰:"譚子奔莒,所以有僕。"
10	謂儉曰:"卿好音樂,孰與朕同?"儉曰:"沐浴唐風,事兼比屋,亦既在齊,不知肉味。"	帝曰:"好音樂,孰與朕同?"對曰:"沐浴皇風,并沾比屋,亦既在齊,不知肉味。"
11	上曰:"何乃遲為?"對曰:"自地升天,理不得速。"	上笑曰:"卿至何遲?"答曰:"自地升天,理不得速。"
12	常歎云:"不恨我不見古人,所恨古人又不見我。"	嘗歎曰:"不恨我不見古人,恨古人不見我。"
13	帝曰:"卿書殊有骨力,但恨無二王法。"答曰:"非恨臣無二王法,亦恨二王無臣法。"	太祖嘗語曰:"卿書殊有骨力,但恨無二王法。"答曰:"非恨臣無二王法,亦恨二王無臣法。"
14	繪戲嘲之曰:"君有何穢,而居穢裏?"此人應聲曰:"未審孔丘何闕,而居闕里。"	繪戲之曰:"君有何穢,而居穢裏?"答曰:"未審孔丘何闕,而居闕里。"
15	時舊宮芳林苑始成,武帝以植於太昌靈和殿前,常賞玩咨嗟,曰:"此楊柳風流可愛,似張緒當年時。"	永明主見靈和殿前,柳條嫩弱,披靡可愛,嗟賞曰:"此楊柳風流可愛,似張緒少年。"
16	爽受餉,答書云:"高晉陵自答。"人問其所以,答云:"劉蒨餉晉陵令耳,何關爽事?"	答書云:"高晉陵自答。"或問其故,曰:"劉蒨餉晉陵令耳,何關爽事?"
17	爽出,從縣閣下過,取筆書鼓云:"徒有八尺圍,腹無一寸腸,面皮如許厚,受打未詎央。"	爽出,從閣下過,取筆題鼓面云:"身有八尺圍,腹無一寸腸,面皮如許厚,被打未遽央。"
18	裴子野言:"從來不嘗食薑。"舍應聲曰:"孔稱不徹,裴乃不嘗。"	河東裴子野在晏筵,謂賓僚:"後事未嘗薑食。"舍曰:"孔稱不徹,裴曰未嘗。"

從以上 18 例可見,《南史》《北史》與今本《談藪》的語句表述存在一定差異,差異的成因應是多方面的:一是李延壽改寫;二是《談藪》原書已經散佚,今本是據《太平廣記》《太平御覽》等輯錄而成,類書引文往往省略、改易,與原文不盡相同;三是流傳中出現錯訛。同時也應看到,即使目前所見差異均出於李延壽改易,二者的基本面還是一致的。《談藪》旨在輯存"瑣言"①,必定真實記録人物言語,《南史》《北史》轉録時即使有所改易,但大體上仍存人物口語之舊。

因此,總的説來,儘管史源材料的作者在撰著時存在着自我"創作"的可能,李延壽承用史源材料時又存在"再創作"的事實,但即使有"創作"與"再創作"的成分,也祗是極少一部分,從總體上看,增補史料裏的古白話資料所反映的語言真實性和時代性是可以確定的——比較準確地反映了南北朝時期的口語②。

四 增補史料反映口語的程度差異

中古時期純用當時口語寫就的成篇材料極為罕見,即使能夠反映口語的篇章,其總體語言風格也還是文白夾雜,祗不過"文""白"比重或有差異而已,《南史》《北史》增補材料中的古白話資料同樣體現了這種情況。

徐時儀(2016)將反映口語的文獻大體分為文中夾白、半文半白、白中夾文、白話為主、現代白話雛形五類;如果不以整部文獻而以片斷作為觀察對象,那麼前四類在《南史》《北史》增補材料中均有所體現。蔣紹愚(2019b)將文白混雜的材料分為四類:(一)"在同一種語料中,一部分是文的,一部分是白的";(二)"在一篇文章中,整體以白話為主,但有一部分是文言";(三)"在同一種語料中,敘事部分是文言,對話部分是白話";(四)"在同一種語料中,文白錯雜"。《南史》《北史》增補史料中(一)(三)(四)三類情況是很常見的。

太田辰夫(1958/1991:188):"就作為主流的文言文來看,假使能反映口語的話也肯定是在對話的部分,而不是敘述的部分。"羅傑瑞(1988/1995:100)談及早期白話資料,指出除宗教文獻、流行的詩歌和短篇故事的集子以外,"保存有直接對話的文字段落,是研究早期白話的第三種重要資料,這種對話的記載,可以在歷朝的正史實録、軼事趣聞及流行的傳説故事中見到"。蔣紹愚(2019b):"歷代史書……記録某些人説的話有時用白話。"當然,對於對話的口語性也不能一概而論。

據此,本節主要利用《南史》《北史》增補史料中的對話及言談材料,依據文白程度的差異,分為文言為主③、文中夾白、半文半白、白中夾文、白話為主五個層級,反映口語的程度遞減。下面依次舉例,劃實綫者為口語成分,劃波浪綫者為文言成分④,不過這祗是一種大致

① 參看《史通·雜述》。
② 就 3.1 所述五類文獻而言,口語成分的真實性是可以大致分出層級的,3.1.1 謠、語、讖、歌和 3.1.2 詩歌,一般來説,應該完全是實録;3.1.5 對話、言談是保存口語最多的部分,雖然存在改寫的情況(參看 1.2),但基本上仍然保持舊貌;3.1.3 詔書、奏章和 3.1.4 書信在史臣載録時也可能存在改寫,但這種改寫一般見於改俗為雅,也就是説,其中的"俗"的語言成分一般為原來固有的。
③ 本文主要討論口語資料,本不必舉文言,但為便於比較,仍然列出。
④ 口語成分儘量劃出,文言成分則點到即止,沒有一一劃出。

區分。

4.1　文言爲主

及明帝知權，蕃邸危懼，江祏嘗謂王晏曰："江夏王有才行，亦善能匿跡，以琴道授羊景之，景之著名，而江夏掩能於世，非唯七弦而已，百氏亦復如之。"鋒聞歎曰："江祏遂復爲混沌畫眉，欲益反弊耳。寡人聲酒是耽，狗馬是好，豈復一豪於平生哉。"（《南史·齊高帝諸子傳下·江夏王鋒》）

（傅）岐謂人曰："朱彥和將死矣，恃詔以求容，肆辯以拒諫，聞難而不懼，知惡而不改。天奪其鑒，其能久乎？"（《南史·恩幸傳·陸驗》）

謂江湛曰："北伐之計，同議者少，今日士庶勞怨，不得無慚。貽大夫之憂，在予過矣。"（《南史·宋本紀中·文帝紀》）

椿謂勝曰："天下皆怨毒爾朱，吾等附之，亡無日矣，不如圖之。"勝曰："天光與兆，各據一方，今俱禽爲難。"椿曰："易致耳。"（《北史·斛斯椿傳》）

4.2　文中夾白

子良既亡，故人皆來奔赴，陸惠曉於邸門逢袁彖，問之曰："近者云云，定復何謂？王融見殺，而魏準破膽。道路籍籍，又云竟陵不永天年，有之乎？"答曰："齊氏微弱，已數年矣，爪牙柱石之臣都盡，命之所餘，政風流名士耳。若不立長君，無以鎮安四海。王融雖爲身計，實安社稷，恨其不能斷事，以至於此。道路之談，自爲虛説耳，蒼生方塗炭矣，政當瀝耳聽之。"（《南史·齊武帝諸子傳·竟陵文宣王子良》）

宏部分乖方，多違朝制。諸將欲乘勝深入，宏聞魏援近，畏懦不敢進，召諸將欲議旋師。呂僧珍曰："知難而退，不亦善乎？"宏曰："我亦以爲然。"柳惔曰："自我大衆所臨，何城不服，何謂難乎？"裴邃曰："是行也，固敵是求，何難之避？"馬仙琕曰："王安得亡國之言。天子掃境内以屬王，有前死一尺，無却生一寸。"昌義之怒須盡磔，曰："呂僧珍可斬也。豈有百萬之師，輕言可退，何面目得見聖主乎！"朱僧勇、胡辛生拔劍而起曰："欲退自退，下官當前向取死！"議者已罷，僧珍謝諸將曰："殿下昨來風動，意不在軍，深恐大致沮喪，欲使全師而反。"又私裴邃曰："王非止全無經略，庸怯過甚。吾與言軍事，都不相入。觀此形勢，豈能成功？"宏不敢便違群議，停軍不前。魏人知其不武，遺以巾幗。北軍歌曰："不畏蕭娘與呂姥，但畏合肥有韋武。"武謂韋叡也。僧珍歎曰："使始興、吳平爲元帥，我相毗輔，中原不足平。今遂敵人見欺如此。"（《南史·梁宗室傳上·臨川靖惠王宏》）

時朝議遷都，但元帝再臨荆陝，前後二十餘年，情所安戀，不欲歸建業。兼故府臣僚皆楚人，并欲即都江陵，云："建康蓋是舊都，凋荒已極。且王氣已盡，兼與北止隔一江，若有不虞，悔無所及。且臣等又聞荆南有天子氣，今其應矣。"元帝無去意。時尚書左僕射王褒及弘正咸侍，帝顧曰："卿意何如？"褒等以帝猜忌，弗敢衆中公言，唯唯而已。褒後因清閒，密諫還丹陽甚切，帝雖納之，色不悦。及明日，衆中謂褒曰："卿昨勸還建鄴，不爲無理，吾昨夜思之，猶懷疑惑。"褒知不引納，乃止。他日，弘正乃正色諫，至於再三，曰："若如士大夫,唯聖王所都,本無定處。至如黔首,未見入建鄴城,便謂未是天子,猶列國諸王。今日赴百姓之心,不可不歸建鄴。"當時頗相酬許。弘正退後,黃羅漢、宗懍乃言:"弘正、王褒并東人,仰勸東下,非爲國計。"弘正竊知其言,他日乃復上前面折二人,曰:"若東人勸下東,謂之私計,西人勸住西,亦是私計不?"眾人默然,而人情并勸遷都。上又曾以後堂大集文武,其預會者四五百人,帝欲遍試人情,曰:"勸吾去者左袒。"於是左袒者過半。武昌太守朱買臣,上舊左右,而閹人也,頗有幹用,故上擢之。及是勸上遷,曰:"買臣家在荊州,豈不願官長住? 但恐是買臣富貴,非官富貴邪!"上深感其言,卒不能用。(《南史·周朗傳附周弘正》)

有杜文謙者,吳郡錢唐人。帝爲南郡王,文謙侍《五經》文句,歷太學博士。出爲溧陽令,未之職。會明帝知權,蕭諶用事,文謙乃謂珍之曰:"天下事可知,灰盡粉滅,匪朝伊夕,不早爲計,吾徒無類矣。"珍之曰:"計將安出?"答曰:"先帝故人多見擯斥,今召而使之,誰不慷慨。近聞王洪範與趙越常、徐僧亮、萬靈會共語,皆攘袂搥床。君其密報周奉叔,使萬靈會、魏僧勔殺蕭諶,則宮內之兵皆我用也。即勒兵入尚書斬蕭令,兩都伯力耳。其次則遣荊軻、豫讓之徒,因諮事,左手頓其胸,則方寸之刃,足以立事,亦萬世一時也。今舉大事亦死,不舉事亦死,二死等耳,死社稷可乎? 若遲疑不斷,復少日,錄君稱敕賜死,父母爲殉,在眼中矣。"(《南史·恩幸傳·茹法亮》)

時詔議三恪之禮,太子少傅魏收爲一議,朝士莫不雷同。贍別立異議,收讀訖笑而不言。贍正色曰:"聖上詔群臣議國家大典,少傅名位不輕,贍議若是,須贊其所長;若非,須詰其不允。何容讀國士議文,直此冷笑? 崔贍居聖朝顯職,尚不免見疵,草萊諸生,欲云何自進!"(《北史·崔逞傳附崔贍》)

孝徵有不平之言,或以告幼廉。幼廉抗聲曰:"李幼廉結髮從宦,誓不曲意求人。天生德於予,孝徵其如予何? 假欲挫頓,不過遣向并州耳。"(《北史·李義深傳附李幼廉》)

4.3　半文半白

魏人入懸瓠,更求和親,帝召公卿謀之。張綰、朱异咸請許之。景聞,未之信,乃僞作鄴人書,求以貞陽侯換景。帝將許之。舍人傅岐曰:"侯景以窮歸義,棄之不祥。且百戰之餘,寧肯束手受縶?"謝舉、朱异曰:"景奔敗之將,一使之力耳。"帝從之,復書曰:"貞陽旦至,侯景夕反。"景謂左右曰:"我知吳兒老公薄心腸。"又請娶於王、謝,帝曰:"王、謝門高非偶,可於朱、張以下訪之。"景恚曰:"會將吳兒女以配奴。"王偉曰:"今坐聽,亦死;舉大事,亦死,王其圖之。"於是遂懷反計。(《南史·賊臣傳·侯景》)

見王僧辯,長揖不拜。執者促之,偉曰:"各爲人臣,何事相敬?"僧辯謂曰:"卿爲賊相,不能死節,而求活草間,顛而不扶,安用彼相?"偉曰:"廢興時也,工拙在人。向使侯氏早從偉言,明公豈有今日之勢?"僧辯大笑,意甚異之,命出以徇。偉曰:"昨及朝行八十里,願借一驢代步。"僧辯曰:"汝頭方行萬里,何八十里哉?"偉笑曰:"今日之事,乃吾心也!"前尚書左丞虞騭嘗見辱於偉,遇之而唾其面,曰:"死虜,庸復能爲惡乎!"偉曰:"君不讀書,不足與語。"騭慚而退。(《南史·賊臣傳·侯景》)

4.4 白中夾文

潛曰："我此頭面，何可誑人？吾少時，相者云：没在吴越地。死生已定，弟其行也。"（《北史·盧玄傳附盧潛》）

後主召蕭摩訶以下於内殿定議，忠曰："兵法，客貴速戰，主貴持重。今國家足食足兵，宜固守臺城，緣淮立柵。北軍雖來，勿與交戰，分兵斷江路，無令彼信得通。給臣精兵一萬，金翅三百艘，下江徑掩六合。彼大軍必言其度江將士已被獲，自然挫氣。淮南土人，與臣舊相知悉，今聞臣往，必皆景從。臣復揚聲欲往徐州，斷彼歸路，則諸軍不擊而自去。待春水長，上江周羅睺等衆軍，必沿流赴援，此良計矣。"後主不能從。明日欻然曰："腹煩殺人，唤蕭郎作一打。"忠叩頭苦請勿戰，後主從孔範言，乃戰，於是據白土岡陣。及軍敗，忠馳入臺，見後主，言敗狀，曰："官好住，無所用力。"後主與之金兩縢曰："爲我南岸收募人，猶可一戰。"（《南史·任忠傳》）

開皇中，有司奏智積將葬尉太妃，帝曰："昔幾殺我。我有同生二弟，并倚婦家勢，常憎疾我。我向之笑云：'爾既嗔我，不可與爾角嗔。'并云：'阿兄止倚頭額。'時有醫師邊隱逐勢，言我後百日當病癲。二弟私喜，以告父母。父母泣謂我曰：'爾二弟大劇，不能愛兄。'我因言：'一日有天下，當改其姓。夫不愛其親而愛他人者，謂之悖德，當改之爲悖。'父母許我此言。父母亡後，二弟及婦又讒我，言於晋公。於時每還，欲入門，常不喜，如見獄門。托以患氣，常鎖閤静坐，唯食至時暫開閤。每飛言入耳，竊云：'復未邪？'當時實不可耐，羨人無兄弟。世間貧家兄弟多相愛，由相假藉；達官兄弟多相憎，争名利故也。"（《北史·隋宗室諸王傳·蔡景王整》）

琅邪公主名玉儀，魏高陽王斌庶生妹也。初不見齒，爲孫騰妓，騰又放棄。文襄遇諸途，悦而納之，遂被殊寵，奏魏帝封焉。文襄謂崔季舒曰："爾由來爲我求色，不如我自得一絶異者。崔暹必當造直諫，我亦有以待之。"及暹諮事，文襄不復假以顔色。居三日，暹懷刺，墜之於前。文襄問："何用此爲？"暹悚然曰："未得通公主。"文襄大悦，把暹臂入見焉。季舒語人曰："崔暹常忿吾佞，在大將軍前每言叔父合殺。及其自作體佞，乃體過於吾。"（《北史·后妃傳下·文襄敬皇后元氏附琅邪公主》）

4.5 白話爲主

馮翊太妃鄭氏，名大車，嚴祖妹也。初爲魏廣平王妃。遷鄴後，神武納之，寵冠後庭，生馮翊王潤。神武之征劉蠡升，文襄蒸於大車。神武還，一婢告之，二婢爲證。神武杖文襄一百而幽之，武明后亦見隔絶。時彭城爾朱太妃有寵，生王子浟，神武將有廢立意。文襄求救於司馬子如。子如來朝，僞爲不知者，請武明后。神武告其故。子如曰："消難亦姦子如妾，如此事，正可覆蓋。妃是王結髮婦，常以父母家財奉王，王在懷朔被杖，背無完皮，妃晝夜供給看瘡。後避葛賊，同走并州。貧困，然馬屎，自作靴，恩義何可忘？夫婦相宜，女配至尊，男承大業，又婁領軍勳，何宜摇動？一女子如草芥，況婢言不必信。"（《北史·后妃傳下·馮翊太妃鄭氏》）

初，琛景平中爲朝請，假還東，日晚至方山。於時商旅數十船，悉泊岸側，有一人玄衣介幘，執鞭屏諸船云："顧吳郡部伍尋至，應泊此岸。"於是諸船各東西。俄有一假裝至，事力甚寡，仍泊向處，人問："顧吳郡早晚至？"船人答："無顧吳郡。"又問："何船？"曰："顧朝請耳。"莫不驚怪。(《南史·顧琛傳》)

時文襄將受魏禪，與陳元康、崔季舒屏左右謀於北城東柏堂。太史啟言宰輔星甚微，變不一月。時京將進食，文襄却之，謂人曰："昨夜夢此奴斫我。"又曰："急殺却。"京聞之，置刀於盤下，冒言進食。文襄見之，怒曰："我未索食，何遽來？"京揮刀曰："將殺汝！"(《北史·齊本紀上·神武帝紀》)

後在華林園華光殿露著黃轂襌，跂床垂脚，謂坦之曰："人言鎮軍與王晏、蕭諶欲共廢我，似非虛傳，蘭陵所聞云何？"坦之嘗作蘭陵令，故稱之。坦之曰："天下寧當有此？誰樂無事廢天子邪？昔元徽獨在路上走，三年人不敢近，政坐枉殺孫超、杜幼文等故敗耳。官有何事，一旦便欲廢立？朝貴不容造此論，政當是諸尼師母言耳。豈可以尼姥言爲信！官若無事除此三人，誰敢自保？安陸諸王在外，寧肯復還？道剛之徒，何能抗此！"帝曰："蘭陵可好聽察，作事莫在人後。"(《南史·齊宗室傳·臨汝侯坦之》)

文宣謂侍中裴英起曰："卿識河間王郎中孟業不？一昨見其國司文案，似是好人。"對曰："昔與臣同事魏彭城王元韶，其人清忠正直，世所稀有。"帝曰："如公言者，比來便是大屈。"(《北史·循吏傳·孟業》)

鳳恒帶刀走馬，未曾安行，瞋目張拳，有噉人之勢。每咤曰："恨不得剸劅漢狗飼馬！"又曰："刀止可刈賊漢頭，不可刈草。"(《北史·恩幸傳·韓鳳》)

景既退敗，不敢入宮，斂其散兵屯於闕下，遂將逃。王偉按劍攬轡諫曰："自古豈有叛天子。今宮中衛士尚足一戰，寧可便走？"景曰："我在北打賀拔勝，敗葛榮，揚名河朔，與高王一種人。來南直度大江，取臺城如反掌，打邵陵王於北山，破柳仲禮於南岸，皆乃所親見。今日之事，恐是天亡。乃好守城，當復一決。"(《南史·賊臣傳·侯景》)

曾至彭城王淯宅，謂其母爾朱曰："憶汝辱我母婿時，向何由可耐。"手自刃殺。又至故僕射崔暹第，謂暹妻李曰："頗憶暹不？"李曰："結髮義深，實懷追憶。"帝曰："若憶時，自往看也。"親自斬之，棄頭牆外。(《北史·齊本紀中·文宣帝紀》)

時清河多盜，齊文襄以石愷爲太守，令得專殺。愷經愷宅，謂少年曰："諸郎輩莫作賊，太守打殺人！"愷顧曰："何不答府君：下官家作賊，止捉一天子牽臂下殿，捉一天子推上殿。不作偷驢摸犢賊。"(《北史·崔逞傳附崔愷》)

(李元忠)謂神武曰："天下形勢可見，明公猶欲事爾朱乎？"神武曰："富貴皆由他，安敢不盡節。"元忠曰："非英雄也！高乾邕兄弟曾來未？"是時，高乾邕已見，神武因紿曰："從叔輩粗，何肯來？"元忠曰："雖粗，并解事。"神武曰："趙郡醉！"(《北史·李靈傳附李元忠》)

修義諫曰："若晉州敗，定州亦不可保。"神武怒曰："爾輩皆負我，前不聽我城并州城，使我無所趣。"修義曰："若失守，則請誅。"斛律金曰："還仰漢小兒守，收家口爲質，勿與兵馬。"(《北史·薛修義傳》)

初，司馬子如、高季式與孫搴劇飲，搴醉死，神武命求好替，子如舉魏收。他日，神武謂季式曰："卿飲殺我孫主簿，魏收作文書，都不稱我意。司徒嘗道一人謹密，是誰？"季式以元康對，曰："是能夜暗書快吏也。"(《北史·陳元康傳》)

坐昭儀於帳中，謂後主云："有一聖女出，將大家看之。"及見，昭儀更相媚悅。令萱

云：“如此人不作皇后，遣何物人作皇后？”（《北史·恩幸傳·穆提婆》）

五　從文獻比較顯示文白之異

北宋司馬光等編纂《資治通鑒》，魏晋南北朝史事基本上依據《三國志》《晋書》及“八書二史”這十二部正史。由於與正史體裁不同，《通鑒》需要重新組織史料，但史文大體上承襲前史；特別值得注意的是，編纂者在承襲之餘也作了程度不一的改寫，尤其是對十二部正史中的比較口語化的詞句，往往改作典雅正統的文言。基於此，可以將十二部正史與《通鑒》作比較①，以彰顯其間的文白差異，并由此窺探文言與白話的特點②。《通鑒》對《南史》《北史》增補史料也多有承襲和改寫，本節將兩者試作比較③，由《通鑒》的文言反觀《南史》《北史》增補史料中的口語成分。

5.1　看－視

榮乃暫來向京，言看皇后娩難。（《北史·爾朱榮傳》）

會榮請入朝，欲視皇后娩乳。（《通鑒·梁武帝中大通二年》）

“看”“視”均表探視、探望義。《論語·鄉黨》：“疾，君視之。”《公羊傳·昭公十九年》：“樂正子春之視疾也：復加一飯，則脱然愈；復損一飯，則脱然愈；復加一衣，則脱然愈；復損一衣，則脱然愈。”“看”最早見於《韓非子·外儲説左下》“梁車爲鄴令，其姊往看之”。“看”即探視、探望義。至晚漢魏以後，口語中表探視、探望義用“看”，“視”業已成爲文言詞。《世説新語·德行》：“荀巨伯遠看友人疾，值胡賊攻郡。”《容止》：“裴令公有俊容姿，一旦有疾至困，惠帝使王夷甫往看。”均其例。上舉《北史》“看皇后娩難”即用當時口語，《通鑒》將“看”改作“視”，顯然是避俗就雅。

5.2　偏－特/被委付－爲榮所委任

應詔王道習曰：“爾朱世隆、司馬子如、朱元龍比來偏被委付，具知天下虛實，謂不宜留。”（《北史·爾朱榮傳》）

應詔王道習曰：“爾朱世隆、司馬子如、朱元龍特爲榮所委任，具知天下虛實，謂不宜留。”（《通鑒·梁武帝中大通二年》）

“偏”作程度副詞，相當於很、甚，是中古以來的新現象④，具有鮮明的中古時代性。《通鑒》將具有中古特色的“偏”改爲文言慣用的“特”，乃是化時語爲古辭。

---

① 這種比較的目的是彰顯語體的差異，照理説必須建立在語義等值的基礎上。《通鑒》的改文與原始史文之間的語義有時并不等同，但這種差異或由某種特定的語體動機促發或促成，這種情況也略作考察。

② 參看真大成（2020c）。

③ 這裏擇取 10 例以見一斑，詳參真大成（2020c）。

④ 參看江藍生（1988：153-154）、蔡鏡浩（1990：252）。

"爲 N 所 V"式是中古最常用的被動句,"被 V"式次之①。到北宋時期,當時口語用"被V"式,"爲 N 所 V"式已經退出口語,完全成爲一種書面語言;而《通鑑》特意改作"爲 N 所 V"式,其變口語爲文言的動機是很明顯的。

5.3 殺却－殺之

　　時京將進食,文襄却之,謂人曰:"昨夜夢此奴斫我。"又曰:"急殺却。"(《北史·齊本紀上·神武帝紀》)

　　蘭京進食,澄却之,謂諸人曰:"昨夜夢此奴斫我,當急殺之。"(《通鑑·梁武帝太清三年》)

"殺却"之"却"作結果補語,猶言"掉",表示動作"殺"的完結,是動態助詞的先聲。這種"V 却"(V 是含有去除、消滅義的動詞)是中古新生的語言成分,南北朝以來尤爲多見。《北齊書·恩幸傳·韓鳳》:"每朝士諮事,莫敢仰視,動致呵叱,輒詈云:'狗漢大不可耐,唯須殺却!'"《隋書·五行志上》:"二年,童謠曰:'和士開,七月三十日,將你向南臺。'小兒唱訖,一時拍手云:'殺却。'"《南史·賊臣傳·侯景》:"先是,景每出師,戒諸將曰:'若破城邑,淨殺却,使天下知吾威名。'"《北史·崔挺傳附崔孝芬》:"靈太后謂曰:'卿女今事我兒,與卿是親。曾何相負,而内頭元叉車内,稱"此嫗須了却"。'"②從上舉諸例來看,這種表動作結果的"却"顯然是當時口語;而且均出於北人之口,可能具有北方地域色彩。《通鑑》刪减"却"字,改作"殺之",變成文言常用的表達方式,消泯了《北史》的口語現象。

5.4 打－擊

　　遂幸李后家,以鳴鏑射后母崔,正中其頰。因罵曰:"吾醉時尚不識太后,老婢何事!"馬鞭亂打一百有餘。(《北史·齊本紀中·文宣帝紀》)

　　帝幸李后家,以鳴鏑射后母崔氏,罵曰:"吾醉時尚不識太后,老婢何事!"馬鞭亂擊一百有餘。(《通鑑·梁敬帝太平元年》)

從較爲確實的材料看,"打"大約是東漢以來產生的新詞,而且在口語性較强的文獻中使用得相當普遍。可以確信,它在魏晉南北朝時"是一個地道的口語詞"③。《北史》説"打",正用當時口語詞;《通鑑》改作"擊",則是上古文言用詞。

5.5 被寵愛－有寵於帝/頭－首/淚－涕

　　所幸薛嬪,甚被寵愛。忽意其經與高嶽私通,無故斬首,藏之於懷。於東山宴,勸酬始合,忽探出頭,投於柈上。支解其屍,弄其髀爲琵琶。一座驚怖,莫不喪膽。帝方收取,對之流淚云:"佳人難再得,甚可惜也。"(《北史·齊本紀中·文宣帝紀》)

────────────────

①　參看唐鈺明(1987)。

②　《魏書·崔挺傳附崔孝芬》作"此老嫗會須却之"(《資治通鑑·梁武帝大通元年》作"此老嫗會須去之"),《北史》作"了却"很可能是李延壽用當時口語改易的結果。

③　參看汪維輝(2010/2017:210-212)。

薛嬪有寵於帝，久之，帝忽思其與嶽通，無故斬首，藏之於懷，出東山宴飲。勸酬始合，忽探出其首，投於柈上。支解其屍，弄其髀爲琵琶。一座大驚。帝方收取，對之流涕曰："佳人難再得！"（《通鑑·梁敬帝紹泰元年》）

"被 V"式在中古時期是僅次於"爲 N 所 V"式的常用被動句，唐代以後更是成爲占絕對優勢的被動式①，顯然具有強大的口語基礎。而"於"字式早在漢代就已被"爲 N 所 V"式所取代，到了中古時期更不復存在於口語，完全成爲文言成分。《北史》《通鑑》的"甚被寵愛—有寵於帝"的差異就是口語和文言之別。"頭—首""淚—涕"也是相同的情況②，不再贅言。

5.6　爾—汝

追者見其從奴持金帶，問昂所在，奴示之。昂奮頭曰："來，與爾開國公！"（《北史·高昂傳》）

追者見其從奴持金帶，問敖曹所在，奴指示之。敖曹知不免，奮頭曰："來，與汝開國公！"（《通鑑·梁武帝大同四年》）

北朝口語說第二人稱并用"汝""爾"，但後者具有一種鄙俗的意味，往往表示對指稱對象的鄙視和輕賤③，《北齊書·文襄六王傳·河間王孝琬》："孝琬呼阿叔，帝怒曰：'誰是爾叔？敢喚我作叔！'"《周書·韋孝寬傳》："齊神武使謂城中曰：'縱爾縛樓至天，我會穿城取爾。'"司馬光所在的宋代，口語中早已說"你"，"汝"已經是個文言詞了。《通鑑》將"爾"改作"汝"頓失原文傳達的口語意味。

5.7　合—可

李舒語人曰："崔暹常忿吾佞，在大將軍前，每言叔父合殺。"（《北史·后妃傳下·文襄敬皇后元氏附琅邪公主》）

李舒語人曰："崔暹常忿吾佞，在大將軍前，每言叔父可殺。"（《通鑑·梁武帝大同十一年》）

"合"作助動詞，在中古時期常用於表示懲罰、治罪的場合④。《北史·斛律金傳》："金曾遣人獻食，中書舍人李若誤奏，云金自來。武成出昭陽殿，敕侍中高文遙將羊車引之。……文遙還覆奏，帝罵若云：'空頭漢，合殺！'"《魏書·昭成子孫傳》："禎告諸蠻曰：'爾鄉里作賊如此，合死以不？'蠻等皆叩頭曰：'合萬死。'"統觀所引諸例，"合"的口語性是很明顯的。《通鑑》改作"可"，不惜違離原意，其用意當在規避"合"這一口語詞。

5.8　未到伯玉宅二里許—去宅二里許

五更便巾車，未到伯玉宅二里許，王侯朝士已盈巷。（《南史·荀伯玉傳》）

---

①　參看唐鈺明（1987）（1988）。
②　"頭—首"的情況，參看汪維輝（2011）。"淚—涕"的情況，參看汪維輝（2000/2017:31-39）。
③　參看真大成（2020）。
④　參看汪維輝（2000/2017:323-325）、李明（2016:69-70）。

遭母憂，去宅二里許，冠蓋已塞路。(《通鑒•齊武帝永明元年》)

表達距離某地尚有若干里程，上古漢語用"去＋地點＋里程"和"未到(至)＋地點＋里程"兩種結構式，二者有時代先後，先秦用前式，西漢兼用二式。《左傳•定公十四年》："還，卒於陘，去檇李七里。"《戰國策•西周策》："楚有養由基者，善射，去柳葉者百步而射之，百發百中。"又《秦策五》："應侯欲伐趙，武安君難之，去咸陽七里，絞而殺之。"又《齊策四》："有敢去柳下季壟五十步而樵采者，死不赦。"《趙策四》："韓瑉處於趙，去齊三千里。"《戰國縱橫家書•朱己謂魏王章》："秦乃在河西，晉國去梁(梁)千里而過(禍)若是矣。"又《蘇秦獻書趙王章》："秦以强弩坐羊腸之道，則地去邯鄲百廿里。"

據比較可靠的材料，"未到(至)＋地點＋里程"這種説法應該是漢代以後纔出現的①，《史記》中即有多例，如《李將軍列傳》："廣之百騎皆大恐，欲馳還走。廣曰：'吾去大軍數十里，今如此以百騎走，匈奴追射我立盡。今我留，匈奴必以我爲大軍[之]誘(之)，必不敢擊我。'廣令諸騎曰：'前！'前未到匈奴陳二里所，止，令曰：'皆下馬解鞍！'"又《淮陰侯列傳》："未至井陘口三十里，止舍。"又《韓長孺列傳》："未至馬邑百餘里，行掠鹵，徒見畜牧於野，不見一人。"又《匈奴列傳》："還，未至受降城四百里，匈奴兵八萬騎圍之。"又《南越列傳》："其後越直開道給食，未至番禺四十里，越以兵擊千秋等，遂滅之。"較"去＋地點＋里程"，"未到(至)＋地點＋里程"這種説法可能更爲直白通俗。隨着東漢以來"去"逐漸變爲"往/至"義，"去＋地點＋里程"更失去了口語基礎，是書面上對先秦漢語的仿擬，具有明顯的文言色彩。

5.9　親親－親戚

因問："祏親親餘誰？"答曰："江祥今猶在冶。"(《南史•江祏傳》)
因問："祏親戚餘誰？"對曰："江祥今在冶。"(《通鑒•齊東昏侯永元元年》)

"親親"表親戚、親屬義，是晉宋以來的新詞②。《世説新語•賢媛》："周浚作安東時，行獵，值暴雨，過汝南李氏。李氏富足，而男子不在。有女名絡秀，聞外有貴人，與一婢於内宰豬羊，作數十人飲食，事事精辦，不聞有人聲。密覘之，獨見一女子，狀貌非常，浚因求爲妾。父兄不許。絡秀曰：'門户殄瘁，何惜一女？若連姻貴族，將來或大益。'父兄從之。遂生伯仁兄弟。絡秀語伯仁等：'我所以屈節爲汝家作妾，門户計耳！汝若不與吾家作親親者，吾亦不惜餘年！'伯仁等悉從命。"《魏書•房法壽傳》："平原劉郁行經齊兖之境，忽遇劫賊，已殺十餘人。次至郁，郁呼曰：'與君鄉近，何忍見殺！'賊曰：'若言鄉里，親親是誰？'郁曰：'齊州主簿房陽是我姨兄。'"由此二例可見，"親親"必爲當時口語。《通鑒》將《南史》"親親"改爲"親戚"，則用先秦舊詞。"親戚"與"親親"之文白差異昭然。

---

① 《管子•小問》："桓公北伐孤竹，未至卑耳之溪十里，闒然止，瞠然視，援弓將射，引而未敢發也。"但《管子》各篇的時代不確定爲先秦。《戰國策•齊策四》："孟嘗君就國於薛，未至百里，民扶老攜幼，迎君道中。"(此例承蒙業師汪維輝教授教示)"未至百里"省略了地點(薛)。此例即使未經漢人編輯而是先秦舊語，這樣的表達法也是極罕見的。

② 《漢語大詞典》"親親"條"親屬；親戚"義下首舉《漢書•哀帝紀》："漢家之制，推親親以顯尊尊。"顏師古注："天子之至親，當極尊號。"按：此例"親親"當指親其親，是動賓詞組。

5.10　腹煩殺人－令人腹煩／喚蕭郎作一打－可呼蕭郎一出擊之

　　明日欻然曰："腹煩殺人，喚蕭郎作一打。"（《南史·任忠傳》）

　　明日欻然曰："兵久不決，令人腹煩，可呼蕭郎一出擊之。"（《通鑒·隋文帝開皇九年》）

　　"煩"指煩悶、鬱積，《玉篇·火部》："煩，憤悶。""腹煩"猶言心中煩悶。"殺人"則謂煩悶的程度。"喚""郎""作""一打"也都是當時口語表達①。相較而言，《通鑒》所改之"令人腹煩""呼""一出擊之"文言色彩比較濃厚，完全失去《南史》的口語意味。

六　增補史料所見口語詞舉例

　　如上文所述，《南史》《北史》增補史料保存了爲數甚多的中古口語詞，對於研治漢語詞彙史極具價值，應作全面的爬梳整理。限於篇幅，本節試舉數例，略作申發，以見一斑。

6.1　胚

　　於時景修飾臺城及朱雀、宣陽等門，童謠曰："的胚烏，拂朱雀，還與吳。"（《南史·賊臣傳·侯景》）

　　"的胚烏"即脖子部位的羽毛爲白色的烏鴉②。從上文看，這首童謠很可能産生并流傳於建康，那麼以"胚"指稱脖子應是當時建康地區之口語。"胚"在漢代是"齊人語"，《公羊傳·莊公十二年》："（宋）萬怒，搏閔公，絕其胚。"何休注："胚，頸也。齊人語。"《釋名·釋形體》："咽，青徐謂之胚。"③"青徐"與"齊"地界連屬，大致相當於今天的山東、蘇北地區。由此看來，"胚"至少在東漢後期是山東、蘇北一帶的方言詞④。據上文所述，"胚"在南朝時行用於建康地區，那麼不妨提出這樣一個假設："胚"是在西晉末年由南渡北人帶至吳地，進而擴散、行用開來，一開始可能屬於北方士庶層的用詞，後來逐漸擴展至江東庶民層，以致見用於童謠。

　　"胚"目前仍留存於閩方言⑤。龍丹（2007）、吳寶安（2011：84-85）均認爲就"胚"這個詞而言，閩語的來源應當是古北方漢語；如果結合《南史》所載的這則童謠來看，今天閩語裏的"胚"恐怕不是直接承自古北方漢語，其近源應是南朝之口語（此處不將"胚"定性爲江東吳

---

　　①　"作"後跟 VP 作賓語，習見於中古。《魏書·劉休賓傳》："休賓又謂文達曰：'卿勿憚危苦，更爲吾作一返，善觀形勢。'"《南史·恩幸傳·孔範》："隋軍既逼，蠻奴又欲爲持久計，範又奏：'請作一決，當爲官勒石燕然。'""作一打""作一返""作一決"就是當時口語。

　　②　楊慎《丹鉛總録》卷七"玄的"條："又馬之當額亦曰的。……又烏胚亦曰的。《南史》侯景陷臺城，童謠云：'的胚烏，拂朱雀，還與吳。'"陳耀文《正楊》卷二："今以馬額、烏胚爲的，誤。若如其説，則《幽明録》云'華隆犬號的尾'，是'的'又可爲犬尾矣。"《事類賦》卷一九引《三國典略》作"白頭烏"。

　　③　"咽"在"頸"部，故又以"胚"指稱"咽"。

　　④　參看龍丹（2007）、吳寶安（2011：84-85）、汪維輝（2016：183-215）。

　　⑤　參看汪維輝（2016：183-215）。

語),那麼閩語的來源庶幾近於丁邦新先生所持之南北朝吳語説。

汪維輝(2016)提出"胵"也可能保存於吳語,若此説成立,那麼今吳語中的"胵"也當是南朝口語之孑遺①。

6.2 肚

> 冀州人爲之語曰:"顔公鐘,宋公鼓,宗道暉屐,李洛姬肚。"謂之四大。(《北史·儒林傳下·熊安生》)

> 以其體肥,呼爲楊大肚。(《北史·齊本紀中·文宣帝紀》)

汪維輝(2018:203)"21. 肚子一腹/肚"條指出"在隋以前的中土文獻裏,'肚'的例子并不多,而且大都是指'胃'",接着舉出四條例證(書中謂三例,誤),一是《笑林》"肚上戲"(據《古小説鈎沉》輯本),二是《金匱要略論》"肚中寒""肚熱",三是《肘後備急方》"肚盡脹",不過《笑林》例"肚"有異文(《太平御覽》卷九八六引作"腹",明代《天中記》《古今譚概》亦作"腹"),醫書三例汪著説"實際上可能是指'胃',跟'腹'有別",因此也不確實。汪著依據先唐翻譯佛經來證明"至晚到南北朝後期,'肚'在口語中已經通行"。依照上引兩條《北史》增補材料,同樣可以證明在南北朝後期表腹部義的"肚"是當時口語。

6.3 摸

> 愷經悷宅,謂少年曰:"諸郎輩莫作賊,太守打殺人!"悷顧曰:"何不答府君:下官家作賊,止捉一天子牽臂下殿,捉一天子推上殿。不作偷驢摸犢賊。"(《北史·崔逞傳附崔悷》)

《方言》卷一三:"摸,撫也。"指撫摸。後有"取"義,陳琳《爲袁紹檄豫州》:"又特置發丘中郎、摸金校尉,所過隳突,無骸不露。""摸金"猶言取金。《爾雅·釋詁下》"探,取也"郭璞注:"探者,摸取也。""探""摸"皆謂取。《北堂書鈔》卷一四四引《集異記》:"劉登往經墳塚曰:'我偶□餅。'徐即爲辦置。林間有十餘鬼,皆焦頭來摸餅。""摸餅"猶言取餅。在一定語境中,如果是暗中"取"的話,那麼就可以理解爲偷取。上引《北史》"偷驢摸犢"例中"偷""摸"對文②,很顯然,當時的口語中"摸"庶幾可以當偷講。

6.4 著

> 從遊東山,有雲起,恐雨廢射,戲使筮。遇《剥》,李業興云:"坤上艮下,《剥》。艮爲山,山出雲,故知有雨。"遵世云:"坤爲地,土制水,故知無雨。"文襄使崔暹書之云:"遵世若著,賞絹十四;不著,罰杖十。業興若著,無賞;不著,罰杖十。"業興曰:"同是著,何獨無賞?"文襄曰:"遵世著,會我意,故賞也。"須臾雲散,二人各受賞罰。(《北史·藝術傳

---

① 今江蘇省蘇州市吳江區平望鎮有"鴛胵湖",以湖形似鴛胵而得名(見《(嘉泰)吳興志》)。今浙江省寧波市鄞州區廣德湖舊名鴛胵湖(見《(寶慶)四明志》)。地名往往反映當時當地之口語,參看真大成(2021)。

② 今語仍説"偷雞摸狗",可相比類。

上·吴遵世》)

"著"古有附著、接觸義,《國語·晋語四》:"今戾久矣,戾久將底。底著滯淫,誰能興之?"韋昭注:"著,附也。"《左傳·宣公四年》:"伯棼射王,汏輈,及鼓跗,著於丁寧。"《左傳》例"著"指射中。當表達與某種事實或情況相切近、一致時,"著"可以理解爲"合""符合",猶今語"中";這是附著、接觸義進一步抽象的結果。上引《北史》例,"著"指筮卜預測正確、與事實相符;這表明今天口語中表達"正對上;恰好合上"義時說"對""中",當時口語可說"著"。

6.5　老小公子、老公子

　　(文宣帝高洋)以刀子觭其腹,崔季舒托俳言曰:"老小公子惡戲?"因掣刀子而去之。(《北史·齊本紀中·文宣帝紀》)①

　　乾及昂等并劫掠,父次同常繫獄中,唯遇赦乃出。次同語人曰:"吾四子皆五眼,我死後豈有人與我一鍬土邪?"及次同死,昂大起塚。對之曰:"老公子生平畏不得一鍬土,今被壓,竟知爲人不?"(《北史·高允傳附高昂》)②

　　稱貴勢人家之子弟爲"公子",是漢魏六朝的習語,《周書·孝閔帝紀》:"時有善相者史元華見帝,退謂所親曰:'此公子有至貴之相,但恨其壽不足以稱之耳。'"《隋書·宇文述傳》:"年十一時,有相者謂述曰:'公子善自愛,後當位極人臣。'"《文宣帝紀》例"老小公子"應是"老公子"和"小公子"的合稱,分指楊愔與高洋。"老小公子"云云是"托俳言"而説的話,"俳言"就是戲言、玩笑話。時高洋已爲天子,而崔季舒謂爲"小公子",顯然是插科打諢。《高昂傳》例"老公子"是指高次同。高昂稱其父爲"老公子",也是一種諧謔的稱呼。

6.6　漫戲、惡戲

　　或袒跣奔躍,後問其故,對曰:"爲爾漫戲。"此蓋習勞而不肯言也。(《北史·齊本紀中·文宣帝紀》)

　　(文宣帝高洋)以刀子觭其腹,崔季舒托俳言曰:"老小公子惡戲?"因掣刀子而去之。(《北史·齊本紀中·文宣帝紀》)

　　《資治通鑒·梁武帝太清三年》用上例之文,胡三省注:"漫戲,言漫爾作戲。"漢魏以來,又有"嫚戲""慢戲"。《漢書·枚皋傳》:"皋不通經術,詼笑類俳倡,爲賦頌,好嫚戲,以故得媟黷貴幸。"《藝文類聚》卷五六引作"慢戲"。《世說新語·雅量》:"殷荆州有所識,作賦,是束晳慢戲之流,殷甚以爲有才。"《宋書·少帝紀》:"日夜媟狎,群小慢戲,興造千計,費用萬端,帑藏空虚,人力殫盡。""漫""嫚""慢"聲近義通,由"不受拘束"引申,可指輕狎、隨意,無禮儀。

　　《論語·泰伯》:"君子所貴乎道者三:動容貌,斯遠暴慢矣;正顔色,斯近信矣;出辭氣,斯遠鄙倍矣。"集解引鄭玄注:"此道謂禮也。"《漢書·禮樂志》:"治身者斯須忘禮,則暴嫚入之矣。"又《董仲舒傳》:"桀紂暴謾,讒賊并進,賢知隱伏,惡日顯,國日亂。""暴慢""暴嫚""暴謾"

──────────

① 《太平御覽》卷一三〇引《北齊書》作"老公子"。

② 此句中華書局點校本《北史》標點作"老公! 子生平畏不得一鍬土",《漢語大詞典》"老公"條據以釋作"古代對父親的別稱",恐均非是。

爲一詞異寫,其中"暴"指輕侮、輕慢,不遵禮法。《吕氏春秋·至忠》:"何其暴而不敬也。""暴"指輕慢,故與"不敬"并言。高誘注謂"下陵其上謂之暴",正輕侮之義。《韓非子·八説》:"人主輕下曰暴。""暴"正就"輕"而言。

　　《顔氏家訓·序致》:"禁童子之暴謔,則師友之誠,不如傅婢之指揮。"《説文·言部》:"謔,戲也。""暴謔"連文,"暴"也是輕慢、戲謔之義①。《文選·左思〈吴都賦〉》:"翹關扛鼎,拼射壺博,鄱陽暴謔,中酒而作。"劉逵注引何晏曰:"鄱陽惡戲,難與曹也。"以"惡戲"釋"暴謔"。"惡"也有輕謔、輕慢義。《孝經·天子章》:"愛親者,不敢惡於人;敬親者,不敢慢於人。"唐玄宗注:"君行博愛廣敬之道,使人皆不慢惡其親。""惡""慢"互文②。南朝梁劉孝儀《彈賈執傅湛文》:"雖跡似折奸,意由肆憾,惡慢於人,自彰穢醜。""惡慢"同義連文。《異苑》卷五:"元嘉中丹陽多寶寺,畫佛堂作金剛。寺主奴婢惡戲,以刀刮其目眼,輒見一人甚壯,五色彩衣,持小刀挑目睛,數夜眼爛,於今永盲。"《酉陽雜俎·盜俠》:"僧前行百餘步,韋知其盜也,乃彈之,正中其腦。僧初不覺。凡五發中之,僧始捫中處,徐曰:'郎君莫作惡劇。'""惡戲""惡劇"之"惡",義與"暴"同,亦指輕脱、輕慢。

6.7　劇

　　　　我有同生二弟,并倚婦家勢,常憎疾我。……時有醫師邊隱逐勢,言我後百日當病癲。二弟私喜,以告父母。父母泣謂我曰:"爾二弟大**劇**,不能愛兄。"(《北史·隋宗室諸王傳·蔡景王整》)

　　中古時期形容詞"劇"的用法非常靈活。依據所修飾的不同對象,在不同語境中可有多種含義。《三國志·吴志·吕範傳附吕據》:"數討山賊,諸深惡劇地,所擊皆破。"王維《燕子龕禪師》詩:"山中燕子龕,路劇羊腸惡。""劇"猶言險惡。《法苑珠林》卷一八引《冥祥記》:"居一年而得病,恍惚驚悸,竟體剥爛,狀若火瘡,有細白蟲,日去升餘,磣痛煩毒,晝夜號嗷;常聞空中語云:'壞經爲衣,得此劇報。'""劇報"猶言惡報。南朝宋寶雲譯《佛本行經》卷三《爲瓶沙王説法品》:"吾已不畏是諸毒虺、黿及火燼、疾暴惡風;亦復不畏拔刀劇賊。""劇賊"指凶惡之賊③。又卷六《調達入地獄品》:"石象有百足,譬一由延山,黑如冥霧雲,疾踊劫盡風,鳴吼如雷震;調達見驚怖,失聲大叫呼,便説是言曰:'汝等何惡劇,以象相逼迫;來欲相怖死,今來相踐蹈。'""惡劇"同義連文。上引《北史》之"劇",用以形容人物("二弟")品性之劣,猶言壞、惡。

6.8　頭錢

　　　　明日,貴與昂坐,外白河役夫多溺死。貴曰:"**頭錢**價漢,隨之死。"(《北史·高允傳附高昂》)

---

　　①　《漢語大詞典》"暴謔"條釋作"開玩笑過分",誤解"暴"義。
　　②　貫雲石《孝經直解》釋此句云:"存著自家愛父母的心呵,也不肯將别人來小看有;存著自家敬父母的心呵,也不肯將别人來欺負有。"(承西南大學胡波副教授教示)"惡"猶言"輕",《直解》釋作"小看"是正確的。
　　③　《漢語大詞典》"劇賊"條釋作"大盜,強悍的賊寇"。

　　陸游《老學庵筆記》："頭錢，猶言一錢也。故都俗語云'千錢精神頭錢賣'，亦此意云。"
"頭錢"即一錢，《資治通鑑》援用上引《北史》文時即改作"一錢"。"頭錢"指一錢、"某(表數量)錢價"指價格應該都是當時的口語。後秦弗若多羅譯《十誦律》卷六《明三十尼薩耆法之二》："若比丘語居士：'與我好價衣。'……乃至直二百、三百錢價衣與我，若得衣者，尼羅耆波逸提，若不得衣，突吉羅。"劉宋佛陀什共竺道生等譯《五分律》卷一二《第二分之三尼律舍墮法》："諸人若有官事，能爲救解，莫不歡喜言：'我蒙阿姨恩，得免罪厄，今有所須，當以相奉！'便言：'我須重衣！'復言：'須幾價重衣？'答言：'須千錢價衣！'"乞伏秦聖堅譯《除恐災患經》："四日已竟，以金色疊價直十萬，次到上座，九萬價疊，以次轉下，末下坐者萬錢價疊，以爲噠嚫。"

　　趙璘《因話錄》卷四："李紓侍郎好諧戲，又服用華鮮。嘗朝回，以同列入坊門，有負販者呵不避，李罵云：'頭錢價奴兵，輒沖官長。'負者顧而言曰：'八錢價措大，漫作威風。'紓樂采異語，使僕者誘之，至家，爲設酒饌，徐問八錢之義。負者答曰：'祇是衣短七耳。'同列以爲破的，紓甚慚。"《金華子雜編》卷下："曹拮休，莫詳其州里，有妻孥。居扁舟中，來往宣池金陵。每於山中兩錢價買柴，赴江下，一錢價賣與人。"均唐五代沿用之例。

七　結語

　　據初步統計，《南史》《北史》增補史料在 20 萬字以上，對於漢語史研究而言，材料規模和體量已經不小；更重要的是，正如上文所述，這部分史料包含大量能夠表現當時口語的內容，具有很高的語料價值。本文對此僅僅做了一番非常粗淺的工作，主要向學界介紹《南史》《北史》增補史料，目的在於喚起同仁對這部分材料的重視。就增補史料本身的漢語史研究而言，還有很多工作可以開展，還有很多話題可以討論，這些祇能俟諸異日了。

參考文獻

[1]蔡鏡浩. 魏晋南北朝詞語例釋[M]. 南京：江蘇古籍出版社，1990.

[2]丁邦新. 吳語中的閩語成分[J]. "中研院"歷史語言研究所集刊，1988，59(1).

[3]丁聲樹. "何當"解[J]. "中研院"歷史語言研究所集刊，1947(11).

[4]丁聲樹. "何當"與"早晚"[J]. "中研院"歷史語言研究所集刊，1949(20).

[5]董志翹，蔡鏡浩. 中古虛詞語法例釋[M]. 長春：吉林教育出版社，1994.

[6]董志翹. 從漢文佛典用例看"何忽""那忽"及其中"忽"的性質[J]. 中國語文，2018(6).

[7]高敏. 南北史掇瑣[M]. 鄭州：中州古籍出版社，2003.

[8]高育花. 中古漢語副詞研究[M]. 合肥：黃山書社，2007.

[9]郭錫良. 漢語第三人稱代詞的起源和發展[M]//漢語史論集(增補本)，北京：商務印書館，2005.

[10]胡寶國. 漢唐間史學的發展(修訂本)[M]. 北京：北京大學出版社，2014.

[11]胡波. 先秦兩漢常用詞演變研究與語料考論[D]. 杭州：浙江大學，2014.

[12]黃大宏. 八代談藪校箋[M]. 北京：中華書局，2010.

[13]賈燕子. "涉""濟""渡"詞化模式及詞義的歷時演變[J]. 寧夏大學學報(人文社會科學版)，2013(6).

[14]江藍生. 魏晉南北朝小説詞語匯釋[M]. 北京:語文出版社,1988.

[15]蔣紹愚. 從助動詞"解""會""識"的形成看語義的演變[J]. 漢語學報,2007(1).

[16]蔣紹愚. 也談文言和白話[J]. 清華大學學報(哲學社會科學版),2019a(2).

[17]蔣紹愚. 漢語史的研究和漢語史的語料[J]. 語文研究,2019b(3).

[18]李明. 漢語助動詞的歷史演變研究[M]. 北京:商務印書館,2016.

[19]梁銀峰. 第三人稱代詞"他"的判別標準[J]. 語文研究,2012(4).

[20]柳士鎮. 魏晉南北朝歷史語法[M]. 南京:南京大學出版社,1992.

[21]龍丹. 先秦核心詞"頸"辨考[J]. 孝感學院學報,2007(2).

[22]羅傑瑞. 漢語概説[M]. 張惠英譯,北京:語文出版社,1988/1995.

[23]吕澂. 新編漢文大藏經目録[M]. 濟南:齊魯書社,1980.

[24]吕傳峰. 漢語六組涉口基本詞演變研究[D]. 南京:南京大學,2006.

[25]錢鍾書. 管錐編[M]. 北京:中華書局,1979.

[26]宋亞雲. 漢語作格動詞的歷史演變研究[M]. 北京:北京大學出版社,2014.

[27]太田辰夫. 漢語史通考[M]. 江藍生,白維國譯,重慶:重慶出版社,1988/1991.

[28]唐鈺明. 漢魏六朝被動式略論[J]. 中國語文,1987(3).

[29]唐鈺明. 唐至清的"被"字句[J]. 中國語文,1988(6).

[30]汪維輝.《齊民要術》詞彙語法研究[M]. 上海:上海教育出版社,2007.

[31]汪維輝.《百喻經》與《世説新語》詞彙比較研究(下)[M]//漢語史學報(第11輯),上海:上海教育出版社,2011.

[32]汪維輝. 説"脖子"[M]//漢語歷史語言學的傳承與發展——張永言先生從教65周年紀念文集. 上海:復旦大學出版社,2016.

[33]汪維輝、秋谷裕幸. 漢語第三人稱代詞的現狀和歷史[M]//漢語史學報(第17輯),上海:上海教育出版社,2017.

[34]汪維輝. 東漢—隋常用詞演變研究(修訂本),北京:商務印書館,2017.

[35]汪維輝. 漢語核心詞的歷史與現狀研究[M]. 北京:商務印書館,2018.

[36]王國栓. 趨向問題研究[M]. 北京:華夏出版社,2005.

[37]王彤偉.《三國志》同義詞及其歷時演變研究[M]. 成都:巴蜀書社,2010.

[38]王毅力,徐曼曼. 漢語"咬齧"義動詞的歷時演變及原因[J]. 語言科學,2011(2).

[39]王雲路,方一新. 中古漢語語詞例釋[M]. 長春:吉林教育出版社,1992.

[40]吴寶安. 西漢核心詞研究[M]. 成都:巴蜀書社,2011.

[41]徐時儀. 漢語白話史研究芻議[J]. 華夏文化論壇,2016(1).

[42]許理和. 早期佛經中的口語成分[M]. 朱冠明譯//《摩訶僧祇律》情態動詞研究(附録1),北京:中國戲劇出版社,1996/2008.

[43]俞理明. 佛經文獻語言[M]. 成都:巴蜀書社,1993.

[44]張赬. 漢語介詞短語詞序的歷史演變[M]. 北京:北京語言文化大學出版社,2002.

[45]真大成. "文有過質"發微:試論南北本《大般涅槃經》改易的語體動機[J]. 浙江大學學報(人文社會科學版),2018(5).

[46]真大成. "你"字前夜的"爾"與"汝"——兼談"你"的"北朝出口"假説[J]. 辭書研究,2020(5).

[47]真大成.《南史》《北史》與南北朝諸史異文通考[J]. 待刊稿.

[48]真大成. 基於文白對比的中古史書與《資治通鑒》相應部分比較研究[J]. 待刊稿.

[49]真大成. 中古史書所見"名稱"的詞彙史考察[J]. 待刊稿.

[50]周一良. 魏晉南北朝史札記[M]. 北京:中華書局,1985.

[51]周一良. 魏晉南北朝史論集[M]. 北京:北京大學出版社,1997.

[52]朱冠明. 再談近指代詞"這"的來源[M]. 中國語文,2019(6).

[53]朱慶之. 上古漢語"吾""予/余"等第一人稱代詞在口語中消失的時代[J]. 中國語文,2012(3).

Ancient Vernacular Chinese Material in the Historical Material Which *Nanshi* and *Beishi* Supplement

Zhen Dacheng

Abstract：In addition to inheriting the eight official histories of the previous dynasties，*NanShi* and *Beishi* have also supplemented a lot of historical materials based on other documents. These supplementary historical materials mainly record the speech deeds of characters，and the language is colloquial and daily. They reflect the spoken language of the northern and Southern Dynasties and are valuable materials for the study of Chinese history. Based on the supplementary historical materials in the *Nanshi* and *Beishi*，this paper explores the ancient vernacular materials in it，in order to further attract the attention of the academic circles to this part of the materials，so as to make full use of the supplementary historical materials to carry out the research on thehistory of Chinese development.

Key words：*Nanshi*，*Beishi*，supplementary historical materials，ancient vernacular materials

通信地址：浙江省杭州市西湖區餘杭塘路 866 號成均苑四幢浙江大學漢語史研究中心

郵　　編：310058

E-mail：zhendacheng@126. com

漢語核心詞演變研究的幾個問題[*]
——《漢語核心詞的歷史與現狀研究》讀後

史文磊

内容提要　漢語核心詞演變研究近年來取得了顯著的成績。本文以《漢語核心詞的歷史與現狀研究》（汪維輝著，商務印書館 2018 年版）爲代表，概述了漢語核心詞演變研究取得的重要進展，并就這方面研究中需要注意的幾個問題作了探討，涉及"能指"認同、方言材料利用、詞彙的語體差異、上位化以及與大數據研究相結合等。文末提出了"新語文學"的研究取向。本文對詞彙史的深入研究有一定的參考價值。

關鍵詞　《漢語核心詞的歷史與現狀研究》　語體差異　上位化　新語文學

　　核心詞①演變研究近年來取得了顯著的成績，《漢語核心詞的歷史與現狀研究》（汪維輝著，商務印書館 2018 年版。以下簡稱《研究》）是其中的標志性成果。該書"以歷史文獻和現代漢語方言資料爲依據，描寫和統計相結合，理清每組詞的歷史演變綫索及方言分布情況，爲讀者提供有關每個詞的比較詳盡的基本資料"，在此基礎上"探討核心詞歷時演變的客觀規律"（10 頁）。本文以《研究》爲代表，先概述漢語核心詞演變研究取得的重要進展，然後談談這方面研究中需要注意的幾個問題，涉及"能指"認同、方言材料利用、詞彙的語體差異、上位化以及與大數據研究相結合等。文末提出了"新語文學"的研究取向。本文對詞彙史的深入研究有一定的參考價值。

一　漢語核心詞演變研究的重要進展

　　本節以《研究》爲代表，概述漢語核心詞演變研究取得的重要進展。

1.1　漢語核心詞演變的穩定性等級

　　一般來説，核心詞是相對穩固的，不易發生變化。但是，核心詞彙内部成員之間在穩固

---

　　*　基金項目：國家社科基金重大項目"漢語詞彙通史"（14ZDB093）；教育部重點研究基地重大項目"漢語基本詞彙歷史演變研究"（16JJD740015）。

　　①　一般來説，核心詞"就是表示核心概念的那些詞"（汪維輝，2018：3）。除"核心詞"外，漢語學界還常見到"常用詞""基本詞"等稱呼。常用詞"主要是指那些自古以來在人們的日常生活中都經常會用到的、跟人類活動關係密切的詞，其核心就是基本詞"（汪維輝，2000/2017：11）。這幾個術語各有側重，涵蓋的範圍不盡等同。但人們在從事具體的研究時，并没有實質性的糾紛。"Swadesh 詞表"（Swadesh，1952、1955）在英文文獻中也有不同叫法，如 fundamental vocabulary（Pagel et al.，2007；Pagel and Meade，2018）、core vocabulary（Rácz etal.，2019）等。這主要是源於研究者理解的差異，但具體研究對象没有分歧。

性的表現上是參差不齊的,有的穩固性低,有的穩固性高。《研究》在對漢語 100 核心詞作出全面調查的基礎上,根據歷時穩定性和共時一致性,歸納出一個核心詞演變的穩定性等級。漢語 100 核心詞在這個等級上大致劃爲四級,一級穩定性最高,一致性最強,往後依次遞減。(12 頁)一級詞(23 個):血、手、心……;二級詞(32 個):人、男、女……;三級詞(14 個):皮、肉、膝蓋……;四級詞(31 個):脂肪/油、頭、眼睛……(12 頁)

這是一個大概的分類,各級之間沒有絕對的界限。但我們可以據此看出大的傾向來。"在這 100 個核心詞中,最穩定的一級詞……幾千年來它們的'能指'、基本意義和語法功能等基本上沒有改變"。二級詞的"詞根自古以來沒有改變,祇是詞形略有變化"。(13 頁)前兩級是核心詞中最穩固的成員。三、四兩級"反映了核心詞的可變性,尤其是四級詞,'能指'在歷史上都發生過新舊替換,方言分歧也非常大,是最缺乏穩固性和一致性的一類"(14 頁)。

1.2　漢語核心詞演變的基本類型

漢語 100 核心詞的演變大體可以歸納爲五種基本類型(14-19 頁)。(1)穩定少變型。這類詞具有穩定性和一致性的特點,"從古到今基本上沒有什麽變化,在現代方言中也具有很高的一致性"。其中名詞 15 個:人,血,手,心,肝,魚,角,水,雨,地,山,雲,煙,火,灰;動詞 4 個:來,飛,坐,死;形容詞 8 個:大,長,黑,白,黃,熱,新,圓;數詞 2 個:一,二。(2)歸一型。這類詞"是指在上古漢語中表達某個概念有兩個以上的詞,到現代漢語祇剩下其中的一個(就通語而言)"。其中名詞 3 個:皮,肉,牙。動詞 1 個:游泳;形容詞 2 個:多,綠;代詞 3 個:我,你,誰;副詞 1 個:不。(3)雙音化但詞根未變型。這一類詞大多采用加綴法構成雙音詞,絕大部分是名詞:男→男人/男子,骨→骨頭,髮→頭髮……;動詞如:見→看見,知→知道。(4)歷時更替型。這一類是指"同一個概念在不同時代用不同的詞來表示(即所謂'古今詞'),新詞對舊詞發生過歷時替換"。這一類在 100 核心詞中約占 1/3,是詞彙史研究需要探討的核心課題之一。名詞:膏/脂/肪→油/脂肪,首→頭,目→眼/眼睛……;動詞:食→喫(吃),飲→喝,齧(嚙、嚼)/齕/噬→咬……;形容詞:寡→少,赤/朱→紅,寒→冷……;代詞:此/是/斯/茲→這,彼/夫→那,何/胡/奚/曷→什麽;副詞:皆/咸/悉/僉/胥/盡/俱(具)/均/總→全/都。(5)其他。還有一些案例不能歸入上述四種類型,《研究》將其劃爲"其他",如并存型(路/道;乾/燥)、避諱改音型(鳥)等。

核心詞穩定性等級和演變的基本類型是通過全面而深入的調查得出的,對於其他語言的調查以及進一步的跨語言比較研究具有重要的參考價值。

1.3　上位化:漢語核心詞演變的一個顯著趨勢

"上位化(hyperonymize)"是指詞彙系統中某個詞從下位詞(hyponym)擢升爲上位詞(hyperonym)的變化。《研究》指出,上位化是漢語詞彙發展史上表現出的一個顯著趨勢。上古漢語下位詞豐富而上位詞貧乏,中古以後上位詞明顯增加,許多下位詞被淘汰;而一部分下位詞發生上位化,擢升爲上位詞。(28 頁)比如"睡"本指"坐寐"(坐着打瞌睡),後來成爲上位詞,泛指一切的睡眠;"走"本指快跑,後來泛指所有的行走;"紅"在上古專指粉紅色,唐以後上升爲一個類名,泛指各種紅色,所以有了"深紅""桃紅""粉紅"這樣的構詞格式。"好"上古本指女子容顔之好,後來上升爲類名,表一切的好。"皮""膚"最初都是特稱,後來"皮"使用漸廣,義域擴大,上升爲上位詞,"膚"則逐漸被淘汰了。(66頁)"類概念的確立和類名(上位詞)的普遍形成是在魏晉到隋唐時期,這可能跟漢民族的認知發展有關,可以爲認知語言學提供很好的素材。"(28頁)

"上位化"是漢語詞彙語法史上極具類型學價值的現象,近年來逐漸引起學界的關注。

1.4 漢語核心詞演變的動因

核心詞具有很强的穩固性,那麽它們爲什麽會變化呢?《研究》歸納了以下五方面的因素。(1)同音競争。如"頭"替換"首"。(2)避諱。如"蛋"替換"卵"是由於人們不願説或不便説導致的詞彙變化。再如"滿"替代"盈",很可能是因爲西漢時期避惠帝劉盈的諱,這是由於人們不許説或不敢説導致的詞彙變化。(3)通語基礎方言的變動。如漢語中表示 stand 義的"站"替代"立",就跟明初曾在南京定都有重要關係。(4)文化因素。如古漢語中表達"死"的各種稱謂的變化。(5)語言的"經濟原則"。如"毛"替換"羽"。

需要指出,在這五方面的因素中,避諱有時也表現出較强的文化特性。如中國古代社會由於避帝王和尊長的名諱而導致的詞彙變化("滿"替代"盈")。通語基礎方言的變動,是漢語頗具類型學個性的一個因素。歷史上首都所在地的方言一般都會成爲通語的基礎方言,如此,首都的更迭就會成爲通語常用詞彙新舊更替的一股重要推動力。

二 《研究》幾個突出優點

《研究》有以下幾個突出優點,在核心詞演變研究領域頗具代表性。

(1)調查框架富於創新性。《研究》給每個核心詞的調查設置了【音】【形】【義】【詞性】【組合關係】【聚合關係】【歷時演變】【方言差異】和【小結】等參項。設置這麽全面系統的參項,這在以往的研究中是没有的。在這個框架的基礎上,每個核心詞的歷史和現狀得以多維度、立體化且全面地展現出來。這也爲未來進一步的研究提供了可行的參照框架。

(2)資料詳實豐贍,辨析審慎,扎實可靠,兼具專門研究和工具書的雙重優點。"在現階段,扎扎實實地把一批常用詞的演變史實描寫清楚是首要之務。""衹有在對詞彙演變的史實作出充分而可靠的描寫的基礎上,纔有可能解釋演變的模式、原因和機制等等。"(汪維輝,2007b:92)《研究》無疑是推動詞彙史研究"深耕細作"的力作,代表了該領域目前的廣度、精度和深度。

書中對字詞文例的精彩辨析俯拾即是,這裏僅摘録關於"站"的一段分析:

《現漢》把"站¹"和"站²"分爲兩個詞項是正確的,但是"站²"義項①的設置并不妥當。"站²"來源於蒙古語音譯詞"站赤",是"站赤"的縮略,在元代指驛站,今天指車站,又引申指"爲某種業務而設立的機構"(如"糧站""氣象站"),這些意思跟"在行進中停下來;停留"都没有關係,所以此義不應該置於"站²"下。《現漢》舉的例子是:"不怕慢,衹怕～|車還没～穩,請别著急下車。""不怕慢,衹怕站"的"站"顯然是指人站着不幹活,跟"車

站"義無涉;"車還没站穩"更自然的説法應該是"車還没停穩",這個例子恐怕是爲迎合釋義而自編的。我覺得"在行進中停下來"如果要獨立設置爲一個義項,也應該歸入"站¹"而不是"站²"。(545-546 頁)

(3)對文獻語料極强的駕馭能力。漢語歷史文獻浩若煙海,成分蕪雜,《研究》對語料的處理往往能舉重若輕,給人四兩撥千斤之感。這裏僅摘録關於"睡覺"義"困/睏"的詞義發展的分析:

> 現代漢語中地位僅次於"睡"的"睏",字本作"困"……"困"大約在西漢後期引申出一個新的口語義——"疲憊,困倦",《後漢書・耿純傳》:"(世祖)勞純曰:'昨夜困乎?'"可以看作口語的實録。入唐以後又進一步引申出"困倦欲睡"義……不過"疲乏想睡"與"睡"還有一步之差。……在晚唐到宋代的文獻中,有些"困"字已經可以理解爲"睡覺",比如:"畢竟事如何?"師云:"齋後困。"(《祖堂集》卷九《烏巖和尚》)……當然,這些"困"解釋成"困倦"也未始不通。所以,從目前所掌握的材料看,明代以前還難以舉出具有排他性的"困=睡"的例證。到明代後期,情形就明朗了,因爲有一批產生於吴地的俗文學作品,"困"字用得頗爲頻繁,而且出現了"睏"的寫法。……比如:二十姐兒睏弗著在踏床上登,一身白肉冷如冰。(《山歌》卷一《煞》)朧朧睏覺我郎來,假做番身仰轉來。(又卷二《詐睏》)(480-481 頁)

(4)歷時演變與共時分布深度融合。縱觀近二三十年的核心詞(或常用詞)演變研究,大體可以分成兩大階段。第一階段是歷時更替的深入描寫。如張永言、汪維輝(1995)、汪維輝(2000/2017)等。第二階段則是"縱"的歷時演變與"横"的共時分布相結合的考察。如汪維輝(2003)、汪維輝、秋谷裕幸(2010,2014)等。《研究》則是進一步推動歷時演變與共時分布深度融合研究的標志性成果。書中對 100 核心詞的調查描寫,每個詞都設有"歷時演變"和"方言差異",二者緊密融合,描寫詳實準確,具有很高的參考價值。

三　對相關問題的探討

下面以《研究》爲引,談一談核心詞演變研究中值得注意的幾個問題。

3.1 "能指"認同及相關問題

《研究》多次用到"能指"這一術語,如"在 100 個核心詞中,最穩定的一級詞約占 1/4,這類詞雖然有些義項和用法也會存在少量時代或地域差異,但幾千年來它們的'能指'、基本意義和語法功能等基本上没有改變"。(13 頁)穩定少變型詞"比較典型的如'火',不僅'能指'幾千年未變,連引申義古今南北也有不少是相同的"。(15 頁)"'魚'的'能指'和'所指'在古今漢語中都没有變化。"(17 頁)從詞彙更替的角度來説,具有更替關係的詞的"能指"應是不相關或不同源的(non-cognate)。如 Pagel and Meade(2018:1)將詞彙更替(lexical replacement)界定爲給定意義的編碼詞形在經歷一定的演化階段之後被另一<u>新的且無同源關係的詞</u>替换的過程。(the replacement over evolutionary time of a word for a given meaning by <u>a new and non-cognate word</u>.)應該説這是有道理的。兩個詞同源意味着它們具有衍生和繼承關係,而很難説是更替關係。《研究》中大多數案例都是符合這個定義的,但也有個別地方似乎不太符合這個標準。如"頭"和"首"被認定爲具有替換關係的兩個詞。如此説來,二者應是不同源的。但《研究》又説:"'首'和'頭'應該是同源詞。"(22-23頁,101-107頁)再如"誰""孰"被列入"歸一型"演變。(18頁)按照定義應是兩個不同的詞,但《研究》又説:"'孰'很可能是'誰'的同源詞。"(795頁)

　　由此引出一個問題:既然是同源詞,還能不能看成是詞彙替換?《研究》已經指出,"頭"很可能是上古某種方言中"首"的語音變體。(107頁)"誰"和"孰"可能是上古時期不同地域的用詞。(801頁)由此可見,古代漢語文獻語言中詞的關係的認定,是涉及不同地域來源、漢字作爲非拼音文字和古代文獻語言的繼承發展等因素混在一起的複雜問題。因此,上面這個問題,在以拼音文字記錄的古代印歐語和以非拼音文字記錄的古代漢語中,答案是否相同,是不是能等同處理,是值得進一步思考的。

　　與此密切相關的一個問題是核心詞演變的單向性原則。汪維輝、胡波(2013:363)提出,漢語史研究中可以確立兩條原則,第二條是"以前期賅後期":

　　　　以前期賅後期。即:某一事實在前期已經得到證明,則後期的反面證據可以不予采信,因爲按照一般邏輯,某一種語言現象祇會按着既定的方向向前發展,除非有特殊的原因,不會逆轉。

王力(1947/1990:177)討論"遠紹"的現象時也曾提過類似的看法:

　　　　從前的文字學家也研究語源,但是他們有一種很大的毛病是我們所應該極力避免的,就是"遠紹"的猜測。所謂"遠紹",是假定某一種語義曾經於一二千年前出現過一次,以後的史料毫無所見,直至最近的書籍或現代方言裹纔再出現。這種神出鬼没的怪現狀,語言史上是不會有的。

蔣紹愚(2010:128)進一步説,這種"遠紹"的猜測"是違背語言社會性的原則的,因爲語言總是某一人群使用的,不可能出現這樣的情形:一個詞在某個時期祇使用過一兩次,後來一直没有人使用,過了一二千年後突然又使用起來,或者引申出新的意義"。

王力(1980:588)在討論仿古詞語時説:

　　　　實際上,仿古詞語如果不能寫成成語,它就不能在人民口語中生根,結果祇成爲個人或少數人所能了解的詞語,和語言的發展問題無關。假使今天還有人稱盤爲"案",稱小腿爲"脚",這是注定要失敗的。……仿古是不值得提倡的;雖然有人這樣做了,但這是開倒車。語言將順着它的内部規律發展,而不會受仿古主義者的影響。

以上看法都可以從語言演變的"單向性"來理解,通俗説就是語言演變不走回頭路。核心詞都是活躍於口語中的,在單向性演變上體現格外明顯。汪維輝、胡波(2013:363)強調,這條原則"祇適用於同一個語言(或方言)系統的共時狀態及其連續性演變,而不能用來解釋不同方言之間的共時差異或不同語言(或方言)系統各自獨立發展的歷時演變"。由此可見,單向性原則是針對一種"純净"的語言狀態而言的。但實際上正如前文所言,透過文獻語料還原真實口語是非常複雜的,不少問題需要仔細辨析。下面從詞彙的地域差異、結構分層差異、語體差異等方面略作論述。

　　第一,地域差異。詞彙不但具有時代特徵,還表現出地域差異,且自古而然(汪維輝,2006、2007a)。在現代共時層面存在地域差異的方言詞彙系統,無疑應該分別對待。但對於文獻語料記載的古代漢語,尤其是在方言之間表現出守舊和求新之别的情況下,如何判定通語中詞彙的發展階段,是一項關鍵却也棘手的工作。例如,汪維輝(2007a)對六世紀漢語詞彙的南北差異作了調查,發現南方較多地使用新詞,北方則相對保守。例如近指代詞(this),南方多用"許",北方多用"此"。如果這兩種形式都被通用文本記録下來,我們就應該去僞存真,剝離并汰除這種假象,最大限度還原當時口語使用的真實面貌。

第二,詞彙演變中的分層并存原則。以上論及的地域差異可以算是一種"假象",因爲這屬於不同地域或方言帶來的"叠置",嚴格來説不屬於同一套語言詞彙系統。但有一種新舊并存的情況是屬於同一套語言詞彙系統的,即"分層并存原則"(Principle of Layering),在堅持詞彙單向性原則時是需要注意的。分層并存原則是 Hopper(1991:22-24)論及語法化五項原則時提出的,他説:

> *Layering*. Within a broad functional domain, new layers are continually emerging. As this happens, the older layers are not necessarily discarded, but may remain to coexist with and interact with the newer layers. [分層并存原則:在某一功能範疇內,新的結構層次會不斷涌現。這時,舊的結構層次不一定立即消失,而是會跟新的結構層次并存互動。]

不單是語法化,詞彙演變過程中,分層并存原則同樣適用。汪維輝、胡波(2013)在反對"'一鍋煮'統計法"時,分析了漢語史上"癡"替代"愚"和係詞"是"成熟的時代,其中區別了不同的句法層次、詞法層次,正是分層并存原則的體現。在詞彙史的研究中,貫徹分層并存原則是非常必要的。

第三,語體差異。任何一種成熟的語言,都有語體的區分,詞彙的選用上自然不會例外。汪維輝(2014)提出了"語體詞彙"的概念,即"爲表達某一語體的需要而產生或使用的詞彙",并對現代漢語的語體詞彙系統作出了論析。根據語體的需要,古老的成分或結構可能會被重新啟用,這種情況對詞彙演變的單向性原則是巨大的挑戰。二者是何種關係,需要未來的研究作出進一步的探索。

3.2　方言材料利用問題

《研究》"方言差異"部分對現代漢語方言語料的搜集和徵引廣泛細緻。目前所能見到的各類方言資料工具書,均已得到充分利用。但是,漢語的方言太過複雜多樣,有些核心詞的表達情況在既有詞典中尚未得到全面的反映。所以,儘管《研究》在徵引這些詞典資料時作了不少進一步的調研,但有些方面似可再作補充。下面試舉二例。

關於漢語中"脂肪/油"類詞,《研究》説:

> 上古漢語稱"脂、肪、膏",現代漢語稱"油"(書面語用"脂肪"),此爲古今大別。(88頁)

> "脂"的兩個主要義項古今相同,衹是現代漢語已經降格爲語素義。(83頁)

> 現代方言中……説"脂"的則很少了,《現大》中僅見績溪一個點説"脂汁"。這是古代詞彙現象的殘留,可以印證歷史。(88頁)

> 到了現代漢語……"脂肪"是書面語詞,口語不常用。(87頁)

有三點可以補充。第一是"脂"在現代方言中是否可以單用。在筆者母語方言山東昌邑話(柳疃鎮)裏,單説"脂"仍較爲常見。在當地話裏,對植物來説,都叫油。對動物來説,分煉與未煉,煉過的叫"油",不分固體液體;未煉的叫脂,尤指豬腹裏側的脂肪,可以叫裏脂,也可以單叫脂。羊尾巴裏的脂肪很出名,也可以單說脂。對人來說,一般都是未煉的、固體的;人腹内的脂肪都可以單說脂。"脂"的指稱範圍最初限於動物。《説文解字·肉部》釋"脂"曰:"戴角者脂,無角者膏。"段玉裁注:"……按上文膏系之人,則脂系之禽。此人物之辨也。"《研究》(86頁)也指出,上古漢語"在人者稱膏、稱肪,在動物者稱脂。""脂"在昌邑話中既可以用於動物,也可以用於人;稱人肚子上的脂肪時,往往略帶一點調侃的味道,但不太强烈。第二是方言之間在語體選詞以及對同一形式的語體認定上的差異問題。"脂肪"在現代漢語普通話裏是一個書面語詞,口語不常用,但對方言而言,就不一定。"脂肪"在昌邑話裏就是一個常用的口語詞,可以指人或動物腹部内側的脂肪,這時跟"脂"在語感上差別不大;還可以指人體的肥肉。當地話說"他身上脂肪多",就是說這個人肥肉多,長得富態。兩個意思想必有引申關係。由此可見,每一種方言之内都有語體自不待言,方言之間在對同一形式的語體認定上也存在差異。還有一個很典型的例子,表示"今天(today)"的詞,普通話裏口語說"今天"或兒化的"今兒(個)",很正式的場合或莊典體用"今日";可是昌邑話的口語裏頭就説"今日","今天"反倒是個比較正式或書面的詞兒。第三是關於漢語裏"脂肪/油"義詞調查的參項設置。要做進一步調查的話,加上"植物—動物—人""凝固態—黏液態""經煉—未煉"等參項,會更加精細化,得出的結論可能更加精確。

　　關於"躺臥"類詞,《研究》說:"表示'身體倒在地上或其他物體上'義,方言用不同的詞,主要有躺、臥、睡、眠,還有少量其他的詞。"(534頁)在《現代漢語方言大詞典》(李榮主編)所列42個方言點中,説"倒"的有温州、建甌、福州、廈門、雷州。山東的兩個點濟南和牟平都説"躺",牟平偶爾也説"臥",但都不説"倒"。(534-535頁)但筆者的母語方言山東昌邑話主要是説"倒"的,如:"他在床上倒着。""我纔倒下。""他倒了(在)床上就眠了。"這跟濟南話和牟平話都不一樣。

3.3　上位化與下位化問題

　　如前文所言,《研究》指出"上位化"是漢語詞彙史上一個大的發展趨勢。(28頁)這是在大量個案調查的基礎上得出的,具有重要的理論意義。另外,漢語史上是否還存在另一個方向即"下位化"的演變呢?筆者覺得這是可能的。下面以"知"的演變爲例試作分析。《研究》指出:"漢語相當於know的詞……古代説'知',現代説'知道',這是通語主導詞的主要演變。另一個重要的事實是'曉'系與'知'系的長期并存。"(466頁)"在古代的衆多同義詞中,祇有'知'是上位詞,義域最寬,其他詞都各有限定性義素,如'曉……'等都側重於徹底地感知和了解,相當於今天説的'明白'。"(473頁)

　　這裏討論兩點。第一,"知"和"曉"是不是上下位詞的關係?一般來説,上位詞義域寬意味着搭配範圍更廣。但是,有的情況下用"曉"不用"知",似乎説明"知"的搭配範圍并不總是比"曉"廣。比如表示懂曉一門語言或技能,現代漢語通語一般祇用"懂得""曉得",不用"知(道)"。"知道一門語言"是另一個意思,即對一門語言有個大體的認識。這似乎意味着"知"和"曉"不是典型的上下位詞的關係,而是各有分工:"徹底地感知和了解"用"懂得""曉得","大體地感知和了解"用"知道"。第二,通語主導詞除了從"知"到"知道"這一雙音化轉變外,在義域和搭配上可能也有所變化。現代通語表示懂曉一門語言一般不用"知(道)",但在漢代以前却是可以的。《研究》指出，"'曉'在楚地成爲'知'的同義詞至遲不會晚於西漢"，并舉《論衡·變虚》例："四夷入諸夏，因譯而通。同形均氣，語不相曉，雖五帝三王，不能去譯獨曉四夷，况天與人異體，音與人殊乎？人不曉天所爲，天安能知人所行？"(468頁)其中"語不相曉"按後世的語感很難説成"語不相知"，但在當時或更早的文獻中，却是可以的。例如《鶡冠子·王鈇》："以今之事觀古之道，舟車相通，衣服同采，言語相知，畫地守之不能相犯，殊君異長不能相使。"《戰國策·燕策二·或獻書燕王》："胡與越人，言語不相知，志意不相通，同舟而凌波，至其相救助如一也。"由此可見，"知(道)"在漢語史上的義域和搭配其實是有所變化的。《研究》已經指出，有的詞"在'知道'這一義位上與'知'構成地域同義詞……其中'曉'的勢力最大，雖然先秦文獻中未見用例，但是漢代以後'曉'的通行地域甚廣，足以跟'知'形成競爭之勢。"(473頁)因此，很可能"曉"在漢代以後跟"知"發生了競爭，擠占了原先"知"的義域，從而形成了今天的局面。據此，"知"的義域在漢代以前既包括"大體地感知和了解"又包括"徹底地感知和了解"，漢代以後逐漸祇表前者。這似乎就是一個下位化的過程。當然，其過程尚需進一步細化。

綜上，漢語詞彙史上顯著的傾向是上位化，但也存在若干下位化現象，其過程和動因值得細究和深思。

3.4　與大數據研究相結合問題

近年不少學者將大數據統計的方法引入詞彙演變的研究中來，成績斐然。我們發現，這其中有不少結論一方面可以印證既有的觀點，另一方面可以帶來新的思考。

下面以核心詞穩固性研究爲例略作介紹。核心詞一般具有很強的穩固性。對此，汪維輝(2015a)歸納了四條原因：重要性、常用性、易知性和封閉性。(1)重要性。這一點不言而喻，人們總是希望日常交際中重要的範疇和形式穩固不變。(2)常用性。這一條跟近年來通過大數據調查得到的結論一致。Pagel et al.（2007：717）調查了200核心詞（意義）(Swadesh，1952)在英語、西班牙語、俄語和希臘語四個大型語料庫中的對應表達，結果顯示：就這200核心詞來説，使用頻率越高變化速度越慢，使用頻率越低變化速度越快。（Across all 200 meanings, frequently used words evolve at slower rates and infrequently used words evolve more rapidly.）換言之，越常用，越穩固。與此相關的一個問題值得引起注意，人們在解釋新舊更替的原因時經常提到，舊詞承擔的功能越多越容易被新詞替換（汪維輝，2015a：35）；而一個詞功能越多往往意味着它越常用。這樣就出現了一個表面上的矛盾：一方面是越常用越穩固，另一方面是越常用越多義越不穩固。總之，詞的常用性與多義性這兩種因素在詞彙替換上的關係值得深思。(3)易知性。這是指"音義結合度/語義感知度"高，核心詞一般都是"易知性"最高的，它們在人們的語感中是最熟悉、最容易感知的音義結合體。易知性大體相當於高可及性(high accessibility)，即人們在組詞造句時一下子能想到的音義結合體。(4)封閉性。這是指每個義位（概念）成員有限，通常祇用一個詞來表達，有兩個詞的不多，三個以上的則幾乎没有。常用詞義位（概念）成員有限，相當穩定。Pagel and Meade (2018)分析了小數數詞(low-limit number words)（從1到5）極其穩固的原因。第一條跟人腦對抽象的語言—符號處理有關，第二條是無歧義，所以很少發生變異。(number words are unambiguous and therefore have lower 'mutation rates')這跟易知性或高可及性密切相關。

一個詞無歧義就意味着該形義匹配具有極高的可及性,一提這個詞,想到的祇有這一個意思。第三條是小數數詞使用頻率非常高,語音形式短小,它們占據的語音庫藏空間出現滿員狀態。所以其他語音形式複雜的詞就很難在跟現用詞的競争中勝選。(The number words occupy a region of the phonetic space that is relatively full and therefore resist change because alternatives are unlikely to be as 'good' as the original word.)這一條原因對於解釋漢語常用詞往往都是單音節且不易變很有啓發,值得未來的研究深思。

四　　總結和餘論

縱觀以往,目前漢語核心詞演變研究無疑取得了實質性的進展。但是,這種進展更多體現在語言事實的甄别和梳理方面,而在跟現代語言學理論結合方面,還有較大的發展空間。

王力先生在《中國語言學史·前言》(1981:1)中說:

> 大家知道,語文學(philology)和語言學(linguistics)是有分别的。前者是文字或書面語言的研究,特别著重在文獻資料的考證和故訓的尋求,這種研究比較零散,缺乏系統性;後者的研究對象則是語言的本身,研究的結果可以得出科學的、系統的、細緻的、全面的語言理論。

詞彙史研究者自然不應滿足於語文學階段。王力先生在《新訓詁學》(1947)中提出了詞彙史研究的構想,《研究》則取得了實質性的進展,很好地體現了"語文學的功底,語言學的眼光"這一學術理念(汪維輝,2015b)。筆者認爲,未來的詞彙史研究應在此基礎上進一步具備語言學的本領,實現語言學和語文學的互給。首先,像對待現代語言一樣對待古代語言。無論是古代語言,還是現代語言,都是一個完整的說話交際系統。現代詞彙具有歷史性、社會性,具有語體、詞法、句法和語用等屬性,古代詞彙也有。其次,積極吸收現代不斷發展的語言學理論和分析手段,用於詞彙史的研究中。舉例來說,目前在結合句法研究詞彙時,大致的做法還是把句子結構籠統地分爲主、謂、賓、定、狀、補等成分。現代生成語法學和功能語法學對句子結構的擴展性分析都有較大的進展,如制圖理論(Cinque,1999)和語篇語法(Heine et al.,2013)等。祇有合理借鑒這些思路和成果,纔能全面、真切地還原口語中詞彙使用的情況,進一步挖掘詞彙演變的規律。

梅廣(2018:16)說:"清人用考據方法從事語文研究,訓詁也是一種考據學。今人研究古代語言,基本上走的也是考據這條路。即使語法學引進中國已有百年歷史,古漢語研究亦已形成一個壯大專業的隊伍,然而能利用語法學知識以發古漢語之秘的成功案例實不多見。這是一個需要加倍努力的研究方向。"這段話值得重視。現在大體的局面,還是從事傳統語言文字學的學者不太關心現代語言學的發展,從事現代語言學新理論研究的學者,不太強調傳統語文學的研究。我們認爲,理想中的詞彙史研究,語文學和語言學不應分而治之,而應做到互相供給。詞彙史研究中語文學的考據應著力於挖掘文獻語料的語言學理論價值,語言學理論的分析應落脚於對具體文獻語料更爲精確的詮釋。這種研究取向可稱之爲"新語文學"。

參考文獻

［1］蔣紹愚. 王力先生的漢語歷史詞彙學研究［J］. 北京大學學報（哲學社會科學版），2010（05）：125-131.

［2］梅廣. 上古漢語語法綱要［M］. 臺北：臺灣三民書局，2015. ／梅廣. 上古漢語語法綱要（簡體字版）［M］. 上海：上海教育出版社，2018.

［3］汪維輝. 東漢－隋常用詞演變研究［M］. 南京：南京大學出版社，2000. ／汪維輝. 東漢－隋常用詞演變研究［M］. 修訂本. 北京：商務印書館，2017.

［4］汪維輝. 論詞的時代性和地域性［J］. 語言研究，2006（02）：85-90.

［5］汪維輝. 六世紀漢語詞彙的南北差異──以《齊民要術》與《周氏冥通記》爲例［J］. 中國語文，2007（02）：175-184.

［6］汪維輝. 漢語常用詞演變研究的若干問題［M］//南開語言學刊. 北京：商務印書館，2007b（01）：88-94.

［7］汪維輝. 著名中年語言學家自選集·汪維輝卷［M］. 上海：上海教育出版社，2013.

［8］汪維輝. 現代漢語"語體詞彙"芻論［J］. 長江學術，2014（1）：91-102.

［9］汪維輝. 關於基本詞彙的穩固性及其演變原因的幾點思考［J］. 廈大中文學報，2015a（01）：27-36.

［10］汪維輝. 語文學的功底 語言學的眼光──研治漢語詞彙史的一點心得［M］//文獻語言學. 北京：中華書局，2015b（01）：18-24.

［11］汪維輝. 漢語核心詞的歷史與現狀研究［M］. 北京：商務印書館，2018.

［12］汪維輝，秋谷裕幸. 漢語"站立"義詞的現狀與歷史［J］. 中國語文，2010（04）：299-310.

［13］汪維輝，秋谷裕幸. 漢語"聞/嗅"義詞的現狀與歷史［J］. Language and Linguistics，2014（5）：699-732.

［14］汪維輝，胡波. 漢語史研究中的語料使用問題──兼論係詞"是"發展成熟的時代［J］. 中國語文，2013（04）：359-370.

［15］王力. 新訓詁學［M］//葉聖陶. 開明書店二十周年紀念文集，上海：開明書店，1947. ／王力. 新訓詁學［M］//王力. 王力文集（第19卷）. 濟南：山東教育出版社，1990.

［16］王力. 中國語言學史［M］. 太原：山西人民出版社. 1981/王力. 中國語言學史［M］//王力. 王力文集（第12卷）. 濟南：山東教育出版社，1981.

［17］張永言，汪維輝. 關於漢語詞彙史研究的一點思考［J］. 中國語文，1995（06）：401-413.

［18］CINQUE G. Adverbs and Functional Heads：A Cross-Linguistic Perspective［J］. Oxford，1999，41（2）：452-457.

［19］PAGEL M，ATKINSON Q D，MEADE A. Frequency of word-use predicts rates of lexical evolution throughout Indo-European history［J］. Nature（London），2007，449（7163）：717-720. DOI：10. 1038/nature06176.

［20］PAGEL，MARK，MEADE，et al. The deep history of the number words［J］. Philosophical Transactions of the Royal Society of London，Series B. Biological Sciences，2018，373（1740）.

［21］HEINE B，KALTENBCK G，KUTEVA T，et al. An outline of discourse grammar［M］//BISCHOFF & CARMEN（eds）. Functional Approaches to Language. Berlin：Mouton de Gruyter，2013：175-233.

［22］HOPPER P J. On some principles of grammaticalization［M］//TRAUGOTT E C & HEINE B（eds. ），Approaches to Grammaticalization，Amsterdam：John Benjamins，1991：17-36.

［23］RÁCZ P，PASSMORE S，SHEARD C，et al. Usage frequency and lexical class determine the evolution of kinshipterms in Indo-European[J]. Royal Society Open Science,2019,6(10):191385.

[24]SWADESH, MORRIS. Lexico-statistic dating of prehistoric ethnic contacts: with special reference to North American Indians and Eskimos[J]. Proceedings of the American philosophical society, 1952,96(4):452-463.

[25]SWADESH, MORRIS. Towards greater accuracy in lexicostatistic dating[J]. International journal of American linguistics,1955,21(2):121-137.

Issues in the Study of the Chinese Historical Lexicology

Shi Wenlei

Abstract: The past several decades has seen significant progress in the field of Chinese historical lexicology. Taking Wang Weihui's (2018) Hanyu Hexinci de Lishi yu Xianzhuang Yanjiu (The Diachrony and Synchrony of Chinese Core Vocabularies) as a representative, this paper outlines major achievements in this field, and discusses several important issues, e. g., identification of signifiers, dialect variation, register variation, hyperonymize, big data, etc. A new philosophy of philology is proposed at the end of this paper, i. e., Neo-philology.

Key words: Hanyu Hexinci de Lishi yu Xianzhuang Yanjiu, Register variation, Hyperonymize, Neo-philology

通信地址:浙江省杭州市西湖區餘杭塘路 866 號浙江大學漢語史研究中心
郵　　編:310030
E-mail:wenleishi@zju. edu. cn

基於語料庫的朝鮮時代漢語教科書語體特徵考察[*]
——以《老乞大》《朴通事》爲例

張家合　張　藝

内容提要　本文是基於語料庫的歷史漢語研究，通過考察《老乞大》《朴通事》的語言特徵，并將其與元明時期的漢語文獻進行對比，探尋朝鮮時代漢語教科書的語體特徵。研究表明：《老乞大》《朴通事》是具有鮮明口語性特徵的朝鮮時代漢語教科書，具體表現爲傾向使用更少的實詞，平均詞長不高，平均句子長度較低，重複使用一定數量的高頻詞等語言特徵。

關鍵詞　語料庫　朝鮮時代教科書　語體特徵

一　引言

　　朝鮮時代，又稱"李朝"，是朝鮮半島上的最後一個王朝，大致相當於中國的明清兩代。李朝與中國交往密切，編寫了多種漢語教材。《老乞大》《朴通事》是李朝時代朝鮮人學習漢語兩種重要的教科書。爲了讓母語非漢語的學習者學習標準、實用的漢語，作爲漢語教科書的《老乞大》《朴通事》，所使用的語言應當是通行的、標準的漢語口語。正如江藍生先生(2003)指出的，"會話課本《老乞大》《朴通事》的語言跟直講體十分接近，比直講體還要口語化，更能反映當時北方漢語口語的真實面貌"。由於《老乞大》《朴通事》的口語性强，語言研究價值高，因此二書備受學界關注，學者從不同的角度探討二書的語言問題，如李泰洙(2000/2003)，王霞(2002)，汪維輝(2005/2020)，夏鳳梅(2005)，曾昭聰(2007)，李順美(2011)，陳長書(2012)，方一新、王雲路(2018)等，取得了顯著的成績。這些研究大都是語言本體方面的研究，或是討論它們在語音、詞彙或語法方面的特徵，或是以它們爲語料考察近代漢語的發展演變情況。從漢語教科書的角度研究《老乞大》《朴通事》的成果不多，主要有程相文(2001)，魯寶元(2004/2005)，王治理、周丹(2016)等。這些研究基本上是從對外漢語教材評估的視角考察《老乞大》的歷史地位、編排體例及其特徵等。

　　語體研究是近年來興起的一個領域，引起了學界的廣泛關注。從語體方面入手，將歷史語言學的研究和語體研究結合起來，考察《老乞大》《朴通事》爲代表的朝鮮時代漢語教科書的語言特徵，特別是其口語性特徵，是一個頗有意思的問題。因此，本文利用臺灣"中央研究院"的近代漢語標記語料庫，考察元明時期的《老乞大》《朴通事》的語體特徵，并將它們與元

---

　　[*]　本文是國家社科基金一般項目"基於語料庫的漢語程度副詞歷史演變與跨語言比較研究"(15BYY128)和浙江省哲社規劃項目"類型學視野下漢語程度副詞的演化模式與生成機制研究"(22NDJC061YB)的階段性成果。此文曾在中國語言學會第二十屆年會上(浙江大學 2021 年 4 月)宣讀，汪維輝教授、馮勝利教授、王珏教授和史文磊教授提出了寶貴意見，特此致謝！

明時期的《永樂大典戲文三種》(《小孫屠》《錯立身》)《元刊雜劇三十種》《五代史平話》《大宋宣和遺事》《水滸傳》和《金瓶梅》進行比較①。基於語料庫的語言研究有不同的方法,下文將從詞彙密度、平均詞長、平均句子長度、詞表和高頻詞等方面,考察《老乞大》《朴通事》的語言特徵,進而管窺朝鮮時代漢語教科書的語體特徵。

二　詞彙密度

　　詞彙密度(lexical density),在一定程度上能够反映詞彙的變化以及文本的信息密度。詞彙密度是衡量單位篇章信息含量的尺度,決定語篇的難易程度。一般認爲,文本的詞彙密度高於 60%-70% 則爲密度較高,低於 40%-50% 則爲密度較低。文本詞彙密度的測算主要有兩種不同的計算方法。第一種方法是,使用語料庫語言學中常用的類符形符比(形次比,TTR),即文本中的所有類符(type)與所有形符(token)的數量之比②。TTR 的值越大,說明文本所使用的不同詞彙量越大,反之則不同詞彙越少。通過 TTR 值的大小可以比較不同文本中詞彙變化的大小。但是,因爲在一定時期内一種語言的詞彙量(類符量)是有限的,當文本的詞語數量不斷增加時,形符數持續增加,但類符數却不一定會隨之增加;語料庫容量越大,形符類符比反而會越小,因而不同容量文本的 TTR 值的可比性則不强。鑒於 TTR 值很容易受到文本長度的影響,Scott(2009)提出使用標準形次比(STTR)來測量詞彙密度的方法,即按一定的單位長度(通常是 1000 個形符)分批次計算文本的類符形符比,再求平均值類符形符比反映文本的信息量的大小。其實,標準類符形符比也不能完全反映篇章的信息量,原因是 STTR 統計的類符包括實義詞和功能詞,過度修飾的篇章由於功能詞的增加也可能提高 STTR 值,但并不意味着該語篇的信息量的增加。

　　第二種計算詞彙密度的方法是 Ure(1971)和 Stubbs(1986)等提出的,方法是統計文本中的實詞數與總詞數的比率,也就是說,詞彙密度＝實詞數÷總詞數×100%。實詞(lexical word 或 content word)是指具有穩定詞彙意義的詞語,與之相對的是功能詞(function word),指不具備穩定詞義或意義模糊而主要起語法功能作用的詞語。由於漢語實詞與虛詞的劃分一直没有完全達成共識,傳統的漢語語言學一般認爲名詞、動詞、形容詞、數詞、量詞和代詞是實詞,副詞、介詞、連詞、助詞、語氣詞、象聲詞和嘆詞是虛詞。鑒於副詞、代詞等詞類應歸入實詞還是虛詞一直存在爭議。因此,本文的實詞包括名詞、動詞、形容詞、數詞和量詞五個類別。

　　本文在測算詞彙密度時採取了第二種方法,統計出文本中的實詞數與詞彙總數的比率。

---

　　① 臺灣"中研院"語料庫所收録的《老乞大》名爲《老乞大諺解》,實爲《原本老乞大》(又稱《古本老乞大》),一般認爲是元代編寫的。語料庫收録的《朴通事》爲諺解本,是元末明初時期編定的。因此,本文將它們與元明時期的文獻進行比較。

　　《永樂大典戲文三種》即《張協狀元》《宦門子弟錯立身》《小孫屠》是《永樂大典》中保存的南戲,其中《張協狀元》可能是南宋時的作品,後兩種出於元人之手。因此,這裏祇使用了《宦門子弟錯立身》《小孫屠》兩種材料,下文簡稱《錯立身》《小孫屠》。參蔣紹愚(2017:24)。

　　② 類符(type)是語料庫中不同的詞語,形符(token)是語料庫中所有的詞形。類符(type)指不重複計算的形符數。換言之,一個文本中,重複出現的形符祇能算作一個類符。Rose is a rose is a rose is a rose。總共有 10 個形符,但是祇有 rose,a,is 三個類符。

由於數詞和量詞在文本中的使用總量不多,因此將數詞和量詞歸并爲數量詞一起統計。元明時期文獻的詞彙密度如下表。

表1 元明時期文獻的詞彙密度

	小孫屠錯立身	元刊雜劇三十種	五代史平話	大宋宣和遺事	老乞大	朴通事	水滸傳	金瓶梅
名詞①	36.86%	35.37%	44.91%	41.11%	27.82%	32.56%	33.56%	31.76%
動詞	28.95%	27.37%	28.34%	26.99%	22.22%	23.05%	30.7%	29.83%
形容詞	8.61%	8.01%	4.91%	5.1%	6.31%	6.24%	5.41%	4.93%
數量詞	4.62%	5.38%	4.09%	5.23%	11.83%	9.96%	7.13%	6.31%
詞彙密度	79.04%	76.13%	82.25%	78.43%	68.18%	71.81%	76.8%	72.83%

從上表資料來看,上列幾種元明文獻的詞彙密度都很高,均在60%以上。Ure(1971)指出,詞彙密度是區別語體正式程度的一個標準,語體越正式,其詞彙密度越高;語體越不正式,越接近口語,其詞彙密度就越低。詞彙密度是口語語體和書面語體最顯著的區別之一,口語的詞彙密度要遠低於書面語的詞彙密度。相較而言,《老乞大》和《朴通事》的詞彙密度總體較低,低於上表所列的其他任何文獻,這應該是與二書的語言性質有關:《老乞大》《朴通事》作爲朝鮮人學習漢語的基礎性教材,主要記錄日常生活和交際的詞彙,有着明顯的口語化特徵,較爲淺顯易懂。正如崔世珍《四聲通解序》所指出的:"夫始肆華語者,先讀《老乞大》《朴通事》二書,以爲學語之階梯。"②《老乞大》全書採用會話的形式,記述了幾個高麗商人到中國經商,途中遇到中國商人後結伴同行的經歷,以及到大都(北京)等地從事交易活動的全過程。《朴通事》全書用對話或一人敘述的方式,介紹中國社會生活的各個方面,涉及宴會、買賣、農業、手工業、詞訟、宗教、遊藝、景物等多項內容。兩書反映的是中國北方特別是都城的社會生活。從內容來看,兩書顯然又兼有旅行指南、經商指南的作用。這種體例和內容安排決定了二書中的詞彙難度不會太大,實詞使用比例較其他文獻偏低,語言的信息密度不會太高。

三 平均詞長

詞長,是指一個單詞的音節數量。漢語中一個音節基本上對應一個漢字,因此詞長也就是一個詞所包含的漢字數量。平均詞長,是指一個文本中所有漢字的總量與該文本詞語總數的商。詞長和平均詞長是考察文本可讀性的重要指標。一般來講,平均詞長越長,表明文本中的長詞較多,文本就更加深奧複雜,提供的閱讀體驗就較差,可讀性就較弱。相反地,平均詞長越小,表明文本中的長詞越少,文本就更加通俗易懂,可讀性就越強。與之相對應,在一個共時時段之內的平均詞長在一定程度上可體現文本的正式程度,越正式的文本往往平均詞長越長,越接近口語化的文本平均詞長也會趨於下降。臺灣"中研院"的標記語料庫進

---

① 專有名詞是名詞的一個小類,人名、地名等專有名詞均被納入名詞之中進行統計。各種文獻中的專有名詞雖然不同,但均被計算在名詞大類之下,因此不會對統計結果造成显著影響。

② 轉引自陳高華(1995)。

行詞性標注,因此祇要統計出文本中字的總數和詞的總數,二者的商就是該文本的平均詞長。值得注意的是,漢語的詞既包括單音節詞,也包括雙音節詞和多音節詞,但不包括詞組等語言單位。元明時期文獻的平均詞長如下表。

表 2　元明時期文獻的平均詞長

	小孫屠錯立身	元刊雜劇三十種	五代史平話	大宋宣和遺事	老乞大	朴通事	水滸傳	金瓶梅
字數	15917	116860	93349	52932	15860	23237	725996	648384
詞數	12259	88855	70274	40594	12465	17959	546678	486809
平均詞長	1.2984	1.3152	1.3284	1.3286	1.2724	1.2939	1.3280	1.3319

　　衆所周知,複音化是漢語詞彙發展的一個基本規律。複音化表現在兩個方面:一是時代越晚複音詞的數量越多,在詞彙系統中所占的比重越高;二是時代越晚,複音詞的使用越頻繁。由於複音詞的音節數量多於單音詞,因此漢語詞語的複音化程度與詞語的長度有密切關係,複音化程度與詞語的長度成正比。即一個文本中複音詞的數量越多,其使用的頻率越高,那麼該文本的平均詞長必然就越高。反之亦然。如上表 2 所示,《老乞大》和《朴通事》的平均詞長最低,分別爲 1.2724 和 1.2939,既低於時代略早的《小孫屠》《錯立身》《元刊雜劇三十種》《五代史平話》和《大宋宣和遺事》,也低於時代稍晚的《水滸傳》和《金瓶梅》,這與漢語複音化的總體趨勢不相符合,其原因可能與《老乞大》和《朴通事》中詞彙的口語性特徵有關。《老乞大》和《朴通事》所使用的詞語長度較低,説明二書比較通俗易懂,可讀性強,適合於初學漢語的學習者使用,其口語性較同時期的其他文獻更高,是漢語史研究的理想語料。

四　平均句長

　　句長,即句子長度,是指一個句子中包括的漢字數量。句長是文本可讀性的重要指標。一般而言,句子長度越長,文本的複雜性越高,句子越難讀,理解的難度就越大。與之相反,句子長度越短,則文本的複雜性越低,可讀性越高。在一個文本之中,所有句子的長度之和與句子的數量相除所得的商,就是句子的平均長度。

　　句子是具有完整意義的結構形式,通常包括主語、謂語、賓語,表達一個陳述、一個問題或一個命令。本文認爲句號、問號、嘆號和分號都是句子終結的標記,平均句長,更準確地説是平均句段長度。元明時期文獻平均句子長度如下表。

表 3　元明時期文獻平均句子長度

	小孫屠錯立身	元刊雜劇三十種	五代史平話	大宋宣和遺事	老乞大	朴通事	水滸傳	金瓶梅
總字數	15917	116860	93349	52932	15860	23237	725996	648384
句號數	953	5229	3951	2399	1048	1226	38700	25233
問號數	157	705	416	216	321	419	3581	5492
嘆號數	41	1042	290	207	3	65	2619	4334
分號數	53	120	348	321	0	28	130	915

	小孫屠錯立身	元刊雜劇三十種	五代史平話	大宋宣和遺事	老乞大	朴通事	水滸傳	金瓶梅
句子總數	1204	7096	5005	3143	1372	1738①	45030	35974
平均句子長度	13.22	16.47	18.65	16.84	11.55	13.40	16.12	18.02

崔希亮(2020)認爲,正式語體與非正式語體在形式上的第一個差別是句子長度不同,正式語體的句子長度通常比非正式語體長。因爲正式語體的句子都是有準備的,而且結構比較完整。這裏的正式/非正式即一般意義上的書面語/口語。《老乞大》《朴通事》是口語性很強的文獻,它們的句子長度都不高。從上表可見,《老乞大》《朴通事》的句子長度明顯低於其他文本(除《朴通事》高於《小孫屠》《錯立身》外),這應該是與二書的編寫目的有關。爲了讓母語非漢語的學習者能夠學到正宗、實用的漢語口語,《老乞大》《朴通事》的編撰者選擇的句子一般都比較簡潔,字數都不太多,如:

伴當,恁從那裏來?

俺從高麗王京來。

如今那裏去?

俺[往]大都去。

恁幾時離了王京?

俺這月初一日離了王京。——(《老乞大》上)

以上這些句子採用一問一答的方式,是口語化的真實記録,簡單生動、通俗活潑,對於漢語初學者來説既實用又易懂。

五　詞表和高頻詞

詞彙是語言學習者最先接觸的内容,同時詞彙習得是一個連續的、貫穿始終的學習過程。詞表是指一種語言或其語域最基本、最重要的詞彙,一般作爲語言教學的基礎,或者用於編寫語言教學材料(Richards et al.,2000)。詞表列出詞語的使用頻率和在總的詞語頻數中所占的百分比及所在語料的位置等,詞表的覆蓋率研究對語言教學或教材編寫具有重要意義。

《老乞大》《朴通事》是李朝時期朝鮮人漢語學習的基礎與進階。陳遼(2004)認爲:"學習了《老乞大》,掌握了書中的全部語彙,在日常生活中即可在中國通行無阻,該書基本上供低級官員和商人學習漢語用……學習和掌握了《朴通事》中的全部語彙,即可在中國官場上應對裕如。"初步比較來看,《老乞大》《朴通事》與元明時期的其他幾種文獻中最常見的詞語具有很大的相似性,排在詞表前列的都是單音節詞語,如助詞"之""的",副詞"不",代詞"我""你""他""這""那",語氣詞"了",動詞"是""有""道""曰""云""唱",名詞"人",數詞"一"等。這些詞都是元明時期漢語的基本詞彙,儘管它們在各個文獻的排序略有差異,但在此期任何

----

① 語料庫中《朴通事諺解》的標點基本都是逗號,極少使用句號,故本文依據汪維輝先生主編的《朝鮮時代漢語教科書叢刊》(中華書局,2005年),統計《朴通事諺解》的句子數量。

文獻中都有着極高的使用頻率,這説明《老乞大》《朴通事》與其他文獻在語言使用上具有基本的一致性。元明文獻使用頻率前 10 位詞如下表。

表 4　元明文獻使用頻率前 10 位詞

排序	小孫屠錯立身		元刊雜劇三十種		五代史平話		大宋宣和遺事		老乞大		朴通事		水滸傳		金瓶梅	
	詞語	頻率	詞語	頻率	詞語	頻率	詞語	頻率	詞語	頻率	詞語	頻率	詞語	頻率	詞語	頻率
1	不	200	我	1614	不	909	之	589	的	264	的	427	道	8879	不	8372
2	我	162	不	1470	之助	821	不	585	一	236	一	384	了	6877	他	8154
3	你	152	你	1289	軍	605	有	485	個	219	你	340	一	6610	你	7707
4	唱	136	云	1216	曰	599	人	460	你	211	我	326	來	6521	了	7619
5	是	127	了助	1197	之代	587	曰	385	這	203	不	324	不	6490	道	7278
6	末	124	是	975	主	570	一	359	有	191	個	303	是	6036	了	7016
7	人	123	一	877	有	518	之	343	俺	178	來	257	人	4700	我	6466
8	生	123	這	770	人	487	帝	330	不	169	了	203	去	4534	來	6205
9	旦	119	了助	667	爲	460	其	275	去	161	是	197	了	4531	一	5764
10	前	118	他	629	兵	458	於	261	是	161	有	197	那	4119	是	5051

　　由於不同文獻詞語的數量不同,甚至差異懸殊,單憑詞語的使用頻率,往往無法對各個文本的詞語情況進行準確的比較。相對而言,詞語在文本中所占的比例則更有價值,它們反映的是詞語在文本中重複率的問題。Laviosa(1998)認爲一個詞的使用頻率占文本中所有詞總數的百分比在 0.1% 以上,那麼該詞就是高頻詞,下文高頻詞的認定標準與 Laviosa(1998)相同①。

　　文章將高頻詞分爲絶對高頻詞(比例≥1%)和相對高頻詞(0.1%≤比例≤1%)。從數量上看,《老乞大》和《朴通事》中絶對高頻詞明顯多於其他文獻,而相對高頻詞則并無優勢。具體來説,使用頻率在 2% 以上的高頻詞,僅出現於《老乞大》和《朴通事》之中,《老乞大》1個,《朴通事》2 個。使用頻率在 1% 以上的高頻詞,《老乞大》和《朴通事》均有 14 個,數量明顯多於其他文獻;使用頻率在 1% 以下的高頻詞,《老乞大》和《朴通事》高頻詞的數量,與其他文獻不分伯仲、互有高下。如使用頻率高於 0.1% 的高頻詞,《老乞大》的數量最多,爲 176個,《朴通事》最少,祇有 142 個,而其他文獻的數量均在 142-176 這個區間之内。又如,使用頻率高於 0.5% 的詞語,《老乞大》有 24 個,雖多於之前的《小孫屠》《錯立身》《元刊雜劇三十種》《五代史平話》和《大宋宣和遺事》,但明顯少於《水滸傳》(26 個)和《金瓶梅》(31 個)。《朴通事》的情況亦與《老乞大》類似。元明文獻高頻詞的詞項數量如下表。

---

　　① 高頻詞是語料庫語言學中的一個常用概念,與歷史詞彙學的核心詞、常用詞的含義有所不同。高頻詞,"是在一個文本裏使用頻率特别高的詞語。用一個詞語在整個文本中所占的百分比或者該詞語在整個詞頻中所處的前後位置來決定該詞語是否爲高頻詞"。參馮慶華(2012:5)。

表 5　元明文獻高頻詞的詞項數量

	小孫屠 錯立身	元刊雜劇 三十種	五代史 平話	大宋宣 和遺事	老乞大	朴通事	水滸傳	金瓶梅
≥2%	0	0	0	0	1	2	0	0
≥1%	8	6	2	4	14	14	6	12
≥0.5%	22	16	14	14	24	29	26	31
≥0.3%	46	30	38	30	56	54	48	46
≥0.2%	81	57	79	62	76	74	72	75
≥0.1%	166	146	167	165	176	142	151	154

　　從所占比例上看,高頻詞在《老乞大》《朴通事》爲代表的朝鮮時代漢語教科書中的比例很高。《老乞大》《朴通事》中絕對高頻詞的數量很多,與之相對應,《老乞大》中絕對高頻詞的累計比例爲 20.5%,《朴通事》爲 19.58%,遠遠高於前後時期的其他文獻。相對高頻詞的使用也頗具優勢,《老乞大》和《朴通事》的累計比例也大都高於其他文獻。如《老乞大》的高頻詞的累計比例在各個層次上均高於其他文獻,《朴通事》也是這樣(除在≥0.5%和≥0.1%的層次上,累計比例低於《金瓶梅》外)。元明文獻高頻詞的使用比例如下表。

表 6　元明文獻高頻詞的使用比例

	小孫屠 錯立身	元刊雜劇 三十種	五代史 平話	大宋宣 和遺事	老乞大	朴通事	水滸傳	金瓶梅
≥2%	0	0	0	0	2.12%	4.52%	0	0
≥1%	9.36%	8.73%	2.47%	5.22%	20.5%	19.58%	7.58%	16.31%
≥0.5%	19.43%	15.92%	10.74%	12.18%	35.01%	28.71%	21.39%	28.86%
≥0.3%	28.26%	20.85%	19.39%	18.21%	47.35%	38.09%	29.41%	34.14%
≥0.2%	36.7%	27.36%	28.96%	25.79%	52.02%	42.82%	34.92%	40.9%
≥0.1%	47.70%	39.36%	41.09%	39.83%	63.7%	49.92%	46.20%	51.27%

　　詞彙是語言學習的基石,詞彙學習需要不斷地練習、重複和記憶,因此,漢語教材中詞彙的"重現率"就顯得尤爲重要。即爲了避免遺忘,必須對習得的內容反復複習,"確保新教的字詞可以在短時期內有較高的複現率,可以顯著提高習得效率和記憶效果"(吳世雄,1998)。結合表 5 和表 6 來看,《老乞大》《朴通事》作爲朝鮮人學習漢語的教科書,高頻詞具有較高的重複率,是符合語言學習者的學習規律的。儘管《老乞大》《朴通事》的編寫者不一定刻意追求詞語的重複率問題,但從這些高頻詞在二書的使用情況來看,二書在編排上確實爲學習者重複學習這些詞語提供了機會。與之不同的是,元明時代的其他文獻,高頻詞的使用頻率往往較低,這固然和它們的題材或內容有關,但也從一個側面說明作爲漢語教材的《老乞大》《朴通事》在編寫方面的成功之處。

六　結語

　　本文是基於語料庫的考察,將歷史語言學的研究與語體研究結合起來,發現《老乞大》

《朴通事》具有鮮明的語體特徵。一方面是極强的口語性特徵。文章選取了元明時期口語性很高的幾部文獻,如《永樂大典戲文三種》(《錯立身》《張協狀元》)《元刊雜劇三十種》《五代史平話》《大宋宣和遺事》《水滸傳》和《金瓶梅》等作爲參照標準。通過對比發現,《老乞大》《朴通事》的口語性更高,具體表現是傾向使用更少的實詞、平均詞長與平均句子長度較低等特徵。也就是説,《老乞大》《朴通事》的語言較之其他文獻,更加貼近生活實際,閱讀的難度較低,可讀性更高,很適合母語爲非漢語的學習者學習;另一方面是語文教科書的性質。《老乞大》《朴通事》在編寫過程中十分重視詞彙學習過程中的"重現率"問題,如高頻詞的大量使用,能够很好地起到預防遺忘的效果,説明《老乞大》《朴通事》是十分優秀的朝鮮時代漢語教科書。

　　語體是近年來學界關注的熱點問題,不同語體的語言特徵有所不同。語體的分類複雜多樣,最簡單、最常見的做法是將其二分爲書面語和口語。漢語史研究者歷來重視語言材料的性質,注重選取口語性語言材料探究漢語歷史演變情况,語料的性質可能會影響研究結論的可靠性,如汪維輝(2020)對此已有深入論述。《老乞大》《朴通事》作爲漢語史研究的優質語料,具有很强的口語性特徵。同時,作爲早期的域外漢語教材,《老乞大》《朴通事》是李朝時期朝鮮人學習漢語的主要材料,教材屬性決定了它們又有其自身的語言特徵,這是研究時必須注意的。

參考文獻

[1]陳長書. 從《老乞大》諸版本看 14 至 18 世紀漢語"兒"尾的發展[J]. 古漢語研究,2012(1).

[2]陳高華. 從《老乞大》《朴通事》看元與高麗的經濟文化交流[J]. 歷史研究,1995(3).

[3]陳遼.《朴通事》——元明兩代中國文化的百科全書[J]. 中華文化論壇,2004(2).

[4]程相文.《老乞大》和《朴通事》在漢語第二語言教學發展史上的地位[J]. 漢語學習,2001(2).

[5]崔希亮. 正式語體與非正式語體的分野[J]. 漢語學報,2020(2).

[6]方一新,王雲路. 從多版《老乞大》四組異文看通語詞與方言詞的更替演變[J]. 語言研究,2018(1).

[7]馮慶華. 思維模式下的譯文詞彙[M]. 上海:上海外語教育出版社,2012.

[8]江藍生.《老乞大》四種版本語言研究·序[M]//《老乞大》四種版本語言研究. 北京:語文出版社,2003.

[9]蔣紹愚.《近代漢語研究概要》(修訂本)[M],北京:北京大學出版社,2017.

[10]李順美.《老乞大》《朴通事》常用詞彙研究——以《老朴集覽》爲中心[D]. 上海:復旦大學,2011.

[11]李泰洙.《老乞大》四種版本語言研究[D/M]. 北京:中國社會科學院/語文出版社,2000/2003.

[12]魯寶元. 從漢語作爲第二語言在朝鮮半島教學的歷史看《朴通事》的地位、性質和特點[J]. 國外漢語教學動態,2004(1).

[13]魯寶元. 從朝鮮半島漢語教學的歷史看《老乞大》的價值[J]. 海外華文教育,2005(1).

[14]汪維輝. 朝鮮時代漢語教科書叢刊[M]. 北京:中華書局,2005.

[15]汪維輝.《老乞大》諸版本所反映的基本詞歷時更替[J]. 中國語文,2005(6).

[16]汪維輝. 漢語史研究要重視語體差異[J]. 南京師範大學文學院學報,2020(1).

[17]王霞.《老乞大》四種版本詞彙研究[D]. 首爾:韓國外國語大學校,2002.

[18]王治理,周丹. 對外漢語教材評估視角下的《原本老乞大》[J]. 海外華文教育,2016(6).

[19]吴世雄. 認知心理學的記憶原理對漢字教學的啟迪[J]. 語言教學與研究,1998(4).

［20］夏鳳梅.《老乞大》四種版本詞彙比較研究［D］. 杭州：浙江大學,2005.

［21］曾昭聰.《老乞大》等朝鮮時代漢語教科書語言研究綜述［J］. 綿陽師範學院學報,2007(4).

［22］Laviosa, S. Core patterns of lexical use in a comparable corpus of English narrative prose［J］. Meta, 1998,43(4).

［23］Richards,J. C. , Platt, J. and H. Platt. Longman Dictionary of Language Teaching & Applied Linguistics［M］. Beijing：Foreign Language Teaching and Research Press,2000.

［24］Scott, M. The WordSmith Tools (Vol. 5.0)［M］. Oxford：Oxford University Press,2009.

［25］Stubbs, M. Lexical density：A computational technique and some findings. In M. Coultard (Ed.), Talking about text：Studies presented to David Brazil on his retirement［M］//Birmingham：English Language Research, University of Birmingham,1986.

［26］Ure, Jean N. Lexical Density and Register Differentiation［M］// In G. E. Perren & J. L. M. Trim (eds). Application of Linguistics：Selected Paper of Second World Congress of Applied Linguistics. Cambridge：Cambridge University Press,1971.

［27］Wang,K. & Qin, H. A parallel corpus-based study of translational Chinese［M］//In R. Xiao(ed). Using Corpora in Contrastive and Translation Studies, Newcastle：Cambridge Scholars Publishing, 2010.

A Corpus-based Study of the Stylistic Features of Chinese Textbooks in the Korean Era：
Taking the Examples of *Laoqida* (老乞大) and *Piaotongshi* (朴通事)

Zhang Jiahe　Zhang Yi

Abstract：This paper is a historical Chinese study based on corpus,which explores the stylistic features of Chinese textbooks in Korean era by investigating the language features of *Laoqida* and *Piaotongshi*,and comparing them with Chinese literature in Yuan and Ming Dynasties. The research shows that *Laoqida* and *Piaotongshi* are Korean Chinese textbooks with distinct oral characteristics,the concrete manifestation is tend to use fewer content words,the average length of words is not long,the average length of sentences is short and a certain number of high-frequency words are repeatedly used.

Key words：corpus,textbooks of the Korean era,stylistic features

通信地址：

張家合,浙江省金華市婺城區迎賓大道 688 號浙江師範大學行知學院/語言研究所

郵　　編：321004

E-mail：zjh2050@126. com

張　　藝,浙江省金華市婺城區迎賓大道 688 號浙江師範大學人文學院

郵　　編：321004

E-mail：zhangyi2825272360@163. com

上古[吾 NP]和[我 NP]的語體語法研究[*]

——以《左傳》爲例

趙璞嵩

内容提要 《左傳》中"吾""我"均可以用作定語。本文旨在運用韻律理論和語體理論,指出[吾 NP]和[我 NP]的對立是語體的區别。韻素數量具有區别語距的功能。

關鍵詞 [吾 NP] [我 NP] 語體語法 韻律語法 語距

一　引言

上古漢語"吾""我"的使用究竟存在哪方面的差異,一直受到語言學家的普遍關注。以往討論"吾""我"的差别中有對其感情色彩和語氣的研究,如謙敬的探討(洪波,1996;李子玲,2014 等)、主客觀色彩的分析(羅端,2009;董秀芳,2014)。毫無疑問,前輩學者對這兩個第一人稱代詞區别的敏鋭觀察爲我們的研究提供了堅實基礎,但仍然有很多問題尚未解决。首先,"吾"和"我"在感情色彩、語氣方面的差異是否僅僅是一種趨勢〔如何樂士(1984)認爲,"吾""我"的不同"就二者的主要傾向而言,并非每例皆是如此"。〕還是具有互補分布的屬性?如果二者確爲互補分布(如感情色彩、使用風格),應該以什麽標準給這個差異定性?迄今它們在特定語法位置上的風格(或語體語法)差異,從未引起注意并得到專門的討論。本文在語體語法理論的視角下觀察和鑒定"吾""我"在先秦文獻中的交際功能和屬性,發現了一批新的互補分布現象,爲解决上述這個漢語史研究中的難題提供了可能性綫索和新的結論。本文選取《左傳》中"吾""我"作句中定語的例證,不僅揭示出"吾""我"二字在定語位置上的語體對立,而且解釋了其所以對立的根本原因源於韻律形式上的韻素差異,藉此印證了上古漢語韻律語體語法的理論與效能。

二　[吾 NP]和[我 NP]的句法分布特徵

上古漢語第一人稱代詞"吾""我"均可做句中定語[①]。《馬氏文通》指出"吾""按古籍中用於主次、偏次者其常",而"我"也同樣可用於"偏次"的位置上。高本漢(1920)從形態的角

---

* 本研究得到教育部人文社會科學研究青年基金項目(20YJV740104)的資助。本文選題是在馮勝利教授啟發下提出的,感謝恩師對本文的審閲與指導。本文在寫作中得到蘇婧、劉麗媛、李果諸好友指教,投稿後又蒙本刊匿名審稿專家提出寶貴建議,僅此敬致謝忱。

① 以下將"吾"做定語及"我"做定語的結構分别簡稱爲[吾 NP]和[我 NP]。

度闡釋兩個人稱代詞在定語位置上的差異，認爲"吾"是第一人稱在定語位置上的專用字。在《原始中國語爲變化語説》中，他指出：

> 吾人在《論語》中所得之結論，兹已完全證明吾字蓋爲主格與從格專用之字，我字蓋爲足格專用之字；其他《論語》中吾字用作足格三例，别具理由，不能反證吾説也。

高名凱(1957)反駁"吾"是定語位置專用字：

> 《左傳》中……"我"之用於領格者（126 次）亦復不少。即以三部書（《左傳》《論語》《孟子》）共計論……在 475 個領格中，"吾"字占 349，"我"字也占有 126。

高名凱的反駁極有理據。因爲從先秦典籍的數字統計來觀察，定語位置并非衹能出現"吾"，"我"出現在這個位置的次數并不少。何樂士(1984)《左傳的人稱代詞》一文統計《左傳》中"吾"做定語（表領屬）的情況共 215 次。"我"做定語共 130 次。也就是説，先秦漢語中，"吾""我"均可以出現在定語的位置上，而形態恐怕不能很好地解釋二者的區别。"吾""我"既然都可以用於定語，那麽它們真正的區别在哪裏呢？下面我們就通過語體分析來探討"吾""我"在定語位置的差異，看語體理論是如何能爲解決這個問題提供更好的鑒定標準的。

三　［吾 NP］和［我 NP］的語體特徵

馮勝利(2015：11)在《語體語法的邏輯及語體特徵的鑒定》一文提出"交際中的時空鑒定法"，即"人""事""地""意"，以確立語體鑒定原則。這同時也稱爲語體的四度定位系統。有了定位系統，我們對任何一個表達形式，都可以根據上面不同的元素找到自己的語體位置。本文採用該四度定位系統，窮盡統計《左傳》中"吾""我"出現在定語位置的所有用例。具言之，分析［吾 NP］和［我 NP］所出現的句子是誰説的、説給誰的（人）、説的是什麽内容（事）、在什麽場合説的（地），聽説者的態度如何（意）①。經過系統的鑒定，在上述"人、事、地、意"的四維坐標中，第一人稱代詞"吾"和"我"的表現均不相同。它們的差異主要表現在以下幾個方面。即：

［吾 NP］出現的語體交際形式爲：説話的對象多爲"本國的人"（人），多是本國内部私下商討國事（事），在本國君臣私下或公開的場合（地），持有親近、親切或誠懇的口吻（意）。

［我 NP］出現的語體交際形式爲：説話的對象多爲"别國的人"（人），多出現在國與國之間公開商討國事（事），在國與國往來的外交場合（地），其談話口吻既有誠懇的，又可以是嚴肅、嚴厲或堅決的（意）。下表可以清晰地説明二者之間的差異：

表 1　［吾 NP］和［我 NP］的語體"四度定位"

	人	事	地	意
［吾 NP］	本國的人/别國的人	私下商討國事	本國私下場合或本國朝堂/外交場合	親近、親切、誠懇
［我 NP］	别國的人/本國的人	公開商討國事	外交場合/本國私下場合或本國朝堂	親近、親切、誠懇/嚴肅、嚴厲、堅決

我們發現，［我 NP］的結構頻繁出現在《左傳》的外交辭令中。尤其是《左傳》中最爲典型

---

① 《左傳》以善記言著稱。本文在考察語體現象時，將排除兩個結構在非對話體中出現的情況。如：以我故，執邾宣公、莒犂比公，且曰："通齊、楚之使。"（《左傳·襄公十六年》）

的外交辭令,比如《吕相絶秦》《子産對晋人問》等①。相反的,這些篇章幾乎没有出現[吾NP]這個結構。在《吕相絶秦》中,[我 NP]結構共出現 31 次,而[吾 NP]没有出現。這篇著名的外交辭令以"徵近代則循環可覆"而著稱(劉知幾《史通·篇名》),正是通過[我 NP]的結構援引歷代君主遭遇完成的:

> 無禄,文公即世,穆爲不弔,蔑死我君,寡我襄公,迭我殽地,奸絶我好,伐我保城,殄滅我費滑,散離我兄弟,撓亂我同盟,傾覆我國家。……穆、襄即世,康、靈即位。康公、我之自出,又欲闕翦我公室,傾覆我社稷,帥我蝥賊,以來蕩摇我邊疆,我是以有令狐之役。康猶不悛,入我河曲,伐我涑川,俘我王官,翦我羈馬,我是以有河曲之戰。東道之不通,則是康公絶我好也。及君之嗣也,我君景公引領西望曰:"庶撫我乎!"君亦不惠稱盟,利吾有狄難,入我河縣,焚我箕、郜,芟夷我農功,虔劉我邊垂,我是以有輔氏之聚。(《左傳·成公十三年》)(《吕相絶秦》)

《子産對晋人問》亦是通過[我 NP]的結構列舉陳國的罪行,完成對晋人責問的嚴正反駁。

> 今陳忘周之大德,蔑我大惠,棄我姻親,介恃楚衆,以憑陵我敝邑,不可億逞,我是以有往年之告。未獲成命,則有我東門之役。(《左傳·襄公二十五年》)(《子産對晋人問》)

採用語體語法的鑒定標準,我們發現了《左傳》中[我 NP]與外交辭令的對應關係。值得注意的是,當同一個人面對不同對象時,會選擇使用不同的第一人稱代詞,這説明了"吾""我"作定語有着截然不同的語體功能。《左傳》中晋國士會面對不同身份的語體對象,一次用"我師",另一次用"吾師",體現了微妙的語體差異。

> 秦人欲戰。秦伯謂士會曰:"若何而戰?"對曰:"趙氏新出其屬曰史駢,必實爲此謀,將以老我師也。趙有側室曰穿,晋君之壻也,有寵而弱,不在軍事;好勇而狂,且惡史駢之佐上軍也。若使輕者肆焉,其可。"秦伯以璧祈戰于河。(《左傳·文公十二年》)

這是河曲之戰中發生在士會與秦伯之間的對話。士會是晋國著名的政治家、軍事家,秦伯指秦穆公。士會被迫留在秦國,爲秦國對抗晋國出謀劃策,成功抵御了晋軍。在這場戰役中,作爲晋國人的士會却要幫助秦穆公分析戰争形勢,對抗自己的國家。他暫將秦軍作爲自己的一方,稱秦軍爲"我師"。這段對話中的"我師"指的是秦國軍隊,并非晋國軍隊。士會受形勢所迫,不得不稱"我師",這時使用的"我"帶有立場的意思,即"我方的軍隊"。

宣公十二年,士會已回到自己的國家晋國。邲之戰,他爲本國駒伯出謀劃策,則稱自己國家的軍隊爲"吾師",這裏"我們的軍隊"纔真正意義上指士會自己國家的軍隊。

> 駒伯曰:"待諸乎?"隨季曰:"楚師方壯,若萃於我,吾師必盡,不如收而去之。分謗、生民,不亦可乎?"殿其卒而退,不敗。(《左傳·宣公十二年》)

雖委曲求全爲别國出謀劃策,但也決不稱别國軍隊爲"吾師",這是士會在用詞時的微妙變化。"我師"和"吾師"的换用充分説明了語體距離的遠近之别。

根據本文的統計,[我 NP]在《左傳》中出現 130 次,[吾 NP]出現 215 次。這個統計與何樂士先生的統計得出的結論是一致的。這其中,[我 NP]用於對本國人的談話,共 10 例,其他均用於對外的談話。在"吾"做定語的 215 次中,共有 8 處用於對外的場合,其他均用於對

---

① 蔣紹愚(2019:1)指出,"吕相絶秦"和"子産對晋人問"均是外交官口中的言辭。

内的談話①。

我們先來分析［我 NP］用於對内的談話。值得注意的是，這 10 例［我 NP］的使用并非例外現象，而是語境推遠距離的要求。我們可以將這 10 例概括爲以下幾類情況：

第一，從嚴格意義上講，説話者并不是談話對象的本國人，而是由其他國家來到該國的人（共 2 處）。比如：

> 穆姬聞晋侯將至，以大子罃、弘與女簡璧登臺而履薪焉。使以免服衰経逆，且告曰：“上天降災，使我兩君匪以玉帛相見，而以興戎。若晋君朝以入，則婢子夕以死；夕以入，則朝以死。唯君裁之！”乃舍諸靈臺。（《左傳·僖公十五年》）

穆姬本是晋國人，嫁到秦國。在與秦國國君的對話中稱呼秦晋兩國國君，使用的是“我兩君”，而不是“吾兩君”。再如，楚國養由基在戰場與楚國貴族子庚談話，稱楚國之喪爲“我喪”，而不用“吾喪”。實則養由基本爲養國人。養國後被楚國所滅，養由基就爲楚國作戰：

> 吴侵楚，養由基奔命，子庚以師繼之。養叔曰：“吴乘我喪，謂我不能師也，必易我而不戒。子爲三覆以待我，我請誘之。”子庚從之。戰于庸浦，大敗吴師，獲公子黨。（《左傳·襄公十三年》）

第二，談話雙方雖爲同國人，但所持意見極其分歧、對立，甚至是互相仇視（共 1 處）。如：

> 厲公入，遂殺傅瑕。使謂原繁曰：“傅瑕貳，周有常刑，既伏其罪矣。納我而無二心者，吾皆許之上大夫之事，吾願與伯父圖之。且寡人出，伯父無裏言。入，又不念寡人，寡人憾焉。”對曰：“先君桓公命我先人典司宗祏。社稷有主，而外其心，其何貳如之？苟主社稷，國内之民，其誰不爲臣？臣無二心，天之制也。子儀在位，十四年矣；而謀召君者，庸非二乎？莊公之子猶有八人，若皆以官爵行賂勸貳而可以濟事，君其若之何？臣聞命矣。”乃縊而死。（《左傳·莊公十四年》）

鄭國原繁并不認可鄭厲公的繼位，談話雙方雖均是鄭國人，但觀點是極端對峙的。原繁稱引鄭國先君對其祖先的任命，反駁厲公的質問，不屑於親附新任君主，最後不惜自殺以明志。可見，面對責難，原繁仍保持義正辭嚴的態度。

第三，談話者頌先代事跡，内容莊重（共 5 處）。在第三種情況中，有兩處“我先君”的例子我們會在下文進行分析。另外三例則出現在楚靈王與令尹子革的對話中。君臣二人徵引楚國先王熊繹、先祖昆吾事跡，用“我”來指稱：

> 右尹子革夕，王見之，去冠、被、舍鞭，與之語，曰：“昔我先王熊繹與吕伋、王孫牟、燮父、禽父并事康王，四國皆有分，我獨無有。今吾使人於周，求鼎以爲分，王其與我乎？”對曰：“與君王哉！昔我先王熊繹辟在荆山，篳路藍縷以處草莽，跋涉山林以事天子，唯是桃弧、棘矢以共禦王事。齊，王舅也；晋及魯、衛，王母弟也。楚是以無分，而彼皆有。今周與四國服事君王，將唯命是從，豈其愛鼎？”王曰：“昔我皇祖伯父昆吾，舊許是宅。今鄭人貪賴其田，而不我與。我若求之，其與我乎？”（《左傳·昭公十二年》）

第四，“我”指“我國”的時候（共 2 處）。如地名之前用“我”，“我英丘”指我國的英丘；再如“好”之前用“我”，特指國與國之間的友好關係。在先秦文獻中，僅有《左傳》中出現三次“我好"的用例,"我"均是指"我國"。

以上四種情況,皆是在對話中用"我"來推遠身份的用例。不屬於[我 NP]的反例。談話雙方雖爲同國人,但雙方身份的差異、立場的不同,使雙方無法親近。談話内容的正式與莊嚴,也必然要求用詞能夠拉開距離。

同樣的,[吾 NP]也不是不能出現在對外的談話中,衹是數量比較少。根據我們的統計,《左傳》中[吾 NP]用於對外國的談話共有8處。通過語體的分析,這些例證均表現出談話人拉近距離的意圖。我們將這8處歸納爲了以下幾種情況。一,拉攏關係(共3處);二,語氣謹慎、小心(共2處);三,外交辭令中的客氣套話(共1處);四,外交交往中表達客氣的口吻(共1處);五,説話人傲慢、輕蔑、随便(共2處)。

首先我們來分析第一種情況。下文的鄭莊公在使用第一人稱代詞"吾",表現出説話者很明顯的拉攏對方態度。

> 鄭伯使許大夫百里奉許叔以居許東偏,曰:"天禍許國,鬼神實不逞于許君,而假手于我寡人,寡人唯是一二父兄不能共億,其敢以許自爲功乎? 寡人有弟,不能和協,而使餬其口於四方,其况能久有許乎? 吾子其奉許叔以撫柔此民也,吾將使獲也佐吾子。若寡人得没于地,天其以禮悔禍于許,無寧茲許公復奉其社稷,唯我鄭國之有請謁焉,如舊昏媾,其能降以相從也。無滋他族實偪處此,以與我鄭國争此土也。吾子孫其覆亡之不暇,而况能禋祀許乎? 寡人之使吾子處此,不唯許國之爲,亦聊以固吾圉也。"乃使公孫獲處許西偏,曰:"凡而器用財賄,無寘於許。我死,乃亟去之! 吾先君新邑於此,王室而既卑矣,周之子孫日失其序。夫許,大岳之胤也。天而既厭周德矣,吾其能與許争乎?"(《左傳·隱公十一年》)

齊、魯、鄭三國打敗許國,鄭國最終接管了許國的土地。鄭莊公内心歡喜,安排控制許國的相關事宜。他勸説許大夫百里侍奉許叔住在許國東面的邊境,同時又叮囑本國人公孫獲守護南境。先來看鄭莊公如何面對許國大夫。鄭莊公的話可以分爲三層意思。第一層,是聲張大義。首先談天命道理、國家命運,接着闡明自己的困難處境。面對戰敗的許國,鄭莊公談許國戰敗是天意,實則是掩飾自己占領許國的野心,十分狡猾。他繼而不惜自揭其短處,指出鄭國國内不安定、兄弟不和睦,依舊是想掩蓋自己的野心。馮勝利(2020)指出,"寡人"乃君侯自尊之稱,并非自謙之稱。"寡人"用以爲君侯定位。結合此段的内容,鄭莊公拼命掩蓋與掩飾自己内心的真實意圖,表面是順應天意,實則無需謙虛的態度。面對戰敗的許國,莊公用一國之君的正式稱號"寡人"來稱呼自己,語氣并不軟弱。第二層,引出自己的真實目的。鄭莊公轉而開始請求百里輔佐許叔安撫百姓,其意圖是拉攏勸説,故而用"吾子"稱呼對方。對自己的稱號也由"寡人"改爲"吾",具有明顯拉近距離的意圖。接下來的四句話,是第三層意思。鄭莊公繼續談論國家命運。一方面,許願自己去世後,將請回許莊公,又希望與許國聯姻;一方面,他又提起自己的顧慮。在這一部分,莊公仍以"寡人"自稱。指稱自己後代無法自保的時候使用的是"吾子孫",是爲拉攏對方,聲稱爲許國著想,是親近的用法。這段話的最後一句,是第四層意思。鄭莊公重申對許叔管理許國土地的請求,説明這一做法不僅是爲了許國,也同時爲了保障鄭國的邊疆。自稱仍用尊稱"寡人",稱談話對象爲"吾子",在提到本國疆域時用"吾圉"。語氣緩和,實則是要掩飾其所有的言談均是爲鄭國打算的用意。

《左傳》借君子之口評斷鄭莊公"於是乎有禮",認爲鄭莊公這番談話是禮儀的體現。許國是戰敗的一方,鄭莊公對許國的臣子做出訓誡,却能以親近的姿態對待,與他不斷變化稱呼分不開。劉承慧(2018:279)指出這一段外交辭令是"謙抑自我"的典型表現,使用了"大串的謙辭"。通過對稱謂詞使用的語體分析,我們看到,鄭莊公這四層意思表達得曲曲折折,極盡掩飾。拉攏對方,却也沒有完全放低姿態。鄭莊公使用的稱謂從"寡人"到"吾"、再到"我鄭國""吾子孫""吾圉"的轉變,正説明了他在不斷調節與對話者之間的距離。時而掩飾,時而拉攏。

　　我們還應當注意一個非常重要的現象。在這一段外交辭令中,"寡人""鄭國"均是與第一人稱代詞"我"搭配使用的。上面的分析我們已經指出"寡人"是諸侯自尊之稱。"鄭國"是國名。自尊之稱、國名均是正式的稱謂,就要使用"我"來搭配①。

　　對許國大夫做出訓誡之後,鄭莊公轉而叮囑本國人公孫獲。因爲語體交際距離一下拉近了,面對公孫獲,莊公就全部自稱"吾"。在"我死,乃亟去之"中使用"我",是因爲該句中"我""乃"相對,此處爲句中的焦點,并不是語體要求的結果。

　　另外一段著名的外交辭令《陰飴甥對秦伯》同樣需要拉攏談話雙方的關係。這段對話發生在秦晉兩國結盟之時。

　　　　秦伯曰:"晋國和乎?"對曰:"不和。小人恥失其君而悼喪其親,不憚征繕以立圉也,曰:'必報讎,寧事戎狄。'君子愛其君而知其罪,不憚征繕以待秦命,曰:'必報德,有死無二。'以此不和。"秦伯曰:"國謂君何?"對曰:"小人慼,謂之不免;君子恕,以爲必歸。小人曰:'我毒秦,秦豈歸君?'君子曰:'我知罪矣,秦必歸君。貳而執之,服而舍之,德莫厚焉,刑莫威焉。服者懷德,貳者畏刑,此一役也,秦可以霸。納而不定,廢而不立,以德爲怨,秦不其然。'"秦伯曰:"是吾心也。"改館晋侯,饋七牢焉。(《左傳·僖公十五年》)

晋楚兩國對峙,晋國陰飴甥想對秦穆公求和,商討釋放晋侯之事。他引用君子和小人的不同認識,喻請秦穆公權衡利弊,以博大的胸懷寬恕罪人。在這一段對話中,陰飴甥能把握秦穆公心理,投其所好,巧妙地迫使秦穆公聽從自己的建議。秦穆公被迫做出"符合德行"的選擇,不得不放掉晋侯,因此他回答晋國的語氣是非常緩和的,以此希望拉近兩國之間的距離。"春秋諸侯都企圖以厚德自飾,具有强烈的虛榮心。"(陳彦輝,2006:120)秦穆公稱"自己的想法與陰飴甥一致"正是以厚德自飾的體現。

　　在外交辭令中,我們還會看到十分謹慎小心的説話態度。這種情況下,説話者往往處在弱勢的地位:

　　　　四年春,齊侯以諸侯之師侵蔡。蔡潰,遂伐楚。楚子使與師言曰:"君處北海,寡人處南海,唯是風馬牛不相及也,不虞君之涉吾地也,何故?"管仲對曰:"昔召康公命我先君大公曰:'五侯九伯,女實征之,以夾輔周室!'賜我先君履,東至于海,西至于河,南至于穆陵,北至于無棣。爾貢包茅不入,王祭不共,無以縮酒,寡人是徵。昭王南征而不復,寡人是問。"對曰:"貢之不入,寡君之罪也,敢不共給? 昭王之不復,君其問諸水濱!"師進,次于陘。(《左傳·僖公四年》)

《左傳》外交辭令中較少使用[吾 NP]這個格式。但在需要拉近距離的語境中,它就會出現。著名外交辭令《齊桓公伐楚》中也能明顯看到不同國家使用[吾 NP]和[我 NP]在語氣上的微妙差異:齊國伐楚,楚國對齊國表面上態度謙和,小心翼翼,"不虞君之涉吾地也"一句十

---

　　① 　我們對國名與"吾""我"的搭配進行了檢索,發現在先秦文獻中,從沒有出現過"吾＋國名"的搭配。

分委婉地詢問齊國入侵楚國的原因。但齊國管仲却毫不客氣,指出歷史上齊國曾受周王室之命討伐楚國,同時還歷數楚國的罪行。楚國對齊國用"吾地",齊國對楚國用"我先君",雙方在使用第一人稱代詞定語的對立展現出來態度的微妙差别:楚國謙和,齊國强勢。因此,《左傳》的外交辭令中不是不能使用[吾 NP],而是需具有語體語法允准的近距離語境。

在兩國交往中,有時候説話者要保持表面的和氣。秦晉韓原之戰的前夕,晉侯派人向秦國約戰。秦晉雙方均使用外交上的辭令。

> 遂使請戰,曰:"寡人不佞,能合其衆而不能離也,君若不還,無所逃命。"秦伯使公孫枝對曰:"君之未入,寡人懼之;入而未定列,猶吾憂也。苟列定矣,敢不承命。"(《左傳·僖公十五年》)

一方面,晉國稱自己"無所逃命",衹是表面上的謙虚,實際上是表明自己前進的決心。另一方面,面對晉國的真實用意,秦同樣以緩和的口吻回應,稱替晉國的君位憂心。實則憂心并非事實,而是爲掩蓋其欲出戰的真實目的。

> 晉師將盟衛侯于鄟澤,趙簡子曰:"群臣誰敢盟衛君者?"涉佗、成何曰:"我能盟之。"衛人請執牛耳。成何曰:"衛、吾温、原也,焉得視諸侯?"將歃,涉佗捘衛侯之手,及捥。衛侯怒,王孫賈趨進,曰:"盟以信禮也,有如衛君,其敢不唯禮是事而受此盟也?"(《左傳·定公八年》)

晉國涉佗、成何主動請纓與衛國結盟。衛靈公在結盟儀式上欲占據主位。成何因此出言諷刺,涉佗更是對衛靈公動手,引起衛靈公大怒。成何認爲衛國不過就與晉國的温地、原地一樣,無法與晉國相提并論,他的口氣充滿諷刺和輕蔑。

還有一類用法,是對於外國人的問話,使用了非常温和的口氣來回答,這時也用"吾"。比如:

> 十五年春,宋向戌來聘,且尋盟。見孟獻子,尤其室,曰:"子有令聞而美其室,非所望也。"對曰:"我在晉,吾兄爲之。毀之重勞,且不敢間。"(《左傳·襄公十五年》)

在上古漢語中,[吾 NP]的結構更多地用於對内的場合,[我 NP]更多用於對外的場合,但也不是不能有例外。以上我們分析了[吾 NP]用於對外,[我 NP]用於對内的例證。這説明,兩者出現在什麼場合,最爲根本的是由語距的遠近決定的。對本國的人也可以用"我",必然是因爲要推遠距離;對外國的人也可以用"吾",必然是爲了拉近關係。

爲了進一步探討[吾 NP]、[我 NP]語體特徵的不同,我們將進一步考察二者的"最小對立對"。在《左傳》中,"吾先君"和"我先君"是出現次數最多的"最小對立對"。"吾先君"共出現 7 次,"我先君"共出現 16 次。其次是"吾君"出現 9 次,"我君"出現 3 次。語體鑒定的結果顯示,在不同的"人、事、地、意"語境下,[吾 NP]絶不與[我 NP]出現語體維度的混淆。也就是説,在《左傳》中二者出現的位置不能相互替换。這是由特定語體條件下語距的遠近、高低決定的。下表顯示了"吾先君"與"我先君"在語體四度坐標中的特徵。

《左傳》"吾先君"的語體鑒定（7 例）

		人	事	地	意
1	吾先君新邑於此，王室而既卑矣，周之子孫日失其序。夫許，大岳之胤也。 《隱・11》	（鄭伯對）鄭國的公孫獲（公孫獲是鄭國大夫）	叮囑	私下場合	親切
2	子反請以重幣錮之，王曰："止！其自爲謀也則過矣，其爲吾先君謀也則忠。忠，社稷之固也，所蓋多矣。且彼若能利國家，雖重幣，晉將可乎？若無益于晉，晉將棄之，何勞錮焉？" 《成・2》	（楚共王對）楚國子反（子反是楚共王的叔父）	勸説	私下場合	親切
3	吾先君之亟戰也，有故。秦、狄、齊、楚皆彊，不盡力，子孫將弱。今三彊服矣，敵楚而已。唯聖人能外内無患。自非聖人，外寧必有内憂，盍釋楚以爲外懼乎？ 《成・16》	（晉國范文子對）晉國郤至	勸説	私下場合	誠懇
4	吾先君文王，作僕區之法，曰："盜所隱器，與盜同罪。" 《昭・7》	（楚國無宇對）楚靈王	自我辯解	本國朝堂	誠懇
5	吳伐陳，復修舊怨也。楚子曰："吾先君與陳有盟，不可不救。"乃救陳，師于城父。 《哀・6》	（楚昭王對）楚國國内大臣	陳述決定	本國朝堂	懇切、堅定
6	吾先君文王克息，獲三矢焉，伯棼竊其二，盡於是矣。 《宣・4》	（楚莊王對）本國將士	鼓舞士氣	軍隊駐扎地	親切
7	夫晏子何罪？昔者諸侯事吾先君，皆如不逮，舉言群臣不信，諸侯皆有貳志。 《宣・17》	（苗賁皇對）晉侯（苗賁皇爲晉國賢臣）	勸説	私下場合	誠懇

《左傳》"我先君"的語體鑒定（16 例）

		人	事	地	意
1/2	會于向，將執戎子駒支，范宣子親數諸朝，曰："來！姜戎氏！昔秦人迫逐乃祖吾離于瓜州，乃祖吾離被苫蓋、蒙荆棘以來歸我先君，我先君惠公有不腆之田，與女剖分而食之。今諸侯之事我寡君不如昔者，蓋言語漏泄，則職女之由。詰朝之事，爾無與焉。與，將執女。" 《襄・14》	（晉國范宣子對）姜戎首領戎子駒支	會盟對問 外交辭令《駒支不屈于晉》	會盟地	嚴厲
3/4	"昔召康公命我先君大公曰：'五侯九伯，女實征之，以夾輔周室！'賜我先君履，東至于海，西至于河，南至于穆陵，北至于無棣。" 《僖・4》	（齊國管仲對）楚國使者	戎事 外交辭令《齊桓公伐楚》	陣前	嚴厲

5	楚少宰如晋師,曰:"寡君楚少宰如晋師,曰:"少遭閔凶,不能文。聞二先君之出入此行也,將鄭是訓定,豈敢求罪于晋? 二三子無淹久!"隨季對曰:"昔平王命我先君文侯曰:'與鄭夾輔周室,毋廢王命!'今鄭不率,寡君使群臣問諸鄭,豈敢辱候人? 敢拜君命之辱。"彘子以爲諂,使趙括從而更之,曰:"行人失辭。寡君使群臣遷大國之迹于鄭,曰:'無辟敵!'群臣無所逃命。"　　　　　　《宣·12》	(晋國隨季對)楚少宰	戎事	陣前	嚴厲
6	曹人請于晋曰:"自我先君宣公即位,國人曰:'若之何? 憂猶未弭。'而又討我寡君,以亡曹國社稷之鎮公子,是大泯曹也,先君無乃有罪乎? 若有罪,則君列諸會矣。君唯不遺德、刑,以伯諸侯,豈獨遺諸敝邑? 敢私布之。"　　　　　　《成·16》	(曹人對)晋人	請求	朝堂	恭敬、嚴肅
7	晋范宣子來聘,且拜公之辱,告將用師于鄭。公享之。宣子賦《摽有梅》。季武子曰:"誰敢哉? 今譬於草木,寡君在君,君之臭味也。歡以承命,何時之有?"武子賦《角弓》。賓將出,武子賦《彤弓》。宣子曰:"城濮之役,我先君文公獻功於衡雍,受彤弓于襄王,以爲子孫藏。匄也,先君守官之嗣也,敢不承命?"君子以爲知禮。　　　　　　《襄·8》	(范宣子對)魯襄公及大臣季武子	來聘	朝堂	恭敬、嚴肅
8	秋七月,齊侯、鄭伯爲衛侯故如晋,晋侯兼享之。晋侯賦《嘉樂》。國景子相齊侯,賦《蓼蕭》。子展相鄭伯,賦《緇衣》。叔向命晋侯拜二君,曰:"寡君敢拜齊君之安我先君之宗祧也,敢拜鄭君之不貳也。"國子使晏平仲私于叔向,曰:"晋君宣其明德于諸侯,恤其患而補其闕,正其違而治其煩,所以爲盟主也。今爲臣執君,若之何?"叔向告趙文子,文子以告晋侯。晋侯言衛侯之罪,使叔向告二君。國子賦《轡之柔矣》,子展賦《將仲子兮》,晋侯乃許歸衛侯。　　　　　　《襄·26》	(晋侯對)齊國、鄭國兩位君主	享禮	朝堂	恭敬、嚴肅

9/10	鄭子產獻捷于晋，戎服將事。晋人問陳之罪。對曰："昔虞閼父爲周陶正，以服事我先王。我先王賴其利器用也，與其神明之後也，庸以元女大姬配胡公，而封諸陳，以備三恪。則我周之自出，至於今是賴。桓公之亂，蔡人欲立其出。我先君莊公奉五父而立之，蔡人殺之。我又與蔡人奉戴厲公，至於莊、宣，皆我之自立。夏氏之亂，成公播蕩，又我之自入，君所知也。今陳忘周之大德，蔑我大惠，棄我姻親，介恃楚衆，以憑陵我敝邑，不可億逞。我是以有往年之告。未獲成命，則有我東門之役。當陳隧者，井堙木刊。敝邑大懼不竟，而恥大姬。天誘其衷，啟敝邑之心。陳知其罪，授手於我。用敢獻功！"晋人曰："何故侵小？"對曰："先王之命，唯罪所在，各致其辟。且昔天子之地一圻，列國一同，自是以衰。今大國多數圻矣！若無侵小，何以至焉？"晋人曰："何故戎服？"對曰："我先君武、莊，爲平、桓卿士。城濮之役，文公布命，曰：'各復舊職！'命我文公戎服輔王，以授楚捷，不敢廢王命故也。"士莊伯不能詰，復于趙文子。文子曰："其辭順，犯順不祥。"乃受之。 《襄·25》	（鄭子產對）晋人	獻捷中的外交對問 外交辭令《子產對晋人問》	朝堂	嚴厲
11	楚子成章華之臺，願與諸侯落之。大宰薳啟彊曰："臣能得魯侯。"薳啟彊來召公，辭曰："昔先君成公命我先大夫嬰齊曰：'吾不忘先君之好，將使衡父照臨楚國，鎮撫其社稷，以輯寧爾民。'嬰齊受命于蜀。奉承以來，弗敢失隕，而致諸宗祧。日我先君共王引領北望，日月以冀，傳序相授，於今四王矣。嘉惠未至，唯襄公之辱臨我喪。孤與其二三臣悼心失圖，社稷之不皇，況能懷思君德？今君若步玉趾，辱見寡君，寵靈楚國，以信蜀之役，致君之嘉惠，是寡君既受貺矣，何蜀之敢望？其先君鬼神實嘉賴之，豈唯寡君？君若不來，使臣請問行期，寡君將承質幣而見於蜀，以請先君之貺。" 《昭·7》	（楚國薳啟彊對）魯昭公	外交拜訪中的請求	朝堂	恭敬、嚴肅
12	及子產適晋，趙景子問焉，曰："伯有猶能爲鬼乎？"子產曰："能。人生始化曰魄，既生魄，陽曰魂。用物精多，則魂魄强，是以有精爽至於神明。匹夫匹婦强死，其魂魄猶能馮依於人，以爲淫厲，況良霄，我先君穆公之胄，子良之孫，子耳之子，敝邑之卿，從政三世矣。鄭雖無腆，抑諺曰'蕞爾國'，而三世執其政柄，其用物也弘矣，其取精也多矣，其族又大，所馮厚矣，而强死，能爲鬼，不亦宜乎！" 《昭·7》	（鄭子產對）晋國趙景子	論理	晋國朝堂	嚴肅

（續表）

13	對曰:"齊桓、衛姬之子也,有寵於僖;有鮑叔牙、賓須無、隰朋以爲輔佐;有莒、衛以爲外主;有國、高以爲内主;從善如流,下善齊肅;不藏賄,不從欲,施舍不倦,求善不厭。是以有國,不亦宜乎? 我先君文公,狐季姬之子也,有寵於獻;好學而不貳,生十七年,有士五人。有先大夫子餘、子犯以爲腹心,有魏犨、賈佗以爲股肱,有齊、宋、秦、楚以爲外主,有欒、郤、狐、先以爲内主,亡十九年,守志彌篤。惠、懷棄民,民從而與之。獻無異親,民無異望。天方相晉,將何以代文? 此二君者,異於子干。共有寵子,國有奥主;無施於民,無援於外;去晉而不送,歸楚而不逆,何以冀國?" 《昭·13》	（晉國叔向對）晉國韓宣子	國事分析	私下討論場合	誠懇
14	韓子買諸賈人,既成賈矣。商人曰:"必告君大夫!"韓子請諸子産曰:"日起請夫環,執政弗義,弗敢復也。今買諸商人,商人曰'必以聞',敢以爲請。"子産對曰:"昔我先君桓公與商人皆出自周,庸次比耦以艾殺此地,斬之蓬、蒿、藜、藋,而共處之;世有盟誓,以相信也,曰:'爾無我叛,我無强買,毋或匄奪。爾有利市寶賄,我勿與知。'恃此質誓,故能相保,以至於今。今吾子以好來辱,而謂敝邑强奪商人,是教敝邑背盟誓也,毋乃不可乎! 吾子得玉,而失諸侯,必不爲也。若大國令,而共無藝,鄭鄙邑也,亦弗爲也。僑若獻玉,不知所成。敢私布之。"韓子辭玉,曰:"起不敏,敢求玉以徼二罪? 敢辭之。" 《昭·16》	（鄭子産對）晉國韓宣子	外交論理	朝堂	嚴肅
15	十二月,齊侯田於沛,招虞人以弓,不進。公使執之。辭曰:"昔我先君之田也,旃以招大夫,弓以招士,皮冠以招虞人。臣不見皮冠,故不敢進。"乃舍之。仲尼曰:"守道不如守官。"君子韙之。 《昭·20》	（齊侯對）齊國虞人	辯解	田獵地	嚴肅

（續表）

| 16 | 夏六月，晋頃公卒。秋八月，葬。鄭游吉吊，且送葬。魏獻子使士景伯詰之，曰："悼公之喪，子西吊，子蟜送葬。今吾子無貳，何故？"對曰："諸侯所以歸晋君，禮也。禮也者，小事大、大字小之謂。事大在共其時命，字小在恤其所無。以敝邑居大國之間，共其職貢，與其備御不虞之患，豈忘共命？先王之制：諸侯之喪，士吊，大夫送葬；唯嘉好、聘享、三軍之事於是乎使卿。晋之喪事，敝邑之間，先君有所助執絻矣。若其不間，雖士、大夫有所不獲數矣。大國之惠，亦慶其加，而不討其乏，明底其情，取備而已，以爲禮也。靈王之喪，我先君簡公在楚，我先大夫印段實往，敝邑之少卿也。王吏不討，恤所無也。今大夫曰：'女盍從舊？'舊有豐有省，不知所從。從其豐，則寡君幼弱，是以不共。從其省，則吉在此矣。唯大夫圖之！"晋人不能詰。《昭・30》 | （鄭游吉對）晋國士景伯 | 外交對問中的論理 | 國事弔唁 | 嚴肅 |

下面我們以語體語法"人、事、地、意"的四維坐標來檢驗兩個結構的語體特徵。首先，考察交際對象這一要素，即"人"，分析［吾 NP］和［我 NP］是誰説的、説給誰的（人）。語體是實現人們在直接交際中最原始最基本屬性的、用語言來表達或確定彼此之間關係和距離的一種語言機制。這其中，"用語言完成的交際（任務）"是語體研究的前提，而"確定關係"實際上是語體考察中最重要的屬性。距離在人與人關係上的基本表現爲"遠近"和"高低"。"關係"是這個體系的核心，因此交際的對象（雙方的關係、對方身份）是判斷交際距離的一個重要的鑒定標準。《左傳》中使用［吾 NP］，其交際的對象多爲説話人本國人，或是自己力量一方的人。《左傳》用"吾先君""吾君"，是説話人對談話對象講述本國君王事跡時所使用的表述，説話人與談話對象均是同一國家的人。如：

吾先君之亟戰也，有故。秦、狄、齊、楚皆强，不盡力，子孫將弱。今三强服矣，敵楚而已。唯聖人能外内無患。自非聖人，外寧必有内憂，盍釋楚以爲外懼乎？（《左傳・成公十六年》）

晋、楚兩軍在鄢陵相遇。晋國的范文子與郤至商議是否出戰。郤至主張迎戰，而范文子則勸説郤至放過楚國。以上爲同一國人的對話。

再觀察［我 NP］出現時的談話對象。上面表格中出現的 16 例"我先君"，其中 14 例的談話對象都是別國的人。僅有兩例對象爲本國人，這兩例均屬於下對上的對話：

對曰："齊桓、衞姬之子也，有寵於僖；有鮑叔牙、賓須無、隰朋以爲輔佐；有莒、衞以爲外主；有國、高以爲内主；從善如流，下善齊肅；不藏賄，不從欲，施舍不倦，求善不厭。是以有國，不亦宜乎？我先君文公，狐季姬之子也，有寵於獻；好學而不貳，生十七年，有士五人。有先大夫子餘、子犯以爲腹心，有魏犨、賈佗以爲股肱，有齊、宋、秦、楚以爲外主，有欒、郤、狐、先以爲内主，亡十九年，守志彌篤。惠、懷棄民，民從而與之。獻無異親，民無異望。天方相晋，將何以代文？此二君者，異於子干。共有寵子，國有奥主；無施於民，無援於外；去晋而不送，歸楚而不逆，何以冀國？"（《左傳・昭公十三年》）

韓宣子與叔向討論國家事務。叔向是晋國著名的政治家。韓宣子是晋國的卿大夫。二者都是晉國人。叔向引"我先君文公",説明文公有成功的條件。

另外一例出現在虞人與齊景公的對話中。

> 十二月,齊侯田於沛,招虞人以弓,不進。公使執之。辭曰:"昔我先君之田也,旌以招大夫,弓以招士,皮冠以招虞人。臣不見皮冠,故不敢進。"乃舍之。(《左傳·昭公二十年》)

虞人不執行齊侯的命令,被齊侯抓捕。虞人回顧先王的傳統,以此説明齊侯對他的命令是不符合規制的。

以上兩例雖是對本國人的談話,却使用了[我 NP]的結構。這是爲什麽呢? 從語體的角度來分析,這兩段對話均屬於"頌"的内容。第一個例子是叔向對韓宣子解釋文公所以能成爲一國之君的原因,内容爲頌先君晉文公之賢德。第二個例子,是虞人向齊侯頌先君之田獵之大法。孔穎達正義曰:"《周禮》'孤卿建旃',大夫尊,故麾旃以招之也。《逸詩》'翹翹車乘,招我以弓'。古者,聘士以弓,故弓以招士也。諸侯服皮冠以田,虞人掌田獵,故皮冠以招虞人也。"可見"旃以招大夫,弓以招士,皮冠以招虞人"是虞人在引用上古之法回答齊侯的責問。兩者的談話均屬於歌頌祖先功德,内容嚴肅,語氣莊正。因此,以上例證并不是[我 NP]結構使用的反例,而是更好地證明《左傳》中"吾""我"的換用,是不同語體拉距的選擇。[我 NP]結構并不是不能用於對内,究竟使用"吾"還是"我"的最根本原因,是交際的遠近距離。本國人在交談中,涉及到嚴肅内容,談話雙方必然保持莊重的態度,也必須使用"我"。

[吾 NP]和[我 NP]語體的不同還可以從它們描述的内容中體現出來。在《左傳》中,"吾先君""吾君"及"我先君""我君"出現時所涉及的交際内容幾乎均圍繞比較正式的事件,這是與二者詞義相關的。説話人在對話中稱其君王,描述先代或當代君王的事跡,其語體分類應屬於正式體而非口語體。與[吾 NP]不同的是,[我 NP]大量出現在外交辭令中用以援引君土事跡。蘇婧(2020)曾採用語體交際四要素判斷《左傳》中議論(包括點評、論諫和行人辭令)的語體特徵,指出議論的三種情況均屬於正式語體,同時具有交際内容[＋可信]的特徵。我們發現,交際内容上"正式""可信"的要求同樣限制着"吾""我"的使用。對於同是"正式""可信"的語體語境,外交辭令顯現出了正式度高於一般正式體的特徵①。相比在國内討論國事,外交辭令往往涉及到國與國之間的交往所需的特別儀式。

從語體内容的角度考察,[我 NP]出現在更爲正式的語體中,還可以從以下幾個方面進行鑒定:

其一、採用"搭配詞體驗證法"。我們發現,[我 NP]常伴隨對外交往使用的特定詞彙,提示以下内容爲正式的外交語言。比如"辭曰":

> 楚子成章華之臺,願與諸侯落之。大宰薳啓彊曰:"臣能得魯侯。"薳啓彊來召公,辭曰:"昔先君成公命我先大夫嬰齊曰:'吾不忘先君之好,將使衡父照臨楚國,鎮撫其社稷,以輯寧爾民。'嬰齊受命于蜀。奉承以來,弗敢失隕,而致諸宗祧。日我先君共王引領北望,日月以冀,傳序相授,於今四王矣。嘉惠未至,唯襄公之辱臨我喪。孤與其二三臣悼心失圖,社稷之不皇,況能懷思君德? 今君若步玉趾,辱見寡君,寵靈楚國,以信蜀之役,致君之嘉惠,是寡君既受貺矣,何蜀之敢望? 其先君鬼神實嘉賴之,豈唯寡君? 君若不來,使臣請問行期,寡君將承質幣而見于蜀,以請先君之貺。"(《左傳·昭公七年》)

---

① 關於語體的分類,我們採用馮勝利(2018:87)提出的四類:口語、正式、莊典、文藝。

　　楚靈王建成章華臺,希望與諸侯一起舉行落成儀式。楚國太宰蓮啟彊拜見魯昭公,懇請他出席儀式。《左傳》中的"辭曰",提示下文是正式的外交辭令。這一段中連續使用［我 NP］的結構:"我先大夫嬰齊""我先君共王",回顧楚國兩位重要人物與魯國交往的歷史,表明楚國對魯國的恭敬,以此説服魯昭公能夠參加落成儀式。

　　第二、採用"體動詞驗定法"。因爲語境中出現的動詞也會提示［我 NP］出現的語體内容屬於外交場合中的特定行爲,比如"拜"。

　　　　秋七月,齊侯、鄭伯爲衛侯故如晋,晋侯兼享之。晋侯賦《嘉樂》。國景子相齊侯,賦《蓼蕭》。子展相鄭伯,賦《緇衣》。叔向命晋侯拜二君,曰:"寡君敢拜齊君之安我先君之宗祧也,敢拜鄭君之不貳也。"(《左傳・襄公二十六年》)

　　齊侯、鄭伯至晋國,在享宴上賦詩。晋國叔向請晋侯拜謝前來的齊、鄭兩位國君。享宴活動是周代的一種政治性很强的社交活動。"拜"即拜謝,這一行爲是享宴賦詩後回應對方的一種禮節。其回應的内容也是極爲正式的内容:"寡君敢拜齊君之安我先君之宗祧也,敢拜鄭君之不貳也。"這説明"我先君"出現的語境是在一種特定的外交儀式中,是非常正式的。

　　同樣是外交場合中的享宴,談話雙方均會選擇符合禮制的言辭(我們可以稱之爲"禮體詞")。范宣子訪問魯國,答謝魯襄公在春天對晋國的朝見,同時通報準備對鄭國用兵。他回顧城濮之戰時晋文公與魯襄公的會面,表示對魯國的友好。"君子以爲知禮"是魯國對范宣子的評價,説明説話者談話的内容是符合"禮"的:

　　　　晋范宣子來聘,且拜公之辱,告將用師于鄭。公享之。宣子賦《摽有梅》。季武子曰:"誰敢哉? 今譬於草木,寡君在君,君之臭味也。歡以承命,何時之有?"武子賦《角弓》。賓將出,武子賦《彤弓》。宣子曰:"城濮之役,我先君文公獻功於衡雍,受彤弓于襄王,以爲子孫藏。匃也,先君守官之嗣也,敢不承命?"君子以爲知禮。(《左傳・襄公八年》)

　　交際發生的場合是語體語法中"影響關係的交際要素,是決定不同語言形式選擇的基本參數。"交際場合是與交際内容密不可分的。以《左傳》中"吾先君"的出現爲例,我們可以將其出現的語體場合概括爲以下幾種:私下討論國事的場合(或在朝堂、或在王宮)(6 例)和君王巡師的場合(1 例)。"我先君"出現的場合,除去兩次出現在國内討論的場合之外,國與國之間交往的場合可以概括爲外交場合(12 次)和戰場(2 次)。值得注意的是,伴隨"我先君"的出現,"來聘""享""獻捷""送葬"等"禮儀體動作"説明了外交場合的不同。比如:"鄭子産獻捷于晋,戎服將事。"(《左傳・襄公二十五年》)是鄭國子産向晋國進獻俘虜的場合。"晋范宣子來聘,且拜公之辱,告將用師于鄭。"(《左傳・襄公八年》)是晋國范宣子對鄭國進行國事拜訪的場合。"夏六月,晋頃公卒。秋八月,葬。鄭游吉吊,且送葬。"是晋國送葬的場合。(《左傳・昭公三十年》)

　　上文我們提到"吾先君""我先君"均是出現在正式語體中。事實上,"尊敬""嚴肅"就是典型"正式體",是交際中正式態度決定的正式語距的産物(馮勝利,2018:59)。通過觀察我們發現,上古漢語中,對話雙方的態度越嚴肅、越恭敬,越傾向於使用"我"。《左傳》的"我先君"共出現 16 次,其中表示嚴厲責問的語氣共 6 次,表示嚴肅恭敬的語氣共 8 次,表示誠懇、親切態度的僅有兩次。但在"吾先君"出現的語境中,没有發現嚴厲、嚴肅的態度。"吾先君"出現時説話人所持的態度均是親切、平和、誠懇的。帶有質問的、毫不客氣、嚴肅的口吻,不適用於［吾 NP］。下圖可以説明"吾先君"與"我先君"在語體態度上的對立。

	親切、誠懇	嚴肅、嚴厲
吾先君	＋	－
我先君	＋	＋

親切、誠懇的語氣是［我 NP］和［吾 NP］同時可以表達的語體態度。同樣是表達懇切的"請求"，"曹人請于晉"使用"我"指稱，"子反請以重幣錮之"則使用"吾"指稱。

　　曹人請于晉曰："自我先君宣公即位，國人曰：'若之何？憂猶未弭。'而又討我寡君，以亡曹國社稷之鎮公子，是大泯曹也，先君無乃有罪乎？若有罪，則君列諸會矣。君唯不遺德、刑，以伯諸侯，豈獨遺諸敝邑？敢私布之。"（《左傳•成公十六年》）

在曹國與晉國的對話中，曹人回顧先君的歷史，指出晉國曾討伐曹國，請求晉國能高抬貴手，緩和兩國之間的關係。曹國是小國。晉國是大國，曹國請求的語氣是嚴肅的、懇切的。同樣，"吾先君"也可以出現在回答"請求"的語體語境中。

　　子反請以重幣錮之，王曰："止！其自爲謀也則過矣，其爲吾先君謀也則忠。忠，社稷之固也，所蓋多矣。且彼若能利國家，雖重幣，晉將可乎？若無益于晉，晉將棄之，何勞錮焉？"（《左傳•成公二年》）

楚國子反向楚共王請求以重金收買晉國，讓晉國永不起用巫臣。楚共王勸説子反不必做這樣的決定。對話的雙方態度都是誠懇的、親切的。

但對話中採用嚴肅、嚴厲的態度，祇能使用"我先君"。比如典型的"行人失辭"的對話中，說話人的態度就不够恭敬。

　　楚少宰如晉師，曰："寡君少遭閔凶，不能文。聞二先君之出入此行也，將鄭是訓定，豈敢求罪于晉？二三子無淹久！"隨季對曰："昔平王命我先君文侯曰：'與鄭夾輔周室，毋廢王命！'今鄭不率，寡君使群臣問諸鄭，豈敢辱候人？敢拜君命之辱。"彘子以爲諂，使趙括從而更之，曰："行人失辭。寡君使群臣遷大國之迹於鄭，曰：'無辟敵！'群臣無所逃命。"（《左傳•宣公十二年》）

楚國少宰希望晉國的軍隊儘早撤離，不要干涉楚國攻打鄭國。晉國隨季却毫不客氣地回絕了楚國的求和。"行人失辭"暗示了隨季在對話中的態度并不友好。因此，晉國纔需要再次派趙括前去緩和矛盾。

"我先君"常出現在嚴厲指責的對話中，還可以通過"親數"和"問罪"看出。《左傳》最爲著名的外交辭令之一《駒支不屈於晉》就是描寫戎子駒支與范宣子之間的衝突。

　　會于向，將執戎子駒支，范宣子親數諸朝，曰："來！姜戎氏！昔秦人迫逐乃祖吾離於瓜州，乃祖吾離被苫蓋、蒙荆棘以來歸我先君，我先君惠公有不腆之田，與女剖分而食之。今諸侯之事我寡君不如昔者，蓋言語漏泄，則職女之由。詰朝之事，爾無與焉。與，將執女。"（《左傳•襄公十四年》）

范宣子"親數"諸朝，嚴厲責備戎子駒支。他咄咄逼人、粗暴傲慢，不僅用非常不禮貌地口吻吆喝對方，不允許駒支參加盟會，還意欲抓人。面對如此蠻橫的范宣子，戎子駒支的回應却不卑不亢，以事實駁倒對方的責難。其回應言辭據理力爭，慷慨有力，使范宣子自知理虧，而向駒支道歉。《左傳》描述范宣子態度的轉變："辭焉，使即事于會，成愷悌也。"范宣子前後態度的轉變，是爲了成全君子的美名，這說明他此前"親數諸朝"的說話態度是不符合君子謙和寬厚的特點的。

在國家弔唁的場合中,義正言辭的對話也使用"我先君"。晋國國君去世,鄭國前去弔唁,受到責備。鄭國游吉嚴正聲明,敘述原因,説明此前連周天子對於大夫送葬都不加苛責,申明鄭國行爲合乎禮義。全篇均是圍繞"喪葬之禮"來談:

> "靈王之喪,我先君簡公在楚,我先大夫印段實往,敝邑之少卿也。王吏不討,恤所無也。今大夫曰:'女盍從舊?'舊有豐有省,不知所從。從其豐,則寡君幼弱,是以不共。從其省,則吉在此矣。唯大夫圖之!"晋人不能詰。(《左傳·昭公三十年》)

晋國士景伯責備游吉不懂禮節,游吉爲此反駁,有理有據。聽到游吉的話,晋國不能再加以詰問。這説明游吉的態度十分嚴肅堅決。

上文我們分析了"吾""我"在定語位置上顯示出的語體對立。實際上,先秦文獻中與"吾""我"搭配的詞語也可以很好地顯示二者的語體特徵差異。首先,是有"吾"參與的派生詞語必然表示交際的近距離。其中最爲典型的是先秦漢語中的"吾子"。"吾子"用於第二人稱,鄭玄曰"吾子,相親之辭也"。夏先培(1997)十分詳細地討論了《左傳》中"吾子"和"子"的差異,指出《左傳》中"吾子"是"子"的派生結構,專用於對稱,它兼含禮貌與親昵,主要用於平等身份之間。"吾子"與"子"的差别包含以下幾點:

(一) 從使用場合看,"吾子"没有用於對公開的敵方及俘虜、賤人的例子。這是它與"子"的一個很大不同。

(二) 用"吾子"稱對方時,使用者的口氣多是勸勉、囑託、祈使等。反過來,當對人用明顯的輕視、怨恨等口氣説話時,可稱"子",但不稱"吾子"。

(三)"吾子"也常用於批評對方的話語中(常與"子"配合使用),事實上,上面所説的"勸勉",就常常含有批評、規戒的成分。

夏先培對"吾子"與"子"的觀察實則驗證了語體理論的預測。本文的預測是:"吾"用於拉近距離,"我"用於推遠距離。因此,"吾"與"子"的組合,也同樣不能用於拉近距離的語境。正如上述研究所顯示的,《左傳》中當談話對象爲"敵方""俘虜""賤人"的時候,不必拉近距離;同樣地,當談話態度是"輕視""怨恨"的時候,屬於語體交際上的推遠距離,都不能用"吾子"。

值得注意的是,夏先培的研究指出"吾子""兼含禮貌與親昵",非常精準地描述了"吾子"的語體態度。從語體語法的理論出發來分析,在尊敬禮貌的語境下也需要拉近距離的語氣。也就是説,即使談話的對象、内容、場合是非常正式嚴肅的,也會對談話人有拉近距離的態度。何樂士(1984)指出,《左傳》中"'吾子'用得很經常,(共出現七十三次)大都是在對話中表示對對方的尊稱,近似今天的'您'。"何樂士先生指出"吾子"是尊稱,相當於"您"的表達,是就"吾子"尊敬的語體特徵來談的,但實際上,"吾子"在尊敬之上還有"親近"的語體特徵,這恰恰説明"尊敬"和"親近"是語體特徵的兩個不同的維度。我們可以將"吾子"的語體態度描述爲[＋尊敬][＋親近]。"吾子"由敬稱"子"派生而來,也正説明語言交際中僅僅有敬稱是不夠的,在敬稱出現的場合也會有需要拉近交際雙方距離的語氣,因此"吾"就搭配與"子"使用,用以表達這種既尊敬又親近的態度。同時,上述詞語派生的過程也説明上古漢語的"敬稱"實則還包含更爲豐富的語體特徵維度,需要將來的研究進行更爲深入的探索。

同樣的,"小君"與第一人稱代詞的搭配也能印證"我"的語體屬性。春秋時,"小君"是對諸侯之妻的敬稱。《毛詩正義》曰:"夫妻一體,婦人從夫之爵,故同名曰小君。"這是用於女性的"敬稱"。在全部先秦文獻中,祇出現過"我小君",没有"吾小君"的出現。這證明僅有人稱代詞"我"允許與這個敬稱搭配,"吾"不允許進入這個結構。先秦所有的"我小君"均出現在《春秋經》中。我們知道,《春秋》不是對話體,是陳述體,而且是具有聖經性質的。是絶對嚴肅的文學體裁①。

根據以上的語體考察,《左傳》對拉近或推遠距離的不同訴求,會選擇截然不同的第一人稱代詞:推遠距離的語境排斥"吾",選擇"我";拉近距离的語氣選擇"吾"。這是語體理論預測的結果:敬而推遠對方用[我 NP];謙而拉低自己用[吾 NP],雖然都是調節語距,但語體效果和作用,截然不同。何樂士(1984)就曾特別指出:"'吾'用作主語有時與'我'形成對照:'我'表示對第一人稱的强調和加重語氣;'吾'表示禮貌、有自謙的意味。表示禮貌的用法常出現在比較正式的場合。(當然,這是就二者的主要傾向而言,并非每例皆是如此。)"夏先培(1999:64)更是一語中的,指出"'我'比較鄭重、嚴肅,'吾'偏於柔和、親切。"這表現在:(一)在正規、嚴肅的場合(如外交辭令、册命之辭、盟約等中),較多用"我";而在非正式的較爲隨便的場合,則較多用"吾";(二)在説話者需要對聽話人表示親切、熱情、柔和等感情色彩時,常以"吾"自稱;反之,當説話者對聽話人含有傲視、不滿等心理時,自稱多半用"我"。馮勝利(2021)指出"體原子分析法"是語體語法理論的新進展。其中"意體原子"中包含的"親疏律""尊卑律""褒貶律"均屬於構建語體語法單位的基本元素。這説明交際中對話態度的親疏遠近、尊卑高低是考察語體定位的關鍵因素。意體原子的提出,是幫助我們分析上古漢語中的[吾 NP]和[我 NP]結構根本差異的關鍵,因爲稱謂的尊卑和態度親疏,都是語距的手段和表現。在語體語法的裁辨之下,我們發現[我 NP][吾 NP]的根本區別在於語距的遠近:遠語距選擇使用[我 NP],近語距選擇使用[吾 NP]。因此,本文還可以從[－嚴肅]、[＋親切]兩個角度豐富"意體原子"的内容。它們是可以決定《左傳》中[我 NP]和[吾 NP]如何存在的語體原理或定律。對於[吾 NP]來説,在嚴厲的語境下不合法;對於[我 NP]來説,也無法被親切、親近的語境所接受。

四　[吾 NP]及[我 NP]的韻律語體語法對立

通過對《左傳》[吾 NP]和[我 NP]的語體特徵考察,我們看到,這兩個結構在語體的四維坐標中呈現了互補分布。語體模式爲我們提供了理解上古漢語[吾 NP]、[我 NP]使用差異的理論解釋。那麼形成這兩個結構語體差異的根本原因是什麼呢?

我們認爲,造成二者語體差異的根源是語音的不同。漢語語體語法理論提出"語體音系學"的概念(馮勝利,2017:3),指出語音自身具有語體的屬性。人類的交際可以用具有對立關係的語音成分和屬性來表示語距(即用語音來調節交際雙方的舉例和關係)。馮勝利、劉麗媛(2020:87)《論語體語法的生物原理與生成機制》中,歸納出由"形式－功能"派生出的18項語距定律(Linguistic Distance Theorems)。其中的"音值高低律""短弱律"均説明語音賦有語距屬性。

語體語法的研究顯示,語言系統會採用不同的語音形式來區別交際距離的遠近,這其中

---

① 我們知道,《詩經》祇用"我"而不用"吾",是屬於文學體對人稱代詞的語體要求。

韻律形式是語體拉距的有效手段之一。我們認爲,上古漢語"吾""我"的語體差異正是源於二者韻律上的差異。趙璞嵩(2018)預測了"吾""我"在重音位置出現的互補分布,證實上古漢語第一人稱代詞"吾""我"呈現韻律的對立,是源於二者韻素的不同,證明了先秦漢語是對韻素敏感(quantity-sensitive)的語言。"我""吾"語音形式與韻律形式之間的對應關係可表現爲:

"我"是先秦漢語第一人稱代詞的標準形式(default form),"吾"是在特定語音環境要求下出現的弱化形式(reduced form)。"吾""我"實爲一詞的兩個不同形式。當句中位置具備語音弱化條件時,纔使用弱化形式"吾",其他位置使用標準形式"我"。

鄭張尚芳給"吾"和"我"構擬的上古音分別是 * ŋaa 和 * ŋaalʔ。對於上古漢語韻律系統而言,韻素數量的對立反映的是韻律上的輕重對立。如果承認語音發揮的語體作用,那麽我們可以將"吾""我"的語體對立看作韻素功能的對立。韻素的對立同時也是語體功能的對立。也就是説,上古漢語韻素數量的多少賦有語距屬性。由此,我們推導出先秦漢語存在下面的"形式－功能"對應關係:

我［aalʔ］遠語距

吾［aa］ 近語距

根據古音構擬的結果,"我"的韻素比"吾"多。語氣嚴肅、嚴厲即爲遠語距,對應韻素多的"我";語氣親切、和善即爲近語距,對應韻素少的"吾"。對於上古漢語的第一人稱代詞"吾""我"而言,韻素數量具有區別語距的功能。"吾""我"在定語位置上的語體對立,即是語距"短弱律"所反應出來的現象。我們認爲,"吾"正是通過"縮短或減弱語音單位的標準長度或強度"實現其近語距的語體特徵。

需要指出的是,韻素數量的多少具有區分語距的功能,是就"吾"和"我"的對應關係而言的。上古漢語中存在大量同(近)義代詞音節輕重對立的證據,這已是上古漢語研究中公認的事實。這其中"吾"和"我"是最爲典型的一對。鄭張尚芳(1987、2017)指出古漢語代詞幾乎每個詞都有兩種語音形式,一種在魚部,一種在歌部:

吾 *ŋa　　汝 *nja　　夫 *pa　　胡 *ga

我 *ŋal　　爾 *njel　　彼 *pal　　何 *gal

很多學者基於"吾""我"在上古漢語表現出的對立現象,描述二者語音上的關係。如王力先生(1982)認爲,"吾""我"兩個音節的語音關係屬於"魚歌通轉"。潘悟雲(2000:128)認爲"吾""我"屬於"語音形態上變化"的一種。趙璞嵩(2014、2018)在研究上古漢語"吾""我"重音的分布後,指出:"吾""我"在韻律上的差別可以描述爲:在以韻素實現輕重對立的上古漢語韻律系統中,構成相對凸顯關係的兩個單音節音步。這是根據相對凸顯投射律推導出的結論:

任何一個具有強弱關係的組合成分,其下屬單位中標記強的終端成分在節律上要相對地強於標記弱的終端成分(Liberman and Prince,1977)。

"吾""我"在上古漢語中表現出韻律輕重的差異,其根本原因在於兩個音節韻素數量的差異。因此,根據相對凸顯原則,這兩個第一人稱代詞的關係,"我"的強是由"吾"的弱來凸顯的。語音可以用來表達不同的語體距離,具有調距的功能。我們看到上古漢語的現象是:"吾"韻素少,用於拉近談話雙方的距離;"我"韻素多,則用以推遠距離。也就是説,"吾""我"在定語位置上的語體差異,其實現具有語音的基礎。而二者實現調距的語音基礎,是相對而言的。從韻律上講，它們是韻素數量多少的對立；從語體上講，二者是語距遠近的對立。

上古漢語中，還存在一系列天子、諸侯使用的典型稱謂，如"不穀""寡人""余一人"等，根據馮勝利(2020)的研究，天子自稱不穀、余一人，諸侯自稱寡人，皆定位之稱。它們皆有鮮明的語體特徵。限於篇幅，本文僅就"吾""我"這一對人稱代詞的語體功能來談。"不穀""寡人""余一人"等表達方式的語體特徵、其與"吾""我"的交替使用表達什麼樣的語體效果還有待將來進一步的研究。但它們與"吾"或"我"的語體差異，一定不是韻素數量影響的原因，而是語義本身的影響①。

值得注意的是，第一人稱代詞的語距差異，不僅在上古漢語中存在，在英語中也具有明顯的交際態度上的差別。Freeman(1983)指出英語中的 I 和 me 具有親疏的不同，他在討論"you and me"和"you and I"有何差異時，認爲 me 出現的時候更帶有強調、自負的(a little too emphatic and egotisitical)意味，而 I 出現的時候更溫和(sounds softer when combined with another noun or pronoun)(見馮勝利，2018:65)由此可知，以語音上的輕重差異區別人稱代詞交際時的語體差異，是人類語言的普遍現象。

五　結論

本文嘗試採用語體語法理論的原理和規則分析上古漢語第一人稱代詞"吾""我"在定語位置換用的現象。我們以人、事、地、意的四維定位坐標作爲鑒定[吾 NP]、[我 NP]兩個結構的標準，分析二者的語體特徵，指出這兩個結構具有語體上的對立。其對立表現爲上古漢語用[我 NP]表達交際上的遠距離，用[吾 NP]表達交際上的近距離。

本文的研究同時説明了韻律與語體之間的相互作用，指出對於出韻素數量區別輕重的一對代詞，韻律的特徵能夠影響交際距離遠近的實現。對於"吾""我"的使用而言，韻素多的"我"(aal?)對應遠距離的表達，韻素少的"吾"(aa)對應近距離的表達。這爲[吾 NP]、[我 NP]分別與近距、遠距的對應機制提供語音上的依據。

魏培泉(2004:11)特別強調，對第一人稱代詞"親賤""嚴倨"的分析如果呈現某種規律的話(不是個人的行爲)，那麼這種研究會對漢語史面貌的呈現產生重要的意義，但他同時也承認這種分析是很困難的：

> 周生亞的修辭派包括了"親賤説"和"嚴倨説"。如果這兩種觀點僅僅是指一個人作文時刻意表現的分別，則説是修辭并無不可；如果那也是反映語言實際的一面，那就具有社會語言學上的意義了，似乎并不能祇用修辭來概括。上古漢語是否曾經體現這種情況很難斷定，不過何樂士(1984)倒是認爲《左傳》的人稱代詞可以分爲禮貌、尊敬、友好和隨便、不敬、責怪等兩種語氣。

"修辭"上的差異不足以解釋代詞"親賤""嚴倨"區別的語法問題。因爲"修辭"不是語法，而且在上古漢語當中，這種語言風格上的差異并不是限於一位作者而是語言的普遍現象。綜合本文觀點，我們認爲，有了語體語法理論的鑒定，"吾""我"在上古漢語中的對立就不再是作者選擇何種"風格""修辭"問題，而是語法規律何以爲此的語體法則。本文應用了

---

① 感謝匿名評審指出這一點。

語體語法理論來分析"吾""我"在定語位置的語體屬性,充分説明了語體的四維定位系統能够對每個形式的屬性加以嚴格區分。語體特徵是可以區別上古漢語"吾""我"在定語位置上差異的根據。這證明上古漢語會通過韻律的手段實現語距特徵。

　　之前的研究已對上古漢語如何採用韻律手段實現語距特徵做出過有力的分析,如陳遠秀(2017)提出古漢語中"主之謂"結構中的"之"是韻律上的填充詞,"之"的填充爲了實現正式語體的泛時空特徵。本文則指出不同輕重形式的代詞交替也是上古漢語意體原子在實現語體態度[＋嚴厲][＋親切]的一種典型的表現。本文爲上古漢語如何實現交際距離的遠近做出了初步的探索,進一步證實了古代的"語體"是語言的客觀存在,而語體語法則是實際交際中所必須遵循的客觀事實。

參考文獻

[1]陳彦輝. 春秋辭令研究[M]. 北京:中華書局,2006.

[2]陳遠秀. 上古漢語"主之謂"結構的語體考察——以《史記》和《論衡》爲例[J]. 語言教學與研究,2017(3):58-69.

[3]董秀芳. 代詞的主客觀分工[J]. 語言研究,2014(3):39-46.

[4]馮勝利. 語體語法的邏輯體系及語體特徵的鑒定[J]. 漢語應用語言學研究,2015(1):1-21.

[5]馮勝利. 從語音、語義、詞法和句法看語體語法的系統性[J]. 中國語學,2017(264號):1-24.

[6]馮勝利. 漢語語體語法概論[M]. 北京:北京語言大學出版社,2018.

[7]馮勝利,劉麗媛. 語體語法的生物原理與生成機制[M]//民俗典籍文字研究(第26輯). 北京:商務印書館,2020:76-103.

[8]馮勝利. 寡人考——兼談"2＋1(三重)"的證據法[R]. 北京師範大學訓詁學課程講座,2020.

[9]高名凱. 漢語語法論[M]. 北京:科學出版社,1957.

[10]何樂士. 左傳的人稱代詞[M]//中國社會科學院語言研究所. 古漢語研究論文集(二). 北京:北京出版社,1984:108-138.

[11]洪波. 上古漢語第一人稱代詞"余""我""朕"的分别[J]. 語言研究,1996(1):80-87.

[12]蔣紹愚. 漢語史的研究和漢語史的材料[J]. 語文研究,2019(3):1-14.

[13]李子玲.《論語》第一人稱的指示義[J]. 當代語言學,2014(2):142-156.

[14]劉承慧. 先秦語體類型及其解釋——以《左傳》爲主要論據的研究[M]//馮勝利,施春宏. 漢語語體語法新探. 上海:中西書局,2018,260-288.

[15]羅端. 先秦漢語人稱代詞系統的演變[J]. 歷史語言學研究,2009(2):54-71.

[16]馬建忠. 馬氏文通[M]. 北京:商務印書館,2009.

[17]潘悟雲. 漢語歷史音韻學[M]. 上海:上海教育出版社,2000.

[18]蘇婧. 從語體語法理論看《左傳》中的工具類[X以 VP]式[J]. 漢語史學報,2021(24):110-122.

[19]夏先培.《左傳》的"吾子""夫子"和"數詞＋子"的結構[J]. 長沙電子學院社會科學學報,1997(1):119-122.

[20]夏先培. 左傳交際稱謂研究[M]. 長沙:湖南師範大學出版社,1999.

[21]王力. 同源字典[M]. 北京:商務印書館,1982.

[22]魏培泉. 漢魏六朝稱代詞研究[M]. 臺北:"中研院"語言學研究所,2004.

[23]趙璞嵩. 從"吾""我"對立看上古漢語中韻素的對立[D]. 香港:香港中文大學,2014.

[24]趙璞嵩. 上古漢語韻素研究——以"吾""我"爲例[M]. 北京:北京語言大學出版社,2018.

[25]鄭張尚芳. 上古韻母系統和四等、介音、聲調的發源問題[J]. 温州師院學報,1987(4):67-90.

[26]鄭張尚芳. 漢語方言與古音中的韻律表現[J]. 韻律語法研究,2017(1):28-31.

[27]Karlgren, Bernhard [高本漢]. Le proto-chinois, langue flexionelle[J]. Journal Asiatique,1920, 15: 205-232. 馮承鈞譯. 原始中國語爲變化語説[J]. 東方雜誌,1929,26:5, 77-88.

[28]Liberman, Mark & Alan Prince. On Stress and Linguistic Rhythm[J]. Linguistic Inquiry 8(1977): 249-336.

A Stylistic-Register Grammar Investigation on the [*wu*(吾) NP] and [*wo*(我) NP] Structure in Archaic Chinese: A Case Study on *Zuozhuan*(《左傳》)

Zhao Pusong

Abstract: In Zuozhuan, first-person pronouns *Wu* (吾) and *Wo*(我) can be used as attributives. This article aims to point out that the opposition between [*Wu*(吾) NP] and [*Wo*(我) NP] is the register contrasts by applying the theory of Prosodic Grammar and Stylistic-Register Grammar. It has been observed that the quantity of mora were the basis for determining the register-distance in archaic Chinese.

Key words: [*Wu*(吾) NP], [*Wo*(我) NP], stylistic-register grammar, prosodic grammar, register-distance

通信地址:廣東省深圳市龍崗區龍翔大道 2002 號香港中文大學(深圳)人文社科學院

郵　　編:518172

E-mail:pusongzhao@cuhk. edu. cn

五四前後正式體的産生及其雙步平衡律構體原子[*]

劉麗媛

内容提要 五四前後,在文言與白話的鬥争浪潮中,現代漢語的正式語體也以其獨立身份得到發展并逐漸成熟。本文基於近十餘年提出并不斷發展的語體語法理論,提出:首先,現代漢語的正式語體是語體語法生物交際屬性的必然産物,是用韻律形式的標體功能替换了"古今律"下的正式體文言形式;其次,正式語體萌芽於大量的雙音節正式體詞彙進入傳統文言篇章中,使得單音節詞構建的文言體系分崩離析,形成"没有雙步律,不成正式體"的語體結構;第三,正式語體的基本與首要構體單位是"形式-功能對生機制"派生的"平衡律體原子",以音步爲單位組成[(Fσσ)w(Fσσ)s]相對凸顯結構,形成"没有雙步律,不成正式句"的正式體形式;最後,平衡律體原子可以派生一系列的"語體-韻律-句法"現象,據此展現出其在"三維語法"下所發揮的重大體原子效應。

關鍵詞 正式語體　文言形式　雙步平衡律　體原子　句法效應

一　現代漢語正式體産生的語體原理

　　一般認爲,現代漢語書面語是在近代白話(即口語)基礎上,融合了文言、方言及其他語言(主要是西方語言)的成分,經過一百多年發展而成的漢語書寫語,是一種非均質的形式(胡明揚,1993;孫德金,2012a、2012b),這也是早期學者所主張的一種"國語"形式(朱經農,1918;周作人,1925;錢玄同1925、1935;劉半農,1935;毛澤東,1942 等)。這裏值得關注并討論的一個重要問題是:在新文化運動"我手寫我口"的大背景下,祇要具有"口語"這一種語言形式即可,爲什麼漢語中要産生這樣一種"非均質"的融合形式,有没有一種理論告訴我們其必然産生的語言學原理。

　　本文發現,語體語法(stylistic-register grammar)理論(馮勝利,2010b、2018)可以爲這一問題提供一個充分的解釋①。語體語法理論指出:人類除了具有喬姆斯基提出的區别於動物的語法能力(linguistic competence)之外,尚有與動物共享的交際本能(馮勝利、劉麗媛,2020)。這是因爲"人是群體的動物,動物之爲群體則必有'交際'",交際的個體必須與對方確立彼此的親疏遠近關係(馮勝利,2010b),這也就是交際本能派生的"定距本能",而"語言"正是具有這一"調距"功能的形式,每一種語言必須至少具有兩種語體(正式體和口語體),纔

---

　　[*] 本研究受教育部人文社會科學研究青年基金項目(17YJC740096)的資助。文章寫作中蒙恩師馮勝利先生專門指導,學友李果、李煊、駱健飛、蘇婧、王遲、王麗娟、趙璞嵩、朱賽萍等給予寶貴意見,本刊匿名審稿專家對本文的修改提出批評建議,筆者深受裨益。謹此向上述諸位敬致謝忱。
　　① 陸儉明先生 2019 年 7 月 20 日在商務印書館漢語中心的講話《現代漢語語法研究發展的歷程》中説到,"馮勝利教授開創的語體語法學對推進漢語語法研究起了很積極的作用",本文所基於的正是馮師勝利提出的"語體不同,語法不同"的語體語法理論。

能够滿足交際雙方調節遠近距離的本能需求。現代漢語中的書面語如果是區別於俗常口語體的一種形式,那麼其"別體特性"必然具有拉遠距離的作用,是語言這一工具爲滿足調距作用而派生的一種語體形式。這也就是爲什麼在轟轟烈烈的新文化運動背景下,作爲交際工具的"語言"需要在口語體之外產生一種新的語體形式,用來作爲拉遠人們之間距離的特定形式。如果語體語法理論的解釋是正確的,我們需要透過這一理論工具,重新看待現代漢語正式體的產生過程,并進一步爲理論帶來的新問題做出系統的解釋。據此,本論文提出:第一,"正式語體"的產生具有生物交際原理的必然性,在理論與實踐上"正式語體"都是一個獨立的語言系統;第二,正式語體脫胎於文言單音變雙音的韻律系統,從五四前後的語言材料中可以看到不同的單雙組配現象及文體背後的語體語法演變;第三,"正式語體"的基本與首要構體原子是雙步平衡律①,雙步平衡形式對應正式體交際正是"形式-功能對生律"(馮勝利,2012;馮勝利、劉麗媛,2020)的具體表現,漢語由"古今律體原子"別體演變爲"平衡律體原子"別體;第四,雙步平衡律作爲語體語法的體原子,可以推演"語體-韻律-語法"——"三維語法"(馮勝利,2021)下的體原子效應,派生嵌偶律、合偶律等現象。

二　五四前後獨立發展的"正式語體"

在語體語法理論中,"生物交際本能"的提出,是語言學研究中的一個重要發現,由此派生的確定親疏遠近的"定距本能"更是對各種語言提出了"正式體"與"口語體"二分的基本要求,也就是"體必兩極"。這一規則的必然性引導我們去推演五四前後語言的不同語體形式,將關注的焦點從以往的"文言與白話"問題(呂叔湘,1944;張中行,1988;汪維輝,2016;蔣紹愚,2019等),或"書面漢語的口語化"問題(刁晏斌,2019)轉移到具體的語體問題"舊正式體(文言)與新正式體(現代正式體)"上來,而後者正是被"文言與白話"問題掩蓋的一個重要語言演變問題②。

在社會文化劇烈變動的晚清民國時期,"體必兩極"的"本能屬性"展示出巨大的規則力量,具體表現在:文言本是先秦兩漢的語言形式,在漢代之後由於"古語今用"的時間語距帶來的陌生感、距離感,使得文言形式在後續的一千多年始終發揮着正式體乃至莊典體的功能,在交際中具有拉遠距離的功能,在漢代之後形成"文言-(古)白話"的"正式體-口語體"的兩極對立,以至在現代漢語中"不宜出行"和"不要出門"仍然具有正式和口語的對立。這是語體語法理論中時空拉距下的"古今律"體原子別體,即"古語今用"可以作爲拉遠距離的正式體形式,這既是黄季剛先生"雅俗(=正式/非正式)有代降……雅俗有易形,其初盡俗,

---

① 本文論證指出韻律是現代正式語體產生的首要與核心推動要素,但并不意味着排除正式體產生中的其他構體成分,比如"口語虛詞的進入""文言成分的沿用"等。感謝匿名審稿專家的寶貴建議。

② 比如張中行在《文言和白話》一書中,看到的都是書面和口說的對立,却無法看到"書面"(正式體)本身的形式轉型,乃至將新生的正式體形式"……都從不同的方面,以不同的方式,結合他們各自的國情,考察社會主義的狀況,總結社會主義的經驗……"僅僅概括爲"詞句變長""遠離口語""正襟危坐氣漸漸加重"的一種不好的趨勢(張中行,1988:244-248)。這一評價也正是因爲沒有"不同語體必然由不同形式來標記,正式體一定會與口語體拉開距離"的語體理論,而且構造正式體的體原子也必然帶來"正襟危坐"的語體感受。

文之以雅,久而畢雅,此變而上也"(黃侃,2001)的語體演變規則,也是呂叔湘先生(1944)"甲時代的口語到了乙時代成爲古語"背後的原理。

但是,當社會的正式體交際進入到 19 世紀,文言仍然承擔正式體的身份、却與現實的口語交際甚至正式交際距離越來越大,甚至已經無法滿足正常交際的需要,這時語體交際就會本能地催動語言的體系變動,這一自然變動甚至早於人爲的反抗(革命)。本論文通過五四前後的正式體語言形式離析出"正式體"的獨立發展軌跡,發現正式體最初是在文言形式基礎上由單向雙的系統演變,是一種"長在文言"上的語體形式。這一發現證實了馮勝利(2005)所指出的現代正式體是一個獨立的體系,但在正式體的來源上有所不同,其"正式體源於口語又取自文言"的觀點,在本文中發展爲"正式體是在文言之上由單變雙的一個獨立體系","正式體是源於文言又取自口語的體系",下面即爲不同單雙比例所組配的正式體形式。

(一)正式體形式 1:夾雜少量雙音成分的文言

王力(1990:690)指出"從鴉片戰争到戊戌政變(1898),新詞的產生是有限的。從戊戌政變(1898)到'五四'運動(1919),新詞產生得比較快。'五四'運動以後,一方面把已經通行的新詞鞏固下來,另一方面還不斷地創造新詞,以應不斷增長的文化需要"。沈國威(2019:3)也指出 19 世紀和 20 世紀之交是漢語二字詞發生的一個高潮期,其所研究的日源詞進入中國或使用頻率增加多在 1900 年之後。故而,本文主要選取了 1900-1949 年間的文獻資料,隨機翻閱早期報紙《大公報》(1902-1903)、《東方雜誌》(1904-1914)等,逐篇查看期刊《清華大學學報》(1915-1918、1924-1925、1930、1947-1948,以下簡稱"學報")、《教育與職業》(1920-1921、1923)①,核查《中國共產黨新聞工作文件彙編》(上卷、下卷 1921-1949,以下簡稱"彙編")等文獻材料,發現晚清的實用文言形式(非文人的情感抒發)已經開始"變形",夾雜進入動詞或名詞的雙音形式,不再完全呈現"一音一義"的文言系統,比如(劃綫者爲雙音或多音成分):

(1)【議論】且夫民無權則不知國爲民所共有,而與上相睽;民有權則民知以國爲事,而與上相親。蓋人所以相親者,事相謀,情相接,志相通也。(1896・時務報・論中國參用民權之利益)

(2)【議論】統二十一行省之大,四百兆人之衆,其傀傀盱盱于埃及之滅亡,波蘭之分裂,印度流離,困苦無告之狀,無聞無覩,夷然漠然,一無所動于中者,幾于遍地皆是也,中有一二識時之彦,知亡國爲世界之最慘,不過徒抱杞人之憂,或發于議論,或傳于筆楮,牢愁憤激,僅托空言,終未見以救亡之心,而推諸定事者,叩其故,則曰聽諸有位有權者之善變與否,吾無位,吾無權,吾雖明知而憂憂之,無能爲焉! (1902・大公報・天津版・論説・論中國人人有救亡之責)

(3)【記敍】駐漢口英領事某君,日前有電詢外務部及其使館,云得陝西官場友人來

---

① 本文根據中國知網現已收錄的《清華大學學報》(自然科學版)、《教育與職業》收錄情況進行語料收集,早期的《清華大學學報》(自然科學版)爲綜合性期刊。本文所選用語料具體包括:《清華大學學報》(自然科學版)1915、1916、1917(1)、1918、1924(1,2)、1925(1,2)、1930(1,2)、1947(0,S1)、1948(1),《教育與職業》1920、1921、1923(1)。

電,云端王董福祥有作亂之謀,恐拳匪之舉,將見請函致貴國之在此傳教各友及早遷避,以免保護不力,致生意外之變等語。(1903·大公報·天津版·時事要聞)

(4)【法令】一凡有喊人救命者,急吹哨四聲,集同上下值班巡兵前往跟查,如已閉門,遂同鄰居,推門而入,務將各犯獲案。一凡有刦案急吹哨六聲,集同上下值班巡兵,前往捕拿,并飛報各營局,調兵兜拿。一凡遇火災,急將竹哨亂吹七八聲,集同上下值班巡兵,嚴防搶火,不得擅離本段,并將失火處所飛報總局分局,先令退班巡兵前往撲滅,如火勢蔓延,總局諭令值班巡兵往救,方準前往,否則即由退班巡兵撲滅。(1904·東方雜誌·安徽大通總辦釐局兼巡警許觀察炳榛巡警法令)

(5)【論說】欲謀救國,非改良政俗不可,而欲改良政俗,厥有二策:一曰自上,一曰自下,自上者以政府爲主動力,自下者以民人爲自動力。近者政治家言,咸以爲變自下則基礎實,變自上則設施浮,變自下以民人爲本位,俗化而政自良,變自上以政府爲本位,必得聖君賢相以治理之。始克成爲善國。(1905·東方雜誌·社説·論改良政俗自上自下之難易)

在這五則材料中,前兩段材料是時事内容較少的抒情性議論,雙音成分較少;後三段文獻材料都與當時的政治、法治現實密切相關,雖然仍舊採用文言語法,單音節詞占據主流,但已經表現出社會文化變動下的正式體交際需求:雙音節控制的新生正式體詞彙,必然要進入當時的正式語體。而在這一時期,雙音節正式體詞彙排山倒海般滋生,根據楊霞(2011)以1911-1921年間出版的《東方雜誌》近三千萬字的語料統計,有新詞語12,795條,如"背景、轉載、注射、主人翁、中産階級、注册、語系、幼稚院、印象派、危機、坦克車、體格、權威、汽艇、公共場所、合成、函授學校、國情、面具、美觀、破産、潛艇、燈油、打字、程序、參戰、風扇、畢業生、必修科、表現、潛聽器、票據貼現、存款單、輿情、隔離室、疑似病人、潛伏期、快遞、壽險"等詞(楊霞,2011:21),同時又有大量的多音節派生詞,如"保護法、保護區、保護權、保護税、保護者""編輯費、編輯人、編輯室、編輯員、編輯者"等(楊霞,2011:27)。而通常作爲文言主體的單音節成分在新詞新語中數量極其微小,對比如下(楊霞,2011:41-42):

表1　《東方雜誌》(1911-1921)新詞語的音節分布情況(除字母詞)

音節數	詞條數	百分比	音節數	詞條數	百分比
單音節	58	0.49%	六音節	427	3.59%
雙音節	1929	16.22%	七音節	164	1.38%
三音節	4967	41.77%	八音節	47	0.40%
四音節	3017	25.37%	九音節以上	37	0.31%
五音節	1243	10.45%	總計	11889	99.98%

同時,在沈國威(2019:238)所考察的7710條日本借詞中包括"1字詞19條;2字詞6013條;3字詞1266條;4字以上詞412條"。我們可以看到,五四前後社會發展、科技翻新的劇烈變動,推動正式體語言中雙音形式暴增,其增長數量之大與當時學者的實踐與感受完全一致,如林樂知在與傅蘭雅主持江南製造局譯書館期間,所創新詞的數量已經非常可觀:"試觀英文之大字林,科學分門,合之其名詞不下二十萬,而中國之字,不過六萬有奇,是較少於英文十四萬也。……故新名詞不能不撰,如化學、醫學、地質學、心理學等科。中國字缺乏者更夥。余前與傅蘭雅先生同譯書於製造局,計爲中國新添之字與名詞,已不啻一萬有奇矣。"

（林樂知、范禕，1904）林樂知提及的"科學"所需新名詞是正式語體不可或缺且必不可少的成分，而其又受到雙音節構詞的韻律制約。故而，正式的文言形式中融入了大量雙音成分，開始了單音系統向雙音系統的演變。

（二）正式體形式2：雙音節占主流的文言體式

當正式體的雙音節造成勢不可擋的局面，文言體式的單音系統則會被衝擊得不成體系，自然地被滿足正式體交際的雙音系統所攻破。王國維（1905）指出"十年以前，西洋學術之輸入，限於形而下學之方面，故雖有新字新語，於文學上尚未有顯著之影響也。數年以來，形上之學漸入於中國，而又有一日本焉，爲之中間之驛騎，於是日本所造譯西語之漢文，以混混之勢而侵入我國之文學界。……至於講一學、治一藝，則非增新語不可"，王力（1990：690）也曾論斷"現在一篇政治論文或學術論文裏，新詞往往達到百分之七十以上。從詞彙的角度看，最近六十多年來漢語發展的速度超過以前的幾千年"。顯而易見的是，這些雙音節詞語進入當時的正式語體，會將傳統的文言衝擊得七零八落，甚至出現一種"單雙混雜"的現象，如（劃綫者爲掛單成分）：

（6）【記敘】蘇杭甬鐵路者，光緒二十四年英使竇納樂函請總理衙門，准英商銀公司囑怡和洋行代表承修中國五路之一也，時由盛大臣宣懷與訂草合同，四條中有從速測勘一語，然延至二十九年，尚未測勘。盛大臣乃於滬甬合同簽押時責其應作廢棄。（1908·東方雜誌·交通·記蘇杭甬鐵路拒借英款事）

（7）【議論】予對於此問題，請先以概括之語解答之，曰今後之教育行政，凡關於社會所經營之教育事業，宜力主放任，去其干涉之手段，關於政府所經營之教育事業，宜力求進步，盡其誘導之責任。（1911·東方雜誌·論今日之教育行政）

（8）【日記】十三日閱看阜豐麵粉廠，晚赴中國青年會茶會。十四日考察中國自來水公司、江南船塢、日輝織呢廠、龍章造紙廠，下午江海關道請在洋務局茶會，晚由商務總會假味蒪園開歡迎宴。……十九日在上海考察商務印書館，午後在徐家匯高等實業學堂觀運動會，復由振市公司請在新舞臺觀劇。（1910·東方雜誌·記載第三 中國時事彙録·美國實業團來華記）

在這三例中，我們可以看到文言篇章中夾雜了更多的雙音節詞，如（6）中的"鐵路、總理、衙門、公司、洋行、代表、訂草、合同、測勘、簽押、廢棄"，（7）中的"問題、概括、解答、教育、行政、關於、社會、經營、事業、放任、干涉、手段、進步、誘導、責任"，除去這些雙音節詞，其他的句中成分則可組成雙音或多音的韻律單位，如"二十四年、英使、竇納樂、函請、承修、五路之一、時由、從速、一語、延至、二十九年、尚未、責其、應作、請在"。在例（6-8）中掛單的單音成分祇剩劃綫幾處"者、准、囑、也、與、然"，"予、請、之、曰、宜"，"請、假、觀"，也正是這些單音成分（有實詞、有虛詞）的存在使得這三段話仍舊可以展露出文言的特徵，如果將這些單音成分去掉或改爲雙音成分，變成下例，則與現在的正式體已經較爲接近。即：

（9）關於蘇杭甬鐵路，光緒二十四年英使竇納樂函請總理衙門，准許英商銀公司囑托怡和洋行代表承修中國五路之一，當時由大臣盛宣懷與之訂草合同，四條中有從速測勘一語，然而延至二十九年，尚未測勘。盛宣懷乃於滬甬合同簽押時責其應作廢棄。

（10）對於此問題，請先以概括之語解答，今後的教育行政，凡關於社會所經營的教育事業,應該力主放任,去其干涉之手段,關於政府所經營的教育事業,應該力求進步,盡其誘導之責任。

故而,正式體文化(政治、經濟、教育等)中產生的雙音節詞成爲衝擊傳統文言的第一股重大力量,而這也體現出正式體自身的獨立性與其規則制控下的本能性變革,當一種語體形式(文言)脫離交際需求(此處爲正式體交際)越遠,交際需求(雙音節正式體詞彙的使用)會反作用於這種形式,使這種形式重新調整爲滿足交際的變體,而這一變體如果完全剔除原來形式的典型特徵(文言的"一音一義"),則會完全成爲一種新的語體形式。這也就是爲什麼前人會做出這樣的論斷:"19世紀後期和20世紀前二三十年新詞語的大量融入,無論從規模上還是在影響的程度上,都是前所未有的。它幾乎在語言經驗的所有層面上都根本改變了漢語,使古代漢語幾乎成爲過時之物"(劉禾,2001:226)。

(三)正式體形式 3:雙音節爲基本單位的新體式

當雙音節成分成爲文言形式中完全的甚至不可或缺的形式需求時,單音節獨立使用的情況不復存在,文言形式也就完全演變爲當前的現代漢語正式體形式。如(劃綫者爲"單＋單"湊雙用法):

(11)【廣告】本行自運各國頭等各樣皮料,挑選良工專做中外國時式靴鞋、軍裝靴鞋,包攬華洋一切工程,承做各樣軍裝,并售各樣皮料,貨高價廉。(1902・大公報・祥瑞豐洋靴行)

(12)【聲明】啟者:司各脫乳白鰵魚肝油創自英京,旋即馳名,各國久蒙官紳士商讚賞,曾照英國商律在上海總領事署注册,并按中英商約在中國海關立案,經用人魚商標爲記,不論何國商人,均不得仿效,以僞亂真,或販賣,不論何種貨物及一切藥料,亦不准用人魚商標,或模仿本商標,而稍改形式以爲假冒影射之計,亦所必究,茲特佈告。倘有人故蹈以上諸弊,一經訪聞,定必稟官究罰。(1909・東方雜誌・司各脫商標廣告)

(13)【委任記録】二十五日 任命湯叡爲中國銀行總裁,項藻馨爲中國銀行副總裁。任命夏壽康爲銓敍局局長,許寶蘅爲臨時稽勳局局長。任命饒漢祥署湖北民政長,高凌霨暫行兼署直隷國稅廳籌備處處長。(1913・東方雜誌・中國大事記)

我們可以看到,在這三則材料中,除了大量的雙音節詞之外,其他成分也可以歸屬於"單＋單"的雙音節音步(含超音步)之内,幾乎少有義項古奧的"一音一義"成分。這類正式體形式最突出的特點就是:在韻律上呈現出以"音步"爲基本單位的"平衡特徵",而非第一類正式體形式以"音節"爲單位的"長短韻律特徵"(見例1-5),韻律屬性的差異成爲文言向現代正式體演變的根本要素。

由此可知,現代正式體是一種在文言體式上韻律逐漸成雙的形式,反映的是正式體在遠離交際現實後重新回歸現實的過程,是語言形式與交際功能對應機制的一種調節,背後反映了"古今律"別體的文言向韻律特徵別體的過渡。同時也反映出一個重大的語變問題:正式體的產生源頭不是傳統認爲的"在近代白話(即口語)基礎上,融合了文言、方言及其他語言(主要是西方語言)的成分",而是基於文言語法,轉變韻律特徵的一種標體形式。

三　正式語體的構體原子——雙步平衡律

　　如果現代漢語的正式體是以雙音節音步爲基本單位，這爲我們帶來一個更深層次的問題：爲什麽音步作爲基本單位可以構造漢語的正式語體？ 也就是説爲什麽"音步＋音步"可以作爲拉遠交際距離的形式。訴諸語體語法理論，我們發現，這正是因爲雙音節構造的雙音步單位具有嚴肅莊正的韻律特徵，這一韻律特徵在古今中外都具有本質上的拉遠距離的語體作用。所以，文言形式向現代正式體的演變是不同正式體體原子的轉型——"古今律"體原子到"雙步平衡律"體原子。

（一）"形式－功能對生律"下的雙步平衡律體原子

　　在語體語法理論的發現中，節律單位的相對平衡形式具有正式體的語體功能，如現代漢語的用例（馮勝利，2010a）：

　　（14）a. 韻律模式[1＋2]　　　泡蘑菇　　　　撒丫子　　　　戴高帽
　　　　　a'. 韻律模式[2＋2]　　　消極怠工　　　聞風而逃　　　阿諛奉承
　　　　　b. 韻律模式・俗語[2013]　稀里糊塗　　　吊兒郎當
　　　　　b'. 韻律模式・成語[0213] 心不在焉　　　漫不經心

毫無疑問，在現代漢語中，例（14ab）是口語形式，帶有輕快詼諧的味道；a'b'是正式的説法，含有嚴肅莊正的語調；從韻律上分析，a 式音節[1＋2]左右長度不等，b 式"中輕輕重"[2013]中"2"與"0"韻律懸差較大，均表現出音節層次上的長短/輕重懸殊特徵；而 a' 式音節[2＋2]左右長度一致，b' 式"輕中輕重"[0213]的重音模式則具有"02"與"13"音步層之上左右平衡的特徵①。馮勝利（2010a）提出這種左右平衡的韻律特徵具有正式體的屬性，稱爲"平衡律"，而韻律輕重懸殊的形式具有俗常體特徵，稱爲"懸差律"。關於這一組別體形式的韻律屬性，不少學者做出研究與闡釋，如馮勝利（2017a）進一步討論"節律的語體功能"，王永娜（2017）闡釋了韻律的"長短、齊整"特徵，王麗娟（2018）用"平衡律"和"懸差律"區分兩種不同的旁格述賓結構，馮勝利、施春宏（2018）明確"超音段"形式的語距功能，這些研究背後都具有相同的語體語法基本原理：語體也是語法，語體不同，則語法不同；語體不同，則音法不同（馮勝利，2010b）。

　　事實上，在古代漢語中"雙步平衡律"形式已被用來標識正式體，如袁愫（2020）對《詩經》

---

　　① 例（14b）與（14b'）中均有輕重層次上"2"和"0"的差異，爲什麽 b 是懸差，而 b'沒有懸差，這一問題涉及到韻律節奏單位的形成問題（馮勝利、施春宏，2021），"節奏"指的是規則性定期運動的出現，在[2013]"中輕輕重"的模式下，其韻律輕重規律祇有一個音節層次上的"輕重"特徵，而在[0213]"輕中輕重"模式中，呈現出"輕重輕重"的一個音步層次上的定期循環，正是音節層之上的"輕重輕重"的節奏單位，使得"心不在焉"與"稀里糊塗"具有了正式與口語的不同語體屬性。關於四言格的韻律語體特徵在朱賽萍（2021）中具有詳細論證。

四言重複式的研究爲"2＋2"平衡結構的正式體功能提供了古代漢語的證據①,即:

(15)a. ABAB 式重疊　悠哉悠哉,輾轉反側。(《國風·周南·關雎》)

　　a'. AABB 式重疊　穆穆皇皇,宜君宜王。(《大雅·生民之什·假樂》)

該研究指出音步內部輕重對比的 ABAB 爲口語體,多見於《國風》,而音步之間輕重對比的 AABB 爲正式體或莊典體,多出自《雅》《頌》。其材料進一步證實"2＋2"這種節律模式具有標記正式體的功能,這也就是馮勝利、劉麗媛(2020)所指出的"形式－功能對生律","2＋2"音節數量形成的音步層次上左右平衡的這種韻律形式長有標記正式體的功能,不可能出現"2＋2"的韻律形式爲口語屬性的情況,這樣的"形式－功能"對生產品是構建正式語體的基元單位,具有"體原子"的"原子"屬性,所以它成爲"凡出現即爲正式體"的"平衡律體原子"(馮勝利、劉麗媛,2020)。"平衡律體原子"及其對立口語形式的定義及結構見下:

(16)平衡律:是指相對的兩個節律單位如長短一致,則具正式性;

　　　長短律:是指相對的兩個節律單位如長短不一,則具口語性;

　　　懸差律:是指相差一半(或以上)的兩個韻律單位的組合,均具諧俗性。

比如"進行改寫、加以改變"爲"2＋2"的韻律形式,每兩個音節形成一個音步,達到音步層級"音步＋音步"的左右均衡,是正式體;"改改、變變"爲"1＋0.5"的左重右輕、長短不一的口語形式,是音節層次上的長短、輕重對比;"改劇本"爲"1＋2"左輕右重、長短不一的口語形式,因爲"改"爲單音節形式,無法形成一個音步結構,進而"改劇本"也不能形成音步層級的輕重對立,同時"嘩里啪啦、吊兒郎當"爲[2013]音節層次的韻律懸差模式,具有諧俗性。平衡律和長短律單位的"語體-韻律"結構(參馮勝利,2020)如下:

(17)"語體－韻律"單位的基本結構圖

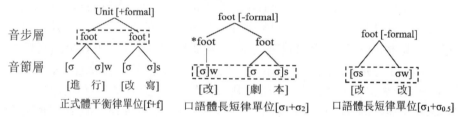

正式體節律以音步爲單位,組成[(Fσσ)w (Fσσ)s]相對凸顯結構,與口語中以音節爲單位的懸差律形成音法對立。"平衡律體原子"的提出,恰是解決"文言形式"向現代正式體形式發生演變的關鍵。其具體過程可以分解爲三步:1)大量正式體的雙音節詞彙進入文言系統,將原來的單音詞變爲雙音詞,在韻律節奏上形成"f＋f"的雙步平衡單位,而非以往"σ＋σ"

---

① 正如本文所指出的,"平衡律"與"懸差律"作爲一組對立的體原子,在其他語言中也具有別體的普適性。如英語中的抑揚格(輕重格)可以構造歌謠體詩歌(張廣奎主編,2016:7);英語中的 Limerick(打油詩)輕重懸殊,衹能用於俗常體交際;英語中的揚揚格(重重格,Spondaic foot, spondee)是構造六音步詩的重要成分,而六音步詩爲拉丁或希臘詩中的古典詩體,是創作史詩和教諭詩所採用的傳統手法,這也反映出揚揚格具有正式體的特性。同時,六音步的英文詩很少,就在於揚揚格通常由兩個單音節詞構成,韻律上受限於英文以多音節單詞爲主,而多音節的單詞都會有一個主重音(林驤華主編,1989:218、451),這一限制説明不同語言的不同韻律單位(韻素音步、音節音步)會限制語體的韻律實現,英語這種語言的日常交際不能採用音節音步層次上"韻律平衡"的構體單位。這也進一步説明,語體語法的體原子如同生成句法的原則(principle)一樣具有普適性,但在特定的語言中受到不同參數(parameter)的限制。

的音節輕重節奏單位;2)雙音詞系統確立基本的韻律節奏後,句中未變雙的成分將自然地被"協律"爲雙,均統一爲"音步＋音步"的形式;3)早期的正式體形式仍然會留有少量未成雙的掛單音節,但已無法改變文章的雙步平衡律節奏形式,甚至不平衡的掛單情況在本文所查1976年以來的正式體中已不復出現。如(劃綫者爲掛單或湊雙成分):

(18)【早期正式體】外交部宣布澳洲待遇華僑新章……外交部咨各省都督文云。接准駐澳洲總領事黄榮良呈稱。前與澳政府磋商改良禁例。大概情形。業經呈報在案。繼此以往。叠與澳外部往返磋商。今於七月二十五日接到澳外部末次來文。并新訂章程二則。一、中國男女學生年在十七歲至二十四歲以内。凡領有中國官所發之護照。經英領事簽名者。准其來澳留學。以六年爲限。一商人來澳,祇准作爲遊歷。以一年爲限。若有實在緣因,亦可略展期限。以上章程二則,定於本年九月初一日實行。(1912・東方雜誌・中國大事記・十月初十日外交部宣布澳洲待遇華僑新章)

(19)【早期正式體】本部年來對於籌備統一國語一事,既積極進行,現在全國教育界輿論趨向,又咸以國民學校國文科宜改授國語爲言;體察情形,提倡國語教育實難再緩。(1920・教育部訓令・黎錦熙・國語運動史綱・P161)

(20)【早期正式體】函授辦法即以各門之講義或書籍定每月分印若干寄與各地地方組織,分發於同志或非同志之間(收回印刷紙張之成本);各地閲者之疑問由函授部主任分發各門編講義者答復。(1923・彙編・P8・教育宣傳委員會組織法)

例(18-20)三則材料均以雙音節成分爲主,非雙的部分動詞也在雙音"諧律"的要求下與前後掛單成分組雙,如"前與、在案、繼此、新訂、爲限、祇准、略展、年來、一事、咸以、爲言、實難、再緩、即以、寄與"等,大量雙音成分中偶然夾雜的單音成分已不能影響文章遠離文言形式的趨勢,如"咨、云、接、并、凡、定、編"等,并且這些成分在前後雙步平衡結構[(Fσσ)w(Fσσ)s]的影響下,可以被分析爲韻律上的"節律外成分"(extrametrical element)。而"核心謂詞掛單"的現象,在成熟的正式體中已經不再出現。如:

(21)【現代正式體】決勝全面小康、邁向新的征程,讓我們堅定信心。回首2019年,我們不僅取得全面建成小康社會新的重大進展,而且完成新中國70年輝煌的歷史書寫。這70年,中國人民發憤圖强、艱苦奮鬥,創造了"當驚世界殊"的發展成就,推動偉大祖國實現了史詩般的進步,書寫了人類發展史上的偉大傳奇,中華民族迎來了從站起來、富起來到强起來的偉大飛躍,迎來了實現偉大復興的光明前景。(2020・人民日報・元旦獻詞)

＊[正]勝了征程　＊[正]寫了傳奇

(22)【現代正式體】剛剛過去的2020年,世紀疫情和百年變局交織,嚴峻挑戰和重大困難并存,在新中國歷史上、中華民族歷史上、人類歷史上都極不尋常。在泰山壓頂的危難時刻,以習近平同志爲核心的黨中央高瞻遠矚、審時度勢,團結帶領全黨全國各族人民迎難而上、攻堅克難,在這極不尋常的年份創造了極不尋常的輝煌,交出了一份人民滿意、世界矚目、可以載入史册的答卷,廣大黨員幹部鬥爭本領得到錘煉,全國各族人民精神面貌更加奮發昂揚!(2021・人民日報・元旦獻詞)

同時,我們可以看到長短律形式的文言,并不能作爲現代雙步律正式體的雛形。如:

(23)顔色黑白與地理之關係◇人謂住於熱地之人,其色黑,住於寒地之人,其色白,此謬見也。蓋往日之歐羅巴人以自己住于地中海以北,顔色頗白,而各種族之住于地中

海以南者,顏色頗黑,故有此説,本非無所見而云然也。(1904・東方雜誌・叢談)

據此可知,五四前後大量産生的雙音詞彙成爲催動正式體文言形式走向正式體雙步律形式的催化劑,而"形式－功能對生律"制控下的雙步平衡律與正式體屬性是一個具有普適性的體原子,在這種特殊文化轉型、特定節律的作用下,形成了以"雙步平衡律"爲構體原子的漢語正式體,確立了"没有雙步律,不成正式體"的基本規則。這也就是爲什麽馮勝利(2003)會提出"書面語法就是韻律制約的語法""書面語的核心規律(當然不是全部)就是韻律""韻律是書面語言造語構詞的語法模式"等重要觀點。

(二)雙步平衡律——現代正式語體的基本與首要構體單位

自漢代以來,文言形式以"古今律"作爲首要別體要素,而現代正式體雖然長在文言之上,繼承了衆多文言語法,保留了句法在"古今律"①作用下的正式體屬性,如核心謂語并列結構(馮勝利,2017b)、旁格結構(駱健飛,2017;王麗娟,2018)、"數名結構"(鄭曉溪,2021)、"名數量結構"(楊婷文,2021)、"動＋賓1＋賓2"結構(劉麗媛,2021)、所字結構(陳釗,2021)、"以"字結構、"之"字結構、"者"字結構、"而"字結構等,但"古今律"的首要地位已讓位於"雙步平衡律",没有雙步平衡律,即使滿足古今律,仍然不合正式體之法。

第一,正式體必須首先滿足"雙步平衡律"的韻律結構,最少兩個音步,也就是四個音實調足的音節。我們詳密排查了《人民日報》中103篇正式體文章的音步現象,包括"元旦獻詞"(1976-2021)、"社論文章"(2008-2018)、"評論員文章"(2014-2018),總計約16.5萬字。結果發現,在這些典型的正式體語料中,没有少於四個音節的句子。例如,

(24)a.【正】物質文明是基礎,經濟建設這個中心必須牢牢把握,毫不動摇,但是精神文明搞不好,物質文明也要受破壞,甚至社會也會變質。(1996元旦獻詞)

a'.【正】物質文明是基礎,經濟建設這個中心必須牢牢把握,＊不動,但是精神文明搞不好,物質文明也要受破壞,甚至社會也會變質。

b.【口】就是這一個片兒,就看一個片兒,不動,哎對了,你這看着呀他這拉鼓,唱,哎,一邊兒看,一邊兒唱。(CCL語料庫,1982年北京話調查資料)

(25)a.【正】各級幹部都要按照六中全會的要求,深入實際,調查研究,關心群衆疾苦,注意工作方法,真抓實幹。(2002元旦獻詞)

a'.【正】各級幹部都要按照六中全會的要求,深入實際,＊調查,關心群衆疾苦,注意工作方法,真抓實幹。

b.【口】第二天早上那個,那二號兒掌櫃的那個資本家又出來了,一看,鎖,鎖那個吊兒上没鎖鼻兒上。(CCL語料庫,1982年北京話調查資料)

在例(24-25)中,口語中的句子可以是一個雙音節成分,而在正式體中,僅有一個雙音節成分無法獨立成句,必須是大於等於四個音節纔合法。所以,"没有雙步律,不成正式體",即:

(26)構建正式體的基本韻律單位(Prosodic Unit)　　$PU_{[+formal]} \geq 4\sigma$

---

① "古今律"的作用并不僅僅表現在古代文言用於現代正式體中,在同是文言的上古漢語中"OV"語序的使用也具有拉遠距離的作用(蘇婧,2021)。

同時,在正式體平衡律的作用下,最小正式體韻律單位内的成分必須"音實調足",以滿足韻律平衡的要求,不允准用殘音步來湊雙完句;而在口語體長短律的作用中,可以用"殘音步"來湊雙完句。如:

(27)a.【正】而不能在矛盾中打轉,顧慮重重。(1983 元旦獻詞)

　　b.【正】* 而不能在矛盾中打轉,想得太多。

　　c.【口】不能亂糾結,想了,就去做。

　　d.【正】倒退回去,重新回到封閉僵化的舊軀殼中,祇能使中華民族重歸貧弱,難以振興。(1989 元旦獻詞)

在例(27a、d)中即使是重叠成分、虛詞成分都滿足音實調足的韻律特徵,四個音節中如果有輕聲(例 27b"得")就會不合法,而口語中允許有輕聲成分來構建一個音步(例 27c)。故而,平衡律的"單位大小"與"相對平衡"同時限制句法成分"成句"。

第二,雙步平衡律的形成并非完全是雙音節詞彙進入這麼簡單,我們通過例(6-8)已經看到,文言形式向雙步律演變中,除雙音詞外,仍有很多單音成分。這時,新的語體韻律系統就需要一個新的法則爲其湊雙,以滿足雙步平衡律的"平衡"要求。故而也就派生了我們所看到的另一種語言現象"嵌偶詞"(馮勝利,2006;黄梅、馮勝利,2009),"嵌偶詞"的産生也是語體語法理論的一條定律"嵌偶律",是指"句法自由,但需嵌入音步使用的音節成分,均具莊典/正式性",如"我校"中的"校",祇能與單音節搭配:" * 我們校、* 返回校"(馮勝利、劉麗媛,2020)。在例(6-8)中掛單的成分多爲文言虛詞或動詞,而非名詞成分,這也進一步證實僅僅繼承文言語法仍然不够,現代正式體必須要首先滿足消滅不平衡單音成分的要求。

我們可以看到,在這個社會變革、新生事物涌入的時代,産生的新詞以雙音節名詞爲主①,如楊霞(2011:86)的統計:

表 2　《東方雜誌》(1911-1921)新詞語的詞類分布情况

詞類	名詞	動詞	形容詞	副詞	量詞	合計
數量	11046	590	258	6	51	11951
比例(%)	92.43%	4.94%	2.16%	0.04%	0.43%	100%

正式交際中各種新事物、新概念的使用較多採用名詞性成分,故而例(6-8)中的名詞性成分均不掛單,而動詞成分出現掛單用法。如果没有雙步平衡律的要求,我們現在的正式體中應該會有很多的動詞掛單用法,但事實上,在我們考察的 103 篇正式體中,祇有兩個特殊動詞"有"和"是"可以自由掛單,其他掛單形式都要激活音步層之上的新的韻律平衡,通過對偶或排比形成更高層次的節奏平衡關係,如:

(28)a. 新班子要"議大事,懂全域,管本行",善於工作,善於帶出好風氣,善於把群衆的積極性組織起來,開創新局面,譜寫新篇章。(1985 元旦獻詞)

　　b. 中國共産黨是我國社會主義事業的領導核心,根本的問題在於把黨建設好。要進一步用大力量抓黨的建設,抓廉政建設,提高黨的戰鬥力和凝聚力。(1991 元旦獻詞)

　　c. 面對諸多矛盾問題叠加、各種風險隱患交匯的挑戰,惟不忘初心者進,惟從

---

① 感謝同門蘇婧老師的建議與探討,特從詞類角度觀察、解釋正式語體的韻律形式。

容自信者勝,惟改革創新者**强**。(2017 元旦獻詞)

除了這些特殊的掛單形式,單音節動詞都必須通過嵌偶律的形式融入到雙步平衡律中。比如,黄梅、馮勝利(2009)中對不同嵌偶韻律詞的類型作出分類統計,我們整理發現其"爲動詞湊雙"的比例大大多於"爲名詞湊雙"的用法,即:

表 3　不同嵌偶韻律詞的比例分布①

嵌偶類型	狀中	其他爲動詞湊雙	爲名詞湊雙	其他
比例	66.9%	13.7%	17%	2.4%

通過該表可以看到,在嵌偶韻律詞中至少 80.6%(66.9%＋13.7%)的情況都是在爲"動詞"湊雙,這說明從文言形式到現代正式體的演變中,僅有文言句法還不够,韻律上的掛單成分必須得到湊雙,"雙步平衡律"纔是必然要滿足的首要構體原子。

第三,正式體的基本構體原子是"雙步平衡律"(f＋f),需要至少有兩個音步也就是四個音節纔可以獨立。那麽脱胎於"f＋f"韻律單位的音步成分,在正式體中尚無法脱離韻律上的最小限制而獨立運用,必須達到"f＋f"韻律模板(prosodic template)的要求。如"大力改革"中的"大力","採取行動"的"採取",必須要和另一個雙音或多音成分至少組成一個雙步平衡律單位"f＋f"纔能合法,這也就派生了合偶雙音詞(馮勝利,2006;賈林華,2015;王永娜,2015)。我們通過比較"買"和"購買"的韻律組配能力發現合偶詞的特徵,如:

(29)【口】a. 進了一家精品店,看看售貨的小姐不搭理他,於是指定一條領帶説:"我買!"　　　×我購買!(韻律上"1＋2")

(30)【口】a. 他們馬上籌錢,買!

　　　【正】b'. ＊他們立即籌集資金,購買!(韻律上"2")

　　　【正】b. 他們立即籌集資金,購買設備。(韻律上"2＋2")

(31)【正】a. 有人説,每年有這 400 多萬元貼農金,如果購買大米,已足够全區農業人口的口糧。(韻律上"2＋2")

　　　　　a'. ＊有人説,每年有這 400 多萬元貼農金,如果購買米,已足够全區農業人口的口糧。(韻律上"2＋1")

通過例(29-31)可知,"購買"必須嵌入到"2＋2"的韻律模式纔合法,由此也可推斷"句法自由,但需嵌入複合音步方可使用的雙音節成分均具正式性。如:極其重要、袖珍詞典、大型工具書"(馮勝利、劉麗媛,2020),這一"合偶律"也是雙步平衡律派生的一個"語體-韻律-句法"規則。

綜上,"没有雙步律不成正式體",雙步平衡律在"平衡性"與"韻律大小"上都提出了"語體－韻律－句法"的要求。首先,"平衡性"不允許打破平衡的成分存在,故而單音不能自由進行組配,單音成分要嵌偶方可進入正式體,這是第一級的要求;其次,平衡律的最小單位是四個音節,不允許雙音成分獨用,故而雙音要加雙纔可獨立,這是第二級的要求。雙步平衡律的體原子效應并不限於此,如北京師範學院中文系漢語教研組(1959:105-124)提及的五類詞法問題:1)句法構詞能力的提高,如"動員、詳探";2)部分構詞成分的詞綴化傾向,如"機

---

① "其他爲動詞湊雙"的嵌偶類型包括"主謂、動補、動賓、情態動＋動、動＋助詞、狀＋情態動、動＋介、與固定字嵌偶"等;"爲名詞湊雙"的嵌偶類型包括"名＋方位詞、定中、指示詞＋名、數名"等;其他類型包括"并列、介賓、狀狀、狀介"等,詳參黄梅、馮勝利(2009)。

槍手、工程師";3)多音詞的驟增,如"組織力、産出額";4)詞組的詞彙化,如"物質條件、教材分析";5)詞組簡縮格式的多樣化,如"貨運、指戰員",無不可以看作是雙步平衡律作用下的體原子效應,此類問題將另文專述。

(三)雙步平衡律與虛詞系統的迭變

在漢語幾千年的發展中,文言與白話各自具有不同的虛詞系統,文言中一般不使用白話虛詞"的、了、着、過",如果雙步平衡律先於白話虛詞"的、了"進入正式體,就可以證明"雙步平衡律"是先於白話影響、獨立發展的構體原子。我們下面比較雙步平衡律的形成時間與虛詞系統的迭變過程[1],具體如下:

第一,在20世紀初期(1900-1915)萌芽的雙步平衡律正式體中,可以出現文言虛詞"矣、也、之"(如例32)或不用文言虛詞(如例33),但是幾乎沒有發現正式體中使用白話虛詞"的、了"的情況。相反的,在當時的小説或使用口語寫的文章中,可以出現虛詞"的、了"(如例34-36),如:

(32)【議論】改革刑律固爲今日之要務矣。然今日之急宜改革者,則律外之刑而已。律外之刑有二,一曰差役之弊,中國官署之差役其業極卑,而緝捕獄訟之權悉操其手。(1904·東方雜誌·内務·論中國改革刑法)

(33)【廣告】本行自運各國頭等各樣皮料,挑選良工專做中外國時式靴鞋、軍裝靴鞋,包攬華洋一切工程,承做各樣軍裝,并售各樣皮料,貨高價廉。(1902·大公報·祥瑞豐洋靴行)

(34)【小説】到了今天早上他到葛麗蘭那裏叫他先打了一電到西卡哥,告訴他的父母叫他打回電與梅甫禮。(1905·偵探小説·郵賊)

(35)【小説】祇怕這個婚書也要變成假的了,那時你便怎樣。(1905·偵探小説·郵賊)

(36)【口語】中國鬧義和拳時竟把人家德國使臣殺了,這不是野蠻的行爲麼。(1902·大公報—天津版·附張·續勸中國人不可看不起外國人)

第二,在1915-1918年的《清華大學學報》、1920-1921、1923年的《教育與職業》期刊中仍幾乎沒有正式體文章使用虛詞"的、了",但1920-1923年的《教育與職業》中已經出現口語性的論説文章。直至1924-1925年的"學報"中既有完全不用白話虛詞的雙步律正式體文章,又出現了口語性的論文,同時產生兼用正式體和口語體虛詞用法的論文。

1)《長途交流電綫之計算法》(1924.01)一文爲正式體文章,出現少量文言虛詞"矣3處""句末'也'4處""蓋3處",沒有口語虛詞"了、的"。如:

(37)【正】以複幻數表有向量之式,前段已詳述之矣。自後列數例觀之,則知電道之阻力及納力,雖非有向量,其表法,如亦襲用複幻數,則計算之法較爲簡易。

2)《報紙的新聞分析》(1924.01)一文爲口語體文章,使用口語虛詞"的、了",沒有文言虛詞"矣、也、蓋"。

(38)【口】譬如,甲報登一條女子參政的新聞,我們看了之後,如果對於這個問題,抱

---

① 感謝恩師馮勝利教授建議本文對雙步平衡律與虛詞系統的迭變關係進行考察。

冷淡的態度,也就罷了;若使我們對於這條新聞,稍有興趣,我們心理便暫時有了一個假定的主張,或是贊成,或是反對。

3)《現今史家的制度改革觀》(1925.02)一文爲正式體文章,出現雙音節動詞帶口語虛詞"了"的用法,文中使用文言虛詞"蓋"2處,沒有"矣、也"。

(39)【正】歐洲自文藝復興以後,道統在思想上的勢力一步一步的減損了。科學家在自然界發現了許多與聖經相反的觀念,對於道統,就不能無疑了。哲學家如笛卡兒(Descartes)一派又力倡懷疑,以爲這是思想的第一步。(1925.02·學報·現今史家的制度改革觀)

(40)【正】文藝之復興并非如舊史家之推測;蓋其原因不在土耳其人之攻破君士坦丁,而在十二及十三世紀意大利城市商業的發達。(1925.02·學報·現今史家的制度改革觀)

以上材料説明雙步律正式體的産生從文言形式韻律的雙步化開始,然後再吸收白話文系統的虛詞或語法形式,這也可以解釋爲什麼馮勝利(2005)會指出現代正式體是一個源於口語又取自文言的"獨立"的體系,正是因爲現代的正式體確實既融合了文言的用法、又吸收了口語的成分。

第三,1921-1949年中共新聞材料的正式度等級低於同期的法令、科技論文[1],所用詞彙及語法離口語更近,在1921年的文章有"的"也有"之",偶然出現"也",但直至1923年,纔在正式體中夾雜含"了"的口語性句子。

(41)a.最近期間可略偏重於下列幾種政治上的及外交的宣傳:1.反對英美帝國主義之各方面的宣傳……6.各省的現實政治之批評。(1922,P2)

b.中央出版部通信處與中央同。各地以後寄出版部信件時,用雙信封、外面照中央信寫法,內信封批明交出版部字樣可也。(1923,P17)

c.因爲我們的黨過分嚴守閉關主義,便使很多工人同志留在S. Y.之中——其實照他們的年齡,已經不能在S. Y.了[2]。(1923,P13)

d.……同時復爲防止黨中左稚病起見,過於推重了資産階級的力量,忘了自己階級的宣傳,結果遂發生了右的乖離錯誤。同時左傾的幼稚觀念也遂因右傾的擴大而存在。(1925-01,P18)

e.擴大會議看了中央宣傳部報告之後,認爲今後宣傳工作應當趕緊整頓,宜即採取下列的具體辦法。(1926-09,P29)

根據上述材料可知,正式體文言形式先向雙步平衡律過渡,然後在新文化運動等的影響下,白話中的虛詞"的、了"開始進入正式體,一部分的文言虛詞退出正式體語法體系。正式體産生過程中,雙步平衡律是最早、最核心的構體原子。

---

[1]　正式體內部的正式度等級也有差異,可以通過詞彙、句法的語體等級進行調節,比如正式度高的正式體,可採用文言語法、文言虛詞的古今律特點來拉遠距離,正式度低的正式體,可以採用更多的通體詞彙、通體語法來拉近距離。

[2]　按:S. Y.是指中國社會主義青年團。

四　正式體雙步律在不同文體中的發展歷程

如果正式體的獨立自主演變是語體原理的驅動，我們可以預測對"語體"最爲敏感的"法令、聲明、委任書"等官方文告最先表現出"單音系統"向"雙音系統"的演變（見上例 12-13），然後是其他用於正式交際的文體，如"科技論文、説明文、政治論文"等①。從我們調查的材料中也可以看出這一發展過程，如：

(42)【法令】一、學生不准用穢褻神教淫佚等言詞。不准吸煙，不准携帶軍器，以及其他危險物品。倘敢故違，得由教職員責令休學，陳報地方教育董事會依法懲辦。（馬利蘭州學校法令附則第十條第二款）二、學校職員遇學生品行失檢，屢戒不悛，或成群故犯校章時，得全體解散之。（羅得蘭州一千九百零九年修正州法令第六十七章第八條）(1915·學報·學生在學禁令)

(43)【社務叢録】新入社社員，普通二人，特別一人；主任黄君任之赴雲生中學、上海青年會講演各一次；收到函電五十二件，發出三十三件；經費收入銀二十七元九角，支出銀七百三十七元三角九分。(1921·教育與職業)

(44)【社務叢録】執行全國職業學校聯合會議決案報告 上年七月，全國職業學校聯合會在濟南舉行臨時會，共議決提案七件，兹將本社執行情形，報告於次。(一)請求籌定專款，提倡補助全國職業教育案。照原呈分遞府院部，已奉到部批，如下：據呈已悉，職業教育爲方今切要之圖，該會熱心提倡，於國家社會，至有裨益，所擬辦法，規畫周詳，果能切實進行。(1923·教育與職業)

(45)【科技論文】當交流電(alternating current)通行於電線(transmission line)時，因電線之抗電力(resistance)，感應抗力(inductive reactance)，積電力(capacity)，及漏電力(leakance)等，在發電處所生之電壓(voltage)及電流(current)，常不與在收電處所得之值相等。設已知在電線一端之電壓及電流，而欲求其在他端之值，通常解法，多先假定全線之積電力，及漏電力，聚於綫中一點或數點，然後再推演其公式。(1924(1)·學報·長途交流電綫之計算法)

(46)【説明文】此篇將所考花草，暫分爲四大部：(一)木本，(二)草本，(三)草本宿根，(四)草本球根。每一部花草名目次序，悉按照學名之西文字母排列，以便檢查。篇末附漢名索引。(1925(1)·學報·一百七十種花草中西名稱及其培養方法彙考)

(47)【決議】雜誌、日刊、書籍和小册子須由中央執行委員會或臨時中央執行委員會經辦。各地可根據需要出版一種工會雜誌、日報、週報、小册子和臨時通訊。無論中央或地方的出版物均應由黨員直接經辦或編輯。任何中央地方的出版物均不能刊載違背方針、政策和決定的文章。(1921·彙編·中國共産黨的第一個決議·摘宣傳部分·一九二一年"一大"通過 P1)

---

① 政論文是推動正式體雙步平衡律的又一重要動力。如唐松波(1961)指出"政論體在豐富現代漢語詞彙方面作用也最突出，解放以來，出現了大量的政論詞語，許多新詞語通過報紙雜誌政治文件而得到迅速傳播"。

　　由上述材料可以看到,在 20 世紀初期,文言仍是主流的正式體形式,雙音節的正式體形式初步在法令、聲明等文體中萌芽,口語仍然局限於專門的白話報中(自 1876 年《民報》始);但在新文化運動之後,文言的主流地位逐漸被取代,正式體可以進入到科技、政論、決議等文體中,而口語最先可以進入的是人文類的敘述、論說文章,如譯文"手工教授和賺錢方法的關係"(1920 教育與職業),隨後纔可以進入科技文體中,如"蟾蜍的反常肺"(1930(2)學報)。這也可以表明,以雙音節爲基本單位的正式體與文化運動中的口語體發展是并行的兩個體系,正式體由正式的政法、科技類交際起步,口語在革命運動的催動下由人文類敘述、論說起步。我們從下表可以發現正式體和口語體不同特徵的不同文體要求。

表 4　　1904-1949 **不同語體的使用與發展**

年份	篇數	語料來源	正式體	口語	文言
1904-1909	6	東方雜誌	＋(聲明,1909)	－	＋
1910-1914	5	東方雜誌	＋(委任書,1913)	－	＋
1915-1918	70	清華大學學報(自然科學版)	＋(法令,1915、17(01)、18)	－	＋
1920-21/23	28	教育與職業	＋(社務叢錄)	＋(人文)	＋
1924-1925	36	清華大學學報(自然科學版)	＋(科技論文,説明文,制度改革論文)	＋(人文、科技)	＋
1930	25				
1947	9	清華大學學報(自然科學版)	＋(文科類論文 4)		＋5
1947s	8	清華大學學報(自然科學版)	＋(理工科類論文 8)	－	－
1921-1949	156	中國共産黨新聞工作文件彙編(上)	＋(議案、通告、指示、決議等)		－
1922-1956	80	中國共産黨新聞工作文件彙編(下)(發刊詞、社論等)	＋	＋	－
總計:1904-1956	423	新聞、教育、科技、商業、文學等	＋	＋	＋

　　值得關注的是,1947 年《清華大學學報》兩期文章中一期爲文科類論文,一期爲理工科類論文(1947s),文科論文的寫作有 4 篇是口語和正式均融入的混合形式,5 篇是文言形式,沒有純粹使用雙音形式的正式體,而在理工科論文中,均採用正式體的雙音形式。如:

　　(48)【文科—文言】信如上説,則秦始皇七十博士中,或有治尚書者,而其所治或秦之官本也……如此説爲可據,則伏生尚書者秦焚書前之六國本也。今知其不然者,以伏生尚書中有與秦事相關者,則其編成定本當在秦并六國之後。今由考論堯典,爲吾説之發端焉。(1947・學報・堯典爲秦官本尚書説)

　　(49)【文科—混合體】這是一部新出版的中國文學史。它不僅是著作,同時也是創作;這不僅因爲作者的文辭寫得華美動人,和那一些充滿了文藝氣味的各章的題目,(例如講五言詩的一章題爲'不平衡的節奏',講山水詩的一章題爲'原野的認識')這些固然也是原因,但更重要的是貫徹在這本書的整個的精神和觀點,都是'文藝的',或者可説是"詩的",而不是"史的"。(1947・學報・中國文學史)

　　(50)【理科—正式體】新建築標準及規則與建築標準圖,將較舊者完備詳密。凡標準軌距(1.435 公尺)鐵路之路線,路基,各種凈空,載重,軌距,輪緣槽(原文作"摺緣槽",似不如"輪緣槽"(Flangeway)爲佳),軌道,車站設備,雙綫之準備,標誌以及保安及

防禦設備等,均有詳盡之新規定。(1947s·學報·戰後吾國鐵路建築之新標準)

這也反映出,純口語和純正式體都不是文學類體式所採用的語體形式,而在自然科學中,其嚴肅的邏輯與態度也不會馬上受到早期口語體的影響。不同文體採用不同語體形式(含混合形式),語言自身的語體規則系統在進行自主的本能的調節,并不以個人的意志爲轉移。這也就是黄侃先生所説的"文與言判,非苟而已"背後的深意與價值(劉麗媛、馮勝利,2020)。

五　結語

五四前後正式體的産生是漢語演變過程中一個重要但又少有關注的課題。本文發現,在文言形式中,"一音一義"的特徵通過古今律體原子發揮別體作用,但是由於正式體文化中雙音節正式體詞彙的大量産生,雙音構造的"雙步平衡"形式具有拉遠距離的正式體功能,故而"古今律"別體演變爲"雙步平衡律"別體。現代正式體的産生路徑既爲語體的演變過程提供了一個不同體原子迭變的互動模型,也爲著眼於首要構體體原子"平衡律"和次要構體體原子"古今律""相濟構模"的深入研究開闢了道路。

通過本文的研究,我們可以進一步看到,"韻律語體學"的研究可以幫助我們發現與解釋更多歷時與共時的語言問題。如果没有語體語法理論的提出,没有韻律語法的系統研究,我們不會主動地從正式體的別體原子看傳統文言與現代正式體的聯繫與區別,也不會將正式體的産生與"我手寫我口"的文化運動區別開來,更不能挖掘出正式體獨立發展的"韻律—語體"體系。由此,本文的研究也證明了理論指導研究的重要意義。

參考文獻

[1]北京師範學院中文系漢語教研組編. 五四以來漢語書面語言的變遷和發展[M]. 北京:商務印書館,1959.

[2]陳釗. 體原子視角下的現代漢語"所"字結構語體變體探究[M]//馮勝利. 語體語法"體原子"研究,上海:中西書局, 2021.

[3]刁晏斌. 百年書面漢語與中國語文現代化運動:歷史、現實與反思——爲紀念現代漢語一百周年而作[J]. 北華大學學報(社會科學版), 2019(1).

[4]馮勝利. 韻律制約的書面語與聽説爲主的教學法[J]. 世界漢語教學, 2003(1).

[5]馮勝利. 論漢語書面語法的形成與模式[M]//漢語教學學刊(第1輯). 北京:北京大學出版社,2005.

[6]馮勝利. 漢語書面用語初編[M]. 北京:北京語言大學出版社,2006.

[7]馮勝利. 論韻律文體學的基本原理[J]. 當代修辭學,2010a(1).

[8]馮勝利. 論語體的機制及其語法屬性[J]. 中國語文,2010b(5).

[9]馮勝利. 語體語法:"形式—功能對應律"的語言探索[J]. 當代修辭學,2012(6).

[10]馮勝利. 從語音、語義、詞法和句法看語體語法的系統性[J]. 中國語學,2017a(264號).

[11]馮勝利. 漢語句法、重音、語調相互作用的語法效應[J]. 語言教學與研究, 2017b(3).

[12]馮勝利. 漢語語體語法概論[M]. 北京:北京語言大學出版社,2018.

[13]馮勝利. 論漢語正式體節律與詞重音[R]//復旦現代語言學論壇(三),主辦單位:復旦大學現代語

言學研究院,2020-6-29.

[14]馮勝利. 論上古漢語"句法、韻律、語體"三維語法系統的綜合研究[M]//歷史語言學研究(第 15 輯). 北京:商務印書館,2021.

[15]馮勝利,施春宏. 論語體語法的基本原理、單位層級和語體系統[J]. 世界漢語教學,2018(3).

[16]馮勝利,劉麗媛. 語體語法的生物原理與生成機制[M]//民俗典籍文字研究(第 26 輯). 北京:商務印書館, 2020.

[17]馮勝利,施春宏. 韻律語法學的構建歷程、理論架構與學理意義[J]. 語言科學,2021(1).

[18]胡明揚. 語體和語法[J]. 漢語學習, 1993(2).

[19]黃侃. 黃侃日記[M]. 南京:江蘇教育出版社,2001.

[20]黃梅,馮勝利. 嵌偶單音詞句法分布芻析——嵌偶單音詞最常見於狀語探因[J]. 中國語文, 2009 (1).

[21]賈林華. 現代書面漢語合偶雙音節詞研究[D]. 北京:北京語言大學, 2015.

[22]蔣紹愚. 也談文言和白話[J]. 高等學校文科學術文摘, 2019(3).

[23]黎錦熙. 國語運動史綱[M]. 北京:商務印書館, 2011.

[24]林樂知,范褘. 新名詞之辨惑[N]//萬國公報,1904(第 184).

[25]林驤華主編. 西方文學批評術語辭典[M]. 上海:上海社會科學院出版社, 1989.

[26]劉半農. 我之文學改良觀[M]//中國新文學大系·建設理論集,上海:良友圖書印刷公司,1935.

[27]劉禾. 跨文化研究的語言問題[M]//許寶強,袁偉選編. 語言與翻譯的政治. 北京:中央編譯出版社,2001.

[28]劉麗媛,馮勝利.《黃侃日記》語體論初探[M]//漢語史學報(第二十二輯). 上海:上海教育出版社, 2020.

[29]劉麗媛. 正式體節律與正式體原子研究[R]//中國語言學會第二十屆年會語體研究工作坊報告, 2021-4-11.

[30]陸儉明. 現代漢語語法研究發展的歷程[C]//2019 海內外中國語言學者聯誼會——第十屆學術論壇,商務印書館,2019 年 7 月 21 日.

[31]駱健飛. 論單雙音節動詞帶賓的句法差異及其語體特徵[J]. 語言教學與研究, 2017(1).

[32]呂叔湘. 文言和白話[J]. 國文雜誌(第三卷),1944 (1).

[33]毛澤東. 反對黨八股[M]//毛澤東選集(第三卷), 北京:人民出版社,1942/1991.

[34]錢玄同.《吳歌甲集》序言[J]. 國語週刊,1925(13).

[35]錢玄同.《嘗試集》序[M]//中國新文學大系·建設理論集,上海:良友圖書印刷公司,1935.

[36]沈國威. 漢語近代二字詞研究[M]. 上海:華東師範大學出版社, 2019.

[37]蘇婧. 從語體語法理論看上古反問型[何 X 之 V]式[R]//第七屆韻律語法研究國際研討會,2021-4-18.

[38]孫德金. 現代書面漢語中的文言語法成分研究[M]. 北京:商務印書館, 2012a.

[39]孫德金. 現代漢語書面語中文言語法成分的界定問題[J]. 漢語學習, 2012b(6).

[40]唐松波. 談現代漢語的語體[J]. 中國語文,1961(5).

[41]汪維輝. 從文言到白話　從繁體到簡體——近代轉型期中國的書面語和文字[J]. 中文學術前沿, 2016(1).

[42]王國維. 論新學語之輸入[J]. 教育世界,1905(第 96 期).

[43]王力. 王力文集 第 11 卷:漢語語法史 漢語詞彙史[M]. 濟南:山東教育出版社, 1990.

[44]王麗娟. 漢語旁格述賓結構的語體鑒定及其語法機制[J]. 語言教學與研究, 2018(6).

[45]王永娜. 漢語合偶雙音詞[M]. 北京:北京語言大學出版社, 2015.

[46]王永娜. "長短""齊整"特徵制約下的漢語動詞的語體等級[J]. 語言教學與研究, 2017(5).

［47］楊婷文. "數量名"和"名數量"結構的語體鑒定及體原子分析［M］//馮勝利. 語體語法"體原子"研究,上海：中西書局, 2021.

［48］楊霞. 初期現代漢語新詞語研究——以《東方雜誌》(1911-1921)爲語料［D］. 保定：河北大學, 2011.

［49］袁愫.《詩經》四言重複式的韻律與語體［M］//韻律語法研究(第 6 輯). 北京：北京語言大學出版社,2020.

［50］張廣奎主編. 英美詩歌［M］. 廣州：中山大學出版社, 2016.

［51］張中行. 文言和白話［M］. 哈爾濱：黑龍江人民出版社, 1988.

［52］鄭曉溪. 時體原子作用下的數量名結構與數名結構研究［M］//馮勝利. 語體語法"體原子"研究. 上海：中西書局, 2021.

［53］中國社會科學院新聞研究所編. 中國共產黨新聞工作文件彙編上卷(1921-1949)［M］. 北京：新華出版社, 1980.

［54］中國社會科學院新聞研究所編. 中國共產黨新聞工作文件彙編下卷［M］. 北京：新華出版社, 1980.

［55］周作人. 理想的國語［J］. 國語週刊,1925(13).

［56］朱經農. 致胡適［J］. 新青年,1918 第 5 卷第 2 號(8 月 15 日),又見《胡適文集》第 2 卷,北京：北京大學出版社,1998.

［57］朱賽萍. 論四字格、四言格和四字串的韻律鑒定法,手稿,2021.

The Birth of Formal Register and Its Primary Register Atom around the Period of May Fourth Movement

Liu Liyuan

Abstract：Around the period of May Fourth Movement，in the processes of writing in vernacular Chinese instead of literary Chinese, the formal register of Modern Chinese has also developed independently and gradually matured. Based on the theory of stylistic-register grammar proposed in the past ten more years, this thesis puts forward the following viewpoints. First，the formal register of Modern Chinese is the inevitable product of the biological nature in communication. It replaces the literary Chinese with the prosodic form instead of the principle of Ancient-Modern Distance(古今律) by means of register formality. Second，the formation of formal register is due to the introduction of a large number of disyllabic formal vocabularies into the literary Chinese, which causes the collapse of the monosyllabic system of literary Chinese. In this way, the formal register becomes，unconsciously，a new form "double-feet prosody"，that a new formal style is born. It is shown, then，that the basic and primary register atom（體原子）of the formal register confirms with the Principle of Balance of Two-Feet Formation（PBTFF, 雙步平衡律）derived from the "Innateness of Form-Function Correspondence"(形式—功能對生律). As a result，the primary register atom is composed of two feet as a relative prominence unit $[(F\sigma\sigma)w\,(F\sigma\sigma)s]$. Finally，the PBTFF gives rise to a series of phenomenon with the system of "register-prosody-syntax"，which shows its important atomic effects under the "Trinitarian Grammatical System".

Key words：formal register，literary Chinese，the principle of balance of two-feet formation，register atom，syntactic effects

通信地址：荷蘭萊頓大學語言學中心
郵　　編：2311BE
E-mail：18813141016@163．com

從語體語法理論看上古反問型[何 X 之 V]式 *

蘇　婧

内容提要　本文主要分析上古時期的反問型[何 X 之 V]式，根據語體語法理論來解釋與其相關的兩個謎題：1. 在上古時期何以僅分布在議論段落中；2. 在年代較晚的《鹽鐵論》《論衡》中何以反而多於年代較早的《史記》。基於馮利(1994)、Feng(1996)、陳遠秀(2017,2020)等相關研究，在句法、韻律分析基礎上，本文提出，反問型[何 X 之 V]式是一類[＋正式]的句法語距形式，爲言者用於表達觀點、説服聽者的關鍵句，其分布有限、演變反復正是由其語體屬性所決定的。這一案例分析證明了語體語法理論中體原子分析法的解釋效力，同時也證明了上古時期反問句與設問句語法、語體、演變截然有別，不可混而言之。

關鍵詞　[何 X 之 V]式　反問　語體語法理論　體原子　句法語距形式

一　引言

(一) [何 X 之 V]式現象及以往研究

上古時期存在一種動詞賓語倒置的[何 X 之 V]式，可以用來詢問具體的人、事、物，但在多數情況下表達負面的評價或與聽者相反的意見，例如：

(1)願獻九鼎，不識大国何涂之從而致齊？(《戰國策·東周策》)[詢問]

(2)今二子者，君生則縱其惑，死又益其侈，是棄君於惡也，何臣之爲？(《左傳·成公二年》)[負面評價]

(3)子欲居九夷。或曰：“陋，如之何！”子曰：“君子居之，何陋之有？”(《論語·子罕》)[相反意見]

我們把表示詢問的[何 X 之 V]式稱爲設問型[何 X 之 V]式，表示負面評價或相反意見的[何 X 之 V]式稱之爲反問型[何 X 之 V]式。

過去學者對[何 X 之 V]式已有頗多研究，如張儒(1994)、謝質彬(1995)、白平(1996)、程瑞君(1996)、張聞玉(1996)、孫良明(1998)、李先華(1999)、于萍(2003)等等。馮利(1994)、Feng(1996)首先採用形式句法學、韻律語法學分析解釋了上古漢語的賓語倒置式。針對[何 X 之 V]式，馮利(1994)、Feng(1996)指出焦點促發“何 X”移位、“之”因韻律需求而出現，爲

＊　基金項目：國家社科基金青年項目“漢語旁格述賓結構歷時演變研究”(編號：19CYY031)。拙文得到恩師馮勝利先生的大力指導，部分内容曾在第五屆韻律語法國際研討會(復旦大學，2018 年 7 月 14 日至 15 日)、中國文學及其敘事傳統國際研討會(南京大學，2019 年 5 月 23 日至 26 日)、第十屆國際古漢語語法研討會(北京語言大學，2021 年 3 月 27 日至 28 日)等會議上宣讀過，承蒙與會專家指正。謹此致謝！

［何 X 之 V］式提供了基本的句法和韻律結構。此後，魏培泉(1999)提出疑問代詞賓語移動的位置更高，可移至否定詞前；Aldridge(2010)也採用馮利(1994)、Feng(1996)的上古漢語疑問代詞賓語的移位是由焦點促發的方案，但以非常規設問句爲證認爲疑問代詞賓語的最終落點就在 vP 的指示語位置，没有繼續向下附著於動詞。Meisterernst(2010)則將［何 X 之 V］式中的"X 之 V"整體分析爲 NP，"V"發生了名詞化，"何"則表示"怎麽樣"(what a-bout)①。李果(2018)進一步從韻律語法學角度對上古漢語的疑問句進行研究，以"何"和"胡"的對立爲例討論了韻素數量制約疑問詞在特指疑問句中的分布，并發現上古漢語疑問詞在雙音化時，非論元位置(狀語和定語)所以早於論元位置(主語和賓語)，是核心重音與焦點重音共同作用的結果。

以往的研究已經爲［何 X 之 V］式提供了基本的句法、韻律結構。但是，反問型［何 X 之 V］式還存在以下兩個問題：

1)反問型［何 X 之 V］式在上古時期祇出現在議論語境中。以《左傳》爲例，其中 59 例反問型［何 X 之 V］式，除兩例外②，均出現在議論中，如：

(4)平國以禮不以亂，伐而不治，亂也。以亂平亂，<u>何治之有</u>? 無治，何以行禮?(《左傳·宣公四年》)

(5)知莊子、范文子、韓獻子諫曰："不可……成師以出，而敗楚之二縣，<u>何榮之有焉</u>? 若不能敗，爲辱已甚，不如還也。"(《左傳·成公六年》)

(6)我諸戎飲食衣服不與華同，贄幣不通，言語不達，<u>何惡之能爲</u>? (《左傳·襄公十四年》)

《左傳》中容有多種文體。劉承慧(2018)提出《左傳》中有三種議論變體，即"君子曰""下對上的建言"與"行人辭令"③，反問型［何 X 之 V］式正出現在這三種情況中：例(4)屬於"君子曰"，例(5)屬於"建言"，例(6)屬於"行人辭令"。而在其他的上古文獻，如《國語》《論語》《孟子》《戰國策》《吕氏春秋》中，反問型［何 X 之 V］式同樣祇出現在議論中，而不出現在描寫、敘述和説明中。爲何反問型［何 X 之 V］式的分布會如此有限呢?

2)于萍(2003)注意到，［何 X 之 V］式在漢代以後開始減少，但是在年代較晚的《論衡》中反而多於年代較早的《史記》。據我們的統計，《史記》中有 14 例反問型［何 X 之 V］式(4 例引自前代文獻，作者自創 10 例)，在西漢後期的《鹽鐵論》中有 16 例反問型［何 X 之 V］式④，在東漢前期的《論衡》中則有 23 例反問型［何 X 之 V］式(5 例引自前代文獻，作者自創 18 例)，考慮到三部著作的字數，反問型［何 X 之 V］式在《鹽鐵論》中出現的頻率(每千字 0.10)

---

① 參馮勝利(2021)指出的這種分析的困難。

② 這兩個例子即：

皆曰："得主，<u>何貳之有</u>?"(《左傳·襄公二十三年》)

桓子曰："<u>何後之有</u>? 而能以我適孟氏乎?"(《左傳·定公八年》)

我們將在後文對這兩個例子進行説明。

③ 我們這裏藉助了劉承慧(2018)對《左傳》議論體的分類。不過，劉承慧(2018)認爲語體是"言語活動中約定出來的表達模式"，將從基本文篇開展出的敘事、議論稱爲語體。而本文則採用馮勝利(2011)對語體的定義："語體是實現人類直接交際中最原始、最本質屬性(亦即確定彼此之間關係和距離)的語言手段和機制。"并認爲議論是文體而非語體。

④ 經匿名審稿專家建議，我們又選取了時代處於《史記》與《論衡》之間、與《論衡》同爲論辯體的《鹽鐵論》作爲調查語料，以增强本文的説服力。

與《論衡》中出現的頻率（每千字 0.08）遠高於《史記》（每千字 0.02），爲何如此？

（二）新解——語體語法的新視角

事實上，"主之謂"結構也存在類似的問題。就演變趨勢而言，"主之謂"結構與反問型［何 X 之 V］式一樣，在漢代以後逐步衰落，但是在時代較早的《史記》中的出現頻率低於時代較晚的《論衡》，這種反復的演變趨勢無法單獨從句法上得到解釋。

陳遠秀（2017）根據語體語法理論（馮勝利，2010、2011、2012、2013、2015 等）揭示出"主之謂"實際上是一種韻律格式，"之"與句子獨立性無關，"之"在上古漢語中多用於正式語體的議論體，故而在時代較後的議論體《論衡》中多於時代較早的敘述體《史記》。陳遠秀（2020）又進一步指出，"主之謂"中的"之"不是任何句法功能詞，而是韻律占位詞，起到整飭節律、加強韻律分量、調整爲一句多調模式的作用，而這些都是正式語體的表現。正是"之"的插入使得"主之謂"結構表現出與一般口語的主謂結構不同的正式語體的特徵。因此，運用語體語法理論可揭示"主之謂"結構的實質，也可解釋其演變趨勢上的問題，可見語體語法理論之效力。

如果上古語法演變果如陳遠秀（2017）所説，"主之謂"結構是語體的産物，因而在年代較晚的《論衡》中更多，那麼反問型［何 X 之 V］的情況是否也爲同因所致？ 在這一研究的啟發下，我們推測反問型［何 X 之 V］式或許也是一種正式體形式，因此具有分布有限、演變反復的特點。

目前，語體語法理論也有了最新進展。馮勝利、劉麗媛（2020）提出了"形式－功能對生律"，即"一定的形式與一定的功能同生并存"，指出："句法每生成一個形式（句法＋韻律），交際基因（或體原子）系統便賦予該交際形式一個相應的語體功能，這樣的産品自然就是語法與語體融爲一體的'語距形式'——一個具有語體功能的語法形式，而一切具有語距的形式，無不是語距定律或體原子組合的結果。"語距形式的生成模式如下：

語體語法理論由此進入體原子時代。反問型［何 X 之 V］式可能正是一個經由體原子（語距定律）賦值、用於正式議論體的句法語距形式。據此，我們在句法、韻律分析的基礎上，便可以設問型［何 X 之 V］式爲對照，利用"體原子"來探測和分析反問型［何 X 之 V］式的語體屬性與作用，進而解決與之相關的兩大問題。同時，本文也將藉助這一案例，辨清上古時期反問句與設問句之不同。

二　反問型［何 X 之 V］式的句法結構

下面，我們先對反問型［何 X 之 V］式進行句法結構上的分析。

(一)"何"的性質

首先,我們需要確定[何 X 之 V]式中"何"的性質。以往學者對[何 X 之 V]式中的"何"有三種看法:第一種認爲"何"爲定語,修飾"X","何 X"整體爲前置的動詞賓語,如馬建忠(1983)、王力(1984)、何樂士(1989)、李先華(1999)等人;第二種認爲"何"爲狀語,修飾主之謂結構"X 之 V",如張儒(1994)、張聞玉(1996)、孫良明(1998)等人;第三種則是 Meister-ernst(2010)提出的,她將"何"分析爲表示"怎麼樣"(what about)的謂語,後面的"X 之 V"分析爲主語,其中的"V"名詞化,[何 X 之 V]式表達的意義爲"what about the Ving of NP",實際上也是將"X 之 V"看作主之謂結構。第三種看法的問題首先在於并沒有説明上古時期"何"做謂語爲何會出現在主語之前,而且在其他情況中,做謂語的"何"出現在主語之後①,如:

> (7)公曰:"國勝君亡,非禍而何?"(《左傳·哀公元年》)

> (8)王曰:"叔氏,而忘諸乎!……其後襄之二路,鏚鉞秬鬯,彤弓虎賁,文公受之,以有南陽之田,撫征東夏非分而何?"(《左傳·昭公十五年》)

其次,"怎麼樣"(what about)與"怎麼"(how)不同,并不能表示反問的意味。

而其他兩種看法則皆有可能。實際上,謝質彬(1995)即已指出,有兩種表面形式一致而實際結構不同的[何 X 之 V]式②。"何"做狀語的[何 X 之 V]式如:

> (9)公曰:"我姬姓也,何戎之有焉?"(《左傳·哀公十七年》)

> [杜預注:言姬姓國何故有戎邑。]

> (10)楚狂接輿歌而過孔子曰:"鳳兮! 鳳兮! 何德之衰?"(《論語·微子》)

> [對比:孔子適楚,楚狂接輿遊其門曰:"鳳兮鳳兮,何如德之衰也!"(《莊子·人間世》)]

> (11)不仁而可與言,則何亡國敗家之有? (《孟子·離婁上》)

> [趙岐注:如使其能從諫從善,可與言議,則天下何有亡國敗家也。]

從杜預的注疏來看,例(9)中"何戎之有"的"何"爲狀語,與"何故"同義;從《莊子》中的異文來看,例(10)中"何德之衰"的"何"爲狀語,與"何如"同義;從趙岐的注疏來看,例(11)中"何亡國敗家之有"的"何"爲狀語,"亡國敗家"是"有"的賓語。

"何"做定語的[何 X 之 V]式如:

> (12)孟子曰:"王何卿之問也?"(《孟子·萬章下》)

> [趙岐注:王問何卿也。]

> (13)若子之群吏,處不辟汙,出不逃難,其何患之有? (《左傳·昭公元年》)

> [對比:吾所以有大患者,爲吾有身,及吾無身,吾有何患? (《老子》)]

> (14)燕王曰:"夫忠信,又何罪之有也?"(《戰國策·燕策一》)

> [對比:急子至曰:"我之求也,此何罪? 請殺我乎?"(《左傳·桓公十六年》)]

---

① 例(7)、例(8)轉引自何樂士(2004:268)。

② 謝質彬(1995)認爲凡是表反問的[何 X 之 V]式中的"何"均爲狀語,而我們認爲有些表反問的[何 X 之 V]式中的"何"仍爲定語。

秦襄王賜白起劍，白起伏劍將自刎，曰：“我<u>有何罪</u>於天乎？”（《論衡·禍虛》）]

從趙岐的注釋來看，例(12)中的“何卿之問”即“問何卿”；從與《老子》的對比來看，例(13)中的“何患之有”即“有何患”；從《左傳》中的“何罪”來看，“何”可以與“罪”組成直接組合成分，從與《論衡》的對比來看，例(14)中的“何罪之有”即“有何罪”。可見，“何”可做定語，修飾其後的 X，與 X 組成直接組合成分。

根據疑問類型的不同，第二種[何 X 之 V]式又可分爲設問型[何 X 之 V]式與反問型[何 X 之 V]式。本文主要的研究對象即“何”做定語的反問型[何 X 之 V]式。

(二)反問型[何 X 之 V]式中的隱性成分

反問型[何 X 之 V]式可以被詮釋爲對“VX”的可能性的否認，例如，“何陋之有”看似是“有什麼簡陋的”，實際上言者想表達的是“不可能有什麼簡陋的”，“何榮之有”看似是“有什麼光榮的”，實際上言者想表達的是“不可能有什麼光榮的”。但是在表面上，反問型[何 X 之 V]式中并沒有表示“否認”和“可能”的成分。我們認爲，這是因爲反問型[何 X 之 V]式含有兩個雖無語音形式而在句法結構中存在的隱性成分，一個表示可能性，一個表示否認。

1.隱含模態詞

首先，我們來看反問型[何 X 之 V]式中表示可能性的隱性成分。我們認爲，可能性是由句法結構中存在而無語音形式的知識模態詞所表示的。本身沒有出現模態詞的反問型[何 X 之 V]式都可以被詮釋出可能性，如上文所述的“何陋之有”“何榮之有”；而出現了其他模態詞的反問型[何 X 之 V]式也會被詮釋出“可能”知識模態義，例如：

(15)虢多涼德，其<u>何土之能得</u>？（《左傳·莊公三十二年》）

(16)我諸戎飲食衣服，不與華同，贄幣不通，言語不達，<u>何惡之能爲</u>？（《左傳·襄公十四年》）

(17)是寡君既受貺矣，<u>何蜀之敢望</u>？（《左傳·昭公七年》）

就模態而言，“能得”即“可能能够得到”，“能爲”即“可能有能力做”，“敢望”即“可能敢於期望”。參考 Tsai(2015a、2015b)、汪昌松(2017)、蔡維天(2019)、劉麗媛、馮勝利(2021)等人的研究，漢語中的模態詞是可以沒有語音形式的。而且，在目前所見文獻中，我們沒有發現知識模態詞可以顯性地出現在[何 X 之 V]式中，而其他類型的模態詞可以。這種共存限制正是因爲[何 X 之 V]式中已有該模態詞的隱形形式，故不會重複出現位置相同、語義相同的模態詞。

2.隱含表否認的念力運符

其次，我們來看反問型[何 X 之 V]式中表達否認的隱性成分。言者採用反問型[何 X 之 V]式，其實際對“VX”表達的命題持否認的態度。呂叔湘(1990：294)就指出：“反詰實在是一種否定方式：反詰句裏沒有否定詞，這句話的用意就在否定；反詰句裏有否定，這句話的用意就在肯定。”[何 X 之 V]式表達反面意義可以後人的注疏爲證。首先，表面不含否定詞的反問型[何 X 之 V]式會被後代注疏家詮釋出否定的意義，例如：

(18)既盟，子大叔咎之，曰：“諸侯若討，其可瀆乎？”子産曰：“晋政多門，貳偷之不暇，何暇討？國不競亦陵，<u>何國之爲</u>？”（《左傳·昭公十三年》）

[杜預注：不競爭，則爲人所侵陵，<u>不成爲國</u>。]

(19)今王室亂，單旗，劉狄，剝亂天下，壹行不若，謂："先王何常之有？唯余心所命，其誰敢請之？"帥群不弔之人，以行亂于王室。(《左傳·昭公二十六年》)

　　[杜預注：言先王無常法。]

(20)晋饑，公問於箕鄭曰："救饑何以？"對曰："信。"……公曰："然則若何？"對曰："信於君心，則美惡不逾，信於名，則上下不干。信於令，則時無廢功。信於事，則民從事有業。於是乎民知君心，貧而不懼，藏出如入，何匱之有？"(《國語·晋語四》)

　　[韋昭注：出其帑藏，以相振救，如入於家，故不乏也。]

其次，有否定詞的反問型[何 X 之 V]式則會被詮釋出肯定的意義，例如：

(21)蘧啟疆曰："可。苟有其備，何故不可？……君將以親易怨，實無禮以速寇，而未有其備，使群臣往遺之禽，以逞君心，何不可之有？"(《左傳·昭公五年》)

　　[正義：啟疆發首言"可"，此云言"何不可之有"，言其可也，紹上可之言。]

以上兩點都説明反問型[何 X 之 V]式中應當有一個表示反面意義的成分。這從例句的上下文中也可看出，例如例(18)中子産指出如果順從晋國的無理要求，不與之爭辯，就會受其侵陵，不可能具有一國的地位。近年有學者認爲，在句法高層有一個表達語氣、語態的念力功能短語(ForceP)，其中的運符(operator)可約束疑問詞，賦予疑問語法特徵(Ko，2005、2006；Shlonsky & Soare，2001；Pan，2015；Tsai，2017)；鍾叡逸、蔡維天(2020)又指出約束疑問詞的運符(Operator，Op)可以負載不同的語法特徵，如非定指的 Op[indef]、驚歎的 Op[excl]、抱怨的 Op[whining]等，因此疑問詞可以産生非定指、驚歎、抱怨的詮釋。據此，我們認爲在反問型[何 X 之 V]式中，亦有一個位於念力功能短語層的表示否認的運符，約束最近的"何 X"并賦予"何 X"否認特徵，産生否認的語義詮釋，姑且將之定爲 Op[object]。

(三)反問型[何 X 之 V]式中"何 X"的移位落點

反問型[何 X 之 V]式中有語音隱形而句法上存在的成分，那麽"何 X"移位的落點在哪裏呢？首先，根據前引的例子可以看出，"何 X"位於顯性的模態詞之上：

(22)虢多涼德，其何土之能得？(《左傳·莊公三十二年》)

(23)我諸戎飲食衣服，不與華同，贄幣不通，言語不達，何惡之能爲？(《左傳·襄公十四年》)

(24)是寡君既受貺矣，何蜀之敢望？(《左傳·昭公七年》)

而上文中我們也説明了反問型[何 X 之 V]式中有句法結構上存在的隱性知識模態詞，"何 X"應當位於所有模態詞之上，此爲"何 X"的下限。

其次，"何 X"之前可以出現位置較高的表示揣測的語氣副詞"其"[①]，但不會出現其他位置較低的副詞，例如：

(25)君雖獨豐，其何福之有？(《左傳·桓公六年》)

(26)若子之群吏，處不辟汙，出不逃難，其何患之有？(《左傳·昭公元年》)

(27)以君之明，子爲大政，其何厲之有？(《左傳·昭公七年》)

---

　　① 魏培泉(1999)將表示揣測或祈使的"其"稱爲法相副詞(modal verb)，位置高於其他副詞。我們也採用他這一分析。

再次，"何 X"之前還可以出現 DP，例如：

(28)辰嬴賤，班在九人，其子何震之有？（《左傳•文公六年》）

(29)吾何遷封之有？（《左傳•昭公九年》）

(30)克也以君命命三軍之士，三軍之士用命，克也何力之有焉？（《國語•晋語五》）

據 Tsai(2015b)對漢語的句法製圖分析，話題高於外焦點，且如例(30)所示，在"何 X"之前的 DP"克"後附有話題標記"也"①。因此我們認爲，"何 X"受焦點驅動，移位落點在外焦點位置，而在"何 X"之上的"其子""吾""克"則是話題。

最後，反問型[何 X 之 V]式中的"何 X"落點較高還可以現代漢語的情況爲旁證。Tsai(2008)提出表示否認的"怎麽"和問原因的"怎麽"有不同的句法位置，前者位於較高的念力短語層，後者位於較低的疑問短語層。鄧思穎(2011)繼而指出在句子最高層次、屬於句子邊緣位置的"怎麽"容易獲得較強的特殊語用意義（即反問），而較低位置的"怎麽"離邊緣位置較遠，因而較易保存疑問的功能。根據這一精神，反問型[何 X 之 V]式中的"何 X"也可能比設問型[何 X 之 V]式中的"何 X"落點更高，更接近句子邊緣。事實上，與反問型[何 X 之 V]式不同，設問型[何 X 之 V]式中從不會出現顯性的模態詞，例如：

(31)孟子曰："王何卿之問也？"（《孟子•萬章下》）

(32)願獻九鼎，不識大國何涂之從而致齊？（《戰國策•東周策》）

(33)王曰："寡人終何涂之從而致之齊？"（《戰國策•東周策》）

而且，設問型[何 X 之 V]式不表達可能性，從語義詮釋來看，設問型[何 X 之 V]式中也不含有隱性的知識模態詞。也即，與反問型[何 X 之 V]式中的"何 X"不同，設問型[何 X 之 V]式中的"何 X"并沒有處於模態詞之上，落點較低。這個落點究竟在何處？我們需要參考設問型[wh V]中疑問代詞賓語的落點。

對此，目前學界主要有兩派觀點，第一派觀點，馮利(1994)、Feng(1996)以"何以""何如""何爲"等複合詞的形成爲根據，認爲在上古時期的[wh V]式中，疑問代詞賓語與動詞之間應是直接組合關係，沒有任何中間成分，因此疑問代詞賓語移動到 VP 的邊緣位置，并向下附著於動詞；而且，賓語倒置是早先 OV 形式的遺留，而在上古時期被重新分析爲焦點移位。第二派觀點則認爲疑問代詞賓語的落點較高，魏培泉(1999)提出疑問代詞賓語一般位於主語後以及動詞前，法相副詞（即表示情態意義的副詞）和關聯副詞在其前，否定詞在其後；Aldridge(2010)明確指出疑問代詞賓語最終落點就在 vP 的 spec 位置，與動詞之間還隔着主語移位的語跡，僅有句法移位，沒有繼續向下附著於動詞，Aldridge(2021)更進一步提出中古早期疑問代詞賓語不再前置的原因是 v 丢失了促使焦點移位的特徵。本文認爲，若采用第二派方案則將遇到三大問題。首先，魏培泉(1999)、Aldridge(2010)提出的高移位落點分析方案與語言事實相悖，其與"何以""何如""何爲"等複合詞形成的事實產生矛盾。Feng(1996)據 Huang(1984)、Feng(1998)指出，"何以""何如""何爲"等複合詞的形成證明"何"與"以""如""爲"本身是直接組合關係。而如果"何"落點較高，與"以""如""爲"之間還有其他成分

---

① 蒲立本(1995，孫景濤譯，2006：81-82)指出"也"可以用以標記話題，"尤其常見於跟專有名詞在一起的時候"，如：

鯉也死，有棺而無椁。（《論語•先進》）

據此，我們認爲此處"克"之後的"也"也是話題標記。此外，感謝匿名審稿專家提示，上古漢語"也"作爲話題標記的研究亦可參考 Chu(1987)、張文國(1999)、梅廣(2015)、劉丹青(2016)等。

而不是直接組合關係，“何以”“何如”“何爲”等複合詞就無法形成。但事實上，漢語中是存在“何以”“何如”“何爲”等複合詞的。

其次，魏培泉(1999)、Aldridge(2010)用於論證高落點分析方案的例子均非有效證據，下面我們分三類來説明。

第一，他們所用於論證疑問代詞賓語移位較高的例子多屬反問句①，如疑問代詞賓語在否定詞之前：

（34）以此攻城，何城不克？（《左傳·僖公四年》）

（35）其子而食之，且誰不食？（《韓非子·説林上》）

疑問代詞賓語在模態詞之前：

（36）若下攝上，與上攝下，周旋不動，以違心目，其反爲物用也，何事能治？（《國語·晋語一》）

（37）臣實不才，又誰敢怨？（《左傳·成公三年》）

而根據普遍語法(Universal Grammar)②，現代漢語設問句和反問句爲不同結構、疑問代詞處於不同位置的情況(參 Tsai，2008；鄧思穎，2011)也當存在於上古漢語中，故而應將反問句與設問句分別來看待。如果僅以反問句的情況來統攝所有疑問代詞賓語均移位較高，則無法解釋二者的對立：爲何反問句中疑問代詞賓語可以出現在否定詞和模態詞之前，如上文的例（34）—例（37），但設問句中的疑問代詞賓語就從不出現在否定詞和模態詞之前（也即在上古漢語中不存在疑問代詞賓語在否定詞和模態詞之前的設問句）？ 例如：

（38a）公聞其入郭也，將救之，問於使者曰：“師何及？”對曰：“未及國。”（《左傳·隱公五年》）

（38b）公聞其入郭也，將救之，問於使者曰：“＊師何不及？”對曰：“未及國。”

（38c）公聞其入郭也，將救之，問於使者曰：“＊師何能及？”對曰：“未及國。”

例（38a）中的“何及”是設問句，下文有回答，不存在例（38b）中“何不及”或例（38c）中“何能及”這樣的設問句。也就是説，倘若該句中的疑問代詞賓語出現在否定詞和模態詞之前，則該句一定會被詮釋爲反問句而非設問句。這恰恰證明了上古時期反問句與設問句是兩種不同的結構。

第二，他們還舉出了疑問代詞賓語出現在介詞短語之前的例子來證明疑問代詞賓語移位位置較高，例如：

（39）子何以其志爲哉？（《孟子·滕文公下》）

（40）君長有齊陰，奚以薛爲？（《戰國策·齊策一》）

但是，根據李果(2018)的最新研究，[何/奚＋(以)＋X＋爲]是由“何爲”互補刪略形成的，這裏句末的“爲”是表疑問的語氣詞，顯性形式“何”對應的實爲狀語“何爲”③，所以[何/奚＋

---

①　　以下例（34）—例（37）、例（39）、例（40）、例（42）、例（43）和例（44）均取自魏培泉(1999)，例（41）取自 Aldridge(2010)，讀者亦可參考魏培泉(1999)、Aldridge(2010)中的更多例子。魏培泉(1999)也提出，“何”在法相動詞和一些副詞前經常反問，通常被解釋爲“怎麽”，而不被視爲賓語移前。這正是因爲反問句中的“何”位置較高，更容易被詮釋出高位的語用意義。Feng(1996)將出現在模態詞與否定詞之前的“何 X”處理爲話題化的賓語。

②　　“普遍語法”(UG)説爲匿名審稿專家所提示，多謝匿名審稿專家的建議。

③　　此處經由匿名審稿專家提示而完善了表述，多謝匿名審稿專家的建議。

(以)＋X＋爲]并非由疑問代詞賓語出現在介詞短語之前而形成。因此,這類例子也不能作爲疑問代詞賓語移位落點較高的證據。

　　第三,除去這些反問句之外,他們所用於論證的疑問代詞賓語落點較高的還有 4 例,確實爲疑問代詞賓語"何"倒置的設問句。其中 3 例爲疑問代詞賓語出現在控制動詞"欲"之前的:

　　　　(41)管仲曰:"公<u>誰</u><u>欲</u><u>與</u>?"(《莊子·徐无鬼》)

　　　　(42)管仲敬諾,曰:"今<u>誰</u><u>欲</u><u>相</u>?"(《吕氏春秋·貴公》)

　　　　(43)公不如謂周君曰:"<u>何</u><u>欲</u><u>置</u>? 令人微告悍,悍請令王進之以地。"(《戰國策·西周策》)

　　魏培泉(1999)、Aldridge(2010)指出"欲"作爲控制動詞①,比普通的實義動詞位置較高,因此前移的賓語"誰""何"的位置也要更高。然而,此 3 例還存在如下問題:第一,例(41)、例(42)講述的都是齊桓公詢問重病將死的管仲誰可以繼任的故事,但在同樣敘述這一故事的《列子》中,此句爲"公誰欲歟",此句"欲"後面是疑問語氣詞"歟"而非動詞"與"②。由此來看,不能排除《莊子》中的"與"也是語氣詞而非動詞。第二,魏培泉(1999)也提出,疑問代詞賓語也有不提升到控制動詞前的例子,即"子欲何之"(《戰國策·秦策一》),我們在《史記》中也發現了"欲誰立"的例子(《史記·趙世家》)。既有疑問代詞賓語在"欲"之前的例子,也有疑問代詞賓語在"欲"之後的例子,則此三例不足以證明疑問代詞賓語落點在控制動詞之前。第三,從文獻時代上來看,此三例均出現在戰國晚期的文獻中,而在《論語》《孟子》《左傳》《國語》中卻沒有這樣的例子,可能是戰國晚期的新變化。綜上,此三例顯然并不能用來證明移位落點的高低③。

　　剩餘一例爲疑問代詞賓語"何"出現在否定詞"不"之前:

　　　　(44)然則我何爲乎? <u>何</u><u>不</u><u>爲</u>乎?(《莊子·秋水》)

　　在上古文獻中,我們僅發現了這一例設問句的疑問代詞賓語"何"出現在否定詞"不"之前④。但是,需要注意的是:這裏的語境是前後兩問"何爲乎""何不爲乎"形成對比,兩處的"何"爲對比焦點,自然與普通的設問句不同,它們可能移動到較高的位置上,是并列對比的语境允準及要求的結果。否則,單獨一句"然則我何不爲乎"絕不能解讀爲"然則我不爲何乎"的意思,就如同"汝何獨知"表達的意義與"汝獨何知"截然不同。

---

　　①　上古時期"欲"還有實義動詞的用法。Aldridge(2010)舉出"欲"作爲控制動詞的肯定句用例如:
而子不<u>欲</u>我見伊尹。(《墨子·貴義》)
　　②　古代注家即已注意到句末"與"用爲語氣詞的情況,感謝匿名審稿專家的提示,王引之《經傳釋詞》"歟、與"下集合了注家的説法:"《玉篇》曰:'歟,語末辭'。古通作'與'。皇侃《論語·學而》篇《疏》曰:'與,語不定之辭。'高誘注《吕氏春秋·自知》篇曰:'歟,邪也。'邪,俗作'耶'。歟、邪二字,古并讀若'餘'。《莊子·天地》篇:'其亂而後治之與?'《釋文》:'"與"本又作"邪"。'又注《淮南·精神》篇曰:'與,邪,辭也。'此皆常語也。"
　　③　Aldridge(2021)還舉出一例疑問賓語代詞"誰"出現在控制動詞"使"的例子。經檢,在先秦文獻中,也僅有三例疑問代詞賓語出現在"使"之前的句子(疑問代詞賓語均爲"誰"),即:
秦穆公許諾,反使者,乃召大夫子明及公孫枝,曰:"夫晉國之亂,吾誰使先,若夫二公子而立之? 以爲朝夕之急。"(《國語·晉語二》)
居一月自問張譴曰:"若子死,將誰使代子?"(《韓非子·説林上》)
吾誰使正之? 使同乎若者正之,既與若同矣,惡能正之!(《莊子·齊物論》)
還有一例疑問代詞賓語"誰"出現在"使"之後:
子産若死,其使誰嗣之?(《吕氏春秋·先識覽》)
語言事實表明,控制動詞"使"的例子也面臨着與"欲"相似的問題,遠不足以證明上古時期的疑問代詞賓語移動到了 vP 的邊緣位置。
　　④　下文又出現了一次"何爲乎? 何不爲乎?",這是對上文的重複,故不再計入。

　　最後,高移位落點分析方案還無法解釋疑問代詞賓語移位的歷時演變。Aldridge(2021)延續之前對上古時期疑問代詞賓語移位僅有焦點移位的分析(Aldridge,2010),認爲由於輕動詞 v 丟失了促使焦點移位的特徵,故中古早期疑問代詞賓語不再移位。然而,中古以後丟失的應是韻律上的附著操作,而非句法上的焦點操作①。Feng(1996)業已指出,疑問代詞賓語移位落點較高的情況在現代漢語中仍然保持,如"告訴我,我們到底哪兒不能去",祇是疑問代詞賓語直接附著在動詞上的情況不再合法,如"告訴我,我們哪兒去"。同時,這一分析也不能解釋雙音代詞賓語爲何比單音代詞賓語早先一步不再移位、停留在動詞之後②。在原理上,這一分析還仍需解釋輕動詞 v 由於何種原因和機制而在中古早期丟失了促使焦點移位的功能。

　　綜上所述,我們對於設問句疑問代詞賓語落點的分析仍然採用 Feng(1996)提出的低落點、下附著的基本框架及操作,設問句"何"與動詞之間沒有其他成分。在目前的形式句法學中,動詞 V 還會移位合并到輕動詞 v 上,我們結合這一點,將設問句疑問代詞賓語的落點修正爲移動到 v' 的姊妹節點上,如下圖所示:

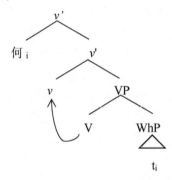

(四)小結

　　以"其子何震之有"爲例,反問型[何 X 之 V]式的樹形結構圖如下所示③:

---

　　①　Aldridge(2010)提出中古早期疑問代詞賓語移位被重新分析爲附著到動詞上,這實際上就是採用了馮利(1994)、Feng(1996)的韻律分析方案。
　　②　而根據韻律分析方案則正可以對此現象給出解釋。Feng(1996)指出這是由於雙音節疑問短語在韻律上重於單音節疑問詞,動詞右邊位置是韻律較重位置,左邊是較輕位置,因此相對應的,在演變早期祇允許較重的雙音節形式出現在較重的動詞右邊位置。
　　③　匿名審稿專家認爲,此圖中缺少了"之"。感謝專家的意見,但是我們認爲"其子何震之有"中的"之"在 PF 層面纔插入,并非在純句法層面就出現,此圖爲句法結構圖,故未在此圖中出現"之"。

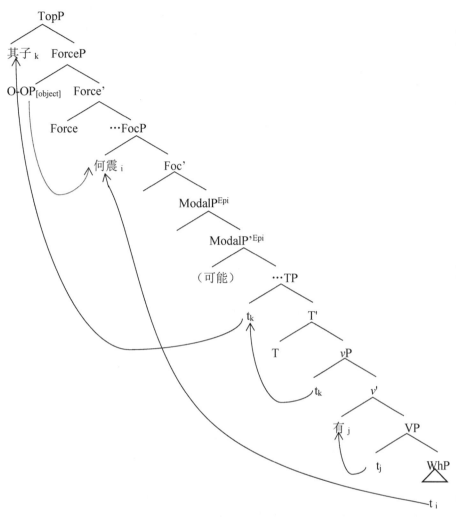

　　"何震"本來在 VP 的補述語位置，因要滿足焦點的需要，移動到知識模態詞之上、話題之下的外焦點位置；"其子"從 vP 的指示語位置，上移至話題位置；念力功能短語層中的否認運符制約"何震"，并賦予"何震"否認特徵。

三　反問型［何 X 之 V］式的韻律屬性

　　根據馮利（1994）、Feng（1996）的研究，［何 X 之 V］式按照其中"V"的音節數量可分爲［何 X 之 Vσ］式與［何 X 之 Vσσ］式兩類，其中"之"所起到的韻律作用不同。我們也對這兩類分別進行韻律屬性的分析，再來看［何 X 之 V］式比較統一的韻律屬性。

（一）反問型［何 X 之 Vσ］式的韻律屬性

　　首先，我們來看"V"爲單音節的［何 X 之 Vσ］式的韻律屬性。馮利（1994）、Feng（1996）指出,在上古時期的文獻中,没有"之"的[何 XVσ]形式是不存在的,這是因爲動詞在句末承擔重音,"之"出現在動詞之前,可以補足音節,加重動詞的分量,使動詞得以承擔句末重音;如果没有"之",單音節動詞在韻律上"輕"於動詞前具有分支結構的"何 X",這便與重音要求出現了矛盾①。如下圖所示:

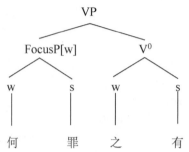

也就是説,當動詞爲單音節時,[何 X 之 Vσ]式中"之"的出現是必然的,這是由核心重音要求決定的。而且,"之"的插入還帶來了後續的效果。其中的"X"也多爲單音節詞,結果"之"一旦插入,[何 X 之 Vσ]就成爲了四言式。在《左傳》的 52 例[何 X 之 Vσ]式中,有 49 例爲四言式;在《國語》的 24 例反問型[何 X 之 Vσ]式中,有 22 例爲四言式。例如:

(45)不競亦陵,何國之爲?(《左傳·昭公十三年》)

(46)先王何常之有?唯余心所命,其誰敢請之?(《左傳·昭公二十六年》)

(47)荀息曰:"吾聞事君者,竭力以役事,不聞違命。君立臣從,何貳之有?"(《國語·晋語一》)

(48)若有違質,教將不入,其何善之爲!(《國語·晋語四》)

四言的[何 X 之 Vσ]式自然形成兩個雙音節音步。[何 X 之 Vσ]式中的"之"雖非直接爲整飭節律而出現,但也起到了這一作用,幫助[何 X 之 Vσ]式成爲了具有齊整性的韻律形式,這是[何 X 之 Vσ]式重要的韻律屬性。

(二)反問型[何 X 之 Vσσ]式的韻律屬性

其次,我們來看"V"爲雙音節的[何 X 之 Vσσ]式的韻律屬性。《左傳》中有 7 例[何 X 之 Vσσ]式,其中的雙音節 Vσσ 由模態詞或否定詞加動詞組合而成的,即:

(49)神,聰明正直而一者也,依人而行。虢多涼德,其何土之能得?(《左傳·莊公三十二年》)

(50)無乃非盟載之言,以闕君德,而執事有不利焉,小國是懼。不然,其何勞之敢憚?(《左傳·襄公二十八年》)

(51)自踐土以來,宋何役之不會?而何盟之不同?(《左傳·昭公二十五年》)

《國語》中有 2 例[何 X 之 Vσσ]式,其中的 Vσσ 均爲"與有",即:

①　Aldridge(2021)提出[何 X 之 V]中的"之"是焦點標記。但是這一分析首先不能解釋爲何當[何 X 之 V]中 V 是單音節時"之"必須出現、不存在没有"之"的[何 XVσ]式而當 V 非單音節時"之"則可選出現,而馮利(1994)、Feng(1996)認爲"之"具有韻律功能的觀點則可以很好地解決兩者對立的問題;其次若"之"的焦點功能在中古早期就已丟失(如 Aldridge(2021)所説),那麼還需解釋爲何[何 X 之 V]式在《論衡》中仍然存在。故我們仍採用馮利(1994)、Feng(1996)的分析。

(52)王不許,曰:"……叔父若能光裕大德,更姓改物,以創制天下,自顯庸也,而縮取備物以鎮撫百姓,余一人其流辟於裔土,何辭之與有?……"(《國語・周語中》)①

(53)公子夷吾出見使者,再拜稽首,起而不哭,退而私於公子縶曰:"……君苟輔我,蔑天命矣! 亡人苟入掃宗廟,定社稷,亡人何國之與有?……"(《國語・晋語二》)

這裏的"與"我們採用王引之《經傳釋詞》、楊樹達《詞詮》、張以仁《國語虛詞集釋》中認爲是助詞的説法②。無論是《左傳》中的模態詞還是《國語》中的助詞,這裏的"V"都是雙音節形式。

馮利(1994)、Feng(1996)指出,在韻律上 $V\sigma\sigma$ 不比"何 X"輕,可以承擔句末的核心重音,因此與[何 X 之 $V\sigma$]式中"之"必須出現不同,[何 X 之 $V\sigma\sigma$]式中"之"的出現是可選的,填補了移出 VP 之外的"何 X"與 VP 之間的停頓。我們可在上古文獻中看到没有"之"的[何 X $V\sigma\sigma$]式,例如:

(54)齊侯曰:"以此衆戰,誰能禦之? 以此攻城,何城不克?"(《左傳・僖公四年》)

(55)若下攝上,與上攝下,周旋不動,以違心目,其反爲物用也,何事能治?(《國語・晋語一》)

例(54)中"不克"是雙音節組合,"何城"和"不克"之間没有出現"之";例(55)中"能治"是雙音節組合,"何事"和"能治"之間没有出現"之"。[何 X 之 $V\sigma\sigma$]式中"之"的作用是兩個音步之間的襯字,填補了"何 X"與 $V\sigma\sigma$ 之間的停頓,正如"主之謂"結構中的"之"填充或實現了主謂之間的停頓,韻律分量加强(馮勝利、施春宏,2018;陳遠秀,2020)。馮勝利、施春宏(2018)并指出,"主之謂"成爲全句的焦點,承擔焦點重音。那麼,[何 X 之 $V\sigma\sigma$]式又如何呢? 我們發現,[何 X 之 $V\sigma\sigma$]式同樣也成爲了焦點。《左傳》《國語》中的[何 X 之 $V\sigma\sigma$]式均是如此。以下面兩例爲證來具體説明:

(56)我諸戎飲食衣服不與華同,贄幣不通,言語不達,何惡之能爲?(《左傳・襄公十四年》)

(57)王不許,曰:"……叔父若能光裕大德,更姓改物,以創制天下,自顯庸也,而縮取備物以鎮撫百姓,余一人其流辟於裔土,何辭之與有?……"(《國語・周語中》)

例(56)中,"我諸戎飲食衣服不與華同""贄幣不通""言語不達",這些都是諸戎不可能有能力勾結中原諸侯、做出不利於晋國的惡事("何惡之能爲")的證據,而其後的"何惡之能爲"則爲言者的觀點;例(57)中,"叔父若能光裕大德,更姓改物,以創制天下,自顯庸也,而縮取備物以鎮撫百姓",是周王不可能説出什麼言辭("何辭之與有")的原因。可以看出,[何 X 之 $V\sigma\sigma$]式所在的段落的組成均爲:言者先提出一系列證據,再以[何 X 之 $V\sigma\sigma$]式殿後,提出自

---

① 　王引之《經傳釋詞》卷一:"與,語助也。"正引此《國語》二例。例(52)中的"何辭之與有"一作"何辭之有與"。汪遠孫《國語明道本考異》云:"(公序本)'有與'作'與有'。《晋語》:'亡人何國之與有!'句法一例。"張以仁在《國語虛詞集釋》(1968:23)中指出:"'與'作語末助詞,《國語》無同例。疑公序本是。"本文從公序本,作"何辭之與有"。

② 　關於"與"的功能,徐仁甫(1980:2)在《廣釋詞》中認爲:"'與'猶'又'也。《周語》曰:'余一人其流辟於裔土,何辭之與有?'言何辭之又有也。(韋注:'何復陳辭之有也','復'亦'又'也。)"我們認爲這個"又"的意義還是從語境中來,而非"與"本身的詞義。故從王引之"助詞"之説。楊樹達在《詞詮》中認爲是無義助詞。而張以仁(1968:5)則認爲"似尚未得",含有句中助詞"與"的問句表達的"非復詢問語氣"。此説姑存之。此處的助詞"與"和其他模態詞、否定詞一樣也起到了補足動詞重量的作用,"之"則占據了"何 X"和"與有"之間的停頓。

己與聽者相反的觀點，[何 X 之 Vσσ]式處於這一段論證中的核心地位。而[何 X 之 Vσσ]式較重的韻律分量正保證了其可以承擔這一重任。《左傳》與《國語》中的 9 例[何 X 之 Vσσ]式均是如此。而[何 X 之 Vσ]式及[何 X Vσσ]式却并非一定如此：

(58)對曰："姜氏<u>何厭之有</u>！不如早爲之所，無使滋蔓。蔓，難圖也。蔓草猶不可除，況君之寵弟乎！"(《左傳·隱公元年》)

(59)齊侯曰："以此衆戰，誰能禦之？以此攻城，<u>何城不克</u>？"(《左傳·僖公四年》)

例(58)中，[何 X 之 Vσ]式直接處於開頭的位置，言者(祭仲)根據姜氏的一貫表現做出了自己的判斷，但是論據本身并沒有出現在對話中，而且這段論證的核心在於反對言者(鄭莊公)放任共叔段繼續擴張勢力。例(59)中，言者(齊侯)并沒有在言辭中提出堅實的證據，而是倚仗威勢來壓迫聽者(楚國的使者屈完)接受自己的觀點，此處均爲齊整的四言式。且"以此衆戰，誰能禦之"與"以此攻城，何城不克"也形成了對仗，節律整飭，氣勢實足，但是説理性則不及[何 X 之 Vσσ]式。可見，[何 X 之 Vσ]式及[何 X Vσσ]式并不一定都會像[何 X Vσσ]式一樣成爲論證的核心，承擔焦點重任①。換言之，正是"之"的插入增强了[何 X 之 Vσ]式的分量，確保[何 X 之 Vσσ]式能够承擔焦點重音，成爲論證中的核心。

(三)小結

以上，我們分別分析了[何 X 之 Vσ]式與[何 X 之 Vσσ]式的韻律屬性。[何 X 之 Vσ]式中，"之"因核心重音而必然出現，附著在 V 之上，增强了 V 的分量，并且因爲"之"的插入，[何 X 之 Vσ]式成爲韻律齊整的四言式。[何 X 之 Vσσ]式中，"之"可選出現，占據了"何 X"與"Vσσ"之間的停頓，增强了句式整體的重量，[何 X 之 Vσσ]式承擔焦點重音。雖然因"V"的音節數不同，"之"作用不盡相同，但是"之"都在韻律層面上起到占位作用，增强了韻律分量，造就了[何 X 之 V]式這一表層形式。

陳遠秀(2020)通過對"主之謂"結構的研究已經指出，在韻律上"之"具有占位作用，在語體上"之"具有正式性；蘇婧(2021)論證了上古時期另一種賓語倒置式——工具類[X 以 VP]也是正式體的句法語距形式。聯合視之，含有"之"、又是賓語倒置式的反問型[何 X 之 V]式就很可能是一種特殊的句法語距形式。下面，我們將看到，韻律結構與句法結構一道，決定了反問型[何 X 之 V]式的語體功能，産出一個具有語距功能的語距形式。

---

① 　在韻律上，[何 X 之 Vσσ]式必然重，[何 X 之 V]式及[何 X Vσσ]式雖比[何 X 之 Vσσ]式較輕，但并非輕到不能承擔焦點重音，以例(55)爲證：

對曰："貳若體焉，上下左右，以相心目，用而不倦，身之利也。上貳代舉，下貳代履，周旋變動，以役心目，故能治事，以制百物。若下攝上，與上攝下，周旋不動，以違心目，其反爲物用也，<u>何事能治</u>？"(《國語·晉語一》)

此例中，"若下攝上，與上攝下，周旋不動，以違心目，其反爲物用也"是"何事能治"的原因，"何事能治"是這一小段論證的核心，而且"故能治事"與"何事能治"形成了對比，"何事能治"應當是焦點。因爲這裏幾乎全用四言式(後文亦是)，所以採用[何 X Vσσ]式，沒有插入"之"形成非四言式而破壞整體的韻律齊整性。可以説，[何 X 之 V]式及[何 X Vσσ]式是中性形式，可以是段落的焦點，也可以不是；而[何 X 之 Vσσ]式則是加重形式，必然是段落的焦點。

四　反問型[何 X 之 V]式中的體原子

在句法、韻律分析的基礎上,我們將以體原子充分觀測反問型[何 X 之 V]式,論證其爲一類具有特定語體屬性的句法語距形式。

語體語法理論將語體定義爲"實現人類直接交際中最原始、最本質屬性(亦即確定彼此之間關係和距離)的語言手段和機制。"(馮勝利,2011)。交際成員處在三維物理空間之中,因此交際距離是三維的(馮勝利、劉麗媛,2020),有遠近,有高低,表現在語言上就構成了二元對立、口語－正式－莊典三維分體的語體系統(馮勝利,2010、2017)。馮勝利、劉麗媛(2020)經過甄別、鑒定,推演出"迄今發現的、形式－功能對生機制派生出來的、具有一定普適性的"18 種體原子(語距定律),後又添加一類"意體原子"(三個,見馮勝利、王永娜、王麗娟,2021),故總共 21 個體原子。這些體原子"決定和創造出了各式各樣的語體語法的結構和形式"。某一結構之所以具有某種語體屬性,是由體原子所賦值的;而如果某一個結構符合該體原子定律,便會被該種體原子賦值,那麼就會具有對應的語體屬性。下面,我們將來觀測有哪些體原子對反問型[何 X 之 V]式賦值,又是在哪一層面上賦值的。

我們發現,反問型[何 X 之 V]式符合[＋正式]的樹距律、離核律、古今律、平衡律及時空律,由這些體原子在句法與韻律層面賦值,因此正式性較高。下面分別論證:

(一)樹距律

最大投射中句法移位越高越正式。(馮勝利,2015;駱健飛,2017;馮勝利、劉麗媛,2020)

根據上文第二章中的句法結構分析,反問型[何 X 之 V]式中的"何 X"的移位落點要比設問型[何 X 之 V]式中的"何 X"要高:

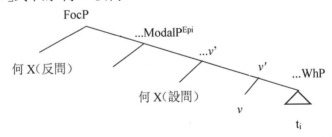

故此,所有的反問型[何 X 之 V]式符合樹距律的條件,在平衡律的賦值下,具有正式性,且正式度比設問型[何 X 之 V]式更高。

(二)離核律

結構上離核心詞越遠越正式。(馮勝利、劉麗媛,2020)

同樣,根據上文對反問型[何 X 之 V]式句法結構的分析,與原先的 VO 語序及設問型[何 X 之 V]式相比,移位操作導致"何 X"與離核心詞 V 的距離較遠。需要注意的是:我們認爲,這裏與核心詞之間的距離不是表層上的距離,而是底層句法結構上的距離。反問型

[何 X 之 V]式與設問型[何 X 之 V]式表面上看似没有差異，實則不同，反問型[何 X 之 V]式中的"何 X"距離核心動詞的距離更遠。

故此，所有的反問型[何 X 之 V]式符合離核律的條件，在離核律的賦值下，具有正式性，且正式度比設問型[何 X 之 V]式更高。

（三）古今律

古語今用，均具莊典性/正式。（馮勝利、劉麗媛，2020）

我們採用馮利（1994）、Feng（1996）的觀點，"何 X"的前置是早先 OV 形式的遺留，而被重新分析爲焦點移位。OV 形式是遠古漢語的語序，比反問型[何 X 之 V]式所處的上古更"古"，在《左傳》《國語》中可謂"古語今用"，故此，所有的反問型[何 X 之 V]式符合古今律的條件，在古今律的賦值下，具有正式性。

（四）平衡律

相對的兩個節律單位如長短一致，則具正式性。（馮勝利、劉麗媛，2020）

如第三節中所述，反問型[何 X 之 V]式多爲四言式：在《左傳》的 59 例反問型[何 X 之 V]式中，有 48 例爲四言式；在《國語》的 26 例反問型[何 X 之 V]式中，有 22 例爲四言式。四言式可以自然形成兩個等長的雙音節音步，如下所示：

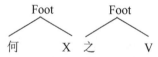

故此，多數反問型[何 X 之 V]式符合平衡律的條件，在平衡律的賦值下，具有正式性①。

（五）時空律

時空標記越少，或具有時空要素的語言單位所含"時空素"越少，則越正式。（馮勝利、劉麗媛，2020）

反問型[何 X 之 V]式的語言單位中所含的"時空素"②很少，這從其中的"X"和"V"兩方

---

① 感謝匿名審稿專家的提示。Feng（2009）首先揭示出由韻律嚴格制約的雙雙搭配的合偶詞僅用於正式語體，如"[加以＋批＊（判）]"、"[堅持＋＊（真）理]"、[公然＋＊（逃）跑]、[極其＋＊（容）易]，并提出"語體一致性原則"（Stylistic Coherence Principle）："一個通常由一個音步形成的韻律詞（prosodic word PrWd）在正式體漢語中選擇另一個韻律詞"。以合偶詞爲源，此後的語體語法研究逐步發展出"平衡律"。如，王麗娟（2018）鑒定出現代漢語中[2＋2]式的旁格述賓結構（如"收徒北大"）爲正式體形式，而[1＋2]式的旁格述賓結構（如"吃食堂"）則爲口語體形式；并指出平衡律表現爲"音步＋音步"的組配模式（即四言[何 X 之 Vσ]式的組配模式），而懸差律表現爲"音節＋音步"的組配模式。這一研究正可以作爲四言[何 X 之 V]式符合平衡律、具有正式性的佐證之一。最近，劉麗媛（待刊）指出正式體的基本與首要構體單位便是平衡律體原子，没有以音步爲單位組成【（F$\sigma\sigma$）w（F$\sigma\sigma$）s】的相對凸顯結構，則不成正式體。

② 時空素定義見馮勝利、劉麗媛（2020）："時空素指表時間、地點、工具、數、量、所示等具體化或個體化事件與物體的要素。"

面可以看出。首先，“X”多爲單音詞，所含的具體時空素少於短語。例如：

（60）對曰：“姜氏何厭之有！不如早爲之所，無使滋蔓。蔓，難圖也。蔓草猶不可除，况君之寵弟乎！”（《左傳·隱公元年》）

（61）秦不哀吾喪，而伐吾同姓，秦則無禮，何施之爲？（《左傳·僖公三十三年》）

（62）公曰：“何口之有！口在寡人，寡人弗受，誰敢興之？”（《國語·晋語一》）

例（60）中的“X”爲單音形容詞“厭”，例（61）中的“X”爲單音動詞“施”，例（62）中的“X”爲單音名詞“口”。據我們統計，《左傳》59 例反問型［何 X 之 V］式中有 56 例“X”爲單音詞，僅有 3 例非單音詞；《國語》中 26 例反問型［何 X 之 V］式中有 20 例“X”爲單音詞，僅有 6 例爲非單音詞。

其次，“V”多爲單音節的有音輕動詞（泛義動詞）“有”和“爲”。據我們統計，《左傳》59 例反問型［何 X 之 V］式中有 43 例“V”爲有音輕動詞“有”，8 例“V”爲有音輕動詞“爲”，8 例“V”爲實義動詞①；《國語》中 26 例反問型［何 X 之 V］式中 22 例“X”爲有音輕動詞“有”，4 例“V”爲有音輕動詞“爲”。有音輕動詞“有”和“爲”本身不表示具體動作，而是根據語境轉譯出多種語義。如上文例（60）中的“有”表示具有某種狀態，例（61）中的“爲”表示做某件事情，例（62）中的“有”表示擁有某樣事物。而且，“有”和“爲”還可以相互替換，如：

（63）今民各有心，而鬼神乏主，君雖獨豐，其何福之有？（《左傳·桓公六年》）

（64）賓曰：“若讓之以一矢，禍之大者，其何福之爲？”（《左傳·成公十二年》）

搭配同一個“何福”的既可以是“有”，也可以是“爲”，不同形式的輕動詞在同樣的語境中可以轉譯成相同的意義“擁有”，這更可説明，“爲”“有”本身不含時空義素，必須仰賴具體語境時空賦予具體的時空素。

總之，從“X”和“V”兩方面來看，反問型［何 X 之 V］式總體上符合時空律的條件，在時空律的賦值下，具有正式性。

對比設問型［何 X 之 V］式，則更可見反問型［何 X 之 V］式所含時空素之少。目前所見的設問型［何 X 之 V］式中的“V”均爲表示具體動作的動詞，而不是有音輕動詞。例如：

（65）孟子曰：“王何卿之問也？”（《孟子·萬章下》）

（66）願獻九鼎，不識大國何涂之從而致之齊？（《戰國策·東周策》）

例（65）、例（66）爲設問型［何 X 之 V］式，其中的“V”爲實義動詞“問”“從”。也就是説，設問型［何 X 之 V］式所含的時空素要多於反問型［何 X 之 V］式。就時空律而言，設問型［何 X 之 V］式的正式度要比反問型［何 X 之 V］式低。

（六）小結

綜上所述，所有的反問型［何 X 之 V］式均受樹距律、離核律、古今律賦值，而多數反問型［何 X 之 V］式還受到平衡律、時空律賦值。這五個體原子均爲［＋正式性］，據此，反問型［何 X 之 V］式應當爲正式語體的形式，正式度因具體形式不同而略有差異。值得注意的是，這些五個體原子是在語法的不同層面發生作用的。移位的句法操作導致其被樹距律、離核律和古今律賦值；而“何 X”和“V”形式簡單、模態詞及否認運符的隱含則決定了其被平衡律和

---

① 這 8 個實義動詞爲：憚、望、擇、尋、會、同、守、得。

時空律賦值。結果,這五個體原子分別在不同的層面發生作用,樹距律、古今律、離核律是在純句法層面(syntactic)發生作用,所有反問型[何 X 之 V]式均受此三律賦值;而平衡律在PF 層面、時空律在 LF 層面才發生作用,多數反問型[何 X 之 V]式受此二律賦值。從這一個案來看,不同的體原子可以在不同層面發生作用。

我們還發現,在體原子的檢測下,與表層形式相同的設問型[何 X 之 V]式相比,反問型[何 X 之 V]式在樹距方面更高,在離核方面更遠,在時空方面時空素也更少。因此,可以預測的是反問型[何 X 之 V]式的正式度應比設問型[何 X 之 V]式更高。我們在下文也會驗證這一點。

五　反問型[何 X 之 V]式的語體屬性與作用

在上一節中對反問型[何 X 之 V]式中的體原子的探測,這一句式應屬於正式體,且正式度較設問型[何 X 之 V]式更高。是否如此? 下面我們將對反問型[何 X 之 V]式的語體屬性進行驗證,并説明反問型[何 X 之 V]式在交際中所起到的作用。

(一)反問型[何 X 之 V]式的語體屬性

馮勝利(2015)提出兩條鑒定句子所屬語體的方法:1)"交際時空鑒定法"2)"語法中的時空鑒定法"。我們將採用這兩種方法鑒定反問型[何 X 之 V]式的語體屬性。

首先來看"交際時空鑒定法",即用對象(人)、內容(事)、場合(地)和態度(意)四要素來鑒定句子所屬的語體。從《左傳》和《國語》中的 73 例[何 X 之 V]式來看,除兩例以外,反問型[何 X 之 V]式都具有比較統一的交際四要素。以下面三句爲例:

(67)天王使召武公,内史過,賜晋侯命,受玉惰,過歸告王曰:"晋侯其無後乎? 王賜之命,而惰於受瑞,先自棄也已,其何繼之有? 禮,國之幹也,敬,禮之輿也,不敬則禮不行,禮不行則上下昏,何以長世。"(《左傳·僖公十一年》)

(68)將執戎子駒支,范宣子親數諸朝,曰:"⋯⋯"對曰:"⋯⋯我諸戎飲食衣服不與華同,贄幣不通,言語不達,何惡之能爲? 不與於會,亦無瞢焉!"賦《青蠅》而退,宣子辭焉。(《左傳·襄公十四年》)

(69)太子申生將下軍以伐霍。師未出,士蒍言於諸大夫曰:"夫太子,君之貳也,恭以俟嗣,何官之有? (《國語·晋語一》)

其中的交際四要素爲:

序號	人	事	地	意
例(67)	内史過→周襄王 (臣-君)	評論"周襄王賜晋侯榮寵而晋侯懶散地接受瑞玉"一事	内政復命	嚴肅端正
例(68)	駒支→范宣子 (臣-权臣)	反駁范宣子對諸戎的責難	朝廷, 外交場合	臨危不懼,不卑不亢, 明確堅決,嚴肅端正
例(69)	士蒍→諸大夫 (臣-臣)	反對任命太子爲下軍統領、出伐外國的行爲	内政議事	明確堅決,嚴肅端正

在交際對象方面，交際雙方均爲具有政治關係的大臣或君主；在交際内容方面，反問型［何 X 之 V］式均關於政治事務，或爲點評人事（如例（67）），或爲外交遊説（如例（68）），或爲内政議論謀劃（如例（69））；在交際場合（"地"）方面，從上下文有明確信息的來看，反問型［何 X 之 V］式用在内政議事場合或外交場合這些政治場合；在交際態度（"意"）方面，言者態度明確堅決，嚴肅端正，且并非感情用事，而是有理有據地表示對某些事件持負面評價（如例（67）），或對某些言論、行爲持反對意見（如例（68）、例（69））。綜上，從交際四要素來看，反問型［何 X 之 V］式屬於正式體。

其次，再來看"語法中的時空鑒定法"，即"從句子自身標記時空的機制上來看句子的語體"（馮勝利，2015），時空度與語體類的對應關係如下：

時空度	具時空	泛時空	虚時空	超時空
語體類	口語	正式	莊典	文藝

在第四節中，我們已經説明了反問型［何 X 之 V］式時空素含量較少，但并非完全没有時空素，未至虚時空的程度，也不是超時空，具有泛時空性，其對應的語體應爲正式體。

綜上所述，從"交際時空鑒定法""語法中的時空鑒定法"兩條鑒定法來看，反問型［何 X 之 V］式確實屬於正式體。

（二）反問型［何 X 之 V］式的語體作用

語體的功能在於"用語言來表達或確定彼此之間關係和距離"（馮勝利，2011）。那麽，反問型［何 X 之 V］式是否起到"表達或確定彼此之間關係和距離"的作用呢？

我們發現，在反問型［何 X 之 V］式所出現的直接交際場合，或是聽者與言者原本具有不同的觀點，準備做出言者反對的行爲，於是言者試圖説服聽者，或是言者對某些事件做出消極的評價。例如：

（70）少師歸，請追楚師，隨侯將許之，季梁止之曰："……"公曰："吾牲牷肥腯，粢盛豐備，何則不信？"對曰："夫民，神之主也。是以聖王先成民，而後致力於神……今民各有心，而鬼神乏主，君雖獨豐，其<u>何福之有</u>？君姑脩政而親兄弟之國，庶免於難！"隨侯懼而脩政，楚不敢伐。（《左傳·桓公六年》）

（71）楚公子申、公子成以申息之師救蔡，禦諸桑隧，趙同、趙括欲戰，請於武子，武子將許之，知莊子、范文子、韓獻子諫曰："不可，吾來救鄭，楚師去我，吾遂至於此，是遷戮也。戮而不已，又怒楚師，戰必不克，雖克不令。成師以出，而敗楚之二縣，<u>何榮之有焉</u>？若不能敗，爲辱已甚，不如還也。"乃遂還。（《左傳·成公六年》）

（72）三月，鄭人鑄刑書。叔向使詒子産書，曰："始吾有虞於子，今則已矣。昔先王議事以制，不爲刑辟，懼民之有争心也……夏有亂政而作《禹刑》，商有亂政而作《湯刑》，周有亂政而作《九刑》，三辟之興，皆叔世也。今吾子相鄭國，作封洫，立謗政，制參辟，鑄刑書，將以靖民，不亦難乎？《詩》曰：'儀式刑文王之德，日靖四方。'又曰：'儀刑文王，萬邦作孚。'如是，<u>何辟之有</u>？"（《左傳·昭公六年》）

例（70）中聽者隨侯原本同意少師追擊楚國軍隊，言者季梁勸諫隨侯不應追擊楚軍，而應當"修政而親兄弟之國"，以免於難；例（71）中聽者欒武子原本同意出動晋軍與楚軍在蔡國作戰，知莊子、范文子、韓獻子則勸諫武子令晋國軍隊回國；例(72)中鄭國把刑法鑄在鼎上，叔向寫信表達自己對主事者子産的失望，反對制定刑法、以法安民。其交際四要素如下表所示：

	人	事	地	意
例(70)	季梁→隨侯(臣-君)	反對追擊楚國軍隊	内政議事	明確堅決，嚴肅端正
例(71)	知莊子、范文子、韓獻子→趙武子(臣-权臣)	反對與楚國作戰	内政議事	明確堅決，嚴肅端正
例(72)	叔向→子産(臣-臣)	反對制定刑法、以法安民	外交辭令	明確堅決，嚴肅端正

在這些段落中，反問型[何 X 之 V]式正是言者用於表達觀點的關鍵句：例(70)中，聽者認爲隨國取信於神，可以受到神佑，因此可以追擊楚軍，而言者則以"何福之有"否定這一論據，勸説聽者不要追擊楚軍；例(71)中，言者説明採用與楚國作戰的策略將會取得"何榮之有"的負面效果，從而説服聽者放棄該策略；例(72)中，言者在引用史實與《詩經》語句作爲論據之後，用"何辟之有"否認聽者的行爲，做出負面評價①，也是希望聽者(及潛在的聽者)能够接受自己的意見。

因此，儘管反問型[何 X 之 V]式并非言者直陳觀點，而是一種較爲迂迴的形式——隱含[＋否認]運符和知識模態詞，但如果在交際中缺少了這一句式，言者的説服力就會削弱，無法達到説服聽者(及潛在的聽者)、統一交際成員間的意見的交際目的，也就無法拉近彼此之間的水平距離。可見，反問型[何 X 之 V]式具有拉近水平距離的作用。

(三)小結

綜上所述，我們用"交際時空鑒定法"與"語法中的時空鑒定法"兩條鑒定法驗證了反問型[何 X 之 V]式確實屬於正式體，這正符合根據體原子定律所做出的預測。我們還發現，反問型[何 X 之 V]式是言者表達觀點、説服聽者的關鍵句，具有拉近彼此水平距離的作用，是一個"具有語體功能的語法形式"。因此，反問型[何 X 之 V]式是一個句法語距形式，藉助馮勝利、劉麗媛(2020)中語距形式的生成模式圖，其生成模式如下所示：

①　這類負面評價有時没有直接的聽者，或者從上下文看不出聽者原本的傾向。不過即使是没有明確聽者的評價，言者也是希望潛在的聽者能够同意自己的看法。

六　謎題解釋

上文中，我們已經說明了反問型［何 X 之 V］式具有正式體語體屬性，其作用爲表達言者的反對意見或負面評價、拉近言者與聽者的水平距離。據此，我們可以來解釋與其相關的兩個謎題。

（一）反問型［何 X 之 V］式有限的分布

首先，我們來解釋反問型［何 X 之 V］式在上古時期爲何衹分布在議論語境中。由其體原子決定，反問型［何 X 之 V］式爲正式度較高的句法語距形式，應當分布在正式度較高的語境中，且其具有表達言者意見何評價的作用，因此出現在正式度較高的議論語境中，議論的內容均與政事相關。也即，反問型［何 X 之 V］式的有限分布由其語體屬性和作用決定。這裏，我們來看《左傳》唯二的"反例"：

（73）伏之而觴曲沃人，樂作，午言曰："今也得欒孺子何如？"對曰："得主而爲之死，猶不死也。"皆歎，有泣者。爵行，又言，皆曰："得主，何貳之有？"盈出，遍拜之。（《左傳·襄公二十三年》）

（74）陽虎前驅，林楚御桓子，虞人以鈹盾夾之，陽越殿，將如蒲圃，桓子咋謂林楚曰："而先皆季氏之良也，爾以是繼之。"對曰："臣聞命後，陽虎爲政，魯國服焉，違之徵死，死無益於主。"桓子曰："何後之有？而能以我適孟氏乎？"對曰："不敢愛死，懼不免主。"桓子曰："往也。"（《左傳·定公八年》）

例（73）中的"何貳之有"是曲沃人對胥午的回答，與政治事務無關，出現在宴飲場合而非政治場合，出現在敘事語境而非議論語境；例（74）中的"何後之有"是在戰鬥中主君季桓子與下臣林楚的對話，也出現在敘事語境而非議論語境。從交際四要素來看，與其他反問型［何 X 之 V］式相比，這兩例［何 X 之 V］式正式度較低。不過，"何貳之有"是曲沃人在表達願意爲欒盈（欒孺子）而死、擁護欒盈的觀點；"何後之有"也是季桓子在反駁林楚"臣聞命後"。"何貳之有"在《國語》中還有兩例，"何後之有"在《左傳》《國語》中還各有一例，可能在當時也已成爲較常使用的套語，根據"高頻致俗律"（馮勝利、劉麗媛，2020）而正式度較低。因此我們認爲這兩個例子雖然看似是反例，但并非是真的反例。

若反問型［何 X 之 V］式的語境分布由其語體正式決定，那麼與其表層形式相同而正式度較低的設問型［何 X 之 V］式應有不同的分布。上古時期的設問型［何 X 之 V］式確實可以出現在正式度較低的敘事語境中，例如：

（75）齊宣王問卿。孟子曰："王何卿之問也？"王曰："卿不同乎？"曰："不同。有貴戚之卿，有異姓之卿。"（《孟子·萬章下》）

（76）穆子歡而謂其左右曰："吾何德之務而有是臣也？"乃使行。（《國語·晉語九》）

（77）顔率至齊，謂齊王曰："周賴大國之義，得君臣父子相保也，願獻九鼎，不識大國何涂之從而致齊？"……王曰："寡人終何涂之從而致之齊？"（《戰國策·東周策》）

"何卿之問""何德之務"與"何涂之從"是設問型［何 X 之 V］式。例（75）中的"何卿之問"

出現在齊宣王與孟子問答的開端,尚未進入論説中。例(76)中的"何德之務"出現在穆子聽到夙沙釐對鼓子的忠心之辭後的感嘆,敍述了他的反應。與例(75)相類,例(77)中的兩次"何涂之從"出現在東周使臣顔率與齊王的對話中,也尚未進入正式的論説。後文又出現一次"何涂之從",然爲反問句:

> (78)顔率曰:"夫鼎者,非效醯壺醬甀耳,可懷挾提挈以至齊者;非效鳥集、烏飛、兔興、馬逝,灕然止於齊者。昔周之伐殷,得九鼎,凡一鼎而九萬人輓之,九九八十一萬人,士卒師徒,器械被具,所以備者稱此。今大王縱有其人,<u>何涂之從</u>而出? 臣竊爲大王私憂之。"(《戰國策·東周策》)

顔率以周武王運送九鼎耗費大量人力物力爲事證,又進一步推論即使齊王有這樣的人力物力也没有合適的運送路徑,以此勸説齊王放棄九鼎。反問句"何涂之從"出現在此處的議論中,與設問句"何涂之從"判然有别。

綜上可見,設問型[何 X 之 V]式并非出現在正式度較高的議論語境中,而是出現在正式度較低的敍事語境中。這正可以作爲反問型[何 X 之 V]式因語體屬性而分布有限的旁證。

(二)反問型[何 X 之 V]式反復的演變趨勢

其次,我們來看爲何反問型[何 X 之 V]式在年代較晚的《鹽鐵論》與《論衡》中反而多於年代較早的《史記》。魏培泉(2004)已經指出,就歷時演變而言,"實際上(代詞賓語)前置的例子越來越少,而後置的例子越來越多"(魏培泉,2004:217),其中疑問代詞"何"作賓語後置的用法在西漢時期應該已經開始了,"東漢以後例子就多起來了"(魏培泉,2004:223)。但是,同爲疑問代詞賓語倒置式的反問型[何 X 之 V]式却違反了這一趨勢。上文已經提到,反問型[何 X 之 V]式在《鹽鐵論》中有 16 例,《論衡》中有 23 例,而在《史記》中有 14 例,在《鹽鐵論》《論衡》中的出現頻率遠遠高於《史記》。在漢語史上,反問型[何 X 之 V]式的發展并非獨一偶然,也絶非無理可循。陳遠秀(2017、2020)已經運用語體語法理論對"主之謂"的歷時發展做出了很好的解釋。我們認爲,反問型[何 X 之 V]式出現如此的歷時趨勢也是與其語體屬性有關。反問型[何 X 之 V]式是正式體的語距形式,在上古時期就分布在議論中。在《史記》《鹽鐵論》與《論衡》中的反問型[何 X 之 V]式也都出現在議論中,例如:

> (79)項羽曰:"將戮力而攻秦,久留不行。今歲饑民貧,士卒食芋菽,軍無見糧,乃飲酒高會,不引兵渡河因趙食,與趙并力攻秦,乃曰'承其敝'。夫以秦之彊,攻新造之趙,其勢必舉趙。趙舉而秦彊,<u>何敝之承</u>? ⋯⋯"(《史記·項羽本紀》)

> (80)毅對曰:"⋯⋯夫先主之舉用太子,數年之積也,臣乃<u>何言之敢諫</u>? <u>何慮之敢謀</u>? ⋯⋯"(《史記·蒙恬列傳》)

> (81)工商之事,歐冶之任,<u>何姦之能成</u>? (《鹽鐵論·禁耕》)

> (82)公卿未思也,先王之道,<u>何遠之有</u>? (《鹽鐵論·執務》)

> (83)對曰:"⋯⋯如存其官而有其人,則龍,牛之類也,<u>何神之有</u>?"(《論衡·龍虛》)

> (84)韓信寄食於南昌亭長,<u>何財之割</u>? 顔淵簞食瓢飲,<u>何財之讓</u>? (《論衡·定賢》)

例(79)中"何敝之承"出現在項羽論證與宋義不同的用兵策略時;例(80)中"何言之敢諫,何慮之敢謀"出現在蒙毅爲自己向胡亥使者辯誣時;例(81)中"何姦之能成"出現在文學駁斥鹽鐵官營可以抑制地方私人勢力、杜絶爲姦作惡的觀點時;例(82)中"何遠之有"出現在賢良反對丞相認爲先王之道散失已久、不能實行時；例(81)中"何神之有"出現在蔡墨對魏獻子論證龍、牛并非神物時；例(82)中"何財之割""何財之讓"則是出現在論述放棄富貴而歸於貧賤的人不應該被稱爲賢人時。可見，反問型[何 X 之 V]式在《史記》《鹽鐵論》《論衡》中同樣也是表示言者意見的正式體語距形式。也因此，其出現在以議論爲主的《鹽鐵論》與《論衡》中多於以敘述爲主的《史記》。

我們同樣可以用表層形式相同而語體屬性不同的設問型[何 X 之 V]式的演變趨勢作爲旁證。在《史記》《鹽鐵論》和《論衡》中都沒有再出現設問型[何 X 之 V]式①，在表達設問時祇用疑問代詞賓語居於動詞之後的[V 何 X]式，例如：

(85)二年，東擊項籍而還入關，問："故秦時上帝祠何帝也？"對曰："四帝，有白、青、黄、赤帝之祠。"(《史記·封禪書》)

(86)穰侯果至，勞王稽，因立車而語曰："關東有何變？"曰："無有。"(《史記·范雎蔡澤列傳》)

(87)人生百歲而終，物生一歲而死，死謂陰氣殺之，人終觸何氣而亡？(《論衡·偶會》)

(88)秦襄王賜白起劍，白起伏劍將自刎，曰："我有何罪於天乎？"良久，曰："我固當死。長平之戰，趙卒降者數十萬，我詐而盡坑之，是足以死。"(《論衡·禍虛》)

由上可見，在歷時演變中，正式度較低的設問型[何 X 之 V]式先於反問型[何 X 之 V]式一步消失了。這也可證明正是由於語體的原因，反問型[何 X 之 V]式纔會在《史記》中少而在《鹽鐵論》《論衡》中多。

七　結語

本文運用語體語法理論，探討了反問型[何 X 之 V]式分布有限、演變反復的兩個謎題。反問型[何 X 之 V]式在上古時期僅分布在議論語境，出現在時代較晚而以議論爲主的《論衡》多於時代較早而以敘述爲主的《史記》。我們認爲，這是由於反問型[何 X 之 V]式是一種正式體的句法語距形式。

基於馮利(1994)、Feng(1996)的分析，本文指出，反問型[何 X 之 V]式是由"何 X"因焦點移位移至隱形模態詞之上、話題之下的外焦點位置而生成，并由念力功能層的否認運符約束疑問詞。在韻律上，"之"的插入使[何 X 之 Vσ]式中的 V 得以承擔句末重音，使[何 X 之 V$\sigma\sigma$]式能夠承擔焦點重音，成爲論證中的核心。

在句法與韻律分析的基礎上，我們以馮勝利、劉麗媛(2020)提出的 18 體原子測之，反問型[何 X 之 V]式符合平衡律、樹距律、離核律、古今律、時空律五項[＋正式]體原子，經過這些體原子在不同層面的共同賦值，反問型[何 X 之 V]式應屬於正式體，驗之以馮勝利(2017)提出的"交際時空鑒定法"和"語法時空鑒定法"也確然如此。反問型[何 X 之 V]是一種言者

---

① 魏培泉(2004:219)已經指出《史記》中表設問的代詞賓語"何 X"出現在動詞之後，出現在動詞之前的都是表反問："《史記》'何 N'後置的例子至少有兩例是純粹問，而'何 N·之·V'的例句都是用作反詰，因此'何 N'在動詞後的例子倒是有可能反映當時純粹問的一般用法。"

用於説服聽者的正式體句法語距形式。故而,上古時期反問型[何 X 之 V]式分布有限——僅分布在議論語境,演變反復——在以議論爲主的《論衡》中多於以敘事爲主的《史記》。相比而言,表面形式相同而[＋正式]體原子較少、正式度較低的設問型[何 X 之 V]式則不具有這樣的特點。因此,本文的研究也論明上古時期反問句與設問句是兩類截然不同的句式,語法不同,語體各異,演變有別,絶不可混而言之。

反問型[何 X 之 V]式是體原子律構造生成句法語距形式之重要案例。没有語體語法的體原子分析法,很難或者根本無法揭示"何 X 之 V"分布有限、演變反復的原因,可見體原子分析法之效力。而以這一案例的分析解釋反觀語體語法理論,反問型[何 X 之 V]式與設問型[何 X 之 V]式的比較説明體原子的性質和數目會影響到語距形式的語體屬性,正式體的體原子多則正式度也較高。在今後的研究中,我們可繼續以體原子分析法探測出更多的語距形式,并以具體的案例研究推動體原子分析法及語體語法理論的進一步發展。關於上古時期虚詞"之"的韻律和語體功能以及賓語倒置式的句法結構、韻律屬性、語體功能,也有待於進一步的研究。

徵引書目

春秋・老聃《老子》,陳鼓應注譯,商務印書館,2003。

戰國・莊周《莊子》,陳鼓應注譯,中華書局,2009。

戰國・墨翟《墨子》,孫詒讓校注,孫啓治點校,中華書局,2001。

戰國・列禦寇《列子》,葉蓓卿注譯,中華書局,2011。

戰國・吕不韋《吕氏春秋》,許維遹集釋,梁運華整理,中華書局,2009。

西漢・司馬遷《史記》,中華書局,1982。

西漢・桓寬《鹽鐵論》,王利器注解,中華書局,1992。

西漢・劉向集録《戰國策》,上海古籍出版社,1985。

東漢・王充《論衡》,黄暉校釋,中華書局,1990。

三國吴・韋昭《國語注》,徐元誥集解,王樹民、沈長雲點校,中華書局,2019。

清・阮元校刻《十三經注疏》,藝文印書館,2007。

清・王引之《經傳釋詞》,江蘇古籍出版社,2000。

參考文獻

[1]白平. 談《左傳》中的三種"何……之……"式[J]. 中國語文,1996(2):145-147.

[2]蔡維天. 漢語的語氣顯著性和隱性模態範疇[J]. 語言科學,2019(1):1-12.

[3]陳遠秀. 上古漢語"主之謂"結構的語體考察——以《史記》和《論衡》爲例[J]. 語言教學與研究,2017(3):58-69.

[4]陳遠秀. "主之謂"之"之"的韻律屬性、功能及語體特徵[M]//韻律語法研究(第 6 輯). 北京:北京語言大學出版社,2020:164-186.

[5]程瑞君. "何厭之有"解[J]. 古漢語研究,1996(2):70.

[6]鄧思穎. 問原因的"怎麼"[J]. 語言教學與研究,2011(2):43-47.

[7]馮利(馮勝利). 論上古漢語的賓語倒置與重音轉移[J]. 語言研究,1994(1):79-93.

[8]馮勝利. 論語體的機制及其語法屬性[J]. 中國語文,2010(5):400-412.

[9]馮勝利. 語體語法:"形式－功能對應律"的語言探索[J]. 當代修辭學,2012(5):3-12.

[10]馮勝利. 語體語法及其文學功能[J]. 當代修辭學,2011(4):1-13.

[11]馮勝利. 語體語法與語體功能[M]//漢語書面語的歷史與現狀. 北京:北京大學出版社,2013:101-116.

[12]馮勝利. 語體語法的邏輯體系及語體特徵的鑒定[J]. 漢語應用語言學研究,2015(1)1-21.

[13]馮勝利,施春宏. 論語體語法的基本原理、單位層級和語體系統[J]. 世界漢語教學,2018(3)302-325.

[14]馮勝利. 從語音、語義、詞法和句法看語體語法的系統性[J]. 中國語學,2017(264)1-24.

[15]馮勝利,劉麗媛. 論語體語法的生物原理與生成機制[J]. 民俗典籍文字研究,2020,26:76-103.

[16]馮勝利. 論上古漢語"句法、韻律、語體"三維語法系統的綜合研究[M]//歷史語言學研究(第 15 輯). 北京:商務印書館,2021:12-28.

[17]馮勝利,王永娜,王麗娟. 漢語單雙音節對應詞的語體對立及語法屬性[J]. 漢語學報,2021(2):2-17.

[18]何樂士.《左傳》虛詞研究[M]. 北京:商務印書館,1989.

[19]駱健飛. 論單雙音節動詞帶賓的句法差異及其語體特徵[J]. 語言教學與研究,2017(1):14-24.

[20]李果. 上古漢語疑問句韻律句法研究[M]. 北京:北京語言大學出版社,2018.

[21]李先華. 論"何……之 V"式句[J]. 語言研究,1999(1):11-19.

[22]劉承慧. 先秦語體類型及其解釋——以《左傳》爲主要論據的研究[M]//馮勝利,施春宏. 漢語語體語法新探. 上海:中西書局,2018,260-288.

[23]劉丹青. 先秦漢語的話題標記和主語——話題之別[J]. 古漢語研究,2016(2):2-16.

[24]劉麗媛,馮勝利. 最小詞條件與"V 不 C"的能性解讀來源[J]. Journal of Chinese Linguistics,2021,49(1):40-70.

[25]劉麗媛. 五四前後正式體的產生及其雙步平衡律構體原子[M]//漢語史學報(第 26 輯). 上海:上海教育出版社,2022.

[26]吕叔湘. 中國文法要略[M]. 上海:商務印書館,1944. 又見《吕叔湘文集》第一卷,北京:商務印書館,1990.

[27]馬建忠. 馬氏文通[M]. 北京:商務印書館,1983.

[28]梅廣. 上古漢語語法綱要[M]. 臺北:三民書局,2015.

[29][加]蒲立本著,孫景濤譯. 古漢語語法綱要[M]. 北京:語文出版社,2006.

[30]蘇婧. 從語體語法理論看《左傳》中的工具類[X 以 VP]式[M]//漢語史學報(第 24 輯). 上海:上海教育出版社,2020:110-122.

[31]汪昌松. 韻律句法交互作用下的漢語非典型疑問詞研究——以"V 什麼(V)/(NP)"中的"什麼"爲例[M]//韻律語法研究(第二輯第 1 期). 北京:北京語言大學出版社,2017:73-100.

[32]王力. 古代漢語[M]. 北京:中華書局,1984.

[33]王麗娟. 漢語旁格述賓結構的語體鑒定及其語法機制[J]. 語言教學與研究,2018(6):58-69.

[34]魏培泉. 論先秦運符的位置[M]//In Alain Peyraube and Sun Chaofen(eds.). *In Honor of Tsu-lin Mei*:*Studies on Chinese Historical Syntax and Morphology*. Paris:Ecole des Hautes Etudes en Sciences Sociales,1999:259-272.

[35]魏培泉. 漢魏六朝稱代詞研究[M]. 臺北:"中研院"語言學研究所,2004.

[36]謝質彬. 關於幾種古漢語句型的句法結構[J]. 中國語言學報,1995(6):177-187.

[37]徐仁甫. 廣釋詞[M]. 成都:四川人民出版社,1981.

[38]楊樹達. 詞詮[M]. 上海:商務印書館,1928.

[39]于萍. 漢語代詞賓語後置的演變過程及其動因[D]. 北京:北京語言大學,2003.

［40］張儒. "何……之有"解［J］. 語文研究,1994(2):60-61.

［41］張聞玉. 試論何有·何 P 之有［J］. 古漢語研究,1996(3):30-33.

［42］张文國.《左傳》"也"字研究［J］. 古漢語研究,1999(2):72-75.

［43］张以仁. 國語虛詞集釋［M］. 臺北:"中研院"語言學研究所,1968.

［44］鍾叡逸,蔡維天. 非典型疑問詞的句法層級和語用效應——從比較語法看客家話的"麼個"［J］. 中國語文,2020(2):201-220,255-256.

［45］ALDRIDGE E. Clause-internal Wh-movement in Archaic Chinese［J］. *Journal of East Asian Linguistics*, 2010, 19(1): 1-36.

［46］ALDRIDGE E. The loss of wh-movement in Early Middle Chinese［C］. The 10th Diachronic Generative Syntax Conference. University of Konstanz, May 19th-22nd, 2021.

［47］CHU C C. *Historical Syntax Theory: An Application to Chinese*［M］. Taipei: Crane Book Co, 1987.

［48］FENG S L. Prosodically constrained syntactic changes in Early Archaic Chinese［J］. *Journal of East Asian Linguistics*, 1996,5(4): 323-371.

［49］FENG S L. Porsodic structure and compound words in Classical Chinese［M］//In Jerome Lee Packard(ed.). *New Approaches to Chinese Word Formation*. Berlin: Mouton de Gruyter, 1998, 197-260.

［50］FENG S L. On Modern Written Chinese［J］. *Journal of Chinese Linguistics*, 2009,37(1): 145-162.

［51］HUANG C T. Phrase structure, lexical integrity, and Chinese compounds［J］. *Journal of the Chinese Language Teachers Association*, 1984(19):53-78.

［52］KO H. Syntax of why-in-situ: merge into ［Spec, CP］ in the overt syntax［J］. *Natural Language and Linguistic Theory*, 2005, 23(4): 867—916.

［53］KO H. On the Structural height of reason wh-adverbials: acquisition and consequences［M］// In Lisa Lai-Shen Cheng and Norbert Corver(eds.). *Wh-movement Moving On*. Cambridge, Massachusetts: MIT Press, 2006, 319-349.

［54］MEISTERERNST B. Object preposing in Classical and Pre-Medieval Chinese［J］. *Journal of East Asian Linguistics*, 2010, 19(1):75-102.

［55］PAN J N. Mandarin peripheral construals at the syntax-discourse interface［J］. *The Linguistic Review*, 2015, 32(4): 819-868.

［56］SHLONSKY U. and Gabriela SOARE Where's why? ［J］. *Linguistic Inquiry*, 2011, 42(4): 651-669.

［57］TSAI W T. Left periphery and How-Why alternations［J］. *Journal of East Asian Linguistics*, 2008, 17(2): 83-115.

［58］TSAI W T. On the topography of Chinese modals［M］// In Ur Shlonsky(ed.). *Beyond Functional Sequence*. Oxford: Oxford University Press, 2015a: 275-294.

［59］TSAI W T. A tale of two peripheries: Evidence from Chinese adverbials, light verbs, applicatives and object fronting［M］// In Wei-Tien Dylan Tsai(ed.). *The Cartography of Chinese Syntax*. New York: Oxford University Press, 2015b: 1-32.

［60］TSAI W T. On postverbal why-questions in Chinese［C］. SICOGG-19, Seoul National University, Seoul, Aug 11, 2017.

A Case Study of Rhetoric [*he* 何 X *zhi* 之 V] Constructions from Stylistic-Register Grammar Perspective

Su Jing

Abstract：Based on Registlossic grammar，this paper focused on explaining two questions about the rhetoric [he X zhi V] constructions in Archaic Chinese. Firstly, what licensed their limited distribution? Secondly, why did they appear more in *Yantielun and Lunheng* than *Shiji*, while the age of *Shiji* was earlier than *Lunheng*? According to the relevant research of Feng(1994，1996)，Chan Yuen Sau(2017，2020) and so on，and on the foundation of syntactic and prosodic analysis，this paper proposed that rhetoric [he X zhi V] constructions were [＋formal] linguistic-distance forms，which were key sentences used by speakers to express their views and convince listeners. It was their register characteristics that determined their limited distribution and circuitous development. This case study showed the effectiveness of register atomic method，and meantime argued the rhetoric questions and interrogative sentences were quite different in syntax structures，and diachronic change.

Key words：[he X zhi V]construction，rhetoric question，Registlossic grammar，register atomic，syntactic linguistic-distance form

通信地址：北京市海淀區學院路 15 號北京語言大學
郵　　編：100083
E-mail：jiuyuecao@126.com

"找""踩"考源[*]

"找""踩"考源 [*]

楊　琳

内容提要　現代漢語中有不少常用詞我們至今并不清楚其來源,這無論對學術層面的漢語歷史認知還是應用層面的漢語國際傳播,都不能不説是十分遺憾的事情,需要學者們下功夫去逐一解決。本文梳理了"找""踩"兩個詞的來源,涉及詞源和字源兩方面的問題。文章認爲"找"的本字是"抓",其尋找義的産生過程是:"抓"有抓取義,在抓取對象不確定的語境下,抓取就伴隨着尋找對象的過程,因此"抓"被重新理解爲尋找。元代用"抓""爪",明代纔開始用"找","找"在明代不如"抓""爪"通行。"找"原是"划"的異體,何以用作尋找之"抓",成爲一個歷史之謎,本文解釋了其緣由,體現了歷史演變中字詞關係的錯綜複雜性。踩踏之"踩"見於明代,有些人認爲"踩"來源於"躧",本文認爲"踩"來自"跐"的音變分化。

關鍵詞　抓　找　踩　躧　詞源

現代漢語中有不少常用詞我們至今并不清楚其來源,一個幾乎每天都會提到的"烤"討論了半個世紀還没有蓋棺定論(詳見楊琳,2019),可知事大不易。這無論對學術層面的漢語歷史認知還是應用層面的漢語國際傳播,都不能不説是十分遺憾的事情,需要學者們下功夫去逐一解決。本文試圖梳理一下"找""踩"兩個詞的來源,涉及詞源和字源兩方面的問題,聊作引玉之磚。

"找"的來源

"找"字用於尋找義始見於明代。明沈榜《宛署雜記》卷十七《民風二·方言》:"尋取曰找。"明《二郎寶卷》卷下(嘉靖三十四年刊本,1555年):"二郎真經世間少,走遍天下無處找。"明吴承恩《西遊記》第十六回(世德堂刊本,1592年):"好行者! 急縱觔斗雲徑上黑風山尋找這袈裟。"明馮夢龍《古今小説》卷二:"原來那漢子是他方客人,因登東解脱了裹肚,失了銀子,找尋不見。"曾良(2009:277)指出:"元雜劇中也有作'找尋'的。馬致遠《吕洞賓三醉岳陽樓》第三折:'我如今先去找尋他,慢慢的告請官差捕。'史九散人《老莊周一枕蝴蝶夢》第二折:'在這李府尹宅上,住了許久。有四個女子逐日相陪。近來不知那裏去了,無處找尋。'"檢明臧懋循編《元曲選》(萬曆刻本)及明趙琦美藏《脈望館鈔校古今雜劇》,前一例作"爪尋",後一例作"抓尋",論者所據當是現代排印本,不足爲憑。元代文獻中作"找"僅見一例。《元曲選》馬致遠《江州司馬青衫淚》第三折:"想是你致死了,故意找尋。"考慮到《元曲選》爲明代刊本,孤例應該是明人改換的結果,因爲其他元雜劇中都寫作"抓"或"爪"。如元李文蔚《燕青博魚》第一折:"我向那前街後巷便去爪尋他。"元鄭光祖《鍾離春智勇定齊》第二折:"俺四

---

* 本文爲筆者主持的國家社科基金項目"《金瓶梅》詞彙研究百年終結"(18BYY151)的階段性成果。

下裏抓尋玉兔去來。"即便是明清文獻,也常用"抓(爪)尋"。明羅貫中《三國演義》卷十八(嘉靖元年刻本):"却說蠻王孟獲行至瀘水,正遇着手下敗殘蠻兵皆來爪尋。"明陳子龍等《皇明經世文編》卷三百八十二何中丞《九愚山房集·套虜輸欵求貢疏》(崇禎平露堂刻本):"今後來降人口,審的是他真夷,或收的西邊番子。他有人來爪尋,連人連馬俱與他去。"明馮夢龍《醒世恒言》卷三十二:"沿江一路抓尋,祇見高檣巨艦比次湊集,如魚鱗一般,逐隻挨去,并不見韓翁之舟。"《金瓶梅詞話》第三十一回:"你祇與好生收着,隨問甚麽人來抓尋,休拿出來。"又第三十四回:"韓道國慌了,往拘欄院裏抓尋。原來伯爵被湖州何蠻子的兄弟何二蠻子,號叫何兩峯,請在四條巷內何金蟾兒家吃酒,被韓道國振(抓)着了。"清李漁《十二樓》卷十一《生我樓》第三回:"欲待不去,叫他趕到之日,向何處抓尋?"清曹雪芹《紅樓夢》第三十三回:"寶玉急的踩脚,正没抓尋處,祇見賈政的小廝走來,逼着他出去了。"又第七十一回:"鳳姐聽了這話,又當着許多人,又羞又氣,一時抓尋不着頭腦,驚得臉紫漲。"看來,在尋找義上,元代用"抓""爪",明代纔開始用"找","找"在明代不如"抓""爪"通行。

"抓"《廣韻·巧韻》音側絞切,今讀 zhǎo。元吳昌齡《張天師斷風花雪月》楔子:"祇抓個杌兒抬將來。"《元曲選》明臧懋循音釋:"抓,招上聲。"可見抓就是尋找義的本字。《古本老乞大》(1418—1450 年間刊印)借用"著"字:"似這一等,經緯不等,織的又松,眼不好有,買的人多少褒彈,急切難著主兒。"《老乞大諺解》(1670)作"急且難着主兒"。直到《老乞大新釋》(1761)纔改作"一時且難找主兒",表明"找"當時已取代了"抓"。明確了"抓""找"的這一歷史,我們就不難判定有關說法的是非。《金瓶梅詞話》第一回:"正要陽谷縣抓尋哥哥。"王利器(1988:170):"抓尋,即找尋。抓、找古代音同。"梅節(2004:13):"'抓'崇本、張本同。《古本金瓶梅》改'找'。本書第六十四回作'抓尋':'使人往門外絹鋪找尋他'。……下凡'爪尋''抓尋'均統一爲'找尋'。"王學奇、王静竹(2002:1379):"'爪'爲'找'的同音假借字。"三家解釋未明抓、找源流,不免本末倒置。

"抓"的尋找義從何而來?章太炎《新方言·釋言第二》:"《説文》指爪字本作叉,云'手足甲也'。今人謂尋覓爲爪,蓋取掐抉之意。"[①]"掐抉"謂挖取。這是主張尋找義來自爪。汪維輝(2006):"這個詞也許是從雞用爪子抓尋食物引申而來。"孫玉文(2018)認爲"讀 zhǎo 的'抓',它的尋找義可能是抓撓、搔義發展出來的"。爪、抓同源,就動詞抓取義而言,爪、抓同詞,所以章、汪、孫三位的觀點基本一致,即都認爲尋找義是由"抓"引申出來的。此説定位準確,但對引申路徑的解釋未見合理,需要重新考慮。我們認爲尋找義的產生過程是這樣的:抓(爪)有抓取義,在抓取對象不確定的語境下,抓取就伴隨着尋找對象的過程,因此"抓"被重新理解爲尋找。例如元高文秀《諑范叔》第四折:"那魏齊手下心腹人極多,祇怕也有似俺院公的,私下放他溜(溜)了,教俺主人那裏去爪他。"這裏"他"的處所是不確定的,"爪他"也就意味着要"找他"。吳昌齡《張天師斷風花雪月》楔子:"〔張千云〕他染病怎麽走得動?〔净云〕着他騎個驢兒來。〔張千云〕他騎不得驢兒。〔净云〕哦,祇抓個杌兒抬將來。"這裏的"杌兒"是不確定的,所以"抓個杌兒"既可以是取個凳子,也可理解爲找個凳子,兩種理解互相隱含,取是尋取,找到就是取得。清文康《兒女英雄傳》第四十回:"這會子可叫我忙忙叨叨的,那兒給他現抓人去?""抓人"可理解爲找人。傅璇琮《〈唐代詩人叢考〉重印題記》:"不管環境如何,總是抓時間讀書作文。""抓時間"相當於找時間。北京話中有"抓碴兒"的説法,義爲找

---

① 見《章氏叢書》本。上海人民出版社 1999 年版《章太炎全集》第 7 册《新方言》無此條。

茬。《紅樓夢》第八十五回："薛姨媽和寶釵在家,抓摸不着;過了兩日,祇見小廝回來,拿了一封書,交給小丫頭拿進來。""抓摸"謂探尋、探聽。

"捉"有抓取義。宋洪邁《容齋隨筆》卷三《李太白》："世俗多言李太白在當塗采石,因醉泛舟於江,見月影俯而取之,遂溺死,故其地有捉月臺。"所以捉也引申爲尋找義。宋蘇舜欽《永叔石月屏圖》:"玉杵夜無聲,無物來擣藥。嫦娥驚推輪,下天自尋捉。"《漢語大詞典》:"尋捉,尋找;跟蹤捕捉。"不宜將兩個不同義項并爲一條。此例"尋捉"爲尋找義。明馮夢龍《醒世恒言》卷三十:"王太覷衆人正手忙脚亂之時,捉空踅過來,將房德放起,開了枷鎖,又把自己舊衣帽與他穿了,引至監門口。""捉空"謂找了個機會。《漢語大詞典》:"捉空,趁空。"未確。捉、抓引申軌跡相同,這表明抓取與找尋密切相關。

汪維輝(2020)後來又主張尋找之"找"與"抓"(爪)無關。他説:"明代有一個産生於北方的口語詞{找}進入書面系統,開始時人們用同音字'爪'來記寫,後來也是出於別義的原因,又用動詞意味更強的'抓'字來記寫。但是'抓'此時已經是一個多音多義字,更常用的是記錄{抓 zhuā}這個詞,於是人們又借用原本是'划船'的'划'的異體字的'找'來記錄'尋找'的{找}。在經過一段時間的用字混亂之後,到清代最終定型於'找',一直沿用到今天。"這種看法恐不切合實際。

"找"更大的麻煩在於它原本是划字異體,形音義與抓無關,何以用作抓并取而代之,令人困惑不解。李崇興(2009:249)説:"最早著錄'找'字的書是《集韻》。《集韻·麻韻》:'舟進竿謂之划,或從手。'音胡瓜切,是划船的'划'的異體。何以這個划船義的'找'能用爲找尋的'找',還是一個謎。"清翟灝《通俗編》卷三十六《雜字》"划"下解釋説:"俚俗謂補不足曰找。據《集韻》找即划之變體,而俗讀如爪。蓋以划音胡瓜,悮認瓜爲爪焉耳。俗字之可笑,類如此。"找補之找與尋找之找同音,二義可能有引申關係,所以此説也同樣適用於尋找之找。可惜此説不通,胡瓜切與抓的聲母對不上號,不具備音借的條件。不少學者將划船之找與尋找之找視爲同形字,輕鬆擺脱了前者何以用作後者的困擾,但解釋不了爲尋找義而造的"找"字何以從扌從戈,新造説也有新難題。

據筆者考察,尋找之"找"就是來自舊有的"找"字,不是新造字,其用作抓的原因比較複雜。

首先,"找""划"古代也是"檛"的異體,義爲擊打,音竹華反,今讀 zhuā。日本空海《篆隸萬象名義》卷卌二《木部》:"檛,竹華反。棰也。划字。""划字"是指出檛的異體。檛本義是有錘頭的棍杖,用作動詞,義爲擊打。《三國志·蜀志·張飛傳》:"漢主常戒飛曰:'卿刑殺既過差,又日鞭檛健兒,而令在左右,此取禍之道也。'"《後漢書·方術列傳·段翳》:"生到葭萌,與吏爭度,津吏檛破從者頭。"古代木旁與扌旁常混同不別,故檛也寫作撾。《集韻·麻韻》:"撾,擊也。"張瓜切。找也用同撾。明茅元儀《武備志》卷八十五《陣練制練·弩擔紮用繩索説》:"此刀帶入陣中,可作找頭刀,一器兩用。""找頭"即撾頭,義爲擊頭、砍頭。試比較:元陰時夫《韻府群玉》卷八《十一尤》:"魏閣行政(攻)馬騰,騰子超亦建將,行刺超,矛折,因以折矛撾超頭,幾死。"清佚名《小五義》第一百十八回:"雙錘將單錘已然舉起來了,對着丁二爺頂門往下就砸。丁二爺往旁邊一閃身子,用劍一找他的錘把,就聽見嚓咘嗆一聲,是把錘柄削折;咘一聲,是錘頭落地。雙錘將就成了單錘將了。"曾良(2009:341):"'找'是'划'的異體。……這裏義域有變化,不僅指划船,還可指劍等的'划'。"划船與刀劍的擦划挨不上,擦划也不可能"把錘柄削折"。這裏的找就是撾,是砍擊的意思。砍擊義與找從扌從戈的形體有關聯,"找"字當是爲砍擊義而造。

《漢語大字典》:"檛 kuǎ,擊;横擊。"依據爲《集韻·馬韻》:"檛,横擿杖。"音苦瓦切。凡舉二例:唐常衮《馬公神道碑銘并序》:"檛戟而墜、應弦而倒者數千萬人。"《劉知遠諸宫調·别三娘太原投事》:"電光閃爍走金蛇,霹靂喧轟檛鐵鼓。"《漢語大詞典》相同。擿即擲的異體。將"横擿杖"釋爲横擊未必可靠。上例中的檛應爲檛的省形。試比較:宋善卿《祖庭事苑》卷三《雪竇祖英上》(涵芬樓本):"見張丞相墓前石馬,謂爲鹿也,即以斧搊之,斧缺柯折,石馬不傷。"搊即摣的省形。唐岑參《與獨孤漸道别長句兼呈嚴八侍御》:"軍中置酒夜摣鼓,錦筵紅燭月未午。""檛鐵鼓"與"摣鼓"同例。

其次,古有"抓"字,義爲擊打,音古華切。《玉篇·手部》:"抓,古華切。引也,擊也。"《廣韻·麻韻》:"抓,引也,擊也。"唐王維《酬諸公見過》:"我聞有客,足掃荆扉,簞食伊何,副瓜抓棗。"因爪、瓜二字古代常混同不别,所以抓、抓二字也常混同。五代後晉可洪《新集藏經音義隨函録》第二册第廿八卷:"指抓,争巧反。"争巧反即抓,"指抓"即"指抓"。《類篇·手部》(姚刊三韻本):"掐,乞洽切。抓也。"掐義之抓即抓。《廣雅·釋詁下》:"抓,搔也。"王念孫疏證:"抓各本訛作抓,今訂正。"明張自烈《正字通·手部》:"抓,側絞切,音蚤。搔掐也。《正訛》從爪。俗作抓,非。""俗作抓,非"(所見各本同)文意不通,俗作之"抓"應作"抓",故張自烈非之,傳本誤刻。明羅懋登《西洋記》第二十四回:"他便褪下了金箍,抖散了頭髮,念動真言,諷動密咒,喝聲風就是風,果然的就是飛砂走石劈面抓頭。""抓頭"即擊頭,抓應該是抓。抓、抓的混同使側絞切的抓也有了擊打義。這就是説,抓在用於擊打義時候人們一般仍按其固有的讀音側絞切來讀。

其三,因抓、找(摣)都有擊打義,二字義同换讀,造成兩個結果:

(1)"抓"有了摣的竹華切讀音。《中原音韻》中"抓"既收入蕭豪部,與"嘲啁"同小韻;又收入家麻部,與"摣䰄"同小韻,可知抓元代已有摣音。孫玉文(2018)認爲讀 zhuā 之"'抓'應該從'摣'變來",這種看法是正確的,但未能説明緣由,不免令人疑惑。"抓"原讀側絞切,義爲抓搔,形音義與"摣"(摣)均無瓜葛,"摣"(摣)的讀音如何遷移於抓?今考明抓、抓混同使抓有了擊打義,抓、摣義同换讀,從而使抓有了 zhuā 音。

(2)"找(摣)"有了抓的側絞切讀音。《元曲選》馬致遠《江州司馬青衫淚》第三折:"想是你致死了,故意找尋。"明臧懋循音釋:"找,音爪。"明徐復祚《紅梨記》第二十齣:"錢爺着我趕上去拿他,轉來又付我一口寶劍,不肯回時就便殺了,找他首級來回報。"此謂拿他首級來回報。相同語境或作抓。元佚名《連環記》第十二齣:"我兒你就將此劍,跨上赤兔馬,速速趕上去,抓他首級回話。"明香嬰居士《曲頭陀傳》第十二則:"道言未已,衆僧上前鶯拿雁找,虎噬狼餐,打成一團,扭做一塊。""雁找"謂像雁一樣抓取。也作"雁抓"。明東魯古狂生《醉醒石》第十五回:"大凡差使人,不拿人,先講錢。這許校尉他是要做大局的,不講錢,衹拿人,把王公子鷹拿雁抓,將來關在官店裏。"清艾衲居士《豆棚閒話》第十一則:"督臺看見狀上情節,拍案大怒,立刻差了八個旗牌找拿。""找拿"即抓拿。也作"抓拿"。明東魯古狂生《醉醒石》第九回:"把牌即差各地方隣佑協同番旗抓拿。"《金瓶梅詞話》第十四回:"子虚這裏安排了一席,叫了兩個妓者,請西門慶來知謝,就找着問他銀兩下落。"此謂抓住西門慶詢問銀兩下落。《西遊記》第九十三回:"弄虚頭,找架子,説甚麽'曉得''解得',怎麽就不作聲?"白維國(2015:2625):"找架子,裝腔作勢。"找的確切含義是拿,"找架子"即"拿架子"。正因如此,尋找義之"抓"也寫作"找"。

　　《金瓶梅詞話》第三十一回:"外云:'我昨日見那圍屏上寫的滕王閣詩甚好,聞説乃是唐朝身不滿三尺王勃殿試所作。我如今這個樣板去,恨即時就替我請去。請得來一錢賞賜,請不得來二十麻杖,決打不饒。'"梅節(2004:150):"我如今這個樣板去,'我'應爲'你'之誤。'今'下應有'將'字。"此説臆改無理。"恨"今人大都改爲"限"(如戴鴻森點校本,梅節點校本,白維國、卜鍵校注本等),也不可取。原文當作"找如今這個樣板去請"。草書"請"作🈶(宋黄庭堅),不識者誤認作"恨"。"我"爲"找"之形誤,義爲捉持、拿着。下文傅(副)末云:"俺節級與了我這副樣板。"可知傅末拿着外(扮節級)給的樣板去找人。前人不知"找"有拿持義,故不得其校。

　　《金瓶梅詞話》第七十三回:"寫畢,放在佛前,歸到禪牀上就坐化了。行者忙去報與明悟。明悟聽得大驚,走來佛前,看見辭世頌,遂説:'你好却好了,祇可惜差了這一着。你如今雖得個男身去,我不信佛法三寶,必然滅佛謗僧,後世落苦輪,不得歸依正道,深可痛哉!'"此處我字不通,因明洪楩《清平山堂話本·五戒禪師私紅蓮記》作"長成",學人多據以校改,將句子斷爲"你如今雖得個男身,長成不信佛法三寶"。特言"長成",突兀無着,文意未安。我當爲找之形誤,義爲拿、用。原文應爲:"你如今雖得個男身去,找不信佛法三寶……"大意是説:你雖然以男身去了陰間,但因犯了邪淫之戒,按照不信奉佛法僧三寶的業報,後世必然墮落苦道輪回,不能進入正道(如阿修羅道、人道)輪回了。按佛教的説法,犯邪淫戒者死後墮入畜生道輪回。拿取義可引申爲用、按照。陳斯文《經濟就那麽回事兒》(天津社會科學院出版社,2011:29):"拿這個方法來看新聞,保證你總是能有新發現。"蘭政文、蘭曉雁《男性健康養生寶典》(中國醫藥科技出版社,2013:271):"拿這個原則來衡量,除俯睡外,其他體位如仰卧位或側卧都行。"可爲比證。《紅蓮記》的"長成"應據《詞話》校正爲"去找",而非相反。

　　作爲"找"之異體的"撾"也用作抓取之"抓"。元鄭廷玉《看錢奴》第一折:"那一片貪財心没亂煞,則他油鍋内見錢也去撾。"《金瓶梅詞話》第七十八回:"留雪姐在家罷,祇怕大節下,一時有個人客驀將來,他每没處撾撓。"

　　因划船之"找(划)"與擊打之"找"同形,擊打義之找、抓義同換讀,故划船之"找"亦可寫作"抓(抓)"。宋處觀《紹興重雕大藏音》卷上《手部第四》:"抓,姑華、爲瓜二切。"爲瓜切是划(找)的讀音,表明抓也用作划。日本昌住《新撰字鏡·手部》(《群書類從》本):"抓,側交反。掐也,瓜剌也,刮也,搖也。"側交反是抓,"掐(掐)也,瓜剌(爪剌)也,刮也"都是抓的固有意義,但"搖也"之義與抓取、抓掐等義無關,此義來自划船之划。這就是説,抓也用作划船之划。

　　找、划、撾、抓、抓等字音義的互通體現了歷史演變中字詞關係的錯綜複雜性,若單綫尋源,難明真相。現將上述各字之間的關係用表格簡示如下,以便理解:

字組	關係	字義	反切及今讀
找划撾	異體	擊打	竹華 zhuā
抓抓	形近混同	擊打	古華 guā↔側絞 zhǎo
找抓	義同換讀	擊打↔抓取/尋找	竹華 zhuā↔側絞 zhǎo

　　章太炎認爲划是茉的異體。《新方言·釋器第六》:"《方言》:'偽謂之汽。'郭璞曰:'偽音訛,船動搖之貌也。'今讀如華,俗作划。一曰划本茉之俗字。《説文》:'茉,兩刃臿也。'互瓜切。俗字作鏵。兩刃臿本農器,今籑似之,皆稱划鍬,本茉鍬也。以茉鍬行舟謂之茉,茉而動之曰偽,猶華蕐通矣。"典籍未見划用作鏵或訓爲鏵,然章説有理。划船義典籍也作撶。唐陸龜

蒙《和胥門閑泛》：“細槳輕撶下白蘋,故城花謝綠蔭新。”《水滸傳》第十五回(容與堂刻本)：“兩箇來到泊岸邊,枯樁上纜的小船解了一隻,便扶這吳用下舡坐了,樹根頭拿了一把撶揪,衹顧盪,早盪將開去。”撶當爲鏵之動詞義的分化字,此亦可爲章說之佐證。

“踩”的來源

“踩”字早見於宋金文獻。金邢准《新修絫音引證群籍玉篇·足部》(金刻本)：“踩,音葵,又音劣,跳也。”後出辭書都據此照録。如《改併五音類聚四聲篇海·足部》(明成化丁亥刻本)：“踩,音葵,又音劣,跳也。”清吳任臣《字彙補·足部》：“踩,其規切,音葵,跳也。”《漢語大字典》：“踩,《改并四聲篇海》引《搜真玉鏡》音葵。跳。”這個踩音義與踩踏之踩無關。跳義之踩當爲踩之訛誤。晋郭璞《江賦》：“鯪鰩踩踞於垠隒。”《文選》李善注：“《埤倉》曰：‘踩、蹶,跳也。’”《江賦》：“夒𤟒𤡰蹉於夕陽。”李善注：“《莊子》曰：‘龁草飲水,翹尾而蹉,此馬之真性也。’司馬彪曰：‘蹉,跳也。’”清桂馥《札樸》卷七《匡謬》：“蹉即踩之變體。”踩《說文》“讀若達”。踩與踩音義吻合,可見踩爲踩之訛誤。不識之字易致訛誤,踩字罕見,故《類篇·𧾷部》文淵閣《四庫全書》本、姚刊三韻本均訛作踦,日本空海《篆隸萬象名義》卷廿《足部》訛作踦,與訛作踩類同。

踩踏之“踩”《漢語大字典》最早舉《紅樓夢》用例,《漢語大詞典》最早舉清李緑園《歧路燈》用例。楊榮賢(2017)的考察結論是：“據調查發現：記載‘踩’字 cǎi 音一讀的,早見於 19 世紀 40 年代的韻書《音韻逢源》……因此,我們大致推斷,表踩踏義的‘踩’,其‘cǎi’音的產生時間應當與《音韻逢源》中的記載吻合。可見,與現代漢語普通話中的基本詞‘踩’音形義完全吻合的‘踩’字的出現則晚至清代中後期。”此結論與事實頗有差距。我們見到的較早用例是明代的。明鄭麟趾《高麗史》卷九十八《列傳·金富軾》(1454 年朝鮮活字本)：“況今西成未收,車駕若出,必踩禾稼,非仁民愛物之意。”明沈紹慶、王家士纂修《光山縣志》卷四(嘉靖刻本)：“以本月十日爲始,本縣較定方尺,每里給丈尺一張,令各户户長邀集舉族隣佑人等,逐垧踩量,彼此攀扯云云。”明佘自强《治譜》卷六《人命門·人命須知十款》(崇禎十二年胡璿刻本)：“有踩死者傷在腹背,其傷必闊大散漫。”

有些人認爲“踩”來源於“躧”(曾良,2012)。“躧”在《廣韻》和《集韻》的《蟹韻》中都有所蟹切的讀音,理論上所蟹切今天讀 shǎi 或 sǎi 都有可能,正如所賣切的曬今讀 shài,但不大可能讀 cǎi。法國金尼閣《西儒耳目資·列音韻譜·第六攝》(1626 年刊行)中躧音石宰切,正是讀 shǎi。事實上《廣韻》所蟹切共收灑、躧、躧三字。灑訓爲“灑水”,簡化字作洒,今讀 sǎ。躧訓“颯躧”,颯指擦着地面。唐盧綸《渾贊善東齋戲贈陳歸》：“長裾珠履颯輕塵,閑以琴書列上賓。”《漢語大詞典》：“颯,拂拭而過。”“颯躧”義爲將鞋跟拉着,此義之躧今天也讀 sǎ。文獻中或寫作撒。《紅樓夢》第九十三回：“身上穿着一身青布衣裳,脚下穿着一雙撒鞋。”三個字都不讀 cǎi,可見躧不可能是踩的來源。

我們認爲“踩”來自跐的音變分化。《釋名·釋姿容》：“跐,弭也,足踐之使弭服也。”《廣雅·釋詁一》：“跐,履也。”《廣雅·釋詁二》：“跐,蹋也。”《廣韻·紙韻》：“跐,蹈也。”跐的標準讀音是雌氏切(還有其他讀音),上古屬支部。上古支部正常的系統音變是,開口一等韻中古以後音變爲[ai],如曬、柴、稗、買、賣等;開口三四等後世大多讀[i/ɿ/ʅ],如麗、此、是、支等。

如果開口三四等演變中發生韻頭脱落現象，轉入一等韻，後世韻母就變爲[ai]。趾音雌氏切，開口三等韻，所以今天讀 cǐ，這是系統音變。但趾曾發生韻頭脱落的個體音變。《莊子・秋水》："且彼方趾黄泉而登大皇。"陸德明釋文："趾音此。郭時紫反，又側買反。《廣雅》云：'蹋也，蹈也，履也。'"郭指西晋郭象。側買反就是失去韻頭轉入了一等韻（聲母也變爲莊母）。後世屢見記載。《廣雅・釋詁一》隋曹憲《博雅音》："趾，側買。"《廣雅・釋詁二》曹憲音："趾，戾買。"①《篆隸萬象名義》卷廿一《足部》："趾，祖解反。蹋也，蹈也，履也。"《玉篇・足部》："趾，祖解、子爾二切。蹋也。"雌氏切之趾是清母，韻母韻頭脱落後變爲一等韻，故後世讀 cǎi，《玉篇》音千采切的蹀字就是人們爲此音而造的（見下文）。清母在方言中音變爲初母也很正常，後世讀 chǎi。所以上古的趾[＊ tsʽie]後世分化成 cǐ、cǎi、chǎi 三個常見讀音，其中 cǐ 音一般寫作趾，cǎi、chǎi 兩音書面上寫作趾、蹀、踩、躧、跴等字的都有，具體讀 cǎi（或者説讀同采）還是讀 chǎi（或者説讀釵上聲），往往不易判別。

　　英國威妥瑪《語言自邇集》（1867）在附録《北京話字音》中給趾注了兩個讀音 chʽai³、tsʽai³（威妥瑪，2002：446、512），相當於漢語拼音方案的 chǎi 和 cǎi。羅翽雲《客方言》卷二《釋言》下："謂踐曰趾（音采）。"楊樹達《積微居小學金石論叢》卷四《長沙方言考・四十八》："今長沙謂足踐地曰趾，音如采。"

　　《漢語大字典》："蹀 cāi，《玉篇》千來切。踩。"《漢語大詞典》："蹀[cāi《玉篇》千來切。]踩；踐踏。"都舉《金瓶梅詞話》用例。古代反切表明趾一直是上聲，未見有平聲的讀法。平聲的依據是澤存堂本《大廣益會玉篇・足部》："蹀，千來切。"我們懷疑來可能是采之形誤。理由有二。

　　其一，《大廣益會玉篇》澤存堂本是清代張士俊在康熙四十三年（1704）刻印的本子，其底本是所謂毛氏汲古閣收藏的"宋槧上元本"，所以此本又被稱爲《宋本玉篇》。宋代文獻中無人提到《玉篇》有《大廣益會玉篇》之名，有些人認爲此名出自元代書商，則宋本之説值得懷疑。即便底本爲宋本可信，無論是宋刻還是翻刻，都有可能出錯。此本"蹀"下祇有千來切的注音，没有釋義，這不合《玉篇》體例，本身就不正常。《大廣益會玉篇》國內存世者最早爲元刻本，元延祐二年（1315）圓沙書院刻本"千來切"之來作来，元至正二十六年（1366）南山書院刻本作来，日本早稻田大學藏和刻本作来，都像簡化字"来"，均不作繁體"來"，而且這三種版本都有"踐升也"的釋義，這表明原本很可能作采，故後出刻本訛作簡化字"来"，而不作繁體"來"。元代最早的圓沙書院刻本"来"的最上一横傾斜像撇，這也表明原本就是采字。

　　其二，采、來形近易誤。《山海經》第十七（《四部叢刊》本）："役采生脩鞈。"原注："采一作來。"《北堂書鈔》卷十七《帝王部十七・製作五十四》（清孔氏三十三萬卷堂刻本）："朱襄作五弦之瑟以來陰。"校記："陳、俞本瑟作琴，陳本來作采，皆非也。"《説文繫傳》（文淵閣《四庫全書》本）："覩，内視也。從見來聲。臣鍇曰：猶睬也。勒萊反。"此"睬"《四部叢刊》本作"睞"，清汪啟淑刻本作"睬"，作"睬"爲是，"睞"爲"覩"之異體。《篆隸萬象名義》卷十三《見部》："覩，力伐（代）反。内視也，睬字也。"圓沙書院刻本《大廣益會玉篇・羽部》翦字下釋"來羽也"，澤存堂本、金邢准《新修絫音引證群籍玉篇》（金刻本）"來"均作"采"，作"采"是，義爲採取鳥羽，這是圓沙書院刻本誤采爲來的内證。

---

　　①　《廣雅》明正德皇甫録世業堂刻本、古今逸史本、文淵閣四庫本均作"鼎買"，戾異體作吳（益雅堂叢書本即作吳），鼎爲吳之形誤。

千采切與 cǎi 嚴絲合縫。這就是説，唐宋時期人們爲跐的千采切音變新造了跴字，但因聲符柴的讀音與千采切不一致，故明代又另造踩字來記録，踩則多用來記録 chǎi 的讀音。至於側（莊母）買反和祖（精母）解反，聲母都跟千采切不同，應該是方言音變。

探求詞源，關鍵看找出的源詞與流詞之間音義的契合度，契合度越高，親緣關係的可能性越大。音義契合度指源詞古代的固有音義經由合乎規律的演變後産生的音義與流詞音義的對應。跐由上古的清母支部演變爲唐宋之際的千采切，與踩的讀音契合無間。跴雖然在末端有“音采”的讀音，但該音無法由其中古的所蟹切合乎規律地演變而來，其與踩的讀音契合度不如跐，可以用訓讀予以解釋，所以我們認定踩源自跐。

《金瓶梅詞話》第三十回：“把人的鞋也踩泥了。”下文云：“他還説人跐（跐）泥了他的鞋。”説同一件事，或用踩，或用跐，表明《詞話》中踩、跐是異體字關係。那麽踩（跐）在《詞話》中讀什麽音呢？應該讀 chǎi。理由有兩條。一是很多明代文獻中都這麽説。明樂韶鳳、宋濂等《洪武正韻》卷八《解韻》：“跐，初買切。行貌。又蹈也。”明梅膺祚《字彙·足部》：“跐，鉏買切。釵上聲。行貌。又蹈也。又祖此切，音子，義同。”明張自烈《正字通·足部》：“跐，鉏買切。釵上聲。行貌。又蹈也。”明代官話系統全濁聲母已經清化，鉏、初聲母相同。《西儒耳目資·列音韻譜·第六攝》中跐音撦（扯）宰切。這都表明跐明代官話讀 chǎi。二是學界大都認爲《詞話》是用山東方言寫成的，今天的山東方言中踩大多讀初母，如臨清話、聊城話讀 [tʂʻai]，費縣話、博山話讀 [tʂʻɛ]，也可佐證《詞話》讀音。

但當世學者對《詞話》中踩的注音都不是 chǎi。王利器（1988：439）：“踩，‘跴’的代用字，音 cǎi。”這是以《玉篇》的千來切爲據，上文已辨明此音不可靠。張鴻魁（1999：877）：“跴（跐、踩）cǎi，‘跐’的分化字，改換聲符作‘麗’得形。踩、重踏。”儘管在其他文獻中踩有可能讀 cǎi，但在《詞話》中踩是跐的異體，當時讀撦宰切，注音爲 cǎi 是不切實際的。

張鴻魁認爲跴是跐的分化字，意爲《詞話》之跴是新造的，與歷史上的跴無關。文獻中確實也將跴用作踩。《詞話》第四十二回：“一壁廂舞迓鼓，一壁廂跴高撬。”又第九十回：“這來旺兒跴着梯橙，黑影中扒過粉牆。”比較同回上文：“等到晚夕，踩着梯橙越過牆。”明李實《蜀語》：“足踏曰跴。……釵上聲。”清唐訓方《里語徵實》卷上：“足踏曰跴。跴，釵上聲。”前面説了，跴不可能演變爲 chǎi 或 cǎi 的讀音，張鴻魁大約是基於這種考慮而將跴視爲跐的分化字。其實，跴在古代是個常見字，與其視爲跐的基礎上的新造，不如視爲踩的訓讀合理，正如跴也訓讀爲 sǎ 一樣。蔣宗福（2014：555）云：“‘跴’從‘麗’得聲，未聞有音‘釵上聲’者。李實音‘釵上聲’説誤於前，而繼踵者不察，每襲其謬矣。”跴讀釵上聲是訓讀，或者説是文獻記録者拿跴來記録語言中的“釵上聲”之詞，義同借用，與語音演變無關。

明項存道《新刻增校切用正音鄉談雜字大全·器用門·轎》：“鄉：轎踏，正：轎跴。”①《器用門·馬具》：“鄉：踏鐙，正：跴鐙。”《人事門·雜》：“鄉：行索，正：跴索子。”《人事門·雜》：“鄉：立泅，正：跴水。”上引資料中的跴字作者均注音“采”，這也是訓讀。

王利器（1988：414）：“蹓，用於北方口語，讀如‘泥’（讀去聲）。其義有三：①踏、踩。②脚滑擦在稀濕物上。③踏上脚之後，再用力令脚轉動，使被踏之物碎如齏粉。表述意思較‘踏’‘踩’，感情色彩重得多。”（例略）蹓是跴的類推簡化字（并不規範）。讀如“泥”依據的當是成都話的口語（民國唐樞《蜀籟》卷四寫作跬）。白維國（2005：418）：“蹓 xǐ，踩；踏。”“跐 cǐ，踩；

踏.”這是依據《廣韻》的反切(躋採用異讀所綺切).兩人對躋、跐的注音都脱離《詞話》實際,也不符合明代官話口語.

　　北魏楊衒之《洛陽伽藍記》卷一《城内·長秋寺》:“四月四日,此像常出,辟邪、師子導引其前.吞刀吐火,騰驤一面.綵幢上索,詭譎不常.”范祥雍《洛陽伽藍記校注》(上海古籍出版社,1978:45):“按本文綵字疑即今北方人呼踩蹻之踩,音同通用.綵幢上索與上文‘吞刀吐火’句爲對文,義即葛洪所説‘履緪登幢’.”跐的側買反讀音既見於西晋,其千采切讀音見於南北朝并用綵字去記録也不是没有可能.不過,就此例而言,可能性不大.周祖謨《洛陽伽藍記校釋》(中華書局,2010:37):“‘綵’疑當‘緣’字之誤.‘緣幢’見《魏書·樂志》.幢者旌幢,樹之攀緣以爲戲.”周説更爲可取.緣幢雜技是順着一根豎直的杆子往上攀緣,故又説“尋幢”.東漢張衡《西京賦》:“烏獲扛鼎,都盧尋幢.”尋、緣都指攀緣.踩指脚底踏觸物體,用來表示攀緣不是很恰當.綵手寫體作𢇍(唐歐陽詢),與緣近似,故致訛誤.

　　《元刊雜劇三十種》范康《陳季卿悟道竹葉舟》第一折:“【那吒令】豈不聞列禦寇采清風入八區.”徐沁君《新校元刊雜劇三十種》(中華書局,1980:709)、寧希元《元刊雜劇三十種新校》下册(蘭州大學出版社1988:186)均改采爲踩.寧希元校勘記云(195):“原本‘踩’字,省借爲‘采’,今改.”鄭騫《校訂元刊雜劇三十種》(臺北:世界書局,1962:382)改采爲乘,校勘記云(394):“乘原作采,形近之誤.”鄭説早出,然不爲後人採信.竊謂應以鄭説爲確.

　　其一,元代尚無踩字,其他元代文獻中也未見將采用作踩踏義的用例.

　　其二,明臧懋循編《元曲選》中的《陳季卿誤上竹葉舟》與《陳季卿悟道竹葉舟》是同一雜劇,衹是明人對字句有修改,其中作:“豈不聞有一個列禦寇,駕泠風徧八區.”作駕不作踩.

　　其三,乘手寫體作乗(宋蘇軾)乗(元趙孟頫),與采形似,易致訛誤.唐虞世南《北堂書鈔》卷四十九《設官部》清孔廣陶校記:“今案《類聚》四十五引《雜奏議》承作采,餘同.陳本承作乘.”清金武祥《粟香隨筆·粟香五筆》卷三《牆東類稿校刊記》:“官民乘訪皆公論,乘疑當作采.”宋李昉《文苑英華》卷三十三唐尹程《觀秋水賦》(明刻本):“采秋日之遊豫,縱奇觀於長川.”刻本注:“采疑作乘.”

　　其四,古代文獻中常説列子乘風而行.唐神清《北山録》卷五:“列子之御風,王喬之飛舄.”北宋慧寶注:“列禦寇乘風而行出.”元彭致中《鳴鶴餘音》卷七《迎仙客》之十四:“圃田公,列禦寇,乘風一撞乾坤透.”明曹學佺《石倉歷代詩選》卷三百五十一明李時勉《清虚子》:“或隨列禦寇,乘風八極中.或從赤松子,吐納淩青空.”明陶諧《陶莊敏公文集》卷二《太白樓望泰山》:“下招列禦寇,乘風略八極.”乘與駕同義,故明人改作駕.

　　據上四證,采爲乘之形誤應可定奪.

　　我們以往對古代用字中的訓讀現象缺乏足够的認識,因此有些人也許對我們從訓讀角度所做的解釋心存疑慮.事實上典籍中的訓讀比我們想象的要廣泛而複雜.“乇”在方言中用來記録多個表示男陰的詞,有的方言記録[tʂ'ui](椎),有的方言記録[lan](卵),有的方言記録[ka](脚);還有方言記録樹根義的[tʂ](如“柴乇”),這是因爲男根與樹根有關;有的方言用來記録櫂(音瞿,齒杷),這是因爲櫂常用樹根製做;一個字通過訓讀記録五個詞,而“乇”原本是禿的意思,音椎,與這五個詞都無直接關係(詳見楊琳,2020:158—159).“乇”使用的複雜性比“找”“抓”有過之而無不及.李運富提出漢字學有形體、結構、職用三個平面,并指出“職用層面是研究得最薄弱的”(李運富,2016:前言).訓讀無疑是職用研究的重要内容,應加大研究的力度,這樣我們纔能對漢字演變的複雜性有一個明確的認知。

參考文獻

[1]白維國. 金瓶梅詞典[M]. 北京:綫裝書局,2005.

[2]白維國主編. 近代漢語詞典[M]. 上海:上海教育出版社,2015.

[3]曹先擢,李青梅. 廣韻反切今讀手册[M]. 北京:語文出版社,2005.

[4]蔣宗福. 四川方言詞語續考(上册)[M]. 成都:巴蜀書社,2014.

[5]李崇興. 語文識小録[M]. 武漢:華中科技大學出版社,2009.

[6]李運富主編. 漢字職用研究·理論與應用[M]. 北京:中國社會科學出版社,2016.

[7]梅節. 金瓶梅詞話校讀記[M]. 北京:北京圖書館出版社,2004.

[8]孫玉文. 同形字舉例[M]//文獻語言學(第5輯). 北京:中華書局,2018.

[9]汪維輝. 論詞的時代性和地域性[J]. 語言研究,2006(2).

[10]汪維輝. “抓”的字詞關係補説[J]. 中國語文,2020(4).

[11]王利器主編. 金瓶梅詞典[M]. 長春:吉林文史出版社,1988.

[12]王學奇,王静竹. 宋金元明清曲辭通釋[M]. 北京:語文出版社,2002.

[13]楊琳. “烤”字溯源[M]//中國語言文學研究(春之卷). 北京:社會科學文獻出版社,2019.

[14]楊琳. 漢語俗語詞詞源研究[M]. 北京:商務印書館,2020.

[15]楊琳.《新刻增校切用正音鄉談雜字大全》考述[J]. 中國典籍與文化,2015(4).

[16]楊榮賢. 現代漢語基本詞“踩”的來源[M]//語言學論叢(第五十五輯). 北京:商務印書館,2017.

[17]曾良. 明清通俗小説語彙研究[M]. 南昌:江西教育出版社,2009.

[18]曾良. “甩”“踩”的歷時來源[M]//漢語史學報(第12輯). 上海:上海教育出版社,2012.

[19]張鴻魁. 金瓶梅字典[M]. 北京:警官教育出版社,1999.

[20][英]威妥瑪. 語言自邇集[M]. 張衛東,譯. 北京:北京大學出版社,2002.

Tracing to the Etymology of *zhao*(找)and *cai*(踩)

Yang Lin

Abstract:This thesis makes a textual research on the etymology of the words,*zhao* (找)and *cai*(踩). The paper holds that the original character of 找 is 抓(grasp),and the process of finding meaning is:in the context of uncertain grasping object,grasping is accompanied with the process of finding object,so “grasp” is reinterpreted as searching. 找 was a variant character of 划,how to use 找 for finding meaning has become a historical mystery. This article explains why. 踩(trample)is seen in the Ming Dynasty,this paper thinks that 踩 comes from 跐.

Key words:*zhao*(找),*cai*(踩),etymology

通信地址:天津市南開區南開大學文學院

郵　　編:300071

E-mail:ylin@nankai.edu.cn

經史"焚""燓"訛變四例 [*]

謝國劍

内容提要　文章認爲,S.388《正名要録》"焚翔"的"焚"爲"樊"字之訛。S.617《俗務要名林·火部》"燓",或者本作"樊(樊)"或其異體,其源頭很大可能爲"焚"字;或者不同的人在傳抄該條時認字發生了變化,前一人認爲"燓"是"焚"字,後來人認爲是"樊(樊)"或其異體字,從而把反切改爲"苻袁反"。《龍龕手鏡·口部》"嘆"字下"音燓"的"燓"是"樊(樊、燓)"之訛。《史記·張儀列傳》"秦得燒掇焚杆君之國"的"焚",本應作"樊(樊、燓)"字,讀爲"煩"。

關鍵詞　焚　燓　樊　樊

中古文獻有"樊"訛作"焚"的情況。如北齊《皇甫琳墓誌》:"方加茅封,忽遇焚限。後除正任,秉質權衡。"毛遠明(2014):"焚,通'樊'。束縛;範圍限制。"此"焚"當爲"樊"之訛,非通借。此時二字不同音,詳見下文。又如五代可洪《新集藏經音義隨函録》卷二二《提婆菩薩傳》音義"焚或"下:"上宜作樊,音煩,樊籠也。又父文反,燒也,悮。"此"焚或"之"焚"即"樊"之訛。又如《大正藏》第八十四册日源信①撰《往生要集》:"樊籠未出,隨事有礙。"此"樊"字,〈乙〉本作"焚"。〈乙〉本"焚"即"樊"之訛。北齊《標異鄉義慈惠石柱頌》"焚阿伏"的"焚",毛遠明(2008)、詹文宏等(2015)録作"楚"。從字形訛變和文意來看,此"焚"字釋作"楚"祗是可能中的一種,還有爲"樊"字的可能。

據謝國劍(2014:85),中古"焚"字來自"樊"或"焚"的訛變。當然,如果"樊"字先訛作"焚"字,再由"焚"訛作"焚",也是可能的。

由上可知,文獻中的"焚"字,有些可能來自"樊(樊、燓)"字的訛變;文獻中的"燓",大致來自"樊(樊)"或"焚"的訛變。下列經史文獻中的三個"焚"和一個"燓"字均屬此類。

一　S.388《正名要録》"焚翔"的"焚"②

S.388《正名要録》"本音雖同,字義各别例"下:"籠:焚翔;櫳:房。"張涌泉(2008:3841)校

＊　基金項目:國家社科基金一般項目"東漢至隋石刻文獻字詞關係研究"(17BYY018)。匿名審稿專家提出了寶貴的修改意見,文中錯謬由作者個人負責。本文曾於 2017 年 12 月 2 日提交"中古漢語青年學者十人談"工作坊討論,蒙與會前輩同行指點。先後又得到楊軍老師的指導和張小艷老師、鄧强老師的幫助。在此一并致以謝悃。

①　據馮契、徐孝通主編《外國哲學大辭典》(上海辭書出版社,2000:897),源信(941-1017)爲日本平安時代中期天台宗僧人,净土宗創立者。

②　此條最早曾提交 2017 年在湖北宜昌舉行的世界漢字學會第五届年會討論,後看到張小艷、劉嬌(2018:426)亦考釋此字,結論與本條相同,但論證不全同,覺得有保留的必要。

勘記:"'焚翔'二字有誤,俟再校。"

張小豔、劉嬌(2018:426)認爲,"'籠'釋語中的'翔',乃書手抄寫時因看錯行而將'翢'的釋語'翔'誤抄於'籠'下,未及删去而成爲衍文;'焚'當是'樊'的形近誤書"。是。

首先,從"籠"字字義來看,"焚翔"這個位置的字本應該是"樊"字的可能性很大。《莊子·養生主》"澤雉十步一啄,百步一飲,不蘄畜乎樊中"郭象注:"樊,所以籠雉也。"《大正藏》第五十四册唐慧琳《一切經音義》卷五一引玄應《掌珍論》卷上音義:"樊篦:扶袁反,案樊即篦也。"此"篦"即"籠"字。宋跋本《王仁昫刊謬補缺切韻·上平聲·廿一元》:"樊:籠。"S. 2071《切韻箋注·上平聲·廿一元》:"樊:籠樊。"

其次,從字形訛變通例來看,存在"樊"字訛作"焚"字的情況。如日本鎌倉時代古寫本《群書治要》就有"樊"字訛作"焚"的例子六個:《毛詩·小雅·青蠅》"營營青蠅,止于樊"的"樊",古寫本卷三作焚,《論語·顏淵》"敢問崇德、修慝、辨惑"的"樊",古寫本卷九作枤;《漢書·張良傳》"樊噲諫,沛公不聽"的"樊",古寫本卷十五作焚;《漢書·張良傳》"願沛公聽樊噲言"的"樊",古寫本卷十五作焚;《漢書·樊噲傳》"樊噲,沛人也"的"樊",古寫本卷十五作焚;《後漢書·樊巨集傳》"樊巨集,字靡卿"的"樊",古寫本卷二十二作焚。據日本學者尾崎康、小林芳規(1989)研究,鎌倉時代古寫本《群書治要》當淵源於唐高宗時代的寫本,抄成於日本建長五年(1253,宋寶祐元年)之前不久。吳金華(2002:90)認爲:"拿它跟傳世的宋元明清刻印的古籍比較,可以窺見唐初古籍的風貌,我們可以把它作爲古籍版本學、校勘學的研究資料。"如果以上所論屬實,則唐初很有可能存在"樊"字訛作"焚"字的情況。S. 388《正名要錄》,張涌泉等(2008:3822)據避諱定其抄寫年代在唐高宗或武則天之世,正屬初唐時期。所以,《正名要錄》"焚"字本爲"樊"字之訛,符合當時的書寫實際。

另有"樊"字訛作"焚"。如南朝陸倕《石闕銘并序》"而樊鄧威懷,巴黔底定"的"樊"字,P. 5036本作焚,爲"焚"字。唐《張廉妻樊氏墓誌》的墓誌蓋上有"樊"字作焚,而墓誌作焚。《毛詩·小雅·青蠅》"營營青蠅,止于樊"毛傳"樊,藩也"的"樊",日本鎌倉時代古寫本《群書治要》卷三引此作焚,即"焚"字。《群書治要》卷九《論語·顏淵》"樊遲曰:敢問崇德、修慝、辨惑"下注"孔子弟子樊須也"的"樊",日本鎌倉時代古寫本作焚,即爲"焚"字。而"樊""焚"二字形體極近,由此亦可知唐初"樊"訛作"焚"很有可能。

基於意義和字形兩個方面的考慮,我們有理由認爲,《正名要錄》"籠:焚翔"本當作"籠:樊"。

張小豔、劉嬌(2018:426)和我们一樣,也從字形和詞義兩個方面加以論證,但在具體的論證上又有所不同。

在字形上,張小豔、劉嬌(2018:426)引了王念孫《讀書雜志·逸周書弟四·勤焚纊》"'焚'本作'樊',與'樊'相似而誤"的説法,我們則舉了"樊"字訛作"焚"和"樊"字訛作"焚"的例子。相較而言,我們從古寫本和石刻中直接歸納文字訛變通例,且所舉的前一種訛變更有針對性,後一種訛變的可能性也不能不考慮到。

在詞義上,張小豔、劉嬌(2018:426)引《廣韻》的釋義來説明以"樊"釋"籠"是合適的,我們則用了宋跋本《王仁昫刊謬補缺切韻·上平聲·廿一元》:"樊:籠。"我們使用的材料與 S. 388《正名要錄》"籠:焚"更有一致性。

二　S. 617《俗務要名林·火部》“焚”

S. 617《俗務要名林·火部》“㷊”字下：“燃之別名。苻▉反。”慶谷壽信（1978）把原來釋㷊作“焚”的結論訂正爲作“焚（樊）”。張金泉等（1996）：“㷊，‘焚’之訛。注‘苻表反’，‘表’當作‘袁’。《廣韻》在元韻，‘焚’在文韻，音‘符分切’，二者韻異。”張涌泉等（2008：3703）直接隸定爲“焚”，并出校勘記云：“‘焚’字《廣韻》音符分切，文韻臻攝，‘袁’字在元韻，山攝，臻攝、山攝元音相近，唐代前後可以互切。”同上（2008：3616）：“種種迹象顯示，甲、乙卷大約都是唐太宗、唐高宗間的抄本，翟理斯疑乙卷爲七世紀寫本，庶幾近是；至於其撰寫年代，與這一時間似亦不會相差太遠。”

我們本來認爲，此㷊本應作“樊”，而不是“焚”。

但匿名審稿人認爲，《俗務要名林》中的㷊正字應該是“焚”，之所以注音是“苻袁反”，有三種可能：1）㷊錄作“焚”，“焚”“樊”在唐代敦煌地區讀音相近，可相通假。2）㷊是同形字。因爲㷊同時是“焚”“樊”的俗字，所以《俗務要名林》撰者或者傳抄者將“焚”“樊”的字義和字音雜糅在一起。3）㷊錄作“樊”。“焚”“樊”形、音皆近，二者時常混用，“樊”字通過這種方式獲得了“焚”的“焚燒”義。

我們進一步考察後認爲，匿名審稿人的意見有頗多合理之處，但不能完全接受。下面申明三點理由。

其一，從字音来看，“焚”“樊”在劉宋至唐五代時期包括敦煌地區的讀音應該不會相混。據《廣韻》，“焚”屬臻攝，“樊”屬山攝。二者語音差異不小。但據《說文·火部》“煩”字下“一曰焚省聲”、鄭玄讀“棼”爲“蕡”①，“焚”字也有“樊”音。其實《說文》“省聲”和鄭玄的破字祇表明東漢時期“焚”“樊”讀音很近，不能說明唐朝的情況。據羅常培、周祖謨《漢魏晋南北朝韻部演變研究》，兩漢時期，真部字尤其是痕魂欣文臻幾韻的字跟元部的元山仙先幾韻字讀音很相近；在晋代，先部字還有跟真部字押韻的例子，如先部的元韻“原言園軒源繁”一類的字一般跟真部的“紛文群聞雲君熅”一類字押韻；但到了劉宋時期，“先部的元韻字開始與魂部痕魂兩韻字相押，而跟真部字通押的例子就比較少了”，而原來真部的欣、文兩韻，獨立爲文部。也就是說，從劉宋開始，“焚”和“樊”不同部，不存在同音的情況。據鮑明煒（1990）、孫捷等（2001）、劉根輝等（1999）、趙蓉等（1999）等文，唐代詩韻未見文元相押的例子，或所見甚少并未在文中列出。據劉本才（2014），隋唐時期文元相押的韻段有 20 例。但該文考察的韻段有 23637 例，文元相押僅占 8.5‰；涉及的元韻字主要是原、源、言三字；其中，原 6 例，源 5 例，言 5 例，喧、園、垣、蕃、騫各 1 例。據羅常培（1933）、邵榮芬（1963）、高田時雄（1988）、洪藝芳（1995）、劉燕文（1998）的研究，敦煌文獻的別字異文和對音材料沒有發現文元相代的例子，通俗韻文中祇有變文《燕子賦》有一個文元相押的例子，涉及的元韻字是“言”，與隋唐石刻文獻有一定的一致性。由此知，隋唐時期文元相押的例子非常少。而且，據史存直《關於“該死十三元”》，文、元相押可能是因爲擬古而用韻特寬，或爲了照顧句意。綜合上述情況，

————————————

① 　《周禮·春官·巾車》“素車，棼蔽”鄭玄箋：“素車，以白土堊車也。‘棼’讀爲‘蕡’。蕡麻以爲蔽。”陸德明釋文：“棼，扶雲反。蕡，扶文反。”

我們認爲,從劉宋至唐五代,"焚""燓"雖然聲母同爲并母,但韻攝不同,應該不太可能存在同音的情況,在唐代的敦煌地區也不會相混①。

其二,从字形来看,此"焚"字可能是"焚"之訛,也可能是"燓"之訛。"燓"字訛作"焚"的例子,見上文所述。"焚"字訛作"燓"的例子,能確定的較少,但不是没有,試舉一例。P. 3929《古賢集一卷》:"選士投坑總被墳。"王三慶(1993):"'墳'底乙己②作'焚'③,甲作'焚'④,戊作'笶',己作'么',庚作俗寫⑤。按諸字皆'焚'形近之誤或書寫草率所致,'焚'者'焚書','墳'者'坑儒',此處指'坑儒',故用'墳'。按陳校:'墳'作'焚'。"其中"笶"字,抄本作 𥶡 ,非笶字,而是與上爲⺮下爲大字近似的一個字;"么"字,抄本作 𠃋 ,可能是"分"字的草書,"焚""分"同音假借。因爲此字需與下文的"秦""聞""陳""貧"同韻,所以本來祇能是"焚"或"墳"。其中"焚"字,也就祇能是"焚"之訛,而不會是"燓"之省。

其三,作爲"輯録俚俗日常生活中的常用字詞以備時用的著作"⑥,《俗務要名林》 𡊩 本作"燓(燓)"或其異體的可能性很大。《正名要録》"字形雖别,音義是同,古而典者居上,今而要者居下"類:"燔 燓 。"由此知"燓(燓)"屬"今而要者",與《俗務要名林》的性質相合。又,隋、初唐時期,在代表上層主流文化的墓誌銘、神道碑、詩書碑、影塔銘等材料中,有"焚"字56例,焚燒義的"燓(燓)"2例;在代表民間文化的造橋碑、造像碑、佛經題名等材料中,"焚"字未見,有焚燒義的"燓"及其異體4例⑦。由此知焚燒義的"燓"及其異體雖然已經進入上層主流文化圈,但主要還是在民間使用。這種情況也與《俗務要名林》的性質吻合。

因此,據上述第一條,匿名審稿人所説的第一種可能的可能性不大。據上述第二條,第二種可能有可能,但還可對發生的條件做進一步的説明:如果説同一個人在抄寫"焚"字條的時候,抄寫釋義時想到它爲"焚"字,下一秒抄寫反切時想到它爲"燓"字,這不太可能;如果説不同的人在傳抄"焚"字條時認字發生了變化,即前一人認爲"焚"是"焚"字,後來人認爲是"燓(燓)"或其異體字,把反切改爲"苻袁反",倒是有可能。據上述三條,除了説音近混用不符合實情,第三種可能更有可能。"燓"的焚燒義來自"焚"的可能性確實較大,因爲在魏晉至唐五代的上層主流文化中"焚"習見,而"燔"罕見。

---

① 至於《經典釋文》"燔"字有又音"扶雲反"和"芳雲反",這并非説"燔"字音"焚",而是以"又音"的方式來列舉異文。如《經典釋文·尚書音義·舜典》:"燔:扶袁反,又扶雲反。"《經典釋文·禮記音義·禮器》"燔柴:音煩。又芳雲反。"岳利民等(2014:43)認爲,"扶雲反"爲"燔"的同義字"焚"字注音。應是。

② 下文已有"己作'么'",故此"己"字疑誤或衍。

③ 原圖乙作 𤇃 。

④ 原圖作 𤇆 。

⑤ 原圖作 燓 。

⑥ 見張涌泉(2008:3616)。

⑦ 檢索的石刻拓片主要來自:《北京圖書館藏中國歷代石刻拓本彙編(9-21册)》(中州古籍出版社,1989年),《新中國出土墓誌(隋、初唐部分)》(河南卷一、二,陝西卷一、二,重慶卷,文物出版社,1994-2003年),《西安碑林全集(隋、初唐部分)》(高峽主編,廣東經濟出版社、海天出版社,1999年),《隋代墓誌銘匯考》(王其禕、周曉薇,綫裝書局,2008年)。另,文中所引石刻文獻拓片,除特别説明,均見於上列文獻,不再一一注明出處。

三　《龍龕手鏡·口部》"噗"字下"音焚"的"焚"

　　朝鮮本遼釋行均《龍龕手鏡·口部》:"噗:俗,音焚。嘆:同上。"高麗本作:"噗嘆:二俗,音焚。"鄭賢章(2004)認爲:"'噗'、'嘆'當即'嘆'字之訛。"鄭賢章(2010)亦同。

　　《龍龕手鏡》"音焚"應該是"音樊(樊、燓)"之訛,"噗""嘆"爲"嘆"字之訛。

　　可洪《新集藏經音義隨函録》卷二三《陀羅尼雜集》卷四音義"嘆葹"下:"上音煩,下音施,式支反。上句云阿俄䦱曇摩。下句云呵嘆葹曇摩,聲之轉也。又此句中呵字是阿字悮也。上又《川音》作蒲紺反,下音他,并非也。上又郭氏音淡,下未詳。此蓋傳寫久悮也。第七卷作阿燓葹曇摩也。"同上卷二三《陀羅尼雜集》卷七音義"燓葹"下:"上音樊,下式支反,正作葹也。下又郭氏音他。應和尚未詳。"同上卷二五《一切經音義》卷二〇音義"燓葹"下:"上音煩,下失之反。前作嘆葹,正作燓葹也。下又或作簁,音移。下又郭氏音他。非。應和尚未詳。"無論燓、嘆,還是噗,《新集藏經音義隨函録》均"音煩"或"音樊",無作"音焚"者。又由"嘆葹"下"上又《川音》作蒲紺反""上又郭氏音淡"亦可知此"嘆"字之音離"樊"近而離"焚"遠。由此可知,《龍龕手鏡》"音焚"非。尤其是卷二〇"燓葹"條下直接指出"正作燓葹也",可知作燓爲正,"嘆"爲嘆字之訛。

　　據可洪《新集藏經音義隨函録》第十八册《善現律毗婆沙》第二帙第十七卷音義"燓(樊)燒"下"上扶文反"①,有人可能會因此認爲"樊""焚"同音。其實不然。見前文有關内容。而且由上文所引《新集藏經音義隨函録》卷二二《提婆菩薩傳》音義"焚或"條可知,可洪也認爲"樊""焚"不同音。由此可知,可洪應該是通過注音來説明其字爲"焚",借音辨字。

　　敦煌文獻另有一個非譯音字的"嘆"。S. 2832《文樣》:"於是佛開月面之尊,僧轉金言之偈;玉饌接中天之供,爐嘆合上界之香。"此"爐嘆"與"玉饌"對文,當是"爐所焚之物"的意思。本卷子有動詞"焚"多見,但"嘆"字祇此一例。此"嘆"字與《新集藏經音義隨函録》"嘆"當有所不同。

四　《史記·張儀列傳》"秦得燒掇焚杅君之國"的"焚"

　　《史記·張儀列傳》"中國無事,秦得燒掇焚杅君之國"唐司馬貞《索隱》:"焚杅音煩、烏二音。謂:焚揉而牽制也。《戰國策》云'秦且燒熿君之國',是説其事也。"日水澤利忠《史記會注考證校補》各種異本所見亦作"焚"。

　　司馬貞《索隱》存在兩個問題:一焚音煩,不合當時語音;二"焚揉"不詞。

　　清王念孫讀"焚"爲"煩",讀"焚揉"爲"煩揉(蹂)"。《廣雅·釋詁三》"敤,辱也"王念孫《疏證補正》:"焚杅,讀爲煩汙。"《讀書雜志·史記第四》"秦得燒掇焚扜君之國"條:"中國無

----

① 今作"焚"字。《大正藏》第二十四册蕭齊外國三藏僧伽跋陀羅譯《善見律毗婆沙卷》第十七:"若不度我者,我當焚燒寺舍。"

事,秦得燒掇棻扞(今本此下載《索隱》曰:'掇,音都活反。謂焚燒而侵掠也。'棻扞,音煩烏,謂煩蹂而牽掣也。《戰國策》云:'秦且燒焫獲君之國。'是説其事也。)君之國。"

王念孫之説可從。《詩·周南·葛覃》"薄汙我私"毛傳"汙,煩也"鄭玄箋:"煩,煩撋之,用功深。"孔穎達正義:"撋,諸詮之音而專反,何胤、沈重皆而純反,阮孝緒《字略》云'煩撋,猶捼莏也',捼音奴禾反,莏音素禾反。"朱熹集傳:"汙,煩撋之以去其汙。"由此知"煩"即"煩撋""捼莏",有"搓揉、搓洗"義。文獻又有"煩擾""煩撓"等詞。煩擾。《漢書·元帝紀》:"百姓仍遭凶阨,無以相振,加以煩擾虐苛吏,拘牽乎微文,不得永終性命,朕甚閔焉。"《宋書·禮志二》:"至秦、漢巡幸,或以厭望氣之祥,或以希神仙之應,煩擾之役,多非舊典。"煩撓。《晋書·荀勖傳》:"勿使微文煩撓,爲百吏所黷。"由此知"煩揉"一詞的存在合理。

不過,王念孫的發明解決了"焚揉(蹂)"不詞的問題,并未解決"焚音煩不合當時語音"的問題。據上文第二節分析可知,司馬貞撰《史記索隱》的唐朝,不太可能存在"焚""煩"同音的情況。

我們注意到,中古石刻文獻有借"煩"爲"樊"的。北魏《姜太妃墓誌》:"煩姬贊楚,任似(如)翼周。"此"煩姬"即"樊姬"。佛教文獻有借"樊"爲"煩"的。《大正藏》第五十三册《法苑珠林·士女篇·俗女部·姦偽部》:"王法爲錯亂,政治爲迷煩。"《大正藏》第十二册西晋末法炬譯《佛説優填王經》:"王法爲錯亂,正法爲迷樊。"此"樊"字,〈元〉〈明〉〈宫〉本作"棻"。由此知"迷煩"一詞,可作"迷樊",亦可作"迷棻"。此"煩"字應是先假作"樊",再由"樊"訛作"棻"。

基於上文分析,我們認爲,《史記》"棻扞"的"棻",應該本作"樊(燓、棻)"字,所以纔能讀爲"煩"。

引用文獻

東漢·班固撰,唐·顏師古注《漢書》,中華書局,1962。

唐·房玄齡等撰《晋書》,中華書局,1974。

唐·陸德明撰《經典釋文》,中華書局,1983。

黃焯匯校,黃延祖重輯《經典釋文匯校》,中華書局,2006。

南朝梁·蕭統編,唐·李善等注《日本足利學校藏宋刊明州本六臣注文選》,人民文學出版社,2008。

南宋·朱熹撰,中華書局上海編輯所編輯《詩集傳》,中華書局,1958。

清·阮元校刻《十三經注疏》,中華書局,1980。

西漢·司馬遷撰,南朝宋·裴駰集解,唐·司馬貞索隱,唐·張守節正義,顧頡剛領銜點校,趙生群主持修訂《史記》(點校本二十四史修訂本),中華書局,2014。

東漢·許慎撰《説文解字》,中華書局,2013。

南朝梁·沈約撰《宋書》,中華書局,1974。

後晋·可洪編《新集藏經音義隨函録》,載《中華大藏經》編輯局編《中華大藏經》(漢文部分)第59、60册,中華書局,1993。

戰國·莊周撰,清·郭慶藩集釋,王孝魚點校《莊子集釋》(全四册),中華書局,1961。

參考文獻

[1]鮑明煒. 唐代詩文韻部研究[M]. 南京:江蘇古籍出版社,1990.

［2］高田時雄. 敦煌資料による中國語史の研究——九・十世紀の河西方言［M］. 東京：創文社,1988.

［3］洪藝芳. 唐五代西北方音研究——以敦煌通俗韻文爲主［D］. 臺北：“中國文化大學”,1995.

［4］劉根輝,尉遲治平. 中唐詩韻系略説［J］. 語言研究,1999(1)：34-46.

［5］劉本才. 隋唐五代碑誌銘文用韻研究［D］. 上海：華東師範大學,2014.

［6］劉燕文. 敦煌寫本《字寶》《開蒙要訓》《千字文》的直音、反切和異文［M］//《語苑擷英》編輯組編. 語苑擷英——慶祝唐作藩教授七十壽辰學術論文集. 北京：北京語言文化大學出版社,1998：46-70.

［7］瀧川資言考證,水澤利忠校補. 史記會注考證附校補［M］. 上海：上海古籍出版社, 1986：1406.

［8］羅常培. 唐五代西北方音［M］. 上海：國立中央研究院歷史語言研究所單刊,1933.

［9］羅常培,周祖謨. 漢魏晉南北朝韻部演變研究［M］. 北京：中華書局,2007.

［10］毛遠明. 漢魏六朝碑刻校注(第9册)［M］. 北京：綫裝書局,2008：96.

［11］毛遠明. 漢魏六朝碑刻異體字字典［M］. 北京：中華書局,2014：220.

［12］慶谷壽信. 敦煌出土の《俗務要名林》(資料篇)§3. 、§4. 訂正表［J］. 東京都立大學人文學報(第128號),1978.

［13］邵榮芬. 敦煌俗文學中的別字異文和唐五代西北方音［J］. 中國語文,1963(3)：193-217.

［14］史存直. 關於“該死十三元”［M］//史存直. 漢語音韻學論文集. 上海：華東師範大學出版社,1997：211-235.

［15］孫捷,尉遲治平. 盛唐詩韻系略説［J］. 語言研究,2001(3)：85-94.

［16］王念孫. 讀書雜志［M］. 南京：江蘇古籍出版社,1985：125.

［17］王念孫. 廣雅疏證補正［M］//王念孫撰,張其昀點校. 廣雅疏證. 北京：中華書局,2019：997.

［18］王三慶. 敦煌類書［M］. 高雄：麗文文化事業股份有限公司,1993：890.

［19］尾崎康,小林芳規. 群書治要解題［M］//日本古典研究會編. 群書治要. 東京：汲古書院,1989.

［20］吳金華. 略談日本古寫本《群書治要》的文獻學價值［M］//北京大學中國古文獻研究中心,淡江大學中國文學學系,復旦大學中國古代文學研究中心編. 海峽兩岸古典文獻學學術研討會論文集. 上海：上海古籍出版社,2002：89-99.

［21］謝國劍. 説“燓”及相關諸字［J］. 中國語文,2014(1)：80-86.

［22］岳利民,張翠翠. 《經典釋文》中的“又音”與音義匹配［J］. 語言科學,2016(1)：42-51.

［23］趙蓉,尉遲治平. 晚唐詩韻系略説. 語言研究［J］,1999(2)：101-111.

［24］張金泉,許建平. 敦煌音義匯考［M］. 杭州：杭州大學出版社,1996：689.

［25］張涌泉主編. 敦煌經部文獻合集(第7、8册)［M］. 北京：中華書局,2008.

［26］詹文宏,李保平等. 燕趙碑刻(先秦秦漢魏晉南北朝卷)［M］. 天津：天津人民出版社,2015：893.

［27］張小豔,劉嬌. 敦煌字書校讀札記［M］//出土文獻與古文字研究(第7輯). 上海：上海古籍出版社,2018：425-426.

［28］鄭賢章. 《龍龕手鏡》研究［M］. 長沙：湖南師範大學出版社,2004：72.

［29］鄭賢章. 《郭迻經音》研究［M］. 長沙：湖南師範大學出版社,2010：72.

Four Samples of Erroneous Transformation of "fen(焚)" "fen(燓)" in Classics and Historical Records

Xie Guojian

Abstract：The thesis point out that, the character "燓" in the word "燓翔" should be the error of the character "樊"which exist in S. 388 "*Zheng ming yaolu*(正名要録)". "燓" in S. 617《俗務要名林・火部》is originally "樊(燓)" which may be its variant character.

And the origin is probably the character "燓". Or the character changed by different copy writers' recognition. This means the fomer ones think "燓" is"焚", the latter ones think it's "樊(燔)" or its variant character，so that change the phonetic notation(反切)to "符袁反".《龍龕手鏡・口部》"嘆" includes "音焚" in which "焚" is the error of "樊(燔、燓)". The character "焚" in the sentence "秦得燒掇焚杅君之國"，should be "樊(燔、燓)"，which pronounces "fan".

Key words：fen(焚)，fen(燓)，fan(樊)，fen(燔)

通信地址：廣東省廣州市番禺區廣州大學城外環西路 230 號行政東前座廣州大學人文學院

郵　　編：510006

E-mail：10581051@qq. com

中醫古籍疑難字輯考十則 *

馬　乾　周豔紅

内容提要　文章通過形音義互求、文獻比勘等方法,對出自中醫古籍的"偏""䘏""𦫼""𦞞""𦞧""臂""𩩲""燲""𦞔""𦞇"等 10 個疑難字進行了考釋,溝通相關字際關係,糾正了今人點校整理中的部分失誤。

關鍵詞　中醫古籍　疑難字　考釋　字形

中醫古籍中疑難字的存在既不利於中醫文獻的闡釋與解讀,也不利於古醫籍的數字化加工,特別是未編碼字等直接影响了中醫藥學知識元數據的提取、存儲等工作,因此,我們有必要全面清理中醫古籍中的疑難字,以促進中醫古籍的深度加工和整理,以便於廣大中醫藥學者"挖掘和傳承中醫藥寶庫中的精華精髓"。這項工作也將有助於現代大型字書修訂、漢字計算機編碼等工作。張涌泉(2000),楊寶忠(2005),鄧福禄、韓小荆(2007)等學者對《漢語大字典》《中華字海》中的疑難字進行了考辨,其中部分内容涉及到了中醫古籍中的疑難字;沈澍農(2007)、劉敬林(2017)對敦煌寫本中醫古籍、海外回歸中醫古籍等文獻中的部分疑難字進行了考辨,但中醫古籍中仍有大量疑難字缺乏專題研究。

文章輯録了中醫古籍中未見於《漢語大字典》《中華字海》等現代大型字書中的 10 個疑難字,并利用形音義互求法、文獻比勘法,對其形音義進行了考辨。

一　偏

明王肯堂《證治準繩・瘍醫證治準繩》卷六《損傷篇・跌撲傷損》"治法":"人身總有三百六十五骨節……嚨下至内爲肺系骨者,累累然共十二。肺系之後爲谷骨者一。谷下爲 偏道骨者左右共二。"(2014:464-465)

按,清抄本《傷科彙要》卷二引文亦作"偏"(1981:21)。《古今圖書集成》引《證治準繩》作"谷下爲穀道骨者左右共二"(1991:476)。《傷科集成續集》引《傷科秘書・跌僕打斫金刃損傷總要》作"偪骨",引《中國接骨圖説》作"膈道骨"(2007:420,617)。牛亞華、張偉娜校注《醫學原始》於"偏"注釋作"同'膈'"(2014:102)。由此可知中醫學界對於"偏"的理解存在諸多出入,導致傳抄詞形各異。

今考,"偏"當爲"鬲"的分化字。"偏道骨"即"鬲道骨"。此段容較早見於宋趙佶《聖濟總録》卷一百九十一《針灸門・骨空穴法》,其即作"鬲道骨",明朱橚、滕碩、劉醇《普濟方》卷四

---

* 基金項目:陝西省社會科學基金項目(2018M38);陝西省社會科學基金項目(2019M014);陝西省教育廳人文社科專項研究計劃項目(18JK0729);陝西省創新能力支撐計劃項目(2021KRM143);陝西中醫藥大學學科創新團隊建設項目(2019-PY04)。感謝《漢語史學報》匿名審稿人提出的寶貴修改意見。

百十一《針灸門》"骨空穴法"等同作"鬲道骨"。"偪道"又作"膈道",如明楊珣《針灸集書》卷下《靈樞經・經脈篇》引《聖濟總錄・骨度統論(今按,實爲"骨空穴法")》:"肺系後近下爲膈道骨者,左右共二。言自胃口而上行循於膈上也。"(1996:579)清談金章《誠書》卷二"諸雜症":"嬰兒乳後即逆出者,名乳膈道氣。"(1986:45)此處的"膈道"即今天所謂的食道。

"膈道"說本於《黃帝内經》"上膈",《聖濟總錄》作"鬲道",義同,"膈"即"鬲"的分化字,二者通用。清陸以湉《冷廬醫話》卷三"噎"多載噎嗝醫案,其曰:"葉天士則以爲陰液下竭,陽氣上結,食管窄隘使然。說本《内經》,最爲有據。徐洄溪以爲瘀血頑痰,逆氣阻隔胃氣,其已成者,無法可治。其義亦精。"(1996:110)據此可知"膈"又作"嗝"。"膈道"大體指的食道、氣管部分,"偪道骨"即保護食道、氣管部分的軟骨,屬於現代解剖學所謂的喉部軟骨部分,這部分軟骨包括單一的會厭軟骨、甲狀軟骨、環狀軟骨和成對的杓狀軟骨、楔狀軟骨、小角軟骨等,但"偪道骨"具體所指的是哪對軟骨,則不可詳考。

綜上,"偪道"之"偪"當爲"鬲"的分化字,其蓋爲凸顯"鬲道"爲人體器官的詞義特徵而增加了形符人;作"偪骨"者,係"偪道"之誤,"鬲""畐"形近而混,《可洪音義》載"輻"書寫變異作"輻"即是其證;作"穀道"者,係古代醫者同義替換,以食道爲穀道。

二 荓

唐孫思邈《千金翼方》卷第八《婦人》"崩中"條下曰:"治婦人傷中、崩中、絶陰……小薊根葉、荓母……"宋林億等注:"荓字未詳,不敢刊正。"(2014:190)

按,"荓"字音義未詳,故《千金翼方》校刊者等多傳抄此字形,亦有傳抄作"梓"(2015:208)、傳抄作"荓"者,高文柱等疑"荓母"爲"牡丹"之誤(2004:190)。

今考,"荓母"即益母草。以益母草、小薊根葉入藥可以治療妊娠墮胎後血出不止等婦科疾病,即《千金翼方》所謂的傷中、崩中等,此方中醫文獻中多見。如宋趙佶《聖濟總錄》卷一百五十八《妊娠門》"妊娠墮胎後血出不止":"小薊飲方:小薊根葉(剉碎)、益母草(去根莖,切碎)各五兩,上二味細切,以水三大碗煮二味爛熟,去滓,至一大碗,將藥於銅器中煎至一盞,分作二服,日内服盡。"(2016:1501)此方被李時珍等傳承,《本草綱目》卷十五《草・隰草類》"大薊、小薊"下:"墮胎下血:小薊根葉、益母草五兩,水二大碗,煮汁一碗,再煎至一盞,分二服,一日服盡。(《聖濟總錄》)"(2008:639)《普濟方》卷三百四十三《妊娠諸疾門》與《聖濟總錄》基本相同,唯"煎至一盞"作"煎至二盞"(1959:693)。據此可知"荓母"爲益母草無疑。據《本草綱目》《本草乘雅半偈》等,益母草又稱茺蔚、臭穢、益、貞蔚、萑、蓷、野天麻、豬麻、火枚、鬱臭草、苦低草、夏枯草、土質汗等。

以形考之,"荓"蓋爲"蒜"字之訛,"蒜母"即"益母"。蒜,《說文・口部》:"蒜,籀文嗌。"文獻中"蒜"常用同"益",如《漢書・百官公卿表上》:"蒜作朕虞,育草木鳥獸。"顏師古注:"蒜,古益字。"而"荓"則爲"荓"之省訛,"梓"則爲整理者傳抄之訛誤。

三　蒎

明樓英《醫學綱目》卷三十四《婦人部·赤白帶》:"(千)治婦人赤白帶下:三葉酸漿草,陰乾爲末,空心溫酒下三錢匕……按,三葉酸漿草,葉細如萍,叢生,莖端有三葉,俗又名布穀飯。布穀者,鳩也,蓋鳩常食之,故又名鳩漿草。《衍義》誤入苦蒎條,即曰三葉酸漿草,豈苦蒎即酸漿歟?"注:"苦蒎有子,大如金柑,味酸可食,故亦名酸漿,非三葉也。"(2002:176)

按,明王肯堂《證治準繩·女科證治準繩》卷一《女科·調經門·赤白帶下》、《醫學綱目》卷三十四《婦人部·赤白帶》同,《古今圖書集成·醫部·婦科·婦人帶下門》引《證治準繩》則作"苦蕲"。

今考,"蒎"即"蔇"之分化字。據《醫學綱目》《證治準繩》,"苦蒎"本於《本草衍義》。宋寇宗奭《本草衍義》卷九"酸漿"條下:"今天下皆有之。苗如天茄子,開小白花,結青殼。熟則深紅。殼中子大如櫻,亦紅色。櫻中復有細子,如落蘇之子,食之有青草氣。此即苦蔇也。今《圖經》又立苦蔇條,顯然重複。《本經》無苦蔇。"(2002:31)據《本草衍義》,"苦蒎"即"苦蔇"。《本草衍義》所稱《圖經》即《唐本草》(又稱《新修本草》)的《圖經》部分,其或稱《本草圖經》,今《重修政和證類本草》卷第二十七《菜部上品》即收錄"苦蔇",今人多整理作"苦耽"。

綜上,"苦蒎"即"苦蔇"。"蒎"即"蔇"的分化字,係受到前文"苦"的形符"艹"同化影響而增加形符作"蒎"。《古今圖書集成》之"蕲"則又爲"蒎"之誤,非《廣雅·釋草》所載"蔥蕲"之"蕲"。

四　脧、臔

明王肯堂《證治準繩·外科證治準繩》卷一百十七《外科·瘿瘤》:"含化丸:治瘿氣……豬脧。"又:"神效開結散:治瘿疾,不問年歲,極驗……豬脧子。"注:"生於肫豬項下。"(1986:455,458)

按,"脧""臔"未見於字書,文獻中"豬臔子"或傳抄作"豬脹肉子"(見於《景岳全書》《普門醫品》《外科樞要》《薛氏醫案》《外科證治全書》等),或傳抄作"豬臁肉子"(見於《中醫方劑大辭典》《中華名醫名方大全》《中醫名方靈方大全》《腫瘤良方大全》等);或傳抄作"豬脹子肉"(見於《壽世保元》等)。

今考,"脧""臔"皆"臁"之異體字,爲一字之變。以"豬臁"治瘿瘤亦見於《本草綱目》。明李時珍《本草綱目》卷五十《獸部》"豕"下曰:"臁:音掩,俗名咽舌是矣。又名豬氣子。王璽曰:在豬喉系下,肉團一枚,大如棗,微扁,色紅。主治項下瘿氣。"(2008:1692)《本草綱目》也多處記載以動物的器官"臁"治療瘿氣的方法,又如卷五十一《獸部》"犛牛"條下:"喉臁,主治項下瘿氣……時珍曰:犛牛,古方未見用者,近世瞿仙《壽域方》載治瘿氣方用其喉臁,亦因類之義也。其方用犏牛喉脆骨二寸許一節,連兩邊扇動脆骨取之,或煑或燒,仰卧頓服。仍取巧舌,即臁子也,嚼爛嚥之,食頃乃咽。"(2008:1758)據此可知"豬脧""豬臔"即"豬臁",現代醫學認爲其即動物的甲狀腺體。

"臞"即"臚"的分化字,改形符從面爲從肉,以凸顯其意義特徵;"膔"則是改"臞"爲左右結構的異體字。"豬臞子"傳抄作"豬厭肉子"者,即拆上下結構的合體字爲兩個字,此類爲古籍整理過程中的常見錯誤。"豬臞子"傳抄作"豬厭子肉"者,則是醫者已經察覺到"豬厭肉子"不成詞,而據醫理改以"豬厭子肉"。

五　膊、䏶

明陳會《神應經》"灸四花穴法·第一次二穴"條下:"先令患人平身正立。取一細繩,用蠟蠟之,勿令展縮。以繩頭於男左女右脚大拇趾端比順脚底下纏定,引繩至脚跟,直上脚肚,至曲膊中大橫紋截斷。"又"手足腰腋部":"腰重痛不可忍,及轉側起卧不便,冷痹脚筋攣急不得屈伸;灸兩脚曲膊兩紋頭四處,各一同灸,用兩人兩邊同吹至火滅。若午時灸了,至晚或臟腑鳴,或行一二次,其疾立愈。"(1995:202,216)

宋珍民、李恩軍點校《蘇沈内翰良方》卷一"取穴法"條下作:"先定穴,令患人平身立正,取一細繩撮之,勿令展縮,順脚底貼肉堅踏之。男左女右,其繩前頭與大拇指端齊,後頭令當脚根中心,向後引繩,循脚肚貼肉直上,至曲膊中大橫紋截斷。"(2009:59)

按,"膊""䏶"未見字書收録,二者當爲一字之變。

今考,"膊"即"腢"的俗寫,"䏶"則爲"膊"字之訛。"曲膊"即"曲腢",《可洪音義》:"曲腢,脚屈處也,膝後也。"灸四花穴法爲古代針灸學的方法之一,其或云灸二十二種骨蒸法,或云崔丞相灸勞法,該法首見於唐王燾《外臺秘要方》卷十三《灸骨蒸法圖四首》,其曰:"使患人平身正立,取一細繩,令於脚下緊踏(男左女右),其繩前頭使與大拇指端齊,後頭令當脚根後,即引向上至曲膕中大橫文,便截繩使斷。"(1986:420)此法爲後世醫學所傳承,如明張時徹《攝生衆妙方》卷一《通治諸病門》"灸四花穴法,治諸般癆瘵等證"條下、明虞摶《新編醫學正傳》卷三《勞極》"灸崔氏四花穴法"條等,字均作"膊",《外臺秘要方》《蘇沈内翰良方》等書的部分版本即作"曲腢"。"手足腰腋部"内容又見於《針灸大成》卷八《手足腰腋門》下,字則作"腢"。《集韻·尤韻》雌由切:"腢,股脛間。"故李玉清校注《攝生總論》時,於"膊"字下注曰:"股脛間。此處指膕窩。"(2015:321)膕窩,又稱膝膕,《素問·骨空論》:"膝痛,痛及拇指,治其膕。"王冰注:"膕,謂膝解之後,曲脚之中委中穴。"(2011:390)故段光周等校釋《蘇沈内翰良方校釋》注:"曲腢指膝後委中穴處。"(1989:47)嘉靖本《蘇沈良方》字又作"腢","腢"則又爲"腢"之訛,月、目形近混同。《聖濟總録》省作"曲秋",則稍存其音而已。

蓋"膊"字未見於字書,故部分文獻中"至曲膊中大橫紋截斷"句文字多有出入,多爲古代醫者據經義校改的内容,如明龔居中《痰火點雪》卷四"定四花六穴之法"條下作"至膝脘曲叉中大橫紋截斷"(1996:96),明張景岳《類經圖翼》卷十《經絡》"崔氏四花六穴"條下作"比至膝彎膕中大橫紋截斷"(2013:198)。

前文指出"曲膊"本於《外臺秘要方》"曲膕"。膕,《廣雅》:"膕,曲脚也。"《廣韻·麥韻》古獲切:"膕,曲脚中也。"此訓釋當本於楊倞注《荀子·富國》"詘要橈膕":"曲脚中。"據此可知,"膕"至晚三國魏時已有此字。"腢"又作"腦",字見於《大廣益會玉篇》而不見於《新撰字鏡》《篆隸萬象名義》,則至晚在宋初已有"腦"字,以形體考之,"腦"當爲"膕"字之變,"酉""國"形近而誤;"腢"字見於《集韻》《類篇》,則"腢"字比"腦"略晚,"腢"則爲"腦"字改換聲符而造的異體字，誤以“酋”爲聲符，而不知其爲“國”字之誤，後人又爲改從秋聲的“䫌”。“䫌”又被改左右結構爲上下結構，字遂作“䫌”；部件“月（肉）”“目”形近混同，字遂作“䫌”。

六　熿

清喻昌《醫門法律》卷二“申明仲景律書”：“傷寒有五：皆熱病之類也。……傷寒有五，即傷寒、中風、風溫、濕溫、疫癘也。寒、風、溫、熱、涼各別，素有錮疾，不得同法，即動氣在上下左右，不可汗下之類。傷風重復傷熱，兩邪相搏於内，本屬少陰裏證，如溫癘之病，而厥陰風木則兼受之，熱邪充斥兩臟，尚可用辛溫發散，助其熿乎？誤發其汗，死證四出，不可復救矣。”（1986：304）

清喻昌《寓意草》卷二《答門人問州守錢希聲先生治法》：“凡用涼血清火之藥者，皆以水制火之常法，施之於陰火，未有不轉助其熿者也。”（1986：642）

按，“熿”字不見於字書。今考，“熿”即“虐”之分化字。喻昌《醫門法律》以傷寒兼傷熱者，不得用辛溫發熱之法醫之，這樣會使本來熱邪充斥的兩臟更加受損，加速熱邪對於病人的侵害，喻昌以“虐”言風邪、熱邪交織之暴烈。受到文意的影響，醫者在“虐”的基礎上增加形符“火”以凸顯其意。喻昌在《寓意草》卷二《答門人問州守錢希聲先生治法》所論也是如此，“熿”所指即以火制火之虐，喻昌認爲以涼血清火之藥治療會加劇陰火的侵害，故以“熿”稱之。今人整理本《醫門法律》《寓意草》多改作“虐”，亦通。徐復霖點校《醫門法律》改以“瘧”（1959：29），民國鉛印本《溫熱逢源》卷中《辨正張石頑傷寒緒論溫熱各條》下亦作“瘧”，亦通。文獻中“虐焰”有作“熿焰”者（見於文淵閣四庫全書本《海壑吟稿》卷七、民國六年鉛印本《洪洞縣志》卷十五等），此亦可證此處的“熿”爲“虐”的分化字。

“熿”又見於明劉士鏻《明文霱》卷二所收王世貞《尺牘清裁序》，其曰：“思則川至泉涌，辨乃雲蒸電熿，其盛矣哉。”（1997：477）其則爲“爟”字之訛。核王世貞《弇州四部稿》卷六、明賀復徵《文章辨體匯選》卷二百九十二等所收《尺牘清裁序》，字均作“爟”。字本作“雈”，《説文·门部》：“雈，高至也。”《集韻·鐸韻》曷各切：“鳥飛高也。”文獻多傳承作“霍”，《玉篇·雨部》：“霍，鳥飛急疾貌。”“爟”即“霍”之分化字，義爲猝急、疾速之貌，如南朝梁元帝《玄覽賦》：“眷落星之從隴，覩爟火之迢遥。”“爟”傳抄作“熿”者，當係“霍”“虐”形近混同所致。

綜上，“熿”於中醫文獻中多爲“虐”的分化字，義謂邪火侵人體之殘暴，其於《明文霱》所收王世貞《尺牘清裁序》則爲“爟”的書寫變異。

七　㓝

明王肯堂《證治準繩·類方證治準繩》卷三十六《類方·七竅門·耳聾》“益腎散，治腎虛耳聾”：“磁石（㓝）、巴戟、川椒（開口者各一兩）、石菖蒲、沉香（各半兩），右爲細末，每服二錢，用猪腎一隻，細切，和以葱白，少鹽，并藥濕紙十重裹，煨令香熟，空心細嚼，温酒送下。”（1986：584）

按，“㓝”未見於字書。今考，“㓝”即“製”字之變。“益腎散”爲中醫名方（《普濟方》卷五十三又名"益腎膏"),其於古籍多見。該方首見於宋楊士瀛《仁齋直指》卷二十一《耳病證治》下,曰:"益腎散治腎虛耳聾:磁石(制度如前)、巴戟、大川椒(開口者各一兩)、沉香、石菖蒲(各半兩),右爲細末,每服二錢,用豬腎一隻,細切,和以葱白,少鹽,并藥濕紙十重裹,煨令香熟,空心嚼,以酒送下。"楊氏於前條"地黃丸治勞損耳聾"下"磁石"後注:"火燒、醋淬七次,研細,水飛一分半。"(1986:399-400)此即"制度如前"之所指。明許浚編《東醫寶鑒》傳承作"磁石煅淬……"(2014:213)元朱丹溪《丹溪心法》傳抄作"磁石(製如前)……"(2012:251)據此"製"即"製"之變,系"衣""火"形近混同,文淵閣四庫本《仁齋直指》作"制",與"製"爲同源通用。

八 砉

明李時珍《本草綱目》卷五《水·地水》"溫湯"下:"時珍曰:溫泉有處甚多。按,胡仔《漁隱叢話》云:湯泉多作硫黃氣,浴之則襲人肌膚,惟新安黃山是硃砂泉,春時水即微紅色,可煮茗。長安驪山是砉石泉,不甚作氣也。硃砂泉雖紅而不熱,當是雄黃爾。有砒石處亦有湯泉,浴之有毒。"(2008:275)

按,據錢超塵等先生考察,金陵本、江西本等《本草綱目》均作"砉",文淵閣《四庫全書》本亦作"砉"。"砉"又見於元熊忠《古今韻會舉要》卷二十"砉"字下注,其曰:"《集韻》或作砉、硈、硈。"故張守康等校《本草綱目》作"砉石泉"(1998:168)。清張紹棠重校本《本草綱目》、清吳儀洛《本草從新》、清姚瀾《本草分經》則作"礬石泉",今人點校本多傳承作"矾石泉"。元賈銘《飲食須知》卷一、嘉慶重修《大清一統志》卷二百四十七《西安府志·山川·驪山溫泉》下等文獻則作"礜石泉"。據《本草綱目》,"砉石泉"本於宋胡仔《漁隱叢話》,核《苕溪漁隱叢話後集》卷二十六《東坡一》,曰:"苕溪漁隱曰:東坡所記湯泉……惟驪山是礜石泉,李賀詩云:'華清源中礜石湯,徘徊百鳳隨君王。'"(2011:285)後世文獻多作"礜石湯",中醫文獻類亦如此,如錢超塵等先生《金陵本本草綱目新校正》下校注曰:"'砉'即'礜'。"(2008:275)

今考,"砉"當爲"礜"字之變,其正當作"礜"。礜,《説文·石部》:"毒石。"《山海經·西山經》:"有白石焉,其名曰礜,可以毒鼠。"中藥學常以"礜石"入藥,《本草綱目》載其:"【氣味】辛,大熱,有毒。【主治】寒熱鼠瘻,蝕死肌風痺,腹中堅癖邪氣。〔本經〕除熱明目,下氣,除膈中熱,止消渴,益肝氣,破積聚,痼冷腹痛,去鼻中息肉。久服令人筋攣。火鍊百日,服一刀圭。不鍊服,則殺人及百獸。〔別録〕除胸膈間積氣,去冷濕風痺瘙痒積年者。"(2008:406-407)"礜石"常書寫作"礜石",如《太平御覽》卷第九百八十五:"《五帝雲丹方》一卷,其法五也。用丹砂、雄黃、石流黃、曾青、礜石、磁石、礬石、戎鹽、太一禹餘粮,亦同用太一泥,及神室祭醮之,三十六日成。"(1994:887)此處的"礜石"即"礜石","礜""礜"形近混同而誤。近代漢字中"文"常用作部件"與"的簡化符號,如"學"寫作"孝"、"覺"寫作"宽"、"鶯"寫作"鸾"(2014:145-146)"砉"當即"礜"之俗寫,而"礜"則又爲"礜"之訛形。

然而今西安臨潼驪山的泉水是否就是"礜石泉"呢? 我們認爲其正當作"礬石泉"。中醫文獻中"礜石"與"礬石"常常相混。《本草綱目》卷十"礜石"下曰:"古方礜石、礬石常相混書,蓋二字相似,故誤耳。然礬石性寒無毒,礜石性熱有毒,不可不審。"其又於"握手礜石"下曰:"諸書或作礜石,或作礬石,未知孰是? 古書二字每每訛混。以理推之,似是礬石。礜石有毒，礬石無毒故也。"(2008：407,408)由此可知李時珍已然明確"礬石"和"礜石"的差異，也了解"礬石泉"和"礜石泉"的不同功效。李時珍於《本草綱目》卷十"砒石"條下曰："砒乃大熱大毒之藥，而砒霜之毒尤烈，鼠雀食少許即死，猫犬食鼠雀亦殂，人服至一錢許亦死，雖鈎吻射罔之力，不過如此。而宋人著《本草》不甚言其毒，何哉？此亦古者礜石之一種也。"(2008：407,408,410)由此可見李時珍已經認識到礜石、砒石的毒性，故其在"温湯"下先言"長安驪山是礜石泉"，後言"有砒石處亦有湯泉，浴之有毒"，明確"礜石"非"砒石"，這也就排除了"礜石"即"礜石"的可能性。礬，《集韻·元韻》附袁切："礬，藥石也。有白、青、黄、黑、絳五種。"現代科學認其爲某些金屬硫酸盐的含水结晶，如白礬等，以礬石入藥見於《神農本草經》卷三："礬石，味酸寒，無毒，主寒熱洩痢……煉餌服之，輕身不老。"(2002：138)由此可知，中醫學界很早即將無毒的"礬石"入藥。現代醫療礦泉界對驪山的温泉水進行理化性質檢測分析認爲，其中的硫酸鹽成分較高，這與"礬石"性質正相吻合。

　　綜上，《本草綱目》所載"礜石"正爲"礬石"之變，文獻中"礜石"與"礬石"常常相混，故將"礬石泉"傳抄作"礜石泉"；後又受到漢字形近混同規律的影響，誤將"礜石泉"傳抄作"礜石泉"；傳抄者又用符號"文"替代部件"與"，遂構造了"礜"字。此外，"礜"與《古今韻會舉要》卷二十所載"畜"之異體字"礜"形成同形字，學者不可不察。

徵引書目

明·陳會《神應經》，《四庫全書存目叢書·子部》第 42 册，齊魯書社，1995。

清·陳夢雷等《古今圖書集成醫部全録》(點校本)第 8 册，人民衛生出版社，1991。

清·胡廷光《傷科彙纂》，人民衛生出版社，1981。

明·許浚《東醫寶鑒》，山西科學技術出版社，2014。

宋·寇宗奭《本草衍義》，《續修四庫全書》第 990 册，上海古籍出版社，2002。

宋·李昉《太平御覽》，河北教育出版社，1994。

明·劉士鏻《明文霱》，《四庫禁毁書叢刊》第 93 册，北京出版社，1997。

明·樓英《醫學綱目》，《續修四庫全書》第 1021 册，上海古籍出版社，2002。

清·談金章《誠書》，中醫古籍出版社，1986。

唐·王冰《重廣補注黄帝内經素問》，科學技術文獻出版社，2011。

明·王肯堂《證治準繩》第四册《瘍醫證治準繩》，人民衛生出版社，2014。

明·王肯堂《證治準繩》，《文淵閣四庫全書》第 767 册，臺灣商務印書館，1986。

唐·王燾《外臺秘要方》，《文淵閣四庫全書》第 736 册，臺灣商務印書館，1986。

宋·楊士瀛《仁齋直指》，《文淵閣四庫全書》第 744 册，臺灣商務印書館，1986。

清·喻昌《醫門法律》，《文淵閣四庫全書》第 783 册，臺灣商務印書館，1986。

清·喻昌《寓意草》，《文淵閣四庫全書》第 783 册，臺灣商務印書館，1986。

明·張景岳《類經圖翼》，山西科學技術出版社，2013。

明·張守康等主校《本草綱目》，中國中醫藥出版社，1998。

明·朱橚等《普濟方》第 8 册，人民衛生出版社，1959。

參考文獻

[1]鄧福禄，韓小荆. 字典考正[M]. 武漢：湖北人民出版社，2007.

[2]丁繼華主編. 傷科集成續集[M]. 北京:中醫古籍出版社,2007.

[3]傅國治,王慶文點校. 痰火點雪[M]. 北京:人民衛生出版社,1996.

[4]高文柱主編. 藥王千金方[M]. 北京:華夏出版社,2004.

[5]黃龍祥. 針灸名著集成[M]. 北京:華夏出版社,1996.

[6]李景榮等. 千金翼方校釋[M]. 北京:人民衛生出版社,2014.

[7]李玉清. 攝生總論校注[M]. 北京:中國中醫藥出版社,2015.

[8]李之亮. 蘇軾文集編年箋注[M]. 成都:巴蜀書社,2011.

[9]劉敬林. 日本回歸醫籍《濟世碎金方》疑難字詞考辨[J]. 安慶師範大學學報(社會科學版),2017 (02).

[10]牛亞華,張偉娜校注. 中西匯通醫書二種[M]. 合肥:中國科學技術大學出版社,2014.

[11]錢超塵等. 金陵本《本草綱目》新校正[M]. 上海:上海科學技術出版社,2008.

[12]沈樹農. 中醫古籍用字研究[M]. 北京:學苑出版社,2007.

[13]宋珍民,李恩軍點校. 蘇沈內翰良方[M]. 北京:中醫古籍出版社,2009.

[14]王振國,楊金萍等. 聖濟總錄校注[M]. 上海:上海科學技術出版社,2016.

[15]楊寶忠. 疑難字考釋與研究[M]. 北京:中華書局,2005.

[16]張文冠. 近代漢語同形字研究[D]. 杭州:浙江大學,2014.

[17]張向群校注. 冷廬醫話[M]. 北京:中國中醫藥出版社,1996.

[18]張志斌主編. 中華大典·醫藥衛生典·醫學分典·婦科總部[M]. 成都:巴蜀書社,2015.

[19]鄭金生校注. 神農本草經疏[M]. 北京:中醫古籍出版社,2002.

[20]周琦校注. 丹溪心法[M]. 北京:中國醫藥科技出版社,2012.

The Interpretation of Ten Knotty Chinese Characters in Ancient Chinese Medical Books

Ma Qian   Zhou Yanhong

Abstract:By means of mutual seeking of form,sound and meaning,literature comparison and other methods,this paper makes an explanation of 10 knotty Chinese characters, andinterstate relations between related glyphs.

Key words:Ancient Chinese medical books,knotty Chinese characters,interpretation, Glyph

通信地址:陝西省西咸新區西咸大道陝西中醫藥大學人文管理學院

郵　　編:712046

E-mail:hzsdzyh86@163.com

"拍"非前綴辨 *

馮利華

內容提要　湘方言中的"拍滿""拍實""拍密""拍飽"等詞是并列結構,其中的"拍"不是單純表程度的前綴,而是一個表示充實、盈滿義的詞根語素。在文獻用例中,與"拍拍"對應的是"畐畐",與"拍塞""迫塞"對應的是"畐塞"。"拍"是"畐"的假借。

關鍵詞　拍　前綴　湘方言

"拍"在湘方言中是一個比較常見的構詞成分,常見的有"拍滿""拍足""拍密""拍實""拍飽"等詞,"拍"讀如"怕"字入聲,其用例如下:

(1)不要叫我小家伙,我不小了。我拍滿十八,吃十九歲的飯了。(周立波《山鄉巨變》)

(2)從十二歲起,他下力作田,到如今拍足有四十多年了。(周立波《山鄉巨變》)

(3)這些小把戲,還不散開些,擠得拍密的,部長熱嘛。(周立波《禾場上》)

(4)我感冒了,鼻子拍實的不舒服。(湘潭方言)

(5)這小家伙貪吃零食,把個肚子脹得拍飽的。(湘潭方言)

那麼,上述例證中的"拍"又是什麼構詞成分呢?

(一)關於"拍"的討論

鮑厚星(1998)等編寫的《長沙方言詞典》收有"拍飽的""拍實的""拍密的""拍滿的"等詞,并注釋:"拍 p'a²⁴,前加成分,表示程度深。"羅昕如(2006)也認爲,"該語素今已語法化成一個單純表程度的前綴了。"從漢語詞彙發展史的角度來考察,會發現上述"拍飽""拍實""拍密""拍滿"之"拍"是一個實語素,其意義不是單純表程度的前綴,而是表示"盈滿""充實"義。向熹(2010)《簡明漢語史》認爲:"作'充滿'講的'拍'產生於中古。……'拍滿'連用爲複音詞,意思同。現代湖南雙峰話仍有'拍滿'一詞。"

(二)"拍"的本字考察

拍的本義是輕擊、拍打,如《廣雅·釋詁三》:"拍,擊也。"《箋注倭名類聚抄·術藝部》卷二引《文選注》云:"拍浮。"狩谷望之注:"拍,打也。普伯反。""拍"表示"盈滿"義在宋代以來文獻中多見,例如:

---

* 基金項目:湖南省社科基金項目"日藏漢文典籍《倭名類聚抄》研究"(18YBA002)。

(6)拍堤芳草隨人去，洞口山無數。（何澹《憶桃源故人》）

(7)水拍池塘鴻雁聚，露濃庭畹芝蘭馥。（魏了翁《滿江紅·李提刑生日》）

(8)楚楚孫枝，溫溫婿玉，簾幕歡聲拍。（陳著《念奴嬌·壽姚橘州》）

(9)拍甕春醅動，洞庭霜，壓綠堆黃，林苞堪貢。（劉辰翁《金縷曲·和潭東勸飲壽觴》）

(10)月底秋吟，愛君星斗銀河句。拍江風雨，認得回舟處。（魏初《點絳唇·爲孫叔庸壽》）

有“拍拍”連用，依然是盈滿、充實義：

(11)雨聲破曉催行槳，拍拍溪流長。（趙長卿《虞美人·江鄉對景》）

(12)雲橫水繞芳塵陌，一萬重花春拍拍。（范成大《玉樓春·雲橫水繞芳塵陌》）

(13)垂紅頂上快登臨，拍拍秋光滿袖襟。（陳起《晚步叚橋》）

有“拍塞”連用：

(14)菅騰醉眼不禁秋，追舊事，拍塞一懷愁。（歐陽澈《小重山·紅葉傷心月午樓》）

(15)湖光蕩綠春拍塞，百雉之樂纏咫尺。（趙汝鐩《東湖歌》）

(16)拍塞愁懷人不解，祇有黃鸝能語。（王千秋《賀新郎·短艇橫煙渚》）

有“拍滿”連用：

(17)節後龍山應更好，秋光拍滿錦障泥。（洪咨夔《謹和老人九日》）

(18)說一時偉望，齊高嶽麓，二年遺愛，拍滿湘波。（黃機《沁園春·送徐孟堅秩滿還朝》）

(19)茉莉芰荷香，拍滿笙蕭院。（陳著《真珠簾·四時懷古夏詞》）

以上例證的“拍”，其本字當爲“畐”，“畐”是“偪”的古字，表示“滿”。《説文·畐部》：“畐，滿也。”段玉裁注：“許書無偪、逼字，大徐附逼於辵部，今乃知逼仄、逼迫字當作畐，偪、逼行而畐廢矣。”楊樹達（2014）《長沙方言續考》云：“《方言》云：‘恿、愊，懣也。凡以器盛而滿謂之恿，腹滿曰愊。’……今長沙謂飽曰愊飽，讀‘愊’如‘迫’字之音。”蔣禮鴻（1997）《敦煌變文字義通釋》云：“‘拍塞’‘迫塞’也就是逼塞。……長沙讀愊如迫，可證‘拍塞’就是逼塞。……武義說‘逼實’，意謂塞滿、充滿、擁擠。《漢語方言概要》第五章吳方言：‘實辟辟。’《素問》：脈搏而實，如指彈石，辟辟然。’嘉興說‘實逼逼’。‘逼實’‘實辟辟’‘實逼逼’的逼、辟，都是‘畐’字之變。”

在文獻用例中，與“拍塞”“迫塞”“逼塞”相對應的是“畐塞”，宋釋惟一《偈頌一百三十六首》：“去時元只空雙手，歸日依前雙手空。底事兩肩擔不起，打開畐塞滿玲瓏。”普濟《五燈會元》卷七：“曰：‘學人爲甚道不得。’師曰：‘畐塞汝口，争解道得。’”釋惟白《建中靖國續燈錄》卷二五：“清風明月。帀地普天。畐塞虛空。逃之無處。”而吳方言中“實辟辟”“實逼逼”中的“辟辟”“逼逼”，在醫書中作“瘤瘤”，《外臺秘要》卷第三十七《飲酒發熱諸候將息補餌論并法一十條》：“又若熱盛充滿經絡，心腹少脹，欲心下瘤瘤不消，或時聚如堅，隨復消者，宜服秦艽湯。”佛經中作“畐畐”，如《五燈會元》卷二十：“泉州延福寒巖慧升禪師，建寧人也。上堂，喝一喝曰：‘盡十方世界，會十世古今。都盧在裏許，畐畐塞塞了也。’”以上文例皆可證明“拍”是“畐”的假借。

（三）"拍"假借為"畐"的語音基礎

綜合以上文獻例證及前賢的觀點可知"拍"是一個假借字，其本字是"畐"。那麼上述方言例證中表示滿、實義的"拍滿""實辟辟"的"拍"和"辟"，假借作"畐"的語音基礎是什麼呢？我們先來看"畐"的讀音，《玉篇·畐部》："畐，普逼切，腹滿謂之愊，腸滿謂之畐。"《廣韻·陌韻》："拍，普伯切。"《廣韻·昔韻》："辟，必益切。"其中"拍"爲滂母陌韻，"辟"爲並母昔韻，兩字聲母"滂""並"都爲雙唇音，而韻部"陌""昔"在《廣韻》中屬於同用。再來看"拍""辟"與"畐"的語音關聯。"畐"的聲母也是滂母，與拍、辟同爲重唇音，但韻部爲職部。在漢語語音史上，自晚唐至五代時期，職部和陌部開始合并。王力（1997）曾説："職陌合部，是這個時代的新情況。"這種語音發展變化的情況在宋詞中也有體現，如辛棄疾《滿江紅·建康史帥致道席上賦》："佳麗地，文章伯。金縷唱，紅牙拍。看尊前飛下，日邊消息。料想寶香黃閣夢，依然畫舫青溪笛。待如今端的約鐘山，長相識。"其中伯、拍是陌韻，息、識是職韻，兩韻相押無別。這也證明了"（長沙）讀'愊'如'迫'字之音"的語音來歷。

（四）"拍滿""拍實""拍密""拍足""拍飽"之"拍"不是前綴

關於中古漢語詞綴的考辨，劉傳鴻（2018）提出應該從是否成詞、意義虛實、類推構詞能力以及來源等方面進行考察。具體到本文的討論，我們認爲"拍"不是前綴，"拍滿""拍實""拍密""拍足""拍飽"等"拍～"不是附加式，而是并列式。

其一，上文我們依據前賢的觀點已從文獻用例和語音條件等方面探討了"拍"是"畐"的假借，證實了"拍"是表示盈滿、充實的實詞。

其二，表示盈滿、充實的實詞"拍"及其本字"畐"不僅可單獨成詞，還可作爲語素參與構詞。如兩個語素重疊，組成拍拍、愊愊（畐畐），仍然表示充實、盈滿義。"拍"（畐）也可與其他詞根語素結合，組成拍滿、拍塞（迫塞）、畐塞，其中"畐塞"還可擴展成"畐畐塞塞"，顯見"拍"不是附加成分，否則兩個附加成分結合如何成詞？

其三，在湘方言中，"拍"依然可以單用，表示盈滿義，如湘潭方言"拍嶺的笋，山都荒咯噠"（意指滿山的荊棘，山都荒蕪了），"拍屋的人，擠都擠不進"。不僅單用，"拍"前面還可以接受表程度的"咯""咕"的修飾，如"咯拍滿的""咯拍飽的""咕拍密的"等。

其四，當表示盈滿、充實的"拍"作爲語素構成"拍～"時，其構詞主要有拍滿、拍塞、拍實、拍密、拍足、拍飽等。而這一系列詞的詞根語素滿、塞、實、密、足、飽在語義上都含有密度大、在一定的空間內充塞等義素。這説明表示盈滿、充實的"拍"作爲語素參與構詞時，對與之構詞的詞根有明顯的選擇性，也就是説它祇與表示滿、實的詞根語素進行類推構詞。如果拍滿、拍實、拍密、拍足、拍飽的"拍"是一個單純表程度的前綴，爲什麼在構詞中却找不到其反義形式諸如拍虛、拍空、拍稀、拍餓呢？這説明"拍"并沒有語法化成一個單純表程度的前綴，而是一個實語素，與之組合的拍滿、拍塞、拍實、拍密、拍足、拍飽是并列式，不是附加式。

綜合以上論述，本文得出如下結論：方言中的"拍滿""拍實""拍密""拍飽"等詞是并列結構，其中的"拍"不是單純表程度的前綴，而是一個表示充實、盈滿義的詞根語素，"拍"的這一義項起源於中古，其本字是"畐"。"拍"能假借爲"畐"是因爲自晚唐以來職陌二韻開始合部。

參考文獻

［1］鮑厚星. 長沙方言詞典［M］. 南京：江蘇教育出版社，1998：40.

［2］蔣禮鴻. 敦煌變文字義通釋（增補定本）［M］. 上海：上海古籍出版社，1997：358.

［3］劉傳鴻. 中古漢語詞綴考辨［M］. 北京：北京大學出版社，2018：20-40.

［4］羅昕如. 湘方言詞彙研究［M］. 長沙：湖南師範大學出版社，2006：276.

［5］王力. 漢語語音史［M］. 北京：中國社會科學出版社，1997：257.

［6］向熹. 簡明漢語史（修訂本上）［M］. 北京：商務印書館，2010：561.

［7］楊樹達. 積微居小學金石論叢［M］. 上海：上海古籍出版社，2014：188.

［8］狩谷望之. 箋注倭名類聚抄（卷二）［M］. 東京：印刷局，明治十六年 1883：106.

Refutation of $[\text{p}^{\cdot}\text{a}^{24}]$（拍）as a Prefix

Feng Lihua

Abstract：$[\text{p}^{\cdot}\text{a}^{24}]$拍 is a verb which means fullness in Hunan dialect. 拍滿、拍實、拍密 and 拍飽 in Hunan dialect are parallel structures，in which 拍 is not a simple prefix expressing degree，but a root morpheme expressing fullness. In the literature，the 拍拍 corresponds to the 畐畐，and the 拍塞 corresponds to the 畐塞. 拍 is a phonetic loan word of 畐.

Key words：拍，prefix，Hunan dialect

通信地址：長沙理工大學文學與新聞傳播學院

郵　　編：410014

E-mail：fenglihua0731@126.com

"從容"的詞義演變 *

田春來

内容提要 "從容"最早指"(鐘受到)撞擊後的姿態、舉止",然後發展出"舉動""閒逸舒緩"兩個意義。"閒逸舒緩"是其使用時間最長的義項,也是後世諸多詞義演變的起點。通過隱喻和轉喻機制,"從容"先後衍生出"寬容大度""安詳閒雅""閒遊閒居""閒語交談""隨便輕率""含蓄委婉"等漢魏時代常見的意義,唐代以後又新發展出"盤桓逗留""寬緩延緩""寬裕富足"三個義項。確定義項是實詞詞義演變研究的前提,揭示多義模式、探尋賴以演變的共同義素是分析實詞詞義演變路徑和機制的重要基礎。

關鍵詞 從容 詞義演變 詞典編纂

一 引言

"從容"一詞歷史悠久,意義衆多,各種古籍的注疏注譯、詞語考釋著作、古漢語詞彙研究專著以及專文研究對其意義都有很多發明。概括起來,已有專文研究有幾點不足:(一)缺乏對"從容"成詞理據的考察。(二)揭示新義者多,分析整理其詞義系統者少。李解民(1999)、沈懷興(2006)雖對其詞義系統作了梳理,但兩文均缺乏對已有義項能否成立的辨析討論,且忽略了一些重要義項,因而未能揭示其完整的詞義系統。(三)缺乏對各義項之間的源流關係和演變機制的探討。

本文通過核檢各個時代的代表性文獻,辨析討論"從容"的各個義項,在義項明確的前提下採用歷史語義學的視角分析整理各個義項的使用時代,討論"從容"詞義演變的路徑,分析其演變的機制。本項研究的結論也可爲大型工具書義項的收録、排列及古籍注疏、注譯提供參考借鑒。

二 "從容"的本義與成詞理據

"從容"較早出現在《尚書》《禮記》《莊子》《戰國策》《楚辭》等先秦文獻中。《尚書》的用例來自《僞古文尚書·君陳》篇,需排除。剩下的例子根據詞義可分爲五組。

　　(1)善待問者如撞鐘,叩之以小者則小鳴,叩之以大者則大鳴,待其從容,然後盡其聲。(《禮記·學記》)鄭注:"'從'讀如'富父春戈'之'春','春容',謂重撞擊也。始者一

　　* 基金項目:國家社科基金重大招標項目"功能—類型學取向的漢語語義演變研究"(14ZDB098);廣西自治區學位與研究生教育改革專項課題(JGY2020023)。《漢語史學報》匿名審稿專家提出了富有建設性的修改意見,謹致謝忱。文中若有任何缺失疏漏,悉由作者負責。

聲而已,學者既開其端意,進而復問,乃極説之,如撞鐘之成聲矣。"孔疏:"春謂擊也,以爲聲之形容。言鐘之爲體,必待其擊。每一春而爲一容,然後盡其聲。言善答者亦待其一問,然後一答,乃後盡説義理也。"

(2)a. 誠者,不勉而中,不思而得,從容中道,聖人也。(《禮記·中庸》)孔疏:"從容間暇而自中乎道。"

b. 長民者衣服不貳,從容有常。(《禮記·緇衣》)孔疏:"從容,謂舉動有其常度。"

c. 昔之見我者,進退一成規,一成矩,從容一若龍,一若虎。(《莊子·田子方》)

d. 食飲不美,面目顏色不足視也;衣服不美,身體從容不足觀也。(《墨子·非樂上》)

e. 言行亟變,從容謬易,好惡無常,行身不類,曰無誠志者也。(《大戴禮記·文王官人》)

f. 理弱而媒不通兮,尚不知余之從容。(《楚辭·九章·抽思》)《楚辭集注》:"彼又安能知我之閒暇而不變所守乎。"

g. 重華不可遌兮,孰知余之從容!(《楚辭·九章·懷沙》)王逸注:"從容,舉動也。"《楚辭集注》:"從容,舉動自得之意。"

(3)a. 尸居而龍見,淵默而雷聲,神動而天隨,從容無爲而萬物炊累焉。(《莊子·在宥》)

b. 儵魚出遊從容,是魚之樂也。(《莊子·秋水》)成玄英疏:"從容,放逸之貌也。"

c. 乃得見,因久坐,安從容談。(《戰國策·魏策》)《經傳釋詞》卷二"安"字條引此句云:"言犀首見齊王而久坐,於是從容與王談也。"

(4)a. 世以鮑焦無從容而死者,皆非也。(《戰國策·趙策》)《史記·魯仲連鄒陽列傳》"世以鮑焦爲無從頌而死者,皆非也"司馬貞《索隱》:"從頌者,從容也。世人見鮑焦之死,皆以爲不能自寬容而取死,此言非也。"王力《古代漢語·魯仲連義不帝秦》注:"從容,指胸襟寬大。"

b. 性愚陋以褊淺兮,信未達乎從容。(宋玉《楚辭·九辯》)

(5)a. 竊從容以周流兮,聊逍遙以自恃。(《楚辭·九章·悲回風》)王逸注:"覺立徙倚而行步也。且徐游戲,內自娱也。"

b. 出咸陽,熙邯鄲,從容鄭、衛、溱、洧之間。(宋玉《登徒子好色賦》,《文選》卷十九)

例(2)"從容"可與"進退、顏色、言行"相對,結合古注,"舉動"義很明顯。例(3)爲"閒逸舒緩"義。例(4)"從容"意爲胸襟開闊,寬容大度。例(4b)"從容"與"褊淺"意義相對,"褊淺"指心地、見識等狹隘短淺。例(5)爲"閒遊"義,例(5a)"從容"與"逍遙"相對,《廣雅疏證》卷六認爲此例也是"舉動"義,誤;《漢語大詞典》釋作"逗留",亦誤。

比較難理解的是例(1),鄭注"富父春戈"一語出自《左傳·文公十一年》"冬十月甲午,敗狄于鹹,獲長狄喬如,富父終甥椿其喉以戈,殺之",杜預注:"椿猶衝也。"《史記·魯周公世家》記載此事寫作"春",裴駰《集解》引服虔曰:"春猶衝。"可見《左傳》和《史記》中的"春、椿"都是"衝"的假借字,"衝"在先秦文獻中常可表示"撞擊"義,在這裏引申指"刺、穿過"。根據鄭注,例(1)的"從"通"春",而"春"又通"衝",則"從"爲"撞擊"義很明確。

鄭玄釋"春容"爲"重撞擊"義,陳會兵(2009)據此便認爲"從容"的本義是指"撞鐘","(從容)本義是指撞鐘,要等鐘聲完全發出來纔進行下一次撞擊,比喻善問者要等回答者詳盡的解答,其核心義素是‘撞鐘的舉動’和‘撞鐘以後的等待’,成爲後世該詞引申發展的源頭”。該本義說雖然基於鄭注,但在論證上有三點不足。首先,“撞擊”爲“從”的訓釋,鄭玄没有解釋“容”字。其次,後世很多注家并不認同鄭注①,認爲例(1)應該理解爲“從容不迫”。“舂容”與“從容”中古讀音不同,“待其從容”陸德明《音義》“從,依舊注讀爲舂,式容反”,《漢書》“從容”顔師古注“從”音“七容反”或“千容反”,兩者是否具有源流關係需要證明。最後,“從容”在《禮記》出現 3 例,但《學記》《中庸》《緇衣》這三篇的寫作時代無法確定先後關係②,如何證明例(2a)、(2b)的“從容”源自例(1),陳文没有展示擬測的證據。

　　“容”古字形作“頌”,《説文・頁部》“頌,皃也”,段注:“古作‘頌皃’,今作‘容皃’,古今字之異也。”根據段注,我們認爲例(1)的“容”爲“儀容、容止”義,因而“從容”的意義是(鐘)“受到撞擊之後的姿態、舉止(包括發出的聲音、擺動或振動等)”。根據上下文,《學記》裏主要指鐘發出的響聲,所以孔疏說“每一舂而爲一容”。

　　據鄭張尚芳(2003),書母鐘韻的“舂”字上古擬音爲 hljoŋ(290 頁);清母鐘韻(《廣韻》七恭切)的“從”字注爲“‘从’字轉注”,上古擬音與從母鐘韻(《廣韻》疾容切)的“从、從”同,爲 zloŋ,但其他清母鐘韻字如“鏦、瑽、樅、瞛”擬音均爲 shloŋ(296 頁);昌母鐘韻的“衝”上古擬音爲 thjoŋ(568 頁)。shl-(中古清母)的主輔音 h、後墊音 l 與 hlj-(中古書母)的前冠音 h、主輔音 l 相同。另據李方桂上古擬音(沈鍾偉,2005),“衝”爲 thjuŋ,千容反的“從”根據疾容切的“從”dzjuŋ 和“七”tshjit 推知應爲 tshjuŋ,兩者爲舌音和齒音的差別。從兩家擬音看,“舂(衝)、從”韻母相同,聲母相近,可以諧聲通假。因此我們認爲“從容”跟“舂容”具有源流關係③。此外,“從容”書寫形式單一,詞序固定,詞義衆多,其構成語素均參與了詞義的構建,具有明確的成詞理據,不符合雙音聯綿詞的典型特徵④,因此不應視作單純詞、聯綿詞。

　　關於“從容”的成詞理據,還有一種説法。《史記・留侯世家》“良嘗閒從容步游下邳圯上”,司馬貞《索隱》:“從容,閒暇也。‘從容’謂從任其容止,不矜莊也。”⑤顯然將“從”理解爲

---

　　① 後來的很多注釋與鄭注、孔疏不太相同。朱熹:“注説非是。從容,正謂聲之餘韻從容而將盡者也,言必盡答問然後止也。”(引自孫希旦《禮記集解》)清孫希旦《禮記集解》認爲“當讀爲《中庸》‘從容中道’。從,七容反。……從容,義如‘從容中道’‘從容以和’”(中華書局,1989:969-970),也就是“舉動”義。傅任敢《學記譯述》譯爲“從容地撞,從容地響”(上海教育出版社,1957:22)。顧樹森《學記今譯》:“‘從’字讀爲‘舂’,有從容不迫之意。”(人民教育出版社,1957:35)王夢鷗《禮記今注今譯》譯爲“從容,不急迫。盡其聲,餘韻悠揚。一定要打鐘的人從容不迫,鐘聲纔餘韻悠揚”(臺灣商務印書館,1968:485),也將“從容”釋爲“不急迫”;朱正義等《禮記選譯》注爲“從容,同舂容,即撞鐘。二句説撞擊之後,鐘聲隨之響起,餘音漸漸消逝。這是比喻善於教學的人,待學生提出問題之後,再從容不迫地加以啟發誘導”(巴蜀書社,1990:93),似將“撞鐘”和“從容不迫”混在一起來解釋“從容”;楊天宇《禮記譯注》則籠統譯爲“待鐘鳴響而散盡……”(上海古籍出版社,1997:623),没有對“從容”進行明確的解釋。

　　② 學界對這三篇的作者和寫作時代有不同的看法,但一般都認爲是戰國後期的作品。顧樹森《學記今譯》云:“《禮記》中的大部分爲漢儒所作,惟其中《樂記》《學記》《大學》《中庸》各篇,出於孔門弟子所傳的記録。”(人民教育出版社,1957:3-4)。王鍔《〈禮記〉成書考》一書認爲《學記》《中庸》《緇衣》都是戰國前期的文獻(中華書局,2007:65,79,95)。

　　③ 文獻中“舂容”與“從容”多同義使用,可參看江藍生(1985)、王鍈(2001)、《漢語大詞典》相關詞條,但也不排除這是後世文人仿古的用法。

　　④ 聯綿詞的特點一般有字體多變、詞義整體不可分割、使用靈活、形符趨同、聲韻相似等。參徐振邦《聯綿詞概論》(大衆文藝出版社,1989)、《聯綿詞大詞典》(商務印書館,2013)。“從容”可寫作“從頌”(參見上文例4),亦可證明“容”的語素義參與了詞義的構建。

　　⑤ “從容”這裏不是指時間上的“閒暇”,而是指步游的散漫隨意。

“任從”義。不矜莊,即不嚴肅,自由隨意,雖然跟“閒逸舒緩”有語義上的關聯,但“任其容止”無法解釋先秦兩漢常見的“舉動”義,且“任從”義的“從”爲疾容切,與“從容”的“從”讀音有別,所以我們認爲這種說法不足爲信①。

三 “從容”的詞義系統

3.1 先秦舊義的沿用和發展

上文已經指出,先秦文獻裏“從容”具有五個意義:(鐘)受到撞擊之後的姿態、舉止(記作M_1)、舉動(M_2)、閒逸舒緩(M_3)、寬容大度(M_4)、閒遊閒處(M_5)。

M_1在文獻中爲孤例。M_2漢魏六朝還沿用,如“天下和洽,萬民皆安仁樂誼,各得其宜,動作應禮,從容中道”(《漢書·董仲舒傳》)、“形態和,神意協,從容得,志不劫”(漢傅毅《舞賦》)、“故力行者則爲君子,不務者終爲小人,然非聖人莫能履其從容也”(《三國志》裴松之注)。但唐人對其意義似已不甚明了,例如《後漢書》卷二八上《馮衍傳》“既俶儻而高引兮,願觀其從容”,李賢注爲“從容,猶在後也”。M_3一直沿用至今,用作形容詞,描述一種安逸閒暇、不慌不忙、鎮定自如的舉止狀態,是“從容”的詞義系統中使用時間最長,最穩定的義項。在有些語境裏“閒逸、舒緩”可以隨文解讀爲“緩慢”,如“你且解解悶,我從容再給你物色好的”(《聊齋俚曲集》),或解讀爲“閒暇”,如“媳婦終日不從容,婆婆閒的皮也疼,不知心裏還待咋,終朝吵罵不停聲”(《聊齋俚曲集》),明清文獻比較常見。

M_4唐以前文獻用例不多,唐代以來的用例可參看萬久富(2000)、王鍈(2011)。

(6)立言必雅,未嘗顯其所長;持論從容,未嘗言人所短。(任昉《王文憲集序》,《文選》卷四六)

M_5王鍈(1986:50-51)揭示了唐代以來的用例。此義除先秦外,在漢魏時代廣泛應用:

(7)a. 樂窮極而不厭兮,願從容虖神明。(賈誼《楚辭·惜誓》)王逸注:“願復與神明俱遊戲也。”

b. 遵墊莽以呼風兮,步從容於山藪。(劉向《楚辭·九歎·惜賢》)

c. 輦車不言飾,后居宮中,從容所乘,但漆之而已。(《周禮·春官·巾車》鄭玄注)

d. 蕭條方外,亮不如臣;從容廊廟,臣不如亮。(《世說新語·品藻》)

e. 後送從容鄉里,不樂臺官。積十餘年,朝議慮其有二志,徵拜輕車將軍、羽林監。(《魏書·劉芳傳》)

f. 謝方叔惠國自寶祐免相歸江西寓第,從容午橋泉石,凡一紀餘。(《齊東野語》卷七)

例(7a-d)爲“閒遊”義。例(7d)《世說新語詞典》釋爲“自在、悠閒”(商務印書館,1993:

---

① 《莊子·至樂》“從然以天地爲春秋”,陸德明《釋文》:“從,七容反,從容也。”顯然是將“從”理解爲“從容”義。從詞義理據上看,“從”本身沒有“從容”義,據《釋文》又音“李、徐子用反,縱逸也”,“從”這裏應該讀爲“縱”。陸德明的注音表明“從容”的“悠閒舒緩”義在唐代很流行,以至於他認爲“從”即可單獨表示“從容”義。

201)，《世説新語大辭典》釋爲“斡旋調停”（上海古籍出版社，2015：52），均不確。《魏書·高允傳》“昔與之俱蒙斯舉，或從容廊廟，或游集私門，上談公務，下盡忻娱，以爲千載一時，始於此矣”，“從容廊廟”與“蕭條方外”或“游集私門”相對，“從容”明顯與“蕭條（逍遥）、游集”同義，即“閒遊”義。例(7e-f)爲“閒處、閒居”義，文獻中的“從容自然”“從容道門”“從容郊邑”“從容山服”等均爲此義。

有些語境中“從容”如果不太能解讀出“悠閒”的意義，“閒遊”義就可隨文理解爲“遊歷、往來”義，它們的共同義素是“遊往”。

(8)a.從容房闈之間，垂拱持案食者，不知蹠耒躬耕者之勤也。（《鹽鐵論·取下》）

b.陸賈位止大夫，致仕諸吕，不受憂責，從容平、勃之間，附會將相以强社稷，身名俱榮，其最優乎！（《漢書·酈陸朱劉叔孫傳》）顔師古注：“謂和輯陳平、周勃以安漢朝也。”

c.不知陛下所與從容帷幄之内，親信者爲誰？（《後漢書·謝弼傳》）

d.安陽居絶妻孥，無欲榮利，從容法侣，宣通正法。（《高僧傳》卷二）

e.蓋古之君子正顔色、動容貌、出詞氣，從容禮樂之間，未嘗以力加其民。（蘇轍《上高縣學記》，《全宋文》卷二〇九五）

《漢語大詞典》“從容”條收録有“斡旋、周旋”義，并以例(8b)爲最早書證，但正如李解民(1999)所説，顔師古注“和輯”解釋的是“附會”，不是“從容”。《漢大》還列有其他三條書證，均不成立。《唐語林》與曾鞏文書證都應爲“交談”義（參下文），《宋史》“時吕蒙正以長厚居相位，王沔任事，仲甫從容其間而已”，看似是“斡旋、調停”義，但據史書記載，吕蒙正雖居相位，但與王沔關係不好，政事多決於王沔，辛仲甫僅是閒處二人之中而已，并無調停之功。“斡旋、調停”義蓋爲蔣禮鴻先生所首倡，《義府續貂》(1981：4)云：“從容消息，皆爲調停節度，使合時宜也。”“從容消息”語出《顔氏家訓·文章》，爲“慢慢斟酌”之義。因此，我們認爲《漢大》的這一義項不足採信。

3.2　漢魏隋唐時期“從容”的常見意義

3.2.1　安詳、閒雅(M_6)

“從容”可用於指人的面貌容色，多用於佛經文獻中，最早在東漢譯經中出現：

(9)a.面如滿月色從容，名聞十方德如山。（《修行本起經·出家品》）

b.爾時世尊顔貌從容，威光熾盛，諸根清净，面色和悦。（《長阿含經》卷三）

c.夫富貴者，有好威德，姿貌從容，意度寬廣。（《法苑珠林·貧賤篇》）

d.一個好姑娘，安詳從容，不知便宜了誰家有福公婆。（《歧路燈》第四回）

李維琦(2004：58)將例(4a)-(4c)釋爲“寬和、慈和”義，從“從容”與“面色和悦”“意度寬廣”并舉來看，釋爲“安詳、閒雅”義更爲恰當。此義是“舒緩、閒逸”用於描繪面貌容色語境中的語義創新，主要用於漢譯佛經中。

3.2.2　閒語、交談(M_7)

漢代以來的史書、筆記小説文獻裏“從容”經常與“言、語、問、曰、勸、議論”等言説義動詞共現。《漢書·嚴助傳》“助侍燕從容，上問助居鄉里時，助對曰：家貧，爲友壻富人所辱”，顔師古注：“從容，閒語也。”侍燕，指宴享陪侍，結合後文“上問、助對”，這裏釋爲“閒語”符合文意。江藍生(1985)、劉百順(1993)、王鍈(2001)都指出唐五代文獻中“從容”有“應對交談”

義,其實就是顏師古所說的"閒語"。此義在漢魏文獻裏常見。

(10)a. 上雅好詩書文籍,雖在軍旅,手不釋卷,每每定省從容,常言:"人少好學則思專,長則善忘,長大而能勤學者,唯吾與袁伯業耳。"(《典論·自敘》,《三國志·魏志》裴松之注)

b. 先主與統從容宴語,問曰:"卿爲周公瑾功曹,孤到吳,聞此人密有白事,勸仲謀相留,有之乎? 在君爲君,卿其無隱。"(《三國志·蜀書·龐統傳》裴注引《江表傳》)

c. 每從容侍燕,微言密指,常有以規諷。(《三國志·吳書·張紘傳》裴注引《吳書》)

d. 大明末,新安王子鸞以母嬖有盛寵,太子在東宮多過失,上微有廢太子立子鸞之意,從容頗言之。(《宋書·袁顗傳》)

文獻中"從容"也可以脫離言說動詞的上下文語境單獨表示交談:

e. 梁太祖受禪,姚洎爲學士,嘗從容,上問及廷裕行止。(《唐摭言》卷十三"敏捷"條)

f. 禹錫時爲禮部員外,方與日者從容,文昌入謁,日者匿于箔下。(《太平廣記》卷一三八"段文昌"條)

g. 忽一日謂其徒曰:"來莫可抑,往莫可追。"從容間復聞齰鼠聲。(《景德傳燈録》卷七)

3.2.3　隨便、輕率(M₈)

此義《魏晉南北朝詞語例釋》(1990)、張萬起《世說新語詞典》(1993)、張博(1999)等均已有所揭示。最早的例子出現在《史記》中:

(11)a. 是時上未立太子,酒酣,從容言曰:"千秋之後傳梁王。"(《史記·魏其武安侯列傳》)

b. 灌夫有服,過丞相。丞相從容曰:"吾欲與仲孺過魏其侯,會仲孺有服。"(同上)

c. 文帝禮言事者,不傷其意,群臣無小大,至即便從容言,上止輦聽之,其言可者稱善,不可者喜笑而已。(《風俗通義·正失》)

d. 又承從容約誓之言:'徂没之後,路有經由,不以斗酒隻雞過相沃酹,車過三步,腹痛勿怨。'雖臨時戲笑之言,非至親之篤好,胡肯爲此辭哉?"(《後漢書·橋玄傳》)

例(11a-b)王力主編《古代漢語》均注爲"閒談著說",當是受顏師古注的影響,不確。例(11a)爲酒後戲言,例(11b)從後文可知田蚡其實并不想去拜訪魏其,"從容言"祇是隨口說說而已。例(11d)"臨時戲笑之言"與前文"從容約誓之言"呼應,"隨便、輕率"義很明顯。

"從容"亦可突破與言說動詞連用的限制單獨表示"隨便、自由"義,如:

e. 司徒潁川韓演伯南爲丹陽太守,坐從兄季朝爲南陽太守刺探尚書,演法車徵,以非身中贓豐,道路聽其從容。(《風俗通義·窮通》)

f. 推其原也,六經以抑引爲主,人性以從容爲歡。(嵇康《難張遼叔自然好學論》,《全上古三代秦漢三國六朝文·全三國文》卷五十)

g. 其有供事外學異道者,皆受誅戮,不得從容。(《出曜經·雙要品》)

"聽其從容",義即任其隨便自由,不用戴上刑具。"不得從容",即不得自由解脱。

但是如果没有特别的上下文語境,很多與言說義動詞共現的"從容"還是應理解爲"閒逸舒緩、不慌不忙",如:

(12)a. 騎士歸,酈生見,謂之曰:"吾聞沛公慢而易人,多大略……。若見沛公,謂曰

'臣里中有酈生……人皆謂之狂生,生自謂我非狂生'。"騎士曰:"沛公不好儒……未可以儒生說也。"酈生曰:"弟言之。"騎士從容言如酈生所誡者。(《史記·酈生陸賈列傳》)

　　b. 上常從容與信言諸將能不,各有差。(《史記·淮陰侯列傳》)

　　c. 晋文帝親愛籍,恒與談戲,任其所欲,不迫以職事。籍常從容曰:"平生曾遊東平,樂其土風,願得爲東平太守。"(《世説新語·任誕》劉孝標注引《文士傳》)

　　例(12a)義爲騎士不慌不忙、鎮定自如地按照酈食其囑咐的話告訴了沛公。例(12b)義爲漢高祖經常悠閒安逸地與韓信討論諸將士是否有能力,例(12c)同。

　　有些例子既可以理解爲"閒談"義,也可以解讀爲"隨便、隨意"義,如:

　　(13)a. 姬侍王,從容語次,譽赫長者也。王怒曰:"汝安從知之?"(《史記·黥布列傳》)

　　b. 文帝不樂,從容問通曰:"天下誰最愛我者乎?"通曰:"宜莫如太子。"《史記·佞幸列傳》

3.2.4　含蓄、委婉(M₉)

　　有些與言説動詞共現的"從容"爲"含蓄、委婉"義,荆門(1986)、宋聞兵(2004)已有明確揭示。最早的用例出現在《史記》:

　　(14)a. 華陽夫人以爲然,承太子閒,從容言子楚質於趙者絶賢,來往者皆稱譽之。(《史記·吕不韋列傳》)

　　b. "……君何不從容爲上言邪?"汝陰侯滕公心知朱家大俠,意季布匿其所,迺許曰:"諾。"待閒,果言如朱家指,上迺赦季布。(《史記·季布欒布列傳》)

　　有些語境下"從容"也可以理解爲"私下、暗中"義,可視爲"含蓄、委婉"義的進一步引申,不用單獨列爲義項。如:

　　c. 若歸,試私從容問而父曰:"高帝新棄群臣,帝富於春秋,君爲相,日飲,無所請事,何以憂天下乎?"(《史記·曹相國世家》)

　　d. 太祖微使人從容問之,原曰:"吾聞國危不事冢宰,君去不奉世子,此典制也。"(《三國志·魏志·邴原傳》裴注引《原別傳》)

　　e. 清泰中,嘗與樞密直學士吕琦同宿於内廷,琦因從容密問國家運祚。(《舊五代史·周書·趙延義傳》)

　　如本小節所示,漢代以來的文獻裏與言説義動詞共現的"從容",很多時候并不能像李解民(1999)所認爲的都依從顔師古注簡單理解爲"閒聊、閒談"。對於這一點,荆門(1986)、劉瑞明(1994)、張博(1999)、萬久富(2000)、宋聞兵(2004)等均有專門討論,這些研究有時針對同一例證的理解不完全相同,足以反映"從容"與言説動詞共現時的意義靈活多變,受語境影響明顯,因此很難取得完全統一的認識。正因於此,有的研究過於注重語境意義,過度地隨文釋義而脱離了"從容"的基本意義,如劉瑞明(1994)提出"從容"有"真的、鄭重、認真地"之義,荆門(1986)、萬久富(2000)均提出"從容"有"乘機、乘方便的時候"之義,前者證據不足,後者可歸之於"含蓄、委婉"義,因此本文都不採納。

3.3　唐代以來"從容"的新意義

3.3.1　盤桓、逗留(M₁₀)

此義較早出現在《吳子》中。《吳子》爲僞書，其成書時代主要有西漢説和六朝説，但根據我們的調查，"逗留"義在唐代以前尚没有發現用例。唐代以來此義多見，可參看王鍈(1986：50)、《唐五代語言詞典》(1997：72)。

(15)a. 諸丘陵林谷，深山大澤，疾行亟去，勿得從容。(《吳子·應變》)

b. 忽住於此經久，敕下來使即發還本國，如何更得從容？(《入唐求法巡禮行記》卷一)

c. 中丞美才，不當遠官，請從容旬日，冀竭寡分。(《舊唐書·陳少遊傳》)

d. 防有外兵來擊我，亦虞諸將起奸凶，急去莫從容。(唐·易静詞，《全唐五代詞》)

e. 從此後從容得數日，後升座，便有人問："未審和尚承嗣什摩人？"(《祖堂集》卷四)

3.4.2 寬緩、延緩(M_{11})

此義較早見於北宋①，明清小説多見：

(16)a. 弘農憂惶，遂然諾之，懇希從容一月處理家事。(《北夢瑣言》卷十二)

b. 老先生不該發落他，常言人心似鐵，官法如爐，從容他一夜不打緊，就翻異口詞。(《金瓶梅詞話》第九十二回)

c. 我知那臨海前官尚未離任，你到彼之期，還可以從容。(《二刻拍案驚奇》卷十一)

d. 賢婿既爲此關情，議吉暫且從容。即速把令尊、令堂接來，以盡賢婿必告之理。然後擇吉成婚，亦不爲晚。(《夢中緣》第十四回)

3.4.3 寬裕、富足(M_{12})

此義宋代始現，明清小説多見。

(17)a. 時蔡京罷相居城中，意其生計從容，委買雪川土物無虚月，儕意不平。(《齊東野語》卷十一)

b. 自從西門慶家做了買賣，手裏財帛從容，新做了幾件虵蜒皮，在街上虚飄説詐，撅着肩膊兒就摇擺起來。(《金瓶梅詞話》第三十三回)

c. 江老雖不怎的富，别人看見他生意從容，衣食不缺，便傳説了千金、幾百金家事。(《二刻拍案驚奇》卷十五)

d. 我手裏但凡從容些，也時常的上簡供，祇是心有餘力量不足。(《紅樓夢》第二十五回)

《漢語大詞典》收録有"順利、順手"義，并以例(17c)作爲書證，誤，"生意"在這裏是"生計、境遇"的意思。

---

① 《漢語大詞典》及一些研究者認爲"寬緩"義最早的例子出自《齊民要術》卷七，"若急須者，麴乾則得；從容者，經二十日許，受霜露，彌令酒香"，此處"從容"與"急須"對舉，我們認爲仍然可以理解爲"不著急、不慌不忙"義。

四　"從容"詞義演變的路徑和機制

4.1　規約化與義項的確立

Traugott 和 Dasher(2002)提出邀約推理理論(invited inferencing theory),認爲語義演變是言者或作者邀約聽者或讀者進行語用推理的結果,一個詞位(L)具有編碼意義 M_1,在語用推理的作用下産生話語例意義(即特殊會話隱涵義),然後擴展使用演變爲話語型意義(即一般會話隱涵義),并最終形成新的編碼意義 M_2,語義演變就隨之完成。Koch(2016)也認爲語義演變源自於言者或聽者誘導的意義創新(meaning innovation)。但意義創新不等於語義演變,"跟任何語言演變一樣,語義演變并没有被言語社群的全體成員同時獲得。一個創新進入一種語言,并沿着社會決定的路綫在言語社群中傳播"(Wilkins,1996:269)。

語義演變離不開新義的産生,因此確定義項是語義演變分析研究的前提。"從容"一詞《漢語大詞典》(第一版)共收録 8 個義項:H_1. 舉動;H_2. 悠閒舒緩,不慌不忙;H_3. 以形容聲響,謂渾厚而舒緩;H_4. 盤桓逗留;H_5. 斡旋;周旋;H_6. 寬緩;H_7. 經濟寬裕;H_8. 順利,順手。通過對辭書義項和文獻用例的辨證分析,我們最終將其義項確定爲 12 個:M_1.(鐘)受撞後的姿態、舉止;M_2. 舉動;M_3. 閒逸、舒緩;M_4. 寬容、大度;M_5. 閒遊、閒處;M_6. 安詳、閒雅;M_7. 閒語、交談;M_8. 隨便、輕率;M_9. 含蓄、委婉;M_{10}. 盤桓、逗留;M_{11}. 寬緩、延緩;M_{12}. 寬裕、富足。

從確定的義項可以看出,"從容"在歷史文獻中主要用作形容詞,也可做名詞和動詞,表達的都是内容意義(content meaning,即客觀的命題意義),没有發展出程式意義(procedural meaning,即跟話語或語篇有關的主觀意義)的用法。相較於程式意義來説,内容意義靈活多變,更容易受語境影響隨文産生一些臨時會話涵義。比如沈約《齊故安陸昭王碑文》"公陪奉朝夕,從容左右","從容"在上下文裏似有"陪侍"之義,蓋源於"閒談、遊樂"義;《宋書·五行志》"是時王濬有大功,而權戚互加陷抑,帝從容不斷","從容"似有"遲疑、猶豫"義,大概源於"緩慢、不急迫"義;《湘山野録》卷下"上甚喜,從容數杯",看似具有"飲酒"義,實際意爲"悠閒舒緩地喝";《太平廣記》卷一百五十"某能知人,若果從容,亦有所獻",意爲"使逗留、招待";"文風從容"意指文風淡雅。這些臨時會話涵義至多算一個意義創新,用例較少,没有在言語社群中擴散并規約化爲編碼意義(這些隱涵義都可以用已有的編碼意義取代),因此都不能確定爲單獨的義項。

4.2　"從容"詞義演變的路徑與機制

"從容"的本義"(鐘)受到撞擊之後的姿態、舉止"(M_1)與"舉動"(M_2)在文獻裏使用時代相同,按照語義構擬的原則,我們認爲這兩個義項之間的演變關係應該是 $M_1 > M_2$。原因有二:第一,詞義從表示個別事物的意義朝一般的意義演變是世界語言反復出現的演變規律;第二,M_1 義在先秦文獻中爲孤例,後來不見使用,而 M_2 義較爲常見,漢魏時代還常用,這樣構擬在時間上符合歷史事實。從(鐘)受撞後的姿態、舉止(M_1),演變爲泛指人的舉止行爲(M_2),這裏面既有語義泛化(從某種特定的姿態、舉止轉指所有的姿態、舉止),也有相似類推(從鐘的姿態、舉止擴展指人的姿態、舉止),演變的機制包括轉喻和隱喻。

M_3"閒逸舒緩"來源於 M_2"舉動"。《詩經·都人士》毛序"古者長民,衣服不貳,從容有常,以齊其民,則民德歸一",鄭箋:"從容,謂休燕也。休燕猶有常,則朝夕明矣。"孔疏:"此'從容'承'衣服不貳'之下以對之矣,明爲私處舉動,故知謂休燕閒暇之處,宜自放縱,猶尚有常,則朝夕舉動亦有常,明矣。"《一切經音義》卷四八"從容"條:"謂詳審閒雅之貌也。《廣雅》:'從容,舉動也。'"鄭箋、孔疏及慧琳音義均指出了"舉動"與"休燕閒逸、閒雅"之間的語義聯繫(相關性)。從前引例(2f)、(2g)來看,朱熹注往往將"舉動"理解爲閒逸自得,因爲後者實質上也是舉動的一種具體表現。人的舉止行爲多種多樣,"有常"(2a)、"中道"(2b)的舉動常常被期望和認可,"閒逸舒緩"可以視作是"舉動"的理想狀態和典型表現。從這個意義上講,寬泛的"舉動"義縮小爲一種具體的舉動"閒逸、舒緩",其演變機制是轉喻。

M_4"寬容大度"和 M_6"安詳閒雅"均由 M_3"閒逸舒緩"義演變而來,詞義演變的機制是隱喻。"閒逸舒緩"是指行爲舉止上的閒緩,投射到指人的面貌神色上,就是"安詳閒雅",投射到指人的心理態度上,就是"寬容大度"。M_3、M_4、M_6 共同的核心義素都是"閒緩"。M_5"閒遊、閒處"由 M_3"閒逸舒緩"引申而來,即通過轉喻機制從指動作行爲的狀態演變爲指動作行爲本身,其形容詞用法與動詞用法的共同核心義素是"悠閒"。

江藍生(1985)認爲 M_7"閒語、交談"義"當與此詞最初即用於一問一答的場合有關",意即與《禮記·學記》的"待其從容"有關。從例(10)"定省、宴語、侍燕"這些詞語可以看出,M_7"閒語、閒談"義跟 M_5"閒遊、閒處"義一樣,也是由"悠閒、閒暇"義引申而來,其演變機制是轉喻。閒處、閒遊、閒談都是悠閒舒緩的一種表現方式。《唐五代詞典》將"閒談、遊樂"作爲"從容"的一個義項(上海教育出版社,1997:72),蓋緣於此。

M_8"隨便輕率"與 M_9"委婉含蓄"均是在特定語境下由"從容"的基本意義 M_3"閒逸舒緩"推導而來并語義化(semanticalization)的結果,這種演變的機制也是轉喻。荊門(1986)指出"'從容'隨文而有的幾種意義都跟它的基本意義相關連",對此我們非常認同。無論是釋爲"隨便"還是"委婉","從容"都有"閒緩、非正式"這樣的意味,都是"閒逸舒緩"的隨文釋義。3.2節已經指出,當沒有特別的語境限定時,"從容言(語)"等還是理解爲"閒逸舒緩、不慌不忙"之義比較合適,而不必過度地隨文釋義,這樣的用例我們認爲占大多數。需解讀爲"閒談""隨便""委婉"義的用例相對較多,且前兩個意義還可脫離言說義動詞單獨使用,所以我們獨立作爲義項。

M_{10}"盤桓、逗留"也是從 M_3"閒逸舒緩"演變而來的,兩個義項之間的共同核心義素是"緩慢、不急迫","盤桓、逗留"即爲使緩慢,使不急迫。從例(15)也可看出,"逗留"義時常跟表急迫義的詞相對,如"疾、亟、便即、急"等。由形容詞用法派生出動詞用法,其機制也是轉喻。M_{11}"寬緩延緩"義由 M_{10}"盤桓逗留"義演變而來。"逗留"義主要用於指空間上的停留,也可同時表示空間、時間的停留、延緩,如例(15c)、(15e),"寬緩、延緩"則僅指時間上的延緩、等待,兩者意義相似,出現時間相繼,演變的機制是隱喻。

M_{12}"寬裕富足"義也由"從容"的常用義 M_3 演變而來,行爲舉止上的舒緩自如映射爲經濟、生活或時間上的安逸自如,演變的機制是隱喻。

綜合前面的討論,我們可用下圖1來展示"從容"各個義項之間的演變關係:

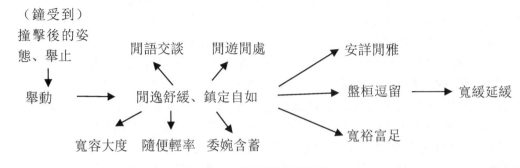

圖 1　"從容"的演變路徑

4.3　多義模式、共同義素與詞義演變

　　Wilkins(1996:269)指出："言語社會中所有語義演變在其開始或最後階段都涉及多義性(polysemy)。基於這種觀點,一個完整的語義演變實際包含了兩種語義演變:第一種語義演變是通過意義的增加而導致多義模式的產生,第二種語義演變則是通過原有意義的喪失而消除上述多義模式。共時的多義模式在語義演變研究中至關重要,因爲它證明了兩個義項在語義上的相互關聯以及一個義項可以產生另一個義項的可能性。"因此語義演變指的是義項的增加(增加新義)或消亡(丟失舊義),而非某個義項本身的改變(吳福祥,2019)。

　　根據第 3 節的討論,"從容"的歷時多義分布模式大致可列成下表 1。

表 1　"從容"的歷時多義分布模式

時代	M_1	M_2	M_3	M_4	M_5	M_6	M_7	M_8	M_9	M_{10}	M_{11}	M_{12}
先秦	+	+	+	+	+	−	−	−	−	−	−	−
漢魏	−	+	+	+	+	+	+	+	+	−	−	−
隋唐	−	−	+	−	+	−	+	+	+	+	+	+
宋元	−	−	+	−	−	−	−	−	−	−	+	+
明清	−	−	+	−	−	+	−	−	−	−	+	+

"+"表示存在,"−"表示我們的搜檢没有發現用例,但是"說有易,説無難",因爲没有對歷史文獻進行窮盡調查,因此此表不能反映這些義項消亡的準確時間。但從中可以看出,"從容"在每個歷史階段中均處於多義模式,其语义演變既有創新性的,也有縮減性的。M_3"閒逸舒緩"是"從容"一詞使用時間跨度最長的義項,漢魏隋唐是其義項最多的時期,但某個時代義項多寡不同的背後原因無法解釋。

　　前後相繼的兩個義項之間的共同義素是詞義派生和多義模式得以存在的基礎。從"從容"的詞義演變關係來看,"閒"和"緩"是最重要的兩個共同義素,是後世諸多意義衍生的源頭。"閒"衍生出"閒遊閒處、閒語交談"等近引申意義,"緩"衍生出"寬容大度、盤桓逗留、寬裕富足"等近引申意義。但隨着詞義進一步引申,之前的共同義素在新義項中基本不會保留,比如"閒語交談"和"閒遊閒處"均脱離共同義素"閒"進一步分別引申出"隨便、自由"和"遊往"義。

五　餘論

漢語歷史上很多雙音實詞出現時代很早,意義衆多,詞義演變體現不出明顯的規律。雖然各種注疏、詞語考釋論著或專文研究對其詞義演變有所涉及,但很多雙音詞的成詞理據、詞義系統和詞義演變脈絡尚缺乏有效的梳理和揭示。從本文的研究實踐來看,過往很多研究關於義項的整理分析容易受到古注和使用語境的干擾,因此確定雙音實詞的義項、整理其詞義系統是詞義演變研究的前提。如何科學地確定一個實詞在歷時中的義項,需要借鑑詞典編纂學和詞彙語義學的研究成果,是以後值得努力的方向。另外,詞義演變與多義模式密切相關,派生義和源義之間通過共同義素連接,發現共同義素是分析詞義演變路徑和機制的重要基礎。不同的實詞或不同的演變機制如何選擇賴以演變的共同義素,有無規律可尋,過往研究已有很好的討論,但也還需通過更多的詞義演變事實進一步進行分析整理。

徵引書目

東漢・鄭玄注,唐・孔穎達疏《禮記正義》,載清・阮元校刻《十三經注疏》,中華書局,1980。

東漢・鄭玄注,唐・賈公彥疏《周禮注疏》,載清・阮元校刻《十三經注疏》,中華書局,1980。

方向東撰《大戴禮記匯校集解》,中華書局,2008。

清・郭慶藩撰《莊子集釋》,中華書局,1961。

清・孫詒讓撰《墨子閒詁》,中華書局,2001。

西漢・劉向集録《戰國策》(第二版),上海古籍出版社,1985。

南宋・洪興祖撰《楚辭補注》,中華書局,1983。

南宋・朱熹撰,黃靈庚點校《楚辭集注》,上海古籍出版社,2015。

王利器校注《鹽鐵論校注》,中華書局,1992。

西漢・司馬遷撰,南朝宋・裴駰集解,唐・司馬貞索隱,唐・張守節正義《史記》(修訂本),中華書局,2014。

東漢・班固撰,唐・顔師古注《漢書》,中華書局,1962。

東漢・應劭撰,王利器校注《風俗通義校注》,中華書局,1981。

後漢・竺大力共康孟詳譯《修行本起經》,《大正藏》第 3 冊,No. 184。

南朝宋・范曄撰,唐・李賢等注《後漢書》,中華書局,1965。

徐震堮著《世說新語校箋》,中華書局,1984。

西晉・陳壽撰,南朝宋・裴松之注《三國志》,中華書局,1959。

北齊・魏收撰《魏書》(修訂本),中華書局,2017。

南朝梁・沈約撰《宋書》(修訂本),中華書局,2018。

南朝梁・慧皎撰《高僧傳》,中華書局,1991。

後晉・劉昫等撰《舊唐書》,中華書局,1975。

傅紹傑注譯《吳子今注今譯》(第二版),臺灣商務印書館,1979。

南朝梁・蕭統編,唐・李善等注《六臣注文選》,中華書局,1987。

清・嚴可均輯《全上古三代秦漢三國六朝文》,中華書局,1958。

曾昭岷等編《全唐五代詞》,中華書局,1999。

後秦・佛陀耶舍共竺佛念譯《長阿含經》,《大正藏》第 1 册,No. 001。

姚秦・竺佛念譯《出曜經》,《大正藏》第 4 册,No. 212。

[日]圓仁撰《入唐求法巡禮行記》,上海古籍出版社,1986。

唐・静、筠二禪師編撰《祖堂集》,大韓民國海印寺本,日本京都花園大學禪文化研究所,1994。

唐・釋道世撰,周叔迦、蘇晋仁校注《法苑珠林校注》,中華書局,2003。

五代・王定保撰《唐摭言》,中華書局,1959。

五代・孫光憲撰《北夢瑣言》,上海古籍出版社,1981。

北宋・李昉等編《太平廣記》,中華書局,1961。

北宋・釋道原撰《景德傳燈録》,四部叢刊三編,上海涵芬樓影印,1936。

南宋・周密著《齊東野語》,中華書局,1983。

曾棗莊、劉琳主編《全宋文》,上海辭書出版社,安徽教育出版社,2006。

明・凌濛初著《二刻拍案驚奇》,人民文學出版社,1981。

明・蘭陵笑笑生著《金瓶梅詞話》,人民文學出版社,1985。

清・曹雪芹、高鶚著《紅樓夢》,人民文學出版社,1982。

清・蒲松齡著《聊齋俚曲集》,國際文化出版公司,1999。

清・李緑園著《歧路燈》,大衆文藝出版社,2002。

清・李修行著《夢中緣》,浙江出版聯合集團,2020。

參考文獻

[1]陳會兵. "從容"源流考[J]. 古漢語研究,2009(4):88-89.

[2]董秀芳. 語義演變的規律性及語義演變中保留義素的選擇[M]//漢語史學報(第 5 輯). 上海:上海教育出版社,2005:287-293.

[3]江藍生. 敦煌變文詞語瑣記[J]. 語言研究,1985(1):167-173.

[4]荆門. "從容"補訓[J]. 語言研究,1986(2):177-178.

[5]李解民. "從容"辭義探析[M]//訓詁論叢(第 4 輯). 臺北:文史哲出版社,1999:235-247.

[6]李明. 試談語用推理及相關問題[J]. 古漢語研究,2014(4):42-52.

[7]李維琦. 佛經詞語匯釋[M]. 長沙:湖南師範大學出版社,2004:58.

[8]劉百順. 魏晋南北朝史書語詞劄記[M]. 西安:陝西師範大學出版社,1993:105-107.

[9]劉瑞明. "從容"補義[M]//文史(第 38 輯). 北京:中華書局,1994:256-261.

[10]沈懷興. "從容"釋略[J]. 漢字文化,2006(3):27-30.

[11]沈家煊. 語用原則、語用推理和語義演變[J]. 外語教學與研究,2004(4):243-251.

[12]沈鍾偉. 李方桂上古音韻表[M]//漢語史研究:紀念李方桂先生百年冥誕論文集. 臺北:臺灣"中研院",2005:571-588.

[13]宋聞兵. "從容"拾義[J]. 古漢語研究,2004(4):106-109.

[14]萬久富. 《晋書》詞語拾零[J]. 古漢語研究,2000(2):49-52.

[15]王力. 古代漢語(校訂重排本第 4 版)[M]. 北京:中華書局,2018:119,717,728。

[16]王引之. 經傳釋詞[M]. 長沙:嶽麓書社,1982:35.

[17]王鍈. 詩詞曲語辭例釋(第 2 版)[M]. 北京:中華書局,1986:50-51.

[18]王鍈. 試説"從容"有"寬容"義[N]. 語言文字週報,2011-02-23(004).

[19]王鍈. 唐宋筆記語辭彙釋(修訂本)[M]. 北京:中華書局,2001:30-32.

[20]吴福祥. 語義演變與詞彙演變[J],古漢語研究,2019(4):2-10.

[21]張博. "從容"補義[J]. 辭書研究,1999(6):147-149.

[22]鄭張尚芳. 上古音系[M]. 上海：上海教育出版社,2003：290-296,568.

[23]Elizabeth C. Traugott & Richard B. Dasher. Regularity In Semantic Change[M]. Cambridge：Cambridge University Press,2002.

[24]Koch,Peter. Meaning change and semantic shifts[M]//In Pävi Juvonen and Maria Koptjevskaja-Tamm（eds.）, The Lexical Typology of Semantic Shifts, 21-66. Berlin/Boston：Mouton de Gruyter,2016.

[25]Wilkins, David. Natural tendencies of semantic change and the search for cognates[M]//In Mark Durie & Malcolm Ross（eds.）,The Comparative Method Reviewed：Regularity and Irregularity in Language Change, 224-304. New York；Oxford：Oxford University Press,1996.

The Semantic Change of *congrong*（從容）

Tian Chunlai

Abstract：Congrong first refers to the posture or behavior of bell being struck, and then on this basis developed two meanings：behavior, leisurely. The latter is the meaning with the highest frequency and the longest using time, and it is also the starting point of many other extended meanings in later ages. Through the mechanism of metaphor and metonymy, Congrong has evolved into a series of common meanings in Middle and Modern Chinese：tolerant, to lounge or live randomly, to chat, casual or thoughtless, implicit or indirect, to linger or stay, to delay or slow, well-off or ample, etc. All these meanings expressed by Congrong are the content meanings, and the context has an obvious influence on the interpretation of the word meaning.

Key words：Congrong,semantic change,dictionary compilation

通信地址：廣西大學文學與文化研究中心/文學院

郵　　編：530004

E-mail：giging@126.com

漢語方言"脖子"義詞形的地理分布及其解釋 *

——兼論語素"脖"的來源問題

孫　凱　杜小鈺

内容提要　本文依據繪製的方言地圖對漢語方言"脖子"義詞形的地理分布類型進行了概括與解釋。現代方言主要有五種表"脖子"義的核心詞根：脖、頸、項、脰、領。它們各自形成單純詞根的詞形，互相之間又有詞根的混合，文中將這些詞形的地理分布概括爲"南北對立""東西對立"和"長江型"三種類型并解釋了其成因。文章後半部分集中討論了表"脖子"義的語素"脖"的來源問題，重點從方言音韻的角度分析了"脖"的語音特徵并構擬了其原始讀音，由此檢驗了盛益民(2010)提出的"突厥語底層説"，認爲其假説有合理性，但尚存若干問題有待解決。文末還提出了調和"脖"起源的内源説與外源説的可能性。

關鍵詞　脖子　詞形　分布類型　詞源

一　引言

　　表示"脖子"①意義的詞是人類語言的基本核心詞。漢語裏表"脖子"義的詞形從古至今紛繁複雜，方言分歧巨大。就通語而言，其主導詞在歷史上經歷過"領→頸/項→脖(子)"的兩次更替。這種歷時演變的結果也投射到相關詞形在現代方言裏的共時分布上，形成了北"脖"南"頸"的基本格局(參見汪維輝，2016、2018：183-197)。

　　前人對漢語表"脖子"義詞的歷史發展已多有研究(參見汪維輝(2016)所引文獻)。但共時方面，雖然已有如《漢語方言地圖集·詞彙卷》(曹志耘主編，2008)中以描寫性爲主的"脖子"地圖以及相關討論(汪維輝，2016[2018：1032-1038]、2018：191-197)②，但仍缺少方言地理學角度的概括和解釋。本文利用 PHD 信息系統的 wonderland 軟件③繪製了有關"脖子"

---

　　*　筆者曾於 2014 年 6 月至 8 月間在日本金澤大學參加由岩田礼教授主講的第三期"中國方言文化短期研修班"，本文的初稿即是在研修班實習報告的基礎上修改而成。初稿完成後曾寄予汪維輝教授和盛益民博士，并有幸被二位在各自的論著中加以引用(汪維輝，2016、2018：183-197；盛益民，2018)，遺憾的是筆者一直未能將拙作正式發表。2019 年年中，岩田教授借來函與筆者討論〈脖子〉的詞源問題的機會重新審讀了論文初稿，并鼓勵筆者嘗試修改和投稿。筆者就此對原文進行了修改和補充，其間得益於岩田教授的批評意見以及前引汪維輝教授、盛益民博士的論著之處甚多。此外，匿名評審專家對本文的修改也提出了許多寶貴的意見，在此一并深表謝忱！如有錯誤，概由筆者負責。

　　①　本文一般用引號""表示概念和語素等，用尖括號〈〉表示具體的詞形或語素形式。
　　②　汪維輝(2016)根據該地圖集的"063 脖子"地圖對"脖子"義詞形在漢語方言裏的共時分布做了分類和描述，并結合歷時演變進行了討論。本文則主要側重於從詞形地理分布模式的角度進行解釋，對詞形的分類也與汪文略有差異。本次修改中很多地方吸收了汪文的觀點。
　　③　該系統和軟件是時爲日本金澤大學博士生的林智(Hayashi Tomo)爲岩田礼教授主持的科研項目"中國語方言の言語地理學の研究"而開發，詳細信息請見岩田礼編(2009)的附錄。

義詞形的四幅解釋地圖,在此基礎上結合方言地理學的已有發現和理論來描述并解釋詞形的分布①。正文包括三部分:首先辨析了"脖子"詞義的内部差别,然後根據各類描寫材料②對"脖子"的方言詞形進行分類。其次,在分類的基礎上繪製解釋地圖,對所展示的"脖子"義詞形的分布特徵做出類型上的概括和解釋。最後,就存在爭議的表"脖子"義的語素"脖"的來源問題做了一些討論。

二 詞義和詞形分類

(一)詞義辨析

據《現代漢語詞典》:"脖子,頭和軀幹相連接的部分。"又"脖頸兒(bógěngr),〈口〉脖子的後部。也作脖梗兒。也叫脖頸子。"也就是説,在現代漢語裏存在區分整個脖子和脖子後部的不同詞語。在不少方言裏也存在類似的區分脖子後部與整個脖子(甚至脖子前部)的現象,比如:〈脖子〉:〈脖兒頸〉"脖子後部"(濟南);〈脖子〉:〈脖子骨〉"脖子前部":〈板頸〉"脖子後部"(臨夏)等。但遺憾的是,并非所有的方言記録材料都能準確地提供這種語義區分的詳細信息。本文主要討論的是指整個"脖子"義的詞形,必要時會注明區别。

(二)詞形分類

詞形分類是畫地圖的前提,分類中即藴含了畫圖者對於詞形分布及變化的解釋,而最有效的分類方法是以詞素爲單位的分析(岩田礼編,2009:3,12)。現代方言中表"脖子"義的詞形紛繁複雜,但以核心詞根來歸納,主要有五系:脖系、頸系、項系、頷(hàn)系、脰(dòu)系③。從共時角度看,這五系詞形又可分爲兩類:一類僅含有某一個核心詞根,稱之爲"單純詞根型";另一類含有兩個或以上的核心詞根,稱之爲"詞根混合型",爲後文討論及地圖標示需要將其單獨算作一系(也即前述五系僅包括單純詞根型的詞形)。具體分系見下表④:

① 應出版政策要求,本文所附四幅地圖未予展示,讀者如有需要可致函筆者索閱。

② 本文繪製地圖所依據的材料均爲岩田礼教授提供的方言調查報告、研究著作、方言詞典和地方志等,總體上依照了《漢語方言解釋地圖》及其續集(岩田礼編,2009、2012)的方法,具體方言點的選取和文獻信息請參見該地圖集的凡例和所附目録,限於篇幅不再列出。由於依據的是二手材料,方言點設置的數量和地域平衡性會受到限制,材料的可靠性和一致性也存在一定的問題,因此本文在必要時會參考曹志耘主編(2008)的"063脖子"地圖,其展示的"脖子"義詞形的分布特徵與本文所繪地圖大體上一致。

③ 本文没有將詞根"領"納入討論,這是因爲本文的關注點是"脖子"義詞形在現代方言中的典型分布模式,而"領"目前祇作爲構詞語素而殘存於極個别方言中。

④ 汪維輝(2016[2018:1033-1034]、2018:191-195)根據曹志耘主編(2008)也將"脖子"義詞形分爲上述五系,但未分單純詞根和混合詞根,因此其所分各系下的具體詞形可能同時含有不同的核心詞根。

表1 "脖子"義詞形的分類

分系		代表詞形	説明	代號
脖系		脖子[pə^{陽平} tsʅ^輕](濟南)①	1)詞綴的聲母主要是塞擦音,變體有[z][t][r][l]等,故詞形又記作〈脖的〉〈脖得〉〈脖了〉等②; 2)包括個別詞形如:脖(襄垣),脖兒(昌樂),脖□[pə^上 ə^輕](淄博),脖脖/脖板(西寧)等。	A
頸系	非複合詞	頸[kɛŋ^{陰上}](廣州) 頸子[tɕin^上 tsʅ^輕](南京)	1)詞形"頸子"也有記作"脛子"的; 2)包括個別詞形如:頸頭[kiŋ^{陰上} hou^{陽平}](鶴山),頸頸(常熟)、頸頸兒[kɛ^上 kə^輕](臨澧)、□□兒[kɛ^上 kər^輕](澧縣、津市、安鄉)等。	B-1
	頸爲詞首	a. 頸根、頸梗、頸杆兒 b. 頸筋、頸骨、頸拐 c. 頸殼、頸領 d. 頸公、頸官 e. 頸山、頸顙、頸上 f. 頸板、頸柄、頸棟、頸柱		B-2
	頸非詞首	a. 頭頸、頭頸骨、頭頸管、頭顱頸団 b. 老頸子、腦頸把子 c. 扁頸、板頸 d. 領頸③		B-3
項系		項[houŋ^{陽去}](福州) 項圈[xɑŋ^去 tɕʰyan^{陰平}](哈密)	1)單純以"項"爲核心詞根的詞形極少; 2)福建三明市三元有詞形"項頭[ɔ-陰上 tʰø^{陽平}]",聲調不對,存疑。	C
頷系④	非複合詞	頷[am^{陽上}](潮州) 頷仔[am^{陽去} a^上](漳州)		D
	複合詞	a. 頷肌、頷仔骨、頷骨仔 b. 頷管、頷仔管、頷筒仔	1)a類複合的語素聲母爲[k],韻母爲陰聲韻或入聲韻,如:頷肌[am^{陽平} kui^{陰平}](泉州)、頷仔骨[am^{陽去} a^上 kut[∧]](東山); 2)b類複合的語素韻母爲陽聲韻,聲母爲[k]或[t],如:頷管[am^{陽去} kun^上](厦門)、頷筒仔[am^{陽上} taŋ^{陽平} a^{陰上}](海豐)。	

---

　　① 本文的標調一般不標連讀調(輕聲除外),而是標材料中給出的單字調類,前提是要符合該方言中單字調組合構成連讀調的一般規律。後同。

　　② 後字聲母讀[t][l][r]的方言([l][r]較少見)主要見於晋語和中原官話(以晋南和豫北一帶爲多),如:脖得[pʰuə?[∧] tə^輕](忻州)、脖得[pəə?[∧] tə?[∧]](長治)、脖的[pʰɤ^{陽平} tɤ^輕](萬榮)、脖得[po^{陽平} tɛ^輕](商丘)、脖了[po^{陽平} lɤ^輕](林縣)等;膠遼官話的如:脖子[po^去 rə^輕](煙台)等。實際上,上述詞形的後字一般就是該方言的"子"尾,衹是不讀塞擦音,請看:鼻子[pʰiɛ?[∧] tə^輕](忻州)、鼻子[pi?[∧] lɤ^輕](林縣)、扇子[ɕian^去 rə^輕](煙台)等。因此,有些資料裏將後字聲母讀[t][l][r]的詞形就記作〈脖子〉。

　　③ 汪維輝(2016)論證了"領"在上古早期是表"脖子"義的主導詞,戰國晚期被"頸"取代,今天衹殘存在個別方言裏作爲構詞語素,如:胚領[tʰau^{陽去} liaŋ^{陰上}](泰順)、領頸[niª-陰上 kiŋ^{陰平}](漳平)等。

　　④ "頷"《廣韻》胡感切,匣母上聲;又胡男切,匣母平聲,均爲咸攝一等,但在方言中多有讀爲陽去調的例子。另外,頷系和胚系一般僅見於閩語區,情形較爲單純,故"地圖1"中分別衹作爲一類呈現。

續表

膣系	非複合詞	膣[lo^{陽去}]（建甌） 膣子[teu^{陽去} tsie^{陰上}]（政和）		
	複合詞	a. 膣骨、膣膅 b. 膣管、膣穩、膣引 c. 膣嚨、膣顱、膣領 d. 膣總、膣蒂、膣蒂根	1）a 類複合的語素韻母爲入聲韻或陰聲韻，聲母爲零聲母或[k]，如：膣骨[tɒu^{陰入} kuei^{陰入}]（松溪）、膣膅[ta^{陽去} ɔuk^{陰入}]（長樂）； 2）b 類複合的語素韻母爲合口或撮口陽聲韻，聲母爲零聲母或[k]，聲調一般爲上聲，如：膣管[tu^{上陽平} kuiŋ^{陰上}]（政和鎮前）、膣穩[tau^{陽去} uŋ^上]（寧德）、膣引[tau^{陽去} yŋ^上]（周寧）； 3）c 類複合的語素聲母爲[l]，如：膣嚨[tɔ^去 laŋ^{陽平}]（大田）、膣顱[tau^去 ly^{陽平}]（莆田）、膣領[tʰau^{陽去} liaŋ^{陰上}]（泰順）； 4）d 類詞形如：膣總[tau^{陽上} tsœyŋ^{陰上}]（沙縣）、膣蒂[ʔdau^{陰平} ʔdi^{陽入}]（海口）	E
詞根混合型	脖一頸（梗）	a. 脖頸、脖頸子、脖頸骨、脖子頸、脖兒頸 b. k-p 類詞形	1）"頸"的聲母主要有[tɕ]和[k]兩種，後者常記作"梗"，如：脖頸[po^{陽平} tɕiaŋ^上]（貴陽）、脖梗子[pɔ^{陽平} kəŋ^上 tsʅ^輕]（榮成）； 2）還有[kə^{陽平} pəŋ^上]（郯城）和[kə^{陽平} pəŋ^上 tə^輕]（牟平）類詞形，前後字的聲母可能發生了置換。	Fa-1
	脖-l-頸（梗）	a. 脖了梗、脖拉梗、脖嘍頸子、脖了拐 b. k-l-p 類詞形	1）中綴有[la][lə][lo][luə]等變體，有些詞形的末尾還帶有詞綴，如：脖了梗[pə^{陽平} lə^輕 kəŋ^上]（平邑）、脖嘍頸子[pə^{陽平} lo^輕 kəŋ^上 tsʅ^輕]（棗莊）； 2）個別方言中 k-聲母的字非陽聲韻，如：脖了拐[pə^{陽平} lə^輕 kuɛ^上]（蒼山）； 3）k-l-p 類詞形的聲母可能發生了置換，如：圪拉繃[kə^{陽平} la^輕 pəŋ^上]/脖拉梗[pu^{陽平} la^輕 kəŋ^上]（金鄉）、格了脖兒[kə^{陽平} lə^輕 pər^上]（濟寧）等。	Fa-2
	脖一項	脖項[po^{陽平} xaŋ^輕]（西安） 脖項股[puo^{陽平} x^{ɑ-去} ku^輕]（神木）	1）"項"的聲母絕大多數爲[x]； 2）包括個別變異的詞形，如：脖腔股[puo^{陽平} tɕʰi^{-去} ku^輕]（神木）、脖掮骨[po^{陽平} tɕʰi^{ʌ-上} ku^{陽平}]（大理）、脖賀筋[pʰa^{陽入} xɔ^去 tɕiŋ^輕]（中陽）； 3）暫包括詞形如：脖拎骨[po^{陽平} li^{-n陰平} ku^{陽平}]（雲南安寧）、脖朗骨[po^{陽平} lɑ^{-輕} ku^{陰平}]（寶雞）、脖囊郭[pʰo^{陽平} laŋ^{陰平} kuo^{陰平}]（扶風）	Fa-3
	頸一脖	頸脖、頸脖子、頸巴子	個別點有 k-l-p 類詞形：頸兒拉脖兒[kəŋr^上 la^輕 pər^{陽平}]（聊城），當來自 Fa-2 類。	Fb-1
	頸一項/亢	頸項、頸亢、頸頏、頸坎、頸崗、頸框	後字聲母有[x][ɣ][k][kʰ]幾種，各報告用字不一，如：頸項[tɕiŋ^上 xaŋ^輕]（漢中）、頸亢[tɕiŋ^上 kʰaŋ^去]（揚州）、頸框[tɕiŋ^上 kʰuaŋ^輕]（武漢）	Fb-2

續表

頸－項/亢－脖	頸項脖子、頸亢脖子	中字的聲母分爲[x]和[kʰ]兩種，如：頸項脖子[tɕin˪ xaŋ˥ pa˧˦ tsə˥]（盱眙）、頸亢脖子[tɕin˪ kʰaŋ˥ pɔ˧˦ tsə˥]（淮陰）。	Fb-3
項－頸	項頸[xa⁻阳去 tɕⁱ⁻阴上]（上饒） 項頸兒[ˣᵃ⁻ˣ去 tɕiər˪]（西安）		Fc
頷－X	a. 頷脰[am阳上 tau阳去]（海豐） b. 頷頸[ən阳去 kin˪]（平樂）	出現的方言點很少。	Fd
脰－X	a. 脰頸[tʰi阳去 tɕiᵃ⁻上]（績溪） 脰脛[tuo阳去 kie⁻阴上]（浦城） b. 脰項[tau阳去 uŋ阴去]（古田）	個別點有"脰脖－"類詞形，如：脰脖筋[tau阳去 ßuoʔ阴入 kyŋ阴平]/脰脖株[tau阳去 ßuoʔ阴入 ty阴平]（福清），存疑。	Fe

結合曹志耘主編（2008）和汪維輝（2016[2018：1032-1038]、2018：191-197），可對不同核心詞根的詞形在方言中的情況做一個小結和補充説明①：1）語素"脖"單獨成詞的方言點極少，目前僅知有晋語的2個點（襄垣、平定）；另有山東昌樂的兒化形式"脖兒"。"脖"主要是構成派生詞形〈脖子〉，或與其他核心詞根等構成複合詞，而且以位於詞首的情況居多。2）語素"項"單獨成詞的方言點也極少，目前僅知有晋語的1個點（陽城）和閩語的1個點（福州）。"項"主要是跟其他核心詞根構成詞根混合型的詞形。3）語素"頸""頷""脰"單獨成詞的方言點較多。它們也能相互組合，或是與其他核心詞根等構成複合詞。

三　分布特徵與解釋

根據上述詞形分類，我們首先繪製了一幅反映詞形是否含有核心詞根"脖"的地圖（地圖1）和一幅"脖子"義詞形的綜合地圖（地圖2）。從這兩幅地圖可見，"脖子"義詞形在漢語方言中由北往南呈現出清晰的分布層次，再結合方言地理學的已有發現和理論，我們可以將它們的地理分布模式概括爲三種主要類型：南北對立、東西對立和"長江型"分布。

（一）南北對立

"南北對立"是"脖子"義詞形最基本也是最重要的分布特徵，即北方地區的詞形基本都是含核心詞根"脖"的，而南方地區基本都是不含"脖"的詞形（地圖1）。造成這種分布格局的歷史原因就是表"脖子"義的語素"脖"是較晚時期纔起源於北方的（王力，2000；鄭張尚芳，2003；魏剛强，2004；方雲雲，2007、2010；王毅力、徐曼曼，2009；盛益民，2010 等）②。根據汪維輝（2016[2018：1028-1032]）的最近研究，最晚到明末，在江淮官話（含部分）以北的大官話

① 還有個別詞形出現極少，調查材料多未記本字，其中大部分與某一核心詞根似存在關聯，如：□頭[pu阴入 tau阳平]（陽朔）；□梗[tsɿ˪ kai˥]（古丈）、□個[tsɿ阴平 kəu去]/□公[tsɿ˪ kəu去]（沅陵）、頭□[tʰau阳平 ti阳去]（雷州）、頭子[do阳平tɕi⁻上]（蒼南錢庫）、頭團[do阳平⁻tɕi阴上]（蒼南）、□□[tø阳平 kua阴入]（富川八都）、紅□[aŋ阳平 kui阴平]（蒼南靈溪）；仲仲[tœyŋ阳平 tœyŋ阳去]/[tœyŋ阴平 tœyŋ阴去]（建甌）。這些詞形未加以呈現。

② "脖"字《廣韻》釋爲"朕臍"，《集韻》釋爲"脖胦"，都衹與"肚臍"義相關。其字形用來指"脖子"從元代起纔見於文獻，字形還有作"肷、鈸、孛、鵓、膊"等，其詞源尚存爭議（見第四節）。

區,"脖"就取代"頸/項"成爲表"脖子"義的主導詞素,而其最初流行於北方地區可能早至宋遼金時代。

　　進一步觀察地圖1和2,可以發現兩個相對次要的分布特點:1)雲南一帶集中分布着含語素"脖"的詞形(主要是〈脖子〉),與北方的〈脖子〉呈明顯的"遠隔分布",這應當是明清以來開發雲南北方漢族移民造成的結果,是方言詞彙"空運式"傳播(岩田礼編,2009:18)的典型例子。2)在長江中下游流域零星分布着含語素"脖"的詞形——主要是"頸一脖(Fb-1)"和"頸一項/亢一脖(Fb-3)"類的詞根混合型——而且在江淮一帶有沿着京杭運河傳播的趨勢。從語素"脖"起源於北方的事實來看,這種情形應是北方勢力向南影響的結果。

　　岩田礼編(2009:13-14)和曹志耘(2011:12-14)都曾提出,漢語方言裏南北對立的分布類型存在兩條不同的重要分界綫:1)淮河一秦嶺綫(簡稱"淮河綫"或"秦淮綫"),東起江蘇東北角經過淮河及秦嶺山脈一直延伸到甘肅,是中國南北方的地理分界綫,歷史上也是金與南宋對峙時期的國界①。2)長江綫,即與長江走向基本一致,但長度沒有"秦淮綫"那麼長,主要是因爲西南地區(湖北中西部、四川、雲南、貴州)的方言多有與長江以北一致的特徵。

　　就"脖子"義詞形而言,這條劃分南北對立的等言綫位於哪裏呢? 地圖1中因河南、湖北和安徽三省的資料暫時缺乏,我們祇能大致推測其分界綫是"淮河一秦嶺綫"②,一個重要的分布證據是:整個長江流域(直到四川省)仍然主要是不含語素"脖"的詞形的天下(雲南一帶的集中分布是晚近移民的結果),其他零星分布的含語素"脖"的詞形主要位於中下游的江淮官話區,且集中於大運河沿岸(見上文)。所幸曹志耘主編(2008)的"063脖子"地圖在河南、湖北和安徽的材料較爲豐富,整幅地圖所展示的詞形分布也正符合我們的推斷③。

(二)東西對立

　　在南北對立的大格局之下,從地圖2還能觀察到"脖子"義詞形呈現出另一種重要的分布特徵,即"東西對立",在北方和南方的方言裏分別有所體現。

　　1.北方方言④

　　作爲普通話的詞形,〈脖子〉廣泛地見於淮河一秦嶺以北的北方地區,呈現出一種全面的分布。但在〈脖子〉之外,可以發現在北方地區的東、西部還分別分布着兩類不同的詞根混合型詞形,而且都是以"脖"作爲前置語素:

　　(1)首先,陝西、山西兩省的黃河沿岸以及關中地區集中地分布着"脖一項(Fa-3)"類的

---

　　① 岩田礼編(2009:13)介紹説,這一分界綫的首先發現歸功於俄國學者 Olga Zavjalova(Zavjalova 1983),她稱之爲"黃河一渭河綫"。12世紀金與南宋對峙時期的國界即定於這一綫,所謂黃河是指黃河的舊河道,當時的黃河河道向南偏移,與淮河合流。她認爲這是劃分南北官話的分界綫。

　　② 可比較岩田礼編(2009)的"地圖3""地圖9-1""地圖33-1"等。

　　③ 可比較該地圖集的"035蛇""106炕"。汪維輝(2018:191-194)統計了"063脖子"圖的詞形分布,含"脖"的詞形在江淮官話區祇有8個點,西南官話區主要是雲南大部分以及貴州、四川的個別點;〈頸脖(子)〉有5個點在中原官話區,3個在江淮官話區,3個在西南官話區,1個在贛語區,1個在吳語區。

　　④ 本文初稿裏也討論了北方的東部和西部分別集中分布着兩類不同的詞形,但專門作爲"東西對立"型分布提出則是後來受到與岩田教授討論的啓發。他提出了一項假説認爲:在語素"脖"興起之前,北方的東部原本廣泛分布着〈項頸〉,而西部則廣泛分布着〈頸項〉(個人電郵)。

詞形,其中語素"項"的聲母多讀非腭化的[x]①。

　　但在個別方言點裏還存在一些其他的讀音形式:1)一種主要是三音節詞形的中字聲母讀成塞擦音[tɕʰ-]等,比如:陝西神木有兩讀"脖項股[puo陽平 xᵃ⁻去 ku輕]"和"脖腔股[puo陽平 tɕʰiᵃ⁻去 ku輕]",雲南大理讀"脖掐骨[po陽平 tɕʰiᴬ⁻上 ku陽平]"等。比較山西沁縣的讀音"脖項骨[pʌʔˠ ɕiᵃ⁻去⁻¹³ kuəʔˠ]",可以推測聲母[tɕʰ-]的讀音可能來自[x-]的腭化後的進一步塞擦化。2)另一種則是三音節詞形的中字讀為聲母為[l-]的鼻尾韻,比如:脖朗骨[po陽平 lᵃ⁻上/輕聲 ku輕聲/陰平](寶雞)、脖囊郭[pʰo陽平 laŋ陰平 kuo陰平](扶風)、脖拎骨[po陽平 liⁿ陰平 ku陽平](雲南安寧)等,這類詞形可能來源於"脖"與另一個古老的詞根"領"的混合。從以上兩類不規則的詞形來看,北方西部的官話跟雲南的部分方言點之間有一定的共性②。

　　(2)與北方西部的情形相對,在秦、晋兩省黃河沿岸的北部以及廣大的北方東部地區則是分布着以語素"脖"和"頸"為核心的"脖一頸(Fa-1)"和"脖-l-頸(Fa-2)"類詞形。

　　更細緻地來看,"脖一頸"類詞形根據後字聲母讀腭化的[tɕ-]還是非腭化的[k-]/[c-](此時字形常記作"梗")又可分為兩個次類;而"脖-l-頸"類詞形的末字聲母基本都是非腭化形式。結合曹志耘主編(2008)的"脖子"地圖③,可以看出:1)腭化的"脖一頸"類詞形主要分布在秦、晋兩省黃河沿岸北部以及晋、蒙兩省交界處等晋語區邊緣地帶,方言點不多④;2)非腭化的"脖一頸"類詞形則集中分布於山東東部以及冀、魯、豫、皖四省交界地區的若干點⑤;3)"脖-l-頸"類詞形則明顯地集中分布於魯西、冀南、豫北和皖北的交界地帶⑥。

　　我們根據詞根"頸"的聲母讀音繪製了地圖3。從圖中可見,後置語素"頸"的聲母在東部基本為非腭化的[k]或[c],在西部則為腭化的[tɕ]。地圖3還顯示南方的"頸"是"南北對立"式地分為聲母非腭化和腭化兩類,北方的"頸"則是呈東西對立。如果說非腭化一讀代表了更早的讀音形式,那麼也就是說可能在指"脖子"義的語素"脖"興起之後的一段時間内,北方東部的"頸"還沒有完成腭化,并且在產生了"脖一頸"和"脖-l-頸"類的混合型詞形後一直保留至今⑦。除非我們認為這個語素并非是梗攝三等見母的"頸"⑧。

――――――――――

①　表1未列出"項一脖"類詞形。曹志耘主編(2008)裏該詞形僅有中原官話區的1個點(山西襄汾),但未給出具體讀音。本文在所依據的材料裏也僅發現1個點(山西臨汾),有兩種說法:項脖[xɔ陽平 pʰɔ輕]、脖項[pʰɔ陽平 xɔ輕],從聲調可以判斷前者可能是後者發生聲置換的結果,也就是說都是"脖-項"類詞形。

②　雲南地區自元末以來的北方移民來自陝西、山西、河北、河南等地,其中相當一部分是陝甘一帶的回族(《雲南省志·漢語方言志》)。移民史的複雜性也反映在方言上,從"地圖2"來看,雲南地區的"脖子"義詞形主要有三類:1)A類的〈脖子〉;2)Fa-1"脖一頸(梗)"類,如:脖頸骨[po陽平⁻n去 ku陽平](昭通)、脖梗子[po陽平kᵊ⁻n上 tʂɿ上](保山);3)Fa-3"脖一項"類,如大理和安寧。這三類詞形大致分別對應北方的〈脖子〉、"脖一頸(梗)"類和"脖-項"類詞形,但移民史和方言詞形間的確切關係需進一步研究。

③　該地圖將"脖頸"和"脖梗"兩類詞形做了區分。河南省的材料在該圖裏基本上都是〈脖子〉。

④　汪維輝(2018:191)統計的〈脖頸(子)〉、〈脖頸骨〉和〈脖筋〉詞形共有16個點,其中10個為晋語。

⑤　汪維輝(2018:191)統計的〈脖梗(子)〉詞形共12個點,其中冀魯、膠遼和中原官話共占8個點。

⑥　汪維輝(2018:191)統計的〈脖兒梗/脖拉梗〉和〈疙拉嘣子〉類詞形共16個點,其中冀魯和中原官話占15個點。

⑦　岩田教授在他提出的北方東部原本分布着詞形〈項頸〉的假說中認為,是前字"項"的後鼻音韻尾同化限制了後字"頸"的腭化,造成了今天的局面。可備一說。

⑧　王洪君(2016)即持此觀點,她提到許多北方方言是讀腭化的"頸"構造的詞形,由此作為非腭化形式不可能來自"頸"的重要理由。但是她沒有注意到腭化與非腭化讀音之間有明顯的地理分布差異。而且字音在詞中往往會發生非連續性的變化,從而導致詞源綫索的丟失,"頸"不腭化後被重新理據化為讀音近似、語義有關聯的"梗"也是很有可能的。

至於具有中綴的"脖-l-頸"(聲母模式爲 p-l-k)類詞形當是受表"膝蓋"義的〈波羅蓋〉一類詞形的影響而類推的結果(參見岩田礼,2007,2011a),兩者分布區域基本重合①。個別點上,"脖一頸"和"脖-l-頸"類詞形還發生了"脖"和"頸"的聲母置換的情形(聲母模式爲 k-p 和 k-l-p),這説明這兩類詞形的語素構詞的理據性在這些方言點人們的認知中變得不很清晰。

(3)岩田礼編(2009:16)曾提出在"南北對立"之外,漢語方言還存在着"東西對立"的分布類型,其中北方方言的東西對立以山西爲界。"脖子"義詞形的分布也基本符合這種格局,祗是從山西到河南的大部分地區今天都説〈脖子〉。

據汪維輝(2016[2018:1024]),歷史文獻顯示表"脖子"義的語素"脖"在早期大都构成〈脖項〉類詞形,〈脖子〉和〈脖頸〉要到明代纔大量出現。根據文獻所反映的情況來推測,今天北方西部的〈脖項〉類詞形是保留了相對更早的形式,而大部分地區的〈脖子〉應是後起的。至於東部的〈脖頸〉類詞形,我們認爲更大的可能是北方東部原本就有含詞根"頸"的詞形②。也就是説,北方地區在語素"脖"興起之前可能以黄河或山西爲界,以東大部分地區分布有以"頸"爲詞根的詞形,以西的關中和秦晉沿黄河一帶則分布有以"項"爲詞根的詞形。後來"脖"作爲新語素興起之後,同固有的"頸""項"結合從而產生了上述的混合詞形。

2.南方方言

如前文所述,南方方言裏表"脖子"義的詞形基本都是不含新興語素"脖"的(雲南一帶的西南官話以及少部分江淮官話除外,見前文),而是以"頸""項""頷""脰"爲詞根。其"東西對立"的格局即是東部的閩語、吳語跟西部(延及南部)的贛語、湘語、客家話和粵語等相對立,地理上大致是以天目山至武夷山一脈爲分界綫(參見岩田礼編,2009:16)。

(1)首先,閩語區的兩種主要詞形"頷(D)"系和"脰(E)"系是閩語的特徵詞。其中"脰"系集中於浙東南、贛東北、閩北、閩東、閩中地區的幾片以及海南的閩語區。"脰"是上古漢語中就存在的表"脖子"義的詞,兩漢時是齊、青、徐一帶的方言詞③。因此,閩語中的該類詞形是存古的特徵。

"頷"系則集中於閩南片。《釋名》曰:"含也,口含物之車也",本義指下巴頦。《廣韻》"胡感切",屬咸攝,而"頷"系詞形裏的"頷"絕大多數正爲[-m]韻尾。今天閩南話裏表"下巴"義的多是核心語素爲"頦"的詞形,如潮州話讀"下頦[e^{陽上} hai^{陽平}]"、厦門話讀"下頦[e^{陽去} huai^{陽平}]"。因此可以推斷語素"頷"表"脖子"義是後來發生詞義轉移的結果,學者們一般也認爲這是閩南話的獨特創新(汪鋒、王士元,2005;汪維輝,2016[2018:1035,1039]、2018:

---

① 認爲是"膝蓋"影響"脖子"的一個重要原因是,對比岩田礼編(2009)"地圖 40:膝",指"膝蓋"的〈波羅蓋〉(p-l-k)及〈圪拉拜〉(k-l-p)類詞形的分布地域要比"脖子"的類似詞形的大得多,我們推測"膝蓋"的這種詞形應該產生得更早。此外,匿名審稿人指出本文將詞形〈脖了〉的"了"看作詞綴(見"表 1"A 類),那麼對 Fa-2"脖-l-頸(梗)"類詞形也應重新考慮。據筆者的理解,審稿人似乎是暗示〈脖-l-頸(梗)〉的中綴(材料中多記作〈了〉等)可能與〈脖了〉的"了"有關,那麼〈脖-l-頸(梗)〉的構詞來源就并非如上文所論述的那樣。但是筆者在"表 1"A 類詞形的脚注裏已經説明〈脖了〉的"了"實際是子尾的語音變異;而讀"脖-l-頸(梗)"類詞形的方言的子尾則一般仍讀塞擦音,如:身子[ʂ$^{e-陰平}$ tsๅ^{輕}](蒼山)、鼻子[pi^{陽平} tsๅ^{輕}](棗莊)、腮帮子[sɛ^{陰平} paŋ^{陰平} tsๅ^{輕}](金鄉)、鬍子[xu^{陽平} tsๅ^{輕}](濟寧)等。兩者的來源應當不同。

② 汪維輝(2016[2018:1022])曾指出,根據文獻來看,至晚唐五代時"脖子"義的主導詞形呈現南"頸"北"項"的明顯地域差異。但從本文給出的詞形分布來看,北方地區可能同時也一直分布有"頸"。

③ 脰,《廣韻》田候切,候韻定母去聲。《左傳·襄公十八年》:"兩矢夾脰。"《公羊傳·莊公十二年》"搏閔公,絕其脰",何休注:"脰,頸也。齊人語。"參見汪維輝(2016[2018:1013])的脚注。

196）。

語素"頷""脰"參與構造的詞根混合型詞形不多，但基本都出現在閩語區的邊緣地帶。"頷—X(Fd)"類主要是〈頷脰〉（廣東海豐）和〈頷頸〉（廣西平樂）兩種詞形：前者應當是存古的"脰"與後起的"頷"接觸的結果，但爲何出現在遠離"脰"系詞形分布核心區的原因還待解釋；後者出現在廣西的原因也待解釋①。"脰—X(Fe)"類主要是〈脰頸〉（浦城）、〈脰項〉（古田）兩種詞形，前者出現在和"頸"系詞形接觸的邊緣地帶；此外還有〈脰脖筋/脰脖株〉（福清），但可能是〈脰骨〉〈脰䐡〉類詞形的變異。

至於將吳語和閩語歸屬爲一類，主要因爲吳語區②廣泛分布的〈頭頸〉類詞形中③，有些點實際應當是〈脰頸〉，主要根據就是這些方言可以區分〈脰頸〉（前字陽去）和〈頭頸〉（前字陽平）的讀音，而其"脖子"義詞形恰好就讀前者；但也有些點讀爲後者，則可定爲〈頭頸〉。然而，大部分方言點不能區分兩者的讀音，資料裏一般就記作〈頭頸〉④。其實，說〈頭頸〉的方言很可能是通俗詞源，其來源就是〈脰頸〉，在原詞形的理據和音韻綫索已丟失的情況下人們將前一語素通俗地理據化爲"頭"⑤。這也就是說語素"脰"可能是吳語和閩語共有的特徵。做出這一推斷還有其他方面的理由：首先，吳語區與閩語區的"脰"系詞形呈鄰接分布的狀態，而兩個方言區交界地帶的方言正是有詞形〈脰頸〉（如福建浦城）；其次，遠離"脰"系的閩語大本營之外的吳語或徽語也有〈脰頸〉的分布，如績溪的[tʰi陽去 tɕiɑ⁻上聲]和杭州的[dei陽去 tɕin上]等；第三，吳語的〈頭頸—〉類詞形從構詞來說也比較特殊，"身體部位＋核心詞根"的結構在其他方言中很少見；第四，吳語區在身體詞上有用兩個詞根構成并列結構詞形的例子，而且前置的是古老詞根，後置的是新興詞根，例如："肩膀"義的〈肩胛（頭）〉，表"胳膊"義的〈臂膊〉⑥。

（2）閩語區之外的長江以南的廣大地區，基本分布的都是"頸(B)"系以及含"頸"的混合詞形(Fb、Fc)（不包括 B-3 類裏的〈頭頸—〉詞形，見上文）。

非複合詞的 B-1 類詞形中主要就是〈頸〉和〈頸子〉，其他詞形很少見。結合曹志耘主編(2008)的"脖子"地圖，可以見到單音節的〈頸〉從鄂皖交界處南到江西、一直延伸到福建西部和兩廣絶大部分地區，集中覆蓋了贛語、客家話和粵語區；而〈頸子〉類詞形則集中分布於長江中下游的江淮官話區（安徽與江蘇交界地帶）和長江上游的西南官話區（川渝一帶和貴州北部）兩處。

但值得注意的是，在成片的 B-1 類詞形的西面和東北兩側，集中分布着"頸—X(B-2)"類

---

① 據曹志耘主編(2008)的"脖子"地圖，臺灣省有 4 個讀〈頷頸団〉的閩南話點。

② 嚴格說主要是浙江境内以及上海小片的吳語，此外還包括部分徽語（主要是嚴州片）。

③ 本文繪製地圖時所依據的文獻資料一般都直接記作〈頭頸〉，而未根據下文所提到的聲調證據來考察實際的詞源，因此本文也没有做區分，但并不影響這裏的討論。

④ 能區分兩者讀音的方言如上海、湯溪、遂安（爲〈脰頸〉），磐安、東陽、淳安（爲〈頭頸〉）等。詳見曹志耘等(2016：416-417)。

⑤ 本文初稿裏曾提出過近似的推斷。初稿完成後不久即收到汪維輝教授寄來的《説"脖子"》一文初稿，其中也提出了類似的觀點，可謂不謀而合(汪維輝，2016[2018：1036-1038])。汪文也詳細引用了曹志耘等(2016：416-417)給出的材料，表明吳、徽語中存在大量無法區分〈頭頸〉和〈脰頸〉的方言，但同時也有能分開兩者讀音的，爲該觀點提供了音韻上的佐證。盛益民(2018：447)也認爲〈頭頸〉可能是來自〈脰頸〉的通俗詞源。筆者在初稿中曾認爲要證明〈頭頸〉和〈脰頸〉同源的關鍵是論證陽去與陽平之間轉變的可能性，但岩田教授向筆者指出通俗詞源屬於非連續性變化，可以打破語音連續變化的限制（參見岩田礼，2011b）。

⑥ 參見岩田礼編(2009)"地圖 35：肩膀"和"地圖 33：胳膊"。

詞形:1)湖南全境以及江西西部、南部(湘語和部分贛語、客家話區)基本都是以〈頸根〉〈頸筋〉〈頸公〉〈頸嗓〉等爲代表的複合詞形,呈現出非常複雜的次類①,向西影響到四川和貴州的部分地區(以〈頸筋〉和〈頸杆〉爲主);2)蘇南地區江淮官話和吳語的交界地帶也分布有以〈頸根〉爲主的 B-2 類詞形。

　　上述湖南和江西境内的 B-2 類和少數 B-3 類詞形有將單音節〈頸〉的成片分布分隔開來的趨勢②。根據汪維輝(2016[2108])的研究,〈頸〉在戰國晚期開始就已成爲漢語通語裏表"脖子"義的主導詞,至晚唐五代時期和〈項〉分別成爲南方和北方的主導詞。據此可以推測,漢代以來的北方移民往南遷徙時帶來的主要就是單音的〈頸〉,曾經可能遍布南方地區③。今天湘、贛以及蘇南地區的"頸－X(B-2)"以及少數 B-3 類詞形是後來發生的變化④,B-1 類的〈頸子〉也是後起的。

(三)"長江型"分布

　　相比以上兩種分布類型,所謂的"長江型"分布并不典型,可以説是暫時性的假設。體現出這種分布的是"頸－項/亢(Fb-2)"類詞形⑤,主要分布在蘇皖、鄂湘以及四川的長江沿岸,與四川鄰近的陝南也有零星分布。由於後置語素在字形上主要有〈－項〉(聲母讀[x])和〈－亢〉(聲母讀[k]/[kʰ])⑥兩類寫法,我們專門繪製了一幅地圖來考察其聲母(地圖 4),從圖中可見蘇皖和鄂湘一帶擦音和塞音的勢力相當,而四川、陝南一帶則基本爲擦音,總之在各個局部的範圍内兩種聲母形式是呈連續分布的,可以認爲〈－項〉和〈－亢〉應當原本是同一個語素⑦。

　　上述"頸－項/亢"類詞形雖然都位於長江沿岸,但并沒有體現出連續分布的特徵,這也是我們認爲這種分布類型不夠典型的主要原因。但根據汪維輝(2016)的研究,詞形〈頸項〉在《齊民要術》裏就已出現,很可能是中古早期就存在的詞形,加之到晚唐五代形成了南"頸"北"項"的分布格局,作爲南北交界的長江沿岸出現混合型的〈頸項〉類詞形也是很有可能的,并且可能曾經有廣泛的分布,纔留有今天的痕跡。

---

　　①　江西西北角與湖南接壤處還有一小片具體爲〈扁頸〉的 B-3 類詞形。
　　②　單音節的〈頸〉呈南北兩片非連續的分布格局可能也受南嶺山脈阻隔的影響,值得進一步研究。
　　③　因此,B-3 類裏最重要的〈頭頸－〉類詞形很可能就是詞根"脰"和"頸"接觸的結果。如果假設吳語和閩語原本都是以〈脰〉爲主要詞形,那麼今天吳語的〈頭頸/脰頸〉應當是北方的〈頸〉向江東入侵的結果(所謂"北方方言江東侵入型",參見岩田礼(2009:14)。
　　④　岩田礼(2007:131)指出湘贛方言名詞富於詞尾是有系統的創新,不是個例。
　　⑤　雖然筆者在初稿裏也指出了"頸－項/亢"類詞形有"長江型"分布的特徵,但作爲一個類型概括出來是受到了岩田教授的啓發。他根據方言分布和文獻研究的發現假設曾經沿長江廣泛分布有詞形〈頸項〉。
　　⑥　有些記作〈頸框〉(如武漢[tɕinꞁ kʰuaŋ꜖])等的詞形可能是通俗詞源。
　　⑦　有學者(龍丹,2007)指出"項"和"亢"在上古可能所指有別,前者指脖子後部,後者指脖子前部。但這裏討論的方言情況應是語音變化導致的結果,和上古的"項""亢"之別不一定有關聯。另外,岩田教授在來信中向筆者指出,四川、陝南一帶的〈頸項〉與關中一帶的〈脖項〉呈鄰接分布,他據此假設關中地區原本可能分布着詞形〈頸項〉,語素"脖"興起後被〈脖項〉替換。這似乎也可以間接表明蘇皖、鄂湘的〈頸項/頸亢〉之間的關係更爲緊密,兩地的詞形裏後字有塞音和擦音兩種讀法,而川陝基本都是擦音。

(四)詞根"項"的分布

核心詞根"脖""頸""脰""領"都有整齊而集中的分布區域,祇有"項"的分布顯得複雜和零散,但其中仍有一些規律可尋。汪維輝(2016[2018:1034-5])已對此進行了梳理,結合本文的已有討論可進一步總結如下:

(1)"項"極少單獨成詞,而基本都是與詞根"頸""脖"構成複合詞,其中以〈脖項(子)〉、〈頸項〉和〈項頸〉三類詞形最多,〈項脖〉僅極個別點①。

(2)〈脖項(子)〉類詞形集中分布於北方西部的中原官話和蘭銀官話(晋語有個別點)。〈頸項/頸亢〉集中分布於長江沿岸,分上游的西南官話與中下游的江淮官話(及個別吳語)兩組;但西南官話的〈頸項〉與西北的〈脖項(子)〉呈鄰接分布。〈項頸〉則集中出現在浙江中西部杭州以南的狹長地帶,徽南和贛東北也有分布②,被周邊的〈頭頸/脰頸〉類詞形包圍(呈周圈分布),盛益民(2018:447-449)認爲其與官話地區的含"項"的詞形呈遠隔分布,結合文獻和移民歷史來看應是南宋北方移民帶入的。

(3)詞根"項"構造的詞形基本最南祇到長江流域(越過長江的〈項頸〉是因南宋北方移民而産生的),支持汪維輝(2016[2018])認爲"項"在晚唐五代時期是北方方言的主導詞的觀點③。它的逐漸衰落應是在宋元以後。

結合表"脖子"義的語素"脖"是宋元以後纔産生的事實來看,要徹底弄清"脖子"義詞形的歷史,關鍵之一是重建"脖"産生之前的詞形分布和演變(核心問題是詞根"頸"和"項"的分布關係)以及"頸"在南方的擴展史,值得今後進一步深入。而另一個重要的問題就是語素"脖"的來源,下文略做討論。

四　語素"脖"的來源問題

(一)"内源説"與"外源説"

表"脖子"的語素"脖"(下文作"脖脖子")的來源至今仍是一個謎。當前有關該問題的觀點主要有"内源説"和"外源説"兩種。大多數學者都持内源説,即贊同"脖脖子"是漢語内部起源,而且源自北方方言(方雲雲,2007;王毅力、徐曼曼,2009;汪維輝,2016[2018:1022-1028];劉君敬,2020:41-42 等)。然而,内源説的最大問題是持該觀點者至今未能給出令人

---

① 值得注意的是,與〈脖項〉和〈項脖〉的多寡對比相對稱,〈脖頸〉〈脖-l-頸〉類詞形的方言點很多(集中在北方東部),而〈頸脖(子)〉類詞形則相對較少,零星分布在江淮一帶。

② 西北地方有個別點,本文的材料裏發現的是固原和西安,汪文裏統計到的是甘肅西峰。

③ 根據前文的討論,詞根"頸"可能在北方也一直存在,"項"或許不是唯一的主導詞。

信服的詞源解釋與論證①,而且針對外源説也没有給出足够有效的反駁(詳下)。

　　盛益民(2010)則提出了"脖_{脖子}"來自突厥語底層語素的新見。該文首先給出了三條理由來説明"脖_{脖子}"不易解釋爲本土語素:1)"脖_{脖子}"的方言讀音紛繁複雜,與中古没韻字無關②:一種情況是没韻字讀入聲,但"脖_{脖子}"讀舒聲;另一種情況是"脖_{脖子}"的韻母主元音與没韻字的不同。2)"脖_{脖子}"指"脖子"的用法在元代爆發式地出現,而語義上又得不到合理的解釋,根據汪鋒、王士元(2005)提出的原則③,應是借用造成的結果。3)早期文獻裏字形上有多種寫法,反映了剛借入時字形不統一的事實。其次,11世紀的《突厥語大詞典》裏"脖子"作 boyïn,更早的古突厥碑文裏也有這個詞。作者認爲其中的音節 bo 能和"脖_{脖子}"對應,并且由於"脖_{脖子}"是核心詞,故不大可能是借詞而應是突厥語的底層語素。最後,作者舉出元代文獻中用入聲字來記録外來語開音節的情況,作爲能用入聲字"脖/脖"等記録突厥語的音節 bo 的旁證。

　　針對上述觀點,汪維輝(2016[2018:1023-1025])提出了三條理由來反駁:1)大量漢語方言的"俗詞"在進入書面語時都會存在音義無考、字形不統一的現象,而且相對於原有的書面詞來説也是一種借用,因此不足以證明"脖_{脖子}"不可能來自漢語方言;2)早期詞形〈脖項〉的"項"無法對應 boyïn 的後半部分;3)詞彙相對保守的晋語也説"脖"類詞形。因此"脖_{脖子}"不太可能來自外語。

　　汪文的商榷有合理之處,但也有不足。第一條理由雖然指出了盛文在論證上的缺陷,但嚴格説來也衹是陳述了另一種邏輯可能性,并不能排除"脖_{脖子}"爲突厥語底層語素的可能,在盛文已經明確地給出了一個外來詞源的情況下,真正有效的反駁應該是證明該外來詞源不可能進入漢語,同時拿出漢語詞源的可靠解釋。第二條和第三條理由也并不充分,前者嚴格説來衹能表明 boyïn 不可能作爲整體進入漢語④;而後者也可能存在反例,比如一些北方方言的遠指代詞/語素"兀"有可能來自突厥語,而且在晋語中也有廣泛的分布(張維佳等,2007)⑤。

　　因此,我們認爲更嚴謹的思路應該是一方面進一步檢討"突厥語底層説",另一方面看漢語内部能否有合理的詞源解釋。對此,一項重要的工作就是詳細考察"脖_{脖子}"的方言音韻特徵,據此可以檢討 bo(yïn)進入漢語的可能性,也能爲内源説提供討論的材料。

---

　　①　根據汪維輝(2016[2018:1022-1023])的梳理,目前衹有鄭張尚芳(2003)提出的源自表"衣領"的"襮"和黄樹先(2012:234)提出的源自表"肩胛"的"髆"兩種解釋。針對前者盛益民(2010)已經提出了合理的商榷,我們表示贊同;後者則尚缺乏具體的論證。

　　②　"脖"字《廣韻》屬没韻並母(蒲没切),釋爲"朕臍";《集韻》没韻並母(薄没切),釋爲"脖胦",均與"肚臍"義有關。這説明"脖"字原本與表"肚臍"義相關,現在很多方言裏還有〈(肚)脖臍〉〈脖臍眼兒〉等表"肚臍"的詞形,下文簡作"脖_{肚臍}"。

　　③　原文爲:"如果競争的形式突然出現,而不是通過語義演變轉化而來,就很可能源自借用。"

　　④　汪文論證了突厥語的 boyïn 不可能整體借進漢語,但也承認不能完全否定語素"脖_{脖子}"源自突厥語底層的可能性(1024-1025頁)。

　　⑤　"兀"的例子是匿名審稿專家指出的,特此致謝。不過有關"兀"的來源是否確爲突厥語,學界尚無最終定論,參看汪化雲(2007)等。可惜的是張維佳等(2007)并没有對這些反面意見進行討論,不過西北方言的"兀"在語音和語義上都跟突厥語的遠指代詞﹡ol 很相似,確實值得注意。

（二）“脖脖子”在方言裏的讀音

　　盛文曾通過一些方言裏“脖脖子”的韻母不同於没韻字而“脖肚臍”的韻母同於没韻字的現象來證明“脖脖子”與其字形所代表的中古音韻地位無關。但筆者重新考察了他使用的《普通話基礎方言基本詞彙集》（陳章太、李行健主編，1996）①和其他的方言材料後發現實際情況要複雜得多。下文先按照“脖脖子”讀舒聲韻還是入聲韻將所考察的方言分爲四類，然後在每類之下再根據“脖脖子”“脖肚臍”和中古没韻字以及其他相關入聲韻之間的關係做進一步的分析。

　　“脖脖子”讀舒聲韻的方言裏，一類是官話方言（《詞彙集》共 53 個點，不包括江淮官話）。請看下表的歸納②：

表 2　“脖脖子”韻母爲舒聲韻的官話方言

| | | 脖子 | 脖肚臍 | 没韻幫組 | | | 没韻非唇 | 鐸韻 | 末韻 | 覺韻 |
				勃/餑/垎③	不	没	骨	薄	撥	剥
a₁	利津	pə^{陽平}	pi^{陽平}	勃餑 pə^{陰平} 垎 pu^{陽平}	pu^{入}	~收 mə^{去} 丢失 mu~有 mu^{去}	ku^{入}	白 po^{陽平} 博 pə^{入}	pə^{入}	白 pa^{入} 文 pə^{入}
	諸城	pə^{陽平}	pu^{陽平}	勃 pə^{陽平} 餑 pə^{陰平} 垎 pu^{陰平} 餑 pu^{去}	pu^{上}	mu^{陽平}	ku^{上}	pə^{陽平}	pə^{上}	白 pa^{上} 文 pə^{上}
	徐州	puə^{陽平}	——	勃$_{新}$ puə^{陽平} 勃$_{老}$餑 pu^{陽平}	pu^{陰平}	沉~mu~有(老) mu^{去} ~有(新) mei^{去}	ku^{陰平}	puə^{陽平}	puə^{陰平}	puə^{陽平}
a₂	臨汾	pʰɔ^{陽平}	pu^{陽平}	餑 pə^{陽平}	pu^{陽平}	mɔ/mu mei^{陽平}	ku^{陽平}	pʰɔ^{陽平}	pɔ^{陽平}	pɔ^{陽平}
	商丘	po^{陽平}	mu^{去}	勃 po^{陽平}	pu^{陰平}	沉~mu^{去}	ku^{陰平}	po^{陽平}	po^{陰平}	po^{陰平}
	銀川	pə^{陽平上}	——	餑 pə$^{陰平/去}$ 勃 pə^{去}	pu^{去}	淹~mə^{去}~有 mu	ku^{去}	pə^{陽平上}	pə^{去}	pə^{去}
a₃	保定	po^{陽平}	pi^{陽平}	勃 po^{陰平}	pu^{陰平}	沉~mo^{去}~有 mei^{陰平}	ku^{上}	白 pau^{陽平} 文 po^{陽平}	po^{陰平}	白 pau^{陰平} 文 po^{陰平}
	北京	po^{陽平}	——	餑 po^{陰平} 勃 po^{陽平}	pu^{上}	沉~mo mei^{陽平}	ku^{陽平}	po^{陽平}	po^{陰平}	白 pau^{陰平} 文 po^{陰平}
	漢中	puo^{平}	pu^{上}	勃 puo^{上}	pu^{平}	muo^{上}	ku^{上}	puo^{平}	puo^{上}	puo^{上}
	天水	pʰo^{平}	pʰo^{平}	勃 pʰo^{平}	pu^{平}	mo^{平}	ku^{平}	pʰo^{平}	po^{平}	po^{平}
	蘭州	pɣ^{陽平}	——	勃餑 pɣ^{陽平}	pu^{平}	mɣ^{去}	ku^{去}	pɣ^{陽平}	pɣ^{去}	pɣ^{去}

　　這類方言有兩項重要的共同特徵：1）“脖脖子”的韻母讀同果攝合口字，同時宕江攝開口

---

　　①　《詞彙集》收録了 93 個方言點的材料，其中 70 個點用“脖脖子”構成“脖子”義詞形，34 個點用“脖肚臍”構成“肚臍”義詞形（兩者都有的 33 個點）。“脖子”義詞形主要有〈脖子/脖了/脖得〉〈脖項〉〈脖頸/脖梗兒〉〈頸脖〉等。“肚臍”義詞形主要有〈（肚）脖臍〉〈脖臍眼（兒）〉〈脖臍窩（兒）〉等，但有些方言裏“脖肚臍”的聲母會異化爲鼻音[m-]，字形上一般被記作〈目〉，舉例時視同“脖肚臍”。

　　②　爲方便起見，表中舉例時祇給出“脖脖子”和“脖肚臍”在詞中的單字讀音，其他相關韻字一般也祇以唇音聲母字爲討論對象（後文同）。所列方言點涵蓋了冀魯、膠遼、中原、蘭銀、北京、西南幾大官話方言，東北官話跟北京官話的情況基本相同，故未舉例。

　　③　《方言調查字表》裏並母列了這三個字，但各點的材料裏未必都給出所有字的記音。又因爲這三個字在方言裏的讀音往往不同且不合並母，故下表會按原材料給出具體字例。但是關注點仍是韻母。

和山攝合口一等的入聲字(鐸、覺、末韻)也讀入果攝——若宕江攝入聲字有文白異讀,則是文讀音讀入果攝①;2)"脖$_{肚臍}$"的韻母大多不同於"脖$_{脖子}$",一般讀後高元音[u]②,與没韻非幫組字、模韻、物韻及屋韻等合流③。

該類方言的差異主要在没韻幫組字的讀音,可再分爲三個小類:1)a_1類方言没韻幫組字的文讀和新派讀入果攝,白讀均爲[u];2)a_2類方言"勃"組字韻母讀入果攝,而"不""没"讀[u](文讀除外);3)a_3類方言祇有"不"的韻母讀[u],"没"的韻母([ei]除外)也讀如果攝字。"不"的韻母都讀[pu]④。

另一類"脖$_{脖子}$"讀舒聲的方言爲晉語(《詞彙集》共9個點⑤)。請看下表:

表3　"脖$_{脖子}$"韻母爲舒聲韻的晉語

		脖$_{脖子}$	脖$_{肚臍}$	没韻$_{幫組}$			没韻$_{非唇}$	鐸韻	末韻	覺韻
				勃/餑/垺	不	没	骨	博/薄	撥	剝
	綏德	puo^{平}	pə?^{入}	勃 pʰuo^{平}	pə?^{入}	mə?^{平}	kuə?^{入}	博薄 puo^{平}	puo^{入}	puo^{入}
	延川	白 pʰɤ^{陽平} 文 pɤ^{陽平}	pʰɜʔ^{短入}	勃 pʰɤ^{長入}	pɜʔ^{短入}	mɤ^{長入}	白 kʰuɜʔ^{長入} 文 kuɜʔ^{長入}	薄$_{白}$ pʰɤ^{長平} 薄$_{文}$ pɤ^{陽平}	pɤ^{長入}	pɤ^{長入}
b_1	林縣	po^{陽平}	pə?^{入}	餑 pɐʔ^{入} 勃 po^{陽平}	pə?^{入}	mə?^{入}	ku?^{入}	博 pɐʔ^{入} 薄 po^{陽平}	潑 pʰɐ?^{入}	pɐʔ^{入}
	朔縣	puə^{陽平}	pə?^{入}	勃 paʔ^{入} 餑 puə^{陽平}	pə?^{入}	mə?^{入}	kuə?^{入}	博 paʔ^{入} 薄 puə^{陽平}	paʔ^{入}	paʔ^{入}
b_2	山陰	puə^{平}	pᴧ?^{入}	勃 pᴧ?^{入}	pə?^{入}	mə?^{入}	kuə?^{入}	博 pᴧ?^{入} 薄 puə^{平}	pᴧ?^{入}	pᴧ?^{入}
	二連浩特	pɤ^{平}	ma?^{入}	勃餑垺 paʔ^{入}	pə?^{入}	mə?^{入}	kuə?^{入}	博 paʔ^{入} 薄 pɤ^{平}	paʔ^{入}	paʔ^{入}
b_3	呼和浩特	pɤ^{平}	ma?^{入}	勃 pə?^{入} 餑 pɤ^{平}	pə?^{入}	mə?^{入}	kuə?^{入}	博 paʔ^{入} 薄 pɤ^{平}	paʔ^{入}	paʔ^{入}
	邯鄲	puo^{陽平}	——	勃 pə?^{入}	pə?^{入}	mə?^{入}	kuə?^{入}	博 pᴧ?^{入} 薄 puo^{平}	pᴧ?^{入}	pᴧ?^{入}
c	神木	puo^{陽平}	pə?^{入}	勃餑 pʰə?^{入} 垺 pə?^{入}	pə?^{入}	mə?^{入}	kuə?^{入}	博 pə?^{入} 薄 puo^{陽平}	pə?^{入}	pa?^{入}
d	張家口	po^{平}		勃餑 pɐ?^{入}	pɐ?^{入}	mɐ?^{入}	kuɐ?^{入}	薄$_{文}$ po^{平} 薄$_{白}$ pao^{平} 博 pɐ?^{入}	pɐ?^{入}	pɐ?^{入}

這類方言的共同特徵是:1)"脖$_{脖子}$"的韻母幾乎都讀同果攝合口字⑥,而宕江攝開口和山

---

①　果攝合口字如"婆":[pʰə^{陽平}](利津)、[pʰuə^{陽平}](徐州)、[pʰɜ^{陽平}](臨汾)、[pʰuo^{平}](漢中)等,限於篇幅未列。利津的入聲仍保留入聲調,但文讀韻母已同果攝。宕江攝入聲有異讀的問題下一小節還會提到。

②　利津、保定等方言裏(以冀魯官話爲多)"脖$_{肚臍}$"的韻母爲[i],不同於其他方言的[u],當是受後字"臍"的逆同化作用而產生的例外音變。根據魏剛強(2004)的研究,植物"荸薺"的名稱即來自身體詞"脖臍",許多方言裏"荸"和"脖$_{肚臍}$"同音,甚至同時發生例外音變而均不合没韻字的韻母——例如利津的"荸"就也讀[pi^{陽平}]等。因此這裏將[pi]與[pu]同看待。

③　表中舉了"骨"作爲没韻非幫組字的代表。另外三個韻的例子如利津:菩脯模韻[pʰu^{陽平}]、膚虞韻[fu^{陰平}]、拂物韻[fuᴧ]、出術韻[tsʰuᴧ]、木目屋韻[muᵗ]等,因篇幅所限,表中未給例字。

④　我們注意到,《中原音韻》裏没韻幫組字就分爲兩組,一組是歸入歌戈韻(*o)的"勃",另一組是歸入魚模韻(*u)的"不""没"和非唇音聲母的没韻字(參見楊耐思,1981)。表2中的a_2類方言比較接近《中原音韻》所反映的没韻幫組字的分化情況。

⑤　張呼片5個點,邯新片2個點,五臺片和大包片各1個點。表3根據音韻特徵做了歸類和取捨,補充了《詞彙集》未收的4個點:神木(五臺片,邢向東,2002)、朔縣(五臺片,江蔭褆,1991)、山陰(大包片,楊增武,1990)、延川(志延片,張崇,1990)。可見這類方言主要位於晉語區的西北和東南邊緣地帶。

⑥　果攝合口字如"婆":[pʰo^{陽平}](林縣)、[pʰuo^{陽平}](神木)、[pʰɤ^{平}](二連浩特)、[pʰo^{平}](張家口)等。延川的果攝字文讀音讀[ɤ]類韻母,而白讀音讀[ie]類韻母。

攝合口一等的入聲字仍讀入聲①；但是各點的鐸韻字"薄厚薄"也讀入果攝②。2)"脖肚臍"和没韻字大都仍讀入聲；3)各點的"不"和"没"都同韻，且大都與非唇音聲母的没韻字同韻③。

參考王洪君(2014:62-78)對中古入聲韻在山西方言中的演變的研究，上述方言可再分爲三類：1)b 類方言的宕開一(鐸)、山合一(末)和江開二(覺)合流爲低的[ɐʔ/aʔ/Aʔ/ʌʔ]韻母④，與山咸攝一二等非見系同，異於大多數北方方言；2)c 類方言的宕開一和山合一合流爲高的[əʔ]韻母，與江開二及山咸攝一二等非見系對立⑤；3)d 類方言的入聲韻母衹剩下[ɐʔ]的一套。此外，b 類方言可根據"脖肚臍"與"勃"組字的關係再分爲若干小類。

"脖脖子"讀入聲韻的方言，一類屬於晉語(《詞彙集》5 個點⑥)。請看下表：

表 4　"脖脖子"韻母爲入聲韻的晉語

		脖脖子	脖肚臍	没韻幫組			没韻非唇	鐸韻	末韻	覺韻
				勃/餑/垺	不	没	骨	薄	撥	剥
e	忻州	pʰuɔʔ陽入	məʔ入	勃餑 puɔʔ入	pəʔ入	məʔ入	kuəʔ入	pʰuɔʔ入	puɔʔ入	puɔʔ入
	定襄	pʰuɔʔ入	məʔ入	勃 puɔʔ入 餑 pʰuɔʔ入	pəʔ入	məʔ入	kuəʔ入	pʰuɔʔ入	puɔʔ入	puɔʔ入
f	太原	白paʔ陽入 文pəʔ陽入	pəʔ陰入	勃白paʔ陽入 勃文pəʔ陽入	pəʔ陰入	沉~məʔ陰入	kuəʔ陰入	白paʔ陽入 文pəʔ陰入	白paʔ陽入 文pəʔ陰入	白paʔ陰入 文pəʔ陰入
	和順	paʔ入	pəʔ入	勃 pʰaʔ入 渤 pʰaʔ入	pəʔ入	məʔ入	kuəʔ入	paʔ入	paʔ入	paʔ入
	天鎮	paʔ入	paʔ入	勃 pʰaʔ入 餑 puʌ陰平	paʔ入	məʔ/maʔ入	kuəʔ入	paʔ入	paʔ入	paʔ入
	晋城	pᴧʔ入	——	勃餑 pᴧʔ入	pəʔ入	məʔ入	kuəʔ入	pᴧʔ入	pᴧʔ入	pᴧʔ入
g	離石	pʰɐʔ陽入	pəʔ陰入	餑白勃 pʰəʔ陰入 餑文 pəʔ入	pəʔ陰入	məʔ陽入	kuəʔ陰入	pʰɐʔ入	pəʔ陰入	pɐʔ陰入
	臨河	paʔ入	paʔ入	勃餑垺 pɛʔ入	——	mɛʔ入	kuɛʔ入	pɛʔ入	pɛʔ入	pɛʔ入
h	長治	pəʔ入	pəʔ入	勃 pəʔ入	pəʔ入	——	kuəʔ入	pəʔ入	pəʔ入	pəʔ入
	長子	pəʔ陽入	pəʔ陽入	勃 pəʔ陰入	pəʔ陰入	məʔ陽入	kuəʔ陰入	pəʔ陽入	pəʔ陽入	pəʔ陰入
i	介休	pᴧʔ陽入	pᴧʔ入	勃 pʰᴧʔ陰入	pᴧʔ入	mᴧʔ陽入	kuᴧʔ陰入	pᴧʔ陽入	pᴧʔ陰入	pᴧʔ陰入

上述方言也可根據中古入聲韻的分合關係再做劃分：1)e 類方言的宕開一、山合一和江開二合流爲半高的[uɔʔ]韻母，但同時跟山咸攝一二等非見系的低的[aʔ]韻母以及没韻非幫

---

① 綏德和延川的這三個入聲韻和"勃"字已經舒化或在舒化中，且讀入果攝合口，與表 2 的官話方言相同；但是"脖肚臍"和其他没韻字又部分保留了入聲，可看作是處於表 2 和表 3 兩類方言之間的過渡狀態。

② 個別點(如張家口和陽原，後者未列出)"薄厚薄"的白讀音讀入效攝，但是文讀音仍讀入果攝。

③ 綏德的"没"讀舒聲，但主元音仍跟"不"相同。大部分方言點的非唇音没韻字的韻母讀[uəʔ]，與"不""没"同韻，後者因是唇音聲母而丟失介音[u]。但林縣的部分非唇音没韻字則是跟屋韻字等合流讀[uʔ]。這是因爲林縣的入聲韻母保留得較多(有三組)，而其他點都衹保留兩組或一組入聲韻母，保留兩組入聲韻母的方言裏"不""没"和非唇音聲母没韻字一般讀較高的[əʔ/uəʔ]韻母。

④ 這裏以及下文所謂的"高""半高""低"韻母，是指某個方言中入聲韻母的主元音的相對高低。

⑤ b、c 類方言的山咸攝一二等非見系入聲字如"八"：[pɑʔ](朔縣)、[pɐʔ](林縣)、[paʔ](神木)；"答"：[tɑʔ](朔縣)、[tɐʔ](林縣)、[taʔ](神木)等。

⑥ 五臺片 2 個點，并州片、上黨片和呂梁片各 1 個點。表 4 中根據音韻特徵做了歸類和取捨，并補充了《詞彙集》未收的 6 個點：定襄(五臺片，陳茂山，1995)、和順(大包片，田希誠，1987)、天鎮(大包片，謝自立，1990)、介休(并州片，張益梅，1995)、晋城(上黨片，沈慧雲，1983)、長子(上黨片，高炯，1995)。這些點大部分位於晉語區的核心或靠近核心的地帶。

組字的高的[ə?]韻母對立;2)f 類方言與 b 類方言類似,上述幾類入聲韻合流爲低的[a?/A?]韻母,同時"脖肚臍"和"勃"組字的韻母之間互有參差;3)g 類方言同於 c 類方言,宕開一和山合一合流爲高的[ə?/ɛ?]韻母,與江開二及山咸攝一二等非見系對立①;4)h 類方言與 g 類方言的區別主要是江開二不同程度地合流到[ə?]韻母,同時"脖脖子"的韻母也跟 g 類方言的不同;5)i 類與 d 類一樣,入聲韻母衹剩下[ʌ?]的一套。

"脖脖子"的韻母讀音也有四類:1)e 類方言中半高的[uɔ?]韻母,與低的[a?]韻母和高的[ə?]韻母對立;2)f、g 類方言中與[ə?]韻母對立的低的[a?]類韻母;3)h 類方言中與[a?]韻母對立的高的[ə?]韻母;4)i 類方言唯一的[ʌ?]韻母。其中,定襄、太原文讀和 h 類方言裏"脖脖子"的韻母主元音與果攝相同或相近②。

最後來看"脖脖子"讀入聲韻(含衹保留獨立入聲調的)的江淮官話(《詞彙集》衹有 2 個點③)。請看下表:

表 5　"脖脖子"韻母爲入聲韻的江淮官話

| | | 脖脖子 | 脖肚臍 | 没韻幫組 | | | 没韻非唇 | 鐸韻 | 末韻 | 覺韻 |
				勃/餑/垺	不	没	骨	薄	撥	剥
j	南京	po?ᴧ	——	勃 po?ᴧ	pu?ᴧ	文 mo?ᴧ合 mei陽平	ku?ᴧ	po?ᴧ	po?ᴧ	po?ᴧ
	安陸④	po?ᴧ	——	勃 po?ᴧ	pu?	mei陰去	ku?	po陽平	po?	po?
k	泰州	puʊ?陰入	——	勃 pʰə?陰入 餑 pʰə?陽入	pə?陰入	白 mə?陽入 文 ɕm?陽入	kuə?陰入	白 pʰa?陽入 文 pa?陰入	puʊ?陰入	pa?陰入
	漣水	po?ᴧ	——	勃 po?ᴧ 餑 pə?ᴧ	pə?ᴧ	mə?ᴧ	kuə?ᴧ	pa?ᴧ	po?ᴧ	pa?ᴧ
l	合肥⑤	白 pɐʊ?ᴧ 文 pə?ᴧ	mə?ᴧ	勃 pʰə?ᴧ	pə?ᴧ	淹~,~收 mə?ᴧ陰平 ~有 mei	kuə?ᴧ	pɐʊ?ᴧ	pɐʊ?ᴧ	pɐʊ?ᴧ
	連雲港	pɐ?ᴧ	——	餑 pə?ᴧ 勃 pʰə?ᴧ	pə?	~有 mə?ᴧ~籛 mei去	kuɵ?ᴧ	pɐ?ᴧ	pɐ?ᴧ	pɐ?ᴧ

參考石紹浪(2016:70-137)對江淮官話入聲韻演變的研究,上述方言可分類如下:1)j 類方言與北方的官話方言類似,宕江攝和山攝合口一等合流,與山咸攝開口一二等非見系字對立;2)k 類方言的宕江攝開口合流,與山攝合口一等不同,又都不同於山咸攝開口一二等非見系字;3)l 類方言與 f 類方言類似,宕江攝和山攝合口一等合流爲低的[ɐ?]韻母,與山咸攝

---

①　e、f、g 三類方言的山咸攝一二等非見系入聲字如"八":[pa?ᴧ](忻州)、[pa?ᴧ](定襄),[pa?陰入](太原)、[pa?ᴧ](天鎮)、[pA?ᴧ](晋城)、[pɐ?陰入](離石)、[pa?ᴧ](臨河);"答":[ta?ᴧ](忻州)、[ta?ᴧ](定襄)、[ta?陰入](太原)、[ta?ᴧ](天鎮)、[tA?ᴧ](晋城)、[tɐ?陰入](離石)、[ta?ᴧ](臨河)等。太原的白讀音符合 f 類方言的特徵,受官話方言影響的文讀音則與 h 類方言一致。

②　果攝合口字例如"婆":[pʰɛ陽平](忻州)、[pʰuɔ陽平](定襄)、[pʰɤ陽平](太原)、[pʰɤ陽平](和順)、[pʰuʌ陽平](晋城)(有元音[A]構成的開韻母)、[pə陽平/pʰo陽平](離石)、[pʰə陽平](長治)、[pʰuə平](介休)等。

③　均屬洪巢片。南京話《詞彙集》衹收了"頸子"的説法,劉丹青(1995)收了"脖子[po?ᴧ ʦ̩輕]",《江蘇省志·方言志》收了"頸脖子[tɕin˧ po?ᴧ ʦ̩輕]",表 5 據此做了補充。合肥的材料據楊永成(2015)。此外,表 5 還補充了《詞彙集》未收的 2 個點:泰州(泰如片,《江蘇省志·方言志》)、安陸(黃孝片,盛銀花,2015)。江淮官話説"脖脖子"的方言不多,能有系統描寫材料的就更少,表中的歸納可能並不全面。

④　安陸話"脖子"説"頸子",但有"脚脖[po]子脚踝"一詞,同音字表裏也收了"脖"字。

⑤　合肥話的"脖子",《詞彙集》衹收了"老頸子"一讀;楊永成(2015)則收了三種説法,其中"頸脖[pɐ?ᴧ]子"最不常用,這裏爲了討論"脖脖子"的讀音而録。

開口一二等非見系同①。

　　還需注意的是，j、k 和 l 類方言裏"脖(脖子)"的韻母均同於山攝合口一等字，但衹有前兩類方言的韻母主元音與果攝字相同②。

（三）對"脖(脖子)"方言讀音的解釋與推論

　　總結上文可以得到一些重要的信息。首先，聲母和聲調方面，"脖(脖子)"在各方言的讀音有很強的一致性和規律性：無論是否保留入聲韻或入聲調，是否區分陰陽入或陰陽平，"脖(脖子)"基本都符合古全濁聲母入字的讀音或演變規律③。

　　韻母的情況稍微複雜一些，但也有規律可循。首先，江淮官話之外的官話方言區以及晋語區的邊緣地帶，"脖(脖子)"的韻母幾乎都讀入果攝合口。相關的中古入聲韻字的演變是：官話方言的山攝合口一等一般讀入果攝；而宕江攝開口則有分歧，有些官話方言裏讀入果攝，有些則有文白異讀④；没韻幫組字也存在分化，衹有部分讀入果攝。值得注意的是"脖(脖子)"在各官話方言内都没有類似宕江攝那樣的文白異讀，也不像没韻幫組字那樣出現不讀入果攝的情況。至於晋語區邊緣地帶的"脖(脖子)"，它跟"薄"字同音同韻且幾乎都讀入果攝，應當是受到周邊失去入聲韻的官話方言的影響，而且是相對晚近的現象。

　　其次，保留入聲韻或入聲調的晋語和江淮官話内，"脖(脖子)"的韻母讀音存在分歧。晋語方面，有三套入聲韻母的 e 類方言和有兩套入聲韻母的 h 類方言裏"脖(脖子)"的韻母元音與果攝對應，它們的宕江攝和山攝合口一等的分合方式也與官話方言一致，即發生合流且與山咸攝開口一二等非見系對立。不同的是 f 類方言，它們也有兩套入聲韻母，但宕江攝和山攝合口一等與山咸攝一二等非見系合流（太原文讀除外；g 類方言僅江開二如此），"脖(脖子)"的韻母也是同樣，迥異於其他晋語和官話方言。至於江淮官話，從地理上看"脖(脖子)"大概率不會起源於此，因此一種可能是其讀音是從其他官話借入的⑤。

　　綜合上述信息可以做出一些推論：（1）根據"脖(脖子)"在聲母和聲調上表現出的一致性和規律性，可以推測它在北方話裏（官話方言和晋語）應有共同的來源，聲母讀全濁或近似的音。（2）韻母方面，"脖(脖子)"在官話方言中也表現出很強的一致性，因此有理由推測"脖(脖子)"早期在官話方言裏是讀某一特定的入聲韻母，且該韻母未曾受到宕江攝入聲的異讀和没韻幫

---

　　①　j、k、l 三類方言的山咸攝開口一二等非見系字如"八"：[paʔ˄]（南京）、[pa˄]（安陸），[pæʔ陰入]（泰州）、[paʔ˄]（漣水）、[pɐʔ˄]（合肥）、[pɐ˄]（連雲港）；"答"：[taʔ˄]（南京）、[ta˄]（安陸），[tæʔ陰入]（泰州）、[taʔ˄]（漣水）、[tɐʔ˄]（合肥）、[tɐ˄]（連雲港）等。

　　②　果攝合口字例如"婆"：[pʰo陽平]（南京）、[pʰo陽平]（安陸）、[pʰu陽平]（泰州）、[pʰo陽平]（漣水）、[pʰɵ陽平]（合肥）、[pʰo陽平]（連雲港）等。

　　③　保留入聲韻或入聲調且分陰陽入的方言裏，"脖(脖子)"幾乎一律讀陽入調，個別例外如泰州，可能是從北方借入的讀音，泰州説〈（頸亢）脖子〉就是南北詞形的混合。即使不分陰陽入，有些方言也能看出"脖(脖子)"來自濁聲母入聲字，如忻州的"脖(脖子)"讀送氣聲母就與部分古全濁聲母入聲字一致。讀舒聲韻的方言裏"脖(脖子)"也符合古濁聲母入字的演變規律，比如表 2、3 的"脖(脖子)"大都讀陽平（陽入歸陽平）且與"薄"同音；即使不分陰陽平，有些方言也能看出"脖(脖子)"來自古全濁聲母入聲，如天水的"脖(脖子)"讀送氣聲母。

　　④　主元音高化讀入果攝的主要包括中原、蘭銀、西南官話以及黃河以南的膠遼和冀魯官話，而存在文白異讀的主要是北京、東北官話以及黃河以北的膠遼和冀魯官話。文白異讀的情況一般是白讀音的主元音不高化，與效攝字合并，而文讀音則高化與果攝字合并。參見劉勛寧（1998）、劉磊（2012）等。

　　⑤　比如泰州話"脖(脖子)"的聲母和聲調均不合陽入字。

組字分化的影響,并跟隨入聲韻的演變與果攝合流。(3)至於晋語核心區内"脖_{脖子}"的讀音,根據王洪君(2014:75-78)構擬的山西方言入聲韻的類型(見表6)①,合理的假設是"脖_{脖子}"早期在晋語裏讀如宕開一、山合一和/或江開二這一組韻母②,這樣不僅可以解釋"脖_{脖子}"韻母讀音演變的分歧,也能將"脖_{脖子}"在兩大方言中的語音表現關聯起來,因爲正是這幾個入聲韻在官話方言中普遍地合流進果攝。

表 6　晋語中幾個相關入聲韻的讀音類型構擬

	忻州等(e)	離石等(h/c/g)	太原_白等(b/f)	其他(d/i)
山咸開一二_{非見}	*aʔ　*iaʔ	*aʔ　*iaʔ	*aʔ　*iaʔ	*ʌʔ
江開二	*ɔʔ	(*ɒʔ)		*iʌʔ
山合一	*uɔʔ			*uʌʔ
宕開一		*əʔ　*uəʔ		
臻合一	*əʔ　*uəʔ		*əʔ　*uəʔ	

以上事實和推論還可以跟文獻中的材料相互印證。根據劉君敬(2020:16-43)和汪維輝(2016[2018:1022-1032])等的考察,含"脖_{脖子}"的詞形最早可能於元代之前就進入文獻,記作〈肶項〉③。"脖_{脖子}"開始較多地出現於元代文獻中時④,詞形絶大多數爲"脖項",少數爲"脖子",記録用字則有多種俗字異寫,主要有"孛、鈸、頦、肶、膊"。到了明代,詞形"脖頸"開始大量出現,記録用字以"頦"和"脖"爲多,既有的"肶、膊"也有使用,而"孛、鈸"不再出現。到了清代,"脖"和"頦"成爲主要用字且前者更爲通行。這些用字若按字形本身對應的中古音來看,"肶、鈸"爲末韻并母,"孛、脖"("頦"應是跟"脖"對當的俗體)爲没韻并母,"膊"爲鐸韻幫母。它們不約而同地都是入聲字,説明"脖_{脖子}"的源頭確實跟入聲有關⑤,這也跟方言中觀察到的情形相符。而且,早期記録用字包括鐸韻和末韻字,這跟上文所得"脖_{脖子}"早期在北方話中讀如宕開一、山合一和/或江開二入聲韻的推論也相合⑥。至於明清時期逐漸統一爲用"脖"和"頦",應是"脖_{脖子}"的韻母在官話裏讀音趨同的反映。

若接受以上論述(暫不考慮"脖_{脖子}"如何起源)則可將"脖_{脖子}"的原始聲母擬爲[*b]或近似的音,韻母擬爲入聲韻或近似的音。由此推論,"脖_{脖子}"應當起源於北方話(至少是"脖_{脖子}"起源地的方言)仍能區分出全濁聲母和入聲韻的時代。顯然,這不太可能晚至元代,因爲當時的文獻中已有不少用例,而且學界一般認爲代表元代北方口語音系的《中原音韻》裏全濁

---

①　王文中列有相關表格,這裏袛選取了跟本文有關的内容并做了一些改動。王文認爲晋南的中原官話汾河片方言雖然失去了入聲韻,但古入聲韻派入四組韻母,比之其他晋語反映的層次要早;其次是忻州一帶的方言派入三組韻母;再次是晋中等地派入兩組韻母,最爲多見;最後還有完全合并爲一套韻母的。

②　用"和/或"關係并舉三類入聲韻的原因主要是 c、g 類方言(集中分布於晋西吕梁片)裏覺韻不與鐸、末韻合流。其中,g 類方言裏"脖_{脖子}"的韻母讀音同於江開二入聲的現象有待進一步解釋。

③　劉君敬(2020:42-44)提到《金史》中有"抹白山"一詞,"白"可能是"脖_{脖子}"的記音。若此説成立則可將"脖_{脖子}"的書證時間推到南宋前期,不過汪維輝(2016[2018:1025])引了其他學者對此條材料的不同意見,姑且存疑。記作〈肶項〉的材料,汪文考證可能記録的是北宋及宋室南渡後帶到臨安的口語。

④　方雲雲(2010)統計《元刊雜劇三十種》《元典章·刑部》和《近代漢語語法資料彙編·元代卷》,"脖_{脖子}"以各種俗字異寫的形式共出現 10 例。

⑤　嚴格來説袛能推論起源時爲入聲字,而不能斷定當時仍讀入聲韻母。

⑥　至於"孛"字,一種可能是當時的方言裏没韻幫組字與鐸、末韻已經合流,這從《中原音韻》裏"勃"跟宕開一和山合一入聲字都讀入歌戈韻可得旁證,而且現代方言裏也有大量的例證(見表2-4)。

聲母已經清化，入聲也可能消失而派入了三聲①。其確切的起源年代則很難斷定，從音韻材料所反映的北方話全濁聲母清化的大致歷程②以及前文提到的文獻記載來看，我們推測不太可能晚於北宋。至於"脖脖子"韻母的擬音，經前文討論可知，這一方面涉及相關入聲韻和果攝字的分合關係和讀音演變，一方面還要考慮"脖脖子"的起源年代。就前者而言，可將前人考察隋唐以降有關北方話的代表性音韻材料的結果略舉如下：

表 7　　隋唐至元之間幾個相關入聲韻及果攝字的韻母及其擬音③

	切韻	玄奘	玄應	慧琳	朱翱	唐西北	施護	邵雍	宋西北	中原
鐸宕開一	ɑk	ɒk	ɑk	ɑk	ak	ɑk	ɒʔ	ɔ(ʔ)	oʔ	o/au
末山合一	ɑt	ɒt	ɑt	ɑt	ɑt	ɑr	ɒʔ	a(ʔ)	aʔ	o/au
戈果合一	ɑ	ɒ	ɑ	ɑ	ɑ	ɑ(>o)	ɒ	a	o/a	o
覺江開二	ɔk	ɔk	ɔk	ok	ɔk	ak	ɒʔ	ɔ(ʔ)	oʔ	au
沒臻合一	ət	ut/ot	ɐt	ət	ər	or	ɒʔ	ə(ʔ)	uʔ	o/u

　　《切韻》音系裏鐸、末、戈三韻的韻母主元音相同，異於覺韻和沒韻，從其後的對音和反切材料來看，這一格局大體上延續到晚唐五代④；不過隋唐時期的詩文用韻顯示，宕江兩攝的入聲字已有互用的例子（李榮，1982：184；鮑明煒，1990：43），但兩者尚未合并（王力，1987：216）；此外，隋唐詩文用韻及韻書同獨用例都還表明至少在部分口語音系裏沒韻和月韻合爲一部（王力，1987：226），故被擬爲*ɐt⑤。到了宋代，發生了幾項重要的音變：一是覺韻與鐸

---

　　①　《中原音韻》裏古入聲字雖被派入其他三聲，但單獨歸類，且作者在《起例》中說"呼吸言語之間還有入聲之別"，因此入聲韻是否仍存在一直頗有爭議。可參看蔣紹愚（2017：85-91）的評述。

　　②　綜合前人的研究，近代北方漢語全濁聲母的清化在唐初中原語音裏已有端倪（施向東，1983），晚唐五代的西北方音中就頗爲明顯（羅常培，1933），而且濁擦音的清化早於其他聲類。北宋時，汴洛方言的全濁聲母可能仍作爲獨立的音類存在，但按平仄調產生了分化（平聲送氣、仄聲不送氣），各調類也根據聲母清濁分陰陽并重新歸屬（李新魁，1991；夏俐萍，2012），但也有認爲已經清化的，參看蔣紹愚（2017：63-65）的評述。與南宋同時的金代語音裏全濁聲母也顯示出清化的現象（寧忌浮，1992），而約同時期的西夏－漢對音材料所代表的西北方音裏全濁聲母已完全清化爲送氣音（李範文，1994）。到了元代的《中原音韻》裏，全濁聲母按平仄分別混入了全清和次清聲母，清化局面已經確定形成。

　　③　爲方便起見，表中擬音不標"*"號；默認以唇音聲母字爲討論對象，且祇考察與本文相關的主元音和韻尾，不涉及開合口問題，故不標介音。《切韻》擬音據李榮（1956）。"玄奘"指玄奘譯音所反映的唐初中原方音，其入聲韻尾（尤其是-k、-t）已有弱化跡象，據施向東（2001）。"玄應"指玄應《一切經音義》的反切及其他材料所反映的唐中前期的通語音系，據王力（1982a、1987）。"慧琳"指慧琳《一切經音義》的反切所反映的中唐時期的關中方音，據黃淬伯（2010）。"朱翱"指朱翱反切所反映的晚唐五代的通語音系，據王力（1982b、1987）。"唐西北"指敦煌對音材料等所反映的晚唐五代（9-10世紀）河西一帶的方音，據 Coblin（1994）；羅常培（1933）的擬音大體相似，他還根據個別材料推測果攝字元音在 10 世紀演變爲[o]。"施護"指施護的梵漢譯音所反映的宋初汴洛方音，據儲泰松（1996）。"邵雍"指邵雍《皇極經世聲音唱和圖》等材料所反映的北宋中期的汴洛方音，據周祖謨（1966）；不過周氏將入聲韻擬爲無塞尾的促音，恐不可信，塞音尾弱化爲喉塞音的可能性應較大。"宋西北"指西夏－漢對音材料所反映的 12 世紀末的西北方音，其入聲韻尾至少已合流爲喉塞尾，據李範文（1994）。"中原"指以《中原音韻》爲代表所反映的元代北方口語音系，據楊耐思（1981）。

　　④　朱翱反切裏的鐸韻主元音爲何被擬爲同麻蛇韻的*a 而非同歌戈韻的*ɑ，王力（1987）未予解釋。

　　⑤　本文之前考察的現代北方話裏，c、g 兩類還保留了覺韻不與鐸韻合流的痕跡。至於沒韻與月韻的合并，就幫組字而言，所考察的方言均未顯示出明顯的痕跡，官話和晋方言的月韻幫組字（如"發""襪"等）一般均讀低的[a]類元音（與山咸攝開口一二等非見系字合流），不同於沒韻幫組字，即使部分晋方言（b、f 類）的沒韻幫組字有讀[a]類元音的，也可以解釋爲是後來跟隨宕江攝入聲字等發生的演變。

韻合并;二是入聲塞音尾弱化爲喉塞音,這爲後來幾個入聲韻的合流創造了條件;三是歌戈韻的主元音逐漸圓唇化和高化而向 ɔ～o 演變,同時鐸、末和覺韻的主元音也發生了類似的音變,不過這應該祇是部分方言的情況①;最後是没韻與月韻的分離(王力,1987:257),而且現代北方話還顯示没韻字的韻母也發生了分化,其中部分没韻幫組字("勃"等)在多數北方話裏都曾有與宕攝入聲字等混同的跡象(見表 2-4)。

綜合上述方言讀音、文獻用字和音韻演變方面的信息,我們認爲從邏輯上講,將"脖脖子"的起源年代推定在北宋應是比較合理的。如若更早,雖然從聲母濁音的保留上看或許更有把握,但是還要考慮"脖脖子"目前在唐宋文獻中幾乎不見蹤影的事實;而且晚唐五代之前,入聲韻的塞音尾尚未弱化爲喉塞音,幾個相關入聲韻也未合流,在缺少充足證據的情況下,要爲"脖脖子"擬定一個入聲韻母的讀音并不容易。進入北宋之後,隨着前述幾項音變的發生,可將"脖脖子"的韻母擬爲[* (u)ɔʔ]或近似的音,主元音帶有一定的圓唇特徵②。

最後,我們進一步推測"脖脖子"大規模進入口語的時間很可能是在金代。一是因爲唐宋文獻裏幾乎不見"脖脖子",二是根據方言地理學方面的綫索。前文曾指出詞形含"脖脖子"與否的南北分界大致爲"秦嶺—淮河綫",而這曾是金與南宋(1127-1279)對峙的前綫,也是構成漢語方言南北對立格局的重要等言綫之一(岩田礼,2009:13)。可以設想在這條延續近一百五十年的分界綫以北,"脖脖子"參與構造的詞形逐漸擴散開來,從而使得我們能在元代文獻中見到它的身影。

(四)突厥語的 bo 有可能進入漢語嗎?

至此,我們可以再來檢驗突厥語底層說的可能性。首先,民族遷徙的史實與該假說是相符的。隋唐五代至宋代間突厥人群的大規模內遷有多次,所居之地大多在今內蒙、山西以及陝甘寧一帶,中原地區也有分布(徐黎麗,2009)③。如若外源說能夠成立,這些史實也與"脖脖子"起源於北宋年間的推論在年代上相合。

不過最關鍵的仍是語言內部的證據。假設"脖脖子"是隋唐五代至宋代間進入中原的突厥人改操漢語後留下的底層,那麼根據底層母語干擾的一般特點,原母語的語音、構詞或句法等特徵會滲透進上層語言裏(陳忠敏,2007),也即突厥語的音節 bo 應與"脖脖子"音值相

---

① 《中原音韻》裏鐸、末、覺三韻都有歌戈 * o 和蕭豪 * au 兩讀(覺韻幫組字無 * o 音,故表中未列),可能就反映了當時不同方言讀音的并行,今北方話中還有相應的表現(劉勛寧,1998;劉磊,2012)。"邵雍"的材料裏歌戈韻的主元音被擬爲 * a 是因爲該材料顯示歌戈和麻韻通用,而且中晚唐的詩文用韻裏也有歌麻通押的用例,因此其主元音也被擬爲 * a(周祖謨,1966),這或許也反映了當時某些方言的特有音變。

② 前文提及各方言裏"脖脖子"的韻母不受宕江攝入聲字異讀的影響,且都讀入果攝,那麼"脖脖子"起源地的方言很有可能屬於劉勛寧(1998)和劉磊(2012)所謂的"中原官話"或"A 組官話"。劉磊(2012)還論證了該組官話的宕江攝入聲字是塞音韻尾先合流爲喉塞音,喉塞尾脫落後再跟隨果攝字一起演變。

③ 公元 6 世紀末至 7 世紀,東、西突厥汗國內亂頻仍乃至相繼滅亡期間,不斷有部落內遷至這些中原地區的邊緣地帶。又公元 840 年,同屬突厥族裔的回鶻汗國滅亡後,部分部落南遷至雲州(山西大同)和朔州(今山西朔州市朔城區)一帶。尤其是沙陀一支,自 808 年遷至代北後一直盤踞於此并逐漸漢化,883 年後又進入河東,唐滅亡後相繼建立了後唐、後晉和後漢三朝,定都洛陽或開封,對中原地區的影響甚深。

近,前者的語音特徵可能會影響後者,但須符合漢語的音系①。具體來看,聲母輔音上兩者較容易對應②。韻母方面則要解決兩個問題,首先是主元音音值的差異。古代突厥語的 o 大概是一個舌位相對低的圓唇後元音,祇出現在詞首音節,其具體音值可擬定爲[o]③。嚴格來說與所構擬的"脖脖子子"的韻母主元音[*ɔ]仍有一定差距。不過从音系格局來看,突厥語裏的相對低元音 o 轉換到漢語時,對應漢語裏語音相近的相對低元音從理論上說也是有可能的④,但是我們目前還沒有找到充分的旁證來證明這種對應⑤。

　　其次是突厥語的開音節 bo 到漢語中轉變爲入聲韻的問題。盛益民(2010)以元代文獻中用入聲字記錄外來語開音節的情況來旁證可以用入聲字"脖/膊"等記錄 bo,但是已有考察表明這本質上不是記錄用字的問題,而是"脖脖子子"的現代方言讀音指向它有一個入聲韻母的源頭,因此要考慮實際語言中可能的對應機制。從音值上說,bo 更應該直接轉爲漢語的果攝字。轉爲入聲字或許是受韻律的影響,比如原始突厥語有長短元音的對立,古突厥語文獻和中古突厥語裏也有所體現(李增祥,2011:442-449),而 o 恰是短元音;但問題仍是尚未找到可靠的旁證⑥。至於詞重音,主流觀點認爲現代突厥語言一般是落在詞末音節的力重音,但原始突厥語和古代突厥語的情況尚存爭議,一種假説是詞重音隨着雙音節和多音節詞的大量産生而逐漸穩定在詞末音節(吳宏偉,1995);若此説成立則 bo 爲非重讀音節,有可能轉爲漢語的入聲韻。還有一種可能是當時的突厥人群在轉用漢語時受母語影響,音節 bo 的

　　　　① 古突厥語裏"脖子"作 boyun(A. 馮・加班,2003:313);代表 11 世紀中古突厥語的《突厥語大詞典》裏作 boyïn[bojən](麻赫默德・喀什噶里,2002b:164,標音據趙明鳴,2000);部分現代突厥語族語言裏的"脖子"也説 bojun/bojən/bojin 等(盛益民,2010)。除了"脖子",古代突厥語的"喉嚨"作 boɣaz 或 boɣuz(A. 馮・加班,2003:313;耿世民等,2010:328;麻赫默德・喀什噶里,2002a:382),因此 bo 可能具有某種語素義或構詞功能(古突厥語的"身體"作 bod)。不過在該問題得到明確之前,我們暫不考慮 boyun/boyïn 的構詞。

　　　　② 據 A. 馮・加班(2003:43)和耿世民等(2010:76),古突厥語文獻裏的輔音 b 爲雙唇濁塞音;又據趙明鳴(2000:156),中古突厥語的輔音 b[b]爲雙唇不送氣濁塞音,多出現在詞首或詞間。

　　　　③ 據 A. 馮・加班(2003:38-40)和耿世民等(2010:72-73),古突厥語的 8 個基本元音可按舌位前後、高低以及唇形圓展各分爲對立的兩組,與 o(圓唇+低)同爲後元音但對立的有 a(展唇+低)、u(圓唇+高)和 ï(展唇+高);趙明鳴(2000:112)的分析與此相近。元音音值方面,趙明鳴(2000)認爲中古突厥語的 o 爲後次高圓唇元音,相當於國際音標的[o]。據李增祥(2011:457-459),古代突厥語的 o 在多數現代突厥語言裏仍保留得較好,讀爲[o]或條件變體如[ɔ]等,因此將古代突厥語 o 的音值擬定爲[o]問題不大。

　　　　④ 根據前文的考察,唐宋之後,北方漢語隨着魚、虞、模三韻以及入聲屋、沃韻和陽聲東、冬韻的合并,還有宕江攝的入聲鐸、覺韻的合流乃至其主元音與歌戈韻一同高化和圓唇化,後元音裏具有圓唇特徵的祇有 *u 和 *ɔ 兩個(宕江攝的江、陽韻也合并,但主元音不高化、圓唇化,蕭豪韻則是複合元音 *au;不過當時西北方音的這兩組韻母也高化和圓唇化了),與突厥語的圓唇後元音 u、o 恰能對應。

　　　　⑤ 根據前人的一些研究(喻捷,1994;趙明鳴,2000:403;耿世民等,2010:86;周鳳英,2011;陳宗振,2014),古代兩種語言相互之間的借詞裏,漢語歌戈韻或相關入聲韻字對應突厥語 o 的例子目前祇找到一個,即"鎖>so:"(>表借入的方向),蕭豪韻也有一個例子("道人>toyïn(和尚)"),似乎表明突厥語可以用 o 去匹配漢語舌位較低的後元音,不過這兩個詞都是突厥語借漢語的。而漢語的遇攝字一般對應突厥語的 u (與前元音和諧的爲 ü),如:堵>tu、都督>tutuq、珍珠>yinčü,idiqut>亦都護(高昌回鶻的首領)、xubix>琥珀等;通攝的陽聲和入聲韻字則會有兩種對應 u 或 o,如:都統>tutung、凍>tong、都督>tutuq、禿>toq 等。

　　　　⑥ 古代突厥語借進漢語詞時一般用閉音節對應漢語的入聲,如:伯>bäg、曲>küg、蠟>lav、尺>tʂəɣ 等(參看上一條注);而突厥語的詞借入漢語中時似乎沒有這麼嚴格的對應,如:xubix>琥珀、idiqut>亦都護、ayručï>艾烏赤,tanga>騰格(古突厥、回紇使用的一種銀幣)等。

聲母清化後讀清不送氣聲母①，與全濁聲母入聲字的演變一致，從而被認知爲入聲韻，但是該假設不易解釋那些全濁聲母入聲字的聲母變爲清送氣的方言（如臨汾、離石等），而且也缺乏直接的證據。

　　綜上所述，我們認爲在民族史實的佐證下，盛益民（2010）提出突厥語底層説有其合理性，儘管該文在論證上存在諸多瑕疵，但是其結論尚不能輕易被否定。通過對"脖_{脖子}"的方言讀音及相關音韻史信息進行細緻的分析之後，我們構擬了它的原始讀音[* b(u)ɔʔ]，與突厥語的 bo[bo]在語音上確實有較高的相似性，但又存在一些關鍵的不同。這些不同點及相關的對應機制存在被解釋的可能，但是尚缺乏有力的旁證，這是突厥語底層説有待解決的問題。

（五）餘論：調和"内源説"與"外源説"的可能性

　　假設"脖_{脖子}"確實來自於突厥語底層，那麼我們不禁要問，爲何一個外來的語素能夠具有席捲整個北方方言的力量，而且構成了多種不同的詞形，呈現出某種典型的分布格局（見前文）？這其中不排除有語言之外的因素的作用；但我們的設想是，漢語方言自身的内在動力應該也至關重要。這個内在的動力，我們認爲即是漢語身體詞中可能存在過的類推的構詞機制，是一種非連續性變化的力量，也即方言中的"脖_{脖子}"最初不是一個有詞彙意義的實語素，而是詞綴性質的成分②。一些事實似乎也能支持這種假設，比如文獻考察表明"脖_{脖子}"初起時祇出現於〈脖項〉等雙音詞，方言裏也幾乎從不單説，且以做前置成分爲常；而"肚臍"和"膝蓋"這兩個詞，其帶有〈pV-〉類詞綴性成分的詞形與含"脖_{脖子}"的"脖子"詞形一樣廣泛而呈特定格局地分布於北方方言區③。

　　如果該假説成立，"脖_{脖子}"的原始韻母爲入聲韻也就容易解釋了，因爲詞綴一般是輕讀成分，有促化的傾向。不過，該假説的弱點在於導致類推的詞似乎太少，語義機制也不明確④。因此，我們提出一個設想：今日含"脖_{脖子}"的詞形在北方的廣泛分布或許是外源和内源作用合力的結果，即轉用漢語的突厥人群提供了語素形式，同時與漢語方言的構詞創新相契

---

①　比如撒拉語和西部裕固語的聲母 b 對應古突厥語的 b，但實際讀清不送氣塞音[p]（"脖子"分別讀 bojin[poʑin]和 moen）（《中國少數民族語言簡志叢書》編委會，2008）。

②　這一顛覆性的觀點來自岩田教授。他在來信中指出："以往論著都以單音節的'脖'爲出發點進行探討，我想這是錯誤的。"他的意思是當從整體的構詞法的特殊性去考慮。他就此提出了一個有關"脖_{脖子}"的詞源的全新假説，即"脖_{脖子}"是受詞族的類推作用而產生的前置語素或前綴，導致類推的詞可能是指"肚臍"的〈脖臍〉或表"膝蓋"的*〈髀膝蓋〉等。因尚未成文發表，這裏對他的論證過程不做詳細介紹。

③　根據岩田礼編（2009）的"40：膝"和"42：肚臍"，兩個詞的相關詞形也主要分布於"秦嶺－淮河綫"以北。其中"肚臍"義的相關詞形主要有〈脖臍〉和〈肚脖臍〉（含各種變體），兩類詞形呈 ABA 分布（前者以山西爲界一分爲二）。"膝"義的詞形則要複雜一些，〈p-l-k〉（包括聲母發生置換的〈k-l-p〉）類詞形與秦晉兩省的〈k^(h)ɔʔ-膝蓋/頭〉類詞形呈緊鄰的東西對立分布，秦晉以西也零星分布有〈p-l-k〉和〈p-膝蓋〉類型詞形。岩田礼（2007，2011a）認爲〈p-l-k〉類詞來自*〈髀膝蓋〉，而*〈髀膝蓋〉則來自方言裏還在説的〈磕膝蓋〉；也就是説秦晉兩省的詞形相對最爲古老，而〈p-膝蓋〉類和〈p-l-k〉類詞形都是後來的創新，後者更爲晚近。

④　這一點是盛益民博士在與筆者交流時指出的。

合,而後者也加速了詞形的傳播①。

五　結論

　　本文利用繪製的方言地圖,結合已有的研究,對漢語"脖子"義詞形的地理分布類型進行了概括,并初步解釋了其成因。文章歸納了現代漢語方言裏構成"脖子"義詞形的五種核心詞根"脖、頸、項、頜、脰",并據此對方言詞形進行了分類。文章認爲漢語"脖子"義詞形的地理分布可以概括爲三種類型:1)以詞形是否含詞根"脖"而形成"南北對立"型分布,大致以"秦嶺—淮河綫"爲分界,其形成動因是北方方言在近代產生了新詞根"脖"。2)北方和南方的"東西對立"型分布:北方西部集中分布有"脖—項"類詞形,而東部則是"脖—頸"類詞形,反映歷史上詞根"項""頸"在北方可能曾有對立的分布。南方東部的吳徽語和閩語區分布着不見於其他方言的含古老詞根"脰"的詞形,吳徽語區的〈頭頸〉可能是〈脰頸〉通俗詞源化的結果,它們或許來自詞根"脰"與後來的"頸"的混合;西部則是"頸系"詞形的天下。3)長江流域的部分地區連續分布有"頸—項/亢"類詞形,形成不太典型的"長江型"分布,其來源可能是中古時期南"頸"北"項"的格局在長江流域造成的混合詞形〈頸項〉的遺留。

　　文章還指出含詞根"項"的詞形基本不出現在長江以南的分布特徵可以支持汪維輝(2016)裏提出的"項"在晚唐五代是北方方言主導詞的觀點。

　　文章後半部分討論了"脖"的來源問題。通過對"脖"的方言讀音及相關歷史音韻材料等的分析,推測"脖"起源和開始擴散的時間大致在北宋至金代,并構擬了其原始讀音[* b(u)ɔʔ]。由此進一步檢驗了盛益民(2010)的突厥語底層説,認爲其假説具有合理性,但尚有若干關鍵的音韻問題需要解決。文章最後在新觀點的啟發下,針對内源説和外源説各自的問題,提出了調和兩者的設想,即含"脖"詞形在北方的廣泛分布可能是突厥語語源和漢語内部構詞創新合力的結果。

參考文獻

　　[1]A. 馮·加班. 古代突厥語語法[M]. 耿世民,譯. 呼和浩特:内蒙古教育出版社,2003.

　　[2]鮑明煒. 唐代詩文韻部研究[M]. 南京:江蘇古籍出版社,1990.

　　[3]曹志耘. 漢語方言的地理分布類型[J]. 語言教學與研究,2011(5):11-19.

　　[4]曹志耘主編. 漢語方言地圖集·詞彙卷[M]. 北京:商務印書館,2008.

　　[5]曹志耘,等. 吳語婺州方言研究[M]. 北京:商務印書館,2016.

　　[6]陳茂山. 定襄方言志[M]. 太原:山西高校聯合出版社,1995.

　　[7]陳章太,李行健主編. 普通話基礎方言基本詞彙集[M]. 北京:語文出版社,1996.

　　[8]陳忠敏. 語言的底層理論與底層分析方法[J]. 語言科學,2007(6):44-53.

　　[9]陳宗振.《突厥語大詞典》中的中古漢語借詞[J]. 民族語文,2014(1):56-64.

---

　　①　如果承認"膝蓋"的〈p-膝蓋〉和〈p-l-k〉類詞形是相對晚近的創新,那麼同樣分布在北方東部的〈脖(-l-)頸(梗)〉類詞形也可能是相對晚近的產物;而〈脖—項〉類詞形分布於北方西部,它與突厥語言的關係可能更爲直接(文獻記錄裏早期詞形也是以〈脖項〉最多見)。至於〈脖子〉詞形的擴散,則是另外一個故事了。

[10]儲泰松. 施護譯音研究[M]//謝紀鋒,劉廣和主編. 薪火編. 太原:山西高校聯合出版社,1996:
340-364.

[11]方雲雲. "脖"的源流考[J]. 現代語文,2007(6):121.

[12]方雲雲. 近代漢語"脖子"語義場主導詞的歷時演變[J]. 安徽農業大學學報(社會科學版),2010
(1):86-89.

[13]高炯. 長子方言志[M]. 太原:山西高校聯合出版社,1995.

[14]耿世民,魏萃一. 古代突厥語語法[M]. 北京:中央民族大學出版社,2010.

[15]黃淬伯. 唐代關中方言音系[M]. 北京:中華書局,2010.

[16]黃樹先. 漢語身體詞探索[M]. 武漢:華中科技大學出版社,2012.

[17]江蘇省地方志編纂委員會. 江蘇省志·方言志[M]. 南京:南京大學出版社,1998.

[18]江蔭褆. 朔縣方言志[M]. 太原:山西高校聯合出版社,1991.

[19]蔣紹愚. 近代漢語研究概要(修訂本)[M]. 北京:北京大學出版社,2017.

[20]李範文. 宋代西北方音——《番漢合時掌中珠》對音研究[M]. 北京:中國社會科學出版社,1994.

[21]李榮. 切韻音系[M]. 北京:科學出版社,1956.

[22]李榮. 隋韻譜[M]//李榮. 音韻存稿. 北京:商務印書館,1982:135-209.

[23]李新魁. 近代漢語全濁聲母的演變[M]//中國語言學報(第四期). 北京:商務印書館,1991:109-
124.

[24]李增祥編著. 突厥語言學基礎[M]. 北京:中央民族大學出版社,2011.

[25]劉丹青編纂. 南京方言詞典[M]. 南京:江蘇教育出版社,1995.

[26]劉君敬. 唐以後俗語詞用字研究[M]. 北京:商務印書館,2020.

[27]劉磊. 中古宕江攝開口入聲字在官話方言中的演變[J]. 廣西師範大學學報(哲學社會科學版),
2012(4):83-90.

[28]劉勛寧. 中原官話與北方官話的區別及《中原音韻》的語言基礎[J]. 中國語文,1998(6):463-469.

[29]龍丹. 先秦核心詞"頸"辨考[J]. 孝感學院學報,2007(2):48-51.

[30]羅常培. 唐五代西北方音[M]. 中央研究院歷史語言研究所單刊甲種之十二,1933.

[31]麻赫默德·喀什噶里著,校仲彝等譯. 突厥語大詞典(第一卷)[M]. 北京:民族出版社,2002a.

[32]麻赫默德·喀什噶里著,校仲彝等譯. 突厥語大詞典(第三卷)[M]. 北京:民族出版社,2002b.

[33]寧忌浮. 校訂《五音集韻》[M]. 北京:中華書局,1992.

[34]沈慧雲編著. 晉城市方言志[M].《語文研究》編輯部,1983.

[35]盛益民. 論"脖"的來源[J]. 語言研究,2010(3):111-114.

[36]盛益民. 宋室南渡與臨安官話對吳語的影響——若干詞彙、語法的例證[J]. 語言暨語言學(Lan-
guage and Linguistics),2018(19.3):439-472.

[37]盛銀花. 安陸方言研究[M]. 武漢:華中師範大學出版社,2015.

[38]施向東. 玄奘譯著中的梵漢對音和唐初中原方音[J]. 語言研究,1983(1):27-48.

[39]施向東. 玄奘譯著中的梵漢對音研究[M]//劉玉珊等主編. 面向 21 世紀人文科學若干問題研究.
天津:天津大學出版社,2001.

[40]石紹浪. 江淮官話入聲研究[M]. 北京:北京語言大學出版社,2016.

[41]田希誠. 和順方言志[M]. 北京:語文出版社,1990.

[42]汪鋒,王士元. 語義創新與方言的親緣關係[J]. 方言 2005(2):157-167.

[43]汪化雲. 也說"兀"[J] 語文研究 2007(1):15-19.

[44]汪維輝. 說"脖子"[M]//朱慶之,汪維輝,董志翹,何毓玲編. 漢語歷史語言學的傳承與發展——張
永言先生從教 65 周年紀念文集. 上海:復旦大學出版社,2016. /又載於汪維輝(2018:1011-1043).

[45]汪維輝. 漢語核心詞的歷史與現狀研究[M]. 北京:商務印書館,2018.

[46]王洪君. 歷史語言學方法論與漢語方言音韻史個案研究[M]. 北京:商務印書館,2014.
[47]王洪君. "脖 gěng 子"的 gěng 應該選哪個字? [J]. 中國語文,2016(5):630-632.
[48]王力. 玄應《一切經音義》反切考[M]//王力. 龍蟲并雕齋文集(第三册). 北京:中華書局,1982a.
[49]王力. 朱翺反切考[M]//王力. 龍蟲并雕齋文集(第三册). 北京:中華書局,1982b.
[50]王力. 漢語語音史[M]. 濟南:山東教育出版社,1987.
[51]王力. 新訓詁學[M]//王力. 王力語言學論文集. 北京:商務印書館,2000:498-510.
[52]王毅力,徐曼曼. "頸"語義場的歷時演變[J]. 寧夏大學學報(人文社會科學版),2009(6):48-52.
[53]魏剛强. "荸薺"考[J]. 方言,2004(3):260-266.
[54]吴宏偉. 突厥語族語言的詞重音問題[J]. 民族語文,1995(5):71-77.
[55]夏俐萍. 官話方言古全濁聲母的清化[M]//南開語言學刊. 北京:商務印書館,2012(2):55-63.
[56]謝自立. 天鎮方言志[M]. 太原:山西高校聯合出版社,1990.
[57]邢向東. 神木方言研究[M]. 北京:中華書局,2002.
[58]徐黎麗主編. 突厥人變遷史研究[M]. 北京:民族出版社,2009.
[59]岩田礼. 方言接觸與混淆形式的産生——論漢語方言"膝蓋"一詞的歷史演變[J]. 中國語言學刊(Bulletin of Chinese Linguistics),2007(1.2):117-146.
[60]岩田礼. 北方方言-lə-中綴及 kəʔ-前綴的來源——〈腋〉義詞的方言地圖[M]//嚴翼相主編. 中國方言中的語言學和文化意蘊. 韓國文化社,2011:8-38.
[61]岩田礼. 論詞彙變化的"非連續性"——類音牽引和同音衝突[J],語言教學與研究,2011(5):20-29.
[62]岩田礼編. 漢語方言解釋地圖[M]. 東京:白帝社,2009.
[63]岩田礼編. 漢語方言解釋地圖(續集)[M]. 東京:好文出版社,2012.
[64]楊耐思.《中原音韻》音系[M]. 北京:中國社會科學出版社,1981.
[65]楊永成. 合肥方言研究[M]. 合肥:安徽教育出版社,2015.
[66]楊增武. 山陰方言志[M]. 太原:山西高校聯合出版社,1990.
[67]喻捷. 略談漢語中的突厥語借詞[J]. 中央民族大學學報,1994(2):81-84.
[68]雲南省語言學會編纂. 雲南省志(卷五十八)·漢語方言志[M]. 昆明:雲南人民出版社,1989.
[69]張崇. 延川縣方言志[M]. 北京:語文出版社,1990.
[70]張維佳,張紅燕. 遠指代詞"兀"與突厥語[J],民族語文,2007(3):38-43.
[71]張益梅. 介休方言志[M]. 太原:山西高校聯合出版社,1991.
[72]趙明鳴.《突厥語詞典》語言研究[M]. 北京:中央民族大學出版社,2000.
[73]鄭張尚芳. 漢語方言異常音讀的分層及滯古層分析[M]//何大安編. 南北是非:漢語方言的差異與變化. 臺灣"中研院"語言學研究所(籌備處),2013:97-128.
[74]《中國少數民族語言簡志叢書》編委會. 中國少數民族語言簡志(修訂本)·卷伍[M]. 北京:民族出版社,2008.
[75]中國社會科學院語言研究所詞典編輯室. 現代漢語詞典(第 6 版)[M]. 北京:商務印書館,2012.
[76]周鳳英.《十三世紀以前突厥語詞源詞典》中 17 個漢語借詞考[D]. 西安:陝西師範大學,2011.
[77]周祖謨. 宋代汴洛語音考[M]//周祖謨. 問學集. 北京:中華書局,1966:581-655.
[78]Coblin, W. South. 1994. A Compedium of Phonetics in Northwest Chinese[J]. Journal of Chinese Linguistics, Monograph Series, No. 7: 1-117, 119-504.
[79]Zavjalova, Olga. Linguistic boundary within the Guanhua area[J]. Computational Analyses of Asian and African Languages, 1983(21):149-163.

Geographical Distribution Types and Their Explanation of the Word Forms of "Neck" in Chinese Dialects: Also On the Origin of the Morpheme "bó(脖)"

Sun Kai   Du Xiaoyu

Abstract: Based on the drawn dialect maps, this paper gives a general overview and explanation of the geographical distribution types of the word forms of "neck" in Chinese dialects. Modern Chinese dialects mainly have five core roots that express the meaning of "neck": Bó(脖)、Jǐng(頸)、Xiàng(項)、Dòu(脰)、Hàn(頷). These roots each forms one series of simple-root word forms, and forms mixed-root word forms by combining each other. The paper summarized the geographical distribution of these word forms into three types: "South-North Opposition", "East-West Opposition" and "Yangtze River Type", and provided them some explanations. In the end, the paper discussed the origin of the morpheme "Bó(脖)" which expresses "neck" and reconstructed its proto-form as [*b(u)ɔʔ] byanalyzing historical phonolgy materials. On this basisthe "Turkic language substratum" hyphothesis concerning the origin of "Bó(脖)"was reexamined, concluding that it is reasonable but still faced with some problems. At last, the paperproposed a possibility of reconciling the internal-origin and external-origin hyphotheses about "Bó(脖)".

Key words: neck, word forms, distribution types, etymology

通信地址:

孫　凱,上海市楊浦區國福路 50 弄復旦大學教師公寓 3 號樓 601 室

郵　　編:200433

E-mail:moshanjuzz@163. com

杜小鈺,南京市棲霞區曉莊中心村 130 號金陵科技學院人文學院

郵　　編:210038

E-mail:xiaoyudu99@163. com

《英華韻府歷階》官話音系下粵、閩方言詞彙的收録[*]

徐宇航

内容提要 本文考察 19 世紀官話詞典《英華韻府歷階》的收詞情況。研究發現，《英華韻府歷階》在官話音系背景下收録了衆多粵、閩方言詞彙。這種粵、閩等南方方言詞彙收録現象在早期官話語料中具有類型意義，同時爲詞典編撰地區的方言多樣性面貌提供重要綫索，對區域方言史研究，具有重要價值。

關鍵詞 羅馬字語料　詞彙　官話　粵方言　閩方言

一　引言

《英華韻府歷階》(*Ying Hwá Yun-fúLih-kiái：An English and Chinese Vocabulary，in the Court Dialect*)是 19 世紀漢學家衛三畏(Samuel Wells Williams，1812—1884)1843 年編撰，1844 年於澳門香山書院出版的官話英漢詞典。全書 582 頁，正文 335 頁，收詞逾 14000 條，正文前載有序言、導言，正文後還有索引與勘誤説明。衛三畏是最早來華的美國傳教士之一，早於 1833 年已受美國公理會差會派遣，到廣州負責印刷工作，并於 1848—1851 年編輯《中國叢報》(*Chinese Repository*)。除了本文研究的《英華韻府歷階》，衛三畏另編有《拾級大成》《英華分韻撮要》《英漢韻府》三部英漢辭典。因其良好的漢學修養與研究經驗，晚年退休回美國後，1878 年受聘於耶魯大學，成爲美國歷史上第一位漢學教授。

據序言介紹，《英華韻府歷階》是應在廣州、福建的外國人深入中原地區之需，採用官話(the general language of the country)編撰的英漢對照詞典，編撰時還雇請幾位中國老師協助。詞典在正文前導言描寫注音系統、正文後單字索引皆加注粵、閩方言讀音，并於導言中收録官話(Court)、寧波(Ningpo)、廣州(Canton)、福建(Hokkien)、潮州(Tiéchiú)單字音 533 個，方便已掌握粵、閩等方言者通過比較，習得官話讀音。考察該書字詞記録及根據薛素萍(2016)的研究，《英華韻府歷階》所記録的多數音節與南京官話接近，音韻上具有精組字細音前不腭化、知章莊組字讀舌葉而非舌面後音，日母字讀[ʒ]，保留入聲韻與入聲調，止攝開口三等日母字韻母讀[əʔ]、山攝寒桓分韻等同於南京、江淮官話的特徵，亦有[n-][l-]不混、[-n][-ŋ]有別等同於北京官話的特徵，故而《英華韻府歷階》兼具南京、江淮官話特點，并有北京官話特徵混入，屬於官話通語性質的材料，音系性質與序言所提及的官話編纂目的吻合。不

---

*　本文爲澳門大學 SRG 項目"粵瓊閩語音韻演變與歷史層次研究"(SRG2020-00003-FAH)和澳門大學 MYRG 項目"明清時期華南地區的漢語方言：基於《葡漢辭典》及港澳等地其他羅馬字文獻的漢語史研究"(MYRG2020-00059-FAH)的中期成果。《漢語史學報》匿名評審專家爲本文修改提出了寶貴意見，特此致謝。文中疏漏，責在作者。

過,考察《英華韻府歷階》所收錄詞彙,在其以官話音系描寫的詞彙中,有諸多粵、閩等南方方言詞彙成分。關於這個問題,程美寶(2010)曾做過研究。程美寶(2010)在《英華韻府歷階》中覓得"粵詞官音"詞彙 83 條,比較以粵方言爲描寫對象的同期語料《廣東省土話字彙》(1828)、《廣東省土話文選》(1839)及《洋漢合字彙》(1831),總結《英華韻府歷階》最明顯的"粵詞官音"詞彙是通行於 19 世紀 40 年代粵語區的"粵化外語"詞彙,如模仿英語 pudding 的音譯詞"布顛",後簡化爲"打"的 dozen 模仿詞"打臣",及今稱爲"山竹"的 mangosten 翻譯詞"茫姑生"等。

　　音譯詞通過粵方言借入,採用粵音作爲詞彙記錄工具,是通過粵方言描寫借詞的一種方式,但該類詞并非"粵詞",也無法真正體現《英華韻府歷階》"粵詞官音"的特點。音譯詞通過方言進入漢語系統,借詞仍是借詞,不能因此稱之爲某方言詞,如 sofa 一詞通過吳方言進入漢語系統,但我們不能說"沙發"是吳方言詞。因此,音譯借詞對説明《英華韻府歷階》收詞特徵的作用不大,不能體現詞彙的方言性質,亦不能成爲《英華韻府歷階》收詞具有粵方言特徵的論述重點。真正體現《英華韻府歷階》收詞特徵的詞彙,應是"對内一致,對外排他"的方言特徵詞。同時,核心詞的形式亦是詞典收詞性質的重要體現。如《英華韻府歷階》具有"粵詞官音"的過渡性質,那麼該書應收錄諸多粵方言特徵詞、核心詞及粵方言特有結構,且這些詞彙、結構皆以官話注音。

　　檢索《英華韻府歷階》發現,該書在官話音系下確實收錄了諸多南方方言詞彙和結構,但這些詞彙、結構并不僅限於粵方言,而是兼具粵、閩方言特徵,用字也頗具早期羅馬字語料特色,呈現多方言接觸背景下詞彙及其書寫形式的混雜分布狀態。由於衛三畏及其印刷所於 1835 年 12 月由廣州遷往澳門,《英華韻府歷階》的編寫地點亦主要在澳門地區。故而這種詞彙混雜現象既是衛三畏本人詞彙習得的體現,也與受雇協助衛三畏編寫詞典的澳門當地文人相關,對研究 19 世紀初《英華韻府歷階》編寫地區方言狀態具有參考價值。本文以《近代漢語詞典》中明清官話詞彙的描寫爲參照,并以近年出版的共時與歷時方言詞彙研究著作如《漢語方言詞彙》《漢語方言學大詞典》《漢語方言地圖集·詞彙卷》《漢語方言特徵詞研究》《漢語核心詞的歷史與現狀研究》《漢語同源詞大典》等爲考察依據,全面檢索《英華韻府歷階》,彙集其中具有粵、閩方言特色之詞彙及書寫形式,并在其後注釋官話義以作比較,客觀展現語料收詞情況的同時探索區域方言特徵,藉此討論《英華韻府歷階》編撰地在 19 世紀前期多方言并存的區域方言面貌。

二　《英華韻府歷階》所收粵、閩方言共有詞彙與結構

　　《英華韻府歷階》收錄了鮮見於 19 世紀及今天官話而常見於粵、閩方言的結構與詞彙多項,本文以詞彙特徵劃分,將收詞及注音形式完整收錄,并標注出現頁碼和英文詞義注釋,以便比較。

(一)"動物性別類屬"異序詞

豬公 chú kung p17/boar

牛牯① niú kú p23/bull/也收：牡牛

鴨公 yáh kung p77/drake/也收：雄鴨

較之單一詞語的異同，結構類型的異同更能體現收詞特徵與性質。在"動物性別類屬"表達上，官話與粵、閩方言存在詞序差異，官話主要以"性別類屬＋動物名稱"構詞，粵、閩方言則主要以"動物名稱＋性別類屬"構詞，如官話的"公雞、公豬"，在粵、閩方言中稱爲"雞公、豬公"。《英華韻府歷階》收錄了多個家畜與禽類"動物名稱＋性別類屬"詞彙，異於19世紀官話"性別類屬＋動物名稱"的表達方式，在19世紀乃至今天的粵、閩方言中則有一致的表達。同時，《英華韻府歷階》部分"動物名稱＋性別類屬"詞條後加注具官話色彩的"性別類屬＋動物名稱"詞，如上述"雞母、鴨公"，其後也有"牝雞司晨""雄鴨"的收錄。異序兼收現象顯示《英華韻府歷階》編撰者未能清晰分辨南北方言的結構異同，是詞典編撰地區方言與官話詞彙混同的體現，對詞典編撰地方言混雜分布狀態具有啟示意義。

(二)單音節詞

鏟 chán p257/shovel

星 sing p272/star

石 shi p275/stone

珠 chú p277/string of beads

肚 tú p40/colic

攬 lán p85/engross/也收：囤積居奇

攬 lán p140/hug/也收：摟抱

多項官話雙音節詞在《英華韻府歷階》以單音節詞形式出現，部分單音詞加注雙音節及多音節用法，其中單音節詞形式常見於粵、閩方言，屬粵、閩方言共有詞彙的收錄。

(三)量詞與量名結構

一枝槍 yi chí tsiáng p268/spear

一粒星 yi li sing p272/star

一隻船 yi chi chuen p256/ship

用量詞"枝、粒、隻"分別搭配"槍、星、船"在官話中并不常見，而在19世紀及今天的粵、閩方言中則屬常用搭配。

---

① 本文匿名評審專家指出，性別後綴"牯"的情況比較複雜，"牯"在客家方言中有較爲集中的反映，粵、閩語則都是零星的反映，因此要結合早期粵、閩語文獻，進一步甄別。本文經核查後獲悉，在與《英華韻府歷階》編纂年代相近的1841年粵語語料 Chinese Chrestomathy in the Canton Dialect（頁467）已經有"牛牯"記錄，早期閩語語料，如1832年的 A Dictionary of the Hok keen Dialect of the Chinese Language（頁398）1841年的 First Lessons in the Tie-chiw Dialect（頁35）也有"牛牯"記錄，今天粵瓊地區潮汕、惠州、雷州、海口等地，及台灣地區閩語亦仍有"牛牯"表示公牛的説法。基於此，本文認爲在《英華韻府歷階》收錄的"牛牯"共存於當時的粵、閩方言。當然，粵、閩方言"牯"的用法亦可能在更早時期由客家方言借入，然後在19世紀的粵瓊地區方言中固定下來。本文所描寫的正是該詞已固定在閩粵方言的狀態。

（四）比較形式

大過 tá kwó p194/older p199/overdo

長過 cháng kwó p194/older

近現代漢語中，典型的南方粵、閩方言比較形式"A＋形容詞＋過＋B"與典型官話比較形式"A＋比＋B＋形容詞"形成區別，《英華韻府歷階》有"大過""長過"的收錄，并以英文比較級 older 釋義，比較形式上帶有粵、閩方言特徵。

（五）名物類詞彙

毛 máu①p129/hair/也收：髮

滾水 kwan shúi②p18/boiling water（開水）③

樹頭 shú tau p278/stump（樹樁）

什物 shi mu p293，things 什物單 shi mu tán p154/inventory（東西）

嗬嘮薯 hó lán shú p217/potato/Irish（土豆）

藥散 yó hsán p217/powder/medicinal/也收：藥末（藥末）

天時熱 tien shí je④p313/weather/hot/也收：熱天（天氣熱）

甕菜 ung tsái p322/water-greens（空心菜）

翼 yi p329/wing/也收：翅（翅膀）

人客 jin ke⑤p319/visitor/也收：賓（客人）

弟婦 tí fú p260/sister-in-law（弟媳）

齒 chí p289/teeth/也收：牙、牙齒

指公 chí kung p295/thumb/也收：大指（拇指）

除了共同結構的收錄，《英華韻府歷階》收錄了諸多與官話説法不一的粵、閩方言名物類詞彙，部分詞還加注官話用法，顯示了《英華韻府歷階》編撰時多詞并存的特徵。部分詞的用字也頗具粵、閩方言特徵，如上述"什物"，實爲"雜物"，因"什"與"雜"在粵、閩方言讀音相同或相近，故以"什物"記"雜物"。除了上述詞彙，《英華韻府歷階》還收錄了在明清文獻中曾出現，但鮮見於官話口語的詞彙，如"舊年、想頭、鎖匙"等。

---

① 今天的粵方言不説"頭毛"，但粵語語料 *Chinese Chrestomathy in the Canton Dialect*（1841）有"頭毛轉白"記録。

② 據《近代漢語詞典》第718頁，"滾水"一詞在元代文獻中也曾出現，到了明清時期，則僅出現於具有南方方言性質的文獻，如《金瓶梅詞話》《説岳全傳》。

③ 如詞彙差異較大，本文在"（）"內加注官話常用詞義，以便對照，下同。

④ 據《近代漢語詞典》第2126頁，明代文獻《封神演義》94回曾出現"天時"一詞，但作"天命"義，故異於粵、閩語"天時"表天氣。

⑤ 據《近代漢語詞典》第1821頁，"人客"也出現於明代南方籍詩人吳與弼（江西）與張寧（浙江）的詩文中。

(六)動作及狀貌類詞彙

戽水 fú shúi p70/dip up(潑水)

過身 kwó shin p63/decease/也收：亡故/過世

放落去 fáng lóh kü p78/drop/let(放下)

水落 shúi lóh p81/ebb-tide/也收：水退(退潮)

四指闊 sz' chí kwóh p130/hand-breadth(四指寬)

行路 hing lú p157/journey to/也收：跑路(走路)

大食 tá shi p230/ravenous appetite/也收：多食(食量大)

食齋 shi chái p316/vegetables/faston/也收：食素(吃素)

企 kí p272/stand to/也收：站、立、竚

《英華韻府歷階》收録了異於官話的粤、閩方言動作狀貌類詞多項，同於名物類詞彙，部分動作狀貌詞亦出現同一詞條既收官話詞，也收録粤、閩方言詞現象。同時，《英華韻府歷階》也收録了見於明清官話文獻，但罕見於官話口語，而常見於粤、閩方言口語的詞彙，如"咀嚼、吞嚥"義動詞，官話常用"吃"，而粤、閩方言常用"食"，《英華韻府歷階》收録"食"，并加注"吃"，而以"咀嚼、吞嚥"義動詞形成的雙音節詞則以語素"食"爲主，體現收詞的南方方言性質。

三 《英華韻府歷階》所收粤方言詞

除了粤、閩方言共有的詞彙，《英華韻府歷階》還收録了一批粤方言詞彙。這些詞彙或爲粤方言特徵詞，或與官話存在表達差異，體現了《英華韻府歷階》收詞的粤方言特徵。

(一)性別表示詞

嫲 ná p60/dam/也收：母 p97/femail/也收：女，牝、母、雌

蜞嫲 kí ná p164/leech/也收：牛蜞，水蛭

《英華韻府歷階》收録了表示動物雌性性別的語素"嫲"，該語素不見於官話各方言，語義上相當於官話系統的"母"。"嫲"不見於官話却常見於粤方言，在 19 世紀及今天的粤方言系統，仍保留大量"嫲"表示雌性動物的詞彙。

(二)名物類詞彙

1."仔"字詞

爛仔 lán tsz' p16/blackguard p315/vagabond/也收：無業者

公仔 kung tsz' p76/doll

"仔"字詞是典型的粤方言詞，由從小稱義泛化而來的語素"仔"置於名詞後構成。"仔"

字詞在 19 世紀的粵語語料和今天的粵方言中皆非常常見。

2.“罇”字詞

醋罇 tsú tsun p57/cruet

酒罇 tsiú tsun p62/decanter

火藥罇 hó yó htsun p101/flask

玻璃罇 pó lí tsun p122/318/glass-bottle/vial

油罇 yú tsun p194/oil-bottle

椒罇 tsiáu tsun p207/pepper-box

罇架 tsun kiá p228/back/bottle

茶葉罇 chá ye tsun p289/tea-canister/也收：茶罐

《英華韻府歷階》收錄了眾多“罇”類詞，“罇”是粵方言特徵詞，義爲罐子、瓶子類窄口容器，由“罇”組成的器物繁多，且因粵方言的影響，“罇”類詞亦出現於粵方言鄰近的客家方言和粵瓊閩方言中。

3.“羹”類詞

磁器調羹 tsz' kí tiáu kang p269/spoon/earthen

大羹 tá kang p270/spoon/table

中羹 thung kang p270/spoon/dessert

糖羹 tang kang p281/sugarspoon

“羹”在粵方言中既表示濃湯，也表示湯匙，表湯匙的用法鮮見於官話及其他方言，屬粵方言特徵詞。《英華韻府歷階》收錄了眾多表湯匙的“羹”類詞，展現粵方言特徵。

4.“頸”類詞

頸 king p187/neck

頸巾 king kin p187/neckerchief

頸鍊 king lien p187/necklace

“頸”表示脖子，異於官話的“脖子”、閩方言的“脰、頷”，是粵方言特徵詞，在 19 世紀粵方言語料與今天各地粵方言中皆廣泛使用。

5.“幾”類詞

幾時 kí shí p131/325/happen when/也收：何時

幾多 kí tó p140/how many/也收：多少，若干、幾何

幾久 kí kiú p140/how long

幾長 kí cháng p140/how long

幾大 kí tá p140/how old/也收：貴庚

“幾”置於名詞或形容詞前構成疑問詞的用法在 19 世紀與今天的粵方言中廣泛存在，而 19 世紀的官話則多用“什麼時候、多少、多久、多長、多大”，這點可從出版時代與《英華韻府歷階》相近的官話語料《正音咀華》（1853/1867），及出版年代稍後的《語言自邇集》（1886）中獲悉。《英華韻府歷階》收錄的“幾”類詞，具有粵方言疑問詞用法特徵。

6.“欄”類詞

雞欄 kí lán p135/hen-house/也收：雞棧

豬欄 chú lán p137/hog-styp279/sty/也收：豬圈

狗欄 kau lán p158/kennel/也收：狗洞

牛欄 niú lán p200/ox-house

　　"欄"表示圈養動物的牢圈,承襲自古漢語,在官話及其他方言中偶有使用,粵方言則保持完整,且可拓展爲表示集中某類物品的場所,如"果欄"表示集中販賣水果的地方,仍見於今香港粵方言。

　　7. 其他名物類詞彙

鑊 hwóh p18/boiler

椰菜 yé tsái p25/cabbage 花椰菜 hwá yé tsái p40/cole 藍花椰菜 lán hwá yé tsái p22/broccoli（捲心菜）

芽菜 yá tsái p270/sprouts/green（豆芽）

水瓜 shúi kwá p271/squash/long（絲瓜）

矮瓜 yái kwá p271/squash/redcrooked（茄子）

馬蹄 má tí p322/water-chestnut/也收：荸薺

地氈 tí chen p28/carpet（地毯）

跪氈 kwui chen p132/hassock/也收：拜墊

咭嗜 ki shí p58/custard（奶酪）

咭唎 ki lie p59/cutlets（煎炸食品）

哆嗜架 tó-shí kiá p297/toast-rack（吐司架）

豉油 shí yú p267/soy（醬油）

櫃桶 kwei tung p77/drawer（抽屉）

揔簝 ſu chán p80/bust basket/也收：箕（簸箕）

屋租 u tsú p140/house-rent（房租）

陽遮 yáng ché p202/parasol/也收：日傘

遮 ché p306/umbrella/也收：傘、雨傘

小較剪 siáu kiáu tsien p248/scissors（小剪刀）

番鹼 fán kien p264/soap（肥皂）

襪頭 wá tau p265/sock（襪子）

馬騮 má lau p182/monkey/也收：猴子、獼猴

蟺蛇 shen shié p168/lizard/也收：壁虎、蜥蜴

白飯魚 pe fán yü p326/white rice fish（銀魚）

晚黑 wán he p88/evening/也收：晚上、夕、傍晚

出年 chu nien p334/year/next 也收：明年,次年

大話 tá hwá p94/falsehood/也收：假話 p98/fib p166/lie to/也收：說謊、撒謊

水脚 shúi kióh p94/fare/也收：盤費 p97/ferriage/也收：渡費 p115/freight（盤纏）

人工 jin kung p320/wages/也收：工銀、工錢

差館 chái kwán p21/bridewell（警局）

外父 wái fú①p95/father-in-law/也收：岳父

事頭 sz' tau②p175/master of shop（雇主）

渠 kü p133/he/也收：他，彼

牙脚 yá kióh p94/fang（牙根）

脚踭 kióh tsang p134/heel/也收：脚跟

髀骨 pí ku p293/thigh-bone（股骨）

腰骨 yáu ku p170/lumbago（腰）

件事 kien sz' p88/event/也收：事情

　　《英華韻府歷階》收錄了諸多粵方言名物類詞彙，這些詞在表達形式上與19世紀官話相異，却與19世紀乃至今天的粵方言頗爲一致，顯示了詞典編撰地之方言特徵。這些具粵方言特色的名物類詞彙包括了僅出現於粵方言的音譯詞"咕啤、咭咧、哆啤架"，亦包括"椰菜、矮瓜、櫃桶、出年、馬騮、水脚"等粵方言特徵詞。同時，詞彙用字亦也頗具特色，如"咕啤、咭咧、哆啤"今粵方言多寫成"芝士、吉列、多士"，"較剪"則多寫成"鉸剪"。用字習慣具早期羅馬字語料特色。"件事"表示"這件事情"的用法亦鮮見於官話而常見於粵方言口語。同時，該用法由粵方言已拓展到廣東東部閩方言，是粵方言影響閩方言之體現。

（三）動作及狀貌類詞彙

1."俾"類詞

俾付 pí fú p85/endue（給予）

俾得 pí te p146/in order to（用以）

俾看 pí kán p257/show to（給他看）

　　《英華韻府歷階》收錄的"俾"具有"給予"義與"容許"義，與官話"給"相對應，"俾"表示"給予"與"容許"承襲古漢語，但鮮見於19世紀的官話，在19世紀與今天的粵方言却極爲常見，如與《英華韻府歷階》出版時期相近的粵方言語料《廣東省土話字彙》（1828）有232條"俾"用法的記錄，可見此處的"俾"，亦爲粵方言用法。

2."住"類詞

攬住 lán chú p83/embrace/也收：摟抱、懷抱

阻住 tsú chú p275/stop

　　"動詞＋住"表動作持續的用法見於19世紀及今天各地粵方言，具顯著粵方言特色，《英華韻府歷階》對這類持續結構亦有所收錄。

3."埋"類詞

移埋 í mái p81/edge up

放埋 fáng mái p226/put by/也收：安起

---

　　①　據《近代漢語詞典》第2197頁，"外父"表岳父義曾出現於唐、宋文獻，但在明清文獻中則漸以"岳丈""岳父"爲主，到了現代漢語階段，"外父"作岳父義已是粵語的特徵詞（參考李如龍主編《漢語方言特徵詞研究》，廈門大學出版社，第398頁）。

　　②　據《近代漢語詞典》第1958頁，近代漢語文獻如《朱子語類》（宋）、《牡丹亭》（明）、《珍珠舶》（清）亦出現"事頭"一詞，但語義上皆非粵語的"雇主"之義，故此處"事頭"的收錄，具粵語色彩。

　　“埋”置於動詞之後，表示靠近、靠攏，這種語義特徵不見於官話而見於 19 世紀及今天粵方言，《英華韻府歷階》收錄“埋”類詞，屬粵語詞彙的收錄。

　　4.“發”類詞

　　發夢 fáh mung p78/dream

　　發汗 fáh hán p208/perspire

　　發毛 fáh máu p179/mildewed/也收：霉 p181/moldy/也收：霉爛

　　粵方言表“産生”義語素“發”的構詞能力强於官話，《英華韻府歷階》收錄了“發夢、發汗”這類鮮見於官話，却廣泛存在 19 世紀及今天的粵方言詞彙。

　　5.“揸”類詞

　　揸 chá p137/hold to/也收：拿定、持住

　　揸牛奶 chá niú nái p179,milk（擠牛奶）

　　粵方言“揸”表示“抓、拿”，該詞在 19 世紀粵方言文獻，如《廣東省土話字彙》（1828）、*Chinese Chrestomathy in the Canton Dialect*（1841）皆有收錄，今天粵方言也常使用“揸車”（開車）、“揸緊拳頭”（握緊拳頭）等詞，元曲《敬德不伏老》中“我也曾揸鼓奪旗，抓將挾人”也有“揸”表示“抓、拿”義的用法，但在此後的明清文獻中“揸”皆不表示“抓、拿”。可見《英華韻府歷階》“揸”類詞表示“抓、拿”的用法，亦爲粵方言用法的收錄。

　　6.其他動作類詞彙

　　拂水 fu shúi p70/dip up（舀水）

　　煲水 páu shúi p18/boil water（燒水）

　　鬧交 náu kiáu p114/fray/也收：吵鬧（吵架）

　　話 hwá①p289/tell/也收：告、告訴

　　念 nien p293/thought/也收：想、想像、意思、想頭

　　激惱 ki náu p289/tease（激怒）

　　慳水 kien shúi p290/temper iron to（節約）

　　拜山 pái shán p298/tombs worship（掃墓）

　　識 shi p308/understand/也收：曉得、懂得、會、會意、通達、明

　　明 ming p308/understand/也收：曉得、懂得、會、會意、通達、識

　　過數 kwó sú p216/post accounts（轉賬）

　　起身 kí shin p241/rise（起床）

　　食烟 shi yen p263/smoke（抽煙）

（四）狀貌類詞彙/短句

　　飲醉了 yin tsui liáu p79/drunk（喝醉了）

　　勤力 kin li p69/149/diligent/industrious（勤奮）

　　心淡 sin tán p115/frigid/也收：冷，冷淡（心灰意冷）

---

　　①　據《近代漢語詞典》第 811 頁，“話”也曾出現於明清文獻，不過在明清文獻中，“話”主要表示説、講，也用作名詞“故事、事情”，與粵語語義有別。

落形 lóh hing p129/haggard（消瘦）

肚餓 tú ngó p141/hunger/也收：腹枵

有口齒 yú kau chí p303/true to his words（講信用）

執正 chi ching p240/rights put to/也收：扯正（秉公）

醜樣 chau yang p181/misshapen（醜陋）

重有麼 chung yú mó? p117/further/what/也收：還有否?（還有嗎?）

（五）量詞及量名結構

一啖 yi tán p77/draught of water/也收：一口水

一對鞋 yi túi hiái p257/shoes pair of（一雙鞋）

　　《英華韻府歷階》編撰及出版地爲澳門，加之參考了《廣東省土話字彙》等粵方言文獻，因此雖刻意以官話注音，仍無法避免收錄了衆多粵方言詞彙。這些出現於 19 世紀的粵方言詞，對討論粵方言詞彙發展史具有重要意義。

四　《英華韻府歷階》所收閩方言詞

　　除了粵方言詞的收錄，《英華韻府歷階》還收錄了僅見於閩方言的詞彙。

（一）名物類詞彙

狗母 kau mu p16/bitch

雞母 kí mú p135/henp32/chanticleer/也收：牝雞司晨

豩 lau p267/sow/也收：母豬

目 mu p92/eye/也收：眼（眼睛）

刀肉 táu jau p16/blade（刀身）

酶肉 mei jau p21/brisket（肩胛肉）

揔鬥 fu tau p80/dust-roard（簸箕）

卵 lwán p82/egg/也收：蛋

地荳 tí tau p127/ground-nut/也收：花生

茶船 chá chuen①p246/289/saucer/也收：茶碟（茶盤）

飯匙骨 fán shí ku p247/scapula（肩胛骨）

目汁 mu chi p289/tears/也收：淚、涕、目液

伊 í p133/136/he，也收：他，彼

---

　　① 據《近代漢語詞典》第 168 頁，記錄清代乾嘉以來江南一帶民衆的風俗與俗語的《土風錄》及作者不詳的小說《海公大紅袍全傳》亦出現該詞，由於這兩部文獻皆有記錄南方言的可能，而明確記錄明清官話的文獻并未出現該詞，加之"茶船"在今閩語中仍常用，而鮮用於官話，在故本文將該詞計入閩語詞。

汝 jü p335/you/也收：你，爾
小嬸 siáu shin p260/sister-in-law（弟媳）
大姆 tá mú p260/sister-in-law（大嫂）

（二）動作類詞彙

生理 sang lí p41/commerce/也收：貿易、生意 p299/trade/也收：生意
相爭 siáng tsang p42/compete p48/contending p74/dissent p332/wrangle/也收：相鬧／
爭論（吵架）
暴 pu p79/dry in sun（曬）
飼 tsz' p96/feed/也收：喂
飼奶 tsz' nái p280/suckle（餵奶）
漚 ngau p273/steep to/也收：浸、漬（浸泡）
泅 tsiú p284/swim/也收：游水
肖母 siáu mú p286/takes after his mother/也收：像他母（像他的母親）

（三）量詞及量名結構

一球 yi kiú p38/clustered（一束）
一毬花 yi kiú hwá p190/nosegay（一束花）

（四）狀貌類詞彙

涸 kóh／水醮 shúi tsiáu p79/dry up（乾涸）
耐久 nái kiú p80/duration（耐用）
水大 shúi tá p136/high water/也收：潮長（水漲）
肚枵 tú hiáu p141/hunger/也收：肚餓（肚子餓）
厚味 hau wí p247/savory/也收：有味道（味道濃）
花紅 hwá hong p248/scarlet（鮮紅）

《英華韻府歷階》收錄了諸多鮮見於官話却常見於 19 世紀及今天閩方言的詞彙，類同與粵方言詞的收錄，閩方言詞的用字也頗具早期語料特色，如"暴""揔鬥""一毬花"，今天閩方言常寫成"曝""糞斗""一球花"。與此同時，《英華韻府歷階》既收錄了粵方言表示動物雌性性別的語素"嫲"，也收錄了頗爲罕見的"犸"。"嫲"與"犸"同表示雌性性別，但用字、注音有別。"犸"表示母豬，在《集韻》中已有收錄，明清時期《正字通》《康熙字典》等字典將其讀音標爲"母"。事實上，從音韻角度看，"犸"讀 lau 與"母"相去甚遠。據《漢語同源詞大典》考證，"犸"實爲"豝"的轉注字。"豝"上古音爲幫紐魚部，"犸"爲明紐侯部，幫明旁紐，魚侯旁轉。據此，將侯部字讀爲 au，則帶有濃烈的閩方言色彩，直至今天，閩方言侯部字仍以讀 au 韻母爲多，如侯部字"斗""偷""頭""樓""狗""猴"等字，韻母皆爲 au。可見此處的"犸"，概爲以閩方言音表示雌性動物詞彙的收錄。

五　《英華韻府歷階》收詞特徵與意義

《英華韻府歷階》收錄了諸多具粵、閩方言特徵的詞彙，并配以官話注音，這種現象不僅是程美寶（2010）所言的"粵詞官音"，亦包括"閩詞官音"，體現了《英華韻府歷階》官話音系下粵、閩方言詞彙的收錄特徵。作者衞三畏言明該書編撰目的爲教習官話，實際上却收錄衆多具粵、閩方言詞彙。我們認爲，這種粵、閩方言詞彙的收錄并非有意爲之，而是作者及協助編撰者無法清晰識別官話與粵、閩方言詞彙之界限，協助編撰者在詞典編輯過程中加入自身母語詞彙的結果。粵、閩方言詞彙收錄現象既體現了音系系統性與詞彙開放性的矛盾，亦給我們探討詞典編撰地區的方言分布狀態提供綫索。

長期以來，《英華韻府歷階》編撰地澳門的方言研究多集中於粵方言。提及澳門，多將其定義爲粵方言區。上述閩方言詞的出現，對澳門地區歷史上的方言面貌具有啟示意義。《英華韻府歷階》作者衞三畏長期居於廣州、澳門，雖有印刷閩方言文獻的工作經驗，但本人并無閩方言區生活經驗，加之《英華韻府歷階》編寫參考馬禮遜《華英字典》、貢薩爾維斯《葡漢字典》及裨治文《廣東方言唐話讀本》這類官話、粵方言文獻①，理論上詞典應祇收錄官話、粵方言詞彙，不應有閩方言詞彙的收錄。

閩方言詞的出現，祇能説明在《英華韻府歷階》編撰年代，澳門地區不僅使用粵方言，亦有閩方言存在，協助編撰者的母語，正是閩方言。這爲澳門方言史研究提供了新的視角。查閱澳門史料可知，澳門歷史上不僅有來自粵方言區的移民，亦有諸多閩籍人士往來居住。《明代澳門史論稿》引中外史學家之論證指出，"澳門開埠以前今望廈地區確有華人居住，且是福建移民。"《明史·佛朗機傳》亦有載，早在明朝嘉靖時期，澳門已是"閩粵商人，趨之若鶩"之地。另一史料《經世文編》也記錄明朝嘉靖年間名臣龐尚鵬曾上奏朝廷描述澳門"其通事多漳、泉、寧、紹及東莞、新會人爲之"。

除了史料記錄，澳門古建築的碑刻也有閩人來澳的描述。《重修普濟禪院碑志》有"村故有普濟禪院，爲閩之三山温陵世居澳地者合力公建香火以奉祀神明"的碑文，《重修媽祖閣碑記》亦有"凡閩省潮州及外地經商之客，航海而來者，靡不迎邀慈佑"之敘述。

同時，澳門諸多地名具有閩方言特徵。據考證，澳門葡語名 Macau 最早出現在巴列托（M. N. Barreto）神父、平托（Mendes Pinto）修士 1555 年的信件中，分別記作 Macau 與 Amacauo，同時代的葡語文獻還有 Amaquo、Amachao、Amaquao、Amaqum、Amagao、Maqua 等記錄。明代萬曆年間《粵大記·廣東沿海圖》則記爲"亞馬港"。由中西地名對應可知，

---

①　本文匿名評審專家指出，《英華韻府歷階》中的閩方言詞，可能來自早前出版的英國傳教士麥都思的《福建方言詞典》（1832）。衞三畏在詞典中常拿《福建方言詞典》（1832）作爲比較對象。爲此，作者檢索《福建方言字典》，將《英華韻府歷階》所收錄之閩方言詞逐一查找、配對。經檢索發現，《福建方言字典》以收字、解釋字義及收錄經典文獻詞句爲主，口語詞收錄并不多，方言詞彙更是稀少。本文檢索到的《英華韻府歷階》閩方言詞 31 個，《福建方言詞典》没有收錄的有 26 個，占收詞量 84％。基於此，我們有理由認爲，衞三畏編撰《英華韻府歷階》時收錄的閩方言詞，并非源於對《福建方言字典》的抄錄，而是"輔以一些特別適用於南方的材料"，與協助《英華韻府歷階》編撰的當地文人相關，這些詞彙給予《英華韻府歷階》編撰地方言生態以啟示意義。

Macau 系"媽（馬）港"之譯音（Amacauo 則爲"阿媽（馬）港"）。其中"阿媽"，是閩人對媽祖的稱呼，Macau 與"媽港"一詞的閩音在聲韻上極爲相似。澳門離島另一地名氹仔，羅馬拼音寫作 Taipa，"氹"也作"凼"，早期寫作"凵"，《説文》："凵，張口也。象形。"《説文通訓定聲》："一説坎也，塹也。象地穿。"閩方言"小窟、水坑"義語素讀[tʰap]，與 Taipa 的 taip[tʰaip]聲韻極爲相近，[a]則是閩方言特徵詞"囝"作詞尾時的讀法，故 Taipa 應爲閩方言之"氹囝"[tʰap][a]。今作"氹仔"[tʰɐm][tʃɐi35]，係粵方言以粵音讀"氹"，并以"仔"訓讀"囝"的結果，閩方言的[tʰap]與粵方言的[tʰɐm]，屬陽入對轉同源詞①。

可見，澳門作爲港口城市，歷史上商賈、漁民雲集，閩籍移民在史料、文物、地名中皆留有痕跡。因此，澳門地區多語多方言的語言生態古今皆然。考察澳門方言史，不能僅考察澳門的粵方言史。《英華韻府歷階》編撰因得母語爲閩方言的當地文人協助，在詞典收詞中留下了閩方言詞彙，爲我們考察澳門方言史中的閩方言成分提供了重要綫索。

六　結語

《英華韻府歷階》在官話音系背景下收録了衆多粵、閩方言詞彙，顯示了 19 世紀早期官話語料編撰中的南方方言特色。傳教士多從海路由南方地區進入中國，因此《英華韻府歷階》官話音系下粵、閩方言詞彙的收録具有類型意義，查閲同樣出版於澳門的 16 世紀官話語料《葡漢辭典》（*Dicionário Português-Chinês*）可知，該辭典也有粵、閩等南方方言詞彙的收録。可見，早期官話語料多具有"南詞"編撰特色。"南詞"是官話詞彙史研究中須甄別、剥離的成分，也爲研究粵、閩方言詞彙史留下寶貴材料。同時，《英華韻府歷階》粵、閩方言詞彙的收録，特別是閩方言詞彙的收録，爲澳門地區方言多樣性面貌提供了語料證據，對澳門區域方言史研究，具有重要價值。

徵引文獻

清·張廷玉等撰《明史》（武英殿刊本），臺北藝文印書館，1958。
清·莎彝尊《正音咀華》，翰賓樓，1867。

參考文獻

[1]白維國主編. 近代漢語詞典[M]. 上海：上海教育出版社，2015.
[2]曹改平. 内地移民與澳門早期開發[D]. 成都：西南交通大學，2008.
[3]孔陳焱. 衛三畏與美國早期漢學的發端[D]. 杭州：浙江大學，2006.
[4]譚世寶. 關於開埠前澳門半島上的"村"的傳説探真[J]. 學術研究，1996(7).
[5]湯開建. 澳門開埠初期史研究[M]. 北京：中華書局，1999.
[6]湯開建. 明代澳門史論稿[M]. 哈爾濱：黑龍江教育出版社，2012.
[7][美]衛斐列著. 顧鈞、江莉譯. 衛三畏生平及書信：一位美國來華傳教士的心路歷程[M]. 桂林：廣

---

① 閩語[tʰap]與粵語[tʰɐm]屬陽入對轉同源詞的觀點爲本文匿名評審專家所提示，特此致謝。

西師範大學出版社,2004.

[8][英]威妥瑪著. 張衛東譯. 語言自邇集——19 世紀中期的北京話[M]. 北京:北京大學出版社, 2002.

[9]殷寄明. 漢語同源詞大典[M]. 上海:復旦大學出版社,2018.

[10]北京大學中國語言文學系語言學教研室編. 漢語方言詞彙 第 2 版[M]. 北京:語文出版社, 1995.

[11]曹志耘主編. 漢語方言地圖集·詞彙卷[M]. 北京:商務印書館, 2008.

[12]程美寶. 粵詞官音——衛三畏《英華韻府歷階》的過渡性質[J]. 史林, 2010(06):90-98+189.

[13]李榮,熊正輝,張振興. 現代漢語方言大詞典(綜合本)[M]. 南京:江蘇教育出版社, 2002.

[14]李如龍主編. 漢語方言特徵詞研究[M]. 廈門:廈門大學出版社, 2002.

[15]羅自群. 從漢語方言"雞公""公雞"看動物名詞雌雄南北異序的成因[J]. 方言, 2006(04):378-384.

[16]汪維輝. 説"脖子"[M]// 漢語歷史語言學的傳承與發展——張永言先生從教六十五周年紀念文集. 上海:復旦大學出版社, 2016.

[17]汪維輝. 漢語核心詞的歷史與現狀研究[M]. 北京:商務印書館, 2018.

[18]王銘宇. 羅明堅、利瑪竇《葡漢辭典》詞彙問題舉隅[M]//勵耘語言學刊. 北京:中華書局,2014 (01):138-150.

[19]徐芳敏. 閩南廈漳泉次方言白讀層韻母系統與上古音韻部關係之研究[D]. 臺北:臺灣大學中國文學研究所, 1991.

[20]薛素萍. 《英華韻府歷階》音系研究[D]. 南京:南京師範大學, 2016.

[21]詹伯慧,張振興. 漢語方言學大詞典[M]. 廣州:廣東教育出版社, 2017.

[22]張洪年,蔣紹愚. 早期粵語口語文獻資料庫[EB/OL]. [2021-06-29]. http://database. shss. ust. hk/Candbase/index. jsp.

[23]Elijah Coleman Bridgman. *Chinese Chrestomathy in the Canton Dialect*[M]. Macao: S. Wells Williams. 1841.

[24]Samuel Wells Williams. *Ying Hwá Yun-fú Lih-kiái: An English and Chinese Vocabulary, in the Court Dialect*[M]. Macao: Printed at the Office of the Chinese Repository, 1844.

[25]William Dean. *First Lessons in the Tie-Chiw Dialect*[M]. Swatow: American Presbyterian Mission Press. 1841.

[26]Walter Henry Medhurst. *A Dictionary of the Hok keen Dialect of the Chinese Language*[M]. Macao: East India Company's Press1832.

[27]William Dean. *First Lessons in the Tie-Chiw Dialect*[M]. Swatow: American Presbyterian Mission Press. 1841.

[28]Walter Henry Medhurst. *A Dictionary of the Hok keen Dialect of the Chinese Language*[M]. Macao: East India Company's Press1832.

Yue and Min Dialect Words with Mandarin Pronunciation in *Ying Hwá Yun-fúLih-kiái: An English and Chinese Vocabulary, in the Court Dialect*

Xu Yuhang

Abstract: This paper focuses on the words of *Ying Hwá Yun-fúLih-kiái: An English and Chinese Vocabulary, in the Court Dialect*. It finds that *Ying Hwá Yun-fúLih-kiái* contains many Min and Yue dialects' words with Mandarin pronunciation. This phenomenon is typologically significant in the early Mandarin records and it provides important clues to the diversity of dialects in the area where the dictionary edited. It also has important academic value for the study on the history of regional dialects.

Key words: romanized dialect records, vocabulary, Mandarin, Yue dialects, Min dialects

通信地址:澳門大學人文學院中國語言文學系

郵　　編:999078

E-mail:xyh2005@gmail. com

吴語東陽話"(幽)埭兒/噥"的多功能用法及其語法化 [*]

申屠婷婷

内容提要 吴語東陽話中的"(幽)埭兒"和"(幽)噥"有多種語法功能,兩者的區別在於,前者表示近指,後者表示遠指或泛指,它們的各種語法功能之間存在演變關係。從"(幽)埭兒/噥"相對應的各種用法來看,"幽-埭兒/噥"由處所動詞用法虛化爲了進行體標記,"埭兒/噥"則由其處所後置詞用法一步步虛化爲持續體(存續體)標記和語氣詞。

關鍵詞 幽埭兒 幽噥 處所 持續體 語法化

一 引言

東陽市位於浙江省中部,隸屬金華市,據《中國語言地圖集》(2012),東陽話屬於南部吴語金衢片。東陽話内部有南鄉話和北鄉話之分,本文討論的是東陽市南鄉馬宅鎮的方言。馬宅話是作者母語,爲行文方便,下文將東陽(馬宅)話簡稱爲東陽話。

東陽話有一組詞"(幽)埭兒"和"(幽)噥",它們在東陽話共時層面具有多功能用法,兩者意思相對,"埭兒"表示近指,"噥"表示遠指。東陽話進行體和持續體的體標記也由"埭兒"和"噥"構成。

漢語東南方言持續體的標記普遍由表處所的介詞結構演變而來,其主要規律是處所結構在動詞前表達進行體意義,在動詞後表達持續體意義(施其生,1985;劉丹青,1996)。在吴語中,"處所介詞+指示性或泛化的處所成分"用作體標記的現象也是廣泛存在,具體如下表所示。

表 1 吴語各地進行體和持續體的表達方式

		進行體	持續體
太湖片	蘇州(李小凡,1998)	勒海+VP	V+勒海/勒裏/勒浪
	杭州(遊汝傑,1996)	來東+VP	V+來東
	富陽(盛、李,2018)	勒裏/勒帶/勒底+VP	V+勒裏/勒帶/勒底
	紹興(陶寰,1996)	來埭/來亨/來動+VP	V+埭/亨/動
	紹興柯橋(盛益民,2014)	來帶/來亨/來咚+VP	V+帶/亨/咚
	寧波(阮桂君,2006)	來/來的/來該+VP	V+的(弄)/該(眼)
金衢片	湯溪(曹志耘,1996)	是/抓/落+達+VP	V+達
甌江片	溫州(潘悟雲,1996)	著搭+VP	V+著搭/搭

* 本文初稿得到了業師黄笑山教授、李旭平教授的審閲指導,王芸華博士、楊望龍博士以及匿名審稿專家都對論文的寫作和修改提出了意見,謹致謝忱,文責自負。

東陽話進行體和持續體的表達方式遵循東南方言這兩種體形式的普遍規律,具體形式是"幽埭兒"或"幽噥"在動詞短語前表示進行體,"埭兒"或"噥"在動詞後表示持續體。本文從東陽話"(幽)埭兒"和"(幽)噥"的基本構成及意義出發,描寫它們的各種語法功能,并嘗試討論這些語法意義之間的演變路徑和語法化過程。

二 "(幽)埭兒/噥"的基本構成和意義

(一)"埭兒、噥"的基本意義

"埭兒"音爲[dɑn³⁵³],是東陽話中"埭"的小稱音,鼻音[n]來自"兒",因此我們記作"埭兒"。"埭兒"是表示近指的處所代詞"這兒",由"個埭兒"(這兒)省略近指指示詞"個"而來,"埭兒"從表示處所本體意義的成分發展爲了處所指示詞①。

"噥"讀作[nom²¹¹],與東陽話中表示"人"義的"儂"同音。"噥"是東陽話中表示遠指的指示語素,但它的指示功能與普通話的指示代詞"那"之間存在一些差異,其性質更像是指示形容詞②。作指示詞時,"噥"必須和量詞組合後纔能單用,如"那是香蕉"東陽話要說"噥個是香蕉"。

表 2　東陽話指示系統簡表③

	近指	遠指
基本指示語素	個[kaʔ⁴²]	噥[nom²¹¹]
處所指示詞	(個)埭兒[(kaʔ⁴²)dɑn³⁵³]	噥埭兒[nom²¹¹dɑn³⁵³]
	(個)塊兒[(kaʔ⁴²)kʰuem⁵²]	噥塊兒[nom²¹¹kʰuem⁵²]

"埭兒"已經是可以獨立使用的處所近指詞,而相對應的處所遠指詞是"噥埭兒"。東陽話中另外還有一組處所代詞,"塊兒"與"噥塊兒",也分別表示"這兒"和"那兒"。"塊兒"和"埭兒"在詞義上沒有區別,但是在表達語法功能上,"埭兒"的功能多於"塊兒",舉例如下:

(1)渠相埭兒/塊兒來罷。(他朝這兒看了。)

(2)爾坐埭兒/噥埭兒哆。(你坐這兒/那兒吧。)

(3)牙膏牙刷噥些到噥埭兒/噥塊兒去買好喔。(牙膏牙刷那些到那兒去買好了。)

(4)馬宅哩還噥埭兒/噥塊兒好些。(馬宅啊還是那兒好一些。)

(二)"幽-埭兒/噥"的基本構成

"幽-埭兒/噥"是由處所動詞"幽"帶處所後置詞"埭兒/噥"④構成的複合詞。

---

① 吳語中由於脱落指示語素使得處所成分變成新的處所指示詞是非常常見的演變途徑,詳見盛益民(2017)的論證。

② 關於吳語指示詞和普通話指示詞的差異及指示形容詞的界定,詳見劉丹青(2017:120)。

③ 東陽話的指示系統是二分的,有近指和遠指之分。兩個基本指示語素分別爲"個"[kaʔ⁴²]和"噥"[nom²¹¹],"個"表示近指,"噥"表示遠指。

④ "埭兒/噥"的處所後置詞用法詳見下一節。

"幽"是影母幽韻平聲字,束陽話今讀音爲[iəɯ³⁴],符合其音韻地位。"幽"在束陽話中主要有兩個義項:一是作躲藏義動詞,如"幽起來"(躲起來);二是語義對應於普通話"在"的處所動詞,表示人或事物存在的位置,如"渠幽處頭兒罷"(他在家裏了)。

從結構和性質上看,束陽話"幽埭兒、幽嗊"與蘇州話"勒浪、勒海",上海話"辣辣、辣海",紹興話"來埭、來動"等是同類成分,劉丹青(2003:198)把吳語這類處所結構分析爲 PPC (pre-postposition compounds),即前後置複合詞。對於這類結構的派生過程,劉丹青(2003:298)認爲吳語中所有的 PPC 都源於框式介詞結構中 NP 的省略。按照這一分析法,結合束陽話"埭兒/嗊"可作處所後置詞的用法,束陽話"幽埭兒"與"幽嗊"的派生過程如下(以"在媽媽這兒/那兒"示例):

     (5)a. 幽媽媽埭兒(在媽媽這兒)→幽埭兒
        b. 幽媽媽嗊(在媽媽那兒)→幽嗊

"幽—埭兒/嗊"源於"幽媽媽埭兒/嗊"結構中 NP"媽媽"的省略。"幽埭兒"和"幽嗊"的基本語義分別爲"在這兒"和"在那兒"。

三 "(幽)埭兒/嗊"的多功能用法

(一)"埭兒/嗊"作處所後置詞

從基本意義看,"埭兒"是處所語素,"嗊"是遠指指示語素,兩者意義并不對稱。但是,束陽話中"埭兒"和"嗊"都可以加在指人的 NP 包括人稱代詞後,賦予該 NP 處所題元,"埭兒"和"嗊"表示近指和遠指這一組相對的概念,意思分別相當於"這兒"和"那兒"。

表 3 "人稱代詞+埭兒/嗊"構成處所短語

		埭兒	嗊
單數	我	我埭兒(我這兒)	我嗊(我那兒)
	爾	爾埭兒(你這兒)	爾嗊(你那兒)
	渠	渠埭兒(他這兒)	渠嗊(他那兒)
複數	我拉	我拉埭兒(我們這兒)	我拉嗊(我們那兒)
	爾拉	爾拉埭兒(你們這兒)	爾拉嗊(你們那兒)
	渠拉	渠拉埭兒(他們這兒)	渠拉嗊(他們那兒)
反身	自	自埭兒(我們自己這兒)	自嗊(我們自己那兒)
	自拉	自拉埭兒(我們自己這兒)	自拉嗊(我們自己那兒)

"埭兒"和"嗊"的區別在於距離遠近,以"爾拉埭兒""爾拉嗊"爲例,當對話雙方所在位置就是對方"爾"(你)的處所時,用"爾拉埭兒",表示近指,當對話雙方所在位置遠離目標地點時,用"爾拉嗊",表示遠指,例如:

     (6)爾埭兒有開水弗?(你這兒有開水嗎?)
     (7)我哩還老是去渠嗊討。(我還經常去他那兒要。)

(8)自埭兒没柴莝。（我們自己這兒没有柴可以砍。）

除人稱代詞外，"埭兒/噥"也能用在人名、稱謂名詞或其他指人 NP 後，表示的意思是"XX 這兒"或"XX 那兒"，例如：

(9)爾去彤彤噥嬉哆。（你去彤彤那兒玩吧。）

(10)到阿爺兒埭兒來。（到爺爺這兒來。）

(11)我一個夥伴噥去過。（我去過一個朋友那兒。）

(二)"幽－埭兒/噥"作處所動詞

前文已經説到，"幽"是東陽話中與"在"語義對應的處所動詞，但是，"幽"與"在"在句法屬性上有些不同。"幽"是個黏著的動詞性語素，不能不帶處所賓語而單獨作謂語，即東陽話中没有與"他不在"直接對應的"＊渠弗幽"這種説法，正確的表達方式是"渠弗幽埭兒"或"渠弗幽噥"，"幽"必須帶上"埭兒/噥"或者其他處所賓語纔能充當謂語。"埭兒"和"噥"實際上成爲處所動詞的距離範疇標記，近指用"埭兒"，遠指用"噥"。例如：

(12)爾阿媽幽噥弗？──幽埭兒。/弗幽埭兒。（你媽在嗎？──在。/不在。）

(13)輝輝哩噥兩日橫直弗幽埭兒。（輝輝那幾天反正不在(這兒)。）

例(12)問句中處所動詞用表遠指的"幽噥"，説明問者與詢問對象距離較遠，答句用近指的"幽埭兒"，則説明答者和詢問對象距離接近。

"幽－埭兒/噥"後可以加處所賓語，處所賓語可以是處所代詞、地名、機構名詞等。"幽－埭兒/噥"本身帶有距離義，當後面再加帶距離義的處所詞時，就形成距離義在動詞和 NP 上的雙重標注，因此要求保持距離的一致性（agreement），即遠配遠，近配近（劉丹青，2003：228）。如例(14)"幽埭兒"與"塊兒"（這兒）搭配，例(15)"幽噥"與"噥面向"（那邊）搭配。例(16)選用"幽噥"，説明"我"當時所處位置已經不在家裏，表示遠指義。另外，這幾例中的"埭兒/噥"可以省略，"幽"後直接帶處所賓語的表達也是合法的。

(14)尋著罷，幽(埭兒)塊兒呢。（找到了，在這兒呢。）

(15)渠拉幽(噥)噥面向。（他們在那邊。）

(16)我上日兒幽(噥)處頭兒。（我昨天在家裏。）

(三)"幽－埭兒/噥"用作介詞短語

"幽－埭兒/噥"可以作介詞短語用在動詞短語前，表示動作行爲發生的場所，原義爲表示處所的"在這兒/那兒"，例如：

(17)爾拉幽埭兒夜飯食食去弗？（你們在這兒吃了晚飯再走嗎？）

(18)爾拉生＝①兒弗幽噥食夜飯嘞？（你們怎麼不在那兒吃晚飯呢？）

(19)渠阿外婆幽噥做生意。（他的外婆在那兒做生意。）

"幽－埭兒/噥"也可以帶上處所題元再與動詞短語連用，此時"埭兒/噥"充當距離範疇標記，"埭兒"表示近指，"噥"表示遠指，例如：

---

① "生＝"上標＝表示同音字。

(20)渠幽埭兒我家食夜飯。(他在我家吃晚飯。)

(21)我家個兒幽噥杭州上班。(我兒子在杭州上班。)

(四)"埭兒/噥"作處所介詞

東陽話在動詞前可由"幽—埭兒/噥"介引處所題元,而在動詞後則由"埭兒/噥"充當處所介詞。"埭兒/噥"在動詞後,多表示行爲的終點,即行爲結束後主體或客體存在的位置。能與"埭兒/噥"搭配的動詞一般是静態的位置動詞或姿勢類動詞①,例如:

(22)爾件羽絨服我囥埭兒房間裏罷。(你的羽絨服我放在(這個)房間裏了。)

(23)换箱紅酒擺噥大櫃裏罷。(另一箱紅酒放在大櫃裏了。)

(24)渠靠噥火牆裏食香煙。(他靠在牆上抽煙。)

(25)渠坐噥地下,不肯徛起來。(他坐在地上/在地上坐着,不肯站起來。)

在"V+埭兒/噥+處所詞"結構中,"埭兒/噥"仍充當距離範疇標記,當我們選用"埭兒"時,説話者一般就在該處所,"埭兒"語義上有明確的近指意義。如例(22)中説"囥埭兒房間裏",此時説話者就處在"這個房間"。而"噥"既可以表示距離上的遠指,也可以不附加距離區别,單純地表示某個動作發生在某處或某種動作狀態在某處持續着。如例(23)用"擺噥大櫃裏",説明説話者此時并不在"大櫃"邊上,指示一定的距離。例(25)中的"渠坐噥地下",除了表示遠指的"他坐在地上"之外,還能忽略距離的遠近,直接表示"他在地上坐着"這一狀態的持續。

(五)"(幽)埭兒/噥"表示體意義

1."幽—埭兒/噥"表進行體

吳語中普遍存在"處所介詞+指示性或泛化的處所成分"用作體標記的現象,其主要規律是處所結構在動詞前表示進行體,在動詞後表示持續體。

體範疇是觀察一個情狀的内部時間結構的不同方式(Bernard Comrie,1976:2-3)。進行體描寫的是一種進行中的情狀。東陽話進行體的表達方式是在動詞前加一個介詞短語,即用"幽+埭兒/噥(+處所成分)+動詞短語"來表達進行體意義。例如"渠拉幽噥莝柴",字面意思是"他們在那兒砍柴",在"幽+噥(+處所成分)+動詞短語"結構中,"噥"的處所指代意義已經減弱,"幽噥"相當於普通話中的"在",表示事件正在進行。因此,"渠拉幽噥莝柴"的實際意義是"他們在砍柴"。

(26)我拉幽埭兒講常談。(我們在(這兒)聊家常。)

(27)爾幽埭兒燒午飯罷唉?(你在做午飯了嗎?)

(28)渠幽噥房間裏哭,節=西都弗肯食。(他在房間裏哭,什麽都不肯吃。)

(29)爾幽噥節=幹呃?(你在做什麽呢?)

東陽話"幽埭兒"與"幽噥"仍是近指與遠指的區别,近指用"幽埭兒",遠指用"幽噥",不需要指示距離遠近單純表示正在進行時也用"幽噥"。如例(26)(27)用"幽埭兒"表示動作正

①　動詞的分類參見戴耀晶(1997:13)。

在進行,可知説話者所處位置就是動作發生的處所。例(28)用"幽嚷"表示"他在哭",説話者與"他"存在一定的距離。(29)例中就没有距離上的明確指示,祇是對"你在做什麽"的提問。

　　吳語其他方言也是用動詞短語前的處所結構來表示進行體意義,但表達形式各不相同,而且體標記數量上也有一分、二分、三分的區别,見下表。

表4　吳語進行體表達方式

一分		
湯溪①	是達	爾還是達望電視啦?(你還在看電視啊?)
杭州	來東	我來東吃飯,你等一等。(我在吃飯,你等一等。)
蘇州②	勒海	我勒海奔勒,勿覺着冷。(我跑着呢,不覺得冷。)
二分		
寧波	來的(近)	是渠來的打彈子。(他在玩彈子。)
	來該/格(遠)	渠來該看電影。(他在看電影。)
		渠樓等來(該)做作業。(他在樓上做作業。)
富陽	勒裏/帶(近)	阿拉勒裏/勒帶揀毛豆。(我們在挑選毛豆。)
	勒底(遠)	你勒底做何事?(你在幹什麽?)
三分		
温州③	著搭(泛指)	我著搭吃飯,渠著搭洗手。(我在吃飯,他在洗手。)
	著够(近)	渠著够吃飯。(他在(這兒)吃飯。)
	著吼(遠)	渠著吼吃飯。(他在(那兒)吃飯。)
紹興	來動(泛指)	伊來動看書,偌勿可吵。(他在看書,你别吵。)
	來埭(近)	伊來埭哭,吃也不肯吃。(他在(這兒)哭,吃也不肯吃。)
	來亨(遠)	姆媽門口頭來亨補衣裳,姊姊灶頭來亨煮飯。(媽媽在門口縫衣服,姐姐在廚房裏煮飯。)
柯橋	來咚(泛指)	伽門口頭坐得來咚挑毛綫衫。(他們門口頭坐着在挑毛衣。)
	來帶(近)	鈔票我來帶用哉。(錢我在用了。)
	來亨(遠)	伽上海來亨讀書。(他在上海讀書。)

　　從吳語各地進行體的表達方式來看,東陽話的進行體標記雖然祇有兩個形式,但却可以歸入三分這一類,表示近指用"幽埭兒",遠指和泛指都用"幽嚷"。

　　據陶寰(1996)和阮桂君(2006),當句中有處所短語時,紹興話的"來動/來埭/來亨"和寧波話的"來的/來該"有兩個句法位置,它們既可以出現在處所短語之前,也可以出現在處所短語之後。但是兩者的意義不同,放在處所短語之前强調方位,放在處所短語之後强調動作

---

　　① 湯溪話有"是達""抓達""落達"三種形式,意義都已經虚化,相當於時間副詞"在","達"也可以單獨用在動詞前,意思、用法跟以上三詞一樣。"是達""達"最常用(曹志耘,1996)。

　　② 老派蘇州話用"勒裏"表近指,"勒浪"表遠指,"勒海"則無所謂遠近。新派三者混用,不分遠近,其中"勒海"使用頻率最高,"勒浪"次之,"勒裏"已很少使用(李小凡,1998),我們採用新派的説法。

　　③ 劉丹青(1996)寫作"著够""著吼",潘悟雲(1996)記爲"著 kau²³""著 hau⁴⁵"。

的進行和持續。因此,在表達進行體時,紹興話和寧波話的"來"字結構衹能位於處所短語之後,如紹興話的"伊上海來亨讀書",和寧波話的"渠樓等來(該)做作業"。與紹興話和寧波話不同,東陽話的介詞結構"幽—垬兒/噥"衹能置於處所短語前,如例(28),東陽話中"﹡渠房間裏幽噥哭"是不合語法的。蘇州話的介詞結構同東陽話一樣也是置於處所短語前,如"姆媽勒門口頭綸衣裳,阿姐勒海灶下燒飯①。"吳語其他方言的處所介詞結構與處所短語的句法位置關係在目前所見報道中暫未提及,我們需要更多的調查材料來完善對處所介詞結構句法性質的分析。

2."垬兒/噥"表持續體

東陽話持續體的表達形式是在動詞後加上"垬兒/噥",構成"V+垬兒/噥"式,表達的是事件起始後至終結前某一段時間内的持續情況。這一類"V+垬兒/噥"表示的是静態事件,事件不反映變化,具有均質的時間結構。我們把這種"V+垬兒/噥"式所表達的語法意義歸爲持續體,表示某種狀態在特定時間段内保持不變。

處所介詞短語作爲體標記往往會由於語法化而發生弱化,結果通常是省略一個音節,東陽話的持續體標記就省略了處所介詞短語中的介詞"幽",衹用近指成分"垬兒"或遠指成分"噥"來作爲持續體標記。"垬兒"和"噥"兩者作持續體標記時仍兼作距離範疇標記,"垬兒"表近指,"噥"表遠指或泛指。如例(30)選用"坐噥"或"坐垬兒"依據説話者與目標對象的距離遠近來決定。

　　　(30)爾坐噥/垬兒,弗要待起來!(你坐着,不要站起來。)

　　　(31)門開噥,裏頭兒無北=噥。(門開着,裏面没有人。)

　　　(32)渠一通新衣裳穿噥。(他穿着一身新衣服。)

另外,"V+垬兒/噥"還可以用於存現句,表示某處存在某物,這種情況也可看作是静態的持續。"V垬兒/噥"之後不能帶賓語,V的受事賓語必須前置於"V+垬兒/噥"。同樣地,"垬兒"具有近指意義,"噥"則表示遠指和泛指,例如:

　　　(33)台桌裏一個西瓜擺垬兒。(桌上放着一個西瓜。)

　　　(34)火牆裏一幅畫掛噥。(牆上掛着一幅畫。)

　　　(35)石頭上頂有字刻噥。(石頭上面刻着字。)

　　　(36)門口頭三個儂待噥。(門口站着三個人。)

此外,"V+垬兒/噥"之後還能跟上動詞,構成"V₁+垬兒/噥+V₂"結構,例子如下:

　　　(37)我待垬兒食便得。(我站着/這兒吃就行。)

　　　(38)渠中意待噥食。(他喜歡站着吃。)

　　　(39)眠噥望書對眼睛弗好。(躺着看書對眼睛不好。)

在"V₁+垬兒/噥+V₂"形式中,若V₁帶受事賓語,由於V1帶體標記使得謂語複雜化,因此促發了賓語前置②,如例(40)和(41),"一個麵包"和"帽"要置於"捏噥"和"戴噥"之前,否則不合語法。V₁與V₂這兩個動詞結構代表兩個伴隨着發生的動作,但重心在V₂,前者説明後者的方式,如下例:

　　　(40)渠一個麵包捏噥食。(他拿着一個麵包在吃。)

---

① 　此例句引自石汝傑(1996)。

② 　關於吳語受事前置的原因,詳見盛益民、陶寰(2019)。

(41)帽戴噥尋帽。(戴着帽子找帽子。)

東陽話能用於這一形式中的 V_1 祇能是位置動詞和姿勢動詞,這些動詞兼有動態和靜態性質。這類動詞的語義特點是,動作一旦完成或結束,相應的狀態就隨之産生,在沒有其他外力作用的情況下動作結果帶來的狀態將繼續存在。因此,"V_1＋噥"表示 V_1 動作完成後所造成的狀態繼續存在或持續。

東陽話的持續體標記是由表示進行體意義的處所結構省略介詞而來,句法位置也從動詞前移到動詞後。縱觀其他吳語的情況,從句法位置上來説,各地吳語持續體標記都位於動詞後,這是吳語的共性。但有些方言的持續體標記和進行體標記一樣,并沒有省略其中某個音節,而且相同的句法成分在不同方言表達中的句法位置也有不同,這是它們的差異。下面我們對吳語幾個方言點的持續體標記使用情況作一個梳理。

表5　吳語持續體表達方式

湯溪	達	門開達的,裏面無農的。(門開着,裏面沒有人。)
		牆上掛達張畫。/牆上張畫掛得①達。(牆上掛着一幅畫。)
		渠歡喜倚達吃的。(他喜歡站着吃。)
紹興	埭/亨/動	門開埭,裏頭人唔有。(門開着,裏面沒有人。)
		牆壁高頭有張圖畫掛埭。(牆上掛着一幅畫。)
		坐亨來亨看書。/東西伊藏好動。(東西他藏着。)
柯橋	帶/亨/咚	擺 ta⁰ 咚/亨/帶(擺着)②
		阿興已經坐亨哉。(阿興已經坐着了。)
		我窗門已經三扇開亨哉。(我已經開着三扇窗了。)
寧波	的/該	我調覺的。(我醒着。)
		牆壁上等一畫畫貼該。(牆上掛着一幅畫。)
		渠沙發上等坐該。(他坐在沙發上。)
溫州	(著)搭	門開著搭,屋底沒有人。(門開着,裏面沒有人。)
		牆上有張畫掛搭。(牆上掛着一幅畫。)
		渠喜歡站搭吃。(他喜歡站着吃。)
富陽	勒裏/帶/底	管電燈亮好勒帶。(那盞電燈亮着。)
		堂前裏有張毛澤東掛好勒底。(大廳有張毛澤東的畫像掛着。)
		醬油阿拉屋裏有勒底。(醬油我們家有。)
杭州	來東	門開來東,裏頭沒有人。(門開着,裏面沒有人。)
		牆高頭有一幅畫兒掛來東。(牆上掛着一幅畫。)
		他喜歡立來東吃。(他喜歡站着吃。)

---

① "得"是一個肯定動作已經發生的助詞,是動詞的附加成分(曹志耘,1996)。

② 柯橋話動詞和"咚/帶/亨"之間可以插入表完結的 ta⁰(盛益民,2014)。

續表

蘇州	勒海	俚醒勒海。（他醒着。）
		客廳裏有幅山水畫掛勒海（仔）①。／長靠背上有對小青年坐勒海。
		俚就是歡喜困勒海看書②。

　　以上吳語 8 個方言點中，湯溪、紹興、柯橋、寧波的持續體標記都省略了介詞，和東陽話屬於同一類型，温州話"著搭"和"搭"③都可以説，但在富陽、杭州和蘇州話中，持續體標記仍是完整的處所結構，與進行體標記相同。

　　東陽話的持續體標記"㙮兒/噥"緊跟在動詞之後，中間不能插入其他語言成分，但在湯溪、紹興、柯橋、富陽話中，動詞和持續體標記之間可以插入其他成分，如湯溪話的"掛得達"，紹興話的"藏好動"，柯橋話的"擺 ta⁰ 咚"和富陽話的"掛好勒底"，寧波話也有"燒好的、擺好的"④的説法。

　　關於受事賓語的句法位置，東陽話"V＋㙮兒/噥"之後不能帶賓語，句中如果有賓語出現，那麼賓語位置必然在"V＋㙮兒/噥"之前，見例（33-36），（40-41）。在其他吳語中，賓語的位置情況大多如此，祇有湯溪話受事賓語可以出現在"V＋達"之後，例子見表 5。

3."㙮兒/噥"表存續體

　　"㙮兒/噥"也可以和動作動詞連用，此時"V＋㙮兒/噥"表示的并不是動作本身的持續，而是表示動作實現以後獲得的結果的持續。這一類的"㙮兒/噥"跟在動詞後，性質類似於動詞後的結果補語，我們把這一類看做存續體。

　　對比（42-45）中的 a、b 兩例，我們發現，"V＋㙮兒/噥"可以轉換成"V＋拉"或"V＋好"句式，其中"拉"是東陽話的完成體標記，相當於普通話中的"了₁"。這兩種句式的差別在於，"V＋㙮兒/噥"句強調的是動作完成之後留下的持續狀態，而"V＋拉"或"V＋好"句式強調的是動作的實現。對應於普通話，這兩類句式的意義是一致的，"V＋㙮兒/噥"的意義都對應於"V＋了₁"或"V＋好"。"㙮兒"與"噥"的區別仍是説話者與動作發生方位的距離遠近，"㙮兒"表示近指，"噥"表示遠指。

　　（42）a. 兒都兩個<u>生</u>㙮兒罷。

　　　　　b. 兒都<u>生拉</u>兩個罷。（兒子都<u>生</u>了兩個了。）

　　（43）a. 肉<u>切</u>㙮兒罷，爾來炒哆。

　　　　　b. 肉<u>切好</u>罷，爾來炒哆。（肉<u>切好</u>了，你來炒吧。）

　　（44）a. 家具都<u>定</u>噥罷。

　　　　　b. 家具都<u>定好</u>罷。（家具都<u>定好</u>了。）

---

　　① 蘇州話持續體有兩個語法標記："勒海"和"仔"，前者是持續體專用標記，後者則是完成體的語法標記兼表完成持續體，標記完成持續體時，"勒海"和"仔"的分布大體上互補。二者有時可以在同一句話中共現，此時，靠後的標記是羨餘成分（李小凡，1998）。

　　② 此例句來自石汝傑（1996）。

　　③ 潘悟雲（1996）認爲温州話"著搭"和"搭"的虛化程度不一樣，"著搭"的處所義更強。祈使句和連動句中一般用"搭"而不用"著搭"。

　　④ 見阮桂君（2006）中的例句：

　　飯燒好的，啥個辰光要吃就好吃。（把飯燒好了放着，什麼時候要想吃就能吃。）

　　東西擺好的，人來勒到忙好馱去。（把東西先放好了，人一來馬上就可以拿去。）

(45)a.屋買噥罷。
　　　b.屋買好罷。(房子買好了。)

(六)"埭兒/噥"表確認語氣

　　"埭兒/噥"還可以跟在句子的整個謂語之後,謂語類型可以是名詞性謂語、形容詞性謂語和動詞性謂語,這一類"埭兒/噥"在句中有類似於語氣詞的作用。漢語的語氣詞是後置虛詞,且出現在主謂結構後頭的語氣詞,大多是附加在謂語上的(朱德熙,1982:207)。我們認爲東陽話附著在謂語之後的"埭兒/噥"表達的是對陳述事物所存在狀態的確認和強調。

　　1.NP 數量＋埭兒/噥

　　"埭兒/噥"用於數量名詞後,仍有"在這兒/在那兒"的意思,但它們的處所意義已經有些減弱,更多的是描述事物存在的一種狀態,或說明事物具有多少量。例(46)中的"五個埭兒"表示的語義是"這兒有五個","埭兒"表示近指的存在。例(47)中的"噥"也還有些"在那兒"的意味,"一鋪噥"意思可以理解爲"有一家店在那兒"或者"有一家店存在",而例(48-49)已經幾乎沒有"在那兒"的實在意義,主要表示事物存在的數量。

　　(46)有五個埭兒罷,馱兩個來添。((這兒)有五個了,再拿兩個過來。)

　　(47)躘歸點兒便一鋪噥啊。(走進一點兒就有一家(在那兒)。)

　　(48)有七百噥罷。(有七百了。)

　　(49)飯都亨一碗噥耶。(飯都還有那麼大一碗。)

　　2. AP＋埭兒/噥

　　除數量名詞外,"埭兒/噥"還可以用於形容詞或形容詞短語後,構成"AP＋埭兒/噥"短語作謂語。"AP＋埭兒/噥"表示事物目前的狀態,含有一種強調的語氣。如例(50)中的"好噥"表示"腎還好着"的狀態,結合此例句來源的上下語境分析,整個句子的意思是"現在腎還是好的,他中的毒還沒有滲透到腎裏"。

　　(50)腎哩還好噥。(腎是還好的。)

　　(51)我自古゠點兒用用有埭兒①耶。(我自己這些用用够的。)

　　例(52)中的"多猛"意思是"很多",再加"噥"之後的"多猛噥"表達冰箱裏有很多魚存在的狀態。例(53)中的"小猛埭兒"含有"現在太小了"的意思,"埭兒"由空間域擴展到時間域,表明人或事物目前的狀態。

　　(52)冰箱裏魚兒多猛噥。(冰箱裏魚多的是。)

　　(53)弟弟小猛埭兒。(弟弟(現在)太小了。)

　　例(54)中,"危險滋味"意思是"非常鹹",是副詞修飾形容詞結構,後面加"噥"用來說明"肉做得非常鹹"的這一狀態。除了副詞用法,"危險"還可以表示"很多",(55)例中的"危險噥"就表示事物數量上還存在很多的狀態。

　　(54)些肉都危險滋味噥耶。(這些肉都非常鹹。)

　　(55)今日兒羊肉我望去危險噥添啦。(今天我看羊肉還有很多呢。)

---

　　①　"有"在東陽話中可以作形容詞,有兩個義項:(1)够;如:有未兒?(够了嗎?)——有罷。(够了。)(2)富,富裕,如:渠家有猛。(他家很富裕。)

　　除東陽話外,在已報導的吳語方言材料中,蘇州、寧波和柯橋話也都有持續體標記跟在形容詞後的用法,如下例。石汝傑(1996)認爲(56)例中的"勒浪"是強調程度的語氣助詞,持續的意味非常薄弱。阮桂君(2006)認爲寧波話"形容詞+的"的用法表達的也是一種強調的語氣,見例(57)。

　　　　(56)蘇州:我看該兩日唔篤搭客人來來去去,鬧猛殺勒浪!

　　　　(57)寧波:牛仔褲好好叫要排過,多少膩腥的啦。(牛仔褲需要好好刷過,非常髒。)

　　　　(58)柯橋:阿興個小人倒蠻蠻聰明帶。(阿興這個小孩倒挺聰明的。)

　3. VP+埭兒/嚷

　　"埭兒/嚷"用於動詞性謂語後,其語氣詞的功能更加明顯。在這一類句子中,"埭兒/嚷"確認的是整個句子所表達的事件,如果刪掉句尾的"埭兒/嚷",句子表達的意思基本不變,衹是缺少了原句的確認語氣,因此,我們或許可以認爲這一類"埭兒/嚷"是附加在整個句子上的。"埭兒"與"嚷"之間仍然有近指和遠指的區別,"埭兒"的語義由空間域擴展到了時間域,由表示近指處所(這兒)發展出了表示目前狀態(現在)的用法,例如:

　　　　(59)我一兩斤蘋果買來埭兒。(我買了幾斤蘋果。)

　　　　(60)件衣裳還無北=穿過埭兒。(這件衣服還沒穿過。)

　　　　(61)我還要去買菜埭兒。(我還要去買菜。)

　　　　(62)還嫌馱來埭兒,做哩幽嚷做罷。((現在)還沒拿來,做是在做了。)

　　"嚷"的虛化程度高於"埭兒","嚷"用於句尾時,其處所義已經非常微弱,衹是表達一種確認和強調的語氣,例如:

　　　　(63)今年好兩件衣裳買來都無北=穿過嚷。(今年好幾件衣服買來都沒穿過。)

　　　　(64)爾自拉都要到外頭食嚷耶。(你們自己都要到外面吃呢。)

　　　　(65)渠還想去望戲嚷嘞。(他還想去看戲呢。)

四　"(幽)埭兒/嚷"的語法化過程

　　根據上文的梳理,東陽話的"埭兒/嚷"在共時平面上具有處所後置詞、處所介詞、持續體(存續體)標記、確認語氣等用法,"幽—埭兒/嚷"具有處所動詞、介詞短語、進行體標記等用法。劉丹青(2003:301)指出,PPC後字作處所前置詞是由PPC整體作前置詞帶處所題元發展來的。對於東陽話來說,也就是由"幽—埭兒/嚷"帶處所賓語的用法發展出了"埭兒/嚷"在動詞後的處所介詞用法。詳見下表。

表 6　東陽話"(幽)埭兒/嗕"的語法功能及其演變過程

NP＋埭兒/嗕（處所後置詞）		
↓		
幽＋埭兒/嗕（處所動詞）		
↓		
幽＋埭兒/嗕＋LP（介詞短語）	⟶	V＋埭兒/嗕＋LP（處所介詞）
↓		↓
幽＋埭兒/嗕＋VP（進行體）		V＋埭兒/嗕（持續體/存續體）
		↓
		謂語＋埭兒/嗕（確認語氣）

　　從意義上看，"埭兒/嗕"在名詞性成分後作處所後置詞是由其基本意義引申出來的基本用法。然後，它們跟動詞"幽"組合構成處所動詞短語"幽－埭兒/嗕"，在句中作謂語，意思是"在(這兒/那兒)"，"埭兒/嗕"在其中充當距離範疇標記。"幽－埭兒/嗕"再由其動詞用法發展出介詞用法，介引處所題元，即"幽－埭兒/嗕＋LP"結構。之後，演變路徑分爲兩條，一方面，"幽－埭兒/嗕＋VP"表達進行體，另一方面，"埭兒/嗕"在動詞後發展出處所介詞用法，也可以介引處所題元。在"V＋埭兒/嗕"結構中，"埭兒/嗕"本身處於補語位置，容易發生語義的虛化，"埭兒/嗕"進一步語法化，逐漸由空間的持續轉向時間上的持續，變爲持續體(存續體)標記，最後，當"埭兒/嗕"出現在謂語或附加在整個句子之後時，我們認爲"埭兒/嗕"在句中表達的是確認和強調語氣。

　　簡言之，東陽話進行體和持續體標記的語法化路徑分兩條：幽＋埭兒/嗕＋VP>進行體，V＋埭兒/嗕>持續體(存續體)>確認語氣。

五　結語

　　本文從東陽話"(幽)埭兒/嗕"的基本意義出發，指出"埭兒"原是省略了近指指示詞的處所本體成分，"嗕"是遠指指示語素，"幽埭兒"和"幽嗕"的基本語義分別爲"在這兒"和"在那兒"。

　　"埭兒"和"嗕"原不是相對的句法成分，但却有相對應的各種用法，一個表示近指，一個表示遠指。通過描寫"(幽)埭兒/嗕"的各種用法，我們發現，"幽－埭兒/嗕"從基本的處所動詞用法虛化爲進行體標記，"埭兒/嗕"則由其後置詞用法一步步虛化爲持續體(存續體)標記和語氣詞。在這整個過程中，"埭兒"和"嗕"的語法化程度是不平行的，"嗕"的語法化程度更高，"埭兒"始終帶有距離上的近指意義，而"嗕"除了表示遠指外，還可以表示泛指，單純地表達體意義和確認語氣。

參考文獻

[1]曹志耘.金華湯溪方言的體[M]//張雙慶主編.動詞的體.香港：香港中文大學中國文化研究所吳多

泰中國語文研究中心,1996.

[2]戴耀晶. 現代漢語時體系統研究[M]. 杭州:浙江教育出版社,1997.

[3]李小凡. 蘇州方言的體貌系統[J]. 方言,1998(3).

[4]劉丹青. 東南方言的體貌標記[M]//張雙慶主編. 動詞的體. 香港:香港中文大學中國文化研究所吳多泰中國語文研究中心,1996.

[5]劉丹青. 語序類型學與介詞理論[M]. 北京:商務印書館,2003.

[6]劉丹青. 語法調查研究手册(第二版)[M]. 上海:上海教育出版社,2017.

[7]潘悟雲. 温州方言的體和貌[M]//張雙慶主編. 動詞的體. 香港:香港中文大學中國文化研究所吳多泰中國語文研究中心,1996.

[8]阮桂君. 寧波方言語法研究[D]. 武漢:華中師範大學,2006.

[9]盛益民. 吳語紹興柯橋話參考語法[D]. 天津:南開大學,2014.

[10]盛益民. 漢語吳方言的“處所成分—指示詞”演化圈——兼從語言類型學看指示詞的詞彙更新[M]//陳忠敏,陶寰編選. 吳聲越韻. 北京:商務印書館,2017.

[11]盛益民,李旭平. 富陽方言研究[M]. 上海:復旦大學出版社,2018.

[12]盛益民,陶寰. 話題顯赫和動後限制——塑造吳語受事前置的兩大因素[J]. 當代語言學,2019(2).

[13]施其生. 閩、吳方言持續貌形式的共同特點[J]. 中山大學學報(社會科學版),1985(4).

[14]石汝傑. 蘇州方言的體[M]//張雙慶主編. 動詞的體. 香港:香港中文大學中國文化研究所吳多泰中國語文研究中心,1996.

[15]陶寰. 紹興方言的體[M]//張雙慶主編. 動詞的體. 香港:香港中文大學中國文化研究所吳多泰中國語文研究中心,1996.

[16]遊汝傑. 杭州方言動詞體的表達法[M]//張雙慶主編. 動詞的體. 香港:香港中文大學中國文化研究所吳多泰中國語文研究中心,1996.

[17]朱德熙. 語法講義[M]. 北京:商務印書館,1982.

[18]Comrie B. Aspect[M]. Cambridge:Cambridge University Press,1976.

On the Multifunction and Grammaticalization of $[\text{i}\text{əɯ}^{34}\text{dɑn}^{52}/\text{nom}^{52}]$ ((幽)埭兒/噥)in Dongyang Wu Dialect

Shentu Tingting

Abstract: $[(\text{i}\text{əɯ}^{34})\text{dɑn}^{52}]$((幽)埭兒) and $[(\text{i}\text{əɯ}^{34})\text{nom}^{52}]$((幽)噥)are multifunctional in Dongyang Wu dialect, and their difference is that the former indicates proximate index while the latter indicates distal. There is an evolutionary relationship between their various grammatical functions. From the various usesto which they correspond of(幽)埭兒/噥 we can see that,(幽)埭兒/噥 have gone through the grammaticalization chain from the usage of existential verbs to progressive marker. 埭兒/噥 have gone through the evolution from postposition to continuous(durative)marker and confirmatory mood.

Key words:幽埭兒,幽噥,location,continuous,grammaticalization

通信地址:浙江大學漢語史研究中心;浙江樹人學院人文與外國語學院

郵   編:310030/310015

E-mail: shentutt1991@163.com

《胞胎經》詞語考釋三則 *

嵇華燁

内容提要 西晋竺法護譯經《胞胎經》口語性强,且異文材料衆多,是語言研究的珍貴語料。本文運用同經異譯比勘,考釋本宿/宿本、博面、經押等三個詞語的語義及來源。

關鍵詞 本宿 博面 經押 考釋

　　西晋竺法護譯《胞胎經》主要描述從懷孕到生産胎兒的變化以及懷胎的因果等内容,口語性强,是研究西晋語言的重要語料。《胞胎經》另有兩部同經異譯:唐菩提流志譯《大寶積經·佛爲阿難説處胎會》、唐義浄譯《大寶積經·佛説入胎藏會》。《胞胎經》及其同經異譯都是研究語言歷時演變的珍貴材料。另有東漢安世高譯《道地經》、西晋竺法護譯《修行道地經》部分文本與《胞胎經》構成異文。《胞胎經》整體語言風格流暢,但是仍有不少晦澀之處,因此有必要考釋其詞語。

一　本宿/宿本

　　(1)如其本宿所種諸惡,自然得之,或復爲盲聾瘖痙愚癡,身生癕瘡,生無眼目,口不能言,諸門隔閉,跛蹇秃瘻,本自所作,自然得之,父母所憎,違失法義。(《胞胎經》,11/888c-889a)

　　"本宿"義爲前世,前生。從前後文語境看,佛告訴阿難前世的行爲會影響今世胎兒健康狀態。考其前後語段均圍繞這個話題展開:

　　(2)假使前世有惡罪行,諸殃來現,於諸十惡,或復慳貪愛惜財物不能施與,不受先聖師父之教,其應清浄長大更成短小,其應麁大則更尫細……當應爲黑而反成黄,當應黄而反成黑。(《胞胎經》,11/888c)

　　(3)假使其人前世奉行衆德,不犯諸惡,諸善來趣,謂十德行,憙於惠施,無慳垢心,奉受先聖師父之命,身中諸節,應當長者即清浄長,當應鮮潔自然鮮潔……所樂瓔珞即得寶瓔,應當爲黑即成爲黑,所樂言語即得所樂。(《胞胎經》,11/889a)

　　"本宿"與"前世"對應。

　　"本宿"在竺法護譯經多有用例。

　　(4)發天眼明,本宿清浄,識於往古所可遊居。(西晋竺法護譯《度世品經》卷五,10/

---

　　* 基金項目:2020年度浙江省哲學社會科學規劃課題青年項目"早期漢譯佛經詞彙異文研究"(20NDQN254YB);教育部人文社科重點研究基地重大項目"中古分類文獻詞彙研究——以道經、佛典、史書爲中心"(20JJD740002)。

647a)

（5）仁本宿世具六十劫行檀波羅蜜、尸羼惟逮，所修禪定、般若波羅蜜亦復如是，各六十劫。（西晉竺法護譯《濟諸方等學經》，9/377a）

（6）此經典要悦諸菩薩，是經法教順菩薩衆，應當諮受，本宿功德現於目前。（西晉竺法護譯《無希望經》，17/776a）

（7）本宿命時行菩薩法，等心衆生，誓願所致，舍利遍流。（西晉竺法護譯《持人菩薩經》卷一，14/628b）

其同經異譯姚秦鳩摩羅什譯《持世經》：

（8）我先世行道時，於衆生中成就如是悲心，碎身舍利普使分布，是我本願。（姚秦鳩摩羅什譯《持世經》卷一，14/645a）

"本宿""先世"對應，"本宿"義爲前世。

（9）不以色相、不以種好，亦復不以本宿行故而致是德，亦不悕望作是致是。（西晉竺法護譯《阿差末菩薩經》卷一，13/585b）

《阿差末菩薩經》有同經異譯南朝宋智嚴共寶雲譯《大方等大集經·無盡意菩薩品》。

（10）出生種性、過去浄業。（南朝宋智嚴共寶雲譯《大方等大集經》卷二七《無盡意菩薩品》，13/186b）

"本宿"與"過去"對應，義爲前世。

又有同素逆序詞"宿本"①，義爲前世。

（11）其人宿本積何功德造殊妙行，而今致此奇特洪勳？（西晉竺法護譯《正法華經》卷九，9/127c）

（12）此等之類於賢聖説當爲應器，如來則觀宿本緣迹尋爲如應、爲演經道。（西晉竺法護譯《大哀經》卷四，13/429a）

（13）宿本五百世，恒爲菩薩母；白浄應爲父，彼應降德神。（西晉竺法護譯《普曜經》卷一，3/486b）

"本宿/宿本"屬近義連文。"本"可表示過去，前世。"本"本義是草木的根。《説文·木部》："本，木下曰本。""根"是草木的起始狀態，因此，可以引申出時間關係上的"起始，原本"義。《左傳·昭公二十七年》"復位而待"，晉杜預注："復本位待光命。""本位"指原來的官位。"起始，原始"義進一步引申爲"過去"義，佛經中"過去"的概念更廣，可延伸至"前世，前生"。《莊子雜篇·則陽》："吾觀之本，其往无窮，吾求之末，其來无止。"唐成玄英疏："本，過去也，末，未來也。"東漢支婁迦讖譯《道行般若經》卷四："是善男子、善女人本願之所致，不離是法，雖不有所索者，自得六波羅蜜。"（8/446c）"本願"義爲過去的願望。西晉竺法護譯《修行道地經》卷三："修行如是，自念本生所歷受身、名姓、好惡、壽命長短、飲食、被服，皆悉識之。"（15/201a）"本生"義爲前生。

---

① 在"宿本"和"本宿"搭配對象上，竺法護譯經有"本宿命"。西晉竺法護譯《生經》卷四："如來則知憶本宿命。"（3/98a）西晉竺法護譯《正法華經》卷十："唯佛宣布，如來、至真本宿命時，行何功德？"（9/132a）竺法護譯經未見"宿本命"。我們推測"宿命"在佛經中極爲常見，安世高譯經已有"宿命"一詞。東漢安世高譯《長阿含十報法經》卷一："好郡居，依慧人，自直願，宿命有本。"（1/234a）"本宿""宿本"後起，在詞語搭配上受到"宿命"的影響，因此有"本宿命"，而無"宿本命"。"本宿"與"宿本"在用法上存在一定差異。此條感謝匿名審稿人的意見。

"宿"可表示前世。東漢安世高譯《陰持入經》卷下:"爲有四輪:好郡縣居輪、依慧人輪、自本正願輪、宿命有福輪。"(15/177b)"宿命"指前世的生命。東漢支婁迦讖譯《道行般若經》卷二:"是彼善男子、善女人,彼所止處,當完堅無有嬈者,除其宿罪不請,餘不能動"(08/435a)"宿罪"指前世的罪過。東漢竺大力共康孟詳譯《修行本起經》卷上:"身有七處滿,千子力當敵,菩薩宿作行,是故無怨惡。"(03/464c)"宿作行"指前世的作業。

二　博面

(14)假使是女,在母腹左脇累趺坐,手掌博面,生藏之下熟藏之上,五繫自縛如在革囊。(《胞胎經》,11/889a)

《胞胎經》又有同經異譯:

(15)若是女者,蹲居左脇,兩手掩面,背脊而住。生藏之下、熟藏之上,內熱煎煮,五處繫縛,如在革囊。(唐菩提流志譯《大寶積經》卷五五《佛爲阿難説處胎會》,11/324b)

(16)若是女者,在母左脇蹲居而坐,兩手掩面向母腹住。(唐義淨譯《大寶積經》卷五六《佛説入胎藏會》,11/330b)

"博面"與"掩面"對應。

考前文例,《胞胎經》:"假使有男,即趣母右脇累趺坐,兩手掌著面背外,面向其母,生藏之下熟藏之上,五繫自縛如在革囊。"(11/889a)"博面"與"著面"對應。綜合同經異譯與《胞胎經》用例,"博"義爲著;接觸;靠近,"博面"在文中指的是胎兒在母腹中手觸碰臉的狀態。

"博"爲什麽有"著;接觸;靠近"義呢?"博"與"搏"通。《漢書·貨殖傳》:"皆陷不軌奢僭之惡,又況掘冢搏掩,犯姦成富。"唐顏師古注:"搏掩,謂搏擊掩襲取人物者也,搏字或作博。"《釋名·釋姿容》:"搏,博也,四指廣博亦以擊之也。"分析"搏"詞義系統,《説文·手部》:"搏,索持也。"漢語辭書《漢語大詞典》《漢語大字典》均在"搏"下列有:"捕捉;攫取,拾取;拍,擊;格鬥,奮鬥;握,抓;跳動"等義項。根據詞義引申規律,"搏"的這些詞義有一個共有的核心義"接觸"。"捕捉""攫取,拾取""拍,擊""格鬥,奮鬥""握,抓"都描摹不同程度的接觸。因此,"搏"可以抽象出"著;接觸;靠近"義。《釋名·釋床帳》:"搏壁,以席搏著壁也。"《説文·手部》:"搏,一曰至也。"段玉裁注:"此別一義。蓋搏亦爲今之附近字。許則云駙者,近也。《左傳》則作傅。"東晋法顯《法顯傳》:"其城中空荒無人住,入谷搏山東南上十五里到耆闍崛山。"(51/862c)"搏山"義爲靠近山①。"搏山"又寫作"博山"。東晋法顯《法顯傳》:"那竭城南半由延有石室,博山西南向,佛留影此中,去十餘步觀之如佛真形。"(51/859a)唐菩提流志譯《不空胃索神變真言經》卷十九:"內院心上,三十二葉七寶開敷蓮華,其臺四邊周遍華藥,皆搏著臺。"(20/326a)《慧琳音義》卷三九釋《不空羂索經》"皆搏"條:"皆搏,牓莫反,張戩《考聲》云:'搏,附著也。'"(54/564a)"附著"義爲接觸,"搏""著"同義連文。唐不空譯《穰麌梨童女經》:"我今復説穰虞梨印及觀行法,其根本印,以二手相搏如掬物勢。"(21/293c)"二手相搏"指兩手相互碰觸。唐菩提流志譯《一字佛頂輪王經》卷四:"左手搏臍邪豎把捧,右手當胸微虛作拳。"(19/248b)"搏臍"指觸臍。

---

① 張生漢(2016)《〈法顯傳校注〉辨疑五則》詳細考證了"搏"字,指出"搏"與"附""傅"通。

中土文獻有"搏面"一説。《三國志·蜀書·劉琰傳》:"胡氏有美色,琰疑其與後主有私,呼卒五百,撾胡至於以履<u>搏面</u>,而後棄遣。"這裏的"搏面"是擊打面部的意思,與譯經中的"博面"不同。

三　經押

(17)機關木師若畫師作木人,合諸關節,先治材木,合集令安,繩連關木,及作<u>經押</u>,以繩關連,因成形像,與人無異。如是,阿難! 罪福所化,自然有風吹成色貌,變爲骨節,因緣化成。(《胞胎經》,11/888b)

"經押"僅見於竺法護譯《胞胎經》,含義頗爲費解。康保成(2004:413-414)猜測"經押"是拴繩子的轆轤,并指元魏菩提留支譯《入楞伽經》卷三提到:"猶如轆轤車輪機關,於三界中生種種色種種身,如幻起尸。"(16/528a)古印度利用轆轤一類裝置實現機關木人"起尸"。但是,"經""押"兩字語義與轆轤相去甚遠,文章也未解釋"經押"如何能産生轆轤義。另外,元魏菩提留支譯《入楞伽經》雖提到轆轤,但是出現的語境與機關木人無關。因此,將"經押"解釋爲轆轤證據并不充分。

《可洪音義》卷二將《胞胎經》這一例"經押"解釋作:"<u>經押</u>,音甲,梵甲册也。"(K34/692c)雖然譯經中"押""甲"常同義,但是將"經押"解釋作經甲,從前後語境看并不恰當。此句主要談論機關木人製作,與經册無關。考察《胞胎經》同經異譯,唐菩提流志譯《大寶積經》卷五五《佛爲阿難説處胎會》:"譬如塑師及其弟子,先以堅木後以繩纏造諸形狀,雖未有泥,如是之時名爲骨相。"(11/324a)唐義浄譯《大寶積經》卷五六《佛説入胎藏會》:"譬如墍師或彼弟子,先用鞭木作其相狀,次以繩纏,後安諸泥,以成形像。"(11/330a)兩部異譯經都未提到經甲。且,"經甲""經夾"用例最早見於唐代。唐不空譯《蕤呬耶經》卷二:"於中若有處空無尊位者,應置一瓶,瓶上置般若<u>經甲</u>及讀彼經。"(18/765c)與竺法護譯經年代相差較遠。

我們認爲"經押"義爲筋束,筋纏,指木師作機關木人時將各個關節以繩穿連猶如人筋脈纏束。結合前後文看,《胞胎經》此例用機關木師作木人來比喻人懷胎時候骨節生長相互聯結的狀態。佛經中常可見類似文本。

(18)如是聚骨猶若幻化,又如合車骨爲垣牆,<u>筋束</u>,血流,皮肉塗裏,薄膚覆之。(西晋竺法護譯《修行道地經》卷一,15/187b)

《修行道地經》此例同樣描寫人在胞胎狀態時骨節血肉生長過程,此例中用"筋束"。

(19)是身如束薪,<u>筋纏</u>如立。(三國吳支謙譯《維摩詰經》卷上,14/521b)

"筋纏"即筋脈纏束,指人身體就像柴薪,筋脈纏束纔能站立。這與《胞胎經》中用木人機關比喻人的骨節非常相近。

(20)我諦觀身相,去來及進止,屈申與俯仰,顧視并語言,諸節相支挂,骨肋甚稀踈,<u>筋纏</u>爲機關,假之而動轉。(姚秦鳩摩羅什譯《大莊嚴論經》卷四,4/278c)

綜上,我們認爲《胞胎經》中"經押"與"筋束""筋纏"同義。"押"有束縛義①。《玄應音義》卷十六釋《大愛道比丘尼經》"撿押"條:"撿<u>押</u>,……下古押也,《爾雅》:'押,轉也。'謂押束

---

① 王雲路、方一新(1992:216-217)釋"撿押"爲約束,限制。

也。"(54/736a24)北涼曇無讖譯《大方等大集經》卷八:"净寶珠者耐磨穿押,是故此珠名無瑕玼。"(13/48a)《玄應音義》卷一:"穿押,古狎反,《爾雅》:'押,輔也。'謂束也。經文作甲非也。"(C56/819b)

"經"有筋脈義。《莊子·養生主》:"技經肯綮之未嘗,而況大軱乎。"《素問·金匱真言論》:"天有八風,經有五風,何謂?"《胞胎經》:"第十四七日,其胞裏内於母腹藏,自然有風名曰經縷門,吹其精體生九萬筋。"(11/887c)佛教認爲胞胎發育時風起,并用每種風對生長的作用命名。此例中胞胎生筋起名爲"經縷",可以推測"經"與"筋"相關。佛經中又有"筋縷"一説。元魏般若流支譯《正法念處經》卷一五:"彼人如是身唯筋縷,閻魔羅人然後執持,置在星鬘風吹鑊中。"(17/88b)

參考文獻

[1]康保成. 中國古代戲劇形態與佛教[M]. 上海:東方出版中心,2004.

[2]李維琦. 佛經詞語匯釋[M]. 長沙:湖南師範大學出版社,2004.

[3]王雲路,方一新. 中古漢語語詞例釋[M]. 長春:吉林教育出版社,1992.

[4]俞理明,顧滿林. 東漢佛道文獻詞彙新質研究[M]. 北京:商務印書館,2013.

[5]張生漢.《法顯傳校》注辨疑五則[M]//羅家祥. 華中國學 2016 年·春之卷. 武漢:華中科技大學出版社,2016.

Interpretation on Words in *Baotaijing*(《胞胎經》)

Ji Huaye

Abstract：There are many colloquial words in *Baotaijing*. And it has a large number of variants. It is a precious corpus for language research. This paper interpretates the Bensu 本宿/ Suben 宿本,Bomian 博面,Jingya 經押.

Key words：*bensu* 本宿/ *suben* 宿本,*bomian* 博面,*jingya* 經押,interpratation

通信地址:浙江大學漢語史研究中心/浙江工商大學人文與傳播學院中文系

郵　　編:310030/310018

E-mail:11704036@zju. edu. cn

支謙譯經音譯詞的原語面貌[*]

李周淵

內容提要 支謙譯經中有相當數量的音譯詞,其中不見於前人譯經的約 300 個。這些音譯詞是研究漢語語音的重要材料,將其東漢擬音與對應的梵語逐一比對,可以看到二者有較大的差距,而這些差距可以根據印度俗語的語音規律做出解釋。本文逐一考察了支謙譯經中的這些音譯詞,從而探尋其原語面貌。

關鍵詞 俗語 犍陀羅語 語音演變 輔音 原典語言 梵漢對音

一 引言

支謙是三國時的佛經翻譯家。他所翻譯的經典內容廣博,涉及淨土思想、陀羅尼、般若乃至佛陀傳記等等。他上承支婁迦讖、康孟詳,下啟康僧會、鳩摩羅什,在譯經史上有重要的地位。

根據《出三藏記集》卷二記載,支謙所譯經典共有 36 部 48 卷。現今存世的支謙可靠譯經共 24 部[①],逐一核查,共檢得音譯詞約 480 個。其中,不見於前人譯經的音譯詞約 300 個。支謙譯經中的這 300 個音譯詞是研究漢語語音、研究梵漢對音的重要材料,但需要注意的是,支謙譯經的原典語言不是梵語,而是印度的俗語。因此,祇有從印度俗語的角度解析這些音譯詞的成因,纔能夠有效地利用這些材料。

二 前人研究

關於支謙譯經中的音譯詞,已經有不少研究成果。

俞敏(1999)、陳雲龍(1993a,1993b)、Coblin(1994)研究三國的語音系統,使用了一部分

* 本文曾受臺灣科技事務主管部門補助(MOST-107-2922-I-655-002),在 2018 年 11 月發表於韓國首爾"第十二屆漢文佛典語言學國際學術研討會",特此致謝。另外,本刊三位匿名評審提供了豐富的建議,讓文章減少了很多錯誤,非常感謝!

① 初期譯經的譯者較難判斷,同一個譯者的譯經風格、譯經助手也并不固定。討論譯經的譯者歸屬,最原始的材料是梁僧祐所撰《出三藏記集》。Nattier(2008:178)認爲支謙的可靠譯經是 24 部,她根據支謙的譯經風格,將 T559《老女人經》以及 T362《阿彌陀三耶三佛薩樓佛檀過度人道經》剔除出支謙的可靠譯經,代之以 T561《老母經》及 T361《無量清淨平等覺經》,但是她的論證可能值得商榷。本文以《出三藏記集》的著錄爲第一標準,來探討支謙所撰每一個音譯詞的成因,并且以略符標示出了各個音譯詞所在的經典。未來研究發現支謙可靠譯經的數量有變動,讀者僅需將學界共同認定不屬於支謙譯經的部分刪去即可。關於哪些譯經可以歸屬爲支謙所譯,參見李周淵(2020)。

支謙譯經中的音譯詞,主要是以對應的梵語來推斷漢語的讀音。幾位學者關心的主要還是漢語史内部的語音問題,除了Coblin(1994)之外,比較少涉及原典語言與梵語的區別。

宇井伯壽(1983)主要考察了《般泥洹經》《賴吒和羅經》《梵摩渝經》《齋經》四部經典中的幾個音譯詞,他認爲原語的來源很複雜,難以推斷其真正樣貌,祇能知道是來自於印度的俗語。

目前所見,以支謙譯經音譯詞爲材料,分析原典語言的專門論述,當屬辛嶋静志(2015)。這篇文章將語料限定在首見於支謙譯《維摩詰經》的音譯詞,逐一列出了漢語、Coblin的擬音、對應的印度語言、對應的鳩摩羅什譯詞、對應的玄奘譯詞,并指出了每一個音譯詞所反映的印度語音演變,且構擬了部分音譯詞的原語詞形。文章的結論是:"這部漢譯(支謙譯《維摩詰經》)原典的語言不是梵語而是口語,而且很可能是犍陀羅語,或者至少是包含有犍陀羅語成分的語言。"①

事實上,辛嶋静志有一系列的成果,以漢譯佛典的音譯詞來分析譯經時原典語言的樣貌。本文即借鑒了這種方式,以支謙譯經的音譯詞爲語料,分析支謙譯經的原典語言。

三　材料介紹

如前所述,支謙譯經中的音譯詞約480個,首見於支謙譯經的音譯詞約300個。詳細情況如下表所示。表中經名後的數字表示:首見音譯詞數量/沿襲前人的音譯詞數量。

1. T01n0006《般泥洹經》54/7	13. T14n0474《維摩詰經》21/27
2. T01n0054《釋摩男本四子經》5/4	14. T14n0493《阿難四事經》1/0
3. T01n0068《賴吒和羅經》5/6	15. T14n0532《私呵昧經》1/0
4. T01n0076《梵摩渝經》4/0	16. T14n0533《菩薩生地經》1/2
5. T01n0087《齋經》2/5	17. T14n0556《七女經》15/11
6. T03n0169《月明菩薩經》4/15	18. T14n0557《龍施女經》1/1
7. T03n0185《太子瑞應本起經》29/24	19. T14n0559《老女人經》3/3
8. T04n0198《義足經》36/24	20. T14n0581《八師經》1/0
9. T04n0210《法句經》1/2	21. T15n0632《慧印三昧經》12/33
10. T08n0225《大明度經》10/17	22. T17n0735《四願經》3/0
11. T10n0281《菩薩本業經》0/8	23. T17n0790《孛經抄》8/3
12. T12n0362《阿彌陀三耶三佛薩樓佛檀過度人道經》79/18	24. T19n1011《無量門微密持經》0/4

本文多次提到了梵語與俗語的概念,爲方便理解,根據辛嶋静志(2016:154-155)的觀點稍作解釋:公元前4世紀中葉,語法家帕尼尼以不同的吠陀語創造出了語法規範的人工語言,即梵語。梵語是雅語、書面語。與梵語相對,一般民衆日常使用的語言是俗語②。俗語

---

① 見辛嶋静志(2015:93)。另外,季羨林(1995:51)認爲:"支謙等譯經所根據的原本,不是梵文,而是中亞和新疆一帶的吐火羅文和伊朗語族的語言。"

② 需要注意的是,辛嶋静志(2016)中使用的是"口語"。辛嶋静志使用了兩個術語,用"口語"對應於Prākṛta,用"俗語"對應於Apabhraśa(即文中的阿波布朗舍語)。爲了全文統一,本文採用"俗語"一詞,對應於Prākṛta。

包括大致使用於公元前 4 世紀至公元 7、8 世紀之間的古摩揭陀語、巴利語、半摩揭陀語、犍陀羅語、馬哈拉施特拉語等以及使用於公元 6 世紀的阿波布朗舍語。在語言上可以標記俗語派生於梵語，但這是爲了方便理解的説明方法，其實二者同時存在，如硬幣的正反面。

三　原語面貌

　　下文以支謙譯經中不見於前代譯經的約 300 個音譯詞爲研究材料，按照語音性質逐一分析。首先列出語音規律，其次列表格進行梵漢對照，最後解釋相應的語音規律。

　　表格各列的内容是：第一列是在《大正藏》中的位置，按册數、經號、頁碼、欄位、行數的順序編排；第二列是音譯詞，關鍵字標注下劃綫；第三列是關鍵字的擬音；第四列是對應的梵語或巴利語，根據赤沼智善(1979)等工具書以及各經對應的梵本、巴利本比對而來。

　　爲節省篇幅，用如下符號："＞"指音變方向，比如 A ＞ B 即 A 音變爲 B，符號"＜"同理；"/"指存在兩種情況；"EH." 指 Eastern Han Chinese（東漢擬音），根據的是 Schuessler(2009)；"MC." 指 Middle Chinese（中古漢語擬音），根據的是 Schuessler(2009)；"Skt." 指 Sanskrit（梵語）；"Pa." 指 Pāli（巴利語）；"Pkt." 指 Prākṛta（俗語）；"Gd." 指 Gāndhārī（犍陀羅語）；"Khot." 指 Khotanese（于闐語）；"Bhs." 指 Buddhist hybrid Sanskrit（佛教混合梵語）。

（一）元音

1. -a-＞-i-/-e-

T01n0006p0189b13	阿夷維	EH. wi ＞ MC. jiwi4	Skt. ＝Pa. ājīvaka
T03n0185p0482c17-8	竭夷迦葉	EH. ji ＞ MC. ji	Skt. gayākāśyapa; Pa. gayākassapa
T12n0362p0317a26	維黎波羅潘蔡	EH. lei ＞ MC. liei	Skt. virajaprabha
T12n0362p0300a09	拔智致	EH. ṭieᶜ＞ MC. ṭjeᶜ	Skt. bhadrajit
T12n0362p0300a12	那①翼迦葉	EH. jək ＞ MC. jiək	Skt. gayākāśyapa; Pa. gayākassapa

　　印度俗語中-a-＞-i-/-e-的情況可以找出很多例子。

　　犍陀羅語中，元音 a 在腭音附近會前高化，變成 i 或者 e，比如 Pa. accasārī ＞ Gd. ecasari、Skt. samyak-sambuddha ＞ Gd. same-sabudha、Skt. prajānāti ＞ Gd. pre'aṇadi (Brough 1962：81)。

　　巴利語中，當一個單詞的音節數量是三個或四個的時候，如果重音在第一個音節，那麼第二個音節的元音會弱化，在多數例子中，會弱化爲 i，比如 Skt. candramās ＞ Pa. candimā、Skt. madhyama ＞ majjhima、Skt. satyaka ＞ Pa. saccika(Geiger，2005：13-14)。

　　2. -i-＞-a-

---

　　① "那"，或"迦"之訛。參見《翻梵語》的"那翼迦葉(應云伽翼，譯者曰國名也)"(CBETA，T54，no. 2130，p. 1000，c3)。

T14n0559p0911c25	墮舍羅①	EH. lɑ＞MC. lɑ	Skt. vaiśālī；Pa. vesālī

犍陀羅語中 i、a 會混用。-i-＞-a-的例子比如：Bhs. praśrabdhi＞Gd. praṣadha；Bhs. praśrabdhi-saṃbodhya ṅgam＞Gd. praṣadha-sabujaghu、Skt. rūpāni＞Gd. ruaṇa（Allon 2001：74）。

需要指出的是，-i-＞-a-的變化或許不是來自於語音的演變，而是來自於拼寫的訛略。Brough（1962：82）就指出-i-＞-a-很可能是寫手偶爾省略了元音的標記。類似的例子比如 Lenz（2010：24）發現在寫本中出現 Gd. grahad[o]（＜Skt. gṛhītaḥ），但是寫本的其他地方也出現了 Gd. grahida、Gd. grahi[di]ga，因此他認爲之所以出現了 Gd. grahad[o]，很可能是抄手的失誤使得-hi-變成了-ha-，而不是語音出現了演變。

支謙譯經對應 Skt. vaiśālī 的一般是"維耶離"（20 次），此處用"墮舍羅"（1 次），應是原典語言的抄寫者省略了元音標記，因此變成了＊vaiśāla。

3. -i-/-u-＞-a-

T01n0006p0188b26 T14n0474p0522c25	阿那律	EH. nɑ＞MC. nɑ	Skt. aniruddha；Pa. anuruddha②

斯尼爾（Senior）收藏品中的犍陀羅語寫卷，對應 Skt. aniruddha 或者 Pa. anuruddha 的地方，出現的是 Gd. aṇarudha③。

（二）輔音

1. 喉音

（1）-k-＞-g-

T01n0006p0183c06	拘遺（匱）④	EH. gwis＞MC. gjwiᶜ3	Skt. kukustā；Pa. kakuṭṭha
T12n0362p0317a16-7	羅隣那阿竭	EH. gɨat＞MC. gjät	Skt. ratnākara
T12n0362p0317a29	尸利群蔡⑤	EH. gun＞MC. gjuən	Skt. śrīkūta
T12n0362p0300b21	提愒竭羅⑥	EH. gɨat＞MC. gjät	Skt. dīpaṃkara

印度俗語中-k-＞-g-比較普遍，比如 Skt. aśoka＞Pkt. asoga、Skt. -loke＞Gd. -loge、Skt. methaka-＞Pa. medhaga-（Pischel，1981：172；Salomon，2000：82；Oberlies，2001：76）。

（2）-k-＞-v-

---

① 《老母經》中對應的音譯詞作"維耶羅"（CBETA, T14, no. 561, p. 912, c23）；Coblin（1983：69）構擬"墮"的讀音爲 EH. hjiwei＞MC. xjwie，他認爲"墮"對應梵語的 v-，是因爲合口介音在起作用。

② 辛嶋静志（2015：81）認爲"阿那律"的原語形大概是＊anaruddha（＜anuruddha）。

③ 比如斯尼爾收藏品第 12 號（Senior Collection scroll no. 12）第 38 行就出現了兩次 aṇarudha：[g.]ḍa [s.]ṣ o aṇarudha kaca aṇarudha tuspae va samagre eva samo，參見 Silverlock（2015：370）。

④ "遺"，宋元明本作"匱"。

⑤ "蔡"或許是對應梵本中的單數屬格語尾，梵本作śrīkūṭasya。

⑥ Brough（1965：609）、藤田宏達（1970：243）、辛嶋静志（2013：465）均認爲，"提和竭羅"的原語是＊divagara。

| T14n0556p0908a21-2 | 機惟尼① | EH. wi > MC. jiwi4 | Skt. kṛkī; Pa. kikī |

辛嶋静志(1994：16)認爲《長阿含經》中的"汲毗"一詞反映了原語-k->-y->-v-的變化，類似的例子比如 Skt. śuka > Pa. suva、Skt. stoka > Pkt. thova、Skt. vyākula > Khot. vyāvula、Bhs. ākoṭayati > Khto. āvul-，因此，他構擬這個詞的原語是 * kivī(< Pa. kikī)②。

"機惟尼"的情況應該與"汲毗"一致，反映了原語-k->-v-的變化。

(3)-k-> ø

| T01n0068p0868c27 | 尰羅歐吒 | EH. ʔo > MC. ʔəu | Skt. sthūlakoṣṭhaka; Pa. thullakoṭṭhaka |

印度俗語中-k-弱化的現象比較普遍，比如 Skt. loka > Pkt. loa、Skt. śuka > Pkt. sua、Skt. udaka > Pkt. uaa(Pischel 1981：163；Brough 1962：91)。

犍陀羅語中類似的情況比如 Skt. anadhika-> Gd. aṇasia、Skt. kākiṇīnam > Gd. kaïṇiṇa(Salomon 2008：108)。

(4)-kh->-h-

| T15n0632p0465a15 | 須摩訶提(須呵摩提)③ | EH. hɑi > MC. hɑ | Skt. sukhāvatī |

根據藤田宏達(1970：243)以及辛嶋静志(2000：99)，"須訶摩提"的原語應類似於 * su-hamadi。

印度俗語中-kh->-h-的例子比如 Skt. mukha > Pkt. muha、Skt. sakhī > Pkt. sahī (Woolner，1928：13)。犍陀羅語中-kh->-h-也不罕見，Brough(1962：93)就指出，犍陀羅語《法句經》中 Skt. sukha 頻繁地寫作 suha，他認爲犍陀羅語尼雅文書中 k、kh 的發音類似於 [x](軟腭清擦音)或者 [χ](小舌清擦音)。

值得一提的是，于闐語佛典中，Skt. sukhavatī 變作 suhāvatä 這樣的形式(辛嶋静志，2010：34)。

(5)-g->-k-

| T15n0632p0461b03-4 | 摩訶目迦蘭 | EH. ka > MC. ka/kja | Skt. mahāmaudgalyāyana; Pa. Mahāmoggallāna |
| T04n0198p0180c08 | 俱舍摩却梨 | EH. kio > MC. kju | Skt. maskarī-gośalī; Pa. makkhali-gosāla |

"迦"與"俱"歷代均是清音，對應的梵語却是濁音，這很可能是因爲原語濁音清化。類似的例子比如梵語是 nāgo，而犍陀羅語法句經第 329a 偈作 nako(Brough，1962：170)。巴利語中的例子，比如 Skt. ajagara > Pa. ajakara、Skt. upaga > Pa. upaka、Skt. āpagā > Pa. āpakā(Perniola，1997：202，206；Levman，2014：476-477，487)。

綜合 Mehendale(1968：481)、Norman(1990：95-96)、Oberlies(2001：79)、Levman(2014：476-477)可知，巴利語中濁音清化的例子，有幾種可能的來源：(1)外來借詞；(2)抄寫

---

① 《根本説一切有部毗奈耶藥事》作"吉基利"(CBETA，T24，no. 1448，p. 84，b24)，《中阿含經》"頻鞞"(CBETA，T01，no. 26，p. 500，c12)，《長阿含經》作"汲毗"(CBETA，T01，no. 1，p. 3，c1)，也都反映了原語中-k->-v-的情況。

② -k->-v-還可參見 Pischel(1981：194)。

③ 宋元明宫本作"須呵摩提"，另外《菩薩受齋經》出現了類似的"須訶摩持"(CBETA，T24，no. 1502，p. 1116，b3)

者出錯；（3）抄寫者知道俗語的清音會濁化，所以爲了重構原貌，把原本的濁音改成清音。至於犍陀羅語中的類似現象，Salomon（1999：136-138）認爲這可能不是反映某種方言現象或者語音演變，而是拼寫佉盧文過程中的彈性。

（6）-g->-y-

| T01n0006p0182a16-7 | 夫延 | EH. jan > MC. jiän | Skt. =Pa. bhoga |
| T04n0198p0180c09 | 尼焉①若提 | EH. ian > MC. jän3 | Skt. nirgrantha/nigrantha-jñātiputra/ jñataputra；Pa. nigaṇṭha-nāta/nātha |

犍陀羅語中可以看到-g->-y-的變化，比如 Senior 佉盧文寫卷中 Skt. bhagavant-常寫作 bhayavada-（Allon，2001：81；Glass，2007：115）。另外，Pischel（1981：163）指出，俗語中單詞間的輔音失落後，原本的位置會出現一個連接音節的-ya-。

可以作爲參考的是，例子中的 Skt. nigrantha 在半摩揭陀語（Ardhamāgadhī）中變作 niyʼaṇṭha（Pischel，1981：269；Coblin，1993：886）。

（7）-g-> ø

| T04n0198p0180a15 | 摩因提 | EH. ʔin > MC. ʔjien4 | Skt. māgandika/mākandika；Pa. māgandiya |

俗語中-g-脱落的情況比較普遍，比如 Skt. nagara > Pkt. naara、Skt. turaga > Pkt. turaa（Pischel，1981：163；Woolner，1928：11-12）。犍陀羅語中的例子比如 Skt. bhaginī > Gd. bhaïṇi、Skt. vigatarāgatā > Gd. viada（-raghada）、Skt. ārāghitaḥ > Gd. araïde（Salomon 2008：110）。

2.腭音

（1）c-> j-

| T01n0006p0183a29 | 淳 | EH. dźun > MC. źjuen | Skt. =Pa. cunda |

後漢三國的音譯詞中，一般是用中古的章母字對應梵語的 c-，比如"質多"對應 Skt. citta、"旃檀"對應 Skt. candana、"遮迦越羅"對應 Skt. cakravartīrāja；一般是用中古的船母字或禪母字對應梵語的 j-，比如"晨那"對應 Skt. jina、"禪頭"對應 Skt. jalūkā。類似的例子比如 Skt. cunda 在《長阿含經》中譯作"周那"②，"周"是章母字。

在這個例子中，禪母字的"淳"之所以對應 Skt. cunda 的 c-，很可能是因爲原典語言出現了 c-> j-的變化。Glass（2007：115）就在犍陀羅語寫本中發現首字母 c、j 混用的現象，比如 Skt. cittasya 寫作 jitasa，他推斷，在這個抄寫者的方言中，c 或者 j 可能并沒有區別③。

（2）-c->-y-

| T14n0474p0536b06 | 樓由（油）④ | EH. ju > MC. jiəu | Skt. roco |

---

① 焉有影母，也有以母，如果是影母的話，有可能是-g-> ø，參見 Coblin（1993：886）。類似的例子比如 Skt. nirgrantha 在俗語中作 Pkt. ṇiaṃṭha，參見 Turner（1999：461§7312）。

② CBETA，T01，no. 1，p. 18，a26

③ 需要注意的是，"淳"《廣韻》常倫切，"禪母"字，但是 Schuessler（2009：337）的東漢擬音除了 EH. dźuin，還有 EH. tśuin 以及 EH. tśuinB，如果是後面這兩個讀音的聲母，則與梵語的 c-相符。

④ "由"，宋元明本作"油"。

辛嶋静志(2015：82)認爲"樓由"的原語大概是犍陀羅語詞形＊royo(＜roco)。

犍陀羅語中-c-＞-y-的例子很多，Brough(1962：86)指出，-c-脱落之後，會由一個-y-所取代，這個-y-起到了區隔音節的作用。

(3)-j-＞-y-

T04n0198p0178c16	安延	EH. jan ＞ MC. jiän	Skt. añjana
T12n0362p0317b05-6	沸覇圖耶蔡①	EH. ja ＞ MC. jia	Skt. puṣpadhvaja
T12n0362p0309c24	阿逸	EH. jit ＞ MC. jiet	Skt. ajita
T14n0474p0535c10	俾沙闍羅耶	EH. ja ＞ MC. jia	Skt. bhaiṣajyarāja

印度俗語中-j-＞-y-很普遍，根據 Brough(1962：86)，-j-與-c-一樣，之所以會變成-y-，是因爲-j-在元音之間會消失，消失之後，原來書寫-j-的位置，會由一個-y-所取代，這個-y-起到了區隔音節的作用。Salomon(2008：111)進一步提到，-j-變成-y-可能不是語音的原因，而是拼寫的原因，也就是説，j 被簡化爲一個用-y-來表示的滑音。

3.反舌音

(1)-ṭ-/-ḍ-＞-l-

T01n0006p0177b05-6	巴連弗	EH. lian ＞ MC. ljän	Skt. pāṭaliputra；Pa. pāṭaliputta
T01n0006p0178b04	拘利	EH. liᶜ ＞ MC. ljiᶜ	Skt. kuṭi；Pa. koṭi
T04n0198p0184b03	兜勒	EH. lək ＞ MC. lək	Pa. tuvaṭaka
T12n0362p0300b26	彌離俱樓	EH. lo ＞ MC. ləu	Skt. merukūṭa
T12n0362p0300b29	墮樓勒耶	EH. lo ＞ MC. ləu	Skt. vaiḍūrya

漢譯佛典中用[l-]來對音-ṭ-/-ḍ-的現象，前人多有論述。這種現象很可能反映了印度語言中-ṭ-＞-ḍ-＞-ḷ-的變化(Pischel,1981：198；Whitney,1879：19)。

(2)-ḍh-＞-ḷh-

| T03n0185p0479b18 | 維樓勒 | EH. lək ＞ MC. lək | Skt. virūḍhaka；Pa. virūḷhaka |

這個例子中的"維樓勒"的原語很可能就是與巴利語 virūḷhaka 相近的形式。需要指出的是，在大部分印度俗語中，ḍh 一般都維持不變，比如 Skt. āḍhaka ＞ Pkt. āḍhaẏa、Skt. āṣāḍha ＞ Pkt. āsāḍha、Skt. gāḍha ＞ Pkt. gāḍha(Pischel 1981：201)。但是，巴利語中存在-ḍh-＞-ḷh-的例子，比如 Skt. mīḍha ＞ Pa. mīḷha、Skt. ūḍha ＞ Pa. vūḷha(Geiger,2005：27)。

4.齒音

(1)-t-＞-d-

| T01n0054p0849a12-3 | 設提班寧瞿何 | EH. de ＞ MC. diei | Skt. saptapaṃnaguhā；Pa. sattapaṇṇiguhā |
| T03n0169p0411b21 | 浮曇末 | EH. dəm ＞ MC. dâm | Skt. bhutamati |

① "蔡"或許是對應梵本中的單數屬格語尾，梵本作 śrikūṭasya。

T03n0185p0479b18	提頭賴	EH. do > MC. dəu	Skt. dhṛtarāṣṭra；Pa. dhataraṭṭha
T12n0362p0300b28	朱蹄波	EH. de > MC. diei	Skt. jyotiṣprabha
T12n0362p0300c12	勿署提	EH. de > MC. diei	Skt. muktachattra
T15n0632p0465a15	須摩訶提(須呵摩提)	EH. de > MC. diei	Skt. sukhāvatī
T08n0225p0502a22-3	羅蘭那枝頭	EH. do > MC. dəu	Skt. ratnaketu

　　印度俗語中-t->-d-的情況很普遍，巴利語、犍陀羅語、佛教混合梵語中都有類似的變化。俗語中的例子比如 Skt. vandita > Pkt. vandida、Skt. atithi > Pkt. adidhi(Pischel,1981：173)，巴利語中的例子比如 Skt. utāho > Pa. udāhu、Skt. vitasti > Pa. vidatthi(Geiger,2005：29)。犍陀羅語中的例子比如 Skt. sañjāta- > Gd. saṃjada、Skt. cetaso > Gd. cedaso、Pa. itarītarena > Gd. itaridare[ṇa](Salomon,2000：84)。佛教混合梵語中類似的例子比如 Skt. vyath > Bhs. vyadh(Edgerton,1953：17)。

　　(2)-t->-l-①

T03n0185p0479b25	呵梨勒	EH. lək > MC. lək	Skt. hāritaka/harītakī； Pa. harītaka/harītakī/harītakī/hāritaka
T01n0068p0870c17	維醯勒	EH. lək > MC. lək	Skt. ＝Pa. vibhītaka
T08n0225p0502a22-3	羅蘭那枝頭	EH. lɑn > MC. lɑn	Skt. ratnaketu

　　印度俗語中有-t->-l-/-r-的變化，比如 Skt. atasi > Pkt. alasi、Skt. asita > Pkt. āsila、Skt. sūta > Pkt. śula、Skt. saptati > Pkt. sattari(Pischel,1981：201-203)。犍陀羅語中-t->-r-的例子，比如巴利語中的 pavedayanti 在犍陀羅語《法句經》第 160 偈中作 praverayadi。Brough(1962：96)認爲母音之間非常短的塞音有可能會被一個近似 r 的音所替代，類似的例子還有梵語的 udyāna 在于闐語中作 uryāna。

　　另外，辛嶋静志(1994：19)指出，在巴利語、犍陀羅語、于闐語等語言中，都可以看到-t-、-d-變化爲-r-或者-l-的例子，于闐語中例子比如 Pa. nihatamāna > Khot. nihalamāna、Skt. harītakī > Khot. harīrai。

　　(3)-th->-d-/-dh-

| T15n0632p0461a07 | 多陀②竭 | EH. dɑi > MC. dɑ | Skt. ＝Pa. tathāgata③ |

　　印度俗語中有-th->-dh-的情況，比如 Skt. atithi > Pkt. adidhi、Skt. tathā > Pkt. tadhā、Skt. kathayati > kadhedi(Pischel,1981：173)。

　　犍陀羅語中也有類似的變化，比如 Skt. yatha > Gd. yadha /Gd. yada、Skt. kothu > Gd. kodhu(Brough,1962：94)。犍陀羅語《法句經》中 Skt. tathā 常寫作 tadha，甚至在第 267b 偈中，對應巴利語 tathāgatā 的地方，就寫作 tadhakada(Brough,1962：161)。

　　也有音譯詞之外的例子，比如 Boucher(1998：480)發現竺法護譯《正法華經》中，梵本

---

　　①　Coblin(1983：48)從漢語的角度解決[l-]對應梵語 t 或 d 的問題，他認爲中古的聲母[l-]，在東漢佛經音譯詞中，可能更類似於閃音。

　　②　"陀"，宋元明宮本作"呵"。

　　③　藤田宏達(1970：243)構擬《無量清净平等覺經》中的"多陀竭"的原語是＊tadhagada，并指出了犍陀羅語《法句經》中出現了 tadhakada 的形式。

作-nātha(主人、保護者)的地方,竺法護譯作"吼"或者"獅子吼",這應該是混淆了 nātha 與 nāda(吼),顯示了原典語言中出現了-th->-d-的音變。

(4)-d->-l-

| T12n0362p0300a11-2 | 那履迦葉 | EH. li^B > MC. li^B | Skt. nadīkāśyapa;
Pa. nadī-kassapa |
| T12n0362p0317a22 | 樓波黎波蔡 | EH. lei > MC. liei | Skt. lokapradīpa |

參見上文-t->-l-。

(5)-n->-l-/-r-

| T03n0169p0411c08 | 若羅衛 | EH. la > MC. la | Skt. jñānavatī |

印度語言中的 n/r/l 音值相近,此三個音都利用舌尖及齒槽脊爲發音部位,在發音方法上都是濁音,也同爲前音,又同爲舌冠音。比如梵語的 r,發音的時候舌尖卷到腭頂,而梵語的 n,則是用舌尖頂到牙齒或者牙齒根,二者都是濁音,又同爲舌冠音,音值相近(Whitney,1924:17-18)。當然,漢語方言中 n、l 不分的情況也很多。

巴利語中,-n->-l-的情況比如 Skt. enas > Pa. ela(Geiger,2005:35),-n->-r-的情況比如 Skt. nairañjanā > Pa. nerañjarā(Geiger,2005:36)。犍陀羅語中-n->-r-的例子比如 Skt. vinalikṛta > Gd. bhiriḍighama(Allon,2001:183,196)。

5.唇音

(1)-p->-v-

T01n0006p0180b22、 T14n0474p0524b22	波旬	EH. zuin > MC. zjuen	Skt. pāpīyas; Pa. pāpimant;BHS. pāpimant
T01n0006p0186c21	闍維①	EH. wi > MC. jiwi 4	Skt. jhāpita/jhāpeti;Pa. jhāpeti
T01n0006p0183a20	波旬	EH. zuin > MC. zjuen	Skt. =Pa. pāpā
T12n0362p0300b21	提惒竭羅	EH. ɣuɑi > MC. ɣwɑ	Skt. dīpaṃkara
T08n0225p0495b22	惒夷洹翼	EH. ɣuɑi > MC. ɣwɑ	Skt. vajrapāṇi;Pa. vajirapāṇi
T12n0362p0300a11	迦爲拔抵(坻)②	EH. bɑs > MC. bɑt	Skt. gavāṃpati;Pa. gavampati

-p->-v-是俗語中常見的變化(Pischel,1981:171),初期漢譯佛典的音譯詞中也多有體現(Coblin,1983:36;辛嶋静志,1994:20)。比如例子中第一個"波旬"對應的梵語是 pāpīyān,但是在部分俗語中會變成 pāvīyaṃse(Pischel,1981:338)。又比如例子中第二個波旬對應的梵語是 pāpā,但是巴利語中是 pāvā。

另外,"迦爲拔抵"的"拔"聲母是濁音,對應梵語的-pa-是清音。可以作爲參考的是,辛嶋静志(1994:20)發現,《長阿含經》中有許多用中古音的[b]來對應梵語 p 的情況,他認爲這種顯示的是原語-p->-v-的變化。]

(2)-b->-p-

---

① 類似例子,比如:《長阿含經》"耶(闍)維"(CBETA,T01,no. 1,p. 121,b1)、《中阿含經》"耶維"(CBETA,T01,no. 26,p. 620,c26)、《衆許摩訶帝經》"茶毘"(CBETA,T03,no. 191,p. 965,a11-12)。
② 《高麗藏》作"抵",《大正藏》作"坻"。

T04n0198p0180c08-9	稽舍今陂梨	EH. pįai ＞ MC. pje 3/ EH. pįai^c＞ MC. pje^c 3	Skt. keśakambala/keśakambalin
T01n0006p0188b15	漚曇鉢	EH. pɑt ＞ MC. pwɑt	Skt. ＝Pa. udumbara
T01n0006p0182c01	漚波羅	EH. pɑi ＞ MC. puɑ	Skt. ＝Pa. udumbara

梵語的-b-在巴利語中有時候會變成-p-，比如 Skt. alābu ＞ Pa. alāpu、Skt. balbaja ＞ Pa. pabbaja、Skt. lāba ＞ Pa. lāpa(Perniola, 1997：202)。

另外，例子中"陂"無法對應 Skt. keśakambala 的-ba-，其實梵語的 kambala(披風、斗篷)在吐火羅語 B 中變成了 kampāl(Adams, 2013：149)。由此可以推斷，Skt. keśakambala 在傳到中亞的時候，也經過了類似的過程，變作 ＊keśakampāl。如此，用清音的"陂"來音譯-pa-就沒有問題了。

(3)-b-＞-v-

| T12n0362p0300a11 | 憂爲迦葉 | EH. wai ＞ MC. jwie | Skt. urubilvākāśyapa |

印度俗語中多有-b-＞-v-的例子，比如 Skt. kalebara ＞ Pkt. kalevara、Skt. śāba ＞ Pkt. chāva、Skt. alābu ＞ Pkt. alāvū(Pischel, 1981：171-172；Woolner, 1928：14)。犍陀羅語中類似的變化比如 Skt. sabalaḥ＞ Gd. savalo(Lenz, 2010：27)。佛教混合梵語中也有這種情況，類似的例子比如 Skt. kalebara ＞ Bhs. kalevara(Oguibénine, 2016：98-99)。

(4)-bh-＞-h-

| T01n0068p0870c17 | 維醯勒① | EH. hue(i)＞ MC. xiwei | Skt. ＝Pa. vibhītaka |

印度俗語中-bh-＞-h-很普遍，犍陀羅語中的例子比如 Skt. abhimardadi ＞ Gd. ahivadaṇa、Skt. labha ＞ Gd. lahadi(Brough, 1962：96-97)。初期漢譯佛典的音譯詞也多有反映，辛嶋静志(1994：210)即構擬《長阿含經》中"毗醯勒"的原語爲 ＊vihīlak(＜Skt. vibhītaka)。

(5)-bh-＞-v-

| T14n0474p0534c21 | 阿維羅提 | EH. wi ＞ MC. jiwi4 | Skt. ＝Pa. abhirati |

犍陀羅語中-bh-＞-v-/-vh-的情況有很多例子。-bh-＞-v-的例子比如 Skt. abhimuñcati ＞ Gd. avimucadi(Glass, 2007：117)，-bh-＞-vh-的例子比如 Skt. abhijñā ＞ Gd. avhiña(Schlosser, 2016：76)。初期漢譯佛典中也有類似的情況，比如 Coblin(1983：37)指出"阿會亘"(Skt. ābhāsvara)、"阿惟三佛"(Skt. abhisaṃbuddha)的例子。辛嶋静志(2015：81)指出"阿維羅提"的原語應是犍陀羅語詞形 avhiradi② 或者 ＊aviradi。

(6)-m-＞-n-

---

① 《長阿含經》作"毗醯勒"(CBETA, T01, no. 1, p. 116, b4)，《中阿含經》作"鞞醯勒樹"(CBETA, T01, no. 26, p. 625, c4)。

② 犍陀羅語 avhiradi 的例子，可以參見 The Bajaur Collection of Kharoṣṭhī Manuscripts，fragment 2 第 24、25 行：

5.24. /// ？？？(＊ara)[hada]samasabudha teṇa ho vaṇida samaeṇa te istria tatra evarua bhaviśati ya[sa y](＊e)[va] atra Avhiradi

5.25. (＊e Akṣobhasa tasagadasa arahadasama)///sabu[dhasa] teṇa ho [vaṇi]da samae sarvagaparipuro so budhakṣetro bhaviśati sayasa vaṇama eṣo Avhiradi，見 Strauch(2010：52)。

| T12n0362p0308b16 | 摩訶那鉢 | EH. na ＞ MC. na | Skt. mahāsthāmaprāpta |

　　"摩訶那鉢"的"那"與 Skt. mahā-sthāma-prāpta(大勢至)的-ma-并不對應。辛嶋静志(2004：88)認爲"摩訶那鉢"的原語形式并不明了解；宇野順治(1987：596)推測"摩訶那鉢"的原語是 mahā-sthāna-prāpta，猜測可能原語中 na 和 ma 混用；Harrison(2011：76)猜測原語有可能是 mahānapatta 這樣的形式。事實上，Monier-Williams(1999：802)提到過 mahā-sthāna-prāpta 的形式，但認爲有可能是 mahā-sthāma-prāpta 的訛誤。

　　"摩訶那鉢"的原語應是經歷了-m-＞-n-的音變，而這種音變很可能來自語音間的異化作用。Skt. mahāsthāmaprāpta 的-sthā-脱落，而第二個 m 因爲與語頭重複，異化爲 n。類似的例子可以參考巴利語中 mahā-meru 異化爲 mahā-neru 的情況(Oberlies，2001：87)。

　　6. 半元音

　　(1)-v-＞＜-m-

T03n0185p0479b18	維睒文	EH. mun ＞ MC. mjuən	Skt. vaiśravaṇa; Pa. vessavaṇa
T12n0362p0303b18	須摩題	EH. ma ＞ MC. mwa	Skt. sukhāvatī
T15n0632p0465a15	須摩訶提 (須呵摩提)①	EH. ma ＞ MC. mwa	Skt. sukhāvatī
T12n0362p0300c14	曇摩恕提	EH. ɣuɑi ＞ MC. ɣwɑ	Skt. dharmamati

　　印度俗語中-m-/-v-常常互換，漢譯佛典的音譯詞也多有反映(辛嶋静志，1994：25-26)。

　　犍陀羅語的例子比如 Skt. evam＞ Gd. ema、Pa. vatavantaṃ＞ Gd. vadamada(Brough 1962：88)。巴利語的例子比如 Skt. draviḍa ＞ Pa. damiḷa、Skt. mīmāṃsate ＞ Pa. vīmaṃ sati(Geiger 2005：38)。其他俗語的例子比如 Skt. ārjava ＞ Pkt. ajjama、Skt. gaveṣati ＞ Pkt. gamesai、Skt. pramāṇa ＞ Pkt. pavāṇa、Skt. sama ＞ Pkt. sava(Pischel，1981：206)。

　　(2)-l-＞-d-

| T01n0006p0183a21 | 禪頭園 | EH. do ＞ MC. dəu | Skt. jalūkā |

　　辛嶋静志(1994：27，160)構擬《長阿含經》中"闍頭"的原語爲＊jadū(＜ Skt. jalūkā)，他認爲由於原語中 l 和 d 音值相近，因此很可能產生了-l-＞-d-的變化。

　　巴利語中有一些與此相關的例子，比如 Skt. ulūkhala-＞ Pa. udukkhala-(Oberlies 2001：50)，這個例子可能與語音的異化現象有關。

　　(3)-l-＞-t-/-ḍ-

| T12n0362p0300a16 | 脾抵(坻) | EH. di ＞ MC. di | Skt. kimphila |
| T12n0362p0300a10 | 維末抵(坻) | EH. di ＞ MC. di | Skt. vimala |

　　佛教混合梵語中有-l-＞-ḍ-的現象，比如 Skt. jala ＞ Bhs. jaḍa、Skt. āvali ＞ Bhs. āvaḍi、Skt. upalālana ＞ Bhs. upalāḍana(Edgerton，1953：18)。此外，犍陀羅語中也有零星的例子，比如 Skt. caturaṅgulibhiḥ＞ Gd. caduraguḍiehi(Schlosser，2016：226)。

　　7. 擦音

　　(1)-ś-＞-y-

―――――――――

① 宋元明宫本作"須呵摩提"。

T01n0006p0185b16-7	拘那①越	EH. nɑ ＞ MC. nɑ	Skt. kuśāvatī；Pa. kusāvatī
T01n0006p0178c23、T14n0474p0519a09、T14n0557p0909c06	維耶離	EH. ja ＞ MC. jia	Skt. vaiśālī；Pa. vesālī
T01n0087p0911a01	維耶	EH. ja ＞ MC. jia	Skt. viśākhā；Pa. visākha
T14n0474p0522b09	摩訶離瞿耶婁	EH. ja ＞ MC. jia	Skt. maskarī-gośalī；Pa. makkhali-gosāla
T14n0474p0522b10	基耶今離	EH. ja ＞ MC. jia	Skt. keśakambala/keśakambalalin
T14n0561p0912c23	維耶羅②	EH. ja ＞ MC. jia	Skt. vaiśālī；Pa. vesālī

在佉盧文中，ya 有兩種主要的寫法，較早的一種是 ∧，後期的一種是 𝈱。當寫作後期的 𝈱 時，很容易與 śa 的寫法 𝈴 相混③。辛嶋静志(2015：83-84)認爲印度俗語中-ś-與-y-在書寫過程中很容易相混，因此支謙會用以母字來音譯-ś-。

(2)-ś->-ṣ-

| T04n0198p0179c05 | 墮沙④ | EH. ṣa ＞ MC. ṣa | Skt. vaiśālī；Pa. vesālī |

犍陀羅語中出現了一些-ś->-ṣ-的現象，比如 Skt. ṣāṣvatāya ＞ Gd. ṣaṣadae、Pa. = Bhs. śāta ＞ Gd. ṣade、Bhs. śīrṣa-＞ Gd. ṣiṣa-(Schlosser, 2016：177；Burrow, 1937：126；Lenz, 2010：27)。佛教混合梵語中也有爲數不多的例子，比如 Skt. kleśān ＞ Bhs. kileśāṃ、Skt. kṛśāṅga ＞ Bhs. kṛṣāṅga、Skt. parāmṛśati ＞ Bhs. parāmṛṣati(Edgerton, 1953：19)。因此，"墮沙"的原語很可能接近於＊vaiṣa(li)。

(4)s ＞ ṣ

| T15n0632p0461a06-7 | 沙訶樓陀 | EH. ṣa ＞ MC. ṣa | Skt. sahālokadhātu |
| T04n0198p0180c16 | 頻沙⑤ | EH. ṣa ＞ MC. ṣa | Skt. =Pa. bimbisāra |

犍陀羅語中有幾個類似的例子，比如犍陀羅語《法句經》第 274c 偈，Skt. asajjamānaṃ＞ Gd. aṣajamaṇa，第 46b/c 偈 Skt. saṅga ＞ Gd. ṣaga(Brough, 1962：124，163)。佛教混合梵語中也有少數的例子，比如 Skt. nyasīt ＞ Bhs. nyaṣīt、Skt. avabhāsāḥ＞ Bhs. avabhāṣāḥ(Edgerton, 1953：19)。此外，首字母 s 與 ṣ 的混用，還可參見 Oguibénine(2016：90-91)。

---

　　① "那"，或許是"耶"的訛字。"那"與"耶"字形相近，藏經中多有混淆的例子，比如《長阿含經》卷 20 出現了"拘耶尼"，但是宋元明本作"拘那尼"(參見 CBETA，T01，no. 1，p. 132，c2)，類似的例子比如《別譯雜阿含經》卷 12 寫的是"汝今坐禪耶"但其中的"耶"在元明本作"那"(參見 CBETA，T02，no. 100，p. 454，b21)

　　② 同本異譯《老女人經》對應的位置作"墮舍羅"(CBETA，T14，no. 559，p. 911，c25)。

　　③ 這幾個寫法來自大英圖書館藏佉盧文書第 21 號寫卷，引自 Glass(2000：94，173)。其他關於 ya、śa 寫法相混的描述以及例子，參見 Karashima(1992：289)、Brough(1962：58-59)。

　　④ Coblin(1993：878)舉出了後漢三國音譯詞中"沙"來對應梵語 ṣ、s、śr 以及 ś 的情況，比如"伊沙"(Skt. īśāna)、"洴沙"(Skt. bimbisāra)、"兜沙"(Skt. tuṣara)，但是沒有解釋原因。

　　⑤ Pulleyblank(1983：85)分析"瓶沙"對應梵語 bimbisāra 的原因，他認爲之所以用生母反舌的沙對應 sā，或許是因爲想要翻譯出後面的 r，同樣的情況還有"沙律"對應 Skt. śāriputra。

(三)複輔音

支謙譯經音譯詞所對應的梵語中,出現了多例的複輔音。其中,有 36 例的複輔音在音譯詞中得到比較明顯的反映。也就是説,這 36 個音譯詞可以對應梵語複輔音的兩個輔音。這種情況説明,支謙譯經的原典語言已經相當程度地梵語化了。但是,還有相當一部分複輔音,對應的音譯詞中祇譯出了其中的一個輔音,這種情況有可能是譯者略譯,當然,也很有可能是原典語言中的複輔音出現了音變。

根據 Woolner(1928:18)可知,俗語中輔音可以劃分爲三個等級,強度逐級減弱。其中,第一級是塞音和塞擦音,第二級是鼻音,第三級按順序是 l, s, v, y, r。如果同級的話,祇保留複輔音的第二個輔音,如果不同級的話,祇保留強度比較高的。從下面的例子可以看出,支謙譯經的原語中,很多複輔音也出現語音的演變。

1. 輔音和輔音

(1)-tk-> k-

T01n0006p0183c11	福廚	EH. puk kɨas > MC. puk kjäi[c]3	Skt. puṭkasa; Pa. pukkusa

(2)-tp->-p-

T01n0006p0185b27	漚鉢	EH. pɑt > MC. pwɑt	Skt. utpala; Pa. uppala

(3)-dg->-g-

T15n0632p0461b03-4	摩訶目迦蘭	EH. ka > MC. ka/kja	Skt. mahāmaudgalyāyana; Pa. mahāmoggallāna

(4)-ṅk->-g-

T14n0533p0814a13	差摩竭①	EH. gɨat > MC. gjät	Skt. kṣema ṅkara

犍陀羅語《法句經》中第 10c 偈出現了 Skt. sa ṅkhārānaṃ> Gd. sagharaṇa,第 132d 偈出現了 Skt. paṅke sanno > Gd. paga-sana(Brough,1962:120, 138),都是-ṅk->-g-。

犍陀羅語中鼻音與清塞音組合,會出現鼻音消失且清塞音變濁的情況,比如 Skt. panka > Gd. paga、Skt. pamca > paja、Skt. sampaśyan > Gd. sabaśu、Skt. śānti > śadi、Skt. sa ṅkalpa > Gd. sagapa(Burrow,1937:17; Levman,2014:60)。

(5)-nd->-d-

T04n0198p0176b12	須陀利	EH. dɑi > MC. dɑ	Skt. =Pa. sundarī

犍陀羅語《法句經》中濁輔音前面的鼻音,會有弱化或消失的情況②,比如 Skt. dundubhi > Gd. duduhi、Skt. buddhanandin > Gd. budhaṇadi、Skt. vanditvā > Gd. vaditva(Brough,1962:100)。

---

① "差摩竭"對應的梵語是根據藏語構擬出來的(參見 Nattier,2008:142),因此或許還有 Skt. kṣemakara 的可能。這種情況的話,反映的是原語-k->-g-。

② 參見 Brough(1962:100 § 48)。這種現象很可能不是來自語音的演變,而是來自於書寫的演變,即-nd-的-n省略不寫,祇留下了-d-,參見 Allon(2001:88)、Brough(1962:100)。

(6)-nd->-nn-

| T03n0185p0474b06 | 車匿 | EH. ṇik > MC. njək | Skt. chandaka；Pa. channa |

　　犍陀羅語《法句經》及尼雅文書中，出現了濁音 j、ḍ、d、b 被前面的鼻音同化的情況，比如 Skt. kuñjara > Gd. kuñaru、Skt. kuṇḍala > Gd. kuṇaleṣu、Skt. nandati > Gd. nanadi、Skt. udumbara-> Gd. udumara(Burrow, 1937：17；Brough, 1937：98-99)。另外，辛嶋靜志(1994：34-35)指出其他的俗語或者巴利語中，有零星幾個類似的例子。

　　本例中的複輔音很可能出現了-nd->-n-的變化，比如巴利語中對應位置即祇有鼻音而没有塞音。本例中出現的複輔音-nd-與上一例相同，但是却出現了不一樣的變化，這是因爲二者出自不同的經典，殘留了不同俗語的因素。

　　(7)-pt->-t-

| T03n0169p0411a13 | 申日 | EH. gwjat > MC. jwɐt | Skt. śrīgupta |

　　"日"的入聲韻尾[-t]對應的是複輔音-pt-的第二個輔音-t-，可見原語出現了-pt->-t-的變化。

　　(8)-mb->-mm-

| T14n0474p0522b10 | 基耶今離 | EH. kim > MC. kjəm | Skt. keśakambala/keśakambalalin |
| T04n0198p0185b16 | 優曇滿① | EH. mwɑnᴮ> MC. mɑn | Skt. =Pa. udumbara |

　　辛嶋靜志(2015：78)已經指出"基耶今離"顯示了原典語言與犍陀羅語《法句經》、尼雅文書類似，出現了-mb->-mm-的演變。

　　(9)-sk->-kkh-

| T04n0198p0180c07-8 | 俱舍摩却梨 | EH. kʰiak > MC. kʰjak | Skt. maskarī-gośalī；Pa. makkhali-gosāla |

　　俗語中，以"擦音＋不發聲輔音"的形式組成複輔音時，擦音會被同化，而不發聲輔音會變送氣音，比如 Skt. āścarya > Pkt. accharia、Skt. śuṣka > Pkt. sukkha、Skt. avasthā > Pkt. avatthā、Skt. suṣṭhu > Pkt. suṭṭhu(Woolne, 1928：19-20；Pischel, 1981：242)。

　　-sk->-kkh-的例子，比如 Skt. amanaska > Pkt. samaṇakkha、Skt. maskara > Pkt. makkhara(Pischel, 1981：248)。"却"的原語很可能是類似於巴利語中的-kkh-。

　　(10)sth-> ṭh-、-ṣṭh->-ṭh-

| T01n0068p0868c27 | 尰羅歐吒 | EH. tʰoᴮ> MC. tʰəuᴮ
EH. ṭaꟲ> MC. ṭaꟲ | Skt. sthūlako ṣṭhaka；Pa. thullako ṭṭhaka |

　　本例的原語應是發生了sth-> ṭh-以及-ṣṭh->-ṭh-的音變，可以參照的是，巴利語對應的位置分別是是 ṭh-與-ṭṭh-。

　　另外，"吒"應是佛典音譯詞中的固定用字，專門音譯印度語言中的 ṭa、ṭha，比如支謙譯經中"賴吒和羅"(T01n0068p0870b04)對應 Skt. rāṣṭrapāla；Pa. raṭṭhapāla，"吒"所音譯的原語應是接近於巴利語-ṭṭh-的形式。類似的例子比如《道行般若經》中的"阿迦貳吒"對應

---

　　① 根據王珊珊(2003)的研究來分析的話，明母字的"滿"之所以音譯-mb-，有可能是因爲明母字還殘留着複輔音[mb]的唸法。

Skt. akani ṣṭha(辛嶋静志，2010：3)。因此，"吒"的原語也是出現了-ṣṭh->-ṭh-的音變。

2. 輔音和半元音

（1）-kr->-k-

| T15n0632p0460c28 | 遮迦惒 | EH. ka > MC. ka/kja | Skt. cakravāḍa；Pa. cakkavāḷa |

（2）-tr->-t->-d-

| T14n0474p0522b27 | 邠①耨文陀尼 | EH. dɑi > MC. dɑ | Skt. pūrṇa-maitrāyaṇī； |
| T15n0632p0461b04 | 邠耨文陀尼弗羅 | EH. dɑi > MC. dɑ | Pā. puṇṇo/puṇṇa-mantānī |

這兩個例子中，"陀"均是對應梵語的-tr-。原語很可能出現了-tr->-t->-d-的演變。

（3）-ty->-c-

| T04n0198p0180c09 | 羅謂娑加遮延 | EH. tśa > MC. tsja | Skt. kakuda-kātyāyana；Pa. pakudha-kaccāyana/ kakudha-kaccāyana/pakudha-kātiyana |
| T15n0632p0461b04 | 拘提迦栴延 | EH. tśan > MC. tśjän | Skt. kātyāyana；Pa. kaccāyana |

-ty-> cc 在印度俗語中常見，初期漢譯佛典音譯詞也多有用例，梵語 kātyāyana 在巴利語即作 kaccāyana。

（4）pr-> p-

| T17n0790p0729a24 | 卑先匿 | EH. pie > MC. pjie4 | Skt. prasenajit；Pa. pasenadi |
| T03n0169p0411a1-4 | 栴羅法 | EH. puɑp > MC. pjwɐp | Skt. candraprabhā |

俗語中，單詞開頭一般衹留下單一輔音(Woolner，1928：17)，"卑先匿"中"卑"所音譯的原語音節，應是類似於巴利語的 pa-。"栴羅法"原語的演變，遵照上文所提到的複輔音變化規則。

（5）br-> b-

| T01n0006p0184b12 | 梵檀 | EH. buɑm > MC. bjwɐmᶜ | Skt. brahmadaṇḍa |
| T01n0076p0883b11 | 梵摩渝② | EH. buɑm > MC. bjwɐmᶜ | Skt. =Pa. brahmāyu |

Skt. brahman 在俗語中會出現 Pkt. bamha，baṃbha，baṃbhāṇa 等形式(Turner，1999：528)。可以想見，本文這兩個例子的原語也出現了 br-> b-的變化。

（6）-rt->-t-

| T08n0225p0490a25 | 會多尼 | EH. tɑi > MC. tɑ | Skt. vartani |
| T14n0474p0520c24 | 維摩詰 | EH. kʰit > MC. kʰjiet4 | Skt. vimalakīrti |

"維摩詰"中"詰"的入聲韻尾[-t]對應的是複輔音-rt-的第二個輔音-t-，可見-r-已經消失，原語出現了-rt->-t-的變化。

（7）-rth->-th->-d-

| T03n0185p0477a24 | 薩陀 | EH. dɑi > MC. dɑ | Skt. sārthavāha；Pa. satthavāha |

---

① "邠"，《大正藏》誤作"頒"。

② "渝"，宋元明本作"喻"。

"薩陀"所對應的-rth-在演變爲-th-之後,很可能像上文所提到的"多陀竭"一樣,進一步變化爲-d-。

(8) śr-> ṣ-

T14n0556p0908a26	沙門尼	EH. ṣa > MC. ṣa	Skt. śramaṇī[1];Pa. samaṇī
T14n0556p0908a27	沙門密	EH. ṣa > MC. ṣa	Skt. śramaṇī-mitra
T04n0198p0181a16	沙彌	EH. ṣa > MC. ṣa	Skt. śrāmaṇerī/śrāmaṇerika

śr > ṣ是犍陀羅語的普遍特徵,比如 Skt. śruta > Gd. ṣuda、Skt. śraddhā > Gd. ṣadhu、Skt. śrāvaka > Gd. ṣavaka(Brough,1962:309)。

漢譯佛典中,以中古生母字對應śr的情況,比如"文殊師利"(Skt. mañjuśrī)、"羅麟師利"(Skt. ratnaśrī)、"彌沙"(Bhs. miśrikāḥ)。最常見的,莫過於"沙門"對應 Skt. Śramaṇa,Brough(1962:53-54)就指出"沙門"的原語應是出現了śr > ṣ的變化。

需要指出的是,Skt. śramaṇa 中śr-演變爲ṣ-的情況,不止是出現在犍陀羅語,其實在中亞的其他語言中也有類似的例子,比如在于闐語是ṣṣamana,在焉耆語是ṣāmaṃ,在吐火羅語B是ṣamāne(Brough,1962:53)。

(四)隨韻

T12n0362p0300a11	迦爲拔抵(坻)[2]	EH. wɑiᶜ > MC. jwieᶜ	Skt. gavāṃpati;Pa. gavampati
T12n0362p0300b21	提惒竭羅	EH. ɣuɑiᶜ > MC. ɣwɑᶜ /EH. ɣuɑi > MC. ɣwɑ	Skt. dīpaṃkara
T14n0532p0809c27	私呵昧	EH. siᴮ > MC. siᴮ	Skt. siṃhamati

Salomon(1999:120)指出,犍陀羅語中,隨韻(anusvāra)的使用并不固定,比如犍陀羅語《法句經》的隨韻幾乎都消失了,但是中亞寫卷中的隨韻一般都會保留,而碑銘中既有很多保留隨韻的例子,也有很多消失的例子[3]。支謙譯經的這幾個例子,很可能反映了原典語言隨韻的消失。

(五)換位

-ra-> -ar-

| T01n0006p0182a01 | 掩滿 | EH. mɑnᴮ > MC. mwɑnᴮ | Skt. āmra;Pa. amba |

"滿"有鼻音韻尾[-n],但是對應的梵語、巴利語均是元音收尾。這個鼻音韻尾[-n]比較有可能對應的是梵語變換位置後的 r。

---

[1] 這個詞對應的梵語還不確定,也有可能是 Skt. śramaṇerikā 或śrāmaṇerī。

[2] 《高麗藏》作"抵",《大正藏》作"坻"。

[3] 更多相關描述,可以參見 Burrow(1937:17-18)、Brough(1962:71)。

大英圖書館藏犍陀羅語寫卷有一個普遍的特徵，即 r 會變換位置，比如 Skt. udāra ＞ Gd. uraḍa、Skt. kovidāraḥ＞ Gd. koviraḍo，Skt. dharma-＞ Gd. dhrama-；Skt. pravrajitam ＞ Gd. parvaidu(Salomon，2000：91；Allon，2001：97-98)。這種特徵未必是犍陀羅語獨有，在其他中期印度雅利安語也會出現，比如 Skt. udāra 在半摩揭陀語（Ardhamāgadhī）中是 urāla(Salomon，2000：91)。

"掩滿"的原語應類似於＊āmar(＜Skt. āmra)①。

(六)失落

1.輔音失落或-y-化

T01n0006p0189b13	阿夷維	EH. ji ＞ MC. ji	Skt. ＝Pa. ājīvaka
T01n0006p0183c04	拘夷		Skt. kuśi；Pa. kusi
T01n0076p0883b11	彌夷②		Skt. mithilā；Pa. mithilā
T03n0185p0472c29	瞿夷		Skt. gopikā/gopī/gopā；Pa. gopikā
T03n0185p0482c17-8	竭夷迦葉		Skt. gayākāśyapa；Pa. gayākassapa
T03n0185p0483a9	波羅奈夷		Skt. ＝Pa. vārāṇasī/bārāṇasī
T04n0198p0175a23	駒夷		Skt. kauśika；Pa. kosiya
T04n0198p0181b3	和夷		Skt. vajra；Pa. vajira
T08n0225p0495b22	恕夷洹翼		Skt. vajrapāṇi；Pa. vajirapāṇi
T12n0362p0300c18	樓夷亘羅		Skt. lokeśvara
T14n0474p0522b10	阿夷崙		Skt. ＝Pa. ajita
T14n0474p0522b29	阿夷恬		Skt. ādikarmika
T14n0474p0524b25	拘翼		Skt. kauśika
T14n0493p0756c17	拘夷那竭		Skt. kuśinagara；Pa. kusinārā

以上例子説明，支謙譯經中的音譯詞比較頻繁地使用"夷"字。"夷"所對應的原典語言很可能經歷了一些比較普遍的語音演變。

印度俗語中一個比較主要的變化是，元音間的子音會失落，其中，k、g、c、j、、t、d 的失落比較普遍，但是偶爾也有 p、b、v 的例子(Pischel，1981：163；Woolner，1928：11-12)。大英圖書館藏犍陀羅語寫卷中，也出現了喉音、腭音、齒音失落的現象(Salomon，1999：124)。

---

① 2019 年陳淑芬老師告知，梵語中，出現在元音後的複輔音的首個輔音常會重複，比如 Skt. putra 會變成 put-tra 的形式。根據老師的指引，找出此條規則出現於 Whitney(1879：72 § 229)。如此則"掩滿"的原語可能出現了 Skt. āmra ＞＊āmmra ＞＊āmmar 的變化。另外，據匿名評審提醒，"掩滿"也有可能對應的是 Skt. āmra 中的 āmr-。這樣的話，"掩滿"既有可能是對原語的略譯，也有可能是因爲原語失落了梵語中的末尾元音-a。

② 《長阿含經》作"彌私羅"（CBETA，T01，no. 1，p. 149，a20)，《六度集經》作"無夷"（CBETA，T03，no. 152，p. 48，b26)。

　　另外，子音失落之後，原來子音的位置會發展出一個比較弱的連接音 ya①。這個 ya 比梵語或者摩揭陀語中的 ya 弱，除了一些耆那教的寫本，一般不會寫出來（Pischel，1981：59；Woolner，1928：12）。犍陀羅語《法句經》中也可以看到齒音、腭音變成 ya 的情況（Brough，1962：94-95）。

　　因此，以上的幾個例子的原典語言，既有可能是輔音的脱落，也有可能是輔音變成了 y。

　　需要注意的是，表格中有幾個擦音的例子，表中"拘夷""駒夷""拘夷那竭""拘翼"四個例子既有可能是-ś-與-y-的混淆（參見上文），也有可能是-ś-的失落，類似的例子比如 Skt. takṣaśilā > Gd. takṣaïla、Skt. vaśibhūto > Gd. baïhodu、Skt. ＊baṅkīśa/＊vaṅkīśa > Gd. bakia[a]（Salomon，2005：272、2008：268，297）。

　　"彌夷"的例子顯示了原語-th->-s-> ø 的變化過程②。-s->ø 的現象在犍陀羅語中有類似的例子，比如犍陀羅語《法句經》偈頌第 11d 中寫作 praceae，而對應的《經集》第 14a、15b 則是 paccayāse，這就表明複數語尾"-āse"中-s-失落了（Lenz，2003：43）。

　　2. 首字母元音失落

　　支謙譯經中共出現了 221 次"阿羅漢"，但是也出了 30 次"羅漢"。《般泥洹經》《太子瑞應本起經》《維摩詰經》《七女經》《龍施女經》《孛經抄》《法句經》都祇用"羅漢"而不用"阿羅漢"。比如《太子瑞應本起經》："一心之道，謂之羅漢。羅漢者，真人也。"③

　　"羅漢"很有可能是"阿羅漢"的略譯，但事實上，在印度語言中有相關的語音演變，Skt. arhant 會變成了類似於＊rahata 的形式。Baums（2009：188）指出，犍陀羅語寫本中出現了首字母位置的元音 a-失落的現象，比如 Skt. arhant-> Gd. rahata-、Skt. arhattva-> Gd. rahapa-、Skt. araṇya-> Gd. raña-。類似的例子比如 Schøyen 藏品中的犍陀羅語《賢劫經》殘片："．///？。sarve rahaṃta aṇa ///"（Baums，2016：200）以及 Senior 藏品中犍陀羅語的提謂波利故事："．．．drekṣassi ta bhagavata raha sama"（Allon，2009：16），"阿羅漢"所對應的犍陀羅語中，均未出現首字母的元音 a-。

　　關於這種現象的成因，Lenz（2003：126）猜測 arhant 失落首字母的元音，或許是爲了避免 arhant 的首字母元音與上一個字母的末尾元音直接相連。另外，印度俗語中首字母位置的元音，祇要不是重音，就有可能會失落，比如 Skt. araṇya > Pkt. raṇṇa、Skt. agāra > Pkt. gāra、Skt. udaka > Pkt. daga（Pischel，1981：131-312；Woolner，1928：29）。

五　結論

　　以上即是從印度語音演變的角度，來解釋支謙譯經音譯詞與梵語音值不對應的情況。這些音譯詞殘留了很多印度俗語的痕跡，試列表説明：

---

　　①　一般寫作 ya。

　　②　犍陀羅語中-th->-s-是常態，參見 Allon（2001：83）、Lenz（2010：26-27）、Salomon（2008：114，339）、Lenz（2003：42，130）

　　③　CBETA，T03，no. 185，p. 475，a26。

元音間單一輔音變化表

弱化	濁化	-k->-g-；c->-j-；-t->-d-；-th->-d-/-dh-；-p->-b-
	氣音化	-kh->-h-；-bh->-h-
	半元音化	-k->-v-；-g->-y-；-c->-y-；-j->-y-；-ṭ->-l-；-t->-l-；-d->-l-；-p->-v-；-b->-v-；-bh->-v-；-ś->-y-
	失落	-k-> ø；-g-> ø
强化	清化	-g->-k-；-b->-p-
	塞音化	-l->-d-；-l->-t-/-ḍ-

　　學界已經發現，早期譯經的原典語言很有可能是印度的俗語。本文主要是在這個基礎上，利用現有的規律，解釋支謙譯經的音譯詞。因此，更多是偏向於解釋，而不是總結新的規律。這樣的解釋不一定全部正確，但是希望能爲學界提供更爲豐富的語料。

　　早期譯經的數量有限，其中的音譯詞也有限，以同樣的方法逐步推進，可以解釋大部分音譯詞的成因，比如我們還可以據此研究安世高、支婁迦讖、竺法護、康僧會等人的音譯詞。這些研究最終可以集合成較爲完善的語料庫，供學者使用。

　　在此基礎上，搜集其中無法解釋的現象，尋求新的研究視角，則比較有可能總結出更全面、更準確的規律，從而加深我們對梵漢對音的理解。

參考文獻

[1] 陳雲龍. 三國吳支謙等所譯佛經中的梵漢對音研究導言[M]//申小龍等. 中國語言與中國文化論集. 香港：香港亞太教育書局，1993a：64-69.

[2] 陳雲龍. 三國吳支謙等所譯佛經中梵漢對音研究（聲母部分）[M]//勞承萬. 文學與語言的現代探索. 烏魯木齊：新疆大學出版社，1993b：446-462.

[3] 赤沼智善. 印度佛教固有名詞辭典[M]. 京都：法藏館，1979.

[4] 季羨林. 再談浮屠与佛[M]//季羨林佛教學術論文集. 臺北：東初出版社，1995：37-54，

[5] 李周淵. 三國支謙譯經研究[D]. 新北：法鼓文理學院，2020.

[6] 藤田宏達. 原始淨土思想の研究[M]. 東京：岩波書店，1970。

[7] 王珊珊. 梵漢對音中的一個特殊現象[J]. 古漢語研究，2003，1：14-19.

[8] 辛嶋静志. 《長阿含經》の原語の研究：音寫語分析を中心として[M]. 東京：平河出版社，1994.

[9] 辛嶋静志. 《大阿弥陀経》訳注（二）[J]. 佛教大學総合研究所紀要，2000，7：95-104.

[10] 辛嶋静志. 《大阿弥陀経》訳注（五）[J]. 佛教大學総合研究所紀要，2004，11：77-96.

[11] 辛嶋静志. 道行般若經詞典[M]. 創價大學國際佛教學高等研究所，2010.

[12] 辛嶋静志. 試探《維摩詰經》的原語面貌[J]. 佛光學報，2015，1(2)：73-100.

[13] 辛嶋静志. 佛典語言及傳承[M]//佛典語言及傳承. 臺北：東初出版社，2016：154-159.

[14] 宇井伯壽. 譯經史研究[M]. 東京：岩波書店，1983.

[15] 俞敏. 俞敏語言學論文集[M]. 北京：商務印書館，1999.

[16] Adams，D. Q. A Dictionary of Tocharian B (2 Vols.)，Revised and Greatly Enlarged Edition[M]. Brill Rodopi，2013.

[17] Allon，M. Three Gāndhārī Ekottarikāgama-type sūtras：British Library Kharoṣṭhī Fragments 12 and 14[M]. Seattle：University of Washington，2001.

[18]Allon, M. A Gāndhārī Version of the Story of the Merchants Tapussa and Bhallika. Bulletin of the Asia Institute[J], 2009, 23: 9-19.

[19]Baums, S. A Gāndhārī Commentary on Early Buddhist Verses[D]. University of Washington, 2009.

[20]Baums, S., Braarvig, J., Lenz, T., Liland, F., Matsuda, K., & Salomon, R. The Bodhisattva-piṭakasūtra in Gāndhārī[M]//Braarvig, J., ed., Buddhist Manuscripts, Volume IV. Manuscripts in the Schøyen Collection. Oslo: Hermes Publishing, 2016: 82-267.

[21]Boucher, D. Gāndhārī and the Early Chinese Buddhist Translations Reconsidered[J]. Journal of the American Oriental Society, 1998, 118(4): 471-506.

[22]Brough, J. The Gāndhārī Dharmapada[M]. London: Oxford University Press, 1962.

[23]Burrow, T. The language of the Kharoṣṭhi documents from Chinese Turkestan[M]. Cambridge University Press, 1937.

[24]Coblin, W. S. A Handbook of Eastern Han Sound Glosse[M]. The Chinese University Press, 1983.

[25]Coblin, W. S. BTD Revisited-A Reconsideration of the Han Buddhist Transcriptional Dialect[J]. The Bulletin of the Institute of History and Philology, Academia Sinica, 1993, 63(4): 867-943.

[26]Coblin, W. S. A Compendium of Phonetics in Northwest Chinese[J]. Journal of Chinese Linguistics Monograph Series, 1994, 7: 1-504.

[27]Edgerton, F. Buddhist hybrid Sanskrit grammar and dictionary. New Haven ed. [M]. Delhi: Motilal Banarsidass, 1953.

[28]Geiger, W. A Pāli grammar. (trans. into English by Batakrishna Ghosh, rev. and ed. by K. R. Norman[M]. Oxford: Pali Text Society, 2005.

[29]Glass, A. A Preliminary Study of Kharoṣṭhī Manuscript Paleography[D]. University of Washington, 2000.

[30]Glass, A., & Allon, M. Four Gandhari Samyuktagama sutras[M]. Seattle: University of Washington Press, 2007.

[31]Harrison, P., & Luczanits, C. New light on (and from) the Muhammad Nari stele[A]//2011 nendo dai ikkai kokusai shinpojiumu puroshīdingusu. Kyoto: Ryukoku University Research Center for Buddhist Cultures in Asia[C], 2011, 69-127.

[32]Karashima, S. The Textual study of the Chinese versions of the Saddharmapundarikasutra: in the light of the Sanskrit and Tibetan versions[M]. Tokyo: Sankibo Press, 1992.

[33]Lenz, T., Glass, A., & Dharmamitra, B. A new version of the Gandhari Dharmapada and a collection of previous-birth stories[M]. Seattle: University of Washington, 2003.

[34]Lenz, T. Gandhāran Avadānas[M]. Seattle: University of Washington Press, 2010.

[35]Levman, B. G. Linguistic Ambiguities, the Transmissional Process, and the Earliest Recoverable Language of Buddhism[D]. University of Toronto, 2014.

[36]Monier-Williams, M., Leumann, E., & Cappeller, C. A Sanskrit-English dictionary. New ed., greatly enl. and improved[M]. Delhi: Motilal Banarsidass, 1999.

[37]Mehendale, M. A. Some aspects of Indo-Aryan linguistics[M]. University of Bombay, 1968.

[38]Norman, K. R. Some aspects of the phonology of the Prakrit underlying the Aśokan inscriptions [M]//Collected papers. Oxford: Pali Text Society, 1990, 1: 95-96.

[39]Nattier, J. A guide to the earliest Chinese Buddhist translations[M]. Tokyo: International Research Institute for Advanced Buddhology, Soka University, 2008.

[40]Perniola, V. Pali grammar[M]. Oxford: Pali Text Society, 1997.

[41]Pischel, R. A grammar of the Prākrit languages[M], Second revised edition. Delhi: Motilal Banarsidass, 1981.

[42]Pulleyblank, E. G. Stages in the transcription of Indian words in Chinese from Han to Tang[M]// Röhrborn, K. , & Veenker, W. Sprachen des Buddhismus in Zentralasien, Vol. 16. In Kommission bei O. Harrassowitz, 1983.

[43]Salomon, R. , Allchin, F. R. , & Barnard, M. Ancient Buddhist scrolls from Gandhāra: the British Library Kharoṣṭhī fragments[M]. Seattle: University of Washington Press, 1999.

[44]Salomon, R. , & Glass, A. A Gāndhārī version of the Rhinoceros Sūtra[M]. WA: University of Washington Press, 2000.

[45]Salomon, R. , & Glass, A. Two Gāndhārī manuscripts of the Songs of Lake Anavatapta Anavatapta-gāthā[M]. Seattle: University of Washington Press, 2008.

[46]Schlosser, A. On the Bodhisattva Path in Gandhāra[D]. Freie Universität Berlin, 2016.

[47]Schuessler, A. Minimal Old Chinese and Later Han Chinese[M]. University of Hawaii Press, 2009.

[48]Turner, R. L. , Turner, D. R. , & Wright, J. C. A comparative dictionary of Indo-Aryan languages[M]. Delhi: Motilal Banarsidass Publishers, 1999.

[49]Whitney, W. D. A Sanskrit grammar[M]. Leipzig: Breitkopf and Härtel, 1879.

An Investigation into the Original Language of the Transcription Words in Zhi Qian's Translations

Li Zhouyuan

Abstract: There are quite a number of transcriptions in Zhi Qian's translations, of which about 300 are not found in the texts translated by previous translators. These transcriptions are important materials for the study of Chinese phonetics. By comparing the pronunciation in Eastern Han dynasty of these transcriptions with the corresponding Sanskrit words one by one, we can see that there are differences between them, which can be explained according to the general evolution rules of Prākṛta. This article tries to investigate the original language of the 300 transcriptions.

Key words: Prākṛta, Gāndhārī, phonetic evolution, consonant, original Language, Sanskrit-Chinese transcription

通信地址:廣東省廣州市海珠區新港西路中山大學南校園 171 棟 1414

郵　　編:510275

E-mail:1003971667@qq. com

《續一切經音義》引《切韻》考述[*]

賀　穎

内容提要　希麟《續一切經音義》徵引《切韻》凡 623 例共 541 字,比較《切韻》殘葉、箋本、王本、裴本以及《廣韻》,我們發現希麟音義引據之《切韻》跟殘葉、箋本、王本、裴本都有一定的距離,應該是當時在遼境内流通之某種唐傳本《切韻》,該《切韻》跟唐《廣韻》間亦有相當的聯繫。

關鍵詞　《續一切經音義》　《切韻》　考述

服務於注音釋義的需要,遼釋希麟《續一切經音義》(下稱希麟音義①)廣引經、史、子、集②,《切韻》是其中徵引頻率較高的一種。經初步統計,希麟音義徵引《切韻》凡 623 例③共 541 字(下稱希麟《切韻》)。汪壽明(2003:60-64)④從引書釋義層面對其進行了一定的考釋工作,所論都爲舉例性質。希麟《切韻》與《切韻》殘葉、箋本、王本、裴本⑤間的關係究竟怎樣,跟《廣韻》的關係又是如何,諸如此類問題汪壽明(2003:60-64)探討不够深入,實有進一步梳理的必要。

一　希麟音切特徵

因希麟《續一切經音義》中的音切并未明確説明其出處,試將希麟音義中含引《切韻》條例字目的音切與各版本《切韻》逐條進行比對。其在《切韻》殘葉中可考者僅 16 條計 12 字,詳見下表("×"表示有字而無音義):

編號	字目	韻字	希麟注音	希麟《切韻》	韻部	頁碼	殘葉注釋
1.006⑥	空嘼	空	苦紅	大也	東	38	苦紅反。五
4.112	缾缸	缸	下江	罌類也	江	57	罌類(下江)

* 基金項目:國家社科基金重大項目"中、日、韓漢語音義文獻集成與漢語音義學研究"(19ZDA318)。

① 文中《希麟音義》(即《續一切經音義》)採用韓國海印寺高麗大藏經本,乃目前可考最接近原版本。

② 黄仁瑄(2011)認爲"希麟音義引書凡 172 種(篇),其中内典 15 種"。

③ 此指標識"切韻"者。希麟音義尚有標識"孫恛""孫恛廣韻"等語料,於此不論。另據汪壽明(2003)考日本獅谷白蓮社藏版,認爲共有 637 例。

④ 汪壽明(2003)通過比勘《切韻》殘葉、王本(敦煌、宋跋、項跋)、蔣斧本《唐韻》及宋《廣韻》,對希麟音義引《切韻》前後重出例、引書名稱疑似混淆例及諸書均不匹例等情況進行了舉例論述。由此推測希麟音義恐非希麟獨作,乃集衆力成書;其或在中國北方流傳時爲不少釋子依本宋《廣韻》進行增補。

⑤ 文中殘葉(即陸法言《切韻》傳寫本)、箋本(即長孫訥言箋注本《切韻》)、王本(即王仁昫刊謬補缺《切韻》)、裴本(即裴務齊正字本《刊謬補缺切韻》)均採自周祖謨《唐五代韻書集存》(中華書局,1983)。

⑥ "1.006"爲字目"空嘼"的編號,指希麟音義第一卷第六條音義;下同此例。

續表

編號	字目	韻字	希麟注音	希麟《切韻》	韻部	頁碼	殘葉注釋
5.061	逶迤	迤	弋支	溢也	支	42	逶迤①（弋支）
4.073	怡暢	怡	與之	和樂也	之	60	悦怡（与之）
10.074	貽訓	貽	與之	眖也	之	60	眖遺（与之）
4.084	遲緩	遲	直知	久晚也	脂	70	又直立反
3.177	資糧	資	即夷	資亦貨財也	脂	59	×（即脂）
3.134	資糧	資	即夷	資亦貨財也	脂	59	×（即脂）
3.095	沈溺	沈	直林	沈没也，濁也	侵	63	除深反。四
4.019	沈淪	沈	直林	大也，濁也	侵	63	除深反。四
6.122	沈溺	沈	直林	没也	侵	63	除深反。四
6.060	沈淪	沈	直林	没也	侵	63	除深反。四
3.035	婬佚	婬	餘針	邪也，蕩也	侵	63	婬蕩（餘針）
1.012	羈鞅	鞅	於兩	車軮荷也	養	69	於兩反。四
2.035	雷震	震	章認	動也，起也	震	71	職刃反
5.097	纔發	纔	昨哉	僅也	咍	55	僅。或作裁（昨來）

據上表，可大致得出如下幾點意見：

（1）見於殘葉的 16 條材料中，8 例計 5 字（"空、遲、沈、鞅、震"）有音無義，2 例計 1 字（"資"）闕釋文，5 例計 5 字（"缸、怡、貽、婬、纔"）意義相同或相通，1 例計 1 字（"迤"）意義相遠。

（2）8 例注音材料中，希麟音、殘葉音上、下字相同者 2 例計 2 字（"空、鞅"），上、下字不同而音值同者 4 例計 1 字（"沈"），上字不同而音值同者 1 例計 1 字（"震"），上字同下字不同者 1 例計 1 字（"遲"。因是又音，不考慮二者的音值異同）。

（3）12 字分屬東、之、支、江、侵、脂、咍（以上平聲）、養（以上上聲）、震（以上去聲）9 個韻部。

綜言之，希麟音切見於《切韻》殘葉的材料雖不多，據其可考者，大致可推知希麟音切與《切韻》殘葉間的關係比較疏遠。

相較於數目極少的殘葉，希麟音切於箋本、王本、裴本以及《廣韻》中可考者甚多。除去僅可考字形而闕釋音釋文以及注音方式爲直音法的條目外，其反切上下字與其對應音值的異同在《切韻》中共有如下 7 種情況：

（1）希麟音與《切韻》音上、下字字形字音完全相同：

2.073 薨棟　　上莫耕反。《切韻》："薨亦棟也。"

案：薨。箋本（頁 124 耕韻）："屋棟。莫耕反。二。"裴本（頁 553 耕韻）："莫耕反。屋棟。九。"王本（頁 464 耕韻）："莫耕反。屋棟。七。"

（2）希麟音與《切韻》音上、下字字形不同而音值同：

---

① 迤，原爲文字略寫符號"〵"，今據改。

6.068 飛蛾　　上甫非反。《切韻》：“飛，翔也。”

案：飛。箋本（頁166微韻）：“翔。”（匪肥）王本（頁442微韻）：“翔：（飛）。”（匪肥）

甫非反、匪肥反。非母微韻平聲。

（3）希麟音與《切韻》音上字字形不同而音值同：

2.180 脣吻　　下無粉反。《切韻》云：“口吻也。”

案：吻。箋本（頁133吻韻）：“口吻，武粉反。三。”裴本（頁578吻韻）：“武粉反。口：（吻）。亦𦜝。五。”王本（頁478吻韻）：“武粉反。口吻。亦作睯。五。”

無粉反、武粉反。微母吻韻上聲。

（4）希麟音與《切韻》音下字字形不同而音值同：

8.143 彎弓　　下居戎反。《切韻》云：“弓天也。”

案：弓。箋本（頁161東韻）：“居隆反。四。按〈說〉、〈易〉：‘絃木爲弧’即弓也。”裴本（頁537東韻）：“居隆反。四。〈易〉曰：‘弦木爲弧’即弓也。”王本（頁436東韻）：“居隆反。射具。四。”

居戎反、居隆反。見母東韻平聲。

（5）希麟音與《切韻》音上下字字形不同而上字音值同：

4.147 腐爛　　下郎肝①反。《切韻》：“火熟也。”從火闌聲。

案：爛。裴本（頁594翰韻）：“盧旦反。火孰。〈說文〉上有草。或徔間。七。”王本（頁500翰韻）：“盧旦反。火熟。亦作㸋。三。”

郎肝反，來母寒韻平聲；盧旦反，來母瀚韻去聲。

9.135 㢮柵下楚革反。《切韻》：“材柵也。”

案：柵。箋本（頁146陌韻）：“村柵。測戟反。三。”裴本（頁620陌韻）：“側（戟）〔戟〕反。村柵。三。”王本（頁520陌韻）：“惻戟反。木。三。”

楚革反，初母麥韻入聲；惻/測戟反，初母陌韻入聲。

（6）希麟音與《切韻》音上下字字形不同而下字音值同：

3.180 竝將　　上音滿②迴反。正體并字也。《切韻》：“比也。”

案：竝。箋本（頁197迥韻）：“比。萍迥反。二。”王本（頁485迥韻）：“萍迥反。比。通作并。三。”

滿迵反，明母迥韻上聲；萍迥反，並母迥韻上聲。

（7）希麟音與《切韻》音上下字字形與音值均不同：

6.103 拓鉢　　上他各反。《切韻》：“手承物也。”

案：拓。鐸韻（他各反）音各本《切韻》均缺。唯考王本（頁525昔韻）：“（摭）拾。或作拓。”（之石）

他各反，透母鐸韻入聲；之石反，章母昔韻入聲。是以僅此條以王本“字音均異”計。

將希麟音義中含引《切韻》條例字目的反切上下字分別考以《切韻》傳本及《廣韻》，并將其中完全相同、字異音同（此類別《箋本》共126條占比34.52%、《裴本》共179條占比41.24%、《王本》共245條占比39.90%、《廣韻》共174條占比27.97%）這2類條例一并以

---

① 考察高麗藏（冊73頁651），爛音郎肝反。考“煥爛”例及其音切，“肝”疑似“旰”字訛。

② 考察高麗藏（冊73頁645），竝音迥滿反。考“竝豎”例及其音切，“滿”疑似“蒲”字訛。

"同"歸納,則可得各版本字音異同相對占比表如下:

各版本字音異同占比表												
	字異下音異		字異上音異		上字音均異		下字音均異		字音均異		字音均同	
廣韻	2	0.32%	1	0.16%	7	1.13%	27	4.34%	0	0	585	94.05%
裴本	8	1.84%	0	0	5	1.15%	15	3.46%	0	0	406	93.55%
箋本	5	1.37%	6	1.64%	4	1.10%	15	4.11%	0	0	335	91.78%
王本	8	1.30%	4	0.65%	5	0.81%	18	2.93%	1	0.16%	578	94.14%

希麟音切在不同版本《切韻》及《廣韻》中收入的韻部情況亦有所差別,謹列表如下:

	廣韻	箋本	裴本	王本
平聲韻數	55	45	27	50
上聲韻數	37	31	18	37
去聲韻數	43	8	35	42
入聲韻數	30	22	26	28
韻部總數	165	106	106	157

綜合以上 2 表,可大致得出如下幾點意見:

(1)反切音所屬的韻部數目與不同版本《切韻》書的存留情況密切相關:箋本《切韻》的整體特點是收字少,釋義少,關涉韻部少,去聲韻缺失嚴重;王二(裴本)的特點是收字較少,關涉韻部較少,平聲韻與上聲韻缺省嚴重;而在 4 版唐《切韻》傳本中,因王三(王本)內容最為完善,是以可考條例最多、參考價值最高。

(2)623 條希麟音義例中的反切音與王、裴、箋三版本《切韻》及宋本《廣韻》間均存在一定差異;相比之下,希麟音切與王本《切韻》最為接近。希麟音義中,反切用字不同而音韻地位與《切韻》《廣韻》中對應條目相同的用例較屬常見。

二　希麟引《切韻》釋義特徵

對比箋本、王本、裴本《切韻》與《廣韻》,考察希麟《切韻》涵括義項的特徵,共計有以下 5 種類別:

(1)有音無義:

4.026 攢鋒　　上在桓反。《切韻》:"合也。"

案:攢。王本(頁 500 翰韻):"(攢)。在玩反。一。"

(2)僅存字形而闕釋音釋文:

2.050 裾拾　　上居運反。《切韻》云:"裾,拾取也。"

案:裾,其字形見於箋本(頁 206 問韻)。

(3)意義相遠:

3.034 鬚鬚　　上相俞反。《切韻》:"小髻也。"

案:鬚。箋本(頁 111 虞韻):"古作須。相俞反。八。"王本(頁 444 虞韻):"相俞反。

頷下毛。古作須。十。”

（4）意義相同或相通：

9.132 鞵鞵　　下戶佳反。《切韻》云：“鞵屩，履屬也。”

案：鞵。裴本（頁 556 佳韻）：“履。又鞋。”（戶佳）王本（頁 447 佳韻）：“屩。亦作鞋。”（戶佳）

（5）查無此字：

5.074 麻糩　　下側加反。《切韻》：“麻糩也。”又：糩糝。《考聲》：“滓也。”

總體而言，相較於以注音爲核心功能的唐《切韻》以及體量大、包含反切多、所收義項相對最全的宋《廣韻》，希麟《切韻》中的注釋較爲簡短，往往祇包含一或兩個義項，隨意性較强。例如：

4.158 休廢　　下芳肺反。《切韻》：“止也。”

案：廢。裴本（頁 592 廢韻）：“方肺反。捨也。七。”王本（頁 498 廢韻）：“芳肺反。舍。八。”

《玄應音義·正法華經·第七卷》（高麗藏册 58 頁 33）釋“勞廢”：“府吠反。廢，退也。罷止也。經文作厩，非也。”

《廣韻》（頁 27 上·廢韻）：“止也。大也。方（肺）〔肺〕切。九。”

7.065 襍插　　上徂合反。《切韻》云：“集也，穿也。”

10.180 襍糅　　上徂合反。《切韻》云：“雜，集也。”又：穿也①。

案：雜。箋本（頁 146 合韻）：“徂合反，四。”裴本（頁 618 沓韻）：“徂合反，正四，襍。”王本（頁 521 合韻）：“祖合反，物不純白，六。”

遼釋行均《龍龕手鏡·入聲·雜部第五十九》（頁 543）：“（襍／雜）。徂合反。集也。市也。猝也。穿也。二。”

《廣韻》（頁 45 上·合韻）：“帀也，集也，猝也，穿也。〈說文〉曰：‘五綵相合也’。徂合切。七。”

8.101 温渜　　上烏昆反。《切韻》云：“和也，善也。”

案：温。箋本（頁 115 魂韻）：“於渾反。四。”王本（頁 451 魂韻）：“烏渾反。煖。四。”

《玉篇·卷十九》（頁 343）：“於冝切。水名。又顏色和也、漸熱也、善也。”

《廣韻》（頁 55 上·冝韻）：“水名，出犍爲。又和也，善也，良也，柔也，暖也。又姓，唐叔虞之後，受封於河内温，因以命氏。又却至食采於温，亦号温季，因以爲族，出太原。又漢複姓，二氏。〈莊子〉有温伯雪子，〈姓苑〉又有温稽氏。”（烏渾）

此外，希麟《切韻》中還存在義項與唐《切韻》及宋《廣韻》均不同、疑似訛誤的條目。試舉例如下：

5.125 龍湫②　　上力種反。《切韻》：“君也。”

案：龍。箋本（頁 161 鍾韻）：“力鍾反。四。”裴本（頁 539 鍾韻）：“力鍾反。四加四。鱗蟲。又八尺馬也。”王本（頁 437 鍾韻）：“力鍾反。龗。通俗作龍。四。”

---

① 穿，獅本（頁 4052）、大通本均作“穽”。

② 參見《不動使者陀羅尼祕密法》一卷：“亦令空中飛鳥隨念而墜，亦能乾竭龍湫。”

《玉篇·卷二十三》(頁 440):"力恭切。能幽明大小登天潛水也。又寵也、和也、君也、萌也。"

《廣韻》(頁 13 下·鍾韻):"通也,和也,寵也,鱗蟲之長也。《易》曰:'雲從龍'。又姓。舜納言龍之後。力鍾切。九。"

9.031 攀鞦① 上普班反。《切韻》:"戀也。"

案。攀。箋本(頁 117 删韻):"引。普班反。二。"王本(頁 453 删韻):"普班反。引。或作扳。二。"

《慧琳音義·卷六十九》(高麗藏册 76 頁 192)注"攀攬":"上盼蠻反。王逸注〈楚辭〉云:'攀,引也'。〈廣雅〉:'戀也'。〈説文〉作'丱'云:'引也。'從反丱。今作攀。從手樊聲。"

《廣韻·删韻》(頁 60 下):"引也。普班切。三。"(普班)

將希麟《續一切經音義》中明確徵引自《切韻》的條例對比殘葉、王本、裴本、箋本及宋本《廣韻》後可得表如下:

各版本注釋異同相對占比表										
	殘葉(占比)		箋本(占比)		裴本(占比)		王本(占比)		廣韻(占比)	
希注同	5	31.25%	236	63.27%	350	80.65%	526	85.67%	575	92.44%
希注異	1	3.70%	29	5.69%	50	9.65%	68	9.69%	46	6.88%
希注無	10	38.46%	108	22.45%	34	7.26%	20	3.15%	1	0.16%

(表中"無"行表示注釋中存在反切、直音或異體字而無釋義項)

據表可知,希麟《切韻》義項與宋本《廣韻》及王本《切韻》的相似度均高於裴本《切韻》與箋本《切韻》。但同時也能發現,即使是一致性最高的兩個版本,希麟《切韻》中所引的具體釋義例也與其存在一定差異。

三　結語

通過全面系統地比對諸版本《切韻》及宋《廣韻》可知,希麟音切與王本《切韻》及其後的宋本《廣韻》相似度較高。結合其中字異音同項目的比例來分析,則希麟在羅列音切時極有可能參考了《切韻》或某一《切韻》系的韻書音。希麟所引《切韻》的版本目前尚無定論,但從其成書時間、傳播路徑以及音義對比諸版本《切韻》後的情況進行綜合推斷:希麟很可能引用了當時在遼國境內流傳的某種唐本《切韻》。

首先,《續一切經音義》的成書時間要早於宋版官修《廣韻》(1008 年);據羅炤(1988:73-81)考,契丹藏前後有統和(983 年-1012 年)與重熙—咸雍(1032 年-1074 年)二版本,其中較早的統和本編校主持人爲遼釋詮明,希麟音義即是應詮明之請爲其續添二十五帙標音釋義的書。據虞萬里(1997)、聶鴻音(2001:95-96)考察内蒙古黑城所出土的遼希麟《續一切經音

---

① 參見《根本説一切有部毘奈耶破僧事》第四卷:"時四天子各扶馬足,爾時車匿一手攀鞦,一手執刀。"

義》殘片及相關文獻可知:希麟音義約始撰於遼統和五年,即宋雍熙四年(987 年)左右;約撰成於統和八年左右(990 年)。

其次,希麟音義在成書後,應當未曾在中國境內流傳①:遼聖宗統和至太平(983-1030)年間,希麟音義録入契丹藏中刊印,契丹幾次贈此藏給高麗,最早的一次是在高麗文宗十七年(1063 年;宋仁宗嘉祐八年;遼道宗清寧九年)。目前學界所説的高麗藏指再雕本《高麗藏》(1236 年-1251 年),該書以《開寶藏》、契丹藏、《高麗藏》初刻本、《高麗藏》續刻本互校後雕成。據崔光弼、龔文龍(2012:7-11)所考,《高麗藏》初刻完成後至再刻期間,高麗國有四次得藏之舉,其中除宋元豐六年(1083 年)迎宋朝大藏經外均迎遼藏,1083 年所迎的宋朝大藏經乃是官版(971 年-983 年)。希麟音義應當是經由契丹入高麗,而後傳至日本,19 世紀 80 年代初,又從日本傳回中國。

不可否認,希麟《切韻》確與《廣韻》間存在緊密聯繫,但該《廣韻》應衹可能是某版傳入遼國的唐本《廣韻》,其原因有二:

(1)趙曉慶(2017:130-137)認爲反切用語的更換顯示了時代的不同:唐代前的反切注音皆用"××反",唐代雖有諱"反"而改作"××切"者,但并不普遍,而到了宋代爲避諱纔開始推行"××切"。縱觀希麟引《切韻》條例內的字目音切用字,無一"××切"例,則此書的成書時代應當早於宋本《廣韻》;

(2)《廣韻》一名在宋代官修其書前已有,最早可推至唐五代時期,常用以命名增廣《切韻》的相關韻書。方國瑪(1931:377-562)在《敦煌五代刻本唐〈廣韻〉殘葉跋》中便明確表示:"其已通行之舊本,當名爲《廣韻》,故新修者名《重修廣韻》。"《續一切經音義》中存在包含有"孫愐《廣韻》"及"《廣韻》"的條例。此"廣韻"應非筆誤。是以對於希麟音義中雜糅了部分《廣韻》條例的情況,徐時儀(2002:27 30)認爲"這些《廣韻》條例應當來源於孫愐《唐韻》或同時期類似《唐韻》的增補本《切韻》(即唐《廣韻》)",但"不可能是宋代重修的《廣韻》"。筆者認可這一推論。

總之,希麟《切韻》跟殘葉、篆本、王本、裴本都有一定距離,應該是當時在遼境內流通之某種唐傳本《切韻》,該種《切韻》跟唐《廣韻》間有相當的聯繫。

參考文獻

[1]崔光弼,龔文龍.《高麗大藏經》的刊刻及其價值[J]. 內蒙古民族大學學報(社會科學版),2012(05):7-11.

[2]方國瑪. 敦煌五代刻本唐《廣韻》殘葉跋[M]//方國瑪. 方國瑪文集. 昆明:雲南教育出版社,2003:377-562.

[3]黃仁瑄. 唐五代佛典音義研究[M]. 北京:中華書局,2011(03).

[4]柯斌. 希麟《續一切經音義》引史書研究[D]. 武漢:華中科技大學,2015(05).

[5]羅炤. 再談《契丹藏》的雕印年代[J]. 文物,1988(08):73-81.

[6]聶鴻音. 黑城所出《續一切經音義》殘片考[J]. 北方文物,2001(01):95-96.

[7]汪壽明.《續一切經音義》引《切韻》考[J]. 語言科學,2003(01):60-64.

[8]王艷紅,畢謙琦.《續一切經音義》的重紐[M]//漢語史學報(第 13 輯). 上海:上海教育出版社,

---

① 徐時儀(2002)、虞萬里(1997)對於《續一切經音義》的傳播途徑已有比較細緻的梳理,可參。

2013：125-134.

[9]徐時儀.《希麟音義》引《廣韻》考[J]. 文獻,2002(01)：27-30.

[10]姚永銘.《慧琳音義》與《切韻》研究[J]. 語言研究,2000(01)：95-101.

[11]虞萬里. 榆枋齋學術論集[M]. 南京：江蘇古籍出版社,2001.

[12]岳利民. 音義匹配的方法——以《經典釋文》爲例[J]. 長沙理工大學學報(社會科學版),2009(01)：89-92.

[13]趙曉慶.《新修玉篇》之《玉篇》底本考[J]. 中國文字研究,2017(01)：130-137.

A Textual Research on *Qie Yun* (《切韻》) in *Xu Yiqie Jing Yinyi* (《續一切經音義》)

He Ying

Abstract：Xi lin's *Xù Yī Qiè Līng Yīn Yì* quotes 623 examples from *Qiè Yùn* with a total of 541 characters. By comparing the *Cán Yè*, *Jiān Běn*, *Wáng Běn*, *Péi Běn* and *Guǎng Yùn*, the version of *Qiè Yùn* used by Xi lin has a certain distance from *Cán Yè*, *Jiān Běn*, *Wáng Běn* and *Péi Běn*. It should be one kind of Tang dynasty *Qiè Yùn* versions which circulating in Liao Dynasty. There is also a considerable connection between Xi lin's *Qiè Yùn* and Tang dynasty's *Guǎng Yùn*.

Key words：*Xù Yī Qiè Līng Yīn Yì*, *Qiè Yùn*, Textual Research

通信地址：華中科技大學中文系

郵　　編：430074

E-mail：3183305546@qq.com

《説文解字注》古今字立體化研究及其他

——以數量統計爲基礎

馬建民　徐正考

内容提要　迄清末徐灝，歷史上對古今字的理解始終是一致的。段玉裁在繼承前人基礎上做了大量的古今字注釋工作，第一次明確歸納了古今字概念的全部要點，認爲是同詞異字的歷時用字現象。全面統計《説文解字注》中古今字的具體注釋、體例及數量後分析發現，古今字現象出現的根源是文字選用習慣：人們先後對異體字的選用不同以及文字的借用是其主體，文字功能分化、合并及錯訛、字體選用不同都是次要表現。雖然段玉裁有時難免出現認識偏差和分析錯誤，但古今字理論總體上是可靠的，對絶大部分古今字的判定是正確的。當今大部分研究者視古今字爲字的孳乳分化現象，以便使古今字概念具有可操作性，這與傳統觀點相對立，并導致更多枝節性分歧。我們因此提出古今字研究應尊重歷史事實，回歸傳統認識，改進研究方法，以期更好地避免無謂的分歧和混亂。

關鍵詞　《説文解字注》　古今字　用字説　造字説　字際關係

　　古今字歷來是訓詁學、文字學、音韻學研究共同關注的重要領域。段玉裁《説文解字注》（以下簡稱《段注》）對古今字進行了承前啟後的系統理論定性與實例指認，是古今字研究極爲重要的津梁。受諸多因素影響，學界對古今字概念的理解與應用分歧百出，對《段注》中段玉裁的古今字理論闡釋與實例認定的理解也分歧嚴重①。因此，進一步深入研究《段注》中的古今字，對消弭分歧誤解、回歸古今字的本真是很有必要的。

一　古今字觀念的源起及現今有關古今字的各種分歧

　　古今字觀念出現的根源是西漢古文經的發現②。出於解經的實用目的，於是産生了古今版本、文字對比的觀念，古今字概念應運而生。鄭玄注《禮記·曲禮》"余、予，古今字"，最早使用了"古今字"這個術語，可見古今字是漢代訓詁學發展的必然産物。古今字觀念從産生到漫長訓詁史中的持續使用，含義具有一致性③。

　　作爲傳統訓詁學術語的古今字指的是"漢語同詞先後異字的現象"④。裘錫圭先生將其明晰化爲："古今字也是跟一詞多形現象有關的一個術語。一個詞的不同書寫形式，通行時

---

① 　參看徐正考、馬建民（2018）。
② 　陳夢家認爲古文一詞漢代纔有，有古文字和壁中書兩義，後爲壁中書所專。他又認爲：古文之名也許起於秦世。我們不取第二説。陳夢家（2011：120-122）。
③ 　參看李運富、蔣志遠（2013）。
④ 　陸錫興（1980）。

間往往有前後。在前者就是在後者的古字，在後者就是在前者的今字。"①而其核心要點都源自段玉裁《説文解字注》："古今人用字不同，謂之古今字。"（今 223）②"凡言古今字者，主謂同音，而古用彼今用此異字。"（余 49）"古今無定時，周爲古則漢爲今，漢爲古則晉宋爲今，隨時異用者謂之古今字。"（誼 94）"陸法言固知是一字也。"③（眙 133）段氏對古今字的認識可歸納爲：一、古今字是同一詞義歷時用字不同的現象；二、古與今在時間上是相對的；三、古今字之間有音同或音近的關係，音近是後來語音演變所致，即段氏所謂"音轉"之理（眙 133）。古今字體現的是對於同一個詞義，人們形成了先後使用音同音近但形不同的字的用字習慣。這就是傳統古今字概念的本質。我們稱之爲用字説。

與用字説相對的是造字説④，造字説分兩種：其一爲孳乳分化説，認爲古今字是文字孳乳分化現象。其二爲造字相承説，認爲古字和今字在字形結構上有明顯的相承關係且今字分擔古字的某個意義。清末徐灝糅合王筠"分別文""累增字"理論及段玉裁古今字觀點，在此基礎上將古今字分爲兩類："一爲造字相承增偏旁；一爲載籍古今本也。"⑤古今字概念的歧見自此發端。王力先生主編的《古代漢語》對古今字定性爲有造字相承關係的"古字"與分化字，即徐灝所論第一類古今字⑥。古今字自此被視爲有造字相承關係的文字分化現象并進入古代漢語教學領域⑦。

第三類是雜糅説。其表現通常爲古今字的定義用用字説，分析形成原因採用孳乳分化説或造字相承説。雜糅説有很多形式，但實質都爲造字説。此説試圖簡單調和造字説與用字説的對立⑧。

我們對 1980 年以來 222 篇與古今字研究相關的論文進行了統計，其中持造字説者爲 119 篇，用字説 31 篇，雜糅説 13 篇。36 種漢字學和古漢語教材造字説占 61.1%，用字説 16.6%，雜糅説 12.5%。造字説是絕對主流。現代學者所倡導的孳乳分化説以及造字相承説，從一開始就建立在使"古今字"這個概念具有人爲可操作性的實用目的之上：在古漢語教學領域教起來明白透徹，用起來與其他文字現象界限分明，彼此不存在任何交叉重疊⑨。此種傾向尤以造字相承説爲甚。

---

① 裘錫圭（1988：270）。

② 《説文解字注》體量龐大，翻檢不易，我們用這種形式注出引文所出被釋字及頁碼以便核實，餘皆準此。

③ 本句針對古今字内涵而言：陸法言知道雖古今用字不同，實際都表達同一個詞義。

④ 郭在貽先生反對將假借、俗訛、版本不同而形成的同時代的異體字視爲古今字；同時又認爲段玉裁的古今字觀將時代的古今之變與文字發展和使用的歷史辯證地統一了起來。郭先生没有明確定論所持爲用字説或是造字説，也從中可見古今字所涉問題之廣，分析詳後文。參見郭在貽（1985：363）。

⑤ 徐灝（1993：9）。

⑥ 經 1958 年的教育革命，學界進一步認識到作爲工具課的古代漢語課程必須聯繫實際，旨在培養閱讀古書的能力。此版《古代漢語》從編寫到出版印行是當時諸多著名參編學者、古漢語教師、教材評審專家集體智慧的結晶。雖説作爲教材因其内容上的取捨限制而未對古今字作廣泛深入探究，但也不能否認，書中對古今字的看法反映了當時學界的一致見解且對後學影響深遠。對此下文有進一步分析。參見王力（1962：1、152-155）。

⑦ 參看洪成玉（1992）。

⑧ 參看徐正考、馬建民（2018）。

⑨ 在王力先生主編的《古代漢語》中，便將古今字與異體字區別爲兩類截然不同的現象。這種認識和做法爲諸多後來學人所繼承、效法并擴及與通假字的種種比較區分。參看王力（1962：152-157），徐正考、馬建民（2018）。

二　《段注》古今字研究現狀

　　《段注》之於古今字研究正如《説文解字》之於古文字，段玉裁是對古今字進行大量字例分析確認和理論總結的第一人，其成就彙集於此。

　　對段玉裁古今字研究有代表性的看法有：（1）批評段玉裁持用字説，主張當今學者應另立造字説理論，如章也［參看章也（1985）］、李建國［參看李建國（1986）］、張勁秋［參看張勁秋（1993）］、劉志剛［參看劉志剛（2008）］等。（2）對段玉裁的用字説有較爲全面的認識和理解，如班吉慶［參看班吉慶（2007）］、馬立春［參看馬立春（2008）］。（3）認爲段玉裁對古今字的認識由用字説轉向了造字説，如趙海燕［參看趙海燕（2005）］、洪成玉［參看洪成玉（2009）］等。（4）認爲受用字説根本性制約，段玉裁在古今字研究上取得的成就很小，存在的問題也不小，如葉斌［參看葉斌（1992）］等。

　　對於《段注》古今字注釋體例，黃圓［參看黃圓（2005）］、張銘［參看張銘（2006：10-12）］、馬建民［參看馬建民（2008：13-19）］等進行過梳理歸納，其中以馬建民最爲詳盡，總計超過40種。

　　《段注》中古今字數量由於統計的取捨標準、技術手段等的不同，各家結果差異巨大：黃圓252例［黃圓（2005）］；趙海燕628對［趙海燕（2005）］；張銘199對［張銘（2006：1）］；馬建民540組［馬建民（2008：7）］；鍾韻1100多組，不計重複有900多組［鍾韻（2015）］。

　　李守奎指出：“一個學科應當有確定的研究對象，普遍認同的統一術語。然後纔能形成一個便於學術討論的平臺。現在的局面是……從什麼是‘文字’開始，所有的概念都有歧義。這與現代學科的要求相悖逆。”［李守奎（2012）］一般的古今字研究和《段注》古今字研究，其總體特徵爲：一是深受治學態度和研究方法的制約，研究不够客觀系統深入，往往將一點放大爲全體。同時，不重視量化統計非常突出。二是分歧巨大，對立嚴重。從根本性分歧到枝節性分歧都很普遍，分歧影響并體現在與古今字相關的所有領域。這些因素導致半個多世紀以來，古今字研究領域長期保持學術爭鳴與歧見相交織的局面。李運富説：“學術史研究的最高原則是求真。”［李運富（2017）］我們也認爲事實和合於事實的學理是學術研究的唯一準繩。總之，《段注》古今字研究的視角應該更加全面，也有繼續深入探究的可能與必要。

三　段玉裁發現古今字的途徑及古今字注釋體例

3.1　段氏發現古今字的途徑

　　《説文》版本在流傳過程中屢經文字訓詁專家和普通人篡改，訛脱百出，遠非其舊。段氏作注的首要任務是對《説文》版本作校勘①，具體方法有很多種，將後人所改的今字改回古字

---

　　①　我們統計發現，段氏所參考的《説文》及他書中所引的不同《説文》版本有33種。段氏也是校勘學家。

是其中一種。古今字既是段氏校勘、注釋《説文》依據之一，也是成果之一①。

　　段氏以古今字注解《説文》，并非他自己的發明，而是在批判繼承歷代訓詁學家關於古今字觀點、體例的基礎上進行的。如："《周禮·柞蔟氏》：'掌覆妖鳥之巢。'鄭司農云：'柞讀爲摘，蔟讀爲爵蔟之蔟。'謂巢也。先鄭摘音剔，謂如今人以竿毀鳥巢也。後鄭申其說曰：'玄謂柞古字。從石，柝聲。'柞古字者，謂柞摘爲古今字也。"（柞 452）"嘗論《方言》之字，多爲後人以今易古，以俗易正。"（茉 258-259）"郭云：'今之秋華菊。'郭意蘜菊爲古今字。"（蘜 33）。從中可見段氏對歷代訓詁學家注釋古今字的傳統及實質有深入的瞭解。據我們統計，段氏注古今字，引用或參考前人包括鄭衆、許慎、鄭玄、張揖、郭璞、李善、顏師古、無名氏等不同學者及其著作或僅列出著作名稱的來源共計 36 個。段玉裁的古今字注解和觀點具有廣泛的繼承性和綜合性。這也體現在他并非全面認可古代訓詁學家的結論上："丁度、洪興祖皆云：'鄨，古播字。'"（番 50）段氏認爲"鄨"使用範圍不够廣泛，僅爲《楚辭》的用字的例子，甚至比經傳的範圍還狹窄，不認爲是古今字。

　　當然，段氏在文字訓詁領域獨特的視角與方法纔是判定古今字的根本保證。段氏用歷史比較的眼光來看語言文字的變遷脈絡，用融會貫通的方法鑒別文字的區別與聯繫是發現古今字的學理基礎：別、不別、別其字、別其音、統言、析言、渾言、單呼、累呼、散文、對文等術語都旨在發現文字在音、形、義、用等共時方面精微的異同，這是段氏在文字訓詁領域聚焦的核心。"文字古今屢變。"（苟 31）②"俾形聲相表裏，因尚推究，於古形、古音、古義可互求焉。"（一 1）這些精闢的結論則是段氏從歷時聯繫發現古今字的方法論基礎。以此爲依托，從字形的不同入手，延及字義以及字音的歷史演變帶來的用字變化："古今字形異耳，許本作睹。……許書有睹無曙……此顧希馮以今字易古字也。"（睹 302-303）也涵蓋字義變化引起字的分化："以物相益曰賸，字之本義也。今義訓爲贅疣，與古義小異，而實古義之引伸也。改其字作剩而形異矣。"（賸 280）有的則正好相反："撲與扑、樸義皆別，今人溷之。"（撲 608）這樣一來，無論是較爲明顯直觀的字形分化類型，還是關係幽晦的古今字，幾乎都被段氏加以確定闡發。段玉裁用歷史的聯繫的眼光建起古今字理論的大廈，是順理成章水到渠成的。

3.2　《段注》古今字注釋體例

　　段玉裁將通達《説文》體例視爲通小學的前提，段氏也繼承了《説文》體例謹嚴的傳統。他注釋《説文》的完整體例包括：比較不同版本《説文》、不同的《説文》引文先恢復被釋字字形和許慎解釋用詞原貌，然後對許慎自己的解釋語詞及引文進行考證解釋。在此過程中，對許慎用語以及段氏自己所引文辭中有古今字現象的，在考證用字歷時變化包括字形演變的基礎上用各種體例予以注出。有時雖没有輔助考證、釋義的必要，也會徑直注出。這正體現了段氏古今字意識的自覺。最後說明字的結構成分以及音讀。對於音讀，段氏指出該字在自己所著《六書音均表》中歸納的古音十七部中屬於哪一部以及音讀的古今變化情況。重視音讀，是清代訓詁學家"義在音先""義存乎音"的訓詁理論所決定的。音讀相同，也是確定古今

---

①　如："按稚當作穉。郭景純注《方言》曰：'穉，古稚字。'是則晋人皆作稚。故釋稚爲古今字。寫《説文》者用今字因襲之耳。"（稙 321）

②　錢大昕說："文字者終古不易，而音聲有時而變。"段氏可與此相高下。錢大昕（1988：804）。

字必不可少的標準。《段注》古今字注釋的具體體例有:

3.2.1　衹用"古今字"術語進行注釋

此類爲段注中體例最齊整的一種,以"古今字"術語重複注釋的有23組,不計重複有159組。它集中體現了段氏對某些古今字的準確把握,注解很明確。又可以分爲兩種類型:第一種,標準體例類:某某古今字。如:"虛墟古今字。"(郭298)第二種,兼注古今字字際關係類,如:"緢罥古今字。一古文,一小篆也。"(罥356)

有時因行文需要,"古今字"術語會變形爲"今古字",共有兩處:"今《左傳》作窮,許所據作竆,今古字也。"(竆284)"衿、領今古字。"(帣358)

3.2.2　以其他術語及無術語注釋

用"古今字"術語注釋過的字別處再現時,段氏常會用"古今字"或其他術語又加以注釋,以方便讀者準確理解。通過對各重現字例的參照係聯,我們歸納出《段注》注釋古今字的其他術語和體例體系。這些總體上又可以分爲有術語標誌和無術語標誌兩大類。段玉裁用"古今字"以外的其他術語及無術語的方式注釋古今字時論斷句式是極其靈活多變的。我們將完全相同及非常相似的表述類型根據術語標誌和意義歸納出七個大類共計84種體例。由於體例種類繁多,每種舉例從略。七個大類分別介紹如下:

(1)含有"古"字類:古衹作某;某古某字;某古作(某);古多以某爲某;古多假/借某爲某;古衹作某,某後出分別之字(附含有"分別"的體例);古字作某,漢時/當時作某等12種。

(2)含有"今"字類:今字作某①;今作某;某,今皆作某;某,今之某;今某從某;今人;今人用某爲某;今人但知用某字;今人通用某字;今人概用某字;今人某字作某;今人假某爲某;某,今字也,共21種。

(3)含有"後"字類:後世;後人;後人以某爲某;後人以某代之;後人多用某;後人分別某爲某。

(4)含有"俗"字類:某俗作某;俗省作某;作某者,俗字也;俗作某;俗變;俗人所改。

(5)術語組合類:①含有"今"和"俗":今俗作某;今俗字某作某。②含有"正"和"俗":以俗改正;正俗字。③含有"今"和"古":某,今字也,古作某;今人用某,古人用某;今人用某,古用某;今人用某,古作某;今人用某,漢人多用某;今多用某,古書多用某,共16種。

(6)以行廢結果注釋:①説明字義的行廢:某行某廢;某之本義廢。此類注釋有時直接注出某義的消亡,有時却不然,需要加以鑒別。②字的行廢:某行而某廢;某某正俗字,某廢;俗皆用某而某廢;今之某,某行某廢;今則專用某而某廢;後人假某爲某,某行而某廢;後人多用某,某行而某廢。

(7)歸納體例②:根據段氏文意推出爲古今字;以説明字的孳乳關係注出古今字;引書證的方式注出古今字;用考正《説文》用字原貌的方式注出古今字;指明後人增補《説文》已有某義之字注出古今字;採納他書古今字例子;許書無某字,某即某字;以指出錯

誤的方式注出古今；皆假借爲某；以某代之。

我們歸納出的各種體例段氏有時祇用一種，有時兼用數種爲同一組古今字進行注釋，如："彔累正俗字。今人概作累而彔廢矣。"（誰93-94）"彔俗作累。"（胤171）"彔者，今之累積字。"（橪249）"彔累正俗字。古書積累字皆作彔。"（昨306）"今字彔作累。又與纍相亂。"（灂542）"其俗體作累，古所不用。"（纍656）"彔者，今之累字。"（厽737）"彔之隸變作累。累行而彔廢。"（彔737）但體例祇是外部的標誌形式，不能作爲判定古今字的絶對標準。對於可疑字例，我們用"語料庫在綫"和"BCC語料庫"檢索證實或證僞。結果表明，以這些體例注釋的古今字絶大多數都能成立。

四　《段注》對古今字的字際關係分析

我們以通讀《段注》全書查檢與電子版《段注》①檢索復核相結合的方法窮盡檢索統計發現，《段注》中不計重複共確定古今字1131組。對於一組確定的古今字，可以從很多角度去分析其字際關係。《段注》以"古今字"術語確定的159組中字際關係爲異體字的59組，占37.11％。其他體例注釋的972組中字際關係爲異體字的387組，占39.86％。全部異體關係總占比爲39.47％。字際關係爲假借的總占比爲37.35％。假借和異體合計總占比爲76.82％。而初文與分化字類型的古今字總占比爲11.86％。可見，古今字的主要字際關係爲異體和假借。

4.1　異體

李運富提出不同的字祇要屬於同一個詞的音義系統，也就是讀音相同或相近，記録的詞項有相同的，就是異體字，核心是同功能、異形②。異體字衆多是漢字發展歷史上的基本事實。段氏明確指出異體關係是古今字形成的原因之一："《周禮注》所謂古字多或也。"（阱216）"蓋以或字改古字。"（参424）由於數量龐大，我們對446組異體關係的古今字選取了連續的兩部分共計269組進行分析，占全部異體關係類型的60.31％。我們很難將異體關係的古今字劃分到没有多重分析因素的至簡類型，也就是大部分類型都屬於幾個因素的同時體現，比如繁簡情況不同與字的結構類型不同并存等等。因此，我們祇重在從不同維度進行分析。

異體關係的大部分古字與今字在筆劃的繁簡上有着明顯的不同，其中今字簡化的傾向占優勢，符合漢字發展總體趨簡規律。具體表現爲：（1）同爲形聲字，今字用形旁和聲旁都簡單的代替了繁複的，如：瞗唤③（矖86）；（2）今字使用簡化的聲旁：如釋唭（釋200）、躧屣（夊232）、窻恪（窻505-506）等；（3）今字使用簡化的形旁：如餺裸（餺223）、寮寮（寮344）等；（4）

---

①　我們使用的是Word版《段注》，先對照紙質版核校文字，再根據紙質版標上相應頁碼，然後檢索使用。

②　参看李運富（2006）。

③　本文古字的第一種呈現形式爲：沿用段氏方法，若古字與今字均爲單個的字，二者直接按順序并列。

今字因訛變簡化:如𫝆執(執 496)、刟:刮（刮 181)等;(5)今字使用了截取簡化法,即相對於古字來説,今字直接截取了古字的部分部件①:如憛惰(憛 509-510)、瀘法(瀘 470)等。截取簡化的結果之一是漢字的構字理據性降低,記號性增强。

今字繁化的類型有:(1)使用繁複的聲旁:如㮇櫷(㮇 196)、妻爐(妻 484)、麀麤(麀 470)等;(2)爲突出表意今字重複增加形旁:如寧貯(貯 281)、匊掬(匊 433)、囷淈(囷 278)等;(3)爲了突出表意今字使用繁複的形旁:如暮謨(謨 91)、旳的(皐 264)、價覶(賈 282-283)等;(4)爲突出表音的明顯準確今字因聲旁未簡省而繁複:如窀電(窀 343-344)、槳獎(槳 474)等。

古字與今字的構字類型也呈現出多樣性:(1)古字爲會意字今字形聲字:如猒厭(猒 202)、次涎(次 414)、枻檝(枻 336)等。(2)古字爲形聲字今字會意字:如視示(視 407)、棱楞(棱 268)等。(3)古字爲形聲字今字亦聲字:如愒憩(愒 507)、僊仙(僊 383)等。(4)古字爲象形字今字形聲字:如旡簪(旡 405-406)、冃帽(冃 353-354)、朮荗(朮 336)等。(5)古字形聲字今字半記號字:積穦(積 407)。我們發現,異體關係的古今字今字没有象形字,符合造字法在小篆以後的今文字階段象形造字幾乎被完全拋棄的漢字發展歷史。

因事製字是漢字數量增長的重要途徑。由於造字理據不同,會產生大量的異體字。古今字的出現,體現的是人們經常會選用一些更爲合理科學的異體字作爲今字,淘汰表意模糊、理據性弱的古字。如表示蝦義的鰕蝦(䮝 461),今字從"虫"旁體現了對蝦的認識更爲深入和準確;儋擔(儋 371)今字從"手"旁更能體現詞的動作意味,且符合諸多從"手"旁之字的表意理據,便於類推;表祭祀之米的意思,粢粢(齋 322)今字從"米"旁更爲直接清晰;作爲一種農具,櫡鐯(櫡 259)今字從"金",顯然更符合後來鐵器廣泛使用的科技進步歷史。

其他還有由於今字是對假借字進行改造而成爲異體字、僅因聲旁或形旁不同而爲異體字、詞義引申而成爲異體字、構字部件位置關係不同而成爲異體字等種種類型。

我們發現,《山部》作爲山名的字幾乎没有古今字,因爲古今山名用字極少有變化;而《邑部》作爲地名的字,由於使用頻率高,加之歷史上國家的存亡、改名、行政區劃的變動和行政機構的設廢等都使地名變化劇烈,地名用字出現大量異體關係的古今字。

綜合來看,古今字在一定程度上具有因社會用字選擇風尚而致的異體字規範效用。

4.2 假借

假借是古籍中普遍的用字現象,是文字學和訓詁學的共同關注點。戴震説:"六經字多假借。"②段氏對假借極爲重視,他將假借分爲四類:(1)無本字假借;(2)有本字假借;(3)字形訛誤假借。即因字形接近而誤用。段氏認爲此類祇能造成用字混亂,不應該被效仿。(4)構字假借。這種觀點段氏繼承自許慎。第 3 類是段氏的發現。段氏總結了假借的原因:"皆因古時字少,依聲託事。"(中 21)段玉裁歸納出假借的條件和很多規律性認識。如:"於六書爲假借,凡假借必同部同音。"(丕 1)最初段氏對同音標準限定在同音部,隨着認識的深入,放寬到音近:音部相近或雙聲疊韻也可。《段注》中字際關係爲假借的古今字可分類如下:

---

① 　林澐認爲截除性簡化引起古文字的突變。其實今文字階段同樣也沿襲了這種簡化方式。參看林澐(2012:171)。

② 　戴震(1988:801)。

4.2.1 古字假借字，今字本字或後出本字

此類可以分爲兩大類：(1)古字爲假借字，今字爲後出本字，共 63 組。又可細分爲三個小類：①今字添加偏旁，如：贊瓚(瓚 11)、臧藏(藏 69)、舍捨(縱 646)等。在連綿詞中，如果古字都是假借字，今字則被同時添加或改換形旁而類化成後出本字：旁皇：傍偟、彷徨(綮 4)①、夫容：芙蓉(蘭 34)、旁光：膀胱(胅 168)等；在連綿詞中，古字中如果既有假借字又有本字，那麼假借字會被添加這個本字的形旁而類化成爲同形旁的後出本字。如：璠與：璠璵(璠 10)、邯單：邯鄲(鄲 290)、悉蟀：蟋蟀(蟋 666)等。②改換偏旁：此類將原本的假借字改換偏旁而成爲後出本字，共 3 組：故詁(詁 92)、謝榭(謝 95)、豫預(豫 460)。③添加和改換偏旁兼用：令適：瓴甋(甃 687)，僅此一例。

(2)古字爲假借字，今字爲本字，共 36 組。字際關係爲本有其字的假借。這類古今字注釋方式、依據等類型複雜，可以分爲以下 5 類：①典型和常見的假借，即古字和今字音同而古字用假借字。段氏常用“古多叚某爲某”的體例注出：如苟包(苟 31)、攜懬(懬 510)、鈞均(鈞 708)等。②古文假借。爲發古文經用字假借之旨而注出古今字，這類都是對早期訓詁學家觀點的繼承。如：遹述(述 70-71)、衡橫(橫 268)、橫桄(桄 268)等。③引他人之說并且贊同的。即段氏認可前代訓詁學家對古今字的判斷。如：晉灼：迣迾(迾 74)；姚察：直值(值 382)；張揖：魄魖(魄 664)。④今字爲本字或今字爲後出本字兩可的。如督裻(裻 393-394)、耆嗜(耆 398)、邑唈(宂 414)，不易確定爲今字爲本字抑或今字爲後出本字，我們付諸闕如。⑤兩個注釋略有出入或自相矛盾。兩處注釋略有不同的，如：嗛歉(歉 413)：“古多假嗛爲歉”(歉 413)，“假借爲歉字”(嗛 55)。自相矛盾：一處注爲引申，一處引申假借兼用②，如茂懋(懋 507)。

4.2.2 古字爲本字今字假借字

此類段氏用“古今字”注釋的有 44 組，其他體例 241 組。據《説文》記載：秦始皇因爲“辠”字很像“皇”字而改用“罪”代替，後世沿用成爲古今字。假借有時因人爲別形而致，但段氏不認爲是古今字(辠 741)，是爲段氏之誤。

有時由於一個字的假借導致其他字原初表意職能的互換。比如：疛前和前翦(疛 68)。“前面”的意思本字爲“疛”，假借本義爲“剪刀”的“前”來表達，於是借用“羽生”義的“翦”來表示“剪除”。僮童(童 102)和醋酢(醋 749)、酢醋(醋 749)也是如此。

今字爲假借字在常用字領域中大量存在，由於長期假借，積習成爲定例，普通人已經不知道這些字是假借字。

气氣(裖 8)、启啟(啟 58)、散微(微 76)、叚假(116)這樣的古今字有些今字與古字字形儘管有聯繫，但今字依然是假借字而不是後出分化字，需要鑒別，不能簡單機械地借助字形關係推論和定性。

4.2.3 古字今字都爲假借字

共 14 組。可分爲三類：

---

① 本文古今字的第二種呈現形式爲：A：B，C 表示 A 與 B 和 C 是古今字，“：”前爲古字，後爲今字，即 A 有 B，C 兩組今字。餘皆準此。

② 韓琳認爲：《段注》“引伸假借”共 43 例，揭示了“無字者皆得有所寄而有字”的“異義同字”現象，有其適用性。我們認爲，此類可以是引申現象，或爲假借現象，不能引申、假借兼具。段玉裁的“引伸假借”完全繼承了許慎的解説，因尊許使然，解説多係牽強或假設，不具學理意義。參看韓琳(2016)。

(1)因詞義抽象無法造出本字,祗能依靠假借手段。這類詞主要爲虛詞。如:亡無(岐 125)中"亡"本義爲逃跑,"無"實爲"舞"的初文①,假借來表示"没有"。于於(烏 157),作爲虛詞,今字借用了"烏"字不常用的古文"於",具有意義分化的作用。倉卒:蒼猝(踤 82-83),作爲連綿詞,祗能假借。

(2)没有爲詞義造字而用假借字。這類詞理論上是可以造出本字的,但始終借字表意。如,作爲貨幣,本來有形可象而可造出字,但古人一直先後借用已有的字,如:泉錢(貝 274)。"泉"爲源泉的意思,雖然段玉裁認爲用"泉"表達錢幣義取流布周遍的意思,即用他"引伸假借"的理論爲釋,但依然屬於假借用法。"錢"的本義爲一種農具。同理有:闉闍(閨 129)、熒陽:滎陽(熒 490)、人仁(米 330)等。

(3)有本字而不用。表率領義的衛帥(衛 78),本字是"達";專一義的摶專(嫥 620)本字爲"嫥";關聯義的轂繫(係 381)本字爲"係"。由此,從字理上來說,表示關聯意的字應該是"系",但實際上用的是"系"的分化字"係"。

古今字裏的假借與一般的假借不同之處在於這樣的假借是穩固對應的,理解時語境依賴性弱化。

4.3 分化

古人早已注意到漢字的表意功能分化問題。目前已知最早論及字形分化的人是南宋人毛晃:"毛晃曰:古惟申字,後加立人以別之。"(伸 377)分化從根本上來說是語言和文字的使用者在交際過程中爲了使交際更加準確地進行所作的能動的文字創造。分化的途徑包括造分化字來實現分化和造異體字各自承擔不同的意義甚至假借義,即原本某個異體字被假借表示別的詞②。這實際上想揭示三種表意分化途徑:造分化字、異體字職能分工和假借分化。

對於漢字表意功能的分化問題段氏從音形義古今變化的角度都有分析。段氏"古字少而義晐,今字多而義別"是在前人發現的基礎上所形成的理論總結(監 388)。分化體現的是漢字表達詞義的專門化和精確性,能夠有效消除歧義現象以及表意的模糊不清,典型的如"受"與"授"、"説"和"悦"等意義或字形原本有關的字的分化。表意功能的分化同時讓漢字表詞義的語境依賴性降低,可被理解的獨立性增強,是語言文字經濟原則的體現。

古字爲初文今字爲分化字這樣以字形分化形式出現的古今字是分化類型的主體,《段注》共有 133 組。《段注》中這類分化都可以用造字說理論解釋今字產生的原因,而且字的產生與使用一致,故略去不談。我們祗分析討論造字說無法解釋的各種類型。

4.3.1 使用假借字進行分化

共 6 組。即用來分化的字中有假借字,與其他字一起來分擔古字的某個義項。"衺"爲品行不端義的本字,也表示歪斜,後來假借表地名的"邪"表示本義,"斜"字表示歪斜(斜 718)。"斜"與"衺"爲異體關係。其他如:敂:扣、叩(敂 125),"扣"爲假借字,"叩"與"敂"爲異體字。

---

① 參看黃德寬(2015:99)。
② 宋開玉(1996)。

4.3.2　原本爲兩個異體字，後來職能分化

有些異體字原本意義相同，後來在使用的過程中讓異體字各自承擔不同的意義，這樣提高了漢字表達詞義的明晰性。如"猶""猷"原本異體，後來分化爲兩字各表其義："猷"表猷謀義，"猶"假借作虛詞（猶 477）。同理有吕膂（吕 343）、穅康（穅 324-325）、諭喻（諭 91）、巨矩（巨 201）等。西棲（西 585）與其餘各組不同的是：象形字"西"被假借去表示西方的意義，"棲"表示棲息。

4.3.3　字音的分化

一些字的分化是以分平去聲的方式標誌詞在詞性、意義上的不同。其由來已久，《説文》在注音中有意識地闡明了文字的分化①。用聲調分化，由來已久，《廣韻》裏一些字因聲調不同，意義各異，如上、下、遠、近等字②。其主要作用是標誌詞性的不同。讀音分化的優點是不增加新字，詞義之間有密切的引申關係，便於聯想分析。由於區别的形式過於抽象，不具有可視性，無論是口頭還是書面上都容易造成歧義和混亂，因此衹能處於從屬地位，爲數極少。段氏明確指出用聲調分别没有什麽必要："古長久字衹作長。淺人稍稍分别，乃或借下裙之常爲之。"（恒 681）同類還有中（中 20）、更（更 124）等。

4.4　**合并**

歷史上造專字的行爲儘管有補充漢字不敷使用的積極作用，但本質上也屬於借助字形分化表意，結果造成漢字字數的激增。爲了遏制漢字數量無限增長的趨勢，在常用字範圍内，人們有意無意地合并一些字承擔的表意功能，從而減輕學、記、用的負擔。段氏也觀察到此類現象："并古今字爲一字。"（邠 285）其種類具有多樣性。

4.4.1　異體字合并入一字

共 15 組。其中包括：兩異體字合并爲一字。如，古今字朢望原本異體，古字并入今字。甲骨文"望"字爲人站在土丘上舉目遠望之形。《説文》古文"朢"與此相合但"目"已經訛變爲"臣"，原爲會意字。金文有從"亡"從"月"者，成爲形聲字。商承祚説："象人登高舉目遠矚……從月，月遠望而可見意也。"③段氏誤以爲二字原本不同（望 634）。頃傾（傾 373）、氚敝（氚 364）、屰逆（語 746）等同理。兩個異體字并入作爲今字的異體字，如：攔、揟：扰（幨 361）；蟲、趚：赴（蟲 472-473）；輆、蹴：蹴（輆 728）等。三個異體字并入今字：尌、尌、豎：樹（尌 373），俾、埤、觶：裨（俾 376）等。

4.4.2　因假借合并

今字因合并承擔假借義，共 27 組。如：嘑、評：呼（呼 56）：三字原本各有所專："嘑"爲大聲呼喊，"評"爲召唤，"呼"爲呼出氣息。後來三字的功能爲"呼"字一身所兼，"呼"因假借同時承擔了前兩個字義。同理有：蒱備（蒱 128）、瞿罩（瞿 144）、再俑：稱（再 158）、巤幾（巤 207）、盉、穌：和（盉 212）等。假借字并入假借字的，1 組：財、材、才：才（財 279）。

4.4.3　分化字并入初文

①　陸宗達（2015：6）。
②　王迅川（1983）。
③　李圃（2004：527）。

　　共 6 組。彣彰：文章(彰 424)："彣""彰"表示"文"、"章"的引申義,起初字形分化,但是後來又并入了初文"文"和"章"。正如"穢"産生以後又并入了"荒"一樣。他例有"或"變爲"彧","章"變爲"彰",可知"彣"是"彰"字在類化作用之下産生的。像象(像 375)：表相似之義的"像"分化出來以後并没有固定地承擔這個作用,驗之於"語料庫在綫"：用"象"的有 12620 條,"像"2885 條。可見,人們還是習慣於用"象"表達"相似","像"字的出現,是不成功的分化。同理還有犓芻(犓 52)、曹册(曹 202)、椄接(椄 264)等。

4.5　字體關係

　　字體是文字形體結構的整體性、系統性的歷史演變,字體的演變不是同步完成的,速度有快有慢,變異有大有小。一些古今字正是由於人們對不同字體的選擇而使然。《段注》中與字體關係有關的古今字有 20 組,總占比 2.05%。從統計結果來看,由於選用的字體不同形成的古今字類型有：

　　古字爲古文,今字小篆,共 4 組。漢代壁中古文經以及其他古文經的發現,使學者明白其中字體與當時通行的小篆和隸書不同[1]。如："鳥"爲古字,來自古文經,與其意義相同的"雛"爲小篆字體,又隸變爲"雖"(鳥 157)。同理有勖勳(鳥 157)等。古字籀文今字小篆,1 組：劉劉(劉 178)。古字小篆今字隸書,1 組：昔臘(昔 307)。古字籀文今字隸書,1 組：斯折(斯 44)。古字小篆今字籀文,4 組：如遲遲(遲 72)、臚膚(臚 167)、皃貌(皃 406)等。古字小篆今字古文,7 組：如復退(復 77)、盟盟(盟 314-315)、朙明(朙 314)等。多樣字體關係,2 組：鑒、槃：盤(槃 260)"鑒"爲古文,"槃"爲小篆,"盤"爲籀文。頮、沬：靧(沬 563-564)：依次爲古文、篆文、隸書。

4.6　其他類型的字際關係

　　古今字最普遍的類型爲一個古字與一個今字相對應。但也存在更爲複雜的對應關係,比如表示雙音節複合詞的古今字、包括但不限於兩個古字對應一個今字及一個古字對應兩個今字的古今字等等。一組古今字的字數增多字際關係也往往隨之變得複雜。除了古字與今字一一對應的常見類型之外,古字與今字數量上存在複雜對應的古今字可以分爲迭代古今字和非迭代古今字,一詞不同時期遞相選用的字不同我們稱爲迭代古今字。迭代古今字共 11 組；非迭代古今字有 16 組。段氏注："線,古文綫……晋灼曰：'綫今線縷字。'蓋晋時通行線字……許時古綫今綫,晋時則爲古綫今線。"(綫 656)線、綫、線交替成爲古今字,是由於許慎、晋灼時代先後不同時期對同一個詞的用字風尚決定的,字際關係都爲異體。同樣的例子還有：敶、敕：陳(敶 124),"敶""敕"之間爲異體,"陳"爲假借字。還有兄：況：况(况 547)、萌：氓：甿(民 627)等。

　　非迭代古今字即古字和今字在使用時間上没有迭代關係,但是對應數量上可以均衡或不均衡對應,而且字際關係也複雜多樣。前一類如旖旎：飄摇(旖 311),是旌旗飄摇的樣子。

---

　　①　"仿佛古文之體少整齊之也。"(民 627)。段玉裁是説古文是没有經過整理規範的字體,發人之所未發。

與絕大多數古今字不同，這是一個雙音節複合詞，各語素有其獨立的意義，飈、飆爲假借字，臚、搖爲本字。裹夾：懷挾（裹392）中挾、夾異體字，裹本字，懷假借字。裴回：俳佪、徘徊（裴394）中裴回爲本字；俳爲假借字，"佪"字由於"俳"類化而產生。而"徘徊"爲後出的異體字。後一類如匊、周、週（匊433），匊本字，周爲假借字，匊週異體。鰆：鯖、鰤（鰆577）：鰆、鯖爲異體，鰤爲訛字。段氏認爲"鰤"爲訛字的依據是根據《說文》，"鰤"爲"鯛"的或體（鯛579-580）。後一類字際關係呈現出各種各樣複雜的類型。

古字正字今字訛字，共7組。此類僅限一個古字對應一個今字的類型。求真求原是段氏注《說文》和研究語言文字演變的使命，他總是致力於指誤正訛，因此發現錯訛也是古今字產生的原因之一。如：古字"庀"原本是一個從從"广""耗"聲的形聲字，訛變爲今字"秕"以後，改變了文字原有的理據，無法進行字理分析（庀444-445）。同樣的例子有刮刮（刮181）、坻坻（坻687）、懁懦（懁508）等。

兩可關係，共3組。也就是古今字的成因可以有兩種解釋。文字發展演變不會始終是有跡可循的，尤其是音形義都有關聯的類型。段玉裁也發現有多種解釋可能的現象："此等非柀之字誤，即柀之假借。"（柀242）如北背（北386）：許慎將"北"釋爲"相反"。這個意義又與"背"字的意思密切相關，很難確定"背"字的造義爲"背部"還是"背反"。因此，今字爲分化字或假借字都是都是合理的。同理，韋違（非583）：二者異體或古字爲本字今字假借字皆可。竆齊（竆317）：古字爲本字今字爲假借字或古字爲分化字今字爲初文。

五 《段注》中古今字存在的問題

上文已順帶提及段氏在分析判定古今字時的一些錯誤。我們再集中討論其另外一些不足之處。

由於崇古思想和標準僵化導致的古今字判斷錯誤。段氏將"炮"和"炰"分別爲二字："炮"是帶毛燒烤，鄭玄解之爲裹燒，没有言及是否帶毛，段以爲裹燒必帶毛，不惜曲解鄭玄之意。因此段氏認爲《詩經·魯頌·閟宮》"毛炰胾羹"作"炰"爲"炮"之誤。段氏比較"炮""炰""炙"的結論是：（1）三字異體；（2）"炮"爲帶毛燒烤，"炰"爲蒸煮之法，嚴二者之辨；（3）《說文》："裒，炮炙也，以微火溫肉。"認爲這裏"炮"爲"炰"之誤字（裒482），改字爲訓。實際上"炮"引申爲炙烤、燒熟當然是合理的，不必死守"帶毛"的標準而輾轉曲解以至於改字爲訓。所以段氏炰炙古今字的結論無法成立。"敺"是"驅"的古文。"《孟子》：'爲淵敺魚，爲叢敺爵，爲湯武敺民。'皆用古文，其實皆可作驅，與《攴部》毆之義别。"（驅466-467）"試思爲淵敺魚，爲叢敺爵之類，可改爲驅魚、驅爵乎？"（毆119）同一個現象，段氏給出了前後相反的結論。原因是："按此字（引者按：即'毆'）即今經典之毆字。《廣韻》曰：'俗作敺。'是也。"（毆119）由於"毆"和"敺"一個從"攴"，一個從"攴"，造義相同，實際上後來人們用"敺"爲"毆"，不去深究"驅"與"敺"的實際關係，造成了"驅"和其古文"敺"的職能分工。而段氏強今以從古，不接受分化的事實。同時導致新的問題：與他俗字可用的開明觀點相矛盾。段氏可以"引伸假借"一語來解釋同一種文字現象，但不能接受"炮"的引申義，因標準僵化使然。很多實例表明，段氏追求語言文字本原、源頭的思想和他以古爲正、以古爲是的崇古思想是交織融合的："後人分別之，製慾字，殊乖古義。"（欲411）"後人省山作魏，分别其義與音，不古之甚。"（魏437）

對此需要剝離和篩選。

閱讀視野限制導致的古今字歸屬錯誤。段氏認爲:"此字(引者按:即"滋")從水兹,爲水益也。凡經傳增益之義多用此字,亦有用兹者。"(滋 552)驗之於"語料庫在綫",表示增益的意思,用"滋"的例子遠遠多於用"兹"的。"戴先生《毛鄭詩考正》曰:'兹今通用滋。'"(兹 39)受視野所限,段氏僅就經傳用字而言,并不認爲二字爲古今字。戴震則超越了經傳範圍并且判斷真確。"漢人自用筊字,後人以橜代筊。"(橜 267)以"BCC 語料庫""語料庫在綫"驗證,事實與段氏的結論正好相反,應當爲橜筊古今字。段氏没有足够的事實依據而本末倒置。

漏注古今字,12 組。段氏對一些本爲古今字的字不予注出,原因也很複雜:(1)今字字理改變或喪失。比如:段氏認爲"然"加"火"旁爲"燃"屬於不必要的重複加旁,不合字理而不注爲古今字。另外還有竟境(竟 102)、餈飺(餈 220)等。(2)體例原因。盦膿(盦 214),許慎已經説明"膿"爲俗字,故段氏不再重複注釋。同理有:采穗(采 324)、贏裸(贏 396)、亢頏(亢 497)。(3)忽視。段氏僅注"牟"爲古文假借。由於段氏聚焦於"來"字的字形説解,且受許慎解釋的影響,段氏因此認爲用"來"表示回來的意思爲詞義引申而非假借,没有指認來麥(來 231)、牟麰(來 231)爲古今字。同理有棥樊(棥 128)。(4)其他類型:肍臆(肍 169)不注古今,暗含"肍"正字"臆"俗字的看法。尉慰(尉 483),引用顏師古的説法:後加"心"作"慰"。但段氏不置可否,做了模糊處理。

對古今字理論的游離不定前後不一也很明顯:"蓋硻本古文磬字,後以爲堅确之意,是所謂古今字。"(磬 451-452)這就是對自己古今字理論的顛覆,是段氏對古今字認識不够堅定深入所致:視同字異詞爲古今字,將會徹底改變古今字的性質。古今字理論游離不定也體現在古今字和古今語糾纏不清:段氏堅定地認爲"未""荳"既是古今字又是古今語(未 336)。認作古今語可以成立,古今字則違背同音原則。

段氏錯誤的根源是古代的漢字理論建立在傳統經驗哲學之上,以倉頡造字爲文字源起[1],以六書理論爲理論經緯,其局限性又十分突出:不能用它來解説全部文字自古至今演化的跡象[2]。這現在已爲共識。許慎、段玉裁儘管以博引通人的方式務求真相突破局限,受思想、材料、方法所限一些根本性問題始終無法突破。

段氏的古今字研究儘管存在一些錯誤,但正如裘錫圭先生所論,段玉裁對古今字的判斷大部分是正確的[3]。我們的統計與分析結果與此相符。段玉裁是一個博學、客觀、自信和敢於試錯的學者[4],正因爲他總是融會貫通、係聯比較,給出自己的解釋分析,試錯行爲多,所以成爲用字説理論的集大成者。

六 餘論

綜合分析段氏古今字理論與字例我們發現,與用字説有關的根本問題有:第一,用字説

---

① 段玉裁比一般倉頡造字説者走得更遠:"此可證慮義先倉頡製字矣。"(祝 6)
② 參看陳夢家(2011:69)。
③ 裘錫圭(1988:273)。
④ "段玉裁的《説文解字注》成就巨大,而錯誤也多多。人們不會因爲書中錯誤而影響對他的評價。"參見蔣冀騁(2009)。

按照用字習慣判定古今字,大多數人使用某字成爲主流事實的標準是很難量化的。在古代,像段玉裁這樣的音韻訓詁大家,也取決於他們的閱讀經驗感知,這給古今字的事實判定蒙上了一層主觀的色彩。第二,字的産生時間和使用時間也會有不一致,而這些時間都衹是大致的,給古今字出現時間的確定帶來了困難,因此時間上具有模糊性①。第三,古代典籍在傳世過程中總有改字情況,如同考古學上埋藏地層的人工擾動,這會導致一些今字在典籍中出現的時間甚至早於字本身産生時間的錯覺,使古今字的具體成立時間更加難以確定。這些問題是漢字使用中的複雜歷史事實所致,并非用字説理論本身的缺陷。

造字説的出現,是爲解決毋寧説直接避開各種干擾的一種權宜之計:通常,字的孳乳在字形上是可視的、順序上是前後相承的,避開了各種干擾因素,將古今字問題假設爲一個高度簡化的理想模型,使實際數量大爲減少。這決定了其學術理論與文字事實方枘圓鑿,自身理論缺陷和實踐上的自相矛盾無法避免②。

事實證明,造字説和用字説是兩種性質各異的理論,無法簡單調和。因此,古今字研究需要回歸傳統和歷史,沿着歷代訓詁學家的用字説共識去深入拓展:研究方法上應該以數量統計爲基礎,突破傳統經驗式判斷的短板;研究材料範圍從傳世文獻擴及出土文獻③。對於造字説的合理部分,也要改造汲取,不能一拒了之。衹有學界對古今字的共識越來越廣泛,纔能更好提升各級各類教材、辭書④中古今字理論和字例研究成果呈現的科學性以及在應用領域諸如古籍版本⑤、校勘⑥,甚至哲學觀點闡釋⑦等問題的解決,彰顯其實用價值。

參考文獻

[1]班吉慶. 段注古今字理論的歷史貢獻[J]. 揚州大學學報(人文社會科學版),2007(2):81-85+91.

[2]陳夢家. 中國文字學(修訂本)[M]. 北京:中華書局,2011.

[3]戴震. 戴序[M]//段玉裁. 説文解字注. 上海:世紀出版集團、上海古籍出版社,1988.

[4]段玉裁. 説文解字注[M]. 上海:世紀出版集團、上海古籍出版社,1988.

[5]房德鄰. 先秦不可能産生雙音詞"瘅脹"——"清華簡"質疑[N]. 中國文化報,2015-07-14(3).

[6]馮其庸,鄧安生. 通假字彙釋[M]. 北京:北京大學出版社,2006.

[7]郭在貽. 訓詁叢稿[M]. 上海:上海古籍出版社,1985.

[8]韓琳. 段玉裁"引申假借"再探討[M]//勵耘語言學刊(第23輯). 北京:中華書局,2016:237-247.

[9]洪成玉. 古今字概述[J]. 北京師範學院學報(社會科學版),1992(3):60-66.

[10]洪成玉. 古今字辨正[J]. 首都師範大學學報(社會科學版),2009(3):94-100.

[11]胡適. 中國哲學史大綱[M]. 北京:華僑出版社,2014.

---

① "春秋中期出現'祖',但到春秋晚期,'且'仍比'祖'常見。"參見王貴元(2018)。

② 參看徐正考、馬建民(2018)。

③ 參看徐正考、馬建民(2018)。

④ 如:"气,氣的古字。""無,通'舞'。""捨,通'舍'。""舍,通'捨'。"其實同爲古今字,解説卻大爲不同,字際關係及層次都未予釐清。參看馮其庸、鄧安生(2006:533、579、510、730)。

⑤ 參看房德鄰(2015)。

⑥ 參看趙曉慶(2019)。

⑦ "《繫辭傳》説:'象也者象也。'這五個字是一部《易》的關鍵。……要知此話怎講,須先問這象字作何解。"實際是説"象"理解爲"相"還是後世普遍改換成的"像"亦即相、象、像是否爲古今字成爲理解與立論的關鍵問題。參看胡適(2014:57)。

[12]黄德寬. 古文字學[M]. 上海：上海古籍出版社，2015.

[13]黄圓. 段玉裁《説文解字注》中有關古今字論述的考察[J]. 安順師範高等專科學校學報，2005(2)：12-16.

[14]蔣冀騁. 三十年來漢語言文字學研究的回顧與反思[J]. 湖南師範大學社會科學學報，2009(4)：119-124.

[15]李建國. 辭書編纂中"同""通"體例之我見——兼論古文注釋中古今字、通假字的處理[J]. 課程·教材·教法，1986(8)：53-56＋61.

[16]李圃. 古文字詁林(第 7 册)[M]. 上海：上海世紀出版集團，2002.

[17]李守奎. 面向全球的漢字學——關於漢字研究融入國際學術體系的思考[J]. 吉林大學社會科學學報，2012(2)：109-116.

[18]李運富. "古今字"研究需釐清概念[N]. 中國社會科學報，2017-09-05(3).

[19]李運富. 關於"異體字"的幾個問題[J]. 語言文字應用，2006(1)：71-78.

[20]李運富，蔣志遠. 從"分别文""累增字"與"古今字"的關係看後人對這些術語的誤解[J]. 蘇州大學學報，2013(3)：133-138.

[21]林澐. 古文字學簡論[M]. 北京：中華書局，2012.

[22]劉志剛.《説文》段注古今字考[J]. 江西社會科學，2008(5)：225-228.

[23]陸錫興. 談古今字[J]. 中國語文，1980(5)：392-396.

[24]陸宗達. 説文解字通論[M]. 北京：中華書局，2015.

[25]馬建民.《説文解字注》古今字研究[D]. 銀川：寧夏大學，2008.

[26]馬立春. 段玉裁《説文解字注》古今字類析[J]. 貴州教育學院學報(社會科學版)，2008(8)：74-77.

[27]錢大昕. 原序[A]//段玉裁. 説文解字注，上海：世紀出版集團、上海古籍出版社，1988.

[28]裘錫圭. 文字學概要[M]. 北京：商務印書館，1988.

[29]宋開玉. 漢字的分化與合并[J]. 山東師大學報(社會科學版)，1996(1)：78-82.

[30]王貴元. 漢字部首的形成過程與機制[J]. 中國語文，2018(4)：460-469.

[31]王力. 古代漢語[M]. 北京：中華書局，1962.

[32]王迅川.《廣韻》的性質及其現實意義[J]. 杭州師院學報，1983(1)：85-94.

[33]徐灝. 説文解字注箋[M]//《字典彙編》委員会. 字典彙編(第 3 册). 北京：國際文化出版公司，1993.

[34]徐正考，馬建民. 古今字研究的困境與出路——基於改革開放 40 年來的古今字研究[J]. 山東社會科學，2018(8)：171-180.

[35]葉斌. 論王筠《説文釋例》對文字學的貢獻[J]. 杭州師範學院學報，1992(1)：30-36.

[36]張勁秋. 古今字四題[J]. 安徽教育學院學報，1993(2)：25-29.

[37]張銘. 段注古今字研究[D]. 烏魯木齊：新疆師範大學，2006.

[38]章也. 古今字淺談[J]. 語文學刊，1985(6)：13-16＋31.

[39]趙海燕. 段玉裁對古今字的開創性研究[J]. 廣西社會科學，2005(9)：160-162.

[40]趙曉慶. 王念孫《合韻譜》《古韻譜》比較研究[M]//漢語史學報(第二十一輯). 上海：上海教育出版社，2019：29-54.

[41]鍾韻.《段注》"古今字"的字用學思想淺析[M]//勵耘語言學刊(第二十二輯). 北京：中華書局，2015：49-56.

附錄:《段注》古今字分類統計

注釋類別	古今字字際關係			單位:組	小計	占比	備注	
以古今字術語注出的古今字	異體			59	159	37%	以古今字術語注釋重現	以非古今字術語注釋重現
	假借字與本字	古字假借字	今字爲後出本字	11		6.92%		
			今字爲本字	13		8.18%		
		古字本字今字假借字		44		27.67%		
	古字今字都爲假借字			5		3.14%		
	初文與分化字	古字初文今字分化字		24		15.09%		
		古字分化字今字初文		1		0.63%		
	字體關係	古字籀文今字小篆		1		0.63%		
		古字古文今字小篆		1		0.63%	23	44
非古今字術語注出的古今字	異體			387	972	39.86%	重現情況複雜,從略	
	假借字與本字	古字假借字	今字爲後出本字	63		6.49%		
			今字爲本字	36		3.71%		
		古字本字今字假借字		241		24.82%		
		古字今字都爲假借字		9		0.93%		
	分化	初文與分化字	古字初文今字分化字	109		11.23%		
			古字分化字今字初文	2		0.21%		
		異體字職能分化		10		1.03%		
		假借分化		6		0.62%		
		改變音讀分化		3		0.31%		
	職能合并	異體字職能并入一字		15		1.54%		
		因合并今字同時承擔假借義		27		2.78%		
		分化後又合并		6		0.62%		
		假借字并入假借字		1		0.10%		
	字體關係	古字籀文今字小篆		1		0.10%		
		古字小篆今字隸書		1		0.10%		
		古字籀文今字隸書		1		0.10%		
		古字小篆今字籀文		4		0.41%		
		古字小篆今字古文		7		0.72%		
		古字古文今字小篆		4		0.41%		
		多樣字體關係		2		0.21%		
	多種字際關係	迭代古今字		11		1.13%		
		非迭代古今字		16		1.65%		
	其他	古字正字今字訛字		7		0.72%		
		兩可關係		3		0.31%		

A Multi-dimensional Study of the Ancient and Modern Chinese Characters in *Shuowen Jiezi Zhu* and Other Relevant Issues: Based on Statistics

Ma Jianmin　　Xu Zhengkao

Abstract: The Ancient and Modern Chinese Characters (different characters used in the relative past and present period of time for one word, abbr. AMCC)are the explanatory contents of the exegetists in the past dynasties. The understanding of AMCC had always been the same till Xu Hao in the late Qing Dynasty took different view. Views towards it are more varied ever after. On the basis of inheriting the predecessor, Duan Yucai carried out a large number of annotations of AMCC. For the first time, he clearly summarized all the key points of the concept of AMCC, and believed that its essence is the use of different characters for the same word. Based on a comprehensive statistics of the annotation forms and quantity of AMCC in *Shuowen Jiezi Zhu* it is found that the main reasons for the formation of AMCC are the different selection of variant characters and the fixed borrowing of characters. There are also some secondary reasons such as function differentiation, merger of characters, errors of character, font selection, etc. Although Duan Yucai sometimes inevitably appeared the understanding deviation and the analysis mistake, the theory of AMCC is generally reliable and the judgment on most AMCC is correct. Most researchers today regard AMCC as a phenomenon of breeding of the original character in order to make AMCC operable in teaching, which is contrary to the traditional view and leads to more minor differences. The study of AMCC should respect its history, return to its tradition, apply new research approaches and avoid meaningless differences and confusion.

Key words: *Shuowen Jiezi Zhu*, Ancient and Modern Chinese Characters, Theory of Character Selection, Theory of Character Making, the correlation of the Ancient and Modern Chinese Characters

通信地址:

馬建民,吉林省長春市朝陽區前進大街 2699 號吉林大学文學院;新疆維吾爾自治區烏魯木齊市水磨溝區尚德北路 567 號新疆醫科大學語言文化學院

郵　　編:830000

E-mail : 836266880@qq. com

徐正考,吉林省長春市朝陽區前進大街 2699 號吉林大學文學院

郵　　編:130012

E-mail : xzk595@sina. com

清代晋陝契約文書中"窑"字考[*]

王　躍

内容提要　在清代晋陝契約文書中,"窑"字出現頻率較高,字形多樣。文章通過分類討論"窑"字字形并梳理其歷時演變軌跡,不僅爲字形字庫的建設補充了字形樣本,而且展示了民間契約用字的特點,體現了民間契約文書對漢字發展史的重要價值。

關鍵詞　清代　晋陝契約　窑　俗字

"清代晋陝契約文書"是指清代居於山西和陝西兩省百姓簽訂的書面協議,其主要内容記録了人們在日常生活中發生的物權和債權約定行爲。它是清代當地民間百姓進行土地、房屋、礦産等交易活動的法律憑證。晋陝兩省地處黄土高原的核心地帶,窑洞是當地的傳統民居,加之煤炭資源豐富,采挖煤炭的煤窑亦非常多見。窑洞和煤窑在當地百姓的生活生産中都占有重要地位,經常作爲交易標的物,因而"窑"字頻現於買賣、典當、揭借、分家、合夥經營等文書中,且字形豐富多樣。目前有關"窑"字字形的研究主要集中在古文字階段,并且與"陶""匋"一起分析討論,如葛英會(2000)、黄金貴(2015)等。然而商周時期距清代已經久远,"窑"字在清代晋陝契約文書中又呈現出許多新的字形。鑒於此,本文以《清代山西民間契約文書選編》《晋商史料集成》和個人收藏的清代晋陝契約文書爲研究語料①,整理采集"窑"的俗寫字形,對其進行分類考察,并梳理發展"窑"字字形的演變軌跡,以期爲近代漢字研究提供有益參考。

一　"窑"的形體類型分析

在清代晋陝契約文書中,"窑"的字形豐富多樣。本文以"窑"爲正字,將所采集到"窑"的俗寫字形根據聲符的不同分爲三大類。

(一)聲符爲"䍃"

1. 聲符"䍃",義符"穴"

---

* 本文爲 2019 年國家社科基金重大項目"明代至民國西北地區契約文書整理、語言文字研究及數據庫建設"(19ZDA309)、2017 年國家社科基金項目"宋元以來民間手書文獻俗字典編著與研究"(17BYY019)的階段性成果。本文寫作過程中,得到導師姚美玲教授悉心指導,黑維强教授、高嚴、黄文浩、李想等師友也多有惠示;又承蒙匿名審稿專家提出寶貴修改意見,謹致謝忱! 文中謬誤,概由本人負責。

① 文中所涉契約,其簽約地點均爲清代晋陝兩省。自清至今,晋陝兩省的管轄範圍,雖略有變更,但基本不變。這些契約的簽約時間上起清康熙六十一年(1722),下至清宣統元年(1909)。

　　(1)《清嘉慶十一年(1806)汾陽縣宋張氏立典窯契》:"銀無利息,窰無賃價。"(山西民間 9/116)①

　　(2)《清同治八年(1869)沁縣田半樓立揭銀契》:"倘若付不上者,情願將本院西北邊窰當與會中管業。"

　　(3)《清同治九年(1870)殷步常等三人設立三盛窯合夥約》:"立合夥開做炭窰約人殷步常、殷步泰、陸喜忠,情因我等心投意合,今在苗溝村南七尺地有接到殷步常名下炭山一座,眾夥相商,情願攻(公)②做,設立窯名曰三盛窰一業。"(晋商 1/102)

　　(4)《清光緒二年(1876)愈美公趙等合夥開設公興成煤窯合同執照》:"今因意氣同心,於二年六月廿七日在下柱拔村東山底山尖上開鑿煤窰,議定風正二口,窰名公興成字號,窰股共作爲十俸(份)。"(晋商 1/107)

　　(5)《清光緒十二年(1886)天成窯立擴股文約》:"立合同窰約新舊公議天成窯,行窰出炭,二意相投,在程家莊後溪溝三泉張居宏、范承曾地內有舊俸(份),平窰口二個,井口一眼。"(晋商 1/109)

　　(6)《清光緒二十九年(1903)綏德州侯治安立分單契》:"立分單文約人侯治安,今同家族親友與次子,分到西邊正窰三孔、西邊廈窰二孔。"

該小類的"窰"即本文正字。例(3)中"窰"和例(4)中"窰"在書寫過程中發生連筆現象。即"窰"義符"穴"的最後一筆捺與聲符"䍃"的第一筆橫撇連筆,寫作撇畫。在手書文獻中,這種兩個構件的筆畫共用或連筆的情況比較常見。例如:"蟬"寫作"蟬"(婺源 15/7584),"單"上面的兩個"口"共用一個豎筆;"窗"寫作"窻"(婺源 15/7600),"窗"俗寫作"窓",又該字形上部"穴"的撇和捺連筆寫成橫畫,產生字形"窓"。

　　2. 聲符"䍃",義符換作"宀"

　　(7)《清嘉慶十八年(1813)□③爾安立借銀文約》:"若後如有利銀不到者,有自己東院西廈窰三眼,許銀主作主居住。"(晋商 17/249)

　　(8)《清光緒二十八年(1902)王凈氣立借錢文約》:"言明每月按以一分五厘行息,內當西上窰一間,如有本利不道(到),錢主作業。"(晋商 17/192)

　　3. 聲符"䍃",義符"石"

　　(9)《清道光七年(1827)汾西縣劉志文立賣磚窯厠所契》:"前頭院正面西磚礂二孔,厠坑一個,圈羊棚一堅(間)。"

　　4. 聲符"䍃",義符換作"土"

　　(10)《清雍正三年(1725)聞喜縣楊子洪立賣地契》:"立賣契人楊子洪,因爲錢糧急緊,今將自己瓜皮墻子上坡地二畝……情願賣於楊岑永遠承業。"

　　(11)《清乾隆二十九年(1764)聞喜縣楊悦禮立賣地契》:"立賣契人楊悦禮,因爲不便,今將自己底下塯場地一厘,情願賣於堂伯楊順與王用二人管業。"

　　(12)《清乾隆三十二年(1767)垣曲縣毛三顏立分書》:"又下溝下中地一段,本地柿

①　文中所引用例使用通行繁體字,例中數字使用小寫。引例後( )表示引例出處,如"山西民間 9/116"表示引自《清代山西民間契約文書選編》第 9 冊第 116 頁。引例後未標明出處的表示該契約係導師姚美玲教授、黑維强教授個人收藏。
②　( )前爲契約原稿用字,( )中爲校録時改正字,下同。
③　"□"表示該字無法辨識,下同。

柱(樹)一科(棵),前頭下邊柿柱(樹)一科(棵),慌(荒)坡地一段,䆫院如(無)官。"

(13)《清道光十五年(1835)聞喜縣王輻民立賣地契》:"立賣契人王輻民,因爲度日不過,今將自己南門道下圍□□平地七分六厘、土塸兩空(孔)……今情願賣於王思誠名下永遠爲業。"

(14)《清道光二十一年(1841)垣曲縣毛生廷等立分授書》:"又趙家嶺磛後凹地一分。"

(15)《清咸豐五年(1855)聞喜縣楊姓立分書》:"新院并窰頂地一畝七分五厘八毫五絲,場院地四分并門外廟邊地在内,老院窰頂地,兩家官約存長門。"

5. 聲符"䍃",義符換作"口"

(16)《清雍正三年(1725)絳州文氏立分家文書》:"半道喠口西灘地一段,南北畛,四干(杆)。"

6. 聲符"䍃",義符換作"宀"

(17)《清康熙六十一年(1722)新絳縣孫遭孫英立合同分書》:"西房二間,西南窐一孔。"

(18)《清道光七年(1827)張懷永立典窰契》:"情願出賣與三義合舖(鋪)窐二眼、磨房一間。"(晉商 17/754)

7. 聲符"䍃",義符"穴",增"石"旁

(19)《清光緒三十四年(1908)陝北郝永興立分單》:"同家長人言明,前邊須(斜)磘兩孔,上孔扳在長孫名下,碓磨、出路公行。"

8. 聲符"䍃",義符"穴",增旁"土"

(20)《清乾隆四十四年(1779)榆林縣雷元春立賣地契》:"許家崖塂地二垧半,陽水圍四畦,麻液水道上圍則(子)一小圪台。"

(二)聲符爲"䚺"

9. 聲符"䚺",義符"穴"

(21)《清同治六年(1867)冀城王折王攀桂王金立分撥合同》:"小院正東盡北小石窰一孔、搭厦門并窗子一付(副)。"

(22)《清光緒二十九年(1903)陸張氏同孫陸來生將三盛窰窰股出接與褚興明文約》:"立出接炭窰約人陸張氏同孫陸氏來生,今因不便,將接到苗溝村東陰步常等山内朋做炭窰一座,設立名曰三盛窰一業。"(晉商 1/103)

10. 聲符"䚺",義符換作"土"

(23)《清光緒二十五年(1899)佳縣徐良情立賣地契》:"内有土塂四空(孔)。"

(24)《清光緒二十九年(1903)佳縣徐良有立賣窰契》:"今將自己祖土塂三空(孔)、門窗俱全……情願出兑與徐建生名下永遠居住。"

(三)聲符爲"缶"

11. 聲符"缶",義符"穴"

（25）《清乾隆二十五年（1760）孝義縣陳伯公立賣窰契》："今將自己舍窠一塊，土窰三眼，……情願賣與本户陳伯縣名下永遠作業。"（山西民間 8/692）

（26）《清道光二年（1822）聞喜縣王勉誠立回契》："立回契人王勉誠，今將自己西頭院一方、窰二孔，東至道西至王立興北至劉丕昌南至王文忠，四至分明，出入依舊，情願回與□侄王立興居住。"

（27）《清道光十九年（1839）夏縣王毓秀立賣院基契》："計地三分，内有北房五間，西房三間，東窰一面，門窗俱全，土木相連，明磚暗石，俱在其内。"

（28）《清道光二十八年（1848）汾陽縣王禮端立賣窰契》："今將自己置到原分祖業中上窰一眼，……今情願立契出賣與王元金作業爲主。"（山西民間 9/651）

（29）《清同治三年（1864）運城縣賈奎文等立分家文書》："賈炳文分到老墳地六畝二分作爲三畝，每年仍封六畝二分糧草，又分馬窰地三畝、北上房東頭一間半、小抽楓桌一張、條桌一張、凳子二條。"

（30）《清同治四年（1865）張孝純等三人合開炭窰文約》："立朋合開炭窰約人范昌福、張孝純、魏豪士，引進衆財東執資在魏家溝桃溝北山石磧下田雙喜地内開拆炭窰一座。"（晋商 1/101）

（31）《清光緒年間高平縣郭門畢氏立賣地契》："又有土窑一處，有窰無頂，西至坡下根南至坡下根河心。"

12. 聲符"缶"，義符換作"宀"

（32）《清嘉慶二十五年（1820）夏縣張貴禄張可興張黑狗立賣院基契》："内有南房三間、西房一間、西窨二眼，門窗俱全，土木相連，明磚按（暗）石，盡在賣數。"

（33）《清同治十三年（1874）綏德州郝寧太立分家契》："立寫分單文約人郝寧太，所分到鴻雁里背地一坰，精陽峁背地二坰，叩□塢陽地三坰，瓦窨峁陽地一坰半。"

（34）《清光緒二十三年（1897）陵川原繼順立賣地基契》："立賣永遠死契地文字人原繼順，因無錢使用，今將自己祖業地基在北窨的地基二間……今出賣死與本村原魁貞名下永遠爲死業。"

13. 聲符"缶"，義符"穴"，增旁"石"

（35）《清光緒二十九年（1903）綏德州薛永豐立分單契》："立分單文約人薛永豐，今分到背坬坐西向東，前邊磘二孔、厢房三間。"

14. 聲符"缶"，義符"穴"，增旁"土"

（36）《清乾隆四十四年（1779）陜北康喜賢、康喜宗立斷絶書》："立斷絶文約人康喜賢、康喜宗，因康喜福將自己分到本□田地盡數出賣與雷煌珍永遠爲業，地盡糧徹，并無遺漏。土塘瓜菜地出賣與康喜賢、康喜宗永遠爲業。"

（37）《清道光十五年（1835）高平縣郭門李氏同長子郭成順立賣窰院契》："東至廠边界石西至院中心北至窰長裏（里），上至窰頂下至門窗，六至以裏，土木石相連。"

（38）《清同治十二年（1873）陽城陜秉恭立轉典契》："因爲使用不便，今將自己原典到客塘中地一□□一段，……今出轉典與張益岐名下爲典業。"

以上 14 小類"窰"字字形如下表所示。

表1　"窑"字俗寫字形關係表①

聲符\義符 義符		穴	宀	冖	石	土	口	穴+石	穴+土
聲符	䍃	1	2	6	3	4	5	7	8
	舀	9				10			
	缶	11	12					13	14
結構		上下結構			左右結構				

　　第1小類"窑"爲本文正字。"窑",《説文·穴部》作"窯","从穴羔聲"。到中古時期,《廣韻·宵韻》"窯"音餘昭切,"羔"音古勞切,二者的聲母已然不同,因此在俗寫中聲符"羔"被"䍃"取代。《廣韻·宵韻》"窑"同"窯"。《説文·缶部》:"䍃,瓦器也,从缶肉聲。"其小篆字形爲"䍃",楷作"䍃",第9小類的"窑"字産生。《集韻》收"窯""窑"二字。到明代,"窑"的聲符進一步簡省作"缶",形成第11小類的"窑"字。《正字通·穴部》:"窑,俗窯字。"

　　第2和12小類中"窑"的義符簡省爲"宀"。"宀""穴",二者意義相近,互相換用造成的俗字也非常多,如"牢"俗作"牢"(張涌泉,2010:51)、"窟"俗作"牢"(張涌泉,2015:131)等。第5小類中"窑"的義符替換爲"口",蓋因計量"窑"的量詞多爲"口",即一口窑、兩口窑。第6小類中的"窑"字較爲特殊,不僅義符進一步省作"冖",整個字的結構也發生變化,即聲符"䍃"被割裂,義符"冖"位於"宀"和"缶"之間。

　　第3小類的"窑"字義符替換爲"石",第4和10小類的"窑"字義符替換爲"土"。"窑"字義符替換爲"石"或者"土",正是基於百姓對"窑"的認知發生了變化。窑洞不再是像先民那樣在山體或山崖上挖成洞穴狀,而是可以借助"土"或"石"一類的建築材料進行修建,故而在書寫時將原有的義符"穴"替換爲"石"或者"土"。諸如此類的替換現象,契約文書中還有不少例証。例如,"畔"寫作"坢"、"槽"寫作"磳"等。《清光緒二十九年(1903)佳縣徐良有立賣窑契》:"塄坢(畔)出路、牆院、溷厠、□石、砭塊一并在内。"《清光緒二十九年(1903)佳縣徐良有立賣地契》:"馬棚三間,石磳一頂。"皆其例。第7、8、13、14小類的"窑"字字形是在"窑"的基礎上增加義符"石"或"土"而形成。在書寫"窑"字時增加構件"土"和"石",屬於表義性義符疊加造成繁化的現象。這種現象在俗字的産生中亦較爲常見,就契約文書而言,也并非祇有"窑"一字。如"瓦"寫作"砭",見上例《清光緒二十九年(1903)佳縣徐良有賣立窑契》"瓦"寫作"砭",即是。又如"果"寫作"菓",《清同治元年(1862)馮成高同全黑蛋立典柿果樹契文約》:"立典柿菓樹人馮成高,因爲使用不便,今將自己……柿菓樹一科(棵),今立契典與全黑蛋耕摘。"(晉商17/788)

　　除了"窑"字聲符和義符的變化,其構件"缶"的書寫形式也變化多端。《干禄字書》載"缶"爲"缶"之俗寫。《隸變》卷六中認爲"缶"爲"缶"的俗寫。《龍龕手鏡》中"缶"部寫作"缶","缶缶,二通。缶,正"。從以上諸多"窑"字字形中所析出的構件"缶"的字形,除字書、韻書等資料所載字形之外,還有一些因筆畫減省、增加或者變異形成的俗寫字形,如"缶""缶""缶""缶"等,但它們的使用頻率較低。

　　另,除以上各類"窑"字字形外,有時"窑"還寫作"窑""窑""窑",例如:

（39）《清乾隆三十一年（1766）聞喜縣王廷柱立賣地契》：“場內東邊珧頂平地一□，其地東至至（置）主，西、北俱至賣主，南至王勉義，四至分明，土木相連。”

（40）《清同治八年（1869）興縣裴敦懷立賣地契》：“東至徑中腿爲界裴敦俊爲界，南至夥賀爲界，西至古路爲界，北至古路爲界，四至開明。”（山西民間 10/172）

（41）《清同治九年（1870）綏德州郝大銀立賣窰契》：“立賣窰孔文約人郝大銀，因爲用錢急緊，今將自己應（原）分到坐北相（向）南正院一鏨土窰四孔、碾一合、猪槽一丁（頂）、狗槽一丁（頂）、馬棚一間、羊圈一間、大門一坐、猪圈後圈二分，四至分明，各衣（依）舊界，土木水石相連，情願出賣於郝有名下永遠爲業。”

“珧”爲“瑤”俗寫字形，《説文》作“瑤”，“玉之美者，從玉䍃聲”。“瑤”見《廣韻》《集韻》“瑤”下所收字頭。《廣韻·宵韻》：“瑤，美玉。”《集韻·宵韻》：“瑤，《説文》：‘玉之美者’。”“徭”“傜”即“徭”，“徭”，《玉篇·彳部》：“傜，余招切，傜役也。”可見，“珧”“徭”“傜”與“窰”當屬同音借用，而非“窰”的俗寫字形。

二　“窰”字字形演變軌跡

“窰”，《説文·穴部》作“窯”，《正字通·穴部》：“窰，俗窯字。”其實，字形“窰”與“窯”在古文字階段都已出現，經常與“匋（或陶）”糾纏不清，曾有學者就這一問題進行了分析討論。葛英會（2000）認爲“窰”字古已有之，并指出“古陶文中，‘匋’與‘窰’乃是由一個字繁簡兩式造成的意義相關、讀音相近的分化字。土穴中的瓦器（即缶）就是‘匋’，燒製瓦器（缶）的土室就是‘窰’”，至於《説文》中的篆文“窯”在出土所見的文字資料中并未見到。魏宜輝（2012）主張“（匋/陶）”與“窯”并非異體關係，而是具有同源關係的親屬詞。鄔可晶（2018）提出“窯”可能從“匋（陶）”分化而來。可見，“窰”和“窯”字在古文字階段確實已經出現，至於後世字典辭書中基本以字形“窯”爲正字，蓋因《説文》僅收録“窯”之故。

表2　窯、窰、窑三字在古代字書中的收録情況

	時代	窯	窰	窑
《説文解字》	東漢	√		
《干禄字書》	唐代			
《五經文字》	唐代			
《集　韻》	宋代	√	√	
《龍龕手鏡》	宋代	√		
《玉　篇》	宋代	√		
《正字通》	明代	√	√	√
《字　彙》	明代	√	√	
《康熙字典》	清代	√	√	√

“窰”“窯”這兩個字形在古文字階段已有用例，直到唐以後纔出現字形“窑”“窳”，《集韻·宵韻》：“窯，《説文》：‘燒瓦窯也。’或從垚。”《龍龕手鏡·穴部》載“窯窳”爲正字。《玉篇·穴部》僅

收録"窯"。到明代時又出現字形"窑",《字彙·穴部》:"窑,與窯同。"明代出現的字形"窑"并非古文字階段的"窑",二者祇是字形相同而已。1956年,國家發布《第一批異體字整理表》,祇保留字形"窑"。綜合清代晉陝契約中"窰"字的不同俗寫,其發展演變軌跡見下圖。

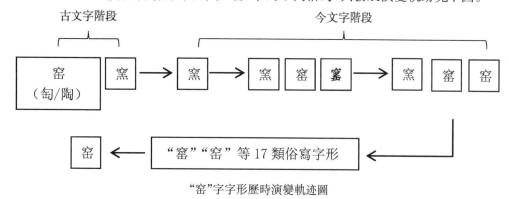

"窰"字字形歷時演變軌迹圖

三　結論

　　宋元以來民間契約文書數量豐富且種類甚多。就清代晉陝契約而言,主要有典當、抵押、買賣、揭借、租賃、合夥、分家、承嗣等文書。這些契約的標的物中經常出現各種各樣的"窰"或與"窰"相關的産業,如"窰院""東窰""西窰""上窰""客窰""窰頂""土窰""石窰""厦窰""邊窰""窰口""窰畔""窰腿""炭窰""行窰""煤窰""開窰""窰股""瓦窰峁""馬窰地"。這充分説明了窰洞和煤窰在晉陝百姓生活生産中的重要性,也體現了晉陝契約文書的地域性特點,因此"窰"字使用頻率頗高爲情理之事。

　　另外,在徽州、貴州、福建、浙江等南方地區的契約文書中,"窰"字多見於地名,但出現的頻次較少。《清雍正至乾隆年間休寧縣十五都戴永昌户編審册》:"土名,低干、窑下。"(安師大5/1941)《清宣統元年(1909)胡慶貴等立典田約》:"土名窑上,計田三砠,計實租十五砠正。"(劉伯山1/1/404)《清光緒二十七年(1901)楊茂昌出典田字》:"自願祖遺業坐落地名瓦窑長田一坵,又路以邊焕昌坎上田一坵、土一幅,要行出典。"(三穗1/3/91)《清道光四年(1824)張元輝立賣契》:"又已手置有榛林一片,坐落上洋邊,土名硋窑,洗面□崗上安著。"(福建5/109)《清光緒三十三年(1907)吴德謙立歸并契》:"坐落土名上坵安著,其界上至瓦窑坪,下至招波祭田,左至山右至路爲界。"(福建5/364)《清乾隆十四年(1749)李喬科立賣田契》:"土名坐落茶排莊瓦窑墈。"(石倉1/8/10)上揭例中"窰"字俗寫字形窑、窑、窑、窑、窑在晉陝契約文書中習見。除契約文書外,在同時期的寫本或刻本小説戲曲文獻中"窰"也有不同的俗寫字形,但它們的義符以"穴"爲主,聲符以"窑""窑""缶"及"缶"的俗寫爲主。如清丁耀亢《新編楊椒山表忠蚺蛇膽》第十八齣:"臨洮南山裏,煤窰是寶。奈吐蕃占住,把山包,斷了煤山道。"清丁耀亢《續金瓶梅》第十六回:"到了那十二月數九寒天,下的大雪,把破瓦窑門屯住。"清曹雪芹、高鶚《紅樓夢》第四十一回:"賈母衆人都笑起來,然後衆人都是一色的官窑脱胎填白蓋碗。"清唐英《虞兮夢》:"無懷澹客早登樓,見窰煙四起青千縷。"曾良、陳敏(2017:725)中已經收録了"窑"和"窑"二形。

　　綜上所述,清代晉陝契約文書中,"窰"字出現了許多不同俗寫字形,它們直觀地展示了

"窰"字在清代二三百年间的書寫情況。民間書手對"窰"字的改造始終遵守"窰"字作爲形聲字的基本原則,無論是聲符還是義符的簡省、替換以及繁化,都盡可能地保留"窰"字原有的結構及基本的構字理據。這在一定程度上反映了漢字發展演變的機制。分析這些"窰"字字形之間的相互關係,探究其演變規律,可爲建設大型漢字數據庫及建立完整的漢字譜系提供新的文獻資料,對深入探討漢字發展史有着重要的價值,同時對宋元以來民間手寫文獻俗字典編纂亦有重要的參考意義。

徵引書目

清·曹雪芹、高鶚《紅樓夢》,乾隆五十六年萃文書屋活字印本。

清·丁耀亢《新編楊椒山表忠蚺蛇膽》,順治刊本。

清·丁耀亢《續金瓶梅》,順治刊本。

清·唐英《虞兮夢》,《燈月閑情》十七種本。

陳支平《福建民間文書》,廣西師範大學出版社,2007,簡稱"福建"。

曹樹基、潘星輝、闕龍興《石倉契約》第1輯,浙江大學出版社,2011,簡稱"石倉"。

貴州省檔案局《貴州清水江文書·三穗卷》第1輯,貴州人民出版社,2016,簡稱"三穗"。

李琳琦《安徽師範大學館藏千年徽州契約文書集萃》,安徽師範大學出版社,2014,簡稱"安師大"。

劉伯山《徽州文書》第1輯,廣西師範大學出版社,2005,簡稱"劉伯山"。

劉建民《晋商史料集成》,商務印書館,2018,簡稱"晋商"。

郝平《清代山西民間契約文書選編》,商務印書館,2019,簡稱"山西民間"。

黃志繁、邵鴻、彭志軍《清至民國婺源縣村落契約文書輯録》,商務印書館,2014,簡稱"婺源"。

參考文獻

[1]葛英會.古代典籍與出土資料中的匋、陶、窑字——兼論商周金文徽幟及相關問題[J].考古學研究,2000(0):180-186.

[2]黃金貴.陶·匋·窑[N].中國社會科學報,2015-07-14(3).

[3]李運富.漢字學新論[M].北京:北京師範大學出版社,2012.

[4]毛遠明.漢魏六朝碑刻異體字字典[M].北京:中華書局,2014.

[5]王寧.漢字構形學導論[M].北京:商務印書館,2015.

[6]魏宜輝.説"匋"[M]//古文字研究(第29輯).北京:中華書局,2012:633-640.

[7]鄔可晶.説古文字裏舊釋"陶"之字[J].文史,2018(3):5-20.

[8]曾良、陳敏.明清小説俗字典[Z].揚州:廣陵書社,2017:725.

[9]張涌泉.漢語俗字研究(增訂本)[M].北京:商務印書館,2010:51.

[10]張涌泉.敦煌俗字研究(第二版)[M].上海:上海教育出版社,2015:131.

Study of the Word *yao*（窰）in the Contract Documents from Qing Dynasty in Shaanxi and Shanxi

Wang Yue

Abstract：In the contracts written in Qing Dynasty from Shaanxi and Shanxi province, the word *yao*(窰)had been used frequently in different kinds of glyph. The article will discuss different glyph of *yao*(窰), and study their path of revolution in the past. The article not only extends the character library with new samples, but also demonstrate how the character was used in the contracts, which on the other side demonstrate the value of the contracts for the Chinese characters development history.

Key words: Qing dynasty, contract documents in Shaanxi and Shanxi, 窰, folk character

通信地址:陝西省西安市碑林區友誼西路 127 號西北工業大學西湖 1-2302

郵　　編:710072

E-mail:yueyue246. love@163. com

陝晉地名探源三則 *

黑文婷

内容提要 地名是地圖構成的必備要素,地名準確用字能夠反映地圖的真實信息和漢語史的重要内容,而現今地圖有的方言地名用字多有不確之處。文章對陝晉地圖中的三組字詞進行辨析與歷史溯源:①"石磕""社科"等當爲"舍窠";②樹名之後的"卜""朴"當是"木"的語音演變;③"圪塔"當爲"圪墶",地名中"某某塔"之"塔"爲"墶"。第一、三組書寫丢失了歷史文化信息,第二組保存了語音歷史痕跡。

關鍵詞 陝晉地圖 地名用字 方言 探源

地名是地圖構成不可缺少的要素之一,地名所蘊含的一些語言信息反映了漢語發展歷史的重要現象,特別是對方言發展歷史而言,顯得更爲突出。例如陝北清澗縣地名"李家也"之"也",實爲"㟩",反映了陝北晉語咸山攝字與假攝(文讀)蟹攝字的合流;延川縣"亞虎村"實爲"野虎村","野"的白讀音同"亞",保留了中古讀音。這類現象在現今地名中非常豐富,對此進行系統研究,不但可以揭示當地方言發展歷史的痕跡,也有益於地圖用字的準確書寫和歷史文化的繼承。陝北地名現象,劉育林先生寫過《陝北地名劄記》(1998)一文,就陝北地名與陝北方言、陝北民族、陝北地名志上的訛誤進行了討論。而類似問題其實還有很多,不僅見於陝北,在山西也同樣存在,因此值得繼續研究。本文選擇其中三組地名用字現象進行分析討論。行文材料以陝西地名爲主,山西爲輔,兼及周邊其他地區。

一 "石磕、石克、舍科、社科、世科"當爲"舍窠","堯科""窯廓"當爲"窯窠","莊庫"爲"莊窠"

劉育林先生(1998)討論了今陝北地名書寫的"莊科",認爲它是"莊窠"的不同寫法,是爲確解。此外,與此相關的幾個地名用字問題尚未涉及。

在陝北地名中,有用"石磕""石克"(這兩種用例較少)"社科"命名者,與"莊窠"有一定聯繫。例如子洲有"老石磕、尚石磕、石磕溝",横山有"大石克、三石克、孫家石磕、黑石磕",米脂"高石磕、何石磕",葭縣"黄石克",清澗"李家石克"(早前地圖上曾寫"李家石磕"),延川"高石磕、石克村(該村西北、東南有:新舍古、後舍古)",延長"社科",神木"新社科",地理上接近關中的宜川也有"石磕"地名。

---

* 本文爲國家社科基金項目"宋元以來民間手書文獻俗字典編著與研究"(17BYY019)、國家社科基金重大項目"明代至民國西北地方契約文書整理、語言文字研究及數據庫建設"(19ZDA309)和"西北地區漢語方言地圖集"(15ZDB106)成果之一。在寫作修改中導師党懷興先生、邢向東先生和匿名審稿人提出了很好的修改意見,謹表謝忱!

　　從讀音上看,這些寫作"石磕""石克"與"舍古""社科"的地名,彼此間有一些聯繫。這是因爲一個詞隨着各地語音演變的不同,就有可能寫成不同的文字。"石磕""石克"實際上是它們舒化的文讀音,與"舍科""社科"音同(不論聲調,見下文)。從意義上看,它們構成成分之間的意義都不太好理解。有的兩個成分雖然能作解釋,但非地名命名的原本意義。如"石磕"是石頭撞擊、扣打;"社科"字面的含義是社會科學,爲現代新詞,地名中的意思絕非此意,所以叫"社科"的地名,祇能是記音而已。"石克"不好理解,詢問當地人,也無答案。而進一步觀察發現,與"石磕""石克""舍科""社科"讀音相近的地名爲"舍窠""舍古"。例如清澗縣有"老舍窠、大舍窠",綏德"高舍窠",葭縣"大舍窠、紅崖舍窠、舍窠灣",吳堡"新舍窠",延川"舍古里、新舍古、後舍古"(在"石克村"附近)。相互比較,可以確定"石磕、石克、舍科、社科"是"舍窠"的音變用字,"舍窠"是居住的房舍,爲同義複合詞。"舍"本指客館。《説文解字·亼部》:"舍,市居曰舍。"段玉裁注:"《食部》曰:'館,客舍也。'客舍者何也,謂市居也……此市字非買賣所之,謂賓客所之也。"引申爲住所、住宅。《玉篇·亼部》:"舍,處也。"《廣韻·禡韻》:"舍,屋也。""窠"本義是指鳥類穴居處,泛指動物棲息之所。《説文解字·穴部》:"窠,穴中曰窠,樹上曰巢。"由此義引申爲人的居室。有房舍的地方就是村落,因此,"舍窠"用於村落地名是有關聯性的。劉育林先生(1998)認爲"莊窠、窯窠就是以土窯聚居的小村莊",這是有道理的。因爲"舍窠"作爲常用詞在口語中消失,就被窯洞、房屋等代替,多數人不明其義,也不知其本字,所以在書寫時用同音字"社科"類進行代替。另外,有的方言"窠"的讀音發生了變異,將它的聲母讀成了不送氣音,與"古"同音,如上引延川縣地名。有的地方將"窠"寫成了"庫",例如子長"新莊庫"、延長"李家窯庫",在子長、延川方言中"庫""科""窠"都讀[kʰu](張崇,1990:27)。地名"某某窠","窠"的位置都在詞末尾,一般讀輕聲,而讀輕聲會引起聲母的音變,經常將送氣音讀成不送氣音,這樣就寫成了"古"字。讀輕聲將送氣音變成不送氣音現象,在晉陝晉語中還有一些用例。例如位於動詞后的"去",就由動詞讀[kʰəʔ˩]變作趨向動詞讀[kəʔ˩],趨向動詞一般都讀作輕聲,不送氣的音,也是由讀輕聲引起的音變(黑維強,2003)。"窠"借用"庫",二字聲調不同,"庫"讀去聲調,"窠"讀平聲調,但是根據調查研究發現,人們在借音時,一般祇求音質的聲母韻母相同,不論非音質的聲調是否一致(邵榮芬,1963;黑維強,2018),所以"庫"是"窠"的借音字無疑。下文的"窯窠"寫"窯庫"也是這個原因。

　　與"舍窠"同類的地名還有叫"莊科""堯科""窯科""窯庫""窯廓"。"莊科"已有人討論,這裏分析"堯科"等。在陝北南部的富縣有"堯科、王堯科、李堯科",黃龍有"南堯科",洛川"張堯科、田堯科、陳家堯科",宜君"當中堯科"。這裏的"堯",當是"窯"的借音字,與"堯舜"之"堯"沒有關係。比較這些地方及其周圍地名就不難看出這一點。例如洛川縣有"楊窯科、韓窯科、潘窯科",黃陵"西窯科、南窯科、秦窯科",黃龍"北窯科、後窯科、賀家窯科",宜川"米脂窯科、老窯科、棗樹窯科",宜君"蘇家窯科、紅土窯科、孟黃窯科",延長有"李家窯科、黃窯科、新窯科"。與陝北地理上相連的關中韓城縣有"高家窯科、雷家窯科",白水有"北鹿角窯科、丁家窯科"。相互比照,顯然"堯科"就是"窯窠"的同音字書寫。延長縣有"李家窯庫、史家窯庫、楊家窯庫",洛川還有"窯廓",銅川"趙窯廓",這裏的"窯庫""窯廓"也是"窯窠"的借音字書寫。使用"窯窠"地名的人們居住場所過去多是窯洞,所以"堯科""窯庫""窯廓"當是"窯窠"無疑。

　　"舍窠"與"窯窠"在使用上還有一個有趣的現象。從地理上觀察,南北地區有差異,呈現出一個漸變的過程。陝北地區人們居住窯洞,不叫"窯窠",而叫"舍窠",由北向南擴散;關中平原人們居住房屋,關中北部山區不叫"舍窠",叫"窯窠",由南向北擴散。就方言地理學而言,"舍窠"與"窯窠"是陝北黃土高原歷史上南北地理分布不同的一個方言特徵詞。

"舍窠"作爲地名,最晚在清代乾隆時期的陝北地方文獻中就有了用例。例如:

(1)《清乾隆四十四年(1779)榆林縣雷元春賣地紅契》:"河見口上水圍五畦,舍窠大麻籽塌地一塊,情願賣與族叔雷煌珍永遠爲業。"(黑維强藏)

(2)《清乾隆五十四年(1789)清澗縣劉立朝賣地契》:"高家山棗林三土尋,車家灣舍窠兒背月地一土尋半……情願出賣于綏平一里七甲劉貞元永遠爲業。"(黑維强藏)

(3)《清咸豐二年(1852)清澗縣郝蘭貞賣地紅契》:"立出賣地契文約人郝蘭貞,因爲用錢急緊,今將自己舍窠水路地柒尺……情願出賣于郝世吉名下管業。"(黑維强藏)

(4)清道光十一年(1831)刻本《重修延川縣志》卷二:"新舍窠、舍窠灣"。

(5)清道光二十七年(1847)鈔本《吳堡縣志》卷一:"新舍窠"。

同時我們也看到,寫作"石磕"的地名在清朝地方志中也有記錄,説明在那個時代有人已不知道"舍窠"一詞的本字了。例如:

(6)清乾隆四十八年(1783)刊本《(乾隆)府谷縣志》卷四:"石磕墩、石磕窯台"。

(7)清鈔本《(乾隆)延長縣志》卷三:"喬家石磕村,在縣城西南十五里。"

(8)清道光十一年(1831)刻本《重修延川縣志》卷二:"石磕村、高石磕、馮家石磕"。

陝北方言屬於晉語,所以考察晉語中心地區的山西地名,可以爲確定"舍窠"爲本字提供更多的依據。查閲地圖看到,山西部分地區也有與陝北一致的"舍窠"地名。例如興縣、臨縣有"新舍窠",興縣還有"大舍窠",中陽有"舍窠村",柳林"舍科村",離石"劉家舍窠、社科里、新舍科村",嵐縣"社科鄉",汾陽"舍科村",保德"新世科",岢嵐"舊舍科、後舍窠",天鎮"白舍科、舍科堡",柳林、汾陽、甯武、靜樂、交城"舍科村",五寨、婁煩"新舍科村",沁源"社科",石樓"侯上科、棗上科、新上科"。另外,交口有"窯科村",武鄉有"瓦窯科"。相互比勘,陝北地名與山西具有一致性的一面,山西也寫"舍窠",同樣證明了"社科、上科、世科"爲方言同音字書寫,而且表現出的語音現象更爲豐富。例如"上"與"舍"北京話讀音不同,前字讀 shàng,後字讀 shè,"上"在中古是禪母宕攝開口三等養韻上聲字,《廣韻》"時掌切","舍客舍"是書母假攝開口三等禡韻去聲字,《廣韻》"始夜切"。但是在山西一些方言歷時演變中,有的方言二字讀音變得相同,如石樓方言將中古宕攝舒聲字白讀音與假攝字合流,上白讀 = 舍 = ʂə(喬全生先生告知),二字是同音字,所以就有了"上科"的書寫。

山西將"舍窠"寫作"社科",清代的山西方志中也有記載,也有寫作"石磕"的用例。例如:

(9)清同治十一年(1872)刻本《河曲縣志》卷三:"社科村,距城一百五里。"

(10)民國六年刊本《鄉寧縣志》卷一:"石磕村:二里。"

此外,與"舍窠""莊窠"有關的詞,寧夏固原還有"某家寨窠"村名,將"寨"與"窠"合二爲一。例如"楊家寨窠、馬家寨窠、劉家寨窠"等等。

要之,不論書寫哪個字,在陝北、山西等地的地名中,"舍窠""莊窠""窯窠"是各類文字書寫的本字,其餘皆爲方言借音字。

二　"卜/朴"的字義及其本字

　　觀察陝北地圖,有一些樹名後帶"卜"構成的地名。"卜"又寫作"朴"。此"卜/朴"就字面理解,難曉其意。例如清澗縣有"老柳卜磣、槐卜磣、上槐卜磣",橫山"柳卜灣、柳卜塔",榆陽"榆卜界、柳卜灘、桃卜梁",子洲"桃卜灣",米脂"柳卜塲、榆朴嘴",府谷"桃卜梁",延川"槐卜圪嶗、榆卜灣、棗卜灘",子長"桃卜灣、柳卜咀",宜川"杏朴峁"等。這些地名的最後一字表地形,其中"磣",又寫作"塣""嶮",本字不詳,意思是指大門院牆之外下臨牆壁或崖壁的平坦地方及類似的地形。"塲"是指兩山頭之間馬鞍狀的地形;"咀"即"嘴",指像動物嘴狀的地形。在陝北方言中,有一個與"卜"同音的詞,是小樹苗、樹木一類意思,保留入聲調比較完整的方言,讀入聲調[paʔ˩/pʰaʔ˩],如米脂、葭縣、橫山,部分入聲韻舒化的方言讀陽平調[˨pə],如綏德、子洲、清澗。這個字我們暫且也寫作"卜",如綏德方言用於指棗樹、椿樹、榆樹、桑樹等小苗,叫"棗卜子、椿卜子、榆卜子、桑卜子"。

　　根據方言詞義,以上地名例子中的"卜"是指木、樹木的意思。"桃卜""榆卜""柳卜""桑卜"指的是桃樹、榆樹、柳樹、桑樹。其中,"桑卜"有的是叢生的,有的是獨立成棵的樹林。"樹卜""榆柳桑卜"泛指各種樹木,"條卜"指檸條、臥柳、三稜柳一類的叢生植物。還有"荏卜",指莊稼小苗時的狀態。從這些信息分析,作爲地名的"卜",蓋最初因有這些樹木生長而得名。

　　"卜"字在山西、河北、內蒙古、甘肅地名中也可見到。例如山西平魯有"榆卜窪",河曲"桑卜梁、榆卜咀",浮山"槐朴凹",永和"桃朴山",安澤"槐朴莊",古縣"槐卜凹、棗卜條",鄉寧"棗卜咀、楸朴林、桃朴壠",吉縣"棗卜溝",沁縣"桃卜溝",沁源"前桃卜溝、後桃卜溝";河北張家口尚義有"榆卜溝";內蒙古清水河有"桃卜窪、桃卜梁、桃卜塲",固陽"柳卜溝",豐鎮"榆卜溝";甘肅慶陽寧縣有"棗卜坬",合水"棗卜窪",涇川"棗卜灣"。黃土高原的"窪、凹"即"坬",指山坡,我們另有專文討論。可見稱樹木爲"卜"的現象在晉語爲中心的地區使用較爲廣泛,具有一定的普遍性。

　　地名中"卜"的本字是哪個字?喬全生先生(2002)依據山西晉南方言材料作過詳考,認爲它是"木"字。在此結合陝北方言讀音,其語音演變過程如下:

$$
木:{}^*\text{mək}\rightarrow{}^*\text{mbək}\rightarrow{}^*\text{bək}\rightarrow{}^*\text{pək}
\begin{cases}
\nearrow{}^*\text{pɔk}\rightarrow\text{paʔ}/\text{pʰaʔ} & \text{榆林話、米脂話、葭縣話} \\
\rightarrow{}^*\text{po}\rightarrow\text{po} & \text{臨汾話} \\
\searrow\text{pə}/\text{pɣ} & \text{吉縣話、綏德話、吳堡話/萬榮話} \\
\searrow{}^*\text{mək}\rightarrow{}^*\text{muk}\rightarrow{}^*\text{muʔ}\rightarrow\text{mu} & \text{普通話}
\end{cases}
$$

　　這樣看來,"卜"是一個較古讀音的音變保留。明白了"卜"的來歷,再來解讀地名的含義就非常容易了,命名理據也清晰可説。如陝北榆陽的"柳卜灘"、府谷的"桃卜梁"、山西河曲的"桑卜梁",意思是長着柳樹的灘地,長着桃樹、桑樹的山梁,以此信息特徵命名,符合當地地名命名的一般規律。

　　"卜"在當地的歷史文獻中也有一些記載,與今人用字一樣,多寫"卜",有的也寫作"朴""蘗",也是據音用字,説明那時的人也不知本字爲何。例如:

　　　　(11)《清嘉慶十七年(1812)榆林縣尚藎臣質當地土文約》:"合其周圍地內大小樹林

柳<u>卜</u>一切在内……情願質當與本城人張雄名下管業經理耕種。"（黑維强收藏）

　　(12)《清道光二十二年(1842)米脂縣馬文仁賣地官契》："户禮畫字一切在内，隨地代糧七升三合，官錢七分三厘，地中桑<u>卜</u>樹木一切在内。"（黑維强收藏）

　　(13)《清道光二十四年(1844)榆林縣尚勇質當土地文約》："碾磨二合，大小樹株桑枝柳<u>卜</u>，一切在内……情願質當與堂弟尚輔臣名下管業經理耕種。"（黑維强收藏）

　　(14)《清咸豐柒年(1857)榆林縣王萬溢出賣圍地文契》："四至以内，寸草柳<u>卜</u>樹株水石相連，以及遺筆漏寫之處，不與賣主相干。"（131頁）

　　(15)《清咸豐柒年(1857)陝北王勇等絕賣山地文約》："自賣之後，凡地内片石撮土，榆<u>柳</u>桑<u>朴</u>，乾泥石炭，均屬尚姓買到之物，毫不于王姓相干。"（131頁）

　　(16)《清咸豐八年(1858)陝北肖安邦等賣窑白契》："腦畔條<u>卜</u>樹株一切在内。"（黑維强收藏）

　　(17)《清同治十一年(1872)陝北李盛春賣地紅契》："共地二叚(段)，約有五垧畔(半)。水石相連，調(條)<u>卜</u>樹株一切在内。"（黑維强收藏）

　　(18)《清光緒十八年(1892)綏德縣李治國買山地文約》："南以高梁上李姓地爲界，西以劉姓地爲界，東以王姓地爲界，桑<u>朴</u>在内，北以天溝爲界。"（黑維强收藏）

　　(19)《民國十四年(1925)米脂縣侯占旺賣地文約》："四至分明，各依舊界，桑<u>朴</u>樹柱(株)一切在内，情願出賣于侯占花名下官(管)業耕種。"（黑維强收藏）

　　(20)《民國二十年(1931)米脂縣王占貴推地文約》："凡地中所有桑藁木樹柱(株)一切在内。"（黑維强收藏）

　　例中的各類"樹<u>卜</u>"表明某類具體樹木外，還有將"樹<u>卜</u>"與"樹株"、"條<u>卜</u>"與"樹株"并列一起表達，表示所有的這類植物，是一個總稱。同時也説明它們略有一定區別。"樹株"指成材的較大樹木，"條<u>卜</u>"指叢生枝條類的木本植物。因爲契約文書來自民間，多數書寫者文化水平不高，有的書寫邏輯混亂，如例(20)"桑藁"與"樹柱(株)"并列，但是又在"桑藁"後加"木"，造成語義重複。

　　同樣，山西清代方志中也有一些用"<u>卜</u>"構成地名的記載。例如：

　　(21)清康熙四十一年(1702)刻本《寧鄉縣志》卷三："桃<u>卜</u>則"。

　　(22)清雍正十三年(1735)石印本《朔州志》卷四："榆<u>卜</u>宓"。

　　(23)清乾隆四十九年(1784)刻本《鄉寧縣志》卷二："<u>柳朴渠</u>七十里，流入河津灌田。"

　　(24)清同治十一年(1872)刻本《河曲縣志》卷三："桃<u>卜</u>村、桑<u>卜</u>梁"。

　　(25)清光緒七年(1881)刻本《繁峙縣志》卷二："桃<u>卜</u>坪"。

　　(26)清光緒二十四年(1898)刊本《續修隰州志》："<u>柳朴渠</u>十四畝"。

　　(27)民國二十一年(1932)鉛印本《重修安澤縣縣志》卷之五："白素村<u>柳朴渠</u>苦菜溝地十二畝。""高時泰，<u>柳朴窗</u>人。"

　　以上例子中，例(21)爲村名，"則"是"子"的舒聲促化音，陝北晋語地名也是如此書寫。例(22)(24)(25)也都是村名。例(23)"柳朴渠"是一條灌渠，得名於該灌渠長有大量柳樹，當地文人張聯箕曾作《柳朴渠》詩贊譽之。例(26)是地名。例(27)"柳朴渠"是"白素村"的一個地名；高時泰是柳朴村人(疑"窗"的白讀音與"村"同音而借音)。

　　以上這些清代文獻例子，是目前所見"木"寫"<u>卜</u>/<u>朴</u>"方言現象的最早記載。也就是説，在300多年前,陝晉人們將這一現象進行了記錄。

三　"圪塔"爲"圪墶","塔"爲"塌"

　　陝北晉語將山、山頭稱爲"山圪墶",即表示山體的突出部分,高出周圍的地形,也簡略爲"圪墶","墶"又寫作"塔",讀不送氣音[ta],"圪墶"與"圪塔"是同一個詞的不同文字書寫。陝北地名"圪墶"源於山、山頭這一意義。例如横山縣有"鞍山圪墶、高圪墶",靖邊"大圪墶",府谷"段大圪墶",神木"黑圪墶、秦家圪墶",葭縣"雙圪墶、靴帽圪墶",清澗"康家圪墶"。查閲最新出版的陝北地圖册,將原本寫作"圪墶/塔"之"墶/塔",大部分改寫爲"塔"。例如綏德、靖邊"高圪塔",子洲"張圪塔",米脂"老虎圪塔、老廟圪塔、黑圪塔",葭縣"潘圪塔、合心圪塔、叨同圪塔、苦菜圪塔",府谷"峰則圪塔",横山"園圪塔、榆樹圪塔、膠泥圪塔",子長"老圪塔",延川"劉家圪塔、馬家圪塔、段家圪塔",寶塔區"大山圪塔"等。"塔"在《現代漢語詞典》(第7版)、《新華字典》(第11版)、《現代漢語規範字典》(第3版)祇有tǎ一音。這個音即中古音的透母盍韻入聲,《廣韻》"吐盍切"。"塔"字在陝北方言中都讀送氣音聲母,而"墶、塔"聲母都讀不送氣音,絶不讀成送氣音。因此,地圖上將"墶/塔"改爲"塔",没有讀音與字義的任何依據,這樣改寫既不符合陝北方言實際讀音,也不符合普通話的讀音,不僅没有起到規範作用,反而造成了讀音的混亂。"圪墶/塔"都用於稱呼山,體現了地名得名之原由,所以"圪墶/塔"寫爲"塔"是極其不合適的。

　　與"塔"有關係的問題還有一個字,即地名中寫作"塔"的,其本字是自身,還是另有他字? 我們知道,"塔"的本義是指佛塔,引申爲塔形的東西,帶有"塔"的地名,一般當地有佛塔之類的建築,如延安寶塔區的"寶塔山"。但是現今地圖中許多地名寫"塔"的,當地并没有塔的建築,而且歷來就没有修建過塔,因此,寫作"塔"名不副實。例如綏德縣"李家塔、張家塔、肖家塔、趙家塔、艾好(蒿)塔",神木"店塔、大柳塔、高家塔、郭家塔、桑樹塔、陽溝塔、黄蟲塔",府谷"張家塔、閻家塔、劉塔、陽塔",靖邊"紅米塔、前樹塔、李香塔",延川"高家塔",寶塔區"圪桃樹塔、田塔、岳家塔",富縣"羅家塔、金家塔、馬坊塔",宜川"蘆家塔、許家塔"。這些稱作"塔"的地名,既然當地從未有過塔的建築物或像塔形的東西,而且地名中用例極其豐富,可以排除得名於"塔"之原本意義,那麼,爲什麼要寫作"塔"呢? 通過地名中同音字的比較來尋求答案。在黄土高原上因爲坍塌形成的地貌隨處可見,當地方言將此地貌稱之爲"塌",亦即"塌"是黄土高原地貌的一種類型。"塔"與"塌"在陝北方言中是同音字關係,因此,叫"塔"的地名大多原本爲"塌"。現在寫作"塔"的地名,有些早年出版的地圖上就寫作"塌"字。與"某某塔"相同的"某某塌"地名,在陝北地名中極其常見。例如清澗有"曹家塌、呼家塌、棗坪塌",米脂"牛圈塌",子洲"樊家塌、榆林塌、吴家塌",葭縣"王家塌、馬蹄塌、劉泉塌",神木"小河塌",吴堡"薛家塌、奶則塌、寇家塌",榆陽"果園塌",靖邊"黄峁塌、椿樹塌、羅塌",横山"桑塌、羊路塌、胡麻塌",子長"邱家塌、槐樹塌、樓子塌",延川"高家塌",安塞"黄瓜塌、李塌、陽塌",寶塔區"南塌、姬塌、秋樹塌",延長"孫家塌、郝家塌",甘泉"齊家塌、雄黄塌、南塌",等等。我們推測,將"塌"寫作"塔",蓋出於認知心理考慮,"塌"的常見義是不太吉利的,與此構成的詞都是破敗不好之義,於是改作同音字的"塔",實則"塌"是方言地貌用詞,無所謂吉利不吉利之事。

"塌"作爲地名用字,在清代陝西方志中多見,説明其使用歷史較早。例如:

(28)清鈔本《(乾隆)延長縣志》卷一:"孫家塌"。

(29)民國二十二年石印本《(嘉慶)葭州志》地理志第二:"塩溝水源出州西北一十里陳家泥溝東流五十里,至和市塌入毒尾河。"

(30)民國二十四年鉛印本《(嘉慶)續修中部縣志》卷一:"范家塌、呼家塌、馬家塌"。按,今黄陵縣。

(31)清嘉慶十一年(1806)刻本《洛川縣志》卷三:"許家塌、呼家塌、馬家塌"。

(32)清道光八年(1828)鈔本《清澗縣志》卷二:"惠家塌、蘇家塌"。

(33)清道光十一年(1831)刻本《重修延川縣志》卷二:"郭家塌、高家塌、黄蘿蔔塌"。

(34)清道光二十七年(1847)鈔本《吳堡縣志》卷一:"杏子塌、白家塌、車家塌、李家塌、寇家塌"。

涉及地名"塌"的陝西地方志最早在清代,其他地方文獻極少見到,所以清朝之前使用情況無從考據。同屬黄土高原地貌的山西晉西、晉北、甘肅隴東等地,地名用字"塌"也多見,在地方歷史文獻中也有記載。例如:

(35)清康熙四十一年(1702)刻本《寧鄉縣志》卷三:"喬家塌、棗兀塌、平嘴塌"。

(36)清康熙四十八年(1709)刊本《隰州志》卷五:"董家塌山"。

(37)《(雍正)石樓縣志》卷二:"史家塌、張家塌"。

(38)清乾隆三十六年(1771)刻本《汾州府志》卷四:"任家塌、婁家塌、蕭家塌"。

(39)清乾隆十一年(1746)《静寧州志》卷一:"文家塌山堡"。

(40)清乾隆二十六年(1761)鈔本《合水縣志》上卷:"郭家塌山"。

總之,地名蘊藏着當地豐富的語言歷史信息。與姓氏讀音相比,地名讀音一般保守性強,變化比較緩慢,能更多地反映當地方言發展歷史。陝北、山西地名反映了陝晉方言發展歷史痕跡,具有重要的語言學研究價值,本文討論的"舍窠""卜"即是。地圖用字如果一味地追求統一性而隨意更改,就會把很多重要的語言歷史文化現象淹没掉,如本文所論"社科"與"圪塔"。因此,對地名中用字進行規範化時,還是要適當注意體現當地歷史文化現象的保護傳承,爲我們的子孫後代留下一份珍貴的鄉音。

參考文獻

[1]北京愛如生數字化技術研究中心. "中國方志庫"[DB/OL]http://dh. ersjk. com/spring/front/read.

[2]黑維强. 晉語"去"詞性辨析[J]. 語文研究,2003(4):57-59.

[3]黑維强. 土默特契約文書所見200年前内蒙古西部晉語語音幾個特點[J]. 中國語文,2018(5):627-636.

[4]侯精一,温端政. 山西方言調查研究報告[M]. 太原:山西高校聯合出版社,1993:47.

[5]劉育林. 陝北地名札記[J]. 延安大學學報,1998(1).

[6]苗虹瑞. 清代循化廳土地契約文書概述[J]. 檔案,2018(8):24-27.

[7]喬全生. 山西南部方言稱"樹"爲[po]考[J]. 中國語文,2002(1):66-69.

[8]山西省地圖册(第2版)[Z]. 北京:星球地圖出版社,2018:120-128.

［9］陝西省地圖册［Z］. 西安：西安地圖出版社，1988：36-55.

［10］陝西省地圖册.（第2版）［Z］. 北京：星球地圖出版社，2018：30-42，120-137.

［11］邵榮芬. 敦煌俗文學中的別字異文和唐五代西北方言［J］. 中國語文，1963（3）：193-217.

［12］銅川市地圖册［Z］. 西安：西安地圖出版社，2018：14-27.

［13］王本元，王素芬. 陝西省清至民國文契史料［M］. 西安：三秦出版社，1991：131.

［14］渭南市地圖册［Z］. 西安：西安地圖出版社，2019：14-27.

［15］延安市地圖册［Z］. 西安：西安地圖出版社，2018：11-35.

［16］榆林市地圖册［Z］. 西安：西安地圖出版社，2015：14-31.

［17］張崇. 延川縣方言志［M］. 北京：語文出版社，1990：27.

Three Cases for Exploring the Origin of Shaanxi and Shanxi Geographical Names

Hei Wenting

Abstract：Geographical names are essential elements of maps，and the correct use of Chinese characters in geographical names can accurately review the authentic information of the maps and the important content of the history of the Chinese language. However，incorrect use of Chinese characters in the dialect of geographical names frequently appears in maps. This article identifies and traces the historical origin of three groups of Chinese characters in the Shaanxi-Shanxi map. The words "石磕" and "社科" shall be taken as "舍窠". The Chinese characters "卜" and "朴"，after the names of trees，are the results of the phonetic evolution of "木". "圪塔" shall be "圪墶" and the "塔" of "XX 塔" in geographical names is supposed to be "塌". The first and third groups of writing lack historical and cultural information，and the second group preserves the historical traces of speech.

Key words：maps of Shaanxi and Shanxi，geographical name characters，dialect，origin exploration

通信地址：陝西師範大學文學院

郵　　編：719110

E-mail：heiseyoumo. tt@qq. com

清儒合韻説及古韻關係研究論衡 *

胡　森

内容提要　合韻猶言異部合用現象，它是衡量古韻關係及排列次序的基本依據。隨着叶音説的廓清與部類劃分的成熟，周秦韻文中的異部通押已不容忽視。顧炎武嚴守各部畛域而嘗以無韻、假借及方音釋之，江永則承續以"方音偶借"和"方音稍轉"之論。段玉裁首倡"合韻"術語，并將理論範疇延展至異部諧聲、通假及轉注領域，細繹六類十七部排序理據。合韻的義例也在江有誥等古音學家們的不懈推闡下日臻完善。更有戴震、孔廣森講求古音通轉，錢大昕主張"音隨義轉"和"雙聲爲韻"等。諸家爭鳴，逾於晚近，遂令古韻關係愈加精審。藉由古合韻史的梳理與檢討，庶幾可對先秦古韻關係的研究有所裨益。

關鍵詞　方音　合韻　關係　次序

宋室南渡以來，吳棫著《詩補音》和《韻補》，發古音研究之端緒。在此之前，凡《詩經》音有與時音不合者，漢魏六朝經師殆注協讀音以便諷詠。唐人陸德明雖云"古人韻緩不煩改字"，但《詩經》用韻與隋唐音相左者甚多，陸氏亦難恪守己見，故於《詩經》篇章下多注"協韻某"，或援引徐邈取韻、沈重協句以助己説。嗣後顏師古注《漢書》、李賢注《後漢書》、李善及五臣諸家注《文選》中的韻文時，亦屢言合韻、協韻或叶韻，這於宋儒的古音研究不乏導夫先路之功。吳才老破除"韻緩"之説，以翔實的文獻材料證明了古今韻間的分合差異，真正開始將上古音作爲一個語音系統進行考察。綜觀南宋一代的古音研究，吳棫和朱熹所建立的通轉叶音説占據了主要地位，其初衷是爲了考求古之本音，進而在此基礎上重建古韻系統。不過自朱熹《詩集傳》以來，時人對古音的文獻考證蜕化爲簡單的叶音注釋，似乎祇要"好吟哦諷詠"而不必深究古音源流，以致於同一韻字隨意取叶、漫從改讀，人爲地破壞了語音的系統性，叶音説的弊病纔由此氾濫，日漸成爲了古音研究的桎梏。元明兩代的古音學家雖大致遵循宋儒旧轍，但在古音觀念上的革新却不容忽視。戴侗、劉玉汝、熊朋來等皆倡言古詩無叶音，認爲詩之叶音即爲古之正音。明儒疑叶音之説愈甚，楊慎嘗以六書轉注來解釋《詩經》音與今音的關係，却"猶溺於近世叶音之説"，未能跳脱以今律古的窠臼。後來者焦竑、陳第力主語音發展的時地觀，這在當時是鳳鳴高崗、曲高和寡，却成爲了日後清儒研究古音的指導性綱領。也恰是得益於"叶音"説的最終廓清，韻文材料和諧聲系統的綜合運用，清代古音學方能一脈相承、後出轉精，在顧炎武及乾嘉學者們的不懈推闡下劃分出古韻二十二部，幾令後世無可增損。然而古人歌詩以求暢敍幽情，詠嘆之間，音近互借，亦在所難免。這本是出於歌者的"時宜之措"。所以無論古韻分部何等精密，《詩經》及群經中都不免存在一些符合韻例却又不符合歸部結論的現象，清儒固稱之以"合韻"，今人且言"異部通押"。從歷史上看，合韻現象的出現并非是由於分韻之失，反倒是伴隨着對古音歷史層次的細繹精審，以及

---

* 基金項目：國家社科基金一般項目"基於通假字的上古韻部親疏關係與排序研究"（20BYY125）。《漢語史學報》匿審專家提出了富有建設性的修改意見，在此謹致謝忱。

對古韻部居的正確劃分而逐步顯現的。同時,對這一問題的認識和處理,也往往受制於歷代古音觀念和研究思想的轉變。

一　叶音説的廓清與合韻問題的顯現

宋元時期的古韻研究主要是基於對各類文獻的廣泛系聯,但由於忽視了材料的時地性,所以對中古各韻在先秦韻文中藕斷絲連的狀況無力解釋,致使“通轉叶音説”盛行。明代楊慎首議宋學之失,直斥“四聲皆可轉,切響皆可通”爲非,創立了轉注古音説,但實際上仍爲宋人叶音所牽拘。至若陳第的考證則“刻於只字,昧於通部”,常有因爲韻部概念的漫漶不清而誤將合韻作爲同韻或非韻的情況。例如《毛詩古音攷》卷四“君音均,與音協,三句一韻。本證《皇矣》:維此王季,帝度其心。貊其德音。其德克明,克明克類,克長克君”。陳氏言三句一韻,應是誤以“心音君”三字韻。然此後尚有“王此大邦,克順克比”一句,故當以“心音”爲韻,“君”字非韻,而“類比”脂物合韻。此乃陳氏誤以非韻爲韻,又誤以合韻爲非韻矣。再如卷四“瞻音章”,本證《桑柔》“瞻”與“相”韻,實爲談陽合韻;卷三“賢音形”,旁證曹大家《東征賦》“賢”與“徵”韻,實爲真耕合韻;“鳴音芒”,旁證魏武《蒿里行》以“亡鳴”韻,張華《俠曲》以“鳴彊”韻,實則俱爲耕陽合韻。此皆陳氏誤以合韻爲同韻矣。

入清以來,科學的古韻分部纔爲解釋合韻現象、釐清古韻親疏奠定了基礎。有鑒於彼時的“通轉叶音説”尚自風行,顧炎武爲破除這種學術迷信而極力強調韻部間的界限,對於《詩經》等先秦韻文中的異部通押現象就祇能採用無韻、闕之、未詳、異文假借、改讀就韻、方言音變等説法來做出彌縫,以致頗有矯枉過正之嫌。諸如:《巷伯》六章協“者謀虎”三字,之魚合韻,然《詩本音》中“謀”字并未入韻。《谷風》三章以“嵬萎怨”相協,顧氏却於“怨”字下注云:“末二句無韻,未詳”。《月出》三章“照燎紹”本與“慘”字協,顧氏則據《五經文字》勘爲“懆”字,且詳舉各類經籍異文以資旁證。另有《七月》四章以“沖陰”相協,東(冬)侵合韻。顧氏即以方音釋之,認爲“侵韻字與東同用者三見,此章之陰,《蕩》首章之諶,《雲漢》二章之臨。《易》四見,《屯》《比》《桓》象傳之禽涔,《艮》象傳之心,若此者蓋出於方音耳”。凡釋合韻,多如此類,故章太炎評曰“善分別而不明轉變”。與顧氏相左之論,則有毛奇齡《古今通韻》所載“五部三聲兩界兩合”通轉之説。該書過分夸大合韻現象而無視各部畛域,所取皆爲古詩文中異部通押的少數用例,却對同部相協的大量事實罔顧不論,從而走向了另外一個極端。

顧炎武嘗與柴紹炳、毛先舒二人交善,不時寓書以商榷古音。在合韻方面,顧氏大多“指爲方音”,其《音論》卷中“古詩無叶音”一節述云:

然愚以古詩中間有一二與正音不合者,如“興”,蒸之屬也,而《小戎》末章與“音”爲韻,《大明》七章與“林心”爲韻;“戎”,東之屬也,而《常棣》四章與“務”爲韻,《常武》首章與“祖父”爲韻;又如箕子《洪範》則以“平”與“偏”爲韻,孔子繫《易》,于《屯》于《比》于《恒》,則以“禽”與“窮中終容凶功”爲韻,于《蒙》于《泰》則以“實”與“順巽願亂”爲韻。此或出於方音之不同。

不過柴氏對此却另有分説,其言曰:

夫古者,言雖殊域,書必同文。審聲憑語言,作詩依文字。十五國風,唇吻其能盡符,而詠歌未嘗夐別。甚至甌越侏儒,蠻荆鴃舌,聆其言説,絶遠中州。而《越語》《楚書》,載彼謳謡,無間《風》《雅》,豈非同文之治,不囿方言哉。

　　柴氏之論,意在表達周秦時代的方音差別祇客觀存在於口語之中。考《詩經》十五國風與《楚辭》用韻并無二致,可知當時必然還存在着一個“同文之治”下的書面雅音。五方脣吻殊異,而詠歌無別,故後人考證周秦古音時便無須涉及方音問題。不過根據現代學者的研究,詩騷易韻中實不乏方音成分,便如侵蒸合韻、侵冬合韻等,部類本身相距較遠,且與兩漢方音所呈現的特點大體相同,足見柴氏持論亦過於偏狹。另外,柴氏還兼顧了考古與審音兩途,立古韻平上去入四十部,并設有“四通”之例以剖析古韻各部間的聯繫與區別:

　　全通者,如東冬江、魚虞尤之類。諸韻合一,全部可通者也;半通者,如元通真文,又通寒刪先。覺通屋沃,又通藥陌之類。一韻兩屬,各分其半者也;間通者,如東通陽、尤通支、蕭通尤、麻通魚虞之類。間出相通,難以統一者也;旁通者,如禽深本侵而如東、誦用本宋而入冬之類,此數字偶通不容牽合者也。

　　可知柴氏是以“全通”和“半通”來界定古韻部類,以“間通”和“旁通”來解釋合韻關係。其間雖有牴牾,亦不無可取之處。

　　毛先舒《韻問》則批評了一字相押而致兩部皆通的謬誤,其論曰:“自後世淺學,考古不詳,見兩韻中有一字之互通,遂以爲據,而遽舉全韻而合之。”顯見毛氏是承認異部通押現象的,對此卻又抱有十分謹慎的態度。與柴、毛二人同時期的古音學家還有王夫之,其《詩經叶韻辨》談及古韻尚有“聲之合”與“音之合”的區別。所謂“聲之合”,猶言古韻歸部,譬若“東冬江合也,支微佳灰合也,魚虞合也,真文合也,元寒刪先合也,蕭肴豪尤合也,歌麻合也,陽耕合也,青蒸合也,侵覃鹽咸合也。則休文亦以類次而見合於離矣”。王氏未見《廣韻》諸書,故以平水韻標目。祇是由於離析未精,致有此粗疏十部。而所謂“音之合”則是指異部通押,譬若“虞歌合也,支魚合也,支先蕭合也,東冬庚合也,支尤合也。則休文離之而固可合也”。但除了“支尤合”的用例外,餘者亦不多見。

　　躋乎乾嘉時代,江永對於顧氏的無韻、改讀就韻等不以爲然,卻對他的方音之説推崇備至。顧氏嘗於《易音》中大膽言曰:

　　真諄臻不與耕清青相通。然古人於耕清青韻中字,往往讀入真諄臻韻者,當繇方音之不同,未可以爲據也……今吳人讀耕清青皆作真音,以此知五方之音,雖聖人有不能改者。

　　江氏於此論甚爲服膺,故云“崑山顧炎武寧人爲特出,余最服其言曰:孔子傳《易》,亦不能改方音”。在《古韻標準》平聲第一部(東冬鍾江)總論中,江氏又進一步闡述了方言音變與合韻現象的内在理據:

　　案此部東冬鍾三韻本分明,而方音脣吻稍轉,則音隨而變。試以今證古,以近證遠,如吾徽郡六邑,有呼東韻似陽唐者,有呼東冬鍾似真蒸侵者,皆水土風氣使然,詩韻固已有之。《文王》以“躬”韻“天”;《桑柔》以“東”韻“愬辰瘵”;《召旻》以“中躬”韻“頻”,似第四部(按:真文部)之音矣。《小戎》以“中”韻“驂”;《七月》以“沖”韻“陰”;《雲漢》以“蟲宫宗躬”韻“臨”;《蕩》以“終”韻“諶”,似第十二部(按:侵部)之音矣。其詩皆西周及秦豳,豈非關中有此音,詩偶假借用之乎?

　　即按江氏所言,音有古今之分,韻有南北之別,這是自明代陳第以來研究古音薪火相傳的基本理念。在這一理念的指引下,方言音變見於《詩經》應非怪事。後人以合韻之跡求諸地域方音之別,亦無不可。

　　基於上述共識,江氏在解釋《詩經》中的合韻用例時,便主要採用了“方音偶借”“方音稍轉”“方音借韻”等説法。細繹其理,“偶借”重在指明合韻現象的基本特徵。《詩》韻偶有異部通押者,切忌以變害常,更不能僅憑一字互押而全部皆通。故其言曰:"某韻與某韻果通乎? 有數字通矣,豈盡一韻皆通乎? 偶一借韻矣,豈他詩亦常通用乎?""此皆方音偶借,不可爲常。"而所謂"稍轉"則是指"苟其音相近可用則借用之矣"。例如:《桑柔》四章,顧氏以"愍辰瘵"相協①,江氏云:"《桑柔》四章'自西徂東',韻'愍辰瘵'。其音稍轉,似德真切,乃從方音偶借,非本音。"可見"方音偶借"正是以"其音稍轉"作爲先決條件的。又如《大明》七章,韻家多以"林興心"三字相協,侵蒸合韻。顧氏反詰:"'林心'與'興'韻,其方音之不同耶?"江氏進而指出"維予侯興,韻'林心',從方音偶借,非古音之正"。可見顧江二人的訓解義例雖有區别,《詩》韻中的方音思想却桴鼓相應。縱然如此,兩人對《詩經》篇章具體韻例的辨析還是有不少分歧的,這也直接影響到了他們在判斷合韻時的準確性。《小戎》二章,韻家多析爲"皁手""中驂""合軜邑"三韻,顧氏認爲"中"字無韻,江氏論曰:"騏騮是中,與'驂'韻。此方音稍轉,似陟林切。猶《易》恒象傳中與'深禽'韻也。……顧氏謂'中'字不入韻,而轉下文'合軜邑',念爲平聲以韻'驂'者,誤辯。"《召旻》六章,韻家多以"竭害"二字相協,"中弘躬"三字合韻,"頻"字無韻。顧氏則分析"中躬"通協,"弘"字無韻;江氏認爲"泉之竭矣,不云自中,與'頻弘躬'韻。此亦方音稍轉,似陟人切,與'頻'字韻,而'弘躬'亦從方音借韻也"。以上兩條,可見韻例辨析是合韻與否的重要影響因素。有鑒於此,江氏《古韻標準》在平上去入四聲分論前還專門設有"詩韻舉例"一節,并注云:

　　韻本無例,《詩》用韻變動不居,衆體不同,則例生焉。不明體例,將有誤讀韻者,故先舉此以發其凡。自是而古韻可求。其非韻者,亦不致强叶誤讀矣。

　　此言切中要害,殊爲精闢,即言在章句入韻的基礎上纔有通韻合韻之分。如若《詩》三百篇韻例不明,則難斷孰當孰非,亦遑論通韻合韻了。直至明乎韻例,方知何字相押,而後集録韻段,抉剔異部之字,便不致再將合韻視作無韻了。

　　顧江時期,古音學家對於合韻現象的解釋尚且零星散見,没有形成系統的學説。究其原因,還在於古韻部類的劃分相對寬緩。儼如顧氏十部,東冬、支脂之、魚侯、真文元、宵幽、侵談等韻均有待於進一步離析,四部之内又囊括了相應的入聲韻,這就無怪乎通韻多而合韻少了。但隨着古韻分部日益精細,《詩經》及群經中的合韻數量也勢必會隨之增加,在此基礎上衍生出新的古韻理論也就指日可待了。

二　部類劃分的成熟與合韻理論的倡始

　　早在顧炎武與乾嘉學者之間,還有一位鮮爲人知的古音學家萬光泰撰寫《九經韻證》。該書率先以古韻十九部爲綱,以韻譜形式類聚《詩經》及群經韻字,堪稱古音研究的一項重要發明。其性質就如同段玉裁的《詩經》及群經韻譜,以及王念孫的《毛詩群經楚辭古韻譜》一樣,彰顯了清儒在古音觀念和古音方法這兩個層面的重要突破。藉助韻譜歸納法便可"觀其會通而知協音合韻自古而有",凡合韻之字,萬氏皆以△標示,由此啟迪後世古音學家進一步正視合韻問題。

　　段玉裁《今韻古分十七部表》能發自唐以來講韻者所未發。其幽侯分立、真文分立、質部

---

①　今本"自西徂東",依江有誥、朱駿聲説應作"自東徂西",協"愍辰西瘵"。

獨立均屬至論,之脂支三分更是"鑿破渾沌",開闢了古音學研究的新境界。段氏的古音學理論頗具辯證法色彩。一方面,他堅持"古韻至諧說",提出古人用韻精嚴,無出韻之句。《詩經》及群經外的古諧聲、古通假和古轉注等,亦必取諸同部;另一方面,他又首倡"古合韻說",明確指出"古本音與今韻異,是無合韻之説乎? 曰:有。聲音之道,同源異派,弇侈互輸,協靈通氣,移轉便捷,分爲十七,而無不合"。如果不明合韻,就會對這種異部通押現象產生誤解,從而像顧氏、江氏等前人那樣,動輒諉以"無韻""方音""學古之誤""改字以就韻""改本音以就韻"等緣由,"其失也誣矣"。正如《閟宮》五章以"乘縢弓綏增膺懲承"相協,其中"綏"字,顧氏以爲無韻;江氏指爲方音,解釋爲蒸韻"方音口斂近侵韻";段氏則處理爲合韻,并博採經籍中的異文書證來補苴蒸侵兩部的關通之義。本質上講,段氏的古韻十七部是具有同質性的,它雖然釐清了《詩經》及群經押韻的正常範圍,却不能保證每一字都嚴格入韻,其間難免會浮現少量出韻的狀況,這就是上古音系中客觀存在的異質成分。若以今音來比附二者的關係,即所謂"本音之謹嚴,如唐宋人守官韻;合韻之通變,如唐宋詩用通韻。不以本音蔑合韻,不以合韻惑本音,三代之韻昭昭矣"。同時,段氏的"合韻說"也像"古韻至諧說"一樣,具有極強的系統性和延展性。適用範圍不僅涉及到陰陽各部,也包含了"異平同入";不僅涵蓋周秦有韻之文,也將異部諧聲、異部假借、異部轉注等旁證材料盡數囊括在內,足見其理論張力與實踐意義。

　　基於以上合韻之説,段氏進一步考察了古韻十七部間的親疏遠近關係問題。其原則相對明確:若兩部之間合韻頻繁,則可表明關係緊密,次序理應比較相近;若兩部之間的合韻稀少,則可表明關係疏遠,次序就該間隔分立。循此條理,古韻十七部就被劃分成了六類,"同類爲近,異類爲遠;非同類而次第相附爲近,次第相隔爲遠"。在《古十七部合用類分表》中,段氏又以古音串連的形式,詳盡言明了古韻十七部的排序結論,茲引文、附表如下:

　　今韻二百六部,始東終乏,以古韻分之,得十有七部,循其條理,以之哈職德爲建首,蕭宵肴豪音近之,故次之;幽尤屋沃燭覺音近蕭,故次之。侯音近尤,故次之。魚虞模藥鐸音近侯,故次之。是爲一類。蒸登音亦近之,故次之。侵鹽添緝葉怗音近蒸,故次之。覃談咸銜嚴凡合盍洽狎業乏音近侵,故次之。是爲一類。之二類者,古亦交互合用。東冬鍾江音與二類近,故次之。陽唐音近冬鍾,故次之。庚耕清青音近陽,故次之。是爲一類。真臻先質櫛屑音近耕清,故次之。諄文欣魂痕音近真,故次之。元寒桓刪山仙音近諄,故次之。是爲一類。脂微齊皆灰術物迄月沒曷末黠鎋薛音近諄元二部,故次之。支佳陌麥昔錫音近脂,故次之。歌戈麻音近支,故次之。是爲一類。

表1①

類	韻部	合韻情況	
		《詩經》(計 122 例)	群經(計 141 例)
一	一之一職	三$_{10}$五$_6$六$_3$七$_1$九$_1$十二$_2$ 十五$_1$十六$_2$	三$_{12}$五$_2$七$_1$九$_2$十一$_1$ 十二$_1$十五$_4$十六$_1$

---

①　表中的合韻情況是依據古韻十七部而定。若某兩部合韻,則計入前一韻部,後一韻部中不再重複列舉。

續表

類	韻部	合韻情況《詩經》(計 122 例)	群經(計 141 例)
二	二宵	三$_{12}$ 四$_1$ 八$_1$ 十六$_1$	三$_1$ 四$_1$ 十七$_1$
	三幽-屋覺	四$_7$ 五$_1$ 七$_2$ 九$_1$ 十二$_1$	四$_4$ 五$_1$ 七$_2$ 九$_2$ 十五$_1$ 十七$_1$
	四侯	五$_3$ 九$_2$ 十六$_1$ 十七$_1$	五$_1$
	五魚-藥鐸	七$_1$ 八$_1$ 九$_1$	十$_2$ 十一$_1$ 十六$_1$ 十七$_3$
三	六蒸	七$_3$ 九$_1$	九$_6$ 十一$_1$ 十三$_2$ 十四$_1$
	七侵-緝葉	八$_2$ 九$_5$ 十五$_2$	九$_5$ 十一$_2$
	八談-盍	十$_2$	九$_1$ 十$_1$
四	九東冬	十$_1$ 十二$_1$ 十三$_1$ 十四$_1$	十$_5$ 十一$_3$ 十二$_1$
	十陽	十二$_1$ 十四$_1$	十一$_3$ 十二$_3$ 十三$_1$ 十五$_1$
	十一耕	十二$_5$ 十三$_2$ 十四$_1$	十二$_{25}$ 十三$_1$ 十四$_2$
五	十二真-質	十三$_2$ 十四$_2$ 十五$_7$	十三$_8$ 十四$_7$ 十五$_1$
	十三文	十四$_2$ 十五$_4$	十四$_6$ 十五$_1$
	十四元	十五$_4$ 十七$_5$	——
六	十五脂微-物月	十六$_3$	十六$_1$ 十七$_3$
	十六支-錫	十七$_1$	十七$_3$
	十七歌	——	——

可見,段氏不僅將合韻視爲衡量古韻間親疏遠近關係的重要準則,還在此基礎上創造性地改變了清代自顧江二人以來依據《廣韻》排列韻序的傳統,進一步擺脱了中古音系"始東終乏"的框架束縛。可謂賡續前學、啟牖後人。然而段氏對韻序的考訂也不盡合理,如前三部(之宵幽)的次第就不正確,在當時還受到了戴震的批評。第五、六部(魚蒸)相繼排列,也并非是由於音近,而是因爲"蒸登音亦近之",即言第六部與第一部音近。這就在一定程度上破壞了"非同類而次第相附爲近,次第相隔爲遠"的原則。第六、九部(蒸東)之間混入了閉口韻(侵談),最後三部(脂支歌)的措置也忽視了收音問題,而是祇考慮到"合用最近"的因素等。

共時的語音關係,既能反映前期的音變結果,也可體現後來的音變方向。如果説"合韻"術語的提出,僅僅是針對共時層面"異部而合用"的狀況。那麼理所當然,也有學者爲溝通不同時地間的語音形式而確立"音轉"的概念。戴震明確意識到"音有流變,一繫乎地,一繫乎時",且言"五方之音不同,古猶今也,故有合韻。"他將時地變化看作古今語音不合的重要原因,也藉助音轉理論來闡釋周秦韻文中的異部通押現象。其《聲韻考》卷三初定古韻爲七類二十部,并歸納出了異部互押的四種類型:"微轉而不出其類者""轉而軼出其類遞相條貫者""旁推交通""共入聲互轉者"。但從這四項條例下所列舉的韻目來看,其規則仍纏雜不清、互有牽涉,不免自亂其例矣。爾後《答段若膺論韻》據音變省議段氏韻序,又有"正轉"和"旁轉"之法。可見無論是對古今音變的考證,還是對異部通押的分析,戴氏概言"音轉",所採用的術語和例證也極爲相近,這本身就有失含混。而段玉裁則卓犖超倫,科學區分了語音在共時和歷時兩方面的差異,進而揭示出"本音""合韻"以及"音轉"這三種概念的對立統一關係。

其言曰:"凡與今韻異部者,古本音也;其於古本音齟齬不合者,古合韻也。"又云:"凡一字而古今異部,以古音爲本音,以今音爲音轉。"在此基礎上,段氏博考《詩經》及群經用韻,對韻譜中的音轉、合韻之字分別加以標注,并在各部之後逐字進行了説明。這種近乎完備的研究體例,也標誌着古音學家對韻文材料日益成熟的思考和審視。

段氏的合韻説確有不足之處。他没有貫徹好"不以本音蔑合韻,不以合韻惑本音"的原則,有時爲了堅持古韻分部而否認合韻,甚至不惜妄改諧聲(如《説文注》"裘""婦"等字);他也没有界定好合韻的類型與條件,承認合韻有遠近之分。如此一來,"非同類而次第相隔者"亦屬合韻,則古韻十七部之藩籬盡破矣;況且古韻十七部可依"近合韻"劃分爲六類,而這六類卻與"異平同入"的配置以及古今音變軌跡不盡相符,等等。

但綜合來看,這一古音學構想仍瑕不掩瑜,它爲韻部間親疏關係的研究提供了良好的範式,也對後世諸多古音學家產生了深遠的影響。即如孔廣森《詩聲類》列寫本韻十八部,設有"通韻"和"轉韻"之説;嚴可均《説文聲類》"既嚴其畛域,復觀其會通",將古韻"分爲十六類,合爲八類",因有古韻通轉之證;龍啟瑞《古韻通説》除詩韻、經韻、本音之外,復有"通韻"和"轉音"之論等。他們雖冠以"通""轉"之名,卻與段氏"不以本音蔑合韻,不以合韻惑本音"的辯證思想如出一轍。祇是段氏的"合韻説"畢竟還停留在對基本原理的概括階段,没有爲實際判定合韻現象樹立一套行之有效的準則。尤其是"韻部隔遠者"亦可相合,極易給人造成古韻各部邊界不清,藉由主觀臆斷可致無所不合的錯覺。所以,也有不少學者對此并不信服,知名者如錢大昕即是。其言曰:

蓋以"三百篇"間有歧出之音,故爲此通韻之説,以彌縫之,愚竊未敢以爲然也。古有雙聲,有疊韻,"參差"爲雙聲,"窈宨"爲疊韻,喉腭舌齒唇之聲同位者,皆可相轉。……古人之音,固有若相通者,如真與清、東與侵間有數字相出入,或出於方言,或由於聲轉,要皆有脈絡可循,非全部任意可通。

正是有感於"通韻"的界限太過寬泛,錢氏遂仿效戴震"音轉"之論,兼以"音隨義轉"和"雙聲爲韻"來闡述異部通押現象,《十駕齋養新錄》和《潛研堂文集》多所議之。如《小旻》三章"集"與"猶咎"二字異部相協,考《韓詩》"集"字作"就",又據毛公訓"集"字爲"就"義,即是讀如"就"音。如此之類,皆"古人音隨義轉"之例也。又因爲"民"與"冥"二字雙聲,故《屯象》能以"民"韻"正";"平"與"便"二字雙聲,故《觀象》能以"賓"韻"民";"淵"與"營"二字雙聲,故《頌象》以"淵"韻"成正";"天"與"汀"二字雙聲,故《乾象》以"天"韻"形成",《乾文言》以"天"韻"情平"等。此皆"古人雙聲假借之例,非舉兩部而混之也"。

三　古韻關係的精審與合韻義例的推闡

清儒江有誥《音學十書》遍考詩騷、群經等先秦韻語,質驗字旁,臚列古韻二十一部。他雖"自奮於窮鄉孤學"(王國維語),卻著述宏富、創獲尤多。古韻廿一部問世以前,他既未知悉段玉裁、戴震之學,亦未得見孔廣森、王念孫之作。然其支脂之三分,幽侯二分,真文二分卻與段氏不謀而合;祭部獨立庶與戴氏相合;東冬二分,析"屋沃"配"侯幽"則與孔氏相合;緝葉獨立又與王氏相合。可見江氏分部對於五家韻學實有匡補之功,誠可謂精深邃密、深造自得。《音學十書》卷首"凡例"云:"拙書撰輯悉本顧亭林、江慎齋、段茂堂三先生之説而推闡之,精益求精,密益求密,不敢妄爲立異,亦不苟爲雷同。"他受惠於顧江段三家韻學,卻擇善

而從、無所偏徇,并未被權威之見所拘役。從與段氏往來的書函可見,江氏對於合韻之説的態度就是信疑參半的,其言曰:

> 表中於顧氏無韻之處,悉以合韻當之,有最近合韻者,有隔遠合韻者。有詰鞫謂近者可合,而遠者不可合也。何也? 著書義例,當嚴立界限。近者可合,以音相類也;遠者亦謂之合,則茫無界限,失分別部居之本意矣。

因此在段氏合韻説的基礎上,江氏又針對不同的異部通押情況,按韻部遠近細分爲"通韻""合韻"和"借韻"三種類型。通韻者,鄰部相押者也。如《有杕之杜》首章"好食"韻,江氏注"之弟一,幽弟二,故得通用"。《節南山》六章"天定生寧醒成政姓"韻,江氏注"真十二,耕十三,故得通用";合韻者,隔一部相押者也。如《小戎》二章"中驂"韻,江氏注"中十六,侵十八,故得合用"。《車舝》四章"岡薪"韻,江氏注"真十二,陽十四,故得合用"。另外江氏還對"通韻""合韻"的數量做了粗略的統計:

> 《詩經》用正韻者十之九,用通韻者百中之五六,用合韻者百中之一二。計三百五篇,除《周頌》不論,其《國風》《大小雅》《商魯頌》,共詩一千百十有二章,通韻六十見,合韻十餘見,不得其韻者數句而已。

至於"借韻"的概念,江氏并未言明。但據其所析韻章來看,當是隔數部相押者。如《鴟鴞》首章"取子"韻,江氏注"之侯借韻"。《小旻》五章"止否膴謀"韻,江氏注"之魚借韻"等。以上術語,旨在補充"隔遠合韻"的條件與類型,因而成爲了診愈合韻"無所不通"痼疾的一味良劑。他在排列古韻二十一部次序時也就着眼於"最近之部"與"隔一部"這兩種情況,藉此所呈現的古韻間親疏關係也愈加分明。兹引述、製表如下:

> 戴氏十六部次弟以歌爲首,談爲終。段氏十七部次弟以之爲首,歌爲終。孔氏十八部次第以元爲首,緝爲終。以鄙見論之,當以之第一,幽第二,宵第三。蓋之部間通幽,幽部或通宵,而宵通者少,是幽者之宵之分界也。幽又通侯,則侯當次四。侯近魚,魚之半入於麻,麻之半通於歌,則當以魚次五,歌次六。歌之半入於支,支之一與脂通,則當以支次七,脂八。脂與祭合,則祭次九。祭音近元,《説文》諧聲多互借,則元次十。元間與文通,真者文之類,則當以文十一,真十二。真與耕通,則耕次十三。耕或通陽,則陽次十四。晚周秦漢多東陽互用,則當以東十五。中者東之類,次十六。中間與蒸侵通,則當以蒸十七,侵十八。蒸通侵而不通談,談通侵而不通蒸,是侵者蒸談支分界也,則當以談十九。葉者談之類,次二十。緝間與之通,終而復始者也,故以緝爲殿焉。如此專以古音聯絡,而不用後人分配入聲爲紐合,似更有條理。

表2①

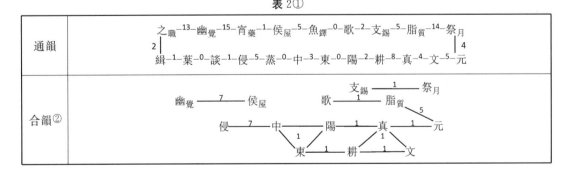

---

① 表中的通韻、合韻情況是依據古韻十七部而定,兩部之間注明通合次數。
② 陽東中合韻 1 次:《烈文》協"公疆邦崇功皇";文真耕合韻 1 次:《烈文》協"人訓刑"。

江氏與段氏的韻序相仿,而又有所改進。這種改進主要是基於江氏高超的審音水平,也能反映出他對於古韻音值的些許構想。僅就韻尾的一致性而言,從之部到祭部都是陰聲韻,從元部到真部都是-n尾韻,從耕部到蒸部都是-ŋ尾韻,侵談是-m尾韻,緝葉是-p尾韻,可見江氏對於各類古韻的收音特徵已經有了十分清醒的認識。至於同收聲韻部間的連屬,不同收聲韻部間的銜接,閉口韻侵談二部的安排,江氏的處理也大致不紊。惜乎他未將入聲韻獨立,更直斥孔氏的"陰陽對轉"爲臆說,所以當他遇到之蒸合韻、侯東合韻、歌元合韻等原本可以用對轉理論簡單解釋的現象時,就祇能諉以訛字、無韻和未詳之説了。即如《隰桑》首章"阿難何"韻,歌元對轉,江氏却將"難"改爲"那"字;《瞻卬》七章"後鞏後"韻,侯東對轉,江氏於"鞏"字下注"韻未詳"等。他還設想根據之緝通韻(如《六月》首章、《思齊》四章等)讓排在最末的緝部再次回歸之部,這一終而復始的思想也是經不起推敲的。而且古音學家大都依據通押的事實來確定合韻,進而排列古韻次序。但江氏却依據他自己的韻部次序來判定是通韻、合韻還是借韻,這委實是因果倒置了。縱然如此,江氏對於合韻義例的推闡之功不可磨滅,其所擬定的古韻廿一部次序也幾乎成爲了後世古音研究的定序。

王念孫主張古有合韻,《韻譜》之後又作《合韻譜》。他還對江氏音學大加贊賞,兩人的古韻分部如趨一軌,但韻序的排列原則却截然不同。王氏以《廣韻》序目爲基礎,始於東部,又綜合借鑒了異部之間的高頻通合,且將有無入聲也納入了考量。據此擬訂的古韻廿一部次序爲:東蒸侵談陽耕真諄元歌支至脂祭盍緝之魚侯幽宵。前十部無入聲韻相配,除歌部外俱爲陽聲韻;後十一部皆有入聲,除盍緝兩部是純入聲韻外,其餘皆以陰入相配。僅就韻尾類型來看,王序不如江序整齊,侵談混入-ŋ尾韻中,盍緝混入陰聲韻中。而且王序廣泛參考了《廣韻》序目、合韻以及有無入聲這三項標準,但當這三者的情況不一致時,就祇能採用折衷之法,這反而導致各類韻部參差錯落,疏於嚴謹。江有誥的摯友夏炘著《詩古韻表二十二部集説》,他在江氏廿一部的基礎上吸取了王氏至部,遂成廿二部。韻序則完全取自江氏。至此,合韻理論及古韻次序的排列進入了成熟階段。

民國以降,章炳麟、黃侃可謂"清代古音學的殿軍"。章氏基於對先秦文獻中各類音義關係的準確把握,充分認識到語音流轉的複雜性。其《成均圖》推演出近旁轉、次旁轉、正對轉、次對轉、交紐轉、隔越轉這六種條例,繼孔廣森之後再一次揭示了陰、陽聲韻相互變轉的種種現象。尤其是以圓形結構突破綫型格局,使古韻得以首尾相銜、左右遞轉、陰陽對稱,從而呈現出多樣化的音轉類型,較爲全面地展示出各部間的交涉。惟有術語繁雜殊爲無謂,極易給人造成無所不轉的聯想。黃侃克承師學,將章氏之説概括爲"對轉""旁轉""旁對轉"三類,頗有以簡馭繁之功。這一理論建立在入聲獨立,陰入陽相配的古韻格局之上,匯集了清儒考古與審音之大成。但黃氏歸韻"皆本昔人",三聲對應不乏紕繆(如宵冬對轉),各類間的遠近次序也猶可商榷。章黃之際,尚有夏敬官"古聲通轉"説值得關注。夏氏《音學備考》包含"古聲通轉例證""經傳師讀通假例證"及"今韻析"三部分。其中"古聲通轉例證"列古韻十一部十五類(夏氏的"部""類"概念與段氏相反),述曰:

一部至五部,陰聲也。一部通二部,二部通三部,三部通四部,四部通五部,五部通一部三部;六部至十部,陽聲也。六部通七部,七部通八部,八部通九部,九部通十部,十部通六部八部。一部與六部對轉,二部與七部對轉,三部與八部對轉,四部與九部對轉,五部與十部對轉。第十一部談,則收陰陽二聲各類之閉口聲短聲,不與何類對轉。

表 3

| 第一部（支類） | 第二部（脂類、歌類） | 第三部（之類） | 第四部（蕭類、侯類） | 第五部（魚類） | 第十一部 |
| 第六部（耕類） | 第七部（真類、元類） | 第八部（蒸類） | 第九部（侵類、東類） | 第十部（陽類） | （談類） |

　　各部各類之下，又援引"毛詩韻""群經韻""周秦韻文"乃至"漢人韻文"以證其通合、對轉關係，同時還在"經傳師讀通假例證"中博採《説文》音注、經傳師讀等補充性材料，力求將古韻關係考證的確然明晰。綜合來看，夏氏認爲"通協必依部次，不得隔部相協"，這不免有些理想化。但就其韻序來説，各部類間的通合、對轉現象已然得到了較好的反映，祇是受限於對古韻的離析未精，且對部分關係，尤其是"侵談"兩類閉口韻的安排不甚合理而已。在音學材料的運用方面，雖然夏氏對時地性的考察還不夠細緻完備，但他能將"古韻譜"與"通假字譜"相互質驗、揚長避短，這一研究思想已然值得後人借鑒。現代學者對古韻關係的考察，仍是以精密的部類劃分和審慎的韻例研究爲前提，然後在清儒合韻理論的基礎上結合陰陽對轉。如果能夠進一步發揮合韻理論的系統性與延展性，構建時地分明的通假字系統，并參證異部通押、通諧等研究成果，亦必使得古韻關係愈加精審。

徵引書目

南宋・吳棫《宋本韻補》，中華書局，1987.

南宋・朱熹《詩集傳》，中華書局，1958.

明・陳第《毛詩古音攷》，中華書局，2011.

清・顧炎武《音學五書》，中華書局，1982.

清・柴紹炳《柴氏古韻通》，《續修四庫全書》本，上海古籍出版社，2002.

清・毛先舒《韻問》，《昭代叢書》，世楷堂，1876.

清・王夫之《船山全書》，岳麓書社，1992.

清・江永《古韻標準》，中華書局，1982.

清・戴震《聲類表》，《戴震全書》（三），黃山書社，1994.

清・戴震《答段若膺論韻》，《戴震全書》（三），黃山書社，1994.

清・段玉裁《説文解字注》，鳳凰出版社，2007.

清・孔廣森《詩聲類》，中華書局，1983.

清・王念孫《毛詩群經楚辭古韻譜》，羅振玉輯《高郵王氏遺書》本，江蘇古籍出版社，2000.

清・江有誥《音學十書》，中華書局，1993.

清・夏炘《詩古韻表二十二部集説》，嚴式誨輯《音韻學叢書》本，國家圖書館出版社，2011.

參考文獻

[1] 陳鴻儒.《詩集傳》叶音辨[J]. 古漢語研究，2001(02).

[2] 曹强. 論江有誥對《詩經》"合韻"處理之得失[M]//漢語史學報（第九輯）. 上海：上海教育出版社，2009.

[3] 方孝嶽. 關於先秦韻部的"合韻"問題[J]. 中山大學學報，1956(04).

[4] 胡森，王兆鵬. 從楚簡帛通假字論戰國楚音韻部的排序[M]//漢語史研究集刊（第三十一輯）. 成都：四川大學出版社，2021.

[5] 華學誠，謝榮娥. 秦漢楚方言區文獻中的幽部和宵部[J]. 語文研究，2009(01).

［6］羅常培 周祖謨. 漢魏晉南北朝韻部演變研究［M］. 北京：中華書局，2007.

［7］李開. 江永《古韻標準》方音審取古音説［J］. 語言研究，2006（01）.

［8］劉曉南. 試論宋代詩人詩歌創作叶音及其語音根據［J］. 語文研究，2012（04）.

［9］黄易青. 論上古侯宵幽的元音及侵冬談的陰聲［J］. 北京師範大學學報（社會科學版），2005（06）.

［10］喬全生. 段玉裁的古音體系及其對方音的態度［J］. 西南交通大學學報（社會科學版），2020（04）.

［11］喬秋穎. 江有誥古音學研究［M］. 合肥：黄山書社，2009.

［12］魏鴻鈞. 上古“幽侯魚歌”四部的合韻關係及其演變［J］. 殷都學刊，2020（01）.

［13］王力. 王力文集［M］. 濟南：山東教育出版社，1990.

［14］王兆鵬. 上古韻部小類次序研究［J］. 古漢語研究，2021（01）.

［15］王兆鵬. 基於合韻理論的古韻排序及音值構擬相關問題［M］//漢語史學報（第二十五輯）. 上海：上海教育出版社，2021.

［16］夏敬觀. 音學備考［M］. 太原：山西人民出版社，2014.

［17］向熹.《詩經》語言研究古今談［M］//漢語史研究集刊（第十六輯）. 成都：巴蜀書社，2013.

［18］張民權. 論顧炎武《詩本音》通韻合韻關係處理之得失［J］. 語文研究，1999（02）.

［19］張民權. 論傳統古音學的歷史推進及其相關問題［J］. 古漢語研究，2011（01）.

［20］張民權. 萬光泰音韻學稿本整理與研究［M］. 北京：社會科學文獻出版社，2016.

［21］趙曉慶. 王念孫《合韻譜》《古韻譜》比較研究［M］//漢語史學報（第二十一輯）. 上海：上海教育出版社，2019.

A Summary of *Heyun* Theory and Ancient Rhyme Relationship in Qing Dynasty

Hu Sen

Abstract：Heyun（合韻）refers to the rhyming of two words in different rhyme categories that are neighboring but un-rhyming interchangeably in principle. It is the fundamental basis for measuring the relationship and order of ancient rhymes. With the clarification of Xieyin（叶音）theory and the development of ancient rhyme division, the phenomenon of Heyun in pre Qin's verse can not be ignored. Gu Yanwu strictly adhered to the boundaries of ancient rhymes and explained Heyun with no rhyme, Tongjia（通假），and dialect. Jiang Yong continued the theory of "Fangyin Oujie（方音偶借）" and "Fangyin Shaozhuan（方音稍轉）". Duan Yucai initiated the theory of Heyun and analyzed the order of six categories and seventeen rhyme parts, extended the theoretical scope to the fields of Xiesheng（諧聲），Tongjia and Zhuanzhu（轉注）. With the unremitting efforts of ancient phonologists，such as Jiang Yougao, the rules of Heyun have been improved day by day, which makes the relationship between ancient rhymes more refined. In addition, Dai Zhen and Kong Guangsen advocated Tongzhuan（通轉）of ancient pronunciation, Qian Daxin advocated "Yinsuiyizhuan（音隨義轉）" and "Shuangshengweiyun（雙聲爲韻）". The contention of various schools exceeded that of modern times, which made the relationship between ancient rhymes clearer. Through combing and reviewing the academic history, it is expected to benefit the research of this issue.

Key words：dialect，Heyun，relationship，order

通信地址：山東省濟南市章丘區齊魯師範學院文學院

郵　　　編：250200

E-mail：1914586767@qq.com

圖書在版編目(CIP)數據

漢語史學報.第二十六輯 / 王雲路主編. 一 上海:
上海教育出版社, 2022.8
ISBN 978-7-5720-1381-2

Ⅰ.①漢… Ⅱ.①王… Ⅲ.①漢語史—叢刊
Ⅳ.①H1-09

中國版本圖書館CIP數據核字(2022)第126648號

責任編輯　徐川山
特約審讀　王瑞祥
封面設計　陸　弦
編　務　王　誠　劉　芳

漢語史學報　第二十六輯
王雲路　主編

出版發行　上海教育出版社有限公司
官　　網　www.seph.com.cn
地　　址　上海市閔行區號景路159弄C座
郵　　編　201101
印　　刷　上海葉大印務發展有限公司
開　　本　787×1092　1/16　印張 24.5　插頁 2
字　　數　585 千字
版　　次　2022年8月第1版
印　　次　2022年8月第1次印刷
書　　號　ISBN 978-7-5720-1381-2/H·0046
定　　價　110.00 元

如發現質量問題，讀者可向本社調換　電話：021-64373213